国家"十一五"重点图书出版规划项目

中国古代地方政治研究

马新 主编

宋代乡村组织研究

谭景玉 著

山东大学出版社

本书获得 2007 年度

山东大学人文社会科学青年成长基金后期资助

总 序

地方政治相对于中央政治而言，是历代王朝政治的重要组成部分，无论是研究中国政治史，还是研究历代王朝的治乱兴衰史，或者是研究经济史、军事史、社会史等等，都离不开对地方政治的研究。地方政治的变迁既受制于中央王朝政治，同时也对中央王朝政治的方方面面施加着自己的影响；尤其是它处于国家与社会之间，上承王朝之政令，下理社会之秩序，所以说地方政治之优劣，直接关系到社会的安定与进步，更关系到王朝的兴衰。

一

地方政治相对于中央政治而言，其存在的前提自然是中央王朝的存在，因而，自夏商王朝起，中国的地方政治即告产生。自此至清王朝，中国历史上的地方政治可以分为前、后两大时期：前期即夏商西周春秋时代，是以分封制为核心的地方政治；后期即战国至明清时代，是以郡县制为核心的地方政治。

以分封制为核心的地方政治实际上又是一种共主政治。在这一政治体制下，地方当政者拥有较为完整的政治、军事与经济权力，他们与中央政权的关系实质是联盟与共主的关系。各个方国、诸侯国可以视为中央政权的地方政权，而中央政权也可以视为各方国的共主，具有一定的政治联盟关系。夏商周时代的地方政权也就是各方国或诸侯国，可以分为前、后两期。前期方国如一盘散沙，平行分布，从亲缘与地缘的合作关系，到松散的联合

体，再到共主的逐渐形成，其自身的独立性都是比较强的，可以说是相对独立的政治单元。后期方国则分为两类：一类是臣服的方国，一类是分封的方国。后者又可称之为“封国”。分封制下的层层分封，造就了两种政治单元：各封国与天子是册封与共主关系，具有较强的独立性；封国内部虽也是层层分封，却实现了相对的一统，诸侯对卿大夫所拥有的权力往往要大于天子之于诸侯所拥有的权力。

在共主制下，虽然号称“溥天之下，莫非王土；率土之滨，莫非王臣”，但实际上，共主地位的奠定首先是依托力量的制衡。在自己的王畿内，共主是绝对的权威，在自己的血缘属邦内，也有相应的权力延伸；但在其他称臣的邦国那里，则只能靠震慑力维持其共主地位，所谓的侯服、甸服、绥服、荒服、要服等五服，反映的就是这种现实。到西周时代，王畿与血缘属邦这类核心层邦国占据了主导地位，周天子作为共主的地位也至于顶点。

在西周时代，各方国地位的确立通过自上而下的分封进行。分封中，既有天子贵戚，也有异姓勋旧，还有大量的称臣纳贡的异姓方国。前者为鲁，后者有齐，第三类为楚，均可作为各自的代表。一旦完成分封，各自就国，他们便享有充分的政治自主。对于天子，他们只有从征与纳贡的义务；而对于封国内的卿士民众，他们则有完全的处置权。西欧中世纪所谓“我的附庸的附庸，不是我的附庸”，放到这里，也是十分恰当的。

以郡县制为核心的地方政治实际上是集权政治。在这一政治体制下，各级地方政权都只是王朝中央集权中的一个环节，并不具备独立的地方权力，他们对于中央王朝都是服从与被统辖的关系。当然，东汉末的州牧、刺史与唐代的藩镇另当别论，它们都是正常体制外的产物。

郡县制自战国定型，一直延续到近代社会，这是一种上下一体、纵向贯通的地方政体。每一层次的政权所拥有的权力尽管不尽一致，但对于其上层权力的责任反馈是一致的。这一制度与官僚制密切相关，每位地方长官都是代行皇帝或中央政府所赋予的权力，没有自身的权力或利益分割，也不向此外的任何人负责，自然，他们也都是自上而下委任产生的。

自战国到明清时代，郡县制可以划分为三大阶段，即郡政阶段、州政阶段、省政阶段。三大阶段中，县与县政一直相对稳定，中央与县级政权之间

的变动是三个阶段地方政治演变的主要内容。

秦分天下为三十六郡，实行郡、县两级制，汉沿袭之，是为郡政阶段。自秦至西汉时期，郡一级的权力较为集中：郡守集行政、经济、民政、司法诸权于一身，一郡所有事务都经由郡守上传或下达。与之相应，郡守的地位颇高，尚书令、尚书仆射有外任郡守者，郡守也往往可以入为三公九卿。另外，作为其副贰的郡尉掌军事，监郡御史掌监察。自武帝始，在全国范围内设十三部州，十三部州刺史以六条问事监察地方官，主要以郡守为监察对象。十三部州实际上是十三个监察大区。到东汉时代，州刺史渐成一级长官，尾大不掉，在东汉末年的分崩离析中，他们是主要的割据者。

自魏晋至宋为州政阶段。一方面，举国之内，实行州、县二级制；另一方面，在州与中央王朝之间，又断断续续但又越来越明确地存在着一级组织，从汉之部州、唐之道，到北宋之路，重复地实现着由监察大区向行政大区的转变，因此，又可以说，这一时期是二级制向三级制的过渡时期。在这一过渡时期中，唐代是一个重要的转折点。唐代仍实行地方二级体制，即州县制，也试图在州之上设立监察大区，所设各道观察使、黜陟使、采访使、按察使以及节度使等等，最初都是只负有监察或某一专项事务。但在运转的过程中又是渐以坐大，拥有了一道中的军政全权，成为一方割据者。如洪迈所言：

> 唐世于诸道置按察使，后改为采访处置使，治于所部之大郡。既又改为观察，其有戎旅之地，即置节度使。分天下为四十余道，大者十余州，小者二三州，但令访察善恶，举其大纲。然兵甲、财赋、民俗之事，无所不领，谓之都府，权势不胜其重。①

唐代后期，面对地方割据势力的日益发展，唐王朝在可能的范围内运用了巡院这一新设机构对地方加强控制与管理。唐中央之所以对江南有比较稳定的控制，与当地巡院机构之完备不无关系。不过，在唐后期特定的历史条件下，强藩跋扈已成事实，巡院对此也无能为力。至北宋立国，取法巡院之意，置诸路转运使，使我国地方政体正式由监察大区向行政大区过渡，维

① 洪迈：《容斋三笔》卷七。

护了中央集权的统治。

北宋一般是每路均设一转运使,“各分路列职”,置有使司,故北宋之诸路转运使又称“逐路转运使”。宋初分全国为十五路,后增至二十余路,转运使也增至二十余员,这一点与设于诸道的唐代巡院是一致的。

北宋转运使的理事特点是“事无大小,悉条陈上阙”,多督察权而较少处理权。如大中祥符五年(1012),“以侍御史赵稹为兵部员外郎,益州路转运使……稹至部,事无大小,悉心究访,至有一日章数上者”①。

自元至明清为省政阶段。这一阶段,实行了比较规范的省、州(府)、县地方三级政制。与郡政时代之郡以及州政时代之部州、诸道相比,省政运转有三个显著特点:其一是省级权力的分割恰如其分,既避免了过分集权之悍,又无诸权分散之弱。如明前期,一省之中,布政、按察、都指挥三司并存,均直接向中央王朝负责;中期以后,虽然大政统于督抚,但中央王朝各有司对省内诸司的制约仍十分有力。其二是地方大吏督抚分设,互相制约,也颇见成效。其三是省级军事、监察、漕赋诸权弱化,以中央王朝的垂直管理为主,这在很大程度上强化了中央集权。明、清两朝很少出现督抚坐大而割据者,这是非常重要的内在原因。②

以郡县制为核心的地方政治以中央集权式的中央王朝的存在为前提,自战国至明清,延续了两千年,是中国历史上持续时间最长、影响力最为深远的地方政治形态。因此,我们对中国古代地方政治的研究主要是以此为对象。

二

中国古代的地方政治是在中央集权政体下的地方治理,因而,其范围既与中央政治的运转相对应,又与地方社会的要素相配合,包括政治、军事、民政、司法、赋役等诸多方面的内容。从政治运转的角度分析,地方政治又可

① 《续资治通鉴长编》卷七七。

② 以上参见齐涛主编《中国政治通史・总论》第1卷,泰山出版社2004年版,第20、22～25页。

以分为两大运行系统,即上行系统、下行系统。

所谓上行系统,是指地方政权对中央王朝的政治反馈系统。就中央政权而言,地方政权是其基础所在,虽然韩非子早已设计了“事在四方,要在中央”的集权体制,但对于一个庞大的王朝而言,中央王朝不可能事无巨细,一切通揽,而必须向地方政府分权、授权,使其能够履行中央王朝所赋予的职责。对于地方政权而言,忠实地执行中央王朝的政令,行使其法定的职掌之责,是应有之义。但是,地方事务毕竟千头万绪,千差万别,中央政令难以全部涵盖,而且,地方政权从维护当地利益、保障地方势力权益出发,也与中央王朝存在着种种的矛盾,也时时在扩大着其政治权力与政治影响,对此,中央王朝又要加以制约与调整。

在上述条件下,地方政权对中央王朝的政治反馈系统便包括了正反馈与负反馈两个部分。正反馈是地方政权忠实有效地执行中央政令的反馈;负反馈则是与中央政令相左的政治行为的反馈。两种反馈构成了地方政治较为完整的上行系统,对地方政治与王朝政治同样起着重要作用。

以清代地方财政为例,虽然清初仍继承明代旧制,将地方赋入分为上解银与地方存留银两项,但因军务所需,中央不断裁扣地方存留银的比例,使地方财政难以为继。如直隶灵寿县,每年地方存留银原为 6323 两,经多次裁扣,至康熙二十年(1681),每年仅为 1700 两,是原额的 1/3。[①] 对于这一财政政策,地方官员有两种作为:一是尽力满足政策所需,压缩地方开支。有一些地方官员甚至因经费难以筹措而自杀。顺治十四年(1657),清世祖为此下诏称:“近见州县官有自尽者,动称为此苦累,或实缘钱粮不足,供应不能及额……有司疲于奔命,勒索过当,除自尽之外,几无良策。”[②]二是变相变更财税政策,向百姓加征“火耗”、“羡余”等等。顺治年间,“天下火耗之重,每银一两有加耗至五钱者”[③]。其原因固然是“存留名目节次裁减,州县之事束手无策,势不得不私派之民”[④]。但这一作法对整个王朝赋税体系的

① 《康熙灵寿县志》卷四《田赋志》。

② 《清顺治实录》卷一一〇。

③ 《清顺治实录》卷八五。

④ 《康熙灵寿县志》卷四《田赋志》。

冲击、对百姓的侵害都不可低估。①

地方官员的前一种作为属于正反馈，后一种作为则属于负反馈。在两种反馈的交互影响下，清王朝不得不调整财税政策。雍正初年，在全国范围内实行耗羡归公和养廉银制度，使地方政治走上了较为良性的运转道路。

所谓下行系统，是指地方政权对基层社会的管理系统。前已述及，各王朝中央对基层社会的管理都是通过地方政权实现的，在实现社会管理的职能中，三个子系统构成了地方政权下行系统的基本架构，即官方组织系统、半官方组织系统、民间组织系统。

官方组织系统较为明确，是指以州县为主体的行政机构与各级官员，这是下行系统中的骨干子系统。

半官方组织系统处于不稳定状态中，它主要指乡里组织及充任人员。乡与乡官虽然都在正式的政府组织体系之中，但乡并非一级政区，而乡官也往往不是正式的品秩官员。唐宋以来，乡与乡官更是既无衙署，又无品秩，已成为职役。如唐代之里正实际上在行使乡之职掌。所谓里正，如王梵志诗所言："当乡何物贵，不过五里官。"②但里正的选任却是"县司选勋官六品以下白丁清平强干者充"，无适当人选时，"里正等并通取十八以上中男、残疾等充"。③ 乡之下的村官自始至终都是无品无秩。唐以前的里正以及唐代的村正都是这样的村官。

无论是乡官还是村官，也无论其职掌与权力如何，大都具有两个共同的特点：其一，他们都处在官方组织体系中，其人选的使用完全由地方政府决定，他们也必须听命于各级政府；其二，他们一直都不是王朝的正式官员，无品无秩，绝大多数人都不可能由此进入官僚队伍与官方组织体系。正因为此，我们将这一系统称作"半官方系统"。

乡里系统虽是半官方系统，但其职能却直接承自县级政权，完成着县级政权对基层社会管理的重要内容。如唐代之里正，即"掌按比户口，课殖农

① 参见郑学檬主编《中国赋役制度史》，上海人民出版社 2000 年版，第 603～604 页。
② 《全唐诗补编》，中华书局 1992 年版，第 707 页。
③ 《通典》卷三《食货三》。

桑，检查非违，催驱赋役”[1]。仅就“催驱赋役”而言，他们如不能按期催纳上缴，或者笞杖判刑，或者代人输纳，苦不堪言。这一系统对地方政权的正反馈与负反馈状况，直接关系到地方政治的效能，是地方政治的要害所在。

民间组织系统是指非官方的在地方社会具有较强影响力的组织与人员。就中国古代社会的情况而言，主要有宗族组织、民间结社、地方乡绅势力三种力量。尽管它们都是官方体系之外的社会力量，但由于在地方社会中的实际影响力，任何时代的地方政府都必须正视并依托之。在多数情况下，它们对地方政府是顺从与配合。东汉宗族势力与地方官员的配合，唐代民间结社与官方的合作，明代乡绅对乡约的推广，等等，实际上都起到了地方政府难以发挥的作用。与此同时，在一些时期，上述力量都可能尾大不掉，形成与地方政府抗衡的力量。比如，汉代地方长吏上任伊始，往往要“先问大姓主名”，一些宗强大姓根本不把地方政权放在眼里。正如《汉书·酷吏·严延年传》所记：

> 大姓西高氏、东高氏，自郡吏以下皆畏避之，莫敢与牾，咸曰：“宁负二千石，无负豪大家。”宾客放为盗贼，发，辄入高氏，吏不敢追。浸浸日多，道路张弓拔刃，然后敢行，其乱如此。

又如，明代乡绅势力颇大，地方社会“无一事无绅衿孝廉把持，无一时无绅衿嘱托”[2]。曾任太仓州知州的陈瑛就深有感触地说：凡地方兴举之大事，“必集儒绅耆彦议”[3]，否则，会一事无成。更为重要的是，在一些特定的情况下，宗族组织、民间结社以及地方乡绅势力都有可能成为官方体系的叛逆者，它们对于地方政治的威胁往往要远远大于对王朝政治的威胁。

在政治史研究中，制度与法律的研究固然重要，但政治制度与政治运行在实际政治过程中往往并不一致，在地方政治中尤其如此，所以，我们认为，中国古代地方政治运转中的上行系统与下行系统应当是地方政治研究的一个关键领域。

---

① 《通典》卷三《食货三》。

② 明人刘宗周语，转见冯贤亮《明清江南地区的环境变动与社会控制》，上海人民出版社 2002 年版，第 492 页。

③ 张国维：《吴中水利全书》卷二五。

三

郡县制以来的中国古代地方政治经历了两千年的演进，繁复多变，难以条缕，但从其总体脉络看，还是有着一以贯之的一些共同特点。比如，地方政治的集权与被集权，地方政治运转中中间组织的缺失，以及地方组织体系波动与稳定的统一，等等，都值得深入研究。

就地方政治的集权与被集权而言，主要是指处于整个王朝的中央集权政体下，地方之权必然要被集中于中央，同时也必然要被集中于长吏之手。这一点对中国古代的地方政治影响至大。

先看地方之被中央集权问题。军权方面自不待言。此外，财政、民政、用人诸权也多由中央直接掌控。这种被集权的结果直接带来了吏治的效率低下、敷衍塞责、唯上是从以及政以贿成等问题。

包拯为监察御史时，曾上奏《请支义仓米赈给百姓》。其中写道：

> 臣访闻江浙、荆湖等路自去秋亢旱，田苗一例灾伤，即日米价甚高，民食不足。若不速令救济，必致流亡。强壮者起为盗贼，老弱者转死沟壑。因此生事，为患不细。缘诸州除军粮、常平仓外，别无大段斛斗准备。窃知王琪见起请义仓，所在见管米数稍多，州县未必敢专辄支用。若一一取候朝廷指挥，往复数月，当此艰食之际，恐无所及……①

包公此奏既写明了地方州县对于赈灾专用的“义仓”之粮也无支用权，又说明了“一一取候朝廷指挥”，则要“往复数月”的效率之低下。这在历代王朝中是普遍现象。

既然中央事事集权，地方长吏便事事请示。如明人即言当时的地方官“若米盐琐细一一上闻，则所遗者反大矣”②。请示过后，则是以上方意思为准，敷衍塞责：“上官曰是，彼亦是；上官曰非，彼亦非；迨其后事势乖违，民怒沸腾，彼则曰此是上官之意。”③由是，公文往来成弊，行政效率每况愈下。

---

① 《包拯集校注》卷一，黄山书社 1999 年版。

② 于慎行：《谷山笔麈》卷一〇。

③ 徐栋：《牧令书》卷五。

再看地方权力集中于长吏问题。这一问题的关键在于州、县二级政府均为一长制，除长吏之外，再无制约抗衡之人。而地方政府政烦事冗，属于全权政府，虽然在财政、民政以及用人上要听命中央、受制于上司，但在其治下，其可自由裁量的余地甚大，尤其是那些中央政府干预较少的治安、诉讼、民事、征调等方面，更是可以因缘为奸。

如是看来，长吏对地方政务几乎是包揽无余。难怪时人言州县之长吏“六部之事系于一人”。这些事务中能够因缘取利的不在少数。柏桦曾对此分析道：

> 钱粮征收上为州县官提供诸多方便。首先，征收钱粮有耗羡，一般是百分之二三十，有些地方加耗更多，“乃至加耗银数倍（按，五倍）正数、十百正数，九重宁复知有此耶！”①朝廷不知，全在州县官加减。其次，这些加耗是州县官能够使用的主要经费来源，一个县官自己要吃用，要交际上司，要取“无碍官银，过往上司使客要下程小饭”。州县各种公费开支无不从此支出。再次，这些加耗是州县官主要的经济收入，若是清白的州县官，本着“我若把你们县里的银子拿到家里买田起屋，这样柳盗跖的事，我决不做他。你若要我卖了自己地，变了自己的产，我却不做这样陈仲子的勾当”②。而更多的州县官是能够把这些银子拿到家，在原籍置下许多田地房产。此外，这笔钱还用于行贿，所以“至朝觐年，则守令以上必人挚一二千金入京投送各衙门及打点使费”③。大多是依靠这笔钱粮的耗羡。由此可见，钱粮是既易见功，又易见利的事，州县官们把此事作为施政重点，当然也在情理之中。④

就地方政治运转中的中间组织的缺失而言，这一状况同样植根于中国古代的中央集权政体。打开中国政治史，我们可以清楚地看到，中国历史上的各级政府是全能的一元化政府，从中央到地方，有着机构齐全、涵盖几乎

---

① 《海瑞集》上编《兴革条例》，中华书局1962年版，第61页。

② 西周生：《醒世姻缘传》第十二回《李观察巡行收状，褚推官执法翻招》，上海古籍出版社1981年版，第172页。

③ 刘宗周：《刘子全书》卷一七《遵例请旨严饬禁谕以肃覲典疏》。

④ 柏桦：《明代州县政治体制研究》，中国社会科学出版社2003年版，第210～211页。

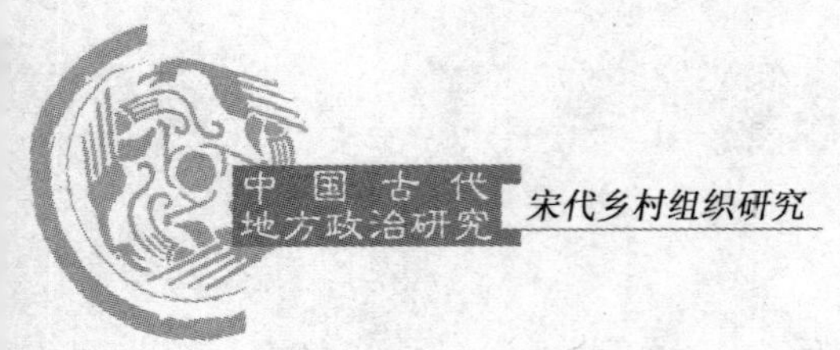

所有事务的机构与管理者。无论是关乎国计民生的大小事务，还是司法、治安、民政以及宗教、教化等等，都在各级政府的一元化管理之中。如经济事务的管理，从农业到工商业，无一遗漏。中央王朝既有大农令、大农丞、劝农使，又有均输官、平准官，还有工部、户部、少府，等等。县一级则有工曹、户曹、市曹等等，县城中的市场也有市令与均平令进行市场秩序维护与物价管理。社会精神生活与不同信仰也在一元化的管理下，倡导什么礼俗，尊崇什么宗教，以至于表彰孝子烈妇，调和邻里之争，也都在地方政府的统辖之下。

从朱元璋为地方官制定的《到任须知》，我们可以较为直观地了解地方政府的全能化功能。该《须知》共三十一款，内容如下：

1. 祀神有几。2. 养济院孤老若干。3. 见在狱囚若干，已完未完。4. 入版籍官军田地若干，官粮民粮若干。5. 节次奉旨制书及秦朝旨榜文谕官者若干。6. 本衙门吏典若干。7. 各房吏典不许挪移管事，违者处斩。8. 承行事务已完若干，已施行未完若干，未施行若干。9. 在城印信衙门若干。10. 仓库若干。11. 所属境内仓场库务若干，支用若干。12. 系官头匹若干。13. 会计粮储，每岁所收官民税粮若干，支用若干。14. 各色课程若干。15. 鱼湖几处，岁课若干，备开各湖多少。16. 金银场分若干，坐落何山川，所在若干。17. 窑冶各开是何使器及砖瓦名色。18. 近海郡邑煮海场分若干。19. 公廨间数及公用器皿裀褥之类若干。20. 邑内及乡村官房舍，有正有厢若干。21. 书生员数若干。22. 耆宿几何，贤否若干。23. 孝子顺孙，义夫节妇，境内若干，各开。24. 境内士君子在朝为官者几户。25. 境内有学无学，儒者若干。26. 境内把持公私，起词讼者有几，明注姓氏。27. 好闲不务生理，异先贤之教者有几。28. 本衙门及所属该设将禁弓兵人等若干，各报数目。29. 境内士人在朝为官，作非犯法，黜罢在闲者几人，至死罪者几人。30. 境内民人犯法被诛者几户。31. 境内警迹人若干。

与之相应，中国古代历史上没有独立于政府管理之外的宗教体系与宗教组织，也没有自成体系、相对独立的工商业行会或居民自治组织。中国历史上存在过宗法血缘组织，也有过村社组织，但它们都在政府的管理之中，实际上都是政府体系的末梢或变体，一旦成为异己的力量，政府会毫不犹豫

地加以革除。而在欧洲中世纪，则是另一番景象。从经济体系看，欧洲是典型的二元体系：一方面是领主领地内自给自足的庄园经济体系，另一方面则是游离于其外自发形成的城市工商业经济体系。无论是君主还是领主，对城市工商业与市民都没有形成有效的管理，工商业行会的自主管理与市民自治是主要的管理模式。宗教体系也是如此。欧洲中世纪的教权和君权虽然经历过激烈的斗争，但从总体上看，是君权屈服于教权；宗教体系自立于国家体系之外，制约着人们包括君主与领主的精神世界与社会生活，实际上也制约着君主权力的行使。

就中国古代地方组织体系的波动与稳定的统一而言，主要有以下两大表现：

其一，中国古代的政治体制与政治格局处于不断的波动变化中，或者是统一的王朝政治，或者是分裂割据势力；或者是划一的郡县式地方政体，或者是间杂有分封制、准分封制的郡县制地方政体。但是，无论是统一王朝时代，还是分裂割据时代，各王朝包括各割据王朝对地方政治的管理主要都是采用集权的郡县式体制。西汉初年的分封异姓王、同姓王，仅是局限于部分地区，且历时不久；西晋的分封诸王也只是准分封制，历时更短；明朝虽然也实行分封藩王的制度，且其在明前中期对中央造成的危害也很大，但主体上实行的仍是郡县式集权管理政体。因此，中国古代地方政体一直是较为稳定的郡县式政体。

其二，在郡县式政体这一大格局中，中国古代的地方政体也表现出了波动与稳定的统一。值得注意的是，波动的部分多集中于地方政体的两端，即中央王朝与县之间二级制、三级制的波动，县至村聚间乡里之制的波动。处于中端的县与县政则保持了两千年的稳定。

前已述及，中央王朝与县之间的变动是中国古代地方政治不同阶段的标志性内容。县至村聚间乡里之制的变动可以分为两个时期：前期为秦汉至隋唐间。在此期间，乡里之制演化为乡村之制。后期为宋元明清时期。在此期间，规整简明的乡村之制演化为复杂多元的乡里管理体系。尤其在明清时代，这种复杂多元已无以复加。如冯贤亮所言：

不同府之间、同一府内的不同州县之间，基层控制系统往往无法统

一。这种情况的出现,可能与各地的行政惯例和乡村传统有着密切关系。仅以文献记载的基层体系的分层来看,明代江南地区的基层管理系统根本无法统一,而且各府州县地区基层系统的分层至清代又有所不同。

为说明这一问题,他制作了《明清两代江南各府主要基层体系对比》[①]一表,兹转引如下:

	明代	清代
苏州府	县——乡—都(保)—区—扇—里(图) └沙—乡—团	县—乡—都—区—扇—图—圩 县—乡—都——图—圩 　　　　└保—圩
松江府	县——乡—保(都)—区——图(里)	县—乡—保—区—图——圩 └团——镇 　└路
常州府	县——乡—都——保(图)	县—乡—都——图—圩 　　　　└保—圩
嘉兴府	县——乡—都—区—扇—里	县—乡—都—区—扇——圩 　　　　├扇——圩 　　　　└区—里(图)—圩
湖州府	县——区—乡—都—里—(图)	县——路—区—乡—庄——圩 └乡—都—里(图)

由此表我们可以清楚地看到县以下基层体系的复杂与多元,这对同期的地方政治产生着重要影响。

以上所述,当属浅陋,惟意在表明中国古代地方政治研究之意义。实际

① 冯贤亮:《明清江南地区的环境变动与社会控制》,上海人民出版社 2002 年版,第 114～115 页。

上，自 20 世纪以来，学界对中国古代地方政治之研究已灿然可观。早在 20 世纪前半叶，就有黄绶先生之《中国地方行政史》，黄豪先生之《中国地方行政》，程幸超先生之《中国地方行政史略》，朱子爽先生之《中国县制史纲》，瞿兑之、苏晋仁先生之《两汉县政考》，闻钧天先生之《中国保甲制度》等论著面世。20 世纪后半叶，又有严耕望先生之《中国地方行政制度史》、商文立先生之《中国历代地方政治制度》、张厚安先生主编之《中国农村基层建制的历史演变》、赵秀玲之《中国乡里制度》等论著。与此同时，断代专题著作也不断推出，政治制度通史著作中也都有专门篇幅论述地方政治制度。如白钢先生主编之十卷本《中国政治制度通史》，各卷均为地方行政体制单列章目，进行较为充分的论述；齐涛主编之《中国政治通史》十二卷本、《资政通鉴》十卷本也从不同角度、不同层面对中国古代地方制度、地方政治的运作机制作了全方位的考察。

在前人研究的基础上，我们可以拥有更高的起点与更宽的视野；随着时代的发展与学术的进步，我们更可以找到前人尚未充分开拓的或是新的值得探讨的领域。比如，就地方政治研究而言，中国古代地方政治的分期、内涵及其特性都值得继续深入探讨；又如，以往的地方政治研究的重点往往在于对制度的研究，对于地方政治运转的研究稍嫌不足；再如，对于地方政治与地方社会的关系的研究，虽然前人也做了不少的工作，但仍有相当多的领域需要继续开拓，等等。

基于此，我们不揣浅陋，从不同角度、不同时段，对中国古代地方政治进行初步探讨，成此“中国古代地方政治研究”系列。可喜的是，该系列已列入国家“十一五”重点图书出版规划中，各卷撰著者在各自的领域也都颇有专攻。我们将殚精竭虑，精耕细作，陆续推出该研究系列，以就正于学界。

马 新

2010 年 4 月于山大新校高阁书斋

目 录

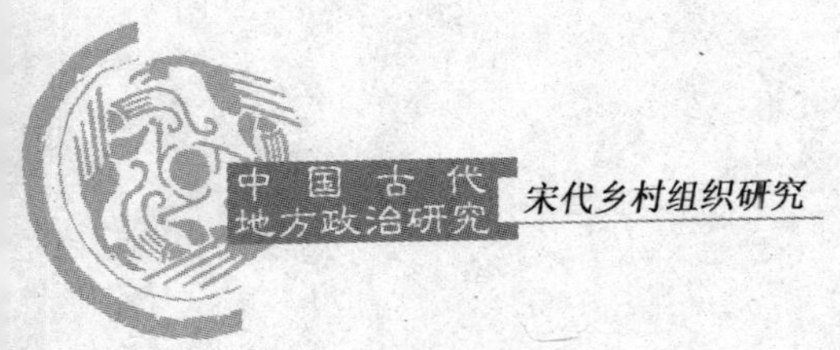

中篇　宋代乡村民间组织

下篇　宋代乡村组织与社会控制

绪论

自古以来，广土众民的中国乡村便是立国之本，乡村社会中赋税的征收、兵役的征募、社会秩序的维持等都是维系国家存在的重要命脉，“中国社会实际是乡村社会，中国历史上所发生的一切、所存在的一切，可以说，都与乡村社会密不可分”[①]，“中国社会、中国历史的秘密、密码、内核和本质都深藏在即将成为废墟的乡村之中”[②]，“乡村的生活模式和文化传统从更深层次上代表了中国历史的传统”[③]。如果不了解中国传统的乡村社会，就不可能从根本上理解中国的国情、中国的历史和中国社会本身，这就是乡村社会研究的学术价值和现实意义所在。

在中国传统乡村社会的研究中，乡村组织无疑是一个值得重点探讨的问题。鉴于乡村对于国家的重要意义，历代国家政权无不想尽办法来组织广大的乡村，力求加强对乡村的控制，以维持政权的长治久安，由此对历史上乡村行政组织的研究就成了乡村社会史研究的重要课题。早在20世纪40年代，费孝通就曾指出传统中国“从县衙门到每家大门之间的一段情形”[④]是最重要的，因为这是理解中国传统政治的关键。然而，在乡村社会中

① 马新：《两汉乡村社会史・绪论》，齐鲁书社1997年版，第3页。

② 王学典：《发掘乡村：21世纪初叶中国历史知识的增长点》，载《山东大学学报》（哲学社会科学版）1999年第3期。

③ 王先明：《中国近代乡村史研究及展望》，载《近代史研究》2002年第2期。

④ 费孝通：《乡土重建》，上海观察社1948年版，第46页。

却不仅仅存在国家政治设计下出现的乡村行政组织，除此之外，生活于其中的芸芸众生还结成大量的民间组织，包括因血缘关系形成的宗族组织、因地缘关系结成的乡约、为经济互助和水利等公共事务处理结成的民间经济组织、因共同的宗教信仰或进行相关的信仰活动而结成的民间宗教组织和面对战乱时结成的民间自保武装等。这些民间组织与以乡村行政组织为代表的国家之间及其相互之间有着错综复杂的关系，也都是乡村社会维系和运作中的重要力量。对民间组织与行政组织之间及各种民间组织间依存、对立和交融的关系进行深入研究，是进一步研究乡村社会运行的基本机制和基本模式的基础所在。

宋代乡村社会在中国乡村社会史上处于重要的转折时期。这一时期，乡村行政组织变化多样，民间组织蓬勃发展。对宋代乡村组织及其相互关系进行深入研究是理解宋代乡村社会乃至整个宋代社会和传统乡村社会的一把钥匙。这也是进行"唐宋变革"和"宋元明过渡"等中国历史上重要转型期研究的应有之义。再者，对宋代乡村组织进行研究，探讨其演变的基本规律，总结其中的得失，无疑可以加深对今天农村社会问题尤其是如村民自治等问题的认识，从而为解决这些问题提供历史的借鉴。

一般认为，社会控制指社会利用一定的手段和工具使人们遵从社会规范和维持社会秩序的过程，其内容包括社会群体和组织间的控制，社会各种组织对其成员的指导、约束和制裁以及社会成员间的相互制约、相互监督等。[①] 社会组织的功能多种多样，侧重点也有所不同，但都承担着社会控制的功能。具体到乡村社会来说，代表着国家权力的乡村行政组织及其上级行政组织对于乡村社会的控制具有主导性的作用。与乡村行政组织并存的各种民间组织本身就是社会秩序的重要组成部分，也承担着相应的维护社会秩序的功能；它们与行政组织的互动更对社会秩序具有很大影响，在乡村社会控制中发挥着不可忽视的重要作用。本书即将落脚点放在宋代乡村社会控制的实现上，探讨宋代各种乡村组织在乡村社会控制中的地位和作用。

---

① 参见《社会学概论》编写组编《社会学概论》，天津人民出版社 1984 年版，第 181 页；李芹主编《社会学概论》，山东大学出版社 1999 年版，第 371 页。

乡村与城市相对，是该地居民以农业生产为基本经济活动内容的一类聚落的总称。宋代商品经济的发展给各地乡村带来很大冲击，一些地区甚至出现了明显的城镇化趋势，故首先应当对“乡村”作一界定。本书所说的“乡村”，均指除各级城市和市镇以外的广大农村地区。

本书所探讨的乡村组织是指在乡村社会中按照一定的形式组建的执行一定社会职能、完成特定社会目标的共同活动的群体，既包括乡村行政组织，也包括各种民间组织。

“行政组织”是现代政治学的概念，学术界对其有着不同的界定。比如，有人认为，行政组织是指行使国家行政权力、管理国家行政事务和社会公共事务的机构体系。狭义的行政组织就是指国家行政机关。① 有人认为，行政组织是指在行政过程中为执行公共事务通过分配任务和责权对政府机构行政人员所作的系统安排。它一般是依照宪法或法令规定，在一定的权限内执行各种公共事务的机构的总称。② 也有人认为，行政组织是为了履行一定的行政职能，实现一致的行政目的，通过权力和责任的分配而建立起来的系统协调的有机整体。③ 还有人认为，行政组织是国家为实现行政目标而建立的组织，它承担对社会实施公共管理职责，即人们通常所说的政府组织，包括一级政府及其所属的政府机构。④ 结合上述对“行政组织”的界定，我们可以对“乡村行政组织”作如下叙述：乡村行政组织就是国家为实现乡村社会的管理而在乡村设立的负有管理乡村社会行政事务和公共事务的权力和职责，并有一定人员配置的行政组织。一定的人员配置和职权是乡村行政组织的基本要素。本书下文即以此作为判定乡村行政组织的主要标准，有时还要考查乡村组织是否被纳入了国家行政体系之中。有的乡村组织虽然具备了上述两个要素，但未被纳入国家行政体系，仍不能将其视为行政组织。从宋代整个国家行政组织的体系来看，乡村行政组织是位于县以下的联系

① 参见中国大百科全书总编辑委员会《政治学》编辑委员会编《中国大百科全书·政治学》，中国大百科全书出版社 1992 年版，第 420 页。

② 参见王沪宁等主编《行政学导论》，上海三联书店 1998 年版，第 70 页。

③ 参见沈亚平编著《行政学》，南开大学出版社 1993 年版，第 61 页。

④ 参见徐晓林等编著《行政学原理》，华中科技大学出版社 2004 年版，第 100 页。

乡民和国家的中间环节，是国家在乡村的基层政权。本文之所以没有使用“基层政权”这一概念，是因为学术界对职役制度下保甲组织的性质有不同认识，故以“乡村行政组织”一语总括之，以免造成误解。[①]

所谓“民间组织”，是指由民间力量主办的为社会提供服务、不以营利为目的的社会组织。但在专制和集权传统深厚的中国传统社会中，国家权力比较强大，“帝制中国的政治系统，拥有一个不受限制的政治中心。这个政治中心具有不断地对社会经济生活实施干预的潜在可能与倾向性”[②]。在这种政治文化之下，代表国家行使权力的政府常把国家视为一姓之私有，形成政府全能、社会无能，政府专权、人民无权的扭曲状态。在强大的国家权力面前，民间组织很难发展成为相对于国家以外的实体性社会，其存在的合法性及生存空间始终受到来自国家的控制和挤压，无法形成与国家平等的对话和制衡关系。民间组织始终在国家牢牢控制的范围内发展[③]，具体表现就是中国民间组织“官民二重性”的特点。

20 世纪以来，中外学术界对于宋代乡村组织的研究已取得比较丰富的成果，现分别叙述如下。

(一)关于宋代乡村行政组织的研究

鉴于宋代乡村行政组织的研究成果较多，为便于叙述，我们将其划分为三个阶段：

1. 20 世纪前半期

自 20 世纪二三十年代开始，中国农村社会问题日益严重，政府开始推

---

① 除“基层政权”外，学术界还有其他概念，如：赵秀玲称之为“乡里组织”(《中国乡里制度》，社会科学文献出版社 2002 年版)，严格来讲，乡里组织只是乡村行政组织的一部分；傅衣凌称之为“乡族组织”(《中国传统社会：多元的结构》，载《中国社会经济史研究》1988 年第 3 期)，这一名称不能反映其管理职能；还有的称之为“乡村基层组织”(夏维中《宋代乡村基层组织衍变的基本趋势》，载《历史研究》2003 年第 4 期)，这一名称似应包括民间组织在内，不能明确反映乡村行政组织的官方性质。

② 金耀基：《中国发展成现代型国家的困境：韦伯学说的一面》，载《二十一世纪》1991 年 2 月号。

③ 参见蔡勤禹《民间组织与灾荒救治：民国华洋义赈会研究》，商务印书馆 2005 年版，第 301～302 页。

行乡村自治，“乡村建设”运动兴起。在这一背景下，乡村社会的研究悄然兴起，出现了一些关于宋代乡村组织的研究成果。最重要的是闻钧天的《中国保甲制度》（商务印书馆 1935 年版），其中专列两章探讨了宋代保甲制度的创立、编排方式、实行经过和职能等。黄强的《中国保甲实验新编》（正中书局 1935 年版）、西北研究社编的《保甲制度研究》（西北研究社 1941 年版）等都对宋代保甲制度有所涉及。江士杰的《里甲制度考略》（商务印书馆 1944 年版）也涉及宋代的乡村制度，但更多的是对役法的考述。专门论述宋代乡村组织的论著较少，曾资生的《宋金与元的乡里制度概况》（载《东方杂志》40 卷 20 期，1944 年）将宋代乡里制度分为熙宁三年以前、熙宁元祐时期、元祐以后三个阶段进行了简要叙述。聂崇岐的《宋役法述》（载《燕京学报》第 33 期，1947 年；后收入氏著《宋史丛考》，中华书局 1980 年版）一文虽以役法为主题，但对职役的论述有多处涉及宋代乡村行政组织。

2.20 世纪 50 年代至 70 年代末

这一时期大陆史学界几乎没有专门探讨宋代乡村行政组织的论著，只有邓广铭的《王安石》（三联书店 1953 年版）和漆侠的《王安石变法》（上海人民出版社 1959 年版）两部著作对保甲组织的确立进行了比较深入的探讨。

同一时期的港台学者也开始对宋代乡村行政组织进行研究。费海玑在《宋代之里正制及所牵涉之诸问题》（载《大陆杂志》30 卷 11 期，1965 年）中认为，里正制即警察制度，始于北魏，宋代耆长即里正之化身，南宋文献中的里正实即保正。林瑞翰的《宋代保甲》（载《大陆杂志》20 卷 7 期，1960 年）一文对保甲组织有独到见解。他认为：“宋代保甲之制，有保有甲，保甲一词，盖其通称。保属兵防，故其制详于兵志，甲为青苗敛放区及税区，则散见食货诸篇。”基于这一认识，他通过对《宋会要辑稿》等文献所载保与甲的组织和任务及其演变的考察，最后得出结论：“盖熙宁保甲之制，一则联比民户为保以寄兵政，一则编结民户成甲为贷放青苗及税区，凡有产民户，既编为保民，复纳为甲户，二者未尝偏废，而通称曰保甲。”此文首次厘清了保与甲性质上的区别，但忽视了甲的性质在南宋有所变化的问题。

这一时期对宋代乡村组织研究用力最多的是日本学者，其中以周藤吉之的成就最大。他的《宋代乡村制的变迁过程》（载周藤吉之《唐宋社会经济

史研究》，东京大学出版会 1965 年版）一文是对宋代乡村制度的综合研究，涉及乡、管、耆、都保等乡村组织的流变及里正、乡书手、耆长、户长、保正副、大小保长等乡村头目的许多问题。《南宋的保伍法》（同上）一文认为王安石的保甲法与募役法结合后，宋政府又设置了自卫组织保伍来取代它，保伍也负有户口调查、征税、救荒和教化等责任。《南宋的役法与宽乡、狭乡、宽都、狭都的关系》（同上）一文指出乡村行政组织以自然村为基础。《南宋乡都的税制与土地所有》（载周藤吉之《宋代经济史研究》，东京大学出版会 1962 年版）一文则认为到南宋中后期，经界法的实施使都保逐步成为乡之下最重要的土地登记单位，并由此成为赋役登记、核算的基本单位，乡都制最终确立并取代了乡里制。佐竹靖彦《宋代乡村制度之形成过程》（载《东洋史研究》25 卷 3 号，1967 年）一文从唐末五代的村落秩序入手，认为宋初确立了乡耆管体制，地主统治的村落秩序形成。柳田节子在《乡村制的发展》（载《岩波讲座・世界历史》9，岩波书店 1970 年版，第 309～343 页）中认为以王安石的保甲法为转机，乡村制发生了从乡里制到都保制的变化，并把这种变化放在与以自然村为基础的共同体的关系中作了考察。河上光一在《宋初的里正、户长、耆长》（载《东洋学报》34 号，1952 年）一文中认为宋初职役大约以 100 户的自然村为单位。羽生健一的《论北宋的耆保》（载《史渊》97 号，1966 年）一文探讨了耆长的职责，并指出耆是地方行政的辅助区划，由县直属，在行政区划上形成了“县—耆分”的体制。中村治兵卫的《宋代的地方区划——管》（载《史渊》89 号，1962 年）论述了管的设置及其在乡村区划中的地位。曾我部静雄的《宋元时代的村落》（载《历史教育》13 卷 9 号，1965 年）认为宋代的乡基于自然村落而形成行政区划，其共同体关系增强了。乔炳南则以探讨地方自治为主题发表了一系列论文，如《北宋时代的地方自治制度》（上、下）（载《帝塚山大学纪要》12、13 号，1975～1976 年）、《南宋时代的地方自治制度》（上、中）（载《帝塚山大学纪要》14、15 号，1977～1978 年）、《对保甲制度的批判》（上、下）（载《帝塚山大学纪要》12、13 号，1975～1976 年），实际上论述的都是宋代乡村行政组织的演变，但其无论在史料的搜集还是有关认识上均未超过前述周藤吉之、柳田节子等的研究。

这一时期美国学者马伯良（Brian E. McKnight）写成《南宋的乡村与官

僚政治》(*Village and Bureaucracy in Southern Sung China*, The University of Chicago Press, 1971)一书。这是一部系统研究南宋乡役制度的专著。作者认为乡役人是国家与人民之间的中介,只有了解这些吏人及其机构才能充分认识中国古代的国家和社会。他论述了北宋役法的演变,认为在乡村头目的选任上形成了"兼职制"和"双体制"两种类型。到南宋时乡村头目以兼职制为主,乡村基层组织也从乡里制转向了乡都制。他还论述了以都保正为中心的南宋乡役人的职能,最后得出结论:宋代乡村权力掌握在乡役人手中,这反映了宋代朝廷、地方政府与地方组织的和谐关系,并由此引申出了宋代国家对乡村社会的控制比清代更有力的结论。

3. 20 世纪 80 年代至今

这一时期大陆学者对宋代乡村行政组织的研究开始增多。

通论性的著作有:张厚安等主编的《中国农村基层建制的历史演变》(四川人民出版社 1992 年版)对宋代基层政权作了勾勒;赵秀玲的《中国乡里制度》(社会科学文献出版社 2002 年版)按专题对乡村组织进行探讨,不少内容涉及宋代乡村组织;仝晰纲的《中国古代乡里制度研究》(山东人民出版社 1999 年版)列有专章论述宋代的乡村组织。

专题性的论文也不少。王曾瑜在研究宋代职役制度的基础上开始关注宋代基层组织的问题。他的《宋朝的"三大户"》[载《沈阳师范学院学报》(哲学社会科学版)1979 年第 1 期]论证了"三大户"就是耆长。《宋朝的差役和形势户》(载《历史学》1979 年第 4 期)一文认为宋承前代在县以下有乡和里两级基层单位;管的大小介于乡和里之间;乡书手原隶里正、户长,后来升为县役;南宋时乡村区划又发生了很大变化,有的以乡都取代乡里,有的都里并行,有的维持旧制,总之,"自宋朝开国以后,各地县以下的行政区划和乡役的配置,并没有整齐划一,而是搞得五花八门"。近来他又在《宋代社会结构》(载周积明等主编《中国社会史论》下卷,湖北教育出版社 2000 年版,第 246~275 页)一文中对宋代城乡基层行政组织作了论述,指出自北宋至南宋前期,乡和里一直作为地名和户贯所在地;到南宋晚期,乡特别是里的概念有所淡化;自开宝以后,乡村实际的基层行政单位大多是管和耆,神宗以后又改为都保。在论述各种乡村区划的关系时,以上几文都没有区分其是

否为行政区划，未能厘清其相互关系。吴泰的《宋代"保甲法"探微》(载《宋辽金史论丛》第2辑，中华书局1991年版)一文论及保甲法实施后宋代乡村统治体制的变化。他认为保甲法实施以前，乡、管、村等只有形式上的区域包含关系，但乡、管都不是一级基层政权，乡、管、村、里没有行政上的上下统属关系，从而不能构成一个乡村统治体制；后来随着保甲法的持续推行，都保成了县、乡以下一个不可缺少的行政单位，宋代乡村形成了县—乡—都—保统辖系统的统治体制。该文对都保逐渐演变为行政单位的认识没有问题，但对北宋前期乡、管的性质及中期以后乡性质的变化认识有误，从而其提出的乡村统治体制也值得商榷。朱瑞熙在《中国政治制度通史》第6卷(人民出版社1996年版)中认为北宋前期大多数乡村实行乡、里制，少数地区实行乡、团、里制；废乡设管后又由管演化出耆的建制；保甲法实行后，全国乡村陆续实行都保、保、甲制。南宋时乡村普遍实行乡、都保、甲制，有的地区继续设团，相当于原来的乡。该书未从乡村区划的性质入手分析，致使书中提出的乡村行政体制有误。

郑世刚的《宋代的乡和管》(载邓广铭等主编《中日宋史研讨会中方论文选编》，河北大学出版社1991年版)认为宋初乡、里已混淆为一，里正既是按里设置的行政头目，又是负担一乡赋税征收的乡级行政人员，开宝年间颁布"废乡令"后长期存在的乡的建制只是实施财税稽征的单项行政建制。管作为基层行政区域，设有耆长、户长和壮丁等行政人员，其职能也有明确分工，范围一般比乡要小，与原来的里相似。王棣在郑文对乡的认识的基础上发表了《宋代乡里两级制度质疑》(载《历史研究》1999年第4期)一文，对传统的乡、里两级制的说法提出质疑。他认为乡只是县以下的一级财政建制，与里不存在统属关系。夏维中则依据日本学者的研究撰成《宋代乡村基层组织衍变的基本趋势》(载《历史研究》2003年第4期)一文，与王棣进行商榷。他认为乡里制的崩溃与乡都制的确立是宋代乡村基层组织演变的基本趋势。北宋前期乡仍有一定的职役功能，后因经界法的实施而逐渐成为一种地域单位，里到南宋中后期在大多数地区名存实亡，都成为乡村基层建制的主流。我们同意夏维中对乡村基层组织发展趋势的论述，但在乡村基层组织性质变化的时间及乡都制的问题上有不同认识。童圣江的《隋唐至宋乡

里制度演变述论》(浙江大学硕士学位论文,2002 年)一文阐述隋唐至宋各代乡里的建置,并归纳乡里胥吏的职能及其社会角色的转变,认为宋代打破了前朝的乡里组织模式,改以乡为单位,由里正、户长、耆长、弓手、壮丁等分工掌管乡里事务,熙宁变法后,保甲制度逐渐融入基层组织,并成为宋以后乡里组织的主要模式。文章最后总结了隋唐至宋乡里基层组织及乡里胥吏职能转变的特点:乡里组织及其吏员的设置由较单一向专业化、具体化方向转变,分工更加细密;乡里事务的管理虽有分工,但同时也出现混乱的局面;乡里胥吏的选任标准由注重身份、能力向依据户等过渡;乡里胥吏的地位及其在基层的影响不断下降;基层的行政组织方式由唐代的以户为基本单位转变为五代、宋以后的以地域为基准;政府对基层的控制逐渐从主要依靠强制的行政管理转变为政府管理和乡里自治(一般为宗族、宗法的约束)的双重管理;乡里组织单位的军事色彩逐渐浓厚。他此后还以此为基础发表了《唐宋时代的里正》(载卢向前主编《唐宋变革论》,黄山书社 2006 年版)一文。对于童圣江从长时段考察乡里制度的演变及其规律,我们深表赞同,但其未认识到南宋时人所称的"里正"实际是指保正,致使相关论述存在一些可商榷之处,另古代国家对基层控制的双重性也并非从宋代开始。梁建国的《宋代乡村区划研究》(河南大学硕士学位论文,2004 年)对宋代各种乡村区划的形成、性质、功能及其相互之间的关系都有较为深入的研究,在此前研究的基础上有不少创获。如将耆作为县以下的专项行政区划单位及对明清方志中宋代乡村区划史料的发掘都颇具启发意义,但在一些问题上仍有进一步深入的余地。他在此基础上发表了一系列专题论文,如《北宋后期的都保区划》(载《南都学坛》2005 年第 3 期)一文认为熙宁变法后都保日渐具备乡村区划的功能,县以下的行政事务主要通过都保来执行,原来的乡和都保只存在地域上的包含关系,而没有行政上的统属关系;它们承载着不同的功能,乡主要具有地理区划上的意义,而都保则是对人户实施行政管理。《南宋乡村区划探析:以都保为中心》[载《烟台大学学报》(哲学社会科学版)2006 年第 1 期]一文认为南宋时都保从最初的地方自治及保防组织逐渐兼具人户控制和土地控制的双重功能,乡村区划的意义日渐强化,县以下的行政事务主要通过都保来执行,原来的乡和都保只存在地域上的包含关系,而

没有行政上的统属关系，两种乡村区划体系长期并存，各自发挥着相应的功能。《北宋前期的乡村区划》(载《史学集刊》2006 年第 3 期)一文在前人研究的基础上对北宋前期的乡村区划进行了细致的考辨，指出开宝七年“废乡令”在部分地区得以落实，原来的乡被管所取代，功能主要由户长来体现；多数地区乡得以保留，仍承担着一定的行政功能，里已成为地域区划单位；乡以及管均设有耆长、壮丁来负责治安、词讼等行政管理工作；耆长所辖的区域又被称为“耆”，是县之下的专项行政区划单位，县和耆直接发生关系，不以乡为中介。《唐宋之际里正的变迁》(载《南都学坛》2008 年第 2 期)指出：唐贞观九年设置的乡长等很快就废罢了，但乡仍是县以下的一级区划，其功能通过里正体现；从唐中后期开始，里正的职责范围不断缩小，不仅治安事务由耆长来负责，财税方面的事务虽和唐代大体一致，但也增配了户长和乡书手来共同完成；北宋前期里正的职责由最初在乡村承担催税和圈派差役等事务，转而被派往州县承担衙前，直到至和年间被彻底废罢。鲁西奇的《宋代蕲州的乡里区划与组织：基于鄂东所见地券文的考察》(载《唐研究》第 11 卷，北京大学出版社 2005 年版)一文从鄂东地区出土的 30 余方买地券记载的乡里区划入手，详细考察了宋代蕲水、黄梅、广济和蕲春等县的乡里区划及其地域范围，最后指出：宋代乡已经成为较单纯的地域单元，主要是一种地域概念，而不是行政区划；里是以某一较大聚落为中心的地域单元，在北宋大部分时期是县以下实际发挥作用的基层组织，保甲法推行后也向单纯的地域概念转化；熙丰年间保制得到普遍推行，到北宋末没有太大变动。这一研究对乡、里、保的地域范围考证得比较精细，并颇具启发意义地提出了里正职能运作和实施的问题，但或许是受所用史料的限制，其过于强调了乡等作为地域单位的性质，从而对其性质的认识有所偏差。朱奎泽的《两宋乡治体系中“耆”的几个问题》[载《南京农业大学学报》(社会科学版)2009 年第 4 期]一文认为耆是在乡和管的地域内分设的次级建制单位，依据主要是方志中关于乡村区划的记载。如从耆在行政运作中的地位来看，其结论尚可斟酌。

学术界对于乡村行政头目也有一些研究。雷家宏的《略论宋代乡役的职责》[载《北京师院学报》(社会科学版)1988 年第 3 期]一文探讨了乡村行

政头目在乡村政治、经济、司法、治安等方面的职责。王棣就宋代乡书手发表了一系列论文:《从乡司地位变化看宋代乡村管理体制的转变》(载《中国史研究》2000 年第 1 期)、《论宋代县乡赋税征收体制中的乡司》(载《中国经济史研究》1999 年第 2 期)、《宋代乡司在赋税征收体制中的职权与运作》(载《中州学刊》1999 年第 2 期)、《宋代乡书手初探》(载张其凡等主编《宋代历史文化研究》,人民出版社 2000 年版)。这些论文对宋代乡书手由乡役人转化为县吏的过程及其职掌和运作流程进行了考察,在静态研究中融入了动态研究,颇具启发意义。刁培俊的《在国家和乡村社会之间:两宋乡役演变研究》(河北大学硕士学位论文,2002 年)对宋代乡役人的充役方式、户等、职责和性质等进行了探讨,认为乡役人是国家权力渗入乡村社会的标志,乡役是介于国家和乡村社会间的枢纽性沟通组织。此后,他发表了一系列讨论宋代乡役的论文:《由"职"到"役":两宋乡役负担的演变》(载《云南社会科学》2004 年第 5 期)认为两宋乡役制度发生了由"职"较为突出到"役"日益凸显的变化。《分工与合作:两宋乡役职责的演变》[载《河北大学学报》(哲学社会科学版)2005 年第 4 期]对两宋里正、户长、耆长、保正副、保长和甲头等乡役人的职责及其演变进行了探讨。《乡村中国家制度的运作、互动与绩效:试论两宋户等制的紊乱及其对乡役制的影响》(载《中国社会经济史研究》2006 年第 3 期)从制度规定和实际情况两方面探讨了充任乡役者的户等问题。《在官治与民治之间:宋朝乡役性质辨析》(载《云南社会科学》2006 年第 4 期)讨论了乡役的性质及乡村管理层级的设定,认为两宋乡役不仅体现为国家权力的"神经末梢",也是具有以民治民"自治性"意味的社会控制模式,但并非一级完整的行政区划,乡役兼具官治、自治双重性质;宋朝借助乡耆、都保等县以下管理层级的外在形式,设置乡村职役人,达到其治理和整合乡村秩序的目标,却又在设置乡村职役人员时,较少涉及其外在形式。《宋朝的乡役与乡村"行政区划"》[载《南开学报》(哲学社会科学版)2008 年第 1 期]对乡役的性质作了进一步论述。在上述两文中,首先,作者赋予了"乡役"一词太多的内涵,概念界定不够明确。一般来说,宋代文献中"乡役"的含义无非包括两个方面:一是指乡村民户承担职役的制度,二是指承担职役的人。两者当然都不能视为一级行政区划。其次,作者认为宋代

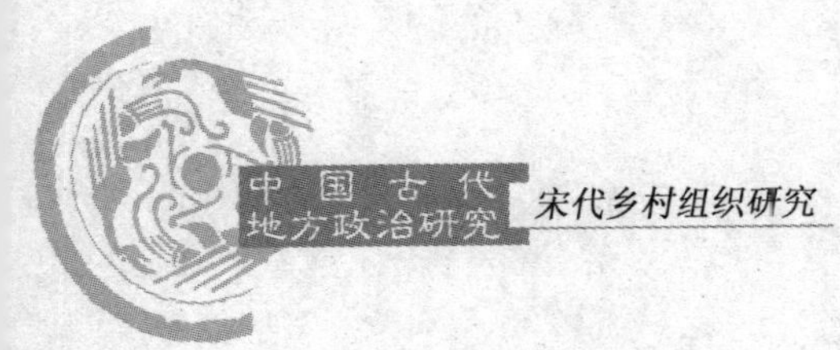

乡、耆、都保等仅仅是乡村管理的外在形式，乡村职役的设置较少涉及乡、耆、都保等，实际上是忽视或割裂了乡、耆、都保及其相应职役的密切关系。《从“稽古行道”到“随时立法”：两宋乡役“迁延不定”的历时性考察》（载《中国社会经济史研究》2008 年第 3 期）探讨了宋代乡役制度的复杂多变及原因。田晓忠的《宋代“富民”与国家的关系》（载林文勋等著《中国古代“富民”阶层研究》，云南大学出版社 2008 年版）指出富民阶层已成为乡村头目的主要来源。

港台地区对宋代乡村行政组织的研究也有很大进展。黄繁光的《宋代民户的职役负担》（中国文化大学博士学位论文，1981 年）虽未刊行，但他在此基础上刊发了一系列论文，多处涉及乡村行政组织，如《论南宋乡都职役之特质及其影响》[载《宋史研究集》第 16 辑，（台北）“国立”编译馆 1986 年版]探讨了北宋保甲法与募役法的结合过程，即保甲组织演变成乡村行政组织的过程，还论述了南宋乡都制的形成过程及其特质、影响等。宋晞的《王安石新法中募役法与保甲法的结合》[载宋晞《宋史研究论丛》第 3 辑，（台北）中国文化大学出版部 1988 年版]也论述了保甲组织向乡村行政组织演变的过程。王德毅的《南宋保甲制之研究》（载《国际宋史研讨会论文集》，中国文化大学出版部 1988 年版）对保甲的渊源、实施过程、变革、社会功用及南宋保甲制与役法的混合等进行了研究。张谷源的《宋代乡书手的研究》（中国文化大学硕士学位论文，1998 年）对乡书手的任职条件、职掌、在县政中的地位及其专业化和胥吏化的演进等进行了深入研究。杨炎廷的《北宋的乡村制度》（载《宋史论文集：罗球庆老师荣休纪念专辑》，香港中国史研究会 1994 年版）分唐末五代、北宋前期、北宋后期三个阶段对乡村制度进行了勾勒，并对管的设立和耆的出现等问题作了推测。

日本学者的研究在这一时期大为减少。柳田节子的《宋元乡村制的研究》（东京：创文社 1986 年版）是其过去论文的结集，第三编“乡村制的发展”除前引其文外，又增加了《宋代的村》一文，论述了从唐代的里向宋代村的演变。佐竹靖彦的《唐宋变革的地域研究》（京都：同朋舍 1990 年版）也是其论文的结集，第一部分为“宋代的乡村制度”，除前引《宋代乡村制度之形成过程》一文外，又增加了《宋初乡制论》一文。梅原郁的《宋代的乡司》（载《刘子

健博士颂寿纪念宋史研究论集》,京都:同朋舍 1989 年版)从宏观角度分析了乡书手的职掌及其转变,勾勒出了宋代乡书手的概貌。斯波义信的《宋代湖州的聚落复原》(同上)考察了湖州从唐至清乡里组织的实况,指出从唐代到宋代多发生分村和建立新村的情况。佐竹靖彦的《泸州江安县生南耆》(同上)探讨了宋代少数民族地区乡村的行政编排。

以上对学术界关于宋代乡村行政组织研究的叙述,限于学识,难免挂一漏万,但大致能反映出一个世纪以来宋代乡村行政组织研究的概貌。从总体上看,学术界讨论的焦点主要有二:一是宋代乡村基层组织的演变及其相互关系。对这一问题的研究一般是以地方志和金石史料中关于宋代乡村区划的记载为基本史料。如果仅依此为基础来探讨宋代乡村基层组织及其相互关系,而不注意从性质上加以区分,最终只会发现宋代乡村基层组织十分繁杂,难以讲清,而以地域差异或制度规定与实施之间的差异了事。这就是学界对此问题长期争论不已的原因。二是对乡村行政头目的研究。由于宋代乡村行政头目即乡村职役,故对乡村行政头目的研究多附属于对宋代职役的研究[①]。诸文虽对乡村行政头目的选差、职掌、演变等都有比较详尽的研究,但在其与乡村行政组织的对应关系等问题上,如里正是作为乡的头目还是里的头目,耆长与管和耆的关系等,仍有深入探讨的必要。乡村区划是否设相应的乡村头目是本书判定某一乡村区划是否为行政区划的重要标准。

学术界对宋代乡村行政组织的研究在以下两个方面还比较薄弱:一是乡村行政组织的运作。对其职能,一般的研究多注重制度规定,而不关心其在乡村社会中的具体运行;对于其与县及乡民之间的行政运转也罕有论述。二是乡村行政组织在乡村社会中的地位。对于乡村行政组织与乡村民间组织的关系问题,只是在探讨各民间组织时偶有涉及[②],而不见有专门的论述。至于乡村行政组织在乡村社会中的地位,学术界虽有论述,但未将乡村行政

① 关于宋代职役制度的研究,参见刁培俊《当代中国学者关于宋朝职役制度研究的回顾与展望》,载《汉学研究通讯》22 卷 3 期,2003 年。

② 参见陈宝良《中国的社与会》,浙江人民出版社 1996 年版,第 140～160 页;史江《宋代会社研究》,四川大学博士学位论文,2002 年。

组织放在整个乡村社会的多元结构中去考察，难以真正明了乡村行政组织的地位。

（二）关于宋代民间组织的研究

一些关于中国古代社团研究的通论性著作对宋代民间组织的发展、种类及组织状况都有简要叙述。宁可的《述社邑》[载《北京师院学报》（社会科学版）1985 年第 1 期]论述了中国古代社邑的发展演变过程，涉及宋代社邑；王世刚主编的《中国社团史》（安徽人民出版社 1994 年版）较为简略地论述了宋代军事社团、民间秘密宗教会社、佛教结社、文人结社等社团的情况；陈宝良的《中国的社与会》（浙江人民出版社 1996 年版）是通史性的会社研究专著，全面分析了政治型、经济型、军事型和文化生活型等各类会社的发展、功能及组织结构等，虽然不少地方涉及宋代会社，但其重点还是明清会社。具体到宋代会社的研究，有史江的《宋代会社研究》（四川大学博士学位论文，2002 年），全面论述了宋代秘密性会社、宗教性会社、军事性会社、经济性会社、文化娱乐型会社等各种类型会社的发展、组织形式、特点和功能等问题，最后对宋代会社的历史定位、特点、兴盛原因和社会功能进行了总结，对宋代会社的研究有很大推进，但还有不少会社未加以探讨，在各种会社的组织形式及其与国家的关系等问题上也留下了很大的研究空间；周扬波的《宋代士绅结社研究》（中华书局 2008 年版）专门研究宋代士绅群体参与的结社及其社会影响，认为宋代士绅结社从功能上分为控制型（乡约、士绅武装、学术会社）、应对型（经济合作会社、民间救济组织）、怡情型（文艺会社、耆老会）三大类，分别起着填补政府权力空间、整合民间资源、建立交友网络的功能，并讨论了士绅阶层在其中的作用，但在某些具体问题上有若干失误之处，对会社与国家的关系也未充分论述。

下面分别论述学界关于本书所讨论的宋代各种民间组织的研究状况。

1. 关于宗族组织的研究

学术界对宋代宗族的研究状况已有不少总结①，本书在其基础上作一简要评述。目前学界对宗族和家族的界定意见并不统一，在具体研究中更多的是将二者混同。本书为讨论便利，也不将二者作明确区分。另外，学界关于宋代宗族研究的成果中很大一部分是对世家大族个案的研究，除个别与乡村社会关系密切者外，在此不一一罗列。

首先看中国学者的研究。

20 世纪 50 年代前，主要是一些通史性的研究，如吕思勉的《中国宗族制度小史》（中山书局 1929 年版）、陶希圣的《婚姻与家族》（商务印书馆 1934 年版）和高达观的《中国家族社会之演变》（正中书局 1944 年版）等，其中高著提出了宋代家族社会的特点是宗族制度民众化的观点，值得注意。50 年代以后，相关研究主要围绕着对族权的批判展开，如左云鹏的《祠堂族长族权的形成及其作用试说》（载《历史研究》1964 年第 5～6 期）认为族权的要素是祠堂、族产、族规和族长，指出宋元时代已有把祠堂和祭田相结合的事实。

20 世纪 80 年代后，宋代宗族史研究日渐繁荣。

著作方面，徐扬杰的《中国家族制度史》（人民出版社 1992 年版）、冯尔康等合著的《中国宗族社会》（浙江人民出版社 1994 年版，后改为《中国宗族史》，由上海人民出版社 2009 年出版）、常建华的《中华文化通志・宗族志》

---

① 中国学者的研究可参见常建华《二十世纪的中国宗族研究》，载《历史研究》1999 年第 5 期；朱瑞熙《大陆"宋代家族与社会"研究的回顾》，载《大陆杂志》90 卷 2 期，1995 年；吴雅婷《回顾一九八〇年以来宋代的基层社会研究》，载（日本）《中国史学》第 12 卷，2002 年；郭恩秀《八〇年代以来宋代宗族史中文论著研究回顾》，载《新史学》16 卷 1 期，2005 年；马雪等《1991 年以来宋代家族史研究述略》，载《中国史研究动态》2007 年第 4 期；赵丹等《宋代家族史、宗族史研究状况略述》，载《考试周刊》2007 年第 46 期；常建华《宋明以来宗族制形成理论辨析》，载《安徽史学》2007 年第 7 期。国外学者的研究可参见常建华《中华文化通志・宗族志》（上海人民出版社 1998 年版）的导言部分，第 9～12 页。日本学者对宋代宗族研究用力较多，除前述提及的著作外，还可参见小林義廣《日本における中国の家族・宗族研究の现状と课题》，载《東海大学纪要（文学部）》78 号，2002 年；遠藤隆俊《日本宋代宗族史研究的现状与课题》，载吴春梅主编《安大史学》第 1 辑，安徽大学出版社 2004 年版，第 184～196 页；井上徹著、钱杭译《中国的宗族与国家礼制》序章，上海书店出版社 2008 年版，第 1～31 页。最新的研究可参见井上徹、遠藤隆俊编《宋－明宗族の研究》，东京：汲古书院 2005 年版。

（上海人民出版社 1998 年版）等通史性专著对宋代宗族制度都有论述，较全面地论述了宋代宗族制度的特点及宗族制度的基本内容。朱瑞熙在《宋代社会研究》（中州书画社 1983 年版）中专列《宋代的封建家族》一章，强调宋朝家族组织的重建，论述了家族制度的内容。王善军的《宋代宗族和宗族制度研究》（河北教育出版社 2000 年版）是在一系列专题论文（下文对此不再一一列举）的基础上写成的从整体上全面探讨宋代宗族的著作，对于唐宋之际宗族制度的变革，宋代宗族的谱牒、公产、家法族规、宗族祭祀、族塾义学、宗祧继承等组织制度和原则，义门聚居、强宗豪族、世家大族等不同类型的宗族及宗族与宋代社会发展等问题进行了论述。

专题论文可分为以下几个方面：

一是对宗族发展的综合性研究。杜正胜的《传统家族试论》（原载《大陆杂志》1982 年第 2、3 期，今据黄宽重等主编《家族与社会》，中国大百科全书出版社 2005 年版）讨论了宋元以下的新宗族形态，认为其以族谱、义田、族长和祠堂为基础。柳立言的《从赵鼎〈家训笔录〉看南宋浙东的一个士大夫家族》[原载《第二届国际华学研究会议论文集》，（台北）中国文化大学出版部 1991 年版，今据前引《家族与社会》]论述了赵鼎构想中的家族形态及维系方式，指出了家族领导层的构成和功能、家族祭祀和家产对于家族的重要意义。包伟民的《唐宋家族制度嬗变原因试析》（原载纪宗安等主编《暨南史学》第 1 辑，暨南大学出版社 2002 年版，今据包伟民《传统国家与社会》，商务印书馆 2009 年版）认为两宋处于由魏晋隋唐时期的贵族型家族制度向明清之际的普及型家族制度转变的中间阶段，并对转变的原因进行了深入分析。李静的《论张载重建宗法的思想》（载《重庆社会科学》2000 年第 4 期）和《论北宋的平民化宗法思潮》[载《重庆师院学报》（哲学社会科学版）2002 年第 4 期]论述了北宋的宗法思想。赵华富的《徽州宗族研究》（安徽大学出版社 2004 年版）涉及了宋代徽州宗族形态的若干问题。韦宝宏的《士绅与宗族制度论略》（西北师范大学硕士学位论文，2004 年）论述了宋元时期士大夫与宗法理论和宗族制度的互动关系。林济的《长江流域的宗族和宗族生活》（湖北教育出版社 2004 年版）论述了宋元时期长江流域的宗族活动与宗族文化，对范氏义庄及徽州宗族也有论述。冯尔康的《秦汉以降古代中国

"变异型宗法社会"试说:以两汉、两宋宗族建设为例》(载《天津社会科学》2008 年第 1 期)论及了宋代的宗族建设。

二是对义门家族相关问题的研究。柯昌基的《宋代的家族公社》[载《南充师院学报》(哲学社会科学版)1982 年第 3 期]论述了同居共财的家族共同体。许怀林的《"江州义门"与陈氏家法》(载邓广铭等主编《宋史研究论文集》,河北教育出版社 1989 年版)从剖析家法入手说明大族维护政权的作用;《陆九渊家族及其家规述评[载《江西师范大学学报》(哲学社会科学版)1989 年第 2 期]讨论了金溪陆氏的家规;《财产共有制家族的形成与演变:以宋代"义门"陈氏、陆氏为例》(载许怀林主编《江西历史研究论集》,江西人民出版社 1999 年版)论述了"义门"家族的重建与分布、聚合力与生活内容、管理制度及其演变趋势,论证其必然瓦解的结局。唐代剑的《试论宋代大家庭的社会职能》(载《社会科学》1993 年第 7 期)认为"义门"大家庭是贯彻封建专制的楷模、组织社会生产的单位、培养人才的基地和调和阶级矛盾的场所。

三是对宗族形态的研究。对宗族经济基础的研究,如邢铁的《宋代的义庄》(载《历史教学》1987 年第 5 期)认为义庄不是本族的祖传资产,而是有宗族色彩的私人赈恤组织。宋三平的《宋代封建家族的物质基础是墓祭田》[载《江西大学学报》(社会科学版)1991 年第 6 期]认为普遍存在的宋代墓祭田是家族的物质基础。王日根的《宋以来义田生成机制论》[载《厦门大学学报》(哲学社会科学版)1996 年第 2 期]认为宋代以来义田持续发展,影响深远,发挥着社会整合作用。王善军的《范氏义庄与宋代范氏家族的发展》(载《中国农史》2004 年第 2 期)论述了义庄等经济手段对于家族维持的作用。对宗族祭祀的研究,如宋三平的《试论宋代墓祭》(载《江西社会科学》1989 年第 6 期)和《宋代的坟庵与封建家族》(载《中国社会经济史研究》1995 年第 1 期)探讨宋代的宗族墓祭等,认为墓祭是宋代封建家族收族的主要手段,坟庵是宋代家族整合的重要手段之一。游彪的《宋代的宗族祠堂、祭祀及其他》[载《安徽师范大学学报》(人文社会科学版)2006 年第 3 期]论述了宋以后新宗族组织中的祠堂祭祀、墓祭、墓田和祭田等问题,并分析了祖先祭祀的意义。赵旭的《唐宋时期私家祖考祭祀礼制考论》(载《中国

史研究》2008年第3期)论述了唐宋私家祖考祭祀礼制在形式和内容上的变化,即从家庙到影堂再到祠堂,从祭祀直系祖先到“祭及旁亲”乃至同族“共庙”。对家法族规的研究,如戴建国的《宋代家法族规试探》(载戴建国《宋代法制初探》,黑龙江人民出版社2000年版)对宋代家法族规的内容和作用作了详尽深入的论述。杨建宏的《宋代家训家范与民间社会控制》(载《船山学刊》2005年第1期)认为家训家范在民间充当“家法”角色,与国家法互为表里,有效地加强了国家对民间社会的控制。对宗族教育的研究,如宋三平的《宋代家族教育述论》[载《南昌大学学报》(社会科学版)1996年第3期]论述了家族教育的类型、设立方式、形成原因、学生与教师、兴学目的和效果等。梁庚尧的《宋代的义学》(载《台大历史学报》第24期,1999年)也涉及宗族设立的义学。对族谱的研究,如龚鹏程的《唐宋族谱之变迁》[载《第一届亚洲族谱学术研讨会会议记录》,(台北)联经出版事业有限公司1984年版]从唐宋时期社会结构的变化入手讨论了唐宋时期族谱在性质、功能和编修形式等方面的变化;《宋代的族谱与理学》[载《第二届亚洲族谱学术研讨会会议记录》,(台北)联经出版事业有限公司1985年版]从宋初宗族的发展和宋型族谱的产生入手讨论了理学与族谱间复杂的关系。盛清沂的《试论宋元族谱学与新宗法之创立》(同上)论述了宋元时期族谱学的兴起和发展及宋元儒家对宗法的创新。王鹤鸣的《宋代谱学创新》(载《安徽史学》2008年第2期)认为宋代在谱学发展史上处于重要变革、转型时期,呈现出官修公谱废绝和私修家谱兴盛的趋势,在编修宗旨、编修形式、谱图之法、家谱内容、续修时间等诸方面均发生了明显变化,奠定了后世修谱的基本格局。对族长的研究,如宋燕鹏等的《从〈名公书判清明集〉看南宋族长的职权》(载《邯郸师专学报》2001年第4期)论述了南宋族长的职权。

四是宗族与国家和社会关系的研究。对于宗族与国家的关系的研究主要集中于宗族政策研究方面,如许怀林的《陈氏家族的瓦解与“义门”的影响》(载《中国史研究》1994年第2期)探讨了国家的宗族政策与地方大族的关系问题;戴建国的《宋代家族政策初探》(载戴建国《宋代法制初探》,黑龙江人民出版社2000年版)对宋代家族政策作了详尽深入的论述。宗族与地方社会关系的研究多从宗族个案入手。何晋勋的《宋代地方士大夫家族势

力的构成:以鄱阳湖地区为例》(台湾清华大学硕士学位论文,1994 年)涉及宋代士大夫家族对地方公益事业等的参与问题,讨论了他们在乡里社会的角色。梁庚尧的《家族合作、社会声望与地方公益:宋元四明乡曲义田的源起与演变》[原载《中国近世家族与社会研讨会论文集》,(台北)“中央”研究院历史语言研究所 1998 年版,今据前引《家族与社会》]以四明家族合作推动的乡曲义田为例探讨宋元士人家族超越家族的界限推动地方公益活动的过程。王善军的《北宋青州麻氏家族的忽兴与骤衰》(载《齐鲁学刊》1999 年第 6 期)一文探讨了青州麻氏这一地方豪族及其与地方社会的关系。申小红的《略论宋代的宗族自治》(载《甘肃社会科学》2004 年第 3 期)强调了宗族组织的自治性。蔡惠如的《南宋的家族与赈济:以建宁地区为中心的考察》(台湾政治大学硕士学位论文,2004 年)从家族的角度切入探讨赈济问题。廖寅的《宋代两湖地区民间强势力量与地域秩序》(武汉大学博士学位论文,2005 年)中所说的“民间强势力量”主要是富族和士族,文章论述了各大族的宗族建设和社会救济,对学校、祠庙、寺观和水利工程等公共事务的参与,对社会安定的作用等,并对其与地域社会秩序的关系作了深入分析。朱开宇的《科举社会、地域秩序与宗族发展:宋明间的徽州,1100～1644》(台湾大学出版委员会 2006 年版)从较长时段考察宋明间徽州宗族制度的发展演变,认为经营地方是宗族组织维持发展的关键因素之一。黄宽重在《宋代的家族与社会》[(台北)东大图书公司 2006 年版]绪言中说:“透过家族间的互动,也是观察宋代基层社会现象的重要指标。鉴于以往研究家族的学者对这一方面较少关注,因此,在本书中有较多着墨。”书中在讨论各宗族个案时都注意探讨其与地方社会的关系。

其次是国外学者的研究。

日本学者对宋代宗族研究较多。[①] 20 世纪三四十年代,牧野巽的《中国家族研究》(载《牧野巽著作集》第 1、2 卷,东京:御茶水书房 1979、1980 年版)和《近世中国宗族研究》(载《牧野巽著作集》第 3 卷,东京:御茶水书房

① 本部分内容主要参考常建华《中华文化通志·宗族志》的导言和日本学者远藤隆俊《日本宋代宗族史研究的现状与课题》写成。

1980年版)对宋代及以后的宗族形态进行了研究;清水盛光的《中国族产制度考》[宋念慈译,(台北)中国文化大学出版部1986年版]论述了宋代义田和祭田的沿革与功能。50年代至70年代学者们主要关注以族田为经济基础的宗族的历史特质,其中以仁井田陞的《中国的同族及村落的土地所有问题》(载《东洋文化研究所纪要》通号10,1956年)为代表。该文提出宋以后"宗族共同体论",认为唐宋之际兴起的官僚地主阶层为缓和地主和佃户间的矛盾,设置共有地以维护新兴的大地主体制,这对此后的研究影响很大。近藤秀树的《范氏义庄之变迁》(载《东洋史研究》21卷4号,1963年)和福田立子的《宋代义庄小考:以明州楼氏为中心》(载《史艸》13号,1972年)对宋代义庄进行了探讨。森田宪司的《〈成都氏族谱〉小考》(载《东洋史研究》36卷3号,1977年)和《宋元时代的修谱》(载《东洋史研究》37卷4号,1978年)对唐宋以来族谱的变化进行了探讨,指出了宋元族谱收族的目的。

80年代以后,与唐宋变革论和地域社会的研究相联系,日本学界对宋代宗族的研究取得了很大进展,具体可参见前引远藤隆俊文,此处只对与本书有关的研究略作叙述。金井德幸的《宋代的村社与宗族》(载《历史上的民众与文化》,东京:国书刊行会1982年版)探讨了民间宗教组织与宗族的关系。多贺秋五郎的《中国宗谱研究》(上、下)(日本学术振兴会1981、1982年版,周芳玲等中译本以《中国宗谱》为题由中国社会出版社2008年出版)对宋代宗谱作了论述。小林义广在《宗族与乡村社会视角下的宋代史研究》(载《名古屋大学东洋史研究报告》8号,1982年)、《宋代宗族与乡村社会的秩序:以累世同居为中心》(载《东海大学纪要(文学部)》第52辑,1990年)、《关于宋代福建莆田方氏一族》(载《中国中世史研究续编》,京都大学学术出版会1995年版)、《北宋中期宗族的再认识》(载《东海大学纪要(文学部)》第68辑,1998年)、《北宋中期的士大夫与宗族》(载《创文》427号,2000年)、《宋代宗族研究的现状与课题:以范氏义庄的研究为中心》(载《名古屋大学东洋史研究报告》25号,2001年)、《宋代苏州的地域社会与范氏义庄》(载《名古屋大学东洋史研究报告》31号,2007年)等一系列文章中对宋代宗族及其与乡村社会、地域社会的关系进行了深入研究。远藤隆俊的《范氏义庄的诸位·掌管人·文正位:宋代宗族结合的特质》(载《集刊东洋学》通号

60，1988年)、《宋代苏州的范氏义庄：同族的土地所有的一侧面》(载《宋代的知识人》，东京：汲古书院1993年版)、《宋代苏州的范文正公祠》(载《中国传统社会与家族》，东京：汲古书院1993年版)、《宋代同族网络的形成：以范仲淹与范仲温为例》(载《宋代社会的网络》，东京：汲古书院1998年版)、《关于范文正公家书》(载《集刊东洋学》通号86，2001年)、《宋代的地域社会与宗族》(载《高知大学学术研究报告(人文科学编)》51号，2002年)、《北宋士大夫的日常生活与宗族》(载《东北大学东洋史论集》9号，2003年)、《宋代的士大夫与家族、宗族》(载《中国社会历史评论》第5卷，商务印书馆2007年版)等一系列文章均以范氏宗族为中心对宋代宗族的特征进行了探讨。井上徹的《宋代以降宗族特质的再检讨》(载《名古屋大学东洋史研究报告》12号，1987年，后收入氏著《中国的宗族与国家礼制》，钱杭中译本由上海书店出版社2008年出版)对仁井田陞的同族"共同体"论进行考辨，认为宗族不是缓和阶级矛盾的工具，实际上是实现官僚身份世袭化的基地。小松惠子的《宋代以降徽州地域开发与宗族社会》(载《史学研究》201号，1993年)讨论了宗族对于宋代徽州地域开发的意义。佐竹靖彦的《宋代的家族与宗族：关于宋代家族与社会研究的进展》(载《人文学报》通号257，1995年)总结了学界关于家族与宗族的各种学说和认识。竺沙雅章的《北宋中期的家谱》(载竺沙雅章《宋元佛教文化史研究》第九章，东京：汲古书院2000年版)对北宋中期家谱的变化作了论述。最近出版的井上徹、远藤隆俊编的《宋—明宗族研究》(东京：汲古书院2005年版)收集了若干关于宋代宗族研究的论文。远藤隆俊关于宋元部分的总论首先论述了宋元宗族的特征：一是规模小，祖先祭祀范围受限，祠堂、族谱、义庄等皆备的宗族很少；二是《朱子家礼》出现前后，各种思想和解释并存，未必形成统一规范；三是宗族复兴的主要推动者是士大夫阶层，深入民众少；四是宗族分布偏向长江以南；五是宋元王朝都不把宗族和族产作为社会的普遍存在。然后从士大夫与地域社会、制度与思想、家与户等三方面对已有的研究作了评论。笔者以为此处对宋元时期宗族发展程度的判断有点保守。书中还收录了吾妻重二的《近世宗族研究的问题点：祠堂·始祖祭祀·大家族主义》、佐佐木爱的《关于宋代的宗法论》、须江隆的《祠庙和地域社会：以北宋以降的宗族动向为中心》、青

木敦的《宋代江西抚州一族的生存战略》、近藤一成的《宋代的修谱与国政》等文章，或论述宋代的宗族形态，或论及宗族与地域社会的关系，值得注意。平田茂树等编的《宋代社会的空间与交流》(东京:汲古书院 2006 年版，中译本由河南大学出版社 2008 年出版，文章有所调整)第二部分是“宋代的宗族与空间、交流”，其中收录了数篇关于宋代宗族的研究论文，如远藤隆俊的《宋代的宗族研究与空间、交流》简述了宋元时期宗族的研究现状与课题，其另一篇文章《北宋士大夫的寄居与宗族》以范氏宗族为中心探讨寄居的士大夫与家乡宗族的关系；中岛乐章的《从累世同居到宗族形成:宋代徽州的地域开发与同族结合》对以往学界关于累世同居的认识进行了总结，并以武口王氏为例考察了其形成与解体。该书还收录了美国学者克拉克(Hugh R. Clark)的《宋初闽南家谱传统的出现》，论述了唐末五代宋初闽南的流动性社会环境与家谱传统出现的关联性；中国学者常建华的《从朱熹佚文看〈家礼〉祠堂篇与宋代祠庙祭祖》论述了士大夫祭祖的情况与朱熹设计的祠堂制度的关系。

美国学者对宋代宗族通过参与地方公共事务维系自己在地方上的影响力有较多研究。沃尔顿(Linda Walton)的《宋代的家族、婚姻和身份:宁波楼氏个案研究》(*Kinship, Marriage, and Status in Sung China: A Study of the Lou Lineage of Ningbo*, 1050～1250, Journal of Asian History 18.1, 1984)、韩明士(Robert P. Hymes)的《政治家与绅士:两宋江西抚州的精英》(*Statesmen and Gentlemen: The Elite Fu-Chou, Chiang－His, in Northern and Southern Sung*, Cambridge University Press, 1986)、柏文莉(Beverly J. Bossler)的《权力关系:宋代的家族、身份与国家》(*Powerful Relations: Kinship, Status, & the State in Sung China*, Harvard University Press, 1998)等分别涉及宁波楼氏、抚州精英家族和婺州士大夫家族对地方公共事务的参与。

新加坡陈荣照的《论范氏义庄》[载《宋史研究集》第 17 辑，(台北)“国立”编译馆 1988 年版]从义庄产生的思想基础、规模与发展、影响与评价等方面对特威恰特的研究作了补充论述。韩国学者陆贞任的《宋代族谱与修谱传统的演变》(载姜锡东等主编《宋史研究论丛》第 7 辑，河北大学出版社

2006年版)通过考察宋代族谱修撰的实际状况,认为宋代的修谱传统由他撰谱为主流逐渐演变成自撰谱单独复兴,揭示出宋代前后期的修谱传统的演变及其社会功能的转变;《宗族组织形成期的累世同居大家庭》(载姜锡东等主编《宋史研究论丛》第9辑,河北大学出版社2008年版)讨论了累世同居大家庭的形成原因、特征及其意义。

综上所述,学界对唐宋宗族制度的变革、宋代新宗族制度的建立及士大夫阶层和国家在其中的作用、新宗族制度的内容和宗族对于地方社会的影响已有较为深入的研究,但对宋代宗族组织在乡村社会控制中的角色和地位及其与乡村行政组织和其他民间组织的关系却研究较少。

2. 关于民间经济组织的研究

宋代民间经济组织主要有社仓、义役和水利共同体三类,下文分别叙述之。

学术界对宋代的社仓已有比较深入的研究,相关成果集中于以下几个方面:

一是对朱熹与社仓的关系、朱子社仓的功能及朱熹荒政思想的论述,如张全明的《试论朱熹的社仓制》[载《研究生学报》(华中师范学院)1987年第1期]、张大鹏的《朱子社仓法的基本内容及其社会保障功能》(载《中国农史》1990年第3期)、张品端的《朱子社仓法的社会保障功能》[载《福建论坛》(人文社会科学版)1995年第6期]和《朱熹社仓法的基本内容及其社会保障作用》(载《中国社会科学院研究生院学报》2009年第3期)、《从社仓法看朱熹的社会保障思想》[载《徽州师专学报》(哲学社会科学版)1997年第2期]、吴定安的《朱子社仓之法及其影响》(载《江西社会科学》2000年第12期)、连燕春的《朱子社仓与道学家的社会思想》[载《合肥学院学报》(社会科学版)2007年第3期]等。

二是对宋代社仓的起源、发展演变、运营方式、地域分布及其弊端等问题的综合或个案研究。王德毅的《宋代灾荒的救济政策》[(台北)中国学术著作奖助委员会1970年版]、梁庚尧的《南宋的农村经济》[(台北)联经出版事业公司1984年版]、张文的《宋朝社会救济研究》(西南师范大学出版社2001年版)和《宋朝民间慈善活动研究》(西南师范大学出版社2005年版)、

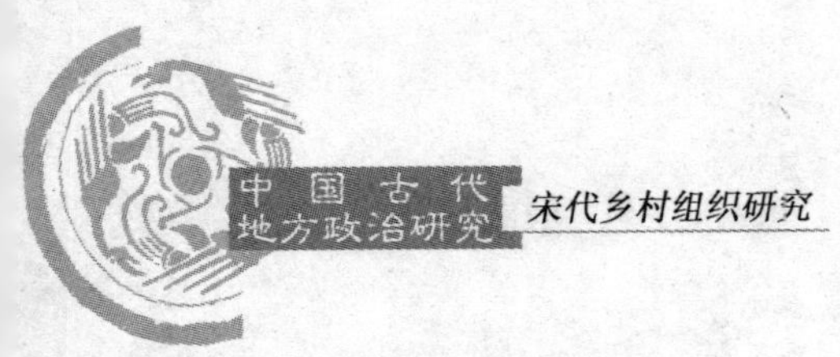

郭文佳的《宋代社会保障研究》(新华出版社 2005 年版)等著作都论及宋代社仓的起源、发展、功能及运营。专题论文也有一些。今崛诚二的《宋代社仓制批判》(载《师大学刊》1942 年第 1 期)是较早深入研究宋代社仓的论文,论述了社仓从隋唐到南宋的发展、地域分布、运营方式以及黄震对社仓的改革,探讨了社仓的性质,认为其是采用资本主义方式经营的地方自治之仓,在乡村赈济中有重要作用,其中还特别讨论了社仓运行中与乡村区划的关系,值得注意。乔炳南的《南宋时代的义仓制与社仓制》(载《帝塚山大学论集》通号 13,1976 年)论及南宋社仓制的发展。渡边纮良的《淳熙末年建宁府的社仓米》(载《中嶋敏先生古稀记念论集》下卷,东京:汲古书院 1981 年版)探讨了建宁社仓谷本的运营。梁庚尧的《南宋的社仓》[载梁庚尧《宋代社会经济史论集》下册,(台北)允晨文化实业股份有限公司 1997 年版]不仅探讨了社仓的背景与渊源、创设与推广,而且论述了其发展和演变的趋势:以田产为社仓的资本,平粜式社仓的发展,社仓与举子仓、义役相结合,政府在其中的角色增强。户田裕司的《黄震对广德军社仓的改革:南宋社仓制度再检讨》(载《史林》73 卷 1 号,1990 年)通过论述黄震对广德军社仓的改革对南宋社仓制度的利弊进行了讨论。寺地遵的《义役·社仓·乡约:南宋期台州黄岩县事情素描续篇》(载《广岛东洋史学报》第 1 号,1996 年)讨论了黄岩县的社仓。许秀文的《浅议南宋社仓制度》(载《河北学刊》2007 年第 4 期)指出社仓是官办仓储的有力补充,在防灾备荒中发挥了重要作用,对后世影响深远。

三是研究社仓组织中国家力量和民间力量的关系问题,如前述周扬波的《宋代士绅结社研究》即对此有所探讨。李瑾明的《南宋时期社仓制的实施及其性质:以福建地区为中心》(载姜锡东主编《政府与经济发展:中国经济发展史上的政府职能与作用国际研讨会论文集》,知识产权出版社 2005 年版)则通过社仓探讨南宋乡村社会的结构,如地方社会各阶层在其中的作用和社仓与国家权力间的关系等问题,认为社仓是为解决乡村社会的问题,企图最大限度地动员士大夫阶层和上户乃至豪民阶层等乡村社会力量的产物。总之,关于宋代社仓的研究虽取得了较为丰硕的成果,但对社仓与乡村行政组织的关系却几乎没有涉及,另在社仓组织中国家权力与民间力量的

博弈问题上也有进一步深入探讨的余地。

学界对宋代义役的研究大致有两个角度:一是役法的角度,主要从宋代差役制度的演变入手,探讨义役产生的原因、创建、推广、变异以及被破坏的经过和原因,其中也涉及各社会阶层和势力在其中的作用。曾我部静雄的《宋代财政史》(东京:大安会社 1941 年版,第 213～217 页)第二篇中有"义役、议役制度"一节论述宋代义役。前引聂崇岐的《宋役法述》和李剑农的《宋元明经济史稿》(三联书店 1957 年版,第 241～243 页)对宋代义役的创立和发展都有所论述。周藤吉之的《南宋义役的设立与运营》(载周藤吉之《宋代史研究》,东京:东洋文库 1969 年版)详细论述了保正长之役与义役的关系,义役的创设、种类和地域性,并特别论述了以义役田为中心的义役运营形态。王德毅的《南宋义役考》(原载《东海图书馆学报》第 9 期,1968 年,后收入氏著《宋史研究论集》,台湾商务印书馆 1993 年版)针对前述日本学者研究的不足,论述了义役的意义及实行经过、义役法的内容、被破坏的原因,认为其是现代地方自治的滥觞。梁庚尧的《南宋的农村经济》[(台北)联经出版事业公司 1984 年版,第 267～274 页]简要论述了义役的产生、运作方式和官府在其中的作用。何高济的《南宋的义役》(载邓广铭等主编《宋史研究论文集》,河南人民出版社 1984 年版)分析了义役产生的背景,对其组织形式也有论述。漆侠的《宋代经济史》上册(上海人民出版社 1987 年版,第 492～499 页)讨论了豪绅把持下的义役的来源、内容与运作情况。黄繁光的《南宋义役的推展及其意义》(载《淡江史学》第 3 期,1991 年)讨论了义役的推行过程及其在均役上的意义。杨宇勋的《取民与养民:南宋的财政收支与官民互动》(台湾师范大学历史研究所 2004 年版,第 272～285 页)讨论了义役的产生及具体运营方式、各阶层对义役的态度,分析了义役经久不败的要素。葛金芳的《从南宋义役看江南乡村治理秩序之重建》(载《中华文史论丛》总第 85 辑)针对前人在义役认识上的歧见,论述了义役实施的三个阶段、义役的类型及运作方式、败坏的原因,最后指出其是民间乡绅参与乡村治理秩序建设的有益尝试。其实,宋代乡村秩序的维持在很大程度上是靠民间上户轮充职役实现的,义役的出现只是显示了民众轮充职役的自主性而已。

二是从社会组织的角度，探讨义役的组织形态及其运营等。上述各文对此也有涉及，另如黄繁光的《南宋义役的综合研究》(原载《新埔学报》1992年第12期，后收入林徐典编《汉学研究之回顾与前瞻》下册，中华书局1995年版)论述了义役兴起的背景、实施概况，并分析了义役的社会意义：一是南宋士大夫自觉精神的实践场所，二是南宋最进步的地方公益性半自治团体。伊藤正彦的《义役：南宋时社会结合的一种形态》(载《史林》75卷5号，1992年)详细分析了义役的弊害与解体、结成过程，并以黄岩县义役为例分析了义役结合形态的特点，最后论述了义役改革的基调。前引寺地遵的《义役·社仓·乡约：南宋期台州黄岩县事情素描续篇》论述了黄岩义役的变迁，讨论了黄岩的官民关系。前引张文的《宋朝民间慈善活动研究》(第203～212页)将义役视为民间助役组织，论述了其发展和组织形式。周扬波的《南宋义役的利弊：以社团为角度的考察》[载《浙江师范大学学报》(社会科学版)2007年第2期]讨论了义役作为社团的合理性，分析了义役流弊的主因是官方化对民间组织的异化。

虽然学界对义役的研究已取得了较丰硕的成果，但对于义役组织与乡村行政组织的关系却很少涉及，对其他一些细微问题的研究也有不当之处，有进一步探讨的空间。

虽然学界对宋代水利史的研究也取得了丰硕的成果，但对水利共同体的直接研究并不多，更多的是在论述水利开发时涉及水利共同体，下面择要叙述之。综合性的研究比较少，主要有：周藤吉之的《宋代陂塘的管理机构与水利规约》(前引周藤吉之《唐宋社会经济史研究》)对宋代陂塘政策的发展、陂塘的管理机构、共同体的首领及与形势户的关系和水利规约进行了深入探讨。傅俊的《宋代的官府与乡村社会：一个据于南宋时期灌溉管理网络的考察》(载包伟民主编《宋代社会史论稿》，山西古籍出版社2005年版)详细论述了宋代国家的农田水利官吏机构及职责、陂塘登记制度与灌溉工程分布、经费筹集与管理人员组织、设施维护与用水管理规约等，后两项实际上都是对水利共同体组织形态的研究，文章最后总结了南宋灌溉管理中所见之乡村社会的运作情况。

对某一区域内水利共同体的研究，日本学者有较多成果。高桥芳郎的

《宋代浙西三角洲地带的水利惯行》(载《北海道大学文学部纪要》29卷1号,1981年)探讨了水利修建中的乡原体例。长濑守的《宋元水利史研究》(东京:国书刊行会1983年版)探讨了华北和江南的水利开发,不少内容都涉及区域水利共同体。斯波义信的《宋代江南经济史研究》(方健等中译本由江苏人民出版社2001年出版)对宋代宜春李渠、萧山湘湖等长江流域的水利共同体有深入研究。本田治的《宋代婺州的水利开发》(载《社会经济史学》41卷3号,1975年)和《关于宋元时期的夏盖湖水利》(载《中国水利史论集》,东京:国书刊行会1981年版)、西冈弘晃的《宋代苏州的浦塘管理与围田构筑》(同上)和《宋代江南水利开发的考察:以华亭县东乡为中心》(载《中国水利史论丛》,东京:国书刊行会1984年版)都对某区域内的水利共同体有所论述。国内有成岳冲的《论宋元时期宁波水利共同体》(载中国水利学会水利史研究会等编《它山堰暨浙东水利史学术讨论会论文集》,中国科学技术出版社1997年版)和《浅论宋元时期宁波水利共同体的褪色与回流》(载《中国农史》1997年第1期)对宁波水利共同体进行研究。

对水利共同体的个案研究,好并隆司的《通济堰水利机构的探讨:宋代以降的国家权力与村落》(载《冈山大学法文学部学术纪要》通号15,1962年)通过考察通济堰的管理机构讨论了宋代国家权力与乡村社会的关系。周宝珠的《千仓渠科条碑记与宋代农田水法》(载《历史研究》1995年第6期)和《从济源千仓渠水科条碑记看宋代农田水法特点》(载漆侠等主编《宋史研究论文集》,河北大学出版社1996年版)以济源千仓渠规约探讨了宋代农田水法的特点。钱杭发表了一系列研究湘湖水利共同体的论文,如《湘湖恩怨:利益共同体与地方乡绅》(载熊月之等主编《明清以来江南社会与文化论集》,上海社会科学院出版社2004年版)、《均包湖米:湘湖水利不了之局的开端》(载唐力行主编《国家、地方、民众的互动与社会变迁》,商务印书馆2004年版)、《均包湖米:湘湖水利共同体的制度基础》(载《浙江社会科学》2004年第6期)、《论湘湖水利集团的秩序规则》(载《史林》2007年第6期)、《论湘湖恩怨:一个区域社会史的演变轨迹》(载《传统中国研究集刊》第4辑,上海人民出版社2008年版)和《共同体理论视野下的湘湖水利集团:兼论"库域型"水利社会》(载《中国社会科学》2008年第2期),涉及湘湖水利共同体的形成、发展、维系和运行机制，共同体的秩序规则、成员资格和规约等。上述论文已结集为《库域型水利社会研究：萧山湘湖水利集团的兴与衰》一书，由上海人民出版社 2009 年出版。

近年来学界更加关注水利共同体与国家和社会的关系。王锦萍的《虚实之间：11～13 世纪晋南地区的水信仰与地方社会》（北京大学硕士学位论文，2004 年）不仅论述了当时晋南的水信仰与地方秩序间的关系，更论及了民间水信仰与水利共同体的关系。邓小南的《追求用水秩序的努力：从前近代洪洞的水资源管理看"民间"与"官方"》（载纪宗安等主编《暨南史学》第 3 辑，暨南大学出版社 2004 年版；行龙等主编《区域社会史比较研究》，社会科学文献出版社 2006 年版）考察了前近代洪洞水资源的管理机制及其运作情况，包括通过水利规约对水利秩序的经营、管理渠务的自治组织、地方精英在其中的作用和官府对民间渠务的干预，最终讨论了传统乡村社会中连接"官"与"民"、激活二者互动的力量及运作方式，对于探讨水利共同体中国家和社会力量的互动颇有启发意义。陆敏珍的《唐宋时期明州区域社会经济研究》（上海古籍出版社 2007 年版，第 138～175 页）中对明州水利经营管理及其与社会整合关系的研究，实即对明州水利共同体组织形态的研究，书中还探讨了水利活动中的民间信仰和区域社会共同体的问题，值得重视。张俊峰等的《公共秩序的形成与变迁：对唐宋以来山西泉域社会的历史考察》（载《人类社会经济行为对环境的影响和作用》，三秦出版社 2007 年版）论述了山西泉域社会公共水利秩序的形成及影响因素，涉及水利共同体的规约及与其他民间组织的关系。

虽然关于水利共同体的研究已有不少成果，但对于其组织形式及其与乡村行政组织和其他民间组织的关系仍有探讨的空间。

3. 对民间宗教组织的研究

学界对宋代民间信仰和秘密宗教的研究已有较为丰硕的成果[①]，虽然这些研究或多或少地涉及民间宗教组织，但对民间宗教组织的专门研究并不多，相关研究可分为以下几类：

一是直接研究民间宗教会社。日本学者对此研究较早，铃木中正的《宋代佛教结社的研究》（载《史学杂志》52 卷 1～3 号，1941 年）对宋代的佛教结社有较详尽的探讨；金井德幸专注于作为宋代村落祭祀单位的村社的研究，论文主要有《宋代的村社与佛教》（载《佛教史学研究》18 卷 2 号，1976 年）、《宋代的村社与社神》（载《东洋史研究》38 卷 2 号，1979 年）、《宋代的乡社与土地神》（载《中嶋敏先生古稀记念论集》上卷，东京：汲古书院 1980 年版）、《宋代的村社与宗族》（载《历史上的民众与文化》，东京：国书刊行会 1982 年版）、《社神与道教》（载福井康顺等监修《道教》第 2 卷，东京：平河出版社 1983 年版，朱越利等中译本由上海古籍出版社 1992 年出版）、《宋代浙西的村社与土神》（载宋代史研究会编《宋代社会与宗教》，东京：汲古书院 1985 年版）、《南宋“里社庙”的祭祀基础》（载《立正大学东洋史论集》2 号，1989 年）等，对宋代村社进行了全面深入的研究。

从 20 世纪 80 年代开始，中国学者的研究逐渐增加。前述宁可、陈宝良、王世刚等的论著都涉及宋代宗教会社，其中陈著分析得比较深入，初步探讨了宗教会社的组织形式及功能等。具体到宋代，史江的《宋代会社研究》（四川大学博士学位论文，2002 年）专列一章探讨宋代宗教性会社的发展、特点和功能，但其中很大部分内容研究秘密宗教，部分内容后以《宋代传统宗教会社综述》（载《宗教学研究》2003 年第 1 期）为题发表。姚政志的《南宋福州民间信仰的发展》（台湾政治大学硕士学位论文，2005 年）专列一

---

① 相关研究状况的总结可参见蒋竹山《宋至清代国家与祠神信仰关系研究的回顾与讨论》，载《新史学》8 卷 2 期，1997 年。皮庆生《宋代神祠信仰研究的回顾与展望》，载《中国宗教研究年鉴（1999～2000）》，宗教文化出版社 2001 年版，第 474～482 页；又见其《宋代民众祠神信仰研究 · 绪论》，上海古籍出版社 2008 年版。Stephen F. Teiser, *Chinese Religions: Popular Religion*, The Journal of Asian Studies, Vol. 54, No. 2, 1995。王见川《从摩尼教到明教 · 绪论》，（台北）新文丰出版公司 1992 年版，第 2～72 页。

章讨论福州的里社和丛祠，提出了不少新的观点。皮庆生的《宋代民众祠神信仰研究》(上海古籍出版社 2008 年版)第三章较深入地探讨了祠赛社会的发展概况、功能、组织者及社会各阶层的不同态度。学界对敦煌民间结社的研究也涉及宋代，但限于史料，其中关于宋代的论述很少，且限于宋初，如孟宪实的《论唐宋时期敦煌民间结社的组织形态》(载《敦煌研究》2002 年第 1 期)、《唐宋之际敦煌的民间结社与社会秩序》(载《唐研究》第 11 卷，北京大学出版社 2005 年版)等，现已结为《敦煌民间结社研究》(北京大学出版社 2009 年版)一书，在此不再赘述。

这一时期日本学者继续对相关问题加以探讨。须江隆的《社神的变容：以宋代土神信仰为主》(载《文化》58 卷 1、2 号，1994 年)认为原来祭祀田祖的里社之祭从宋代开始被加入了人格化的神而出现了土神信仰。松本浩一的《宋代的社与祠庙》(载《史境》通号 38、39，1999 年)论述了宋代村社、乡社等祠庙的发展与变迁，探讨了社与祠庙的关系以及祠庙信仰的变化。此文后收入其著作《宋代的道教与民间信仰》(东京：汲古书院 2006 年版)。该书专列一章探讨宋代的祠庙信仰，除上文外，还包括祠庙信仰的实态、祠庙祭神的特点、祭礼及祠庙信仰与士大夫的关系等。

二是对宋代祠庙信仰与国家、士大夫和地域社会关系的研究。这不仅有助于研究民间宗教组织与国家的关系等问题，而且其中也涉及祠庙信仰组织的研究。沈宗宪的《国家祀典与左道妖异：宋代信仰与政治关系之研究》(台湾师范大学博士学位论文，2000 年)侧重讨论国家对祠庙信仰活动的态度和政策。卢泽群的《南宋两浙路士大夫与祠庙信仰》(台湾中兴大学硕士学位论文，2002 年)探讨了国家和士大夫与祠庙信仰的关系。日本学者须江隆的《唐宋时期祠庙的庙额、赐号》(载《中国：社会与文化》通号 9，1994 年)、《熙宁七年之诏：北宋神宗朝的赐额、赐号》(载《东北大学东洋史论集》第 8 辑，2001 年)、《唐宋时期社会构造的变迁过程：以祠庙制的演变为中心》(载《东北大学东洋史论集》第 9 辑，2003 年)，松本浩一的《宋代的赐额、赐号》(载《中国史上的中央政治与地方社会》，东京，1986 年)，金井德幸的《宋代小祀庙的赐额》(载《汲古》5 号，1989 年)和《南宋的祠庙与赐额：释文珦与刘克庄的视点》(载宋代史研究会编《宋代的知识人》，东京：汲古书院 1993 年版)都以赐额为中心论述国家与祠庙信仰的关系。美国学者韩森(Valerie Hansen)的《变迁之神:南宋时期的民间信仰》(包伟民译,浙江人民出版社 1999 年版)主要从人神关系、国家对民间信仰的态度和经济发展对民间信仰的影响三个方面论述南宋的民间信仰。杨建宏的《略论宋代淫祀政策》(载《贵州社会科学》2005 年第 3 期)、梁聪的《两宋时期民间祠祀的法律控制》[载《重庆师范大学学报》(哲学社会科学版)2005 年第 6 期]、林剑华的《宋代淫祀与官方政策》(福建师范大学硕士学位论文,2006 年)等都是这一方面的研究成果。

三是对民间秘密宗教组织的研究。学界对民间秘密宗教的研究较多,此处只择论及宗教组织者叙述之。许国的《宋代秘密社会初探》(载《湖南师范大学社会科学学报》1991 年第 4 期)论述了秘密社会的类型、参加成员、组织结构、基本活动和性质等问题。郭东旭的《论宋代秘密宗教和法禁》(载郭东旭《宋朝法律史论》,河北大学出版社 2001 年版)从四个方面论述了宋代秘密宗教和法禁的特征:名号众多,相互融合;流行广,染及众;组织严密,团结共济;法禁日严,惩罚尤重。其中也论及秘密宗教的组织形态。贾文龙的《宋代秘密宗教与法禁研究》(河北大学硕士学位论文,2002 年)和《宋代秘密宗教内部诸阶层探析》(载《大同职业技术学院学报》2002 年第 2 期)探讨了秘密宗教的首领和徒众、豪强阶层在其中的地位及其组织程度,还论述了国家对秘密宗教的政策、社会各阶层与秘密宗教的关系,尤其是论述了基层政权与秘密宗教的关系。至于对具体教派的研究,主要是摩尼教或明教和"吃菜事魔"。[①] 前引王见川的《从摩尼教到明教》对摩尼教或明教的研究有许多创获,其中不仅论述了摩尼教演变为明教的历程,更详细论述了明教的组织形式,对"吃菜事魔"的含义作了考证,对白云宗、白莲菜、道民与白衣会等民间宗教结社作了论述。芮传明的《论宋代江南之"吃菜事魔"信仰》(载《史林》1999 年第 3 期)认为"吃菜事魔"是诸多大众信仰的共同特色,融合了包括摩尼教在内的多种信仰,其满足了贫民的物质和精神需要,实际上

① 参见王见川《从摩尼教到明教》第一章第一节"中国摩尼教研究史的回顾与批判",第 2～58 页。

是以贫民为主体的互助组织，并由于其组织力量而不容于当局。日本学者竺沙雅章对宋代秘密宗教有不少研究，其《宋代浙西的道民》（载竺沙雅章《中国佛教社会史研究》，东京：同朋舍 1982 年版）论述了浙西道民组织及与地域社会的关系；《关于吃菜事魔》和《方腊之乱与吃菜事魔》（同上）厘清了“吃菜事魔”与摩尼教的区别及方腊之乱与“吃菜事魔”的关系；《关于白莲宗》（载竺沙雅章《宋元佛教文化史研究》，东京：汲古书院 2000 年版）则论述了白莲宗的发展及其组织。杨讷的《元代白莲教研究》（上海古籍出版社 2004 年版）对宋代白莲宗的发展及其组织也有深入研究。白鹏飞的《两宋时期政府和民间教门关系初探》（载《历史教学问题》1998 年第 2 期）和前引沈宗宪的《国家祀典与左道妖异：宋代信仰与政治关系之研究》则论述了国家对秘密宗教及其组织的政策。

总之，目前学术界关于宋代民间宗教组织的研究，论题虽已涉及其发展、组织形态、功能及其与国家和地域社会的关系，但对其作为一种社会组织与乡村行政组织和其他民间组织等的关系却罕有论述。

4. 对民间自保武装的研究

学术界对宋代民间自保武装已有一些研究。首先，在中国内地，学者们在 20 世纪后半期关于农民战争史的研究中不少都涉及民间自保武装，但因为民间自保武装往往规模不大，更多的是被当作小股农民起义或镇压农民起义的武装力量被简要提及，并未深入探讨。除前述宁可、陈宝良、王世刚等关于中国古代社团研究的通论性著作中对宋代民间自保武装的发展、种类及组织状况有简要叙述外，张家驹在 20 世纪 60 年代撰成《宋代的两淮山水寨》[载《上海师范学院学报》（社会科学版）1960 年第 1 期]一文，对宋代两淮地区山水寨组织的结集缘起和经过、组织情况、战果等问题进行了探讨。最近则有一些专门探讨军事会社的论著出现，如史江的《宋代军事性会社及其形成背景、特点及社会功能初探》[载《四川大学学报》（哲学社会科学版）2003 年第 2 期]一文对宋代军事会社的形成背景、特点和社会功能作了初步探讨；前引周扬波的《宋代士绅结社研究》专列一节对宋代士绅武装的类型、凝聚力与战斗力、历史意义及影响等问题进行了研究。其次，在中国台湾也有学者对此进行研究，如陶晋生的《南宋利用山水寨的防守战略》（载

《食货月刊》复刊7卷1、2期,1977年)对南宋各地的山水寨有所探讨。黄宽重对相关问题关注尤多,其《南宋时代抗金的义军》[(台北)联经出版事业公司1988年版]不仅涉及了民间自保武装的发展和组织形态,还讨论了南宋朝廷对其的政策;其《从坞堡到山水寨——地方自卫武力》(载刘岱总主编《中国文化新论·社会篇》,三联书店1992年版)、《两淮山水寨:南宋中央对地方武力的利用与控制》[载黄宽重《南宋地方武力:地方军与民间自卫武力的探讨》,(台北)东大图书公司2002年版]等关于地方自卫武力的研究则深入论述了两淮山水寨的发展及宋廷对其进行团结、利用、控制的成效等问题。再次,国外学者对民间自保武装也有研究,如日本长部和雄的《关于宋代的弓箭社》(载《史林》24卷3期,1939年)一文对弓箭社的研究,乔炳南的《南宋的忠义巡社制》(载《帝塚山大学论集》通号8,1974年)和佐佐木宗彦的《南宋初期的忠义巡社》(载《东洋史论丛:铃木俊先生古稀记念》,东京:山川出版社1975年版)对忠义巡社的研究,寺地遵的《南宋成立期的民间武装组织与建炎年间的政治过程》(载《史学研究》通号137,1977年)对南宋初期民间武装的研究,以及前引韩明士的《政治家与绅士:两宋江西抚州的精英》对地方精英在地方防卫中的作用的探讨。以上研究对宋代民间自保武装的发展、类型、性质、特点、功能、组织形式及其与国家的关系等都有探讨,但在不少问题上尤其是民间自保武装与乡村行政组织和其他民间组织的关系等问题上仍有深入探讨的余地。

根据以上对宋代乡村组织研究状况的认识,本书拟分以下几个部分展开论述:

上篇主要探讨宋代乡村行政组织。

第一章"宋代乡村行政组织及其演变",从唐五代以来乡村组织演变的趋势入手,以求对宋代乡村行政组织确立的背景有一认识。面对纷繁复杂的乡村区划及其编排方式,本文从分析其性质入手,以是否担负一定的行政职能和配备一定的行政人员为主要标准,指出其中的乡、管、耆和都保是宋代乡村的行政组织,而里、村、社等只是地域单位,同时对各种行政组织的确立、演变、人员配置及职能也作了论述,最后总结出宋代乡村行政组织逐渐地缘化、控制范围变小、职能渐趋集中和职役化等特点。

第二章"宋代乡村行政组织职能的实施",从制度实施的过程出发,通过对宋代乡村社会中两税收纳、刑事诉讼和灾荒救助等具体流程的阐述,反映乡村行政组织职能的运作方式及其在乡村社会中的作用,并探讨乡村行政组织职能与施政的局限性。

第三章"宋代乡村行政组织的运行机制",以公文运转为中心,分别论述乡村行政组织与县之间的政务运行及其与村民之间对政令民情的上传下达,展现乡村行政组织作为中间环节实现国家与乡民联系的机制。

中篇主要探讨宋代乡村民间组织。

第四章"宋代乡村宗族组织",从唐宋时期宗族制度的变革入手,论述宋代新宗族制度的确立及其敬宗收族的功能和平民化的发展趋势,分析宗族组织对乡村社会控制的作用,探讨其与国家尤其是与乡村行政组织等的互动关系。

第五章"宋代乡村的民间经济组织",分别论述社仓、义役和水利共同体等民间经济组织的发展、组织形式,探讨其与国家尤其是与乡村行政组织的互动关系。

第六章"宋代民间宗教组织",首先论述宋代不同类型民间宗教组织的发展,然后选择若干典型个案分析民间宗教组织的组织形式和功能等,最后探讨国家对民间宗教组织的政策和其与乡村行政组织等的互动关系。

第七章"宋代民间自保武装",首先论述民间自保武装的发展和组织形式,然后论述国家对民间自保武装的控制和其与乡村行政组织的互动关系。

第八章"宋代乡村组织间的互动关系",首先论述宗族组织、民间经济组织、民间宗教组织和民间自保武装等民间组织之间相互渗透的关系,然后总结民间组织与乡村行政组织之间的互动关系,对宋代民间组织的性质和地位等问题提出自己的看法。

下篇探讨宋代乡村组织与乡村社会控制。

第九章"宋代乡村组织与乡村社会控制的实现",分别探讨宋代国家权力对乡村社会的渗透、乡村社会的多元权威和乡村社会的控制体制,试图将乡村组织放在宋代乡村社会的大背景下讨论其在乡村社会控制中的地位,最后就本课题的进一步深入发展提出自己的意见。

上篇
宋代乡村行政组织

宋代国家对乡村社会的控制主要是通过县直接管辖下的乡村行政组织实现的。乡村行政组织的成立，首先是其要有一定的行政职权和相应的行政人员配置，另外还要被纳入整个国家行政运作的链条中，充当上下沟通和联系的中介。古代史籍中只有大量宋代乡村区划的记录，而没有宋代乡村行政组织或者乡村管理体制的明确说明，本篇即首先依据前述标准探讨宋代在哪些乡村区划上设有相应的乡村行政组织，论述乡村行政组织的演变及特征，然后从乡村行政组织职能实施的流程和实际运行两个方面展示其运转实态，以此显现宋代国家权力对乡村社会的渗透。

第一章　宋代乡村行政组织及其演变

第一节　宋代乡村组织的渊源

探讨宋代乡村组织的渊源，应从隋唐时期谈起。

隋朝建立之初，“颁新令，五家为保，保五为闾，闾四为族，皆有正。畿外置里正，比闾正，党长比族正，以相检察”[①]。开皇九年(589)，隋朝实行新的乡里制度，“五百家为乡，置乡正一人；百家为里，置里长一人”[②]。

唐代乡里制度在隋制的基础上又有发展，更加完备。《通典》卷三《食货三·乡党》记：

> 大唐令：诸户以百户为里，五里为乡，四家为邻，五家为保。每里置正一人，掌按比户口，课植农桑，检察非违，催驱赋役。在邑居者为坊，别置正一人，掌坊门管钥，督察奸非，并免其课役。在田野者为村，别置村正一人。其村满百家，增置一人，掌同坊正。其村居如(不)满十家者，隶入大村，不须别置村正。

《唐六典》卷三则称：

> 百户为里，五里为乡。两京及州县之郭内分为坊，郊外为村。里及

① 杜佑：《通典》卷三《食货三·乡党》。

② 《资治通鉴》卷一七七，开皇九年二月丙申条。

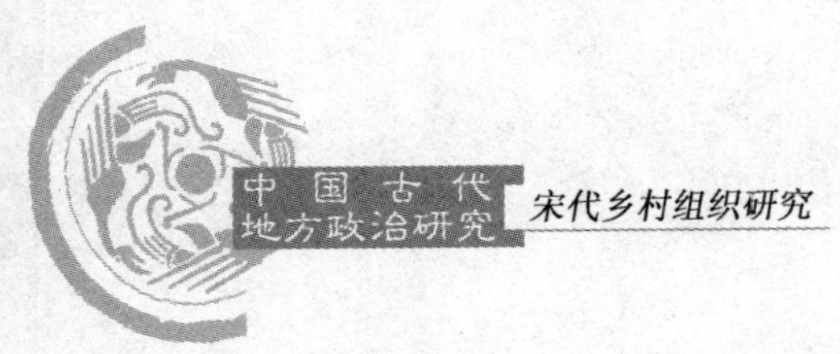

村、坊皆有正，以司督察（里正兼课植农桑，催驱赋役）。四家为邻，五家为保。保有长，以相禁约。

通过以上记载，我们可大致勾勒出唐代乡村组织的概貌：

第一，县以下设有乡一级行政组织。

对于乡之首领乡正长的设置，前引史料均未提及，这当与贞观十五年(641)乡正长即被废有关。《通典》卷三三《职官十五・乡官》记：

大唐凡百户为一里，里置正一人；五里为一乡，乡置耆老一人。以耆年平谨者，县补之，亦曰父老。贞观九年，每乡置长一人，佐二人，至十五年省。

"耆老"、"父老"只是一些与教化有关的荣誉称号，并非真正意义的乡官。故自贞观十五年乡正长被废后，依旧存在的行政组织乡就成了无长之乡。对此无长之乡的性质，学术界有不同的认识。有的肯定唐代乡制的存在，认为"唐封建王朝实施的农村基层统治形式是由乡及其所领属的里相配合的两级制"[①]。有的直接否定乡制的存在，认为唐代"实际上不存在乡这一级基层权力机构"[②]。有的认为"事实上，乡制到了唐代，已经名存实亡"[③]。有的认为，贞观年间废止乡正后，直到唐朝灭亡，乡再也没有以一级行政区的形式存在，其更多的是以户籍管辖区和财政供役区的形式存在。[④] 鉴于史籍中关于乡一级政权职掌的记载十分少见，学术界又提出了乡的地位弱化或乡为虚名的观点，如有人认为"唐代乡的职掌与地位，较之两汉，已大有减化，村与里肩负起了乡村基层组织的基本职能"[⑤]。还有人认为"仅就财政而言，唐代文献及出土文书似可证明乡与里不是'两级制'，乡的财务行政不是由乡长完成，而是由里正执行，也就是说，乡里是一级财政单位。乡的财务行政由五里正执行，里正掌'按比户口、课植农桑、检察非违、催驱赋役'，此乃地

---

① 赵吕甫：《从敦煌、吐鲁番文书看唐代"乡"的职权地位》，载《中国史研究》1989年第2期。

② 孔祥星：《唐代里正：吐鲁番、敦煌出土文书研究》，载《中国历史博物馆馆刊》1979年第1期。

③ 张哲郎：《乡遂遗规：村社的结构》，载刘岱总主编《中国文化新论・社会篇：吾土与吾民》，三联书店1992年版，第200页。

④ 参见谷更有《唐宋国家与乡村社会》，中国社会科学出版社2006年版，第108页。

⑤ 齐涛：《魏晋隋唐乡村社会研究》，山东人民出版社1995年版，第58页。

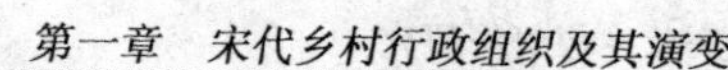

方基层财务行政的全部"[①]；"唐代乡为虚名，里为实体，乡之行政实际上是由里正承担，乡村基层管理体制呈现乡虚里实之势"[②]。

对于以上诸说，笔者比较同意其中关于乡之职掌与地位减化的观点。实际上，唐代乡始终发挥着自县以下一级行政组织的功能，只不过其功能不再是通过原来的乡正长来实现，而是通过里正来实现，县在乡的层面上直接控制里正，里正直接对县衙负责，是实际上的乡政处理者。[③]

有唐一代，乡的地位不是一成不变的，而是从唐中后期开始呈现出日渐上升的趋势。

首先，唐代中后期，里正甚至被直接称为"乡正"，且频繁见于史籍，不仅说明了里正是实际上的乡政处理者，而且从一个侧面反映了唐代中后期乡地位的上升。乡长在制度上已于贞观年间被废，乡的职能实际上由里正承担，故里正到唐代中后期直接被称为"乡正"。会昌三年(843)时，杜牧任黄州刺史，称该地"乡正村长，强为之名，豪者尸之，得纵强取。三万户多五百人，刺史知之，亦悉除去"[④]。《唐才子传》卷九记杜荀鹤乃"牧之微子也。牧会昌末自齐安移守秋浦时，妾有妊，出嫁长林乡正杜筠，生荀鹤"。《太平广记》卷三三三《黎阳客》称开元时黎阳县令"乃暗令乡正，具薪数万束，积于垣侧"。

其次，归义军时期的敦煌地区较之唐前期，乡的效能和作用更加受到重视，乡作为基层政权的实体，权力大为扩充，直接设置了知乡务官，管理乡的政务和军务，"这种将基层权力集中于乡的变化，应该说是对唐代乡里制的一种发展"[⑤]。再如乡官的任用，沙州各乡乡官普遍由押衙官充任。在归义军政权中，押衙上可充任宰相、大内支度使、都虞候、都兵马使等，下可担任

① 李锦绣：《唐代财政史稿》上卷第1分册，北京大学出版社1995年版，第105页。

② 王棣：《宋代乡里两级制度质疑》，载《历史研究》1999年第4期。

③ 参见马新、齐涛《汉唐村落形态略论》，载《中国史研究》2006年第2期；李浩《论里正在唐代乡村行政中的地位》，载《山东大学学报》(哲学社会科学版)2003年第2期；张玉兴《唐代县官与地方社会研究》，天津古籍出版社2009年版，第197～198页；张国刚《唐代乡村基层组织及其演变》，载《北京大学学报》(哲学社会科学版)2009年第5期。

④ 杜牧：《樊川文集》卷一四《祭城隍神祈雨文第二文》。

⑤ 陈国灿：《唐五代敦煌县乡里制的演变》，载《敦煌研究》1989年第3期。

县令、乡官等官，其在归义军的军政、民事、外交、文化、宗教等方面均扮演着极为重要的角色，职责覆盖了归义军内政外交的方方面面，是归义军政权的中坚支柱和核心力量。[①] 这种情况也可说明唐代后期乡地位的上升。

再次，唐代中期出现了书手。元稹于长庆四年(824)记：

> 昨因农务稍暇，臣遂设法各令百姓自通乎实状，又令里正、书手等傍为稳审，并不遣官吏擅到村乡。[②]

据此可知，书手的作用只是与里正一起监督百姓自己对拥有土地的供状。五代后唐规定征收夏秋税租，“若限满后，十分中系欠三分已上者”，“乡里正、孔目、书手等各徒二年”[③]，书手已与里正一起承担催税不足的责任了。据宋代的情况，书手一般是每乡设置一名[④]，唐五代或许也是如此。按乡配置书手一类役人无疑也表明乡地位的上升。

第二，唐代在乡以下设置了以固定人户为单位的行政组织——里。

唐代规定以百户为里，五里为乡。百户为里在唐前期还比较规整，但从唐中后期开始，百户为里之制被打破了。[⑤] 如元和末年，“渭南县长源乡本有四百户，今才四十余户”[⑥]。唐中期以后，五里为乡之制亦逐渐松弛。唐灭高昌后实行乡里制，一乡有五里，但逐渐地一乡五里之制就难以维持了。吐鲁番文书《唐西州高昌县诸乡里正上直暨不到人名籍》中列有七乡，但各乡里正均不足五人，多者四人，少者一人。[⑦] 再如鄂州嘉鱼县，天宝三年(744)，“本道以镇界所管怀仁、宣化三里合为一乡”[⑧]。

在唐代，里制正处于一个转折时期。一方面，里是乡村社会的中心，里

---

① 参见赵贞《归义军押衙兼知他官略考》，载《敦煌研究》2001年第2期。

② 《元稹集》卷三八《同州奏均田状》。

③ 王溥：《五代会要》卷一九《县令上》。

④ 参见王棣《宋代乡书手初探》，载张其凡等主编《宋代历史文化研究》，人民出版社2000年版，第303页。

⑤ 参见齐涛《魏晋隋唐乡村社会研究》，第58～59页。

⑥ 《全唐文》卷七一二李渤《请免渭南摊征逃户赋税疏》。

⑦ 参见国家文物局古文献研究室等编《吐鲁番出土文书》第6册，文物出版社1985年版，第572～573页。

⑧ 乐史：《太平寰宇记》卷一一二。

正是乡村管理的执行者，不仅在校勘造簿、收授土地、征收租赋、上报灾情等问题上直接对县负责，就是乡一级的各种往来文书也要由诸位里正联署。另一方面，里正的社会地位不断降低，从人们竞相追求到人人视为畏途。[①]景云二年(711)，监察御史韩琬称："往年两京及天下州县，学生、佐史、里正、坊正每一员阙，先拟者辄十人；顷年差人以充，犹致亡逸。"[②]

唐代虽然规定里正的职掌是"按比户口，课植农桑，检察非违，催驱赋役"，然而其实际职掌的中心却是催驱赋役。从唐中期以后，赋役催驱十分困难。杜甫曾指出村正对大户人家"虽见面，不敢示文书取索"[③]。里正的境况当与之相同。对贫穷下户，里正虽然敢催，但遇上如下的"硬穷汉"，他又无可奈何：

黄昏到家里，无米复无柴。男女空饿肚，状似一食斋。……

门前见债主，入户见贫妻。舍漏儿啼哭，重重逢苦灾。[④]

这样的人还不在少数，"如此硬穷汉，村村一两枚"。如果催督不成，自己就要赔付，"租调无处出，还须里正倍(赔)"[⑤]。如实在不能按期输纳，按唐律：

物有头数，输有期限，而违不充者，以十分论，一分笞四十。假有当里之内，征百石物，十斛不充笞四十，每十斛加一等，全违期不入者徒二年。[⑥]

里正有时还要面临上司的勒索。深州刺史段崇简离任时，"有一车装绢未满载，欠六百匹，即唤里正令满之。里正计无所出，遂于县令、丞、尉家一倍举送"[⑦]。如此，担任一次里正下来，几乎都要倾家荡产，里正的性质从原来威风的乡官开始向人人畏惧的职役转变。马端临对此有明确论述：

役民者，官也；役于官者，民也。郡有守，县有令，乡有长，里有正，其位不同而皆役民者也。……然则乡长、里正非役也，后世乃虐用其

① 参见齐涛《魏晋隋唐乡村社会研究》，第67～68页。
② 杜佑：《通典》卷七《食货七·历代盛衰户口》。
③ 杜甫著、仇兆鳌注：《杜诗详注》卷二五《东西两川说》。
④ 项楚校注：《王梵志诗校注》卷五《贫穷田舍汉》，上海古籍出版社1991年版，第651页。
⑤ 项楚校注：《王梵志诗校注》卷五《贫穷田舍汉》，第651页。
⑥ 长孙无忌等：《唐律疏议》卷一三。
⑦ 张鷟：《朝野佥载》卷三。

民，为乡长、里正者不胜诛求之苛，各萌避免之意，而始命之曰户役矣。唐宋而后，下之任户役者，其费日重，上之议户役者，其制日详，于是曰差、曰雇、曰义，纷纭杂袭。而法出奸生，莫能禁止。①

前面已经述及唐代中后期乡的地位逐渐上升，加上唐代村作为行政组织地位的上升，村正的作用日渐突出（下文详述），使得里虽依旧存在，但里正之责无疑会有所减轻，相比之下，里的作用也会有所减弱。②

里正既是里的首领，在很大程度上又要负担乡的政务，它所具有的两重身份也随着乡地位的上升，其乡职的色彩愈来愈浓，以至于五代时出现了“乡里正”③的提法。

第三，唐代村的行政地位得以确立。

村开始具有行政意义并非始于唐代④，但其正式作为一级行政组织却始于唐代。《旧唐书》卷四八《食货上》记：

> 武德七年，始定律令。……百户为里，五里为乡。四家为邻，五家为保。在邑居者为坊，在田野者为村。村坊邻里，递相督察。

《通典》卷三《食货三・乡党》所引开元二十五年令⑤对村制的规定进一步细化：

> 在邑居者为坊，别置正一人，掌坊门管钥，督察奸非，并免其课役。在田野者为村，别置村正一人。其村满百家，增置一人，掌同坊正。其村居如（不）满十家者，隶入大村，不须别置村正。

唐代“令者，尊卑贵贱之等数，国家之制度也”⑥，村制从武德时入令，到开元时定型，获得了法律的承认，正式成为一级乡村行政组织。

村设有村正，一般由白丁充任，较之里正由“县司选勋官六品以下白丁清平强干者充”，地位明显要低。村正最初的职掌主要是负责审查、上报外

① 马端临：《文献通考・自序》。

② 敦煌地区的情况也可证明这一点。陈国灿曾指出归义军时期的敦煌地区“里虽存在，里正的任务则随之减轻”。（参见陈国灿《唐五代敦煌县乡里制的演变》，载《敦煌研究》1989 年第 3 期）

③ 王溥：《五代会要》卷一九。

④ 参见齐涛《魏晋隋唐乡村社会研究》，第 50～53 页。

⑤ 参见［日］仁井田陞《唐令拾遗》卷九《户令》，长春出版社 1989 年版，第 124 页。

⑥ 《新唐书》卷五六《刑法志》。

来人口,兼以助捕、纠告、治盗、捕亡等,集中于社会治安方面。在唐前期,与里正职责相较,村正的职责明显要轻一些。[①] 但在实际运作中却并非如此。尤其是到唐中后期村正也负有课植农桑、户籍管理、催督赋役之责[②],其职掌开始全面化,与里正相差无几,加以中唐以后,村组织日渐受到重视,无论从国家制度抑或村民的日常生活来看,其地位都大幅上升,唐代乡村行政组织呈现出从乡里制向乡村制演变的趋势。[③]

第四,唐代乡村还设有连坐性质的邻保制,作为最基层的社会控制单位。

史籍中对邻保组织的编排有不同的记载。《唐六典》卷三为"四家为邻,五家为保",《通典》卷三和《旧唐书》卷四八均与此相同;《资治通鉴》卷一九〇则称"四家为邻,四邻为保";《旧唐书》卷四三《职官志》为"四家为邻,五邻为保";《金史·食货志》称唐制为"五家为邻,五邻为保"。对此不同的记载,学术界一般认为邻保组织为同一级组织,一保之内五家;在一保内,相对于任何一家而言,五家均是四邻。[④] 这里的邻似仅指方位、地界上的相邻关系,若其为制度,与保仅一家之差,在架构与功能上都严重重叠,殊无意义,故保是唐代最基层的组织,邻只是说明同一编组内各家的相互关系。[⑤] 中唐以后,邻保组织出现了一些变型。如团保,穆宗时户部侍郎张平叔因私盐问题严重,请"检责所在实户,据口团保"[⑥]。再如保社,宣宗时有人为防私盐而奏请惩治盗贩之法,"迹其居处,保社按罪"[⑦]。

邻保组织的功能主要有:

---

① 日本学者西村元佑也认为唐前期里正的任务确实要比村正的任务重。(参见西村元佑《通过唐代敦煌差科簿看唐代均田制时代的徭役制度》,载[日]周藤吉之等著、姜镇庆等译《敦煌学译文集》,甘肃人民出版社1985年版,第1072页)

② 参见李浩《唐代的村落与村级行政》,载《中国社会历史评论》第6卷,天津古籍出版社2006年版,第102~105页。

③ 参见刘再聪《唐朝"村"制度研究》,厦门大学博士学位论文,2003年。

④ 参见齐涛《魏晋隋唐乡村社会研究》,第77页;李浩《唐代乡村组织研究》,山东大学博士学位论文,2003年。

⑤ 参见罗彤华《唐代的伍保制》,载《新史学》第8卷第3期,1997年。

⑥ 《资治通鉴》卷二四二,长庆二年四月甲戌条。

⑦ 《新唐书》卷五四《食货四》。

(1)查核户籍,控制人口。《唐令拾遗·户令第九》规定:“如有远客来过止宿,及保内之人有所行诣,并语同保知。”吐鲁番文书《西州仓曹下天山县追送唐建进妻儿邻保牒》则提供了人户逃亡后邻保负连带责任的实例,“追访建进不获……令追建进妻儿及建进邻保赴州”[①]。

(2)纠告逐捕盗贼。唐律规定:“诸强盗及杀人贼发,被害之家及同伍即告其主司。若家人、同伍单弱,比伍为告。当告而不告,一日杖六十。”[②]“诸邻里被强盗及杀人,告而不救助者,杖一百;闻而不救助者,减一等;力势不能赴救者,速告随近官司,若不告者,亦以不救助论。”[③]

(3)代输租赋。唐肃宗《安存现在百姓敕》称:“近日已来,百姓逃散,至于户口,十不半存,今色役殷繁,不减旧数,既无正身可送,又遣邻保祇承,转加流亡,日益艰弊。”[④]《全唐文》卷三九七载皇甫璟《谏置劝农判官疏》称:“出使之辈,未识大体……务以刻剥为计,州县惧罪,据牒即征,逃亡之家,邻保代出,邻保不济,又便更逃。”

(4)维护经济秩序。国家借重邻保组织查核不法经济行为。大中五年(851),政府下屠牛之禁,“如有屠牛事发,不唯本主抵法,邻里保社,并须痛加惩责”[⑤]。邻保组织还被用于防范盐、茶、酒的私卖和钱的私铸。“两池盐盗贩者,迹其居处,保社按罪。”[⑥]对于茶,“私鬻三犯皆三百斤,乃论死;长行群旅,茶虽少皆死;雇载三犯至五百斤、居舍侩保四犯至千斤者,皆死”[⑦]。大中元年(847)正月赦文称:“榷酤之利,诸道权宜。如闻所设科条,过有严酷,一分抵罪,连坐数家。”[⑧]永淳元年(682),规定“私铸者抵死,邻、保、里、坊、村

---

① 国家文物局古文献研究室等编:《吐鲁番出土文书》第8册,文物出版社1987年版,第146页。

② 长孙无忌等:《唐律疏议》卷二四。

③ 长孙无忌等:《唐律疏议》卷二八。

④ 《唐文拾遗》卷四。

⑤ 《册府元龟》卷七〇《帝王部·务农》。

⑥ 《新唐书》卷五四《食货四》。

⑦ 《新唐书》卷五四《食货四》。

⑧ 《文苑英华》卷四三〇《大中元年正月十七日赦文》。

正皆从坐”[①]。

有论者指出，唐代邻保制的设计“明显地是重官务，轻民务；重社会安定，轻个人权利；重财政收入，轻百姓利益。这种将政府自身责任，委托或让渡给伍保来执行，固然可减轻政府负担，但此举将导致伍保的负荷过重，甚至遭逢政府的无理摧残”[②]。这一对唐代邻保制设计理念的总结也是对此后保甲等制度设计理念的最好概括。

五代时，邻保制度依旧推行。显德二年(956)八月二十四日盐法规定：

> 应有不系官中煎盐处，碱地并须标识，委本州府差公干职员与巡盐节级、村保、地主、邻人，同共巡检。若诸色人偷刮碱地，便仰收捉，及许人陈告。若勘逐不虚，捉事人每获一人，赏绢一十匹；获二人，赏绢二十匹；获三人已上，不计人数，赏绢五十匹。刮碱煎盐人并知情人，所犯不计多少斤两，并决重杖一顿，处死。其刮碱处地分，并刮碱人住处巡检、节级、所由、村保等，各徒二年半，令众一月，依旧勾当。[③]

天成四年(929)五月敕：“百姓今年夏苗，委人户自通供手状，具顷亩多少，五家为保，委无隐漏，攒连手状送于本州，本州具状送省，州县不得迭差人检括，如人户隐欺，许令陈告，其田倍令并征。”[④]《旧五代史》卷一〇八《苏逢吉传》称：“朝廷患诸处盗贼，遣使捕逐，逢吉自草诏意云：‘应有贼盗，其本家及四邻同保人，并仰所在全族处斩。’”

唐末五代时，保在有的地区已经演化成了乡村区划名称，成为北宋熙宁以前以保作为乡村区划名的来源之一。浙江慈溪在1984年发现了唐光化三年(900)的《唐故扶风郡马氏夫人墓铭》，记其居住地为“明州慈溪县上林乡石仁里三渎保”[⑤]。显德元年(954)，吴越俞让葬于临海县兴国乡浮江岙里东山保[⑥]。

---

① 《新唐书》卷五四《食货四》。

② 罗彤华：《唐代的伍保制》，载《新史学》第8卷第3期，1997年。

③ 王溥：《五代会要》卷二七《盐铁杂条下》。

④ 《旧五代史》卷一四六《食货志》。

⑤ 章均立：《上林湖地区出土两件唐代瓷刻墓志》，载《文物》1988年第12期。

⑥ 参见黄瑞《台州金石录》卷二《吴越俞让墓志》。

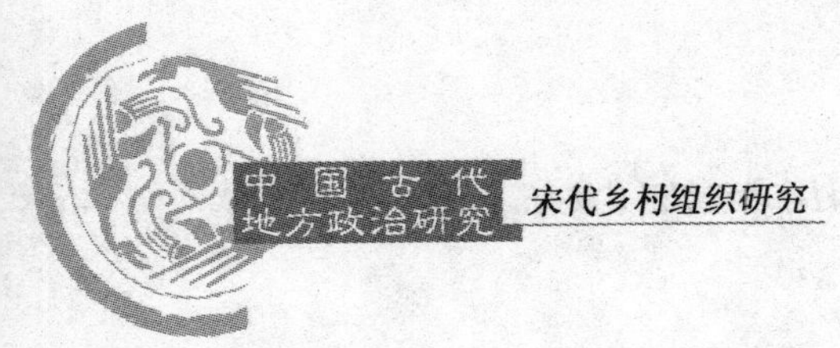

通过以上论述可大致了解唐五代乡村组织及其演变趋势:乡和村的地位均呈上升之势,而里的地位则呈现出下降之势。乡村行政组织呈现出由乡里制向乡村制演化的趋势。与乡、里、村地位的变动相适应,乡正长和里正、村正的地位也发生了变化,其中里正的乡职色彩越来越浓厚。宋代乡村行政组织就是在承袭唐五代制度的基础上,又因时制宜建立起来的。

第二节　宋代的乡村区划及其编制

区划,即关于地区的划分。各种区划的性质和功能不同,有的只有地域意义,有的则具有行政管理功能。只有具备了行政管理功能,方能视之为行政区划。国家在各级行政区划上设置相应的行政组织,实施行政管理的职能。

史籍中对宋代乡村行政组织的设置没有明确记载,但其中有大量关于乡村区划的记载。我们可以先探讨宋代乡村区划的构成,再分析各种乡村区划的性质,判断何为行政区划,进而探讨宋代的乡村行政组织。

宋代的墓志铭、行状、买地券、碑刻和造像题记中都有关于乡村区划的零散记载。

墓志铭和行状中关于乡村区划的记载主要分为两种情况:一是标记墓主的籍贯,多见于行状。如:《河南集》卷一二《故中大夫守太子宾客分司西京上柱国陈留县开国侯食邑九百户赐紫金鱼袋谢公行状》称谢涛"本贯杭州富阳县章岩乡赤松里";《韦斋集》卷首《朱松行状》记其"本贯徽州婺源县万年乡松岩里"。二是记墓主葬地,多见于墓志铭和买地券,常见的是县—乡—里编制。如:太平兴国五年(980),江直木葬于"开封县汴阳乡丰台里"[①];皇祐五年(1053),王枢葬于"无锡县神龙乡义昌里"[②];治平元年(1064),阎某葬于"晋原县白马乡飞凫里"[③];元丰四年(1081),王友生葬于

① 徐铉:《骑省集》卷二九《大宋故尚书兵部员外郎江君墓志铭》。

② 胡宿:《文恭集》卷三九《故秘书王公墓表》。

③ 文同:《丹渊集》卷三六《屯田郎中阎君墓志铭》。

“汉州雒县广汉乡愿德里之原”[①];崇宁五年(1106),吴伯武葬于抚州金溪县延福乡怀义里[②];隆兴二年(1164),柳某葬于“永康军青城县广济乡大皂里之原”[③];开禧二年(1206),郑余庆葬于黄岩县繁昌乡松山里[④]。另外,还有一些是在县—乡编制后加地名或村名,这种情况到南宋更为常见。如:乾德三年(965),刘文贵葬于历城县奉高乡灵台村[⑤];嘉祐二年(1057),苏继葬于扬州江都县兴宁乡马坊原[⑥];元祐元年(1086),任氏葬于濠州钟离县闻弦乡泉涧村[⑦];政和五年(1115),晁仲询葬于济州任城县谏议乡鱼山[⑧];绍兴十五年(1145),朱氏葬于乌程县澄静乡大正坞[⑨];乾道七年(1171),王之望葬于台州临海县义城乡白岩之原[⑩];宝庆四年(1228),赵汝适葬于临海县重晖乡赵岙山之原[⑪];开禧元年(1205),黄俣葬于昆山县临江乡清洲之原[⑫];景定五年(1264),洪易葬于鄱阳县怀德乡仙坛甲栀林山之阳[⑬]。

造像题记及碑刻中关于乡村区划的记载多用以标记造像者或立碑者的居住地。如:《(道光)新会县志》卷一二《仙涌寺舍钱及田地碑》记载,景祐五年(1038),东莞县□头乡延福里都幕村、何木村,章涌里陈涌村,潮阳里口峒村,潮居里期陈村,常乐乡德行里蓼峒村等处村民舍钱到仙涌寺。

记载乡村区划最为详尽的应是地方志。宋代及以后地方志中大多设有

---

① 胡昭曦:《几方宋代雒县的地券》,载其《巴蜀历史考察研究》,巴蜀书社2007年版,第7页。

② 谢逸:《溪堂集》卷八《吴德甫墓志铭》。

③ 胡昭曦:《宋〈柳□卖地券〉》,载其《巴蜀历史考察研究》,第208页。

④ 黄瑞:《台州金石录》卷八《宋迪功郎郑余庆墓志铭》。

⑤ 成昂:《彭城刘君墓志并序》,载韩明祥编著《济南历代墓志铭》,黄河出版社2002年版,第52页。

⑥ 余靖:《武溪集》卷一九《宋故殿直苏府君墓志铭》。

⑦ 《全宋文》卷一〇九六,沈括《长兴集》卷一八《赠崇德县君任氏墓志铭》。

⑧ 晁说之:《嵩山文集》卷一九《宋任城晁公墓表》。

⑨ 刘一止:《苕溪集》卷五〇《宋故太孺人朱氏墓志铭》。

⑩ 《王之望墓志》,载马曙明等主编《临海墓志集录》,宗教文化出版社2002年版,第7页。

⑪ 《赵汝适圹志》,载马曙明等主编《临海墓志集录》,第45页。

⑫ 黄淇:《宋故吴郡黄府君墓志铭》,载华伟东主编《浦东碑刻资料选辑》,浦东新区档案馆,1998年,第239页。

⑬ 程元凤:《宋故瑞州知郡料院洪公墓志铭》,载陈柏泉编著《江西出土墓志选编》,江西教育出版社1991年版,第236页。

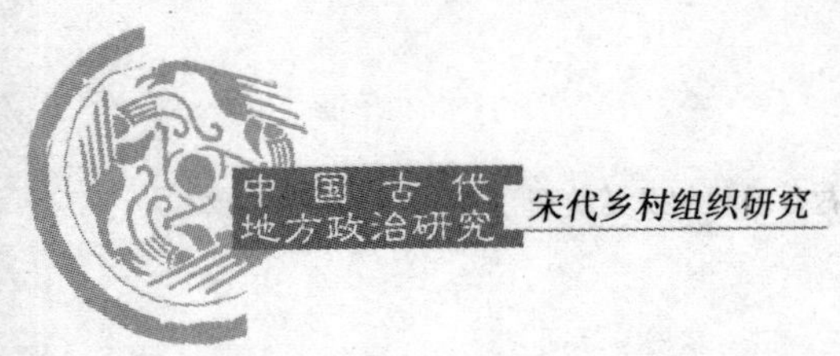

“乡里”、“乡都”、“乡坊”等子目，以记载乡村区划。宋代方志今存者不多，约30种。元代方志今存者仅10余种。现存《永乐大典》残本中可辑得一些宋代方志的零散文字，其中不少都有关于当时乡村区划的记载。明代方志的相关部分往往引宋元旧志对宋代乡村区划的记载加以追述。下面先将方志中关于宋代乡村区划的记载列成表1-1：

表1-1　　宋代乡村区划一览表

方志	编修者及时间	乡村区划概况	出处
长安志	(宋)宋敏求纂修。熙宁九年(1076)	万年县：七乡，管二百九十六邨、二里。洪固乡，管邨四十八、胄贵里；龙首乡，管邨三十五、神鹿里；少陵乡，管邨四十八；白鹿乡，管邨五十；薄陵乡，管邨三十六；东陵乡，管邨四十；苑东乡，管邨三十九。 长安县：六乡，管六里。奉天县：四乡，管四里。好畤县：二乡，管二里。咸阳县：五乡，管五里。武功县：四乡，管四里。鄠县：五乡，管五里。蓝田县：四乡，管四里。栎阳县：四乡，管四里。泾阳县：六乡，管六里。乾祐县：五乡，管十五里。渭南县：四乡，管八里。蒲城县：十乡，管十里。 盩厔县：十七乡，管三百二十五社。望仙乡，管社十四；书台乡，管社十七；仙檀乡，管社十四；五柞乡，管社十四；长城乡，管社十八；仙果乡，管社十五；神就乡，管社二十四；睦教乡，管社十七；永泉乡，管社十八；凤泉乡，管社十八；阳化乡，管社二十七；丰邑乡，管社十八；仙游乡，管社二十六；□□乡，管社二十一；迁善乡，管社十四；长阳乡，管社十八；司竹乡，管社二十七。 临潼县：三乡，管一百十六邨。醴泉县：六乡，管二百五十邨。高陵县：五乡，管一百一十九邨。兴平县：六乡，管二百二十邨。华原县：四乡，管一百七十二邨。富平县：十一乡，一十一里，管二百七十九邨。三原县：十二乡，管一百四十四邨。云阳县：五乡，管七十四邨。同官县：四乡，管二百三邨。美原县：四乡，管七十一邨。	卷一一至卷二〇
相台志①	(宋)李琮修，陈申之纂。元祐时	安阳县：张见管统村十七；双塔管统村十五；黄堆管统村十四；清流管统村十；伦掌管统村十一；新安管统村十一；王村管统村八；邵村管统村十二；鲁仙管统村七；贾店管统村六；曲沟管统村八；士望管统村九；权村管统村八；杨记管统村十五；零泉管统村十；章武管统村七；大孟管统村十五；种赵管统村十六；招贤管统村十三；大韩管统村九；孟村管统村七；高村管统村十三。 汤阴县、临漳县、林县(均为“某管统村几”，略)。	《(嘉靖)彰德府志》卷八《杂志·村名》引

① 《(嘉靖)彰德府志》卷八《杂志·村名》仅云“宋志所载也”，未明言此“宋志”即《相台志》。据《(嘉靖)彰德府志》崔铣自序，知其“本宋《相台志》、元《相台续志》，而益以诸县之舆记”(《四库全书总目》卷七三)而成，可推知此“宋志”当即《相台志》。

续表

乾道四明图经	(宋)张津等纂修。乾道五年(1169)	鄞县:十三乡,管里十三,村二十。武康乡管小江里;东安乡管白坛里;清道乡管里一村二——横山里、高桥村、沈店村;万龄老界乡管里一村二——赤城里、盛店村、尚书村;万龄手界乡管里一村二——赤城里、张村、邓桥村;光同乡管里一村二——清林里、北渡村、栎社村;桃源乡管里一村二——石马里、黄公林村、林村;鄞塘乡管里一村二——姜山里、姜山村、铜盆浦村;阳堂乡管里一村二——太白里、宝幢村、东吴村;翔凤乡管里一村一——沧门里、隐学村;丰乐乡管里一村二——石柱里、乾坑村、故干村;通远乡管里一村一——李洪里、环村;句章乡管里一村二——夕阳里、高桥村、市中村。	卷二
新安志	(宋)赵不悔修,罗愿纂。淳熙二年(1175)	歙县:乡十六,里八十。 休宁:乡十一,里六十。 祁门:乡七,都二十三。制锦乡,其都和光、逷岑、日新、安福;归化乡,其都归仁、义成、沙溪;武山乡,其都化成、尤昌;福广乡,其都万石、泉水、善和;孝上乡,其都文溪、顺定、儒教;仙桂上下乡,上乡其都昼锦、新丰,下乡其都南塘、安定;而安福、尤昌、善和、儒教四都又各分上下,凡二十有三。 婺源:乡六,里三十。 绩溪:乡十,里二十六。 黟县:乡四,里二十。	卷三至卷五
淳熙三山志	(宋)梁克家纂修。淳熙九年(1182)	闽县:十二乡三十七里。连江县:七乡二十四里。候官县:十乡五十里。长溪县:四乡二十四里。长乐县:四乡三十二里。福清县:七乡三十六里。古田县:四乡十三里。永福县:三乡十四里。闽清县:二乡十里。宁德县:三乡十里。罗源县:三乡十三里。怀安县:九乡四十四里。	卷二
淳熙严州图经	(宋)陈公亮修。淳熙十二年(1185)	建德县:买犊乡,管里三;新亭乡,管里五;宣政乡,管里七;白鸠乡,管里五;建德乡,管里五;慈顺乡,管里七;龙山乡,管里三;仁行乡,管里三;芝川乡,管里二。 淳安县均为"某乡,管里几",略。	卷二、卷三
云间志	(宋)杨潜修,朱端常等纂。绍熙四年(1193)	华亭县:集贤乡,三保五村,管里四;华亭乡,三保七村,管里二;修竹乡,三保十二村,管里三;胥浦乡,三保九村,管里五;风泾乡,三保八村,管里三;新江乡,四保十二村,管里二;北亭乡,四保十六村,管里三;海隅乡,四保十一村,管里二;高昌乡,九保十五村,管里四;长人乡,六保十二村,管里三;白砂乡,三保十村,管里三;仙山乡,三保六村,管里六;云间乡,四保十村,管里四。	卷上

续表

琴川志	(宋)孙应时纂修、鲍廉增补,(元)卢镇续修。庆元二年(1196)	常熟县分九乡五十都。 感化乡,管都七。第一都,管里四、乡村四;第二都,管里三、乡村六;第三都,管里四、乡村十二;第四都,管里四、乡村十一;第五都,管里三、乡村十二;第六都,管里六、乡村九;第七都,管里三、乡村七。 崇素乡,管都三。第八都,管里三、乡村二十;第九都,管里三、乡村十;第十都,管里三、乡村七。 (下大致相同,都数一县通排,略)	卷二
江阳谱	(宋)曹叔远纂。大致修于宁宗以后	泸州本州八乡八里三十四都: 宜民乡应福里,第一都;进德乡四镇里,第二都;忠信乡南岸里,第三都、第四都;衣锦乡白芳里,第五都至第十四都;安贤乡中下里,第十五都至第二十一都;惠民乡井三里,第二十二都至第二十六都;清流乡沿江里,第二十七都至第三十一都;永安乡小溪里,第三十二都至第三十四都。 江安县,一乡,一里,八耆,三十二都: 罗刀耆,第一都至第八都;南井耆,第九都至第十六都;大硐耆,第十七都;罗隆耆,第十八都至第二十都;城外耆,第二十一都、第二十二都;旧江安耆,第二十三都至第二十五都;罗东耆,第二十六都至第二十八都;生南耆,第二十九都至第三十二都。 合江县,一乡,七里,二十都: 县市厢团;白皓里,第一都、第二都;安溪里,第三都、第四都;云翔里,第五都、第六都;水北里,第七都至第十一都;白马里,第十二都至第十五都;带滩里,第十六都;中堂里,第十七都至第二十都。	《永乐大典》卷二二一七
嘉泰会稽志	(宋)沈作宾修,施宿等纂。嘉泰元年(1201)	会稽县十四乡:坊郭乡管里二;凤林乡管里三;雷门乡东西两管管里四;上亭乡管里三;衰孝乡管里一;广孝乡管里二;曹娥乡管里二;延德乡管里一;富盛乡管里一;千秋乡管里二;太平乡管里四;德政乡管里三;五云乡东西两管管里二;东土乡管里三。 山阴县十四乡(均为"某乡管里几",略)。嵊县二十七乡。诸暨县二十四乡。萧山县十五乡。上虞县十四乡。新昌县八乡。	卷一二

续表

嘉泰吴兴志	(宋)谈钥纂修。嘉泰元年(1201)	乌程县在景德年间管十三乡:永新乡,管里十四;三碑乡,管里七;澄静乡,管里六;九原乡,管里七;霅水乡,管里三;灵寿乡,管里三;德政乡,管里三;常乐乡,管里三;震泽乡,管里四;移风乡,管里六;崇孝乡,管里四;白鹤乡,管里一;乐俗乡,管里六。熙宁中管十一乡。嘉泰时分震泽为上下扇,为十二乡,共五十六都。 归安县:大中祥符间管十一乡四十八里。后并顺德一乡于松亭,里仍旧也,嘉泰时管十乡(下均为"某乡管里几",略)。 长兴县(均为"某乡管里几",略)。 武康县:大中祥符间管五乡,曰永安,曰至孝,曰崇仁,曰太原,曰武都,共七十里。后又并至孝、永安为一,改曰庆安。嘉泰时为都乡四,管里则如祥符之旧。 德清县:永和乡,管里二十;千秋乡,管里五;荫宗乡,管里十;金鹅乡,管里二十;遵教乡,管里十五;永宁乡,管里五。 安吉县为乡十六,管里八十(略)。	卷三
剡录	(宋)史安之修,高似孙纂。嘉定七年(1214)	嵊县:崇信乡有休祥、甘泉、竹山、怀安、剡中里;篮节乡有灌涛、升仙、驯习、思善、澄江里;灵山乡有钦义、下阐、静安、守义、崇孝里;金庭乡有昌化、善政、维新、永宁、缘德里;忠节乡有三峰、孝嘉、石鼓、忠节、修仁里;孝节乡有新丰、从化、招安、绥安、方山里;孝嘉乡有石鼓、桐柏、安乐、忠节、安义里(下均为一乡辖数里,略)。	卷一
嘉定赤城志	(宋)黄昀、齐硕等修,陈耆卿纂。嘉定十六年(1223)	临海:十五乡四十四里。大固乡,祥符中管里一,今管里六;兴国乡,祥符中管里一,今管里二;义诚乡,祥符中管里一,今管里三;遂仁乡,祥符中管里一,今管里五;清化乡,祥符中管里一,今管里二;太平乡,分上下二扇,祥符中管里一,今管里二;重辉乡,祥符中管里一,今管里二;长乐乡,祥符中管里一,今管里三;明化乡,分上下二扇,祥符中管里一,今管里二;安乐乡,祥符中管里一,今管里三;延寿乡,祥符中管里一,今管里三;静安乡,祥符中管里一,今管里四;于公乡,祥符中管里一,今管里三;保乐乡,分西南二扇,祥符中管里一,今管里二;承恩乡,祥符中管里一,今管里二。 黄岩:十二乡四十里(以下均系一乡辖数里,略)。 天台:四乡十二里。仙居:六乡三十一里。宁海:六乡十九里。	卷二

续表

宝庆四明志	(宋)胡榘修,方万里、罗浚纂。宝庆三年(1227)	鄞县:乡里同《乾道四明图经》,略。 奉化县:奉化乡,管里二村四——广平管、镇亭里、明化村、长汀村、茗山村、龙潭村;长寿乡,管里二村三——松贤管、奉国里、长匝村、进林村、新屯村;金溪乡,管里二村四——履信管、白杜里、石桥村、溪东村、亭山村、白杜村;松林乡,管里二村三——鸣雁管、石门里、落阐村、双溪村、固海村;连山乡,管里一村二——黄甘里、县南村、晦溪村;剡源乡,管里一村四——嵩溪里、三石村、小晦村、陆照村、公塘村;禽孝乡,管里二村四——灵泉管、白石里、日岭下村、广岙村、新建村、雪窦村;忠义乡,管里二村二——栖凤管、太青里、东西山村、曹村。 慈溪县:西屿乡,管里三村二——上牛里、石刺里、安仁里、飞凫村、德星村;金川乡,管里四村三——云山里、太平里、大川里、求贤里、太平村、招义村、千金村;石台乡,管里二村二——望江里、孝顺里、句余村、光德村;德门乡,管里二村二——清水里、黄山里、鄞水村、雁门村;鸣鹤乡,管里一村一——小山里、西村。 定海县:清泉东乡,管里一村三——上湖里、山下村、黄泥堰村、金川村;清泉西乡,管里一村三——光政里、梢木村、鸬鹚村、孔浦村;灵绪乡,管里一村五——达礼里、庄北村、桥北村、伏龙村、筋竹村、东墟步村;崇邱乡,管里一村四——长陈里、泥湾村、小浃村、樟桐村、韩岙村;灵岩乡,管里一村三——金泉里、樱豆村、河头村、嘉溪村;太丘乡,管里二村四——富都里、石湫里、富都村、栗湖村、亭子堰村、小榭村;海晏乡,管里一村九——太宁里、小门村、紫石村、太平村、太明村、马婆村、芦江村、大涂村 、小涂村、大榭村。 昌国县:富都乡,总九都,管里二村二——德行里、鼓吹里、甬东村、茹侯村;安期乡,总三都,管里一村三——三山里、桃花村、马秦村、扶桑村;金塘乡,总四都,管里一村二——湖上里、大奥村、冽港村;蓬莱乡,总五都,管里一村三——岱岸里、岱山村、朐山村、北界村。 象山县:政实乡,管里一保十二——美政里、乌石保、白石保、弦歌保、保德保、考坑保、延德保、陈山保、下史保、黄溪保、西沙保、淡港保、姜屿保;归仁乡,管里一保十——崇仁里、九顷保、马江保、东溪保、青部保、后门保、周岙保、松岙保、管溪保、西溪保、马岙保;游仙乡,管里一保十——和顺里、竺山保、柘溪保、钱仓保、夹屿保、东村保、朱溪保、涂雌保、雀溪保、赤坎保、大徐保。	卷一三、卷一五、卷一七、卷一九、卷二〇、卷二一

续表

淳祐玉峰志	(宋)项公泽修,凌万顷等纂。淳祐十一年(1251)	昆山县分九乡,共三十保:积善乡,第一、第二保;朱塘乡,第三、第四保;全吴乡,第五、第六保;沪川乡,第七、第八保;武元乡,第九、第十保;永安乡,第十一、第十二、第十三、第十四保;湖川乡,第二十一、第二十二保;新安乡,第二十三、第二十四、第二十五、第二十六保;惠安乡,第二十七、第二十八、第二十九、第三十保。	卷上
仙溪志	(宋)赵与泌修,黄岩孙纂。宝祐五年(1257)	仙游县太平兴国四年定为四乡二十六里。 嘉禾乡管里六:功建、孝仁、养志、廉洁、仁德、保德。归德乡管里七:旋珠、善化、兴贤、清泉、万善、闻贤、永福。修德乡管里七:咸平、常德、折桂、安贤、昼锦、永兴、香山。唐安乡管里六:香田、旸谷、仙溪、慈孝、依安、连江。	卷一
临汀志	(宋)胡太初修,赵与沐纂。开庆元年(1259)	长汀县乡三:衣锦乡管里六——归仁里、仙桂里、古城里、清泰里(分上下)、营阳里;永宁乡管里六——成功里(分上下)、宣德里(分南北)、四保里、平源里;古田乡管团里二——河源上团、岩头团。 宁化县乡二:桂枝乡管团里五——迁善团、新村团、永丰里、攀龙里、会同里;登龙乡管团里五——招贤里、招化里、柳杨团、下觉里、温泉团。 清流县乡二:折桂乡管团保七——郭下团、仓盈团、永德团、梦溪团、罗村团、北团、四保;龙山乡管里一——归仁里。 莲城县乡一:古田乡管团里六——南团、姑田团、蓆湖团、河源下里、北团、袁正里。 上杭县乡团十一:平原团、平元里、安丰里(分上下)、来苏里、古田里、鳖沙里、来苏团、胜运乡、兴化乡、太平乡、金丰乡。 武平县乡七:顺义乡管里三——武溪里、忠孝里、禾平里;万安乡管里三——禾丰里、千秋里、大顺里;归顺乡管里四——东流里、留田里、丘田里、顺明里;永平乡管里四——归平里、招仁里、安乐里、石塘里;永宁乡管保七——七里保、相坑保、露溪保、亭头保、象村保、大和保、招信保;安丰乡管保六——睦郡保(分上下)、新恩保、竹鉴保、丰田保、高吴保;清平乡管里三——长泰里、留村里、河头里。	《永乐大典》卷七八九〇,嘉靖《汀州府志》基本相同
景定严州续志	(宋)钱可则修,郑瑶等纂。景定三年(1262)	建德县:管乡九,为里四十。 淳安县:管乡十四,为里一百一十二。 桐庐县:管乡十八,前志为里四十二,今凡四十四。 分水县:管乡六,为里十八。	卷五至卷九

续表

咸淳临安志	(宋)潜说友纂修。咸淳四年(1268)	钱塘县管十三乡。履泰南乡,管里三;履泰北乡,管里六;惠民乡,管里六;调露乡,管里六;灵芝乡,管里五;孝女南乡,管里四;孝女北乡,管里五;崇化乡,管里六;钦贤乡,管里六;定山南乡,管里四;定山北乡,管里四;长寿乡,管里四;安吉乡,管里三。 仁和县管十一乡四十四里(下均为"某乡管里几",略)。 余杭县管八乡九里。 临安县管二十二乡九十八里。 於潜县管六乡五十五里。 富阳县管十乡二十七里。 新城县管十二乡四十三里。 盐官县管六乡四十五里。 昌化县管四乡一村。永丰乡,管里十二;玉山乡,管里十一;吴安乡,管里十一;金山乡,管里十四;手穵村,管里二。	卷二〇
苍梧志	(宋)薛诚之纂	苍梧县: 东安乡:归定社、顺南社、永安社。 多贤乡:公式社、容江社。 寻阳乡:金牢社、公真社、金贤社。 宜阳县: 归化社。 平政乡:等村、历村、太平村、顿村、鹅景村、辛里村、五两村、伏村、答村。 安平乡:武村、毕胜村、平琴村、武烈村、古象村、神村、都行村、百合村、蒙同村、古幕村、思𦊓村。 思德乡:古路村、黄滩村、思村、古仕村、圣石村、古榄村、阳宅村、罗峒村、于峒村、程峒村、经南村。 须罗乡:太平社、长宁社、归仁社。 平乐乡:歌罗社、承命社、怀德社。 长行乡:上思瑰社、思峨社、信义社、守政社、扶郎社、中思瑰社。 冠盖乡:招贤社、感恩社、归政社。 吉阳乡:附化社、修仁社、怀仁社。	《永乐大典》卷二三三九
湟川志	宋①	阳山县:管三乡十二里,奉唐乡管里四,通儒乡管里五,归善乡管里三。 连山县:管三乡七里,遵教乡管遵教里、白石里,武昌乡管宜善里、上吉里、归义里,文昌乡管白沙里、春峒里。	《永乐大典》卷一一九〇六
容州志	宋②	荣州本州:东乡:波罗里。西乡:思传里、水源里、辛墟里。南乡:古郊里、罗龙里、罗面里、侥仪里。北乡:招贤里、顺德里。 北流县:东乡:南霸里、小劳里。西乡:平陆里、石界里。南乡:汲德里、罗卞里、扶耒里。北乡:吉京里、冲龙里、都陇里。	《永乐大典》卷二三三九

① 参见张国淦《中国古方志考》,中华书局1962年版,第611页。

② 参见张国淦《中国古方志考》,第635页。

续表

弘治抚州府志	(明)吕杰纂修	临川县:临汝乡,四都,为里四;长宁乡,四都,为里三;灵台乡,五都,为里六;招贤乡,四都,为里四;尽安乡,八都,为里五;明贤乡,六都,为里五;长乐乡,九都,为里四;安宁乡,六都,为里五;长寿乡,五都,为里四;遵化乡,东西两乡八都,为里五;延寿乡,六都,为里四;崇德乡,七都,为里五;积善乡,七都,为里五;长安乡,六都,为里六;新丰乡,九都,为里八。 崇仁县、乐安县(均为"某乡,几都,为里几"),略。 金溪县:归政乡,为耆五;归德乡,八都,为耆四;顺德乡,八都,为里四;顺政乡,六都,为耆二;延昌乡,八都,为耆二;白马永和乡,为耆三。	卷一
弘治将乐县志	(明)李敏纂	宋本县三乡统九里: 清平、安福、长寿、福安、永吉、隆溪、安仁、万安、常丰。	卷一
嘉靖清流县志	(明)陈桂芳等纂修	宋分二乡: 折桂乡在县东,统郭下团、仓盈团、永得团、梦溪团、罗村团、北团、四保团。 龙山乡在县南,统归仁团。	卷一
嘉靖建宁县志	(明)何孟伦纂修	宋六乡:东、西、南、北、孝义、宾贤,分领二十四保。东乡领开山、黄舟、楚上、楚下、永城、武调、洛阳七保;南乡领长吉、将屯、铙村、隆下、赤岸五保;西乡领富田、大南、都上、都下四保;北乡领积善上、积善下、黄溪、安仁、周平、蓝田六保;孝义乡领客坊、里源、桂阳、隆安、上黎、净安六保;宾贤乡领银坑、安吉、新城、里心、上查、排前六保。	卷一
嘉靖惟扬志	(明)朱怀幹、盛仪纂修	宋江都县分二十六乡:北广乡——新城村、建新村、北广村;同轨乡;长乐乡;彭城乡;太平乡;丰乐乡;辐辏乡;永贞乡;定浦乡;清平乡——六里庄、宁川村、黄龙沟邪村;平辽乡——新西村、积善村、江安村;崇德乡——荀郭村、微村、新东村、宜陵村;神仙乡——南许村、南广村;招贤乡;西兴乡;东武乡——东武村;公疑乡;永宁乡;东兴乡;善应乡——颜村;江汉乡——后江村、桃花村、中沙村;归化乡——麻同村、青王村;归仁乡;齐宁乡——沙村、南霍村、营村;艾陵乡;万岁村;丰谷乡——南陵西村、渌洋村。	卷七
嘉靖惠安县志	(明)莫尚简修,张岳纂	太平兴国六年置县时,析晋江东北十六里,领以三乡,后复增至二十里。庆历八年定为十八里,仍以三乡领之。西南曰崇武乡,领太康、守节、礼兴、民安、长安;东南曰崇善乡,领平康、归化、祥符、温陵、安仁、同信、尊贤、延寿;东北曰城山乡,领崇德、德音、光德、待贤、民苏。 熙宁保甲法行,分三十四都,置保正副。	卷一

续表

嘉靖建阳县志	(明)冯继科等纂修	宋设六乡,曰群玉,曰升龙,曰建宁,曰崇政,曰仁义,曰开耀;二十三里,曰三贵,曰崇仁,曰崇得,曰均亭,曰招贤,曰同由,曰文瑞,曰崇政,曰崇泰,曰宁化,曰钦仁,曰崇洛,曰崇阳,曰东田,曰三衢,曰崇化,曰永忠,曰长平,曰北洛,曰唐石,曰文强,曰建阳,曰忠孝。	卷三
嘉靖长泰县志	(明)佚名纂	宋乡二,统八里: 归集乡:统里四,曰人和,曰方成,曰钦化,曰泰谨。 康乐乡:统里四,曰彰信,曰石铭,曰善化,曰未福。	舆图志
嘉靖沙县志	(明)叶联芳纂修	宋制为乡三:曰新昌、翔鸾、龙山。统里八:曰洛阳、感义、化剑、礼宾、归仁、崇仁、怀思、姜安。	卷二
隆庆仪真县志	(明)申嘉瑞修,李文、陈国光等纂	甘露乡:一都曰义城里;二都曰三城里。太平乡:十二都曰里居里;十三都曰上沛里;十四都曰白浦里。归仁乡:八都曰凡村里。东广陵乡:四都曰雉场里;五都曰三南里;七都曰东村里。西广陵乡:十五都曰金塘里;十六都曰沙河里。怀义乡:三都曰孙村里;九都曰格南里;十都曰塘下里;十一都曰珠金里。	卷三引宋志
万历滁阳志	(明)戴瑞卿修,于永享等纂	宋滁州本州分五乡: 三才乡:三里,七都六十五保。 仁义乡:二里,四都二十八保。 黄道乡:二里,四都一十九保。 丰城乡:三里,四都三十保。 昌城乡:三里,七都四十三保。 全椒县分四乡: 长宁乡:一村,五都三十一保。 善政乡:三村,十都四十三保。 龙潭乡:二村,六都三十二保。 高城乡:二村,八都五十六保。 来安县分五乡(编排同滁州本州,略)	卷三

通过表 1-1,大致可看出宋代乡村区划及其编排的复杂性[①]:

首先,宋代乡村区划的名称复杂多样,有乡、里、村(邨)、社、都、保、管、耆和团等多种。这应与各地方言俗语所称呼不同有关,“其中为里、为村、为坊、为保,皆据其土俗之所呼以书”[②]。

其次,宋代乡村区划的编排形式十分复杂。主要有以下几类:

乡—里。这一形式最为常见。如长安县、咸阳县、武功县、鄠县、蓝田县、歙县、休宁县、天台县、宁海县、闽县、长溪县、连江县、长乐县、永福县、闽清县、宁德县、怀安县、建德县、淳安县、会稽县、余杭县、乌程县、嵊县、临海县、黄岩县等均是。

乡—村(邨)。如华原县、三原县、富平县、醴泉县、高陵县、同官县、美原县等。

乡—社。如盩厔县、苍梧县、宜阳县等,如表 1-2:

表 1-2　　　　宋代乡村区划之“乡—社”一览表

时　间	地　名	出　处	备注
大中祥符九年(1016)	忻州定襄县蒙山乡东霍社	《山右石刻丛编》卷一二《大宋国忻州定襄县蒙山乡东霍社新建东岳庙碑铭》	
治平二年(1065)	天兴县邵亭乡太子社	刘明科:《宋渤海公高岘墓志铭考述》,载《文博》1998 年第 4 期	葬地

① 之所以出现这种现象,可能与我们使用的各方志在编修理念、体例和内容来源等方面都有所不同有关。首先,“乡里”、“乡村”、“乡都”之类的子目表面上差不多,但编者的理念与认识却不尽相同。《淳熙三山志》、《嘉定赤城志》中的“乡里”归于《地理门》下,《宝庆四明志》却在《叙赋》中列“乡村”。前者被视为一县之地理组成,后者更倾向于赋税征收单位,差别显而易见。立意不同,自然会影响内容的取舍。《咸淳临安志》之“乡里”罗列了各县乡、里数目与名称,并非当时临安未行都保,也非编修者无视都保存在,而是其认为作为“疆域”组成的“乡里”应包含那些内容。其次,方志编修时的史料来源也不一样。见于志书的“乡里”、“乡村”,可能源于地方上的常规认识,可能有部分沿抄旧志,更多的可能来源于官方档案和登记簿册。《琴川志》中的“乡都”载有常熟县各乡、都辖下的里、村以及田亩数等相对翔实的资料,多半源于端平二年(1235)该县土地经界时攒造的鱼鳞图、砧基簿。《江阳谱》中“乡都”的记载基本贴近我们熟悉的保甲制,应是修志者为强调保甲组织的重要性从保甲簿中引录了这些内容。此说由傅俊提出,诚为卓见。(参见傅俊《南宋的村落世界》,浙江大学博士学位论文,2009 年)

② 《至顺镇江志》卷二。

续表

熙宁六年(1073)	江州德化县德化乡清泉社	《全宋文》卷一六三一蒲宗孟《濂溪先生墓碣铭》	葬地
元丰元年(1078)	京兆府长安县义阳乡亭子社	张全民:《北宋王奕夫妇墓志读考》,载《文博》1998 年第 2 期	葬地
元祐五年(1090)	江州彭泽县五柳乡西域社傅师桥东保	彭适凡等:《江西发现几座北宋纪年墓》,载《文物》1980 年第 5 期	葬地
绍兴十八年(1148)	延安府肤施县乌水乡强远社	《绍兴十八年同年小录》第百八人韩彦直	本贯
咸淳四年(1268)	富川顺化乡新安社	《文天祥全集》卷一一《邹月近墓志铭》	葬地
咸淳八年(1272)	江州瑞昌县金城乡三村社接泥中保	《黄氏地券》,载陈柏泉编著《江西出土墓志选编》,第 577 页	葬地
咸淳十年(1274)	德安县长乐乡晚侯社之桃源	《太平州通判吴畴妻周氏圹志》,载陈柏泉编著《江西出土墓志选编》,第 247 页	葬地

管一村(疃、里)。如安阳县、汤阴县、临漳县、林(虑)县等。有时管的前面会冠以乡里,如表 1-3 所示:

表 1-3　宋代乡村区划之“乡(里)—管—村(疃、里)”一览表

时　间	地　名	出　处	备　注
天圣五年(1027)	相州彰德军林虑县仙岩乡赵村管东曲山村疃	《(民国)林县志》卷一四《慈云寺石香幢记》	
天圣十年(1032)	郓州须城县广化乡水东王管戴村	石介:《徂徕石先生文集》卷六《郑元传》	葬地
景祐元年(1034)	林县仙岩乡申村管鬼村疃	《匋斋藏石记》卷三九《孟疑造像记》	
景祐三年(1036)	相州彰德军林虑县仙岩乡申村管柳泉疃	《(民国)林县志》卷一四《李显造石香炉记》	
庆历五年(1045)	洛阳县金谷乡尹村管	《匋斋藏石记》卷三九《王正中墓表》	葬地

续表

熙宁二年(1069)	隆虑县仙岩乡申村管柳泉村	《(民国)林县志》卷一四《石凝摩崖造像记》	
熙宁三年(1070)	兴德军长清县和平乡天花南管寺庄、侯、丘三村	周福森:《长清灵岩寺彩塑罗汉像的塑制年代及有关问题》,载《文物》1984年第3期	
绍圣四年(1097)	怀州武陟县万岁乡拓王管拓王村	《(道光)武陟县志》卷一《宋重建商王庙大殿记》	
崇宁二年(1103)	相州安阳县大同乡新安管水冶村、南平村、倪村、黄口村	《安阳县金石录》卷七《施石峡龙头物件记》	
政和元年(1111)	相州林虑县仙岩乡皇化里张村管白佛村	《(民国)林县志》卷一四《白佛村大悲咒石塔铭并序》	
政和元年(1111)	四明通远乡银山管金谷里	邹浩:《道乡集》卷三七《高平县太君范氏墓志铭》	
政和四年(1114)	相州安阳县感化乡灵泉管光岩村	《安阳县金石录》卷七《王宣造石香炉记》	

乡—都(—保)。如祁门县、仪真县等,再如表1-4所示:

表1-4　　宋代乡村区划之"乡—都(—保)"一览表

时　间	地　名	出　处	备　注
淳熙元年(1174)	金州西城县界永宁乡第十一都洛河村	《滑璋地券》,载张沛编著《安康碑石》,三秦出版社1991年版,第18页	葬地
淳熙二年(1175)	临川县灵台乡十三都	《秦秘校地券》,载陈柏泉编著《江西出土墓志选编》,第559页	葬地
淳熙七年(1180)	仁和县丰年乡第十三都	《两浙金石志》卷一〇《宋石龙净胜院舍田记》	
淳熙十二年(1185)	抚州金溪县顺德乡二十七都樵□保	《胡氏二娘地券》,载陈柏泉编著《江西出土墓志选编》,第560页	葬地

续表

庆元四年(1198)	临川县静安乡三十八都	《朱济南地券》,载陈柏泉编著《江西出土墓志选编》,第563页	葬地
宝庆元年(1225)	台州仙居县庆云乡三十五都	《台州金石录》卷九《宋修复彭溪山学业始末记》	
绍定二年(1229)	平江府长洲县胥门外归义乡念三都	《(民国)江苏省通志稿·艺文志三·金石十五·冯宗兴造井题记》	

乡—保。如华亭县、建宁县等。再如熙宁四年(1071)有诸城县卢山乡诸□保王满村[①],绍兴三年(1133)有江州瑞昌县清盆乡上泉港南保[②]。

乡—耆。如金溪县下归政乡、归德乡、顺政乡、延昌乡、白马永和乡等各有若干耆。

有的县同一乡中就既有里,又有村,如表1-1《乾道四明图经》所记鄞县的乡村区划;有的县同一乡中有保有村,如华亭县。有的是乡之下既有管,又有里,又有村,如奉化县;有的是乡之下有里有保,如象山县和武平县;有的是乡之下有里和团,如宁化县、莲城县等。最为复杂的是《江阳谱》所记泸州地区的乡村区划,泸州本州和合江县是乡里下有都,而江安县是耆下设都。

宋代乡村区划的编排方式虽然复杂,但仍有规律可循。首先,乡的地位比较固定,一般都是仅次于县的一级区划;其次,村、社、都、保、团很少作为仅次于县的一级区划,大都是作为乡以下的区划出现,仅有少数例外,如有的地方里、团作为县以下与乡并列的一级区划,如表1-1《临汀志》记上杭县有"乡团十一:平原团、平元里、安丰里(分上下)、来苏里、古田里、鳖沙里、来苏团、胜运乡、兴化乡、太平乡、金丰乡";有的地方村与乡并列,如表1-1《咸

① 参见《山左金石志》卷一六《宫苑副使赵公墓志》。

② 参见《刘三十八郎地券》,载陈柏泉编著《江西出土墓志选编》,第558页。

淳临安志》卷二〇记昌化县管四乡一村，一村即手穸村，辖二里。

第三节　宋代乡村区划的性质

前述宋代乡村区划的编排，是否就是当时乡村行政组织体制的真实反映？有不少学者直接以此为基础来讨论宋代的乡村制度[①]，其实对此类史料的这一处理方法并不妥当。要说明当时的乡村行政组织，必须进一步探讨各种区划的性质，即其究竟是地域单位，还是行政区划，方能确定。判断某一乡村区划是否为行政区划，主要应从两个方面考虑：一是其是否承担一定的行政职能；二是其是否设有专门的人员承担行政职能。有时还要考查其是否被纳入国家行政体系中。下面就以此为标准探讨各种乡村区划的性质。

一、宋代乡和里的性质

对宋代的乡和里，学术界有不同的认识。例如，郑世刚认为"宋初乡、里两级行政建制，事实上已混淆为一，里正既是按里设置的行政头目，又是负责一乡赋税催征的乡级行政人员"，"开宝'废乡'令后的乡，已成为实施财税稽征的单项行政建制"，"仍然长期延续存在"。[②] 王棣认为"宋代的乡既不是一级基层行政政权或行政区划，也不是里的上级行政机构，而是县以下的一级财政区划"，宋代乡村基层政权"实际上是以里为中心的一级政权模式"。[③]夏维中则对上述两文（主要是王棣文）进行质疑。他认为，王棣对里正和乡书手的认识存在问题，由此导致其对宋代的乡与乡以下基层组织关系的曲解。他指出："北宋前期，乡仍具有一定的职役功能。这种功能直到至和年

① 王曾瑜的《宋代社会结构》第三节"宋代的城乡基层行政组织"（载周积明等主编《中国社会史论》下卷，湖北教育出版社 2000 年版，第 264～271 页）和日本学者周藤吉之的《南宋郷都の税制と土地所有》（载《宋代経済史研究》，东京大学出版会 1962 年版，第 437～473 页）都大量引用方志中关于宋代乡村区划的记载来说明宋代的乡村行政组织。

② 郑世刚：《宋代的乡和管》，载邓广铭等主编《中日宋史研讨会中方论文选编》，河北大学出版社 1991 年版，第 247～248 页。

③ 王棣：《宋代乡里两级制度质疑》，载《历史研究》1999 年第 4 期。

间才因里正的废止及乡书手的变化而被基本剥离。随着经界法的实施，乡逐步成为了一种地域单位。里早在北宋就已遭到巨大的冲击，而到南宋中后期，在绝大多数地区已名存实亡。"[①]鲁西奇依据鄂东地区出土的30余方买地券详细考察了宋代蕲水、黄梅、广济和蕲春等县的乡里区划及其地域范围，认为：宋代乡已经成为较单纯的地域单元，主要是一种地域概念，而不是行政区划；里是以某一较大聚落为中心的地域单元，在北宋大部分时期是县以下实际发挥作用的基层组织，在保甲法推行后其也向单纯的地域概念转化；里正不是以乡为单位的乡役，而是以里为单位的乡役，乡不存在常设的头目。[②] 以上诸说争论的焦点有二：一是里正的地位，即其究竟是依托于哪一乡村组织的头目；二是乡有无具体行政职能。下面稍加辨析。

关于里正的地位，郑世刚从宋代乡里组织的编制不再是一乡五里，而大致是一乡一里，里正仅有课督赋税的职能出发，认为里正既是按里设置的行政头目，又是负责一乡赋税催征的乡级行政人员。王棣对此提出了批评。他首先不同意郑世刚关于宋代"在全国范围内基本上存在的一乡一里，乡里合一的事实"这一论断，认为一乡只有一里只是乡里辖境重叠而已，是乡里各具不同职能的反映；进而认为里正只是按里设置的行政头目，否认里正为乡级行政头目。笔者认为，这正是王棣一文的最大失误。宋代里正已不再是里的头目，而是成为乡的行政头目。里正的这一变化自唐代就已开始了。前文已指出，到唐代中后期，里正的乡职色彩越来越浓，这一趋势发展到宋代，致使里正与里已完全剥离，主要表现在其选任上。如《宋会要辑稿·职官》四八之二五记宋代"诸乡置里正"；司马光称"曩者每乡止有里正一人"[③]，具体选任方式是于一乡中选物力最高的一户充任；至和二年(1055)，文彦博称陕西"乡狭户少者，至差第三等充(里正)"，建议"有乡狭户少处，将比近三两乡合差一里正"[④]。可见里正的选任也是以乡为单位进行。夏维中文对此

① 夏维中：《宋代乡村基层组织衍变的基本趋势》，载《历史研究》2003年第4期。

② 参见鲁西奇《宋代蕲州的乡里区划与组织：基于鄂东所见地券文的考察》，载《唐研究》第11卷，北京大学出版社2005年版，第612～617页。

③ 司马光：《温国文正司马公文集》卷三八《衙前札子》。

④ 文彦博：《潞公文集》卷一七《奏里正衙前事》。

也有论述，不再详述。鲁西奇文则以蕲水、黄梅、广济和蕲春四县的情况为例，提出：如果里正之佥选以乡为单位进行，则每乡每年在第一等户中佥选一户充当里正，一年一替轮充，那么在一些地域广阔的乡中，里正的佥选是如何运作的，里正又是如何在广阔的区域范围内承担起催收赋税的职能的呢？颇有启发性地提出了里正在乡的层面上如何运作的问题。但限于其文中所用史料不适于深入讨论制度性的问题，从而其对乡的认识出现了失误。实际上，在北宋前期的乡这一层级上，头目不仅仅只有一名里正，还有数量不一的户长和乡书手协助其完成行政职能①，这就足以回答鲁西奇文提出的问题，下文详述。

关于乡有无具体的行政职能的问题，郑世刚文、王棣文和鲁西奇文均持否定意见，或认为宋代乡只是“财税稽征的单项行政建制”，或认为其只是“县以下的一级财政区划”，或认为其“已经成为较单纯的地域单元，主要是一种地理概念，而不是行政区划”。夏维中则认为北宋至和二年(1055)里正被废以前，乡仍具有一定的职役功能，此后，基本上成为一种地域单位。我们在上文已指出北宋时期里正是乡这一层级的头目，结合下文将要论述的里正的职能，故而认为至和二年里正被废以前，乡是以里正等为其头目、承担一定行政职能的乡村行政组织。

此处还有一个问题，就是至和二年里正被废②以后，乡的行政职能是否也被停废了，而如夏维中所言，成为了单一的地域单位呢？我们不否认从唐代以来，乡的地域性色彩日渐浓厚这一事实。唐代乡里制度初设时是按户数编排的，“百户为里，五里为乡”，到唐中后期，这一制度被打破，在乡以下兴起了以地域为基础的村，乡里制也大有被乡村制取代之势；另外，唐前期

---

① 梁建国在《唐宋之际里正的变迁》[载《南都学坛》(人文社会科学版)2008年第2期]一文中分析了北宋设置户长、乡书手协助里正处理乡务的原因，可参见。

② 据《续资治通鉴长编》卷一七九，里正之役在至和二年被废罢，但文献中仍能见到许多至和二年以后“里正”的例子。其实，这时的“里正”已不再是北宋前期作为乡的头目的里正了，而是保甲组织的头目保正副等的代称。详可参见王曾瑜《宋朝的差役和形势户》，载《历史学》1979年第1期；杨炎廷《北宋的乡村制度》，载《宋史论文集：罗球庆老师荣休纪念专辑》，香港中国史研究会1994年版，第102页。徐梦莘《三朝北盟会编》卷一四三引《金虏节要》称有一保正“起寨于西山，保聚村民”，结语中却称其为“里正之役，非将相之权也”，可见宋人已用里正指代保正。

以丁为本的租庸调制被以资产(主要是土地)多寡决定税额的两税制取代,这都使得乡的地域性大大加强,并具备了比较稳定的地域范围。[①] 但北宋至和二年里正被废以后,乡的行政功能并未消失,依旧存在了一段时间。

首先来看夏维中对至和二年以后乡的行政功能的变化所作的论述:"在至和二年里正被废之前,基层催税之役是由依乡为单位设置的里正、乡书手,以及依管设置的户长等一起承担",到至和以后,"得到强化的是乡级以下的基层组织,与此同时,乡的作用反而大大下降"。夏维中作此结论的一个重要出发点即户长是开宝七年(974)新设的管的职役。然而,户长并非是在管这一区划出现后才有的。《嘉定赤城志》卷一七记:"建隆初,里正、户长掌课输……乡书手隶里正。"可见早在建隆初年已有户长存在了。[②] 这时的户长应当是乡的役人,与里正一起承担赋税催征的职能,其实质是里正的副贰。[③] 开宝七年(974),户长的身份发生了变化,宋政府新设管制。《宋会要辑稿·职官》四八之二五引《两朝国史志》记载:"开宝七年,废乡分为管,置户长,主纳赋。"户长成了管的头目。但是,废乡设管并未在全国推行[④],这样,户长可能被分为两种情况:实行管制的地区,户长是管的头目;在未实行管制的地区,户长依旧是乡役人,仍负协助里正催征赋役之责。里正于至和二年被废以后,宋政府为了维持对赋税的征收,还"增差户长"[⑤],"其税赋只

---

① 鲁西奇对宋代蕲州各县乡的地域范围的研究可为例证。(参见鲁西奇《宋代蕲州的乡里区划与组织:基于鄂东所见地券文的考察》,载《唐研究》第11卷,第602～616页)

② 这还不是所能见到的关于户长的时间最早的记载。《新五代史》卷六六《周行逢传》记周妻"岁时衣青裙押佃户送租入城",周劝其不必亲自督输,其曰:"公思作户长时乎? 民租后时,常苦鞭扑,今贵矣,宜先期以率众,安得遂忘垅亩间乎!"此处户长已负责催租,与北宋相同,但仅为孤证,未敢确定。此处"户长"或用来指代里正,《资治通鉴》卷二九三也记此事,文中所记周妻之语却为"独不记为里正代人输税以免楚挞时邪"。孰是孰非,待考,姑记于此。

③ 参见孙毓棠《关于北宋赋役制度的几个问题》,载《历史研究》1964年第2期;王棣《试论北宋差役的性质》,载《华南师范大学学报》(社会科学版)1985年第3期。

④ 日本学者中村治兵衛在《宋代の地方区画——管について》(载《史淵》通号89,1962年)一文中认为管主要在华北地区推行。但根据笔者见到的史料,情况并非如此,如表1-1中《嘉泰会稽志》卷一二会稽县、《宝庆四明志》卷一七奉化县都有管的设置。(参见梁建国《北宋前期的乡村区划》,载《史学集刊》2006年第3期)

⑤ 赵彦卫:《云麓漫钞》卷一二。

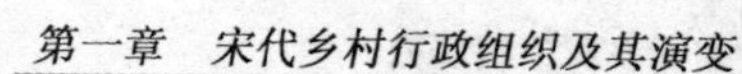

令户长催输，以三年一替”[①]。

宋初，乡一级的役人除里正和户长外，还有乡书手，“国初，里正、户长掌课输，乡书手隶里正”[②]。乡书手不仅是里正的下属，其地位甚至还要低于户长，这从文献中三者的排列顺序即可看出。《宋会要辑稿·食货》六九之三七记至道元年时，如有偷逃租税，要“里正、户长、书手”填纳。《宋史》卷一七七称“宋因前代之制，以衙前主官物，以里正、户长、乡书手课督赋税”。但到北宋后期，情况发生了变化，乡书手可以“关留户长磨税”[③]，还对都副保正百般勒索。朱熹曾称：“人吏乡司，皆有常例。需索稍不如数，虽所催分数已及，却计较毫厘，将多为少，未免棰楚。”[④]这时，乡书手不再是乡役人，而是上升为县吏，并有了自己的办事机构——乡司[⑤]。乡书手与乡的关系被剥离开来。

学术界对宋代乡书手从乡役到县役这一变化的认识基本一致，但在变化的具体时间上则存在差异。王棣认为：“大致上以王安石募役法的实施为界限，是乡书手被称为乡司的开始，也是乡书手胥吏化的开始。”[⑥]而张谷源则认为，“至少在北宋末期，因为乡书手经常性地往来县衙办公，成为胥吏的可能性大增”，但“此时乡书手的地位仍然低于吏人”，“南宋初期时乡书手的法律地位已经与胥吏相同”。[⑦] 王棣对乡书手地位转变的判断其标准主要有二：一是乡司的出现，认为“乡司”这一特定话语的出现是县衙中乡司机构的增设以及乡书手进入县吏行列这一现实的必然反映；二是乡书手可以按一定的升迁资序递升为更高等级的胥吏。张谷源判断这一转变的标准有三：一是称谓的变化，亦即乡司的出现；二是乡书手要经常性地留在县衙办公；三是乡书手的法律地位。诚然，以上因素都是乡书手成为县吏不可缺少的，

① 《续资治通鉴长编》卷一七九，至和二年夏四月辛亥条。

② 赵彦卫：《云麓漫钞》卷一二。

③ 李元弼：《作邑自箴》卷四。

④ 《朱熹集》卷九九《约束不得骚扰保正等榜》。

⑤ 参见张谷源《宋代乡书手的研究》，中国文化大学硕士学位论文，1997 年；王棣《从乡司地位变化看宋代乡村管理体制的转变》，载《中国史研究》2000 年第 1 期。

⑥ 王棣：《从乡司地位变化看宋代乡村管理体制的转变》，载《中国史研究》2000 年第 1 期。

⑦ 张谷源：《宋代乡书手的研究》，中国文化大学硕士学位论文，1997 年。

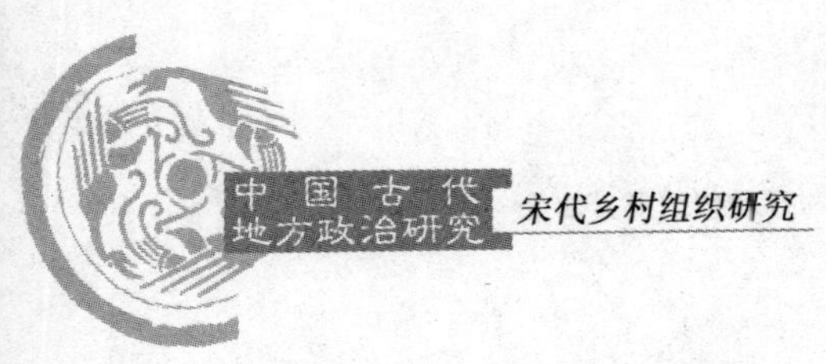

但他们都忽视了最重要的一点，即乡书手职责的转变①。只有详细考察乡书手职责的变化，方可更清楚地判断其地位变化的时间。北宋前期，乡书手的职责主要有二：一是作为里正下属，协助里正完成各项赋役征收的任务；二是与户长等一起制作五等丁产簿。至于税租钞的注销、税租的推割等原本都是属于县（主要是主簿）的事务，当这些事务都委于乡书手后，乡书手则成为县役无疑。关于南宋初年以前乡书手职责的变化，可参见表1-5。

表1-5　南宋初年以前乡书手职责变化表

时　间	职　责	出　处
至道元年(995)六月	开封府言："逃户……许本村耆保、亲邻、里正、户长、书手陈首。"	《宋会要辑稿·食货》六九之三七
天圣三年(1025)七月	京西路劝农使言："点检夏秋税簿，多头尾不全，亦无典押、书手姓名，甚有楷(揩)改去处，深虑欺隐，失陷税赋……今乞候每年写造夏秋税簿之时，置木条印一，雕年分、典押、书手姓名，令佐押字，候写毕，勒典押将版簿及归逃簿，典卖、析居、割移税簿，逐一勘同。"	《宋会要辑稿·食货》一一之一二
熙宁三年(1070)二月一日	判大名府韩琦言："青苗钱……近下等第与无业客户旦或愿请，必难催纳，将来必有行刑督索，及勒干系书手、典押、耆户长、同保人等均陪(赔)之患。"	《宋会要辑稿·食货》四之二〇
熙宁七年(1074)七月十九日	司农寺言："曲阳县尉吕和卿请：五等丁产簿旧凭书手及耆、户长共通隐漏不实，检用无据。"	《宋会要辑稿·食货》六五之一四至一五

① 对乡书手的职能，王棣在《宋代乡司在赋税征收体制中的职权与运作》（载《中州学刊》1999年第2期）、《论宋代县乡赋税征收体制中的乡司》（载《中国经济史研究》1999年第2期）、《宋代乡书手初探》（载张其凡等主编《宋代历史文化研究》，第302～321页），张谷源在《宋代乡书手的研究》（中国文化大学硕士学位论文，1997年）中都有论述，但所引史料的年代多为北宋后期及南宋，反映的多是乡书手成为县役后的职能。

续表

元丰三年(1080)十二月庚申	朱初平等言:"海南四州军诸县簿书不整齐,或书手妄增税苗,或以误税拨入书手户下,或代纳之弊未去,或户名二三,而催科之人不知。乞根括元额存正数外,其余欺弊诡伪一皆改正。"	《续资治通鉴长编》卷三一〇
元祐元年(1086)七月十五日	臣僚上言:"税赋自五季以来,有因逃亡倚阁,业尽税存者;有典吏笔误年深,至以簿头虚有管额者;有他处送纳误发文钞于别县,未能画时尽数勾销者;有乡司、揽纳之人恃此作过,不为送纳。"	《宋会要辑稿·食货》七〇之一六
元祐七年(1092)十一月庚辰	诸税租、助役、常平钱物钞,候仓库封送到县,令佐即日勒吏开拆,分授乡书手,各置历,当官收下。排日以千字文为号。将所授钞画时上簿。	《续资治通鉴长编》卷四七八
元符元年(1098)三月乙丑	尚书省户部奏请:"应州县当行人吏揽纳常平、免役等钱物受赃,乞依重禄公人因职事受乞财物法断罪,其乡书手若揽纳有赃犯,即乞依近降绍圣常平免役因纳受乞钱物法施行。"从之。	《续资治通鉴长编》卷四九六
政和元年(1111)四月九日	户部奏:"臣僚言,乞令县邑严立法禁,凡质贸田业印契之际,须执分书或租契赴官按验亩角税苗分数之实,勒户案人吏并乡书手即时注籍。"	《宋会要辑稿·食货》六一之六二
政和三年(1113)七月一日	梓州路计度转运副使王良弼奏:"欲州县应税限及期,而纳数未敷,辄敢虚申其数,以逭一时之责者,令佐及县吏、书手并科违制之罪,吏非知情减二等。"从之。	《宋会要辑稿·食货》七〇之二四

续表

绍兴二年(1132)十一月十二日	江浙、荆湖、广南、福建路都转运使张公济言:“人户实无灾伤,未敢披诉,多是被本县书手、贴司先将税簿出外,雇人将逐户顷亩,一面写灾伤状,依限随众赴县陈过,其检灾官又不曾亲行检视,一例将省税蠲减,却于人户处敛掠钱物不赀,其乡书手等代人户陈诉灾伤,乞行立法。”	《宋会要辑稿·食货》一之六至七
绍兴四年(1134)九月十五日	明堂赦:“诸县选差保正副,在法:以物力高下、人丁多寡、歇役久近,参酌定差,务要均当。比年以来,乡司、案吏于造簿攒丁、差大小保长之际,预行作弊,致争讼不已。”	《宋会要辑稿·食货》一四之二二
绍兴五年(1135)七月十五日	诸路军事都督行府言:“勘会潭、鼎、岳、澧州、荆南府、公安军……令逐州军将抛弃田土,如元地主归业,委自令、丞子细照检见收执契状、户钞或乡书手造到文簿之类,可以见得分明,给还依旧耕种。”	《宋会要辑稿·食货》六九之五四
绍兴十二年(1142)九月十三日	赦:诸县起催官物,依条合抄录人户应纳实数,预给凭由。近年令佐弛慢,但凭乡司印给,其间脱漏增加,情弊不一。	《宋会要辑稿·食货》九之二八
绍兴十五年(1145)四月二十三日	知临安府张澄奉诏条具受纳税赋不销簿籍等事,下户部看详:“勘会依法输纳官物用四钞,县钞付县,户钞给人户,监钞付监官,住钞留本司及税租钞仓库封送。县令佐即日监勒分授乡司书手各置历,当官收上,日别为号计数。”	《宋会要辑稿·食货》三五之九

续表

绍兴十六年(1146)六月十日	权知郴州黄武言人户典卖推税，诏令户部立法。户部今修下条："诸典卖田宅，应推收税租，乡书手于人户契书、户帖及税租簿内，并亲书推收税租数目并乡书手姓名，税租簿以朱书，令佐书押；又诸典卖田宅，应推收税租，乡书手不于人户契书、户帖及税租簿内亲书推收税租数目、姓名、书押令佐者，杖一百，许人告；又诸色人告获典卖田宅应推收税租，乡书手不于人户契书、户帖及税租簿内亲书推收税租数目、姓名、书押令佐者，赏钱一十贯。"从之。	《宋会要辑稿·食货》一一之一八

从表中可看出，乡书手事务的复杂化大约始于元丰以后，主要在元祐时期，我们可以将元祐视为乡书手成为县役的开始时间。

至和二年里正被废以后，乡仍旧可以通过户长和乡书手发挥行政职能，这种局面大概延续到熙丰变法时期。下面就通过熙丰变法以前里正、户长和乡书手的职责来看一下宋代乡作为乡村行政组织的职能。

第一，按比户口，统计财产，修造版簿。版簿是赋役征发的基础，其登记内容不外是人口和财产两大项。"嘉祐敕：造簿，委令佐责户长、三大户，录人户、丁口、税产、物力为五等。"[①]熙宁七年(1074)，司农寺称："五等丁产簿，旧凭书手及耆、户长供通。"[②]宋代按财产将人户划为五等。熙宁四年(1071)，杨绘称："凡等第升降，盖视人家产高下，须凭本县，本县须凭户长、里正，户长、里正须凭邻里，自下而上，乃得其实。"[③]一些苛敛也由里正统计丁数后进行。仁宗时，郓州户输干食盐钱，"但岁抄浮户，计丁配之，皆里正邻伍专增损丁数"[④]。明道二年(1033)，范仲淹言："所有客户名下盐钱，盖是

① 《续资治通鉴长编》卷二五四，熙宁七年七月癸亥条。

② 《续资治通鉴长编》卷二五四，熙宁七年七月乙卯条。

③ 《续资治通鉴长编》卷二二三，熙宁四年五月癸卯条。

④ 晁补之：《鸡肋集》卷六八《殿中侍御史赵君墓志铭》。

浮浪之人，起移不定，每到春初，被乡司、里正、户长抄札浮户，配纳盐钱。”[①]

第二，催征赋税，圈派差役。这方面的记载很多，如《宋史》卷一七七称宋代“以里正、户长、乡书手课督赋税”。韩琦称：“国朝置里正，主催税及预县差役之事。”[②]包拯曾言：“臣伏见知并州韩琦上言，乞罢诸路里正，逐乡税赋只委户长催纳。”[③]《淳熙三山志》卷一四称：“国初，里正、户长掌课输，乡书手隶里正。”嘉祐三年(1058)，郑獬《二月雪》诗曰：“当时夏税不得免，至今里正排门催。”[④]治平四年(1067)，司马光称：“里正只管催税，人所愿为。”[⑤]

里正“预县差役”的职责后被剥夺。庆历八年(1048)，韩琦言：“承平以来，科禁渐密，凡差户役，皆令佐亲阅簿书，里正止令代纳逃户税租及应无名科率。”[⑥]天圣七年(1029)修订的《天圣令·赋役令》称：

> 谐(诸)县令须亲知所部富贫、丁中多少、人身强弱。每因外降户口，即作五等定簿，连署印记。若遭灾蝗旱劳(涝)之处，任随贫富为等级，差科、赋役，皆据此簿。凡差科，先富强，后贫[弱]；先多丁，后少丁。其赋役轻重、送纳还(疑“还”字衍)远近，皆依此以为等差，豫为次弟(第)，务令均济。簿定以后，依次差科。若有增减，随即註(注)记。里正唯得依符催督，不得千(干)豫差科。若县令不在，佐官亦准此去(法)。[⑦]

第三，劝课农桑。太平兴国七年(982)诏：

> 凡谷、麦、麻、豆、桑、枣、果实、蔬菜之类，但堪济人，可以转教众多者，令农师与本乡里正、村耆相度，具述土地所宜，及其家见有种子，某户见有阙丁，某人见有剩牛，然后分给旷土，召集余夫，明立要契，举借

① 《范文正公集续补》卷一《上元五县盐钱事奏》。

② 《续资治通鉴长编》卷一七九，至和二年四月辛亥条。

③ 杨国宜校注：《包拯集校注》卷四《请罢里正只差衙前》，黄山书社 1999 年版，第 250 页。

④ 郑獬：《郧溪集》卷二五《二月雪》。

⑤ 司马光：《温国文正司马公文集》卷三八《衙前札子》。

⑥ 《续资治通鉴长编》卷一七九，至和二年四月辛亥条。另外，还参考了《全宋文》卷八四五对此段文字的校勘。

⑦ 天一阁博物馆等校证：《天一阁藏明钞本天圣令校证》下册，中华书局 2006 年版，第 265～266 页。

粮种，及时种莳，俟收成，依契约分，无致争讼。官司每岁较量所课种植功绩，如农师有不能勤力者代之，惰农务，为饮博者，里胥与农师谨察，教诲之。[①]

熙宁七年(1074)，“司农寺乞废户长、坊正”[②]，结果获准。乡书手的性质也随之发生变化。这时，乡的行政职能被剥夺，不再具体处理和承担行政事务；其性质很快也发生了变化，不再是一级行政组织，而成为一种地域单位。[③] 此后，乡之名仍然存在，并被广泛使用，其意义表现在：

(1)乡是编制或保存版簿税籍的基本单位。元祐七年(1092)，权两浙路转运副使毛渐状称：

自到任已来，巡历所至州县，取索到诸乡第三等以上人户差役鼠尾都簿，点检所差色役，逐处多称不曾起置，只有逐乡五等丁产文簿。缘各乡丁产簿卒难见得差役失当，唯是鼠尾都簿易为检察。虽已一面行牒管下杭、越十四州，指挥诸县各起置鼠尾都簿，将所管诸乡第三等已上人户，依物力等第、人丁数目，衮同鼠尾排定，于逐人名下注凿逐次所差色役名目、年限、得替日月，官员对行签押以备点检。[④]

《州县提纲》卷二《户口保伍》称：“令诸乡各严保伍之籍。如一甲五家，必载其家老丁几人，名某，年若干；成丁几人，名某，年若干；幼丁几人，名某，年若干。凡一乡为一籍，其人数则总于籍尾。”绍兴二年(1132)，江东安抚大使李光言：“广德县秋苗旧赴水阳镇仓交纳，后因路远，乡民遂将本户苗一石，乞贴纳三斗七升耗充脚乘免赴水阳，只就本军及建平县仓交纳，是致官中造诸乡板簿，便随正苗理纳加耗。”[⑤]开禧元年(1205)，臣僚称：“保五之法，

---

① 《宋会要辑稿·食货》一之一六。

② 《续资治通鉴长编》卷二五七，熙宁七年冬十月辛巳条。

③ 有学者认为乡在北宋中期以后变成了一种地域单位，是“乡村中设置空闲的‘摆设’”、“穷酸措大(士子)们笔下掉书袋”(参见刁培俊《在官治与民治之间：宋朝乡役性质辨析》，载《云南社会科学》2006 年第 4 期)。实际上，乡在北宋中期以后变成了一种地域单位，但正如下文所述，仍有其存在的意义。正由于其不再具有行政管理职能，亦不是乡村管理体制中的一个环节，因此就没有必要用文献中出现的“乡—里—都”等乡村区划的编排形式来否定乡村行政组织的实际存在了。

④ 《续资治通鉴长编》卷四七四，元祐七年六月丙寅条。

⑤ 《宋会要辑稿·食货》七〇之三三。

州县之吏往往视为具文，并无图籍可以稽考。盖一都当有一都之籍，一乡当有一乡之籍，一县当有一县之籍，一州当有一州之籍，一路当有一路之籍。"[①]这里鼠尾都簿、保伍之籍和两税版簿等都是以乡为单位编制的。嘉定初年，戴栩任定海县主簿，分乡保存各种簿籍，"庋其簿书为七，使随其乡而出入之"，从而"使赋敛齐一，钩校有考"。[②]

(2)乡是赋役征发的重要单位。绍兴二十年(1150)，知资州杨师锡请求允许"逐路监司将贫下户最低土色合减税数，均在侵耕冒佃豪强等人名下，有未均去处，自可将逐乡蹙零就整之数，用与补填"[③]。同年，将作监丞李岩老言："州县理纳税赋，必依常限及时催科，令佐毋得分乡自至村落。"[④]绍兴二十六年(1156)，潼川府路转运判官王之望措置经界，"令州县取诸乡税名为鼠尾帐，家至户到，问其愿否，各使书其名下，分乡编类，愿用旧税户若干，愿用经界户若干，于是究其两党之多少"[⑤]。绍熙元年(1190)，朱熹称："绍兴经界打量既毕，随亩均产，而其产钱不许过乡，此盖以算数太广，难以均敷，而防其或有走弄失陷之弊也。若使诸乡产钱祖额素来均平，则此法善矣。若逐乡产钱祖额本来已有轻重，即是使人户徒然遭此一番打量攒算之扰，而未足以革其本来轻重不均之弊。"[⑥]赋税蹙零就整、催征赋税等都是以乡为单位进行，均平产钱也在乡的范围内进行。浙江上虞在咸淳年间的税粮征收是以乡为单位分等征收，元至元年间依旧，直到至正时方改为以都、保为单位分等征收。[⑦]

(3)乡是赈灾救济的基本单位之一。赵汝愚在信州时请求"令浙西诸州军守臣各将所管诸县，疾速委官检踏目今旱伤并得熟分数，逐乡从实开具，

---

① 《宋会要辑稿·食货》六六之二九。

② 戴栩：《浣川集》卷五《定海主簿厅壁记》。

③ 《建炎以来系年要录》卷一六一，绍兴二十年七月乙未条。

④ 王之望：《汉滨集》卷五《论潼川路措置经界奏议》。

⑤ 《宋会要辑稿·食货》九之四。

⑥ 《朱熹集》卷一九《条奏经界状》。

⑦ 参见陈高华《元代江南税粮制度新证——读〈上虞县五乡水利本末〉》，载《中国社会科学院研究生院学报》1998年第5期。

申尚书省”[①]。他后在四川又“委成都通判冯兴祖、汉州通判郭德祖逐急权借本府常平钱一万贯，分诣两县措置，各逐乡分差官置场，务要分散其众，勿令群聚生事”[②]。黄榦在汉阳军赈荒也是分乡办理，令“逐乡画出地图，山川、道路各注人户于路之傍，人能自食者用红圈，不能自食合粜官米者用黑圈，又于能自食之中有粟可籴以备赈粜者用黄圈，又于不能自食之中亦无钱籴米者用白圈，各开其数目”，“逐乡细算合籴官米者几家，每家日三升，且以八个月为准，每月合费若干米，本乡之内积蓄之家可以收籴出粜者若干硕，其余欠米若干硕，合作如何措置收籴”。[③]

(4)乡是处理司法诉讼事务的单位。绍兴时，潼川府路提点刑狱公事王之望称：“前备员转运判官，奉诏看详措置经界利害，乞将本路不均甚处选见任官五员，农隙月分分诣诸县，逐乡受接人户词状。”[④]淳熙年间，巩嵘知歙县。该县共 18 乡，“讼牒丛夥，公日听乡二，操约御详，庭空如水”[⑤]。南宋胡太初也称：

> 县道引词，类分三八。始至之日，多者数百，少者亦以百数。令惮其烦，遂有展在后次并引者。不知省讼固自有道，若惮烦拖后，积压愈多，虽竭其精神难理矣。或谓不拘日子，有状即受，可免积压。然县家事多，若日日引词，则诉牒纷委，必将自困。不若间日一次引词，却将乡分广狭分搭，遇一则引某乡状，遇三则引某乡状，遇五、遇七、遇九，各引某乡状，不得搀越，庶几事简易了。[⑥]

(5)乡是社会治安的单位。开庆元年(1259)，胡太初知汀州时重排保伍，“以五家为一甲，甲有首；五甲为一保，保有长；五保为一大保，有大保长；五保以上为一都，都有官；合诸都为一乡，或为一团，亦各有长”，乡长或团长又称隅总，只是“任责警察盗贼，卫护乡闾”[⑦]，而不承担其他事务。

---

① 《历代名臣奏议》卷二四七赵汝愚《陈荒政五事疏》。

② 《历代名臣奏议》卷二四七赵汝愚《奏绵竹什邡二县饥民赈济疏》。

③ 黄榦：《勉斋集》卷三一《汉阳军管下赈荒条件》。

④ 《建炎以来系年要录》卷一七九，绍兴二十八年三月戊子条。

⑤ 洪咨夔：《平斋文集》卷三一《吏部巩公墓志铭》。

⑥ 胡太初：《昼帘绪论·听讼篇第六》。

⑦ 《永乐大典》卷七八九五胡太初《奏请经界保伍及移兵官一员置司城外三事》。

对于里的性质，王棣在里正是里的职役人这一错误前提下，认为宋代乡村基层政权承袭唐五代旧制，实际上是以里为中心的一级政权模式；鲁西奇则受所用史料的限制而认为里正是以里为单位的乡役，在北宋大部分时期都是县以下实际发挥作用的基层组织。除以上两位外，学术界基本上认为宋代的里已不是一级行政组织，而仅仅是地域单位了。前面已经提及从唐代中后期开始，里的地位开始下降，里正的乡役色彩日渐明显，到宋代，里正已与乡以下的里完全脱离，成为完全的乡役人，里不再设置以其为基础的职役人。这样，宋代的里已失去了作为乡村行政组织的基本条件。①

二、宋代团、村和社的性质

宋代的乡村区划团应当源于后周的“团并乡村”。《五代会要》卷二五《团貌》记显德五年(958)诏：

> 诸道州府，令团并乡村，大率以百户为一团，选三大户为耆长。凡民家之有奸盗者，三大户察之；民田之有耗登者，三大户均之。仍每及三载，即一如是。

此诏令颁行仅两年，后周就被北宋所取代，如此短的时间，政权即发生了更替，此诏令得以实施的力度难以推断，当时究竟在多大范围内实施了“团并乡村”之制，也无从探究，但我们决不能低估后周“团并乡村”的意义及影响。这一措施对宋代乡村组织有重要影响，是理解唐代乡村组织向宋代乡村组织转化的一个关键所在。它至少有如下三层意义：

第一，这一政策使得团开始作为一种乡村组织名称。宋代庐陵县永和镇在“周显德初，谓之高唐乡临江里磁窑团”②，此处就以团为乡村组织名。后周时，团设有耆长，既维护治安，又处理农田耗登等经济事务，可以说其具

---

① 夏维中在日本学者周藤吉之和柳田节子等人研究的基础上，对宋代里的崩溃作了论述。(参见夏维中《宋代乡村基层组织衍变的基本趋势》，载《历史研究》2003 年第 4 期)梁建国对此也有论述，并对夏维中的一些认识作了校正。(参见梁建国《宋代乡村区划研究》，河南大学硕士学位论文，2004 年)

② 《(永乐)东昌志》卷一钟彦彰《东昌志序》，转引自陈柏泉《吉州窑烧瓷历史初探》，载《江西历史文物》1982 年第 3 期。

备了行政组织的性质。宋代乡村区划中仍旧沿袭了这一名称。

第二，耆长从此出现。北宋建立后，也设有耆长，并在此基础上衍生出了以“耆”命名的乡村区划。[①]

第三，对唐宋时期村的性质演变有重要影响，这一点将在下文详述。

团在宋代作为乡村区划[②]，史籍中记载不多，除表1-1所引方志中关于团的记载外，再如：绍兴八年(1138)十一月，知靖州覃敌言：“本州永平县并无居民，止有东林一团，户口不多，欲将永平县移就州城倚郭旧都监廨宇充县。”[③]嘉定八年(1215)七月，江西安抚司称“南安县上保石溪六团人户陈廷琳等被贼残害”[④]。这里的团都是乡村区划。咸淳八年(1272)，台臣言：“江西推排田结局已久，旧设都官、团长等虚名尚在，占吝常役，为害无穷。”[⑤]由此也可看出当时乡村区划中有团的设置。

南宋初年，金人的铁骑不断南下，深入两浙、湖北、湖南、江西等地，大肆烧杀抢掠，败退的官军与游寇也趁机抢劫破坏，加上战事频仍，使得民众的赋役负担更加沉重，挣扎在饥饿线上的农民越来越难以维持基本的生活，社会矛盾十分尖锐，先后爆发了钟相、杨幺及范汝为等领导的人数众多的农民

---

① 江西抚州及邻近地区的许多吴氏宗族都自称是五代时吴宣的后裔。道光二十一年(1841)江西万载《吴氏族谱》中载有一篇署名北宋明道二年(1033)吴忠敏撰的《宣公蕃衍录》，称吴宣于“后周太祖皇帝广顺元年辛亥九月葬于南丰从周乡，又名世贤乡染源耆，土名青鱼潭华家中窠”。(参见王铁《中国东南的宗族与宗谱》，汉语大词典出版社2002年版，第142～143页)文中与土名相对照的“世贤乡染源耆”当为行政区划，如果此段文字可靠且能反映五代时情况的话，那么耆出现于显德五年以前。由于没有其他旁证，不敢遽定。笔者倾向于认为这是后人的追述，不能反映五代时的情况。

② 在宋代，团作为组织单位应用较广。如：团可作为军队或保甲的编制单位。《中兴小纪》卷四〇记绍兴三十一年“籍乡兵”，“其法取于主户之双丁，每十万户为一甲，五甲为一团，甲团皆有长。又择一邑之豪为总首，岁以农隙，教以武事”。团还可以作为丁夫的编制单位。《续资治通鉴长编》卷三七四记有“差夫团头法”；《苏辙集·栾城集》卷四六《论雇河夫不便札子》中也有“团头”的记载。招募流民垦荒有时也用团作编制单位。《宋史》卷一二九载：“汝州旧有洛南务，内园兵种稻，雍熙二年罢，赋予民，至是(指咸平中)复置，命京朝官专掌。募民户二百余，自备耕牛，立团长，垦地六百顷，导汝水溉灌，岁收二万三千石。”

③ 《宋会要辑稿·方域》六之三六。

④ 《宋会要辑稿·食货》五八之二九至三〇。

⑤ 《宋史》卷四六《度宗纪》。

起义，社会动荡不安。[①] 至晚从绍兴时起，各地重新开始团结保伍，“所谓团结者，非民兵之谓也，特以保伍旧法少加损益，令自相纠率，各集强壮，推择所信服以为首领。官为立为条约，假借名目，约见多寡之数，籍而不用，揭以示众，无事但藏其籍，有警按籍下令各守其地，正兵控守之余，令弥缝其所不及，外张声势，以自保其乡里而已”[②]。此后在经历了绍兴中后期到孝宗时的短暂稳定后，以“开禧北伐”为转折，宋代社会再次陷入动荡局面，各地纷纷团结保伍，许多地方团结保伍的编制中都有团的编制。

庆元二年(1196)十一月，湖南安抚司在潭州“条画措置保伍、防闲盗贼”具体措施如下：

村疃保伍，自有旧法，缘县道失于检举，遂至废弛。湖、湘乡分阔远，间有盗贼窃发，彼此不相救应。今措置团长，以便民情，初无骚扰。团长不久充，则无武断乡曲之患；官司不差使，则无追呼之弊。

诸县管下乡分，五家结为一甲，家出一丁，其丁多之家两丁。一甲之内，推一名为甲头，五甲内轮一名为队长，于都内又推一名物力高者为团长，同保正、副统率其丁，器仗等各随所有。遇盗贼，有先觉处鸣击梆鼓，队长即时率甲士，或拦于前，或截于后，上连下接，其贼自无逃遁。团长一年一替。

今来结甲，专委知县、县尉告谕，令保正、副就乡结甲，具已推团长等姓名申县。即不得差公人骚扰，县尉许行点检，一年不得过二次。非捕盗贼，不许役使及追赴县点集。如违，许人陈告，定行按劾。

甲内人如停着逃军、盗贼，及自为劫掠者，仰团长等执捉，赴官断罪给赏。其窝停人，照条坼屋行遣。甲内容庇，五家一例重断。

逃亡军兵及配隶之人，散在乡村住泊，或经赦放回乡，仰本保抄录姓名，取索放停公据等，解官验实，责保居住。或无停据，押归元来军分施行。

---

① 参见何忠礼、徐吉军《南宋史稿·政治军事和文化编》，杭州大学出版社1999年版，第51～78页。

② 叶梦得：《石林奏议》卷一一《奏措画防江八事状》。

盗贼窃发去处，甲内不觉察违漏，先行遣团长；近队甲不即救助，许先发觉处队长具名申官施行。

市镇居民邸店，多是作过之人藏泊。仰团长等随所在集逐甲内丁每季点检一次。于点检之际，将前项约束逐一申饬队丁。

都分内居民稀少，不成保伍去处，各随人家多少，自结成一保，从团长等管。

所差团长，本县不得使之承受文引等事。如违，许团长经州陈诉，将所犯官吏按治施行。[①]

黄榦"尝为临川令，当开禧用兵之后，隅官之法未尽废，其法以五家为一小甲，五小甲为一大甲，四大甲为一团长，一里之内总数团长为一里正，一乡之内总数乡官为一隅官，以察奸慝，以护乡井。行之三年，人以为便"[②]。

开庆元年(1259)，胡太初时知汀州，他认为"汀郡实底闽陬，土旷而民贫，俗犷而气暴，家乏富饶之蓄，时多寇掠之虞，固切抚摩，尤严控御"，"本州南接潮梅，西连盱赣，寇攘间作，渊薮实繁。昨者捕到贼徒，鞫之囹圄，多是邻郡奸民来此告说某处某家富有财物，此邦之奸民籍其向导，聚众而行。其始集也，持挟刀杖，止以贩盐为名。其既集也，置立部伍，公以劫屋为事，既行劫掠，岂免杀伤？民志惊惶，率多逃匿"。为此，他提出实行保伍法：

臣近行下诸邑，选差隅总，重排保伍，以五家为一甲，甲有首；五甲为一保，保有长；五保为一大保，有大保长；五保以上为一都，都有官；合诸都为一乡或为一团，亦各有长。(其乡团长即隅总)从本州给文帖朱记应充。设若遇警，众急递告捍防，如境内年或一年无虞，与之次第减免力役；如别有保护捕获之功，又行议赏。仍令沿门点定人户丁口，以藉申上。或有聚集欲出外生事者，则自甲保以上互相觉察，以报隅总。[③]

今来编排保伍，专以不扰为先，止要沿门点定户口人丁，置簿抄上，各三本：一申州，一申县，一付隅总。以五家为一甲，置一甲首；以五甲

① 《宋会要辑稿·兵》二之四七至四八。

② 黄榦：《勉斋集》卷二四《汉阳条奏便民五事》。

③ 《永乐大典》卷七八九五胡太初《奏请经界保伍及移兵官一员置司城外三事》。

为一保，置一保长；五保为一大保，置不（按：应为“一”）大保长；五大保以上为一都，署都官；合诸都为一乡，或为一团，隅总统之。仍于各处置立粉壁，大书保下、甲下人户姓名，以凭稽考。即不许唤集关留，有妨民业。如将来甲内有人丁事故，甲保次第报知隅总销落，仍申县申州照会。

人家密处，小保长置梆一只。人家疏处，甲长置梆一只。如遇警急，即仰鸣梆。一梆鸣，众梆皆鸣，甲内及保都人户闻梆，不以早晚深夜，即刻前赴应援。各家置枪棒一条，以备缓急，不许非时施用及将带出入。如有不遵约束及不相救应之人，仰甲保觉察报知隅总，申县照条断治。

聚集徒党及十人以上，在法所禁，仰甲内常切觉察递造保长、都官，以及隅总。若隐而不告者同罪。或外州县人经过甲内，不许停留过三日。若行止不明者，不许住泊。如违约束，许甲内及保内首告。知而不告者，请隅总觉察，申县科断。①

朱瑞熙认为有些地区乡村所设的团相当于乡②，但从其所据史料《石林奏议》卷一《奏严州淳安县管孙众等结集凶徒状》和《宋史》卷四六均看不出这一点，不知其根据何在。从前引方志及黄榦所行隅官之法可知团一般在乡以下，但也有例外，如表 1-1 中《临汀志》记上杭县即团与乡并列。这可能与开庆元年(1259)汀州知州胡太初实行的保伍法有关。史载：

以五家为一甲，甲有首；五甲为一保，保有长；五保为一大保，有大保长；五保以上为一都，都有官；合诸都为一乡，或为一团，亦各有长。（其乡团长即隅总）③

但胡太初的这一措施在他的辖区内也未完全推行。据表 1-1 中《临汀志》记其他诸县如长汀县、宁化县、清流县、莲城县等的团均在乡之下。

团设有团长，一般是“选有材德望之人，从本州给朱记文帖请充”，“既谓

① 《永乐大典》卷七八九五胡太初《帖请诸乡隅总规式》。

② 参见朱瑞熙《中国政治制度通史》第 6 卷，人民出版社 1996 年版，第 303 页。

③ 《永乐大典》卷七八九五胡太初《奏请经界保伍及移兵官一员置司城外三事》。据《永乐大典》同卷胡太初《帖请诸乡隅总规式》知“五保以上为一都”应为“五大保以上为一都”。

之有材望，非可与凡民例论也。如元非公吏、干揽、屠贩等人，遇到县请，县官以客礼接见。(到州一同，若系投词论诉，自依常式)应有关会，并用文帖，不可据行追呼。如三帖不报或不了，可引出”。[①] 团长的地位要高于一般乡村行政头目，州县官员要以客礼接待。团长“专是任责警察盗贼，卫护乡闾。应追会公事、催督官物及体究审验等事，自有保正副及保长任责，并不许官司以帖引累及隅总，如有此色，径请缴回”[②]。有的团长甚至因辖区内发生民众骚动而获罪。乾道时，“浏阳县岁歉，豪右移粟售他境，乡民纷竞，尉以啸聚张大其事，漕调兵追捕，归罪团长陈淮，下之狱”[③]。

由上可知，团长只是负责维护社会治安，并不像都保等要承担县里发下的“追会公事、催督官物及体究审验”等事务，团作为乡村组织并未被纳入国家行政组织体系之中。从性质上说，它只是由国家或地方官推行的以治安为主要职责的乡村组织，而非乡村行政组织。宋代的耆也是以治安为主要职责的乡村组织，但它属于乡村行政组织，主要原因就在于其要承担县里交办的各种事务，被纳入了国家行政组织体系之中。

唐代的村是一级以地域为基础的正式的乡村行政组织，地位非常重要，设有村正和村长。在唐前期，其职责主要是检查非违，到唐后期其职责日趋全面。[④] 然而到了宋代，遍览史籍，却不见任何关于宋代设有村正或村长的记载，村不再是一级行政组织。对于村制如此大的转变，只能从五代时乡村组织的变化去追寻其轨迹。

至少从唐代中后期开始，均田制崩溃，土地兼并加剧，逃户增加，不少任里正者因代纳租赋而倾家荡产，无法胜任，乡村行政的效能受到了很大影响。到唐末五代时期，社会更加动荡不安，连年战乱，迫使不少乡村采取自卫措施，大都是以豪强阶层为首，团结家人、奴客、乡里子弟以保卫其乡村。[⑤]

---

① 《永乐大典》卷七八九五胡太初《帖请诸乡隅总规式》。

② 《永乐大典》卷七八九五胡太初《帖请诸乡隅总规式》。

③ 周必大:《文忠集》卷六五《吏部尚书郑公丙神道碑》。

④ 参见刘再聪《唐朝“村”制度研究》，厦门大学博士学位论文，2003年。

⑤ 参见[日]石田勇作《唐・五代における村落支配の変容》，载《宋代の社会と文化》，东京:汲古书院1983年版。

这些乡村豪强对乡村社会的支配和控制得以增强，相比之下，国家对乡村社会的控制却被削弱了。在这样的情况下，选出既能够有效控制乡村社会且有能力最大限度地满足国家征发赋役需要者为乡村行政组织的首领就成了国家整顿乡村社会的主要目标了。自唐代中晚期均田制崩溃以后，社会上出现了一个靠土地兼并发展起来的豪强阶层，其恰恰能满足国家的这一需要。从后唐开始，中央集权逐渐加强，重新整顿乡村组织提上日程。长兴二年(931)，后唐要求"诸道观察使，属县于每村定有力人户充村长。与村人议，有力人户出剩田苗，补贫下不迨，肯者即具状征收，有辞者即排段检括，自今年起为定额"[①]。这时，村以"有力人户"即乡中富豪充任村长，负责催征赋税，其性质仍然是乡村行政组织。后周时进一步整顿乡村制度。显德五年(958)，诏"诸道州府，令团并乡村，大率以百户为一团，选三大户为耆长"[②]。这样，乡里制或乡村制就变成了乡团制，且团是按人户编排，无疑会对以地域为基础的村具有极大的冲击力，村作为行政组织被打破了。宋朝建立后，在乡村重建了以里正为头目的乡制，村只是作为地域单位或聚落名称保留下来。

有学者在研究唐代村制时指出："唐代推行村制度，最后终于促使县以下基层行政体系开始由秦汉乡里制逐渐向唐以后的乡村制过渡。"[③]此说尚需斟酌。宋代的村已非乡村行政组织，也就无所谓"唐以后的乡村制"了。

宋代"社"作为乡村区划的名称也很常见。[④] 表 1-1 中《长安志》记载北宋时盩厔县辖 17 乡，325 社。《宋史》卷九五《河渠志》称引黄河水可"灌注朝邑县长丰乡永丰等十社千九百户秋苗田三百六十余顷"。社作为乡以下的一级区划出现，从前引材料可知，其应有一定的地域范围。宋代作为乡村区划的社大致与里、村同义。[⑤] 如《夷坚甲志》卷八《闭籴震死》记："饶州余干

---

① 《旧五代史》卷一四六《食货志》。

② 王溥：《五代会要》卷二五《团貌》。

③ 参见刘再聪《唐朝"村"制度研究》，厦门大学博士学位论文，2003 年。

④ 这里的"社"指的是与村、里等类似的一级乡村区划，与后文将要涉及的民间组织中的"社"不同。

⑤ 参见[日]金井德幸《宋代の村社と社神》，载《東洋史研究》38 卷 2 号，1979 年。

县桐口社民段二十八……同村港西亦有段二十六者。"其实,它们不仅意义相同,而且性质也相同。社只是一种地域单位的名称,"是乡里组织的补充"[①],而不具备行政功能。

三、宋代管和耆的性质

《宋会要辑稿·职官》四八之二五引《两朝国史志》称:

> 诸乡置里正,(主)赋役。州县郭内旧置坊正,主科税。开宝七年,废乡分为管,置户长,主纳赋。耆长主盗贼词讼。诸镇将副、镇都虞候同掌警逻盗贼之事。有典以主文案,所由以役使,皆无定数。

史籍中对于宋初设管的记载仅此一则,没有其他史料可以补释。学术界对其有不同的理解,这主要涉及管的组织体系及管与耆的关系等问题。

首先看管的组织体系问题。郑世刚认为,管的组织编制"有耆长、户长和壮丁等行政人员。耆长是主要行政头目,壮丁隶属于耆长,构成以'耆长—壮丁'为体制的,配备有户长的管级政权组织"[②]。王曾瑜也认为户长和耆长的辖区就是管,耆长的辖区至少在部分地区称为耆,户长和耆长的辖区并不相同,但从行政上讲是平列的,都受县衙门的管辖。[③] 梁建国也认为管一级区划设有耆长、户长、壮丁等行政人员。[④]

《淳熙三山志》卷一四载有熙宁、元祐时福州地区耆长、户长和壮丁的数目,参见表 1-6:

---

① 陈宝良:《中国的社与会》,第 152 页。

② 郑世刚:《宋代的乡和管》,载邓广铭等主编《中日宋史研讨会中方论文选编》,第 253 页。

③ 参见王曾瑜《宋朝的差役和形势户》,载《历史学》1979 年第 1 期;《宋朝的"三大户"》,载《沈阳师范学院学报》(哲学社会科学版)1979 年第 4 期。

④ 参见梁建国《北宋前期的乡村区划》,载《史学集刊》2006 年第 3 期。

表 1-6 熙宁、元祐时福州地区耆长、户长和壮丁的数目表①

县名	熙宁年间			元祐年间		
	耆长数	户长数	壮丁数	耆长数	户长数	壮丁数
闽县	37	21	154	37	21	154
连江县	49	11	148	45	11	136
候官县	44	28	201	44	28	201
长溪县	55	11	—	52	11	196
长乐县	32	8	98	37	8	92
福清县	73	16	248	—	16	250
古田县	26	11	76	26	11	94
永福县	28	4	92	28	4	100
闽清县	16	4	—	32	—	—
宁德县	20	6	64	20	6	64
罗源县	24	6	84	26	6	90
怀安县	43	16	176	—	16	176

从上表可看出，北宋时福建各县耆户长的比例从 1.6∶1 到 7∶1 不等，没有一个县耆户长数目相同，也就是说同一县内，耆长的辖区和户长的辖区范围并不重合。对这个问题，学术界有不同解释。周藤吉之认为，开宝七年设置的管系沿袭后周的团而来，经过一段时间的演变，又在以户长为头目的管下分设了以耆长为头目的耆。② 佐竹靖彦亦认为在唐宋时期对乡村控制细化和加强的趋势下，在管下设立了由数个村组成的耆，一般是一管三耆，各设耆长一人。③ 杨炎廷则认为，耆才是沿袭后周的团而来，每团约 260 主户，管

① 中华书局 1990 年版《宋元方志丛刊》所影印明崇祯十一年刻本《淳熙三山志》缺元祐年间闽清县耆长数、熙宁和元祐年间宁德县户长数，此据《四库全书》文渊阁本补。

② 参见［日］周藤吉之《宋代鄉村制の变迁过程》，载其《唐宋社会经济史研究》，东京大学出版会 1965 年版，第 570～577 页。

③ 参见［日］佐竹靖彦《宋代鄉村制度之形成過程》，载《東洋史研究》25 卷 3 号，1967 年。

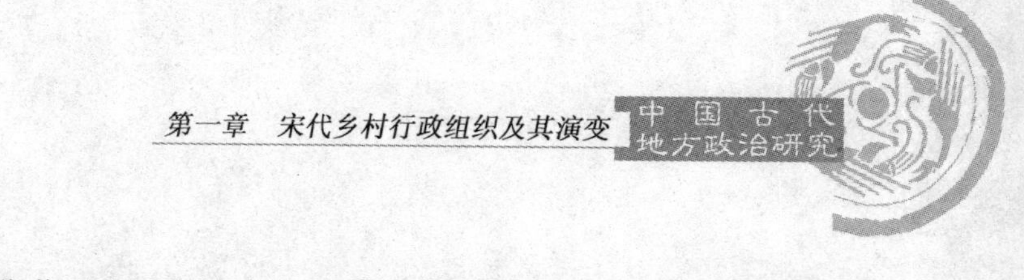

是新设的，管之下分若干耆，设耆长一人。[①] 对于耆不是以户数为单位来划分的乡村组织，梁建国已有辨正，不再赘述。[②]

称耆是管的下一级组织，除据前表中耆长和户长的比例推定外，根本见不到其他更为直接的证据，既见不到有"某管某耆"这样的编制排列，也找不到关于耆长受户长管辖的证据。实际上，在宋代，耆长直接与县发生行政关系，直接受县的指令来处理政务，不经过其他中介环节，如"诸县令逐耆长将告谕指挥乡村等第人户并客户依所定石斗出办米豆数，内近州县镇只于城郭内送纳"[③]。知县要出榜对耆长、壮丁之行政作出特别的约束。《作邑自箴》卷七就载有《榜耆壮》，称"知县约束耆壮如后"，对耆长的各项职责作了详细规定。由此可见，耆长并非户长的下属，耆长与户长不存在必然的关系。

笔者认为，之所以会出现耆长与户长辖区不同甚至差别较大的情况，在于耆是一种独立的专项行政组织，耆长作为耆的头目，是负有特殊职责的乡村职役人，与管没有直接关系。至于有学者认为耆长和户长都是管的头目，在于他们对前引《宋会要辑稿》的文字作出了错误的标点。他们认为应这样点读这段文字：

开宝七年，废乡分为管，置户长主纳赋，耆长主盗贼词讼。

从句子结构看，户长受"置"这一动词支配确切无疑，而耆长则未必。耆长也不是始设于开宝七年，而是出现于五代时的后周，北宋沿袭。建隆三年(962)，宋太祖就曾下诏规定："令、尉无事不得下乡。或遇捉贼，亦不得烦扰人户。如有受财入已者，并以枉法论。应先行敕命：乡村内争斗不至死伤，及遗漏火烛，无指执去处，并仰耆长在村检校定夺。"[④]乾德四年(966)，朝廷下诏："告谕蜀邑令尉，禁耆长、节级不得因征科及巡警烦扰里民，规求财物。"[⑤]由上可见，耆长在废乡设管以前就已存在，并掌捉贼、打斗、烟火、巡

① 参见杨炎廷《北宋的乡村制度》，载《宋史论文集：罗球庆老师荣休纪念专辑》，第100页。

② 参见梁建国《宋代乡村区划研究》，河南大学硕士学位论文，2004年。

③ 董煟：《救荒活民书》卷下《支散流民斛斗画一指挥》。

④ 《宋会要辑稿·兵》一一之二。

⑤ 《续资治通鉴长编》卷七，乾德四年十月己巳条。

警、征科等事。前引《宋会要辑稿》的一段文字实际应分两部分，前半部分讲赋役之事，后半部分讲维护社会治安之事。这段文字应点读如下：

诸乡置里正，(主)赋役。州县郭内旧置坊正，主科税。开宝七年，废乡分为管，置户长，主纳赋。耆长主盗贼词讼。诸镇将副、镇都虞候同掌警逻盗贼之事。有典以主文案，所由以役使，皆无定数。

耆长只是宋代设置的以维护治安为主要职责的职役。另，从保甲法实施以前的宋代乡村头目的职责来看，唐代时，里正和坊正等都有治安方面的职责。《通典》卷三《食货三·乡党》记：

每里置正一人，掌按比户口，课植农桑，检察非违，催驱赋役。在邑居者为坊，别置正一人，掌坊门管钥，督察奸非，并免其课役。在田野者为村，别置村正一人。其村满百家，增置一人，掌同坊正。

而到了宋代，无论是乡村的里正、户长、乡书手，还是州县郭内的坊正，其职责基本上是以催征赋役为主，都无维护治安之责。维护社会治安的职责被从乡这一行政组织中剥离出来，专设以耆长为头目的耆这一行政组织来负责。

耆长又称"三大户"[①]:《嘉定赤城志》卷一七称耆长"于第一等、第二等差";《淳熙三山志》卷一四称"耆长差第一等、第二等户"。需要说明的是，宋代官户享有免差役之特权，但耆长之役却是例外。熙宁以前，官户也要承担耆长之役。熙宁二年(1069)，苏辙称："今世三大户之役，自公卿以下无得免者。"[②]熙宁四年(1071)，杨绘称官户"除耆长外皆应无役"[③]。绍兴五年(1135)，胡舜陟言："祖宗时所差耆长，无刑(形)势官庄寄任之限，但品官之家，则以不该荫赎人及管庄田人代充。"[④]官户也要承担耆长之役，或许也可说明耆这一行政组织的特殊性。

耆长以下设有壮丁。《嘉定赤城志》卷一七称耆长"其属有壮丁，于第四、第五等差"。《淳熙三山志》卷二四称"壮丁差第四、第五等户"。每名耆

---

① 参见王曾瑜《宋朝的"三大户"》，载《沈阳师范学院学报》(哲学社会科学版)1979年第4期。

② 《苏辙集·栾城集》卷三五《制置三司条例司论事状》。

③ 《宋史》卷一七七《食货上五》。

④ 《建炎以来系年要录》卷九六，绍兴五年十二月丙午条。

长所辖壮丁人数不一，大概随各地治安事务的繁简而设。据《淳熙三山志》卷二四载，宋代福建路每名耆长一般辖壮丁三五人。有的地方耆长辖壮丁则很多，王罕在惠州“乃呼耆长发里民，补壮丁，每长二百人”[①]。

熙宁八年(1075)，耆长被废，其维持治安的职责被保正副所代替。元丰八年(1085)，复置耆长，允许保正副兼充。此后，耆长或由保正副兼充，或与保正副并存，但耆长一直存在。耆或许在熙宁八年时随着耆长被废而被废，但应很快就随着耆长的复置而得以恢复，直到南宋时仍见耆的存在。绍兴二十六年(1156)，权知复州章焘请求湖北京西州县户口稀少去处，“每一都人户若不及五大保处，即合并接邻近都分人户，通行选差都保正一人，催税户长亦乞通行雇募。如桥梁有损坏去处，却令依条随本耆地分人户修治施行”[②]。

在福建路耆长与保正副分别设置的地区，耆长与保正副辖区不一致应无疑问，如福建建阳境内“都九十七，耆一百八”[③]。再如《淳熙三山志》卷一四所记淳熙时福州一些保正副和耆长的数目，参见表1-7。

表1-7　　淳熙时福州保正副和耆长数目表

县　名	连江	候官	长溪	长乐	古田	永福	闽清	宁德	罗源	怀安
耆长的数目	32	44	55	26	26	28	17	30	26	33
保正副的数目	60	70	851[④]	48	81	73	47	56	26	51
都的数目[⑤]	30	35	425	24	40	36	23	28	13	25

通过表1-7，可见一县内耆的数目与都的数目相差不大，但没有重合的。在实行耆长由保正副兼充的地区，一县之内耆与都的辖区也不重合。如宋代金溪县有六乡：

---

① 《宋史》卷三一二《王罕传》。
② 《宋会要辑稿·食货》六五之八八。
③ 刘克庄:《后村先生大全集》卷一〇〇《跋安溪县义役规约》。
④ 此数字与其他差别太大，恐有误，但无旁证，姑仍存，特此说明。
⑤ 每都保正副一般为二人，由此可推知各县都的数目。

归政乡：宋为耆五：慕善、修仁、归信、归仁、新兴。

归德乡：宋八都，为耆四：从顺、苦竹、石廪、招携。

顺德乡：宋八都，为里四：靖居、承义、感化、德义。

顺政乡：宋六都，为耆二：化全、兴乐。

延昌乡：宋八都，为耆二：东耆、西耆。

白马永和乡：为耆三：白马、太平永和上耆、太平永和下耆。①

金溪县属江南西路或江南东路，都属耆长由保正副兼充的地区，都的数目与耆的数目也有较大差距。由上可见，耆与都保的辖区并不重合，足可反映耆这一行政组织的独立性。

至于耆的管辖范围，应当限于乡村，而不及于城郭。② 庆历八年(1048)，富弼在京东东路为安泊流民，要求州县坊郭人户和乡村人户都要腾出房屋供流民居住，"见今流民不少，在州，即请本州出榜，在县镇乡村，即指挥县司，晓示人户，依前项房屋间数，各令那趱立定日限，须官数足数。内城郭勒厢界管当。其乡村即指挥逐地分耆壮抄点逐等姓名、趱那到房屋间数申官"③。此处就明确规定了城郭由厢负责，只有乡村才由耆长和壮丁负责。宋代在处理地方行政事务时，还区分"厢界"和"耆界"，即厢的管辖范围和耆的管辖范围。淳熙十六年(1189)，朝廷存恤临安府城内外细民，张杓等言："在城九厢，城南、城北两厢共抄札到二十六万八千余口，及养济两院并逐处病坊虽在耆界，亦宜赈给，计用二十三万贯文，除已降数外，尚欠三万贯，乞

---

① 《(弘治)抚州府志》卷一。六乡中归德乡、顺德乡、顺政乡、延昌乡下有宋代都的数目，而归政乡、白马永和乡下没有明确记载宋代都的数目，但前四乡宋代都的数目与明代都的数目均同，后二乡宋代都的数目可能也与明代相同，这样归政乡当有十一都，白马永和乡有八都，与乡中耆的数目也不相同。

② 郑寿彭在其《宋代开封府研究》[(台北)"国立"编译馆1980年版]第333页谈到都门之内的警政时称"宋初诸路(开封府属京畿路)，以耆长主管区警政"，依据即上文所引《宋会要辑稿·职官》四八之二五的记载；该书第336页还称都门之外设厢吏负责警政事务。其观点有误。宋代东京不仅在新城外开封、祥符两县所辖市区设厢，由"京城统之"，而且在新城内也设厢负责维持治安，由开封府直接管理。(参见周宝珠《宋代东京研究》，河南大学出版社1992年版，第72～73页)可以说，宋代东京的全部警政事务均由开封府直辖的诸厢管理，京城内并未设置耆长。开封、祥符两县除管辖城区外，还分别管辖一定数量的乡村，这些地区方设耆长维护治安。

③ 董煟：《救荒活民书》卷下《擘画屋舍安泊流民事指挥》。

行揍数给散。"[①]此处即明确区分了临安府城内外的"厢界"和"耆界"。宝元二年(1039),"知青州赵槩请自今厢界耆长、弓手捕盗人等如交替,即有未获立限捕贼,并交割管认,将交割限内日数中分,定入限一半日以前交到"[②]。

耆是县以下以耆长、壮丁为头目的专项行政组织。耆长的职责主要是率领壮丁稽查盗贼,维护社会治安。《宋会要辑稿·职官》四八之二五称"耆长主盗贼词讼"。《嘉定赤城志》卷一七称"耆长掌盗贼烟火"。神宗时,张方平曾称:"旧制:防禁盗贼之法,乡村即有耆长、壮丁、弓手。"[③]绍兴十九年(1149),秦桧称:"耆户长元立法止令管烟火桥道。"[④]绍兴二十九年(1159),国子正张恢言:"推详祖宗旧法……置耆长、壮丁专管争讼、斗殴、追呼公事。"[⑤]乾道八年(1172),户部尚书杨倓等言:"在法:乡村盗贼、斗殴、烟火、桥道公事并耆长干当。"[⑥]淳熙时,朱熹也称:"管干乡村盗贼、斗殴、烟火、桥道公事,则耆长主之。"[⑦]耆长维护治安的职责具体表现在以下几个方面:

(1)逐捕盗贼。耆长捕盗失职要受处罚。天禧二年(1018),"诏诸路州县乡村耆保公人自今除强盗失于申报,及捕盗迁延,并依旧条科违制之罪"[⑧]。天禧五年(1021),洛州团练使王贻贞奏:"诸州捕盗,限内不获,其三大户、弓手、典吏并行决罚。"[⑨]如果"弓手、耆长、壮丁、百姓等因捉杀人贼伤中,重者支钱二千,轻者一千,以系省钱充"[⑩]。

(2)处理乡村打斗词讼及司法诉讼事务。"至道元年敕:小可盗失,令村耆了绝。"[⑪]"斗不至伤,敕许在村了夺,耆长则可。"[⑫]"如斗打伤损者,各指要

---

① 《宋会要辑稿·食货》六八之八九。
② 《宋会要辑稿·兵》一一之一六。
③ 张方平:《乐全集》卷二七《请详定盗贼条法事》。
④ 《宋史全文》卷二一下。文中"户"字当为衍文,宋代户长不承担烟火桥道之事。
⑤ 《宋会要辑稿·食货》六五之九〇至九一。
⑥ 《宋会要辑稿·食货》一四之四七。
⑦ 《朱熹集》卷二一《论差役利害状》。
⑧ 《宋会要辑稿·兵》一一之九。
⑨ 《续资治通鉴长编》卷九七,天禧五年八月甲寅条。
⑩ 《宋会要辑稿·兵》一一之一〇。
⑪ 《续资治通鉴长编》卷九一,天禧二年三月乙卯条。
⑫ 吕祖谦编:《宋文鉴》卷一二九。

切照证之人,仍不得过二人,(由耆长)解押赴县。"[①]除处理小的斗殴等事外,耆长还广泛参与各种司法诉讼事务。他可以充当证人帮助逃亡人户认归抛弃的田产。"如孤幼儿女及亲属依例合得财产之人,委守令面问来历,取索契照,如无契照,勾勒耆保邻佐照证得实,即时给付。"[②]对户绝者的财产,"耆邻守门,官吏据堂,括出籍入"[③],"仓库、牛马、屋下、地上、器皿、毛发,四至八到,一拳之土皆归于官",防止有人趁"耆邻未至,官吏未及,则移易晦匿"[④]。耆长有时还要负责判状的执行,"人户自执去判状,须是付耆长正身,仍取批收凭由收掌"[⑤]。

(3)参与消防,即"烟火"之事。宋代乡村由耆长负责消防。如辖区内失火,耆长往往要受连累。熙宁六年(1073),"雄州牒涿州捕贼,并指柴头、草秆、蜀黍为证",王安石称:"柴头、草秆、蜀黍岂独北界有之,纵非兵士失火,安知非本地分人与兵士及村耆有隙,故放火以累之乎?"[⑥]由此可见耆长在消防上的责任。

据《作邑自箴》卷七《榜耆壮》,耆长还要负责如下事情:辖区"店舍内有官员、秀才、商旅宿泊,严切指挥邻保夜间巡喝,不管稍有疏虞";"年少无残疾男子,或在乡村求乞者,转押出县界";有人"称县中官员亲识于乡村起动人户、寺观,仰速来报覆,以凭依法施行";"客旅不安,不得起遣,仰(客店主人)立便告报耆壮,唤就近医人看理,限当日内具病状申县照会";对辖区内的空窑要"常须填塞,墓林有丛密者,告报墓行,剃令稍疏,恐藏贼盗"。耆长、壮丁还要负责辖区内桥梁、道路的修缮,"临近道路坑堑,勒地主填垒,不管损陷人马","近路井口勒令用砖石砌甃,窄小不可下人土,并用砖石砌甃不得者,止用粗大枋木作井口,架于其上,并各以栏干遮护"。

耆长的主要职责在于维护社会治安,然而这仅仅是法令规定,在制度的

① 李元弼:《作邑自箴》卷七。
② 马端临:《文献通考》卷五。
③ 李新:《跨鳌集》卷二〇《上王提刑书》。
④ 李新:《跨鳌集》卷二二《与家中孺提举论优恤户绝书》。
⑤ 李元弼:《作邑自箴》卷六。
⑥ 《续资治通鉴长编》卷二四五,熙宁六年五月乙卯条。

具体实施上，其职责要广泛得多。再者，熙宁以后，都保在乡村组织中的地位逐渐上升，耆维护治安的职能与都保重叠，因此耆维护治安的职能必然相对减弱，其他方面的职能得以扩展。除维护治安外，耆长的职责还有：

第一，版籍编制。耆长负责维护治安，需要对辖区内的人口丁壮数目有清楚的认识，所以其要负责编制丁帐，即统计各户男丁。《景德农田敕》："诸州每年申奏丁口文帐，仰旨挥诸县差本村三大户长就门通抄，每年造帐。本县据户数收落，仍春季终闻奏。"[①]宋代户籍一般指五等丁产簿，其要登记各户财产和男丁、其他男子的姓名、年龄等，其编制同样需要耆长参与。景祐元年(1034)，中书门下言："编敕节文：诸州县造五等丁产簿并丁口帐，勒村耆大户就门抄上人丁。"[②]熙宁七年(1074)，吕惠卿奏"嘉祐敕：造簿，委令佐责户长、三大户，录人户、丁口、税产、物力为五等"[③]。

王曾瑜据上述史料进一步指出：登记五等丁产簿似有所分工，负责治安的村耆大户即耆长登记人丁，而负责催税的户长似应登记财产。[④] 此说未必确当。宋代编制五等丁产簿时，"将乡书手、耆、户长隔在三处，不得相见，各给印由子，逐户开坐家业，却一处比照，如有大段不同，便是情弊"[⑤]。可见耆长、户长及乡书手对五等丁产簿的内容(包括财产及人丁)都有登记，官府让他们分别独立开列，借以查核其中的隐漏不实之处。《续资治通鉴长编》卷四七四称"户部看详，所造丁产文簿，自合将耆、户长当官供过人户税产、物力与旧簿比对"，也表明耆长了解人户的税产、物力。

第二，赋税催征。耆长最初并不负责催征二税，只是起协助作用。雍熙四年(987)，"诏诸路州府民输夏税时，所在遣县尉部弓手于要路巡护之"。淳化元年(990)以烦扰罢，"止令乡耆、壮丁巡检"[⑥]。每年夏秋税起催时要出一道《知县事榜》，要求人户按时纳税，此榜由知县"勾耆长当厅丁宁指挥，给

① 《淳熙三山志》卷一〇《版籍类一・户口》。

② 《宋会要辑稿・食货》六九之一八。

③ 《续资治通鉴长编》卷二五四，熙宁七年七月癸亥条。

④ 参见王曾瑜《宋朝的"三大户"》，载《沈阳师范学院学报》(哲学社会科学版)1979年第4期。

⑤ 李元弼：《作邑自箴》卷四。

⑥ 《宋会要辑稿・食货》七〇之四。

付此榜”,并由其张挂宣传;催税到中限时再出一道《知县事榜》,催促不依限送纳税赋者,并宣称不依限输纳将遭刑责,此榜“小作印板印给耆长,每村三两道”[①]。耆长还负责催纳坊场钱,“坊场钱若见今开沽,只令本处耆长催纳,不必差人。如或容纵拖坠,先决耆长,自然得足”[②]。一些苛敛也要责之耆长,如钞盐钱,州县“往往随产钱科于平民下户,科于耆保”[③]。南宋时,可能是由于其维护治安之责与保正职责重叠的缘故,催征赋税在耆的职能中日渐突出,这在诗文中有较多反映。方岳《山庄书事》诗曰:

> 昨者耆长来,名复挂欠籍。
> 载绢入官输,官怒边幅窄。
> 抛掷下堂阶,退字印文赤。[④]

华岳《田家十绝》之二曰:

> 农夫日炙面如煤,丝妇缫成雪一堆。
> 早早安排了官税,莫教耆长上门催。[⑤]

朱继芳《和颜长官百咏·农桑》之六诗:

> 四月官场入纳时,乡耆旁午上门追。
> 请看贫妇通宵织,身上曾无挂一丝。[⑥]

范成大《夏日田园杂兴十二绝》之五曰:

> 小妇连宵上绢机,大耆催税急于飞。
> 今年幸甚蚕桑熟,留得黄丝织夏衣。[⑦]

第三,参与各种救济。灾荒赈济之前要先抄札受灾人口。绍兴二十七年(1157),权户部侍郎林觉等言:“诸路令坊正、耆保抄札。”[⑧]绍兴二十九年(1159),提举两浙路市舶曾愭称:“赈济官司止凭耆保公吏抄札第四等以下

---

① 李元弼:《作邑自箴》卷八。
② 李元弼:《作邑自箴》卷四。
③ 韩元吉:《南涧甲乙稿》卷一〇《上周侍御札子》。
④ 方岳:《秋崖集》卷一二。
⑤ 华岳:《翠微南征录》卷一〇。
⑥ 《江湖小集》卷三一朱继芳《静佳龙寻稿》。
⑦ 范成大:《范石湖集·石湖居士诗集》卷二七《四时田园杂兴六十首》。
⑧ 《建炎以来系年要录》卷一七八,绍兴二十七年十月癸丑条。

逐家人口，给历排日支散。”[1]对流民的安置也要耆长负责。庆历八年(1048)，富弼在青州安置流民，要求耆长“抄点逐等姓名、趱那到房屋间数申官”，“如有流民不奔州县，直往乡村内安泊者，仰耆壮尽将引领于趱那下房内安泊讫，申报本县及当职官员”。[2] 耆长还负责收埋无主尸体。熙宁元年(1068)，“诏诸州军每年春首，令诸县告示村耆遍行检视应有暴露骸骨，无主收认者并赐官钱埋瘗，仍给酒馔酎祭”[3]。对于道路“有疾病无养之人”，耆长要“立便抬舁责付就近客店，店户、医人如法看承，用药治疗，具病状当日申县，候较损日将领赴县出头，其店户、医人当议支与钱物”。[4] 哲宗、徽宗时，季复任建昌县丞救灾，对于遗弃在野之孤儿，“俾耆保大姓收养之”[5]。如发生蝗灾，“损坏苗稼”，耆长要“画时申县，仍一面呼集保众打扑”。[6]“淳熙敕：诸虫蝗初生，若飞落，地主邻人隐蔽不言，耆保不即时申举扑除者，各杖一百，许人告。”[7]

第四，参与社会教化。福州地区“自来风俗，被丧之家言有靡用破卖产业，置办酒食斋筵，名为‘孝行’，至有亡殁之人举家不敢哭临，先将田产出帐典卖，得人就头商量，打了定钱，方敢举殓……出殡之夕，邻里识与不识，尽来吊问，恣食酒肉，包携归家，至使丧家费用无极”，皇祐时蔡襄任知州，对此严加禁止，要求丧葬之家“丧夜宾客不得置酒燕乐，山头不得广置斋筵聚会，并分散钱物，以充斋价。如有辄敢，罪在家长，并城外僧院不得与人办置山头斋”，要求“坊虞候、耆长常切觉察”。[8] 宋敕规定对于“诸开柜坊，停止赌博财物者”，如“厢耆巡察看营一宿，提举人失觉察者，杖八十”。[9]

耆长还负责考察乡里德行高尚之人，推举其入学，从而对乡村社会风俗

---

① 《宋会要辑稿·食货》五九之三五。

② 董煟：《救荒活民书》卷下《擘画屋舍安泊流民事指挥》。

③ 《宋会要辑稿·食货》五九之一。

④ 李元弼：《作邑自箴》卷七。

⑤ 谢逸：《溪堂集》卷一〇《故朝奉大夫渠州使君季公行状》。

⑥ 李元弼：《作邑自箴》卷七。

⑦ 董煟：《救荒活民书·拾遗·除蝗条令》。

⑧ 《淳熙三山志》卷三九《土俗类·戒谕》。

⑨ 陈傅良：《止斋先生文集》卷四四《桂阳军告谕百姓榜文》。

的改善起到某种示范作用。大观元年(1107),诏:"诸士有孝、悌、睦、姻、任、恤、忠、和八行见于事状,著于乡里者,耆邻保伍以行实申县,县令佐审察,延入县学,考验不虚,保明申州如令。"[①]政和八年(1118),朝廷"兴道教",访求"山林高蹈之士","令监司访之州,州访之县,县下耆保,各具所管地分有无高尚之士,依八行法,以礼廷入学,并以名闻"。[②]

另外,耆长和壮丁还要承受县里的各种文书,宣传县的命令,以实现耆与县之间的行政运转,下文详述。

由于耆是一种独立的专项行政组织,故而史籍中很难找到其与其他行政组织搭配的例子,但也有例外,如表1-1中《江阳谱》记宋代泸州江安县,设一乡、一里、八耆、三十二都,将耆与里等并列。《江阳谱》大约修于宁宗以后,这时的乡、里已不再具有行政意义,"惟士人应举,卷首书乡里名。至于官府税籍,则各分隶耆下"[③]。据江安县《祥符旧经》记大中祥符时该县"一乡曰永安,七里曰上明、罗刀、食禄、大硐、罗融、罗隆、小溪"[④],元丰"后改乡为绵水。里仍曰上明。耆仍曰罗刀、南井、江北、罗隆、城外、旧江安、罗东、山南,凡八"[⑤],由此可知,江安县的耆与里辖区相差不大。每耆下有数量不等的都,都下有保。这里耆成了县与都之间的一级区划,也不以治安为主要职责,而是"保以察盗贼,耆以督课输"[⑥]。维护治安的职责由保来承担,而耆承担催征赋役之责。

郑世刚认为,管作为乡村基层政权组织,"以'开宝七年废乡分为管'为起始,至熙宁八年执行《罢耆户长壮丁法》为终结,前后整整实行了一个世纪"[⑦]。此论甚是。虽然户长在元丰八年(1085)又得以恢复,到南宋时依旧存在,但管作为行政组织却难以再现,这主要有以下两方面的原因:

首先,户长的性质发生了变化,成了按都佥选的职役。绍兴二十六年

---

① 章如愚:《群书考索·后集》卷二八。

② 《宋大诏令集》卷二二四《天下学校诸生添治内经等御笔手诏》。

③ 《永乐大典》卷二二一七引《江阳谱》。

④ 《永乐大典》卷二二一七引《江阳谱》。

⑤ 《永乐大典》卷二二一七引《江阳谱》。

⑥ 《永乐大典》卷二二一七引《江阳谱》。

⑦ 郑世刚:《宋代的乡和管》,载邓广铭等主编《中日宋史研讨会中方论文选编》,第257页。

(1156),右朝散郎知复州章焘言:

湖北京西州县有户口稀少去处,欲每一都人户若不及五大保处,即合并接邻近都分人户,通行选差都保正一人催税,户长亦乞通行雇募,俟人户各及一都之数日,仍旧差选,责使归业人户安业耕种,实为利便。[①]

南宋时黄榦曾言:

役法之弊,其来尚矣。国家之制:保副正谓之大役,户长谓之小役,二役皆选之每都人户……窃以保正副所管者烟火盗贼,故必本都之人而后可充;户长所管者催科,亦何必皆本都之人哉?况今之为保正副、户长者,皆非其亲身,逐都各有无赖恶少,习知乡间之事,为之充身代名,执役之亲身虽屡易,而代役之充身者数十年不易也。故莫若差大役则限以都,差小役则不限以都。[②]

窃见县令之职莫切于爱民,人户受害莫甚于户长……榦自到任以来,深悯斯弊,偶因一都之内有上户七家相与陈词,乞免差户长。[③]

由上可以看出,南宋时户长已经按都选差,实际上成了都的职役。

其次,户长行使催税职能的范围也发生了变化,不再是乡或管,而成了都。隆兴八年(1170),"两浙转运司副使沈度言:湖、严、处州、绍兴府人户合纳丁绢近已均减,据人户合纳丁绢凭由从本县印给,填写姓名,各随都分责付户长交收,前去巡门俵散迄,关申本县照应"[④]。庆元五年(1199),张奎称"户长止许照条专一拘催都内土著租税"[⑤]。

此外,管的消亡还与保甲的编排有关。晁说之于元符三年(1100)曾说:"并团省管以为保,雇募保正以代耆长,而地里之远,所责之不一,则有所不恤,姑因保正而得利也。"[⑥]可见实施保甲法时,对于原来的乡村组织团和管

① 《建炎以来系年要录》卷一七一,绍兴二十六年正月壬子条。

② 黄榦:《勉斋集》卷二五《代抚州陈守二·役法》。

③ 黄榦:《勉斋集》卷二九《申提举司乞约束破坏义役》。

④ 《宋会要辑稿·食货》三五之一七。

⑤ 《宋会要辑稿·食货》六六之二八。

⑥ 晁说之:《嵩山文集》卷一《元符三年应诏封事》。

采取了并省的办法。这也是保甲法实施后管消亡的一个原因。

户长佥选方式和催税范围的变化使户长与管彻底剥离，此后，管仍见于宋代文献，但只是作为地名或地域单位出现。北宋熙宁以后管与乡两种区划的编排开始混乱，参见表1-8：

表1-8　　宋代熙宁以后乡村区划中乡和管编排关系表

时　间	地　名	出　处
熙宁二年(1069)	隆虑县仙岩乡申村管柳泉村	《(民国)林县志》卷一四《石凝摩崖造像记》
政和元年(1111)	相州林虑县仙岩乡皇化里张村管白佛村	《(民国)林县志》卷一四《白佛村大悲咒石塔铭并序》
政和元年(1111)	四明县通远乡银山管金谷里	邹浩《道乡集》卷三七《高平县太君范氏墓志铭》
政和四年(1114)	相州安阳县感化乡灵泉管光岩村	《安阳县金石录》卷七《王宣造石香炉记》
宣和三年(1121)	济南府长清县天花中管和平乡	《(乾隆)历城县志》卷二三《金石考·刘宗等题名》
宣和六年(1124)	怀州河内县清期乡第二管西金城村	《八琼室金石补正》卷一一一《宋全等施石献床记》
庆元四年(1198)	会稽县雷门东管第一乡	《宋会要辑稿·食货》七〇之九二

管多位于乡以下，有的却排到了乡以前，或许是其仅仅作为地名存在而导致的结果。嘉定初年，定海县主簿戴栩称该县有清泉、灵绪、崇丘、灵岩、大丘、海晏六乡，其中“清泉析为二管，总号七乡”①。即清泉乡分东、西两管，与其他五乡总称为“七乡”。此处将管与作为地域单位的乡并列，亦说明管实际上只是地域单位了。

管的职能由其职役人户长的活动来体现。由于户长的性质十分复杂，在一些地区，它是乡的职役，但在另一些地区，它却是管的职役，除文献中有特别说明，否则，这两类户长难以区分，故此处对管的职能只能作一简要

① 戴栩：《浣川集》卷五《定海七乡图记》。

说明。

管的职能主要是催征税赋及和买诸般合纳钱物，户长要逐户催征，力求“户户尽足”。《宋会要辑稿·职官》四八之二五称：“废乡分为管，置户长，主纳赋。”《作邑自箴》卷四对此有详尽叙述：

> 起催税赋、和买诸般合纳钱物等，逐色置簿，开逐管户长催数，并乡司各置收分钞历子，更抄都历。每场发到朱钞，先当厅点算都数，抄上都历讫，方分上逐乡历子，即时朱凿逐色簿，纽计数呈押，然后勒乡司就厅前销入文簿，次日早同官聚厅，便要销押朱脚。
>
> 才欲起催税赋，先抄出一县共若干户长，每一名户长管催若干户，都若干贯石匹两，又逐一户长各具所管户口及都催税赋数，须先开户头所纳大数，后通结计一都数，以一册子写录，每一限只令算结催到见欠数，亲将比磨，若催及都数，则是正数已足，其余残零可缓缓催之，盖无缘逐户户尽数得足，其乡书手惟要关留户长磨税，及要户户尽足，其弊不可举也。

上文第一段称“逐管户长”，此处“户长”当系管的头目。对此需要略作说明。前文已指出，熙宁七年(1074)户长被废，管这一行政组织随之被罢，此后户长虽又恢复，但管却没有恢复。据《作邑自箴》作者李元弼自序，知其书成于政和七年(1117)，如何其中出现了管及其头目户长呢？

《作邑自箴》虽成书于北宋末年，但其中所反映的乡村制度却并非北宋末年的制度。作为一部官箴书，其主要内容是基层地方官正己、治家、处事的方法及要发布的各种榜文、约束书等，其中涉及乡村行政组织及相关制度尤多，而北宋乡村制度变化得又比较频繁，由此可以通过乡村制度演变的标志性事件来探讨其所记内容的大致时代。书中涉及的乡村役人有耆长、壮丁、乡书手(乡司)、户长、甲头等，并多次涉及熙宁三年以前在各地实行的邻保制，但没有提及至和二年以前地位极其重要的里正及熙宁三年后设置的保正和保长，由此可推断其反映的乡村制度当在至和二年至熙宁三年保甲法实施前这段时间内。这时虽然为俵散青苗钱而设了甲头，有时也用于催税，但户长依旧存在，或为乡的头目，或为管的头目，担负催税之责。

从《作邑自箴》的史源来看，也与上述推断相符合。李元弼在自序中称：

予才微识隘，何以承流宣化。民社之重；可不勉焉！剽闻乡老先生论为政之要，仅得一百三十余说，从而著成规矩，述以劝戒，又几百有余事，厘为十卷，目之曰《作邑自箴》，置之几案，可以矜式。政和丁酉秋七月，李元弼持国待次广陵书。

由上可知，李元弼采用了大量"乡老先生"的议论，如果李元弼的仕宦时间主要在北宋后期[①]即徽宗时期的话，他所称"乡老先生"之仕宦时间集中于熙丰时应在情理之中。至此，基本可以肯定前引《作邑自箴》文所记应为管的头目户长催税之事。

四、宋代都和保的性质

王安石的保甲法出台以前，宋代一些地方已有保的设置，参见表1-9。

表1-9　　熙宁以前保的设置表

时　间	地　名	出　处	备　注
建隆四年(963)	真定府栾城县谷秆保	《八琼室金石补正》卷八二《元氏邑众尊胜幢赞》	
太平兴国四年(979)	解州闻喜县义阳乡申董下保、申董上保、申董保、张王北保、张王南保	《山右石刻丛编》卷一一《大宋国解州闻喜县义阳乡南五保重建汤王庙碑铭》	
大中祥符三年(1010)	吉水县沙溪保之泷冈	王明清:《挥麈后录》卷六《欧阳观行状异同》	葬地
宝元元年(1038)	蕲州蕲水县直河乡马安里中保	湖北英山县博物馆藏《程法传地券》[②]	葬地

① 史籍中关于李元弼生平的记载很少。苏颂《苏魏公文集》卷六〇《西上阁门使王公墓志铭》记王超有婿为"蔡州汝阳县主簿李元弼"，墓主人葬时间为元祐四年，墓志铭撰写当也在此前后。从时间上看，称此"李元弼"即《作邑自箴》的作者，并无不妥。《咸淳临安志》卷三四记南宋"绍兴中，余杭县令李元弼率民筑增"南下湖堤，同书卷五一却称余杭县令李元弼任职在北宋绍圣时，其中一处必定有误。《咸淳临安志》卷三四记李元弼筑堤的政绩时，先称"熙宁中，因水冲激，其岸渐低"，再称"绍兴中，县令李元弼率民增筑三尺"，最后讲"宣和中，知县江袤躬访利害，绍复前绩"，从时间排列上推断，此处"绍兴中"当为"绍圣中"之误。此"李元弼"活动的年代在绍圣时，称其为《作邑自箴》的作者也无不妥。此二处"李元弼"与《作邑自箴》的作者究竟是否为同一人，没有确证，不敢遽定。

② 转引自鲁西奇《宋代蕲州的乡里区划与组织：基于鄂东所见地券文的考察》，载《唐研究》第11卷，第601页。

续表

宝元二年（1039）	台州临海县明化乡孝让里家子西保	《台州金石录》卷三《宋清修寺塔石函盖记》	
庆历五年（1045）	莱州莱阳县莱凤乡三樵保、开元乡山□保、刘疃保、永福乡灰村保、礼泉乡吕疃保；掖县义感乡周季保、德孝乡南徐保	《（民国）莱阳县志》卷三之三《大宋莱州莱阳县趣果寺新修大圣殿记》	
皇祐三年（1051）	寿安县任村之寇庄保	王傅：《尊胜陀罗尼经幢赞》，载《全宋文》卷九三九	
嘉祐二年（1057）	建昌军南城县雅俗乡训俗里后潭新津保	《陈氏六娘地券》，载陈柏泉编著《江西出土墓志选编》，第551页	葬地
嘉祐三年（1058）	沂州沂水县颜温保刘田社胡家庄	《益都金石记》卷二《宋云门山僧守忠碑》	本贯
熙宁元年（1068）	温州瑞安县清泉乡周湖东保、代石南保、丁田上保	《东瓯金石志》卷一一《观音寺石塔题记》	
熙宁元年（1068）	登州牟平县东牟乡巫山保	《（光绪）增修登州府志》卷六五《宋黄山寺碑》	

上表中保的设置应当有以下两个来源：一是宋代承袭唐五代以来实行的邻保制，在乡村设立邻保组织。《宋刑统》卷二四《盗贼事发伍保为告》称："诸强盗及杀人贼发，被害之家及同伍即告其主司。若家人、同伍单弱，比伍为告。当告而不告，一日杖六十。"宋《天圣令》称："诸户皆以邻聚相保，以相检察，勿造非违。如有远客来过止宿，及保内之人有所行诣，并语同保知。"[①]熙宁元年（1068），知谏院吴充称官府征发差役，"家资已竭而逋负未除，子孙既没而邻保犹逮"[②]。二是熙丰变法以前，宋代许多地方官视保伍法为维护乡

① 《欧阳修全集》卷一一八《五保牒》引。日本学者仁井田陞认为："上引户令见诸欧阳修文集，可能即宋之《天圣令》。"（仁井田陞：《唐令拾遗》卷九《户令·邻保互相检察》，第138页）

② 《宋会要辑稿·食货》六五之二。

村社会秩序之良法,在许多地方加以推行。早在真宗即位时,陈靖就曾奏请"置五保以检察奸盗,籍游惰之民以供役作"①,最终没有实行。吕南公曾指出:"夫联邻伍为保甲,以检责奸偷,讥诃逋逃,此熙宁以前县大夫间亦行之,而民间晓此甚熟矣。"②仁宗时,吴育在蔡州"设伍保法,以检制盗贼"③。夏竦"为郡有治绩,喜作条教,于闾里立保伍之法,至盗贼不敢发"④。燕度在陈留县"行保伍法以察盗"⑤。庆历时,汝州襄城县尉孙永"修保伍相司之法,而宿奸侨寇为之屏远"⑥。陈良器知曹州时,"修律令五家为保之法,故盗往往逃去之他境"⑦。英宗治平时,程颢在泽州晋城"度乡村远近为伍保,使之力役相助,患难相恤,而奸伪无所容"⑧。蔡挺知博州时饬属县"严保伍,得居停奸盗者数人"⑨。熙宁三年前,开封乡户"各以远近团为保甲"⑩。

总之,熙宁以前保伍法已在许多地方施行过⑪,但只是联比邻伍以维护社会秩序,未能成为乡村行政组织。保甲成为乡村行政组织是王安石变法以后的事情,从熙宁三年(1070)颁布《畿县保甲条例》到其成为乡村行政组织也有一个过程。这一过程具体表现为保甲制与募役法的结合,即保甲头目成为乡村职役人的过程。

熙宁三年十二月,司农寺颁布《畿县保甲条例》:

> 凡十家为一保,选主户有材干、心力者一人为保长;五十家为一大

---

① 《宋史》卷四二六《陈靖传》。

② 吕南公:《灌园集》卷一四《与张户曹论处置保甲书》。

③ 《宋史》卷二九一《吴育传》。

④ 《宋史》卷二八三《夏竦传》。

⑤ 《宋史》卷二九八《燕度传》。

⑥ 苏颂:《苏魏公文集》卷五三《资政殿学士通议大夫孙公神道碑铭》。

⑦ 王安石:《临川先生文集》卷八八《司农卿分司南京陈公神道碑》。

⑧ 《宋史》卷四二七《程颢传》。

⑨ 《宋史》卷三二八《蔡挺传》。

⑩ 《续资治通鉴长编》卷二一八,熙宁三年十二月乙丑条。

⑪ 吴泰认为:"在熙宁变法以前,宋朝不仅在局部地区实行过'伍保法',而且还在局部地区实行过有都一级组织,专门用来'止绝寇盗'的保甲制度,却是肯定无疑的。"(吴泰:《宋代"保甲法"探微》,载《宋辽金史论丛》第2辑,第179页)这里,吴先生对史料的解读有误。他的根据是《宋会要辑稿·兵》二之六所记熙宁三年赵子几在上疏中请求"因旧来保甲,重行隐括逐县见管乡民的实户口都数",文中的"都数"是指户口总数,并不能说明熙宁以前有都的设置。

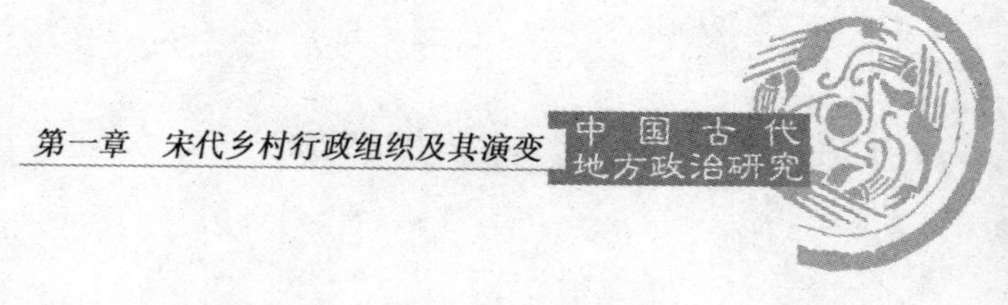

保，选主户最有心力及物产最高者一人为大保长；十大保为一都保，仍选主户有行止、材勇为众所伏者二人为都、副保正。

凡选一家两丁以上，通主客为之，谓之保丁，但推以上皆充。单丁、老幼、疾患、女户等，并令就近附保；两丁以上，更有余人身力少壮者，亦令附保，内材勇为众所伏，及物产最高者，充逐保保丁。除禁兵器外，其余弓箭等许从便自置，习学武艺。

每一大保逐夜轮差五人，于保分内往来巡警，遇有贼盗，画时声鼓，报大保长以下，同保人户即时救应追捕；如贼入别保，递相击鼓，应接袭逐。每获贼，除编敕赏格外，如告获窃盗，徒以上每名赏钱三千，杖以上一千。

同保内有犯强窃盗、杀人、谋杀、放火、强奸、略人、传习妖教、造畜蛊毒，知而不告，论如伍保律。其余事不干己，除敕律许人陈告外，皆毋得论告。知情不知情，并与免罪。其编敕内邻保合坐者，并依旧条。及居停强盗三人以上，经三日，同保内邻人虽不知情，亦科不觉察之罪。

保内如有人户逃移死绝，并令申县。如同保不及五户，听并入别保。其有外来人户入保居住者，亦申县收入保甲。本保内户数足，且令附保，候及十户，即别为一保。若本保内有外来行止不明之人，并须觉察，收捕送官。逐保各置牌，拘管人户及保丁姓名。如有申报本县文字，并令保长轮差保丁赍送。仍乞选官行于开封、祥符两县，团成保甲，候成次绪，以渐及他县。①

由上述条例可知，王安石实施保甲法的目的主要是维护社会治安，但不只限于此，他还有更深的意图。熙宁四年(1071)，王安石对神宗说："今所以为保甲，[为其]足以除盗；然非特除盗也，固可渐习其为兵……然后使与募兵相参，则可以消募兵骄志，省养兵财费。"②依照王安石用保甲取代募兵的意图，熙宁四年九月，开始要求开封府各县保丁操练武事，后逐渐推行到京东、京西、河北、河东、陕西等五路及四川、两广等沿边地区。保甲出现了"教阅路

① 《续资治通鉴长编》卷二一八，熙宁三年十二月乙丑条。
② 《续资治通鉴长编》卷二二一，熙宁四年三月丁未条。

分"和"非教阅路分"之分。吴泰认为,保甲制度的特点是"以家联保,以丁联兵",当时在各路普遍推行的是"以家联保"制度,即非教阅的家保制,而"以丁联兵"的制度仅行于教阅路分,并不具有普遍意义[①],且其主要与兵制相关,与乡村组织关系不大。下文将要论述的保甲主要是非教阅的家保。

"保甲"一语虽频繁连用,但保与甲却是不同性质的组织。保是地方保伍组织,而甲是敛放青苗及收税单位。[②] 熙宁二年(1069),实施青苗法,规定"支俵青苗钱,每十户以上结成一保,须第三等以上有物力人充甲头"[③]。后又规定"州县坊郭税赋、苗役钱,以邻近主户三二十家排成甲次,轮置甲头催纳"[④]。"熙丰法:以村疃三十户,每料轮差甲头一名,催纳租税、免役等分物。"[⑤]一甲一般是三十户,而熙宁时规定十户为保,五十户为都保,故保与甲不能尽数重合,同甲之户未必同保,同保之户未必同甲。此后甲头或废或置,但其作为基于户数划分的收税单位的性质并没有改变。甲并非一级乡村组织。

保甲在各地的编排未尽按照熙宁三年《畿县保甲条例》的规定。如开封府界及河东、河北、陕西等地,"小保有至数十家,大保有至百余家,都保有至数百家"[⑥]。元祐元年(1086),朝廷还针对"河东、河北、陕西保甲不一"的情况,要求"以五家为保,丁虽多止作一保"。[⑦] 但是,各地的保甲一般都有保、大保、都保等三级组织。保甲将民户组成了严密的系统。

保甲最初只是用以维护治安,并非乡村行政组织,但自保甲法产生之初,就有人认识到其成为乡村行政组织的可能性。熙宁六年(1073),沈括称:

> 两浙州县民多以田产诡立户名,分减雇钱夫役,冒请常平钱斛及私贩禁盐。乞依京东、淮南排定保甲,保甲一定,则诡名、漏附皆可根括,

---

① 参见吴泰《宋代"保甲法"探微》,载《宋辽金史论丛》第 2 辑,第 181 页。

② 参见林瑞翰《宋代保甲》,载《大陆杂志》20 卷 7 期,1960 年。

③ 《宋朝诸臣奏议》卷一一一韩琦《上神宗乞罢青苗及诸路提举官》。

④ 《续资治通鉴长编》卷二五七,熙宁七年冬十月辛巳条。

⑤ 马端临:《文献通考》卷一三《职役二》。

⑥ 《续资治通鉴长编》卷二六七,熙宁八年八月壬子条。

⑦ 《宋会要辑稿·兵》二之三六至三七。

以至请纳、和买、常平钱斛、秋夏苗税及兴调夫役、捕察私盐贼盗，皆有部分，不能欺隐。[①]

正如沈括所预见的，随着保甲与职役的结合和保甲军事化色彩的弱化，保甲组织日益向乡村基层组织转变。熙丰以前，宋代以耆长、壮丁维护社会治安，以里正、户长催督赋税。保甲法施行以后，“其（保）正、副尽得一乡材武之士”[②]，“大保长皆选差物力高强、人丁众多者。其催科则人丁既壮，可以遍走四远。物力既强，虽有逃亡死绝户，易于偿补……保长多有惯熟官司人，乡村亦颇畏之”[③]。保甲既可以维护社会治安，催税又有以上诸多便利，用保甲头目取代耆长和户长还可以省下耆长、户长雇钱，这样，保甲头目取代耆长和户长等就成为必然的了。

熙宁八年（1075）闰四月，“诸县有保甲处已罢户长、壮丁，其并耆长罢之。以罢耆、壮钱募承帖人，每一都保二人，隶保正，主承受本保文字。乡村每主户十至三十轮保丁一，充甲头，主催租税、常平、免役钱，一税一替……凡盗贼、斗殴、烟火、桥道等事，责都副保正、大保长管勾，都副保正视旧耆长，大保长视旧壮丁。法未有保甲处，编排毕准此”[④]。保甲头目开始被用以乡村职役，保甲组织开始向乡村行政组织演变。

元丰八年（1085）三月，神宗驾崩，哲宗即位，宣仁太后执政，任用司马光为执政，新法开始被废除。四月，司马光上《乞罢保甲状》，七月上《乞罢保甲札子》，元祐元年（1086）又上《乞罢保甲招置长名弓手札子》，请求废除保甲法。其实，司马光极力反对的不是非教阅的保甲，而是教阅的保甲。他指出的保甲法的弊端，如团教妨农，驱使保甲征战无异于“驱群羊而战豺狼”[⑤]，保丁取代县弓手和巡检，参与督促保甲训练而使其无法维持乡村治安等，针对的大都是沿边五路的教阅保甲。宋政府采取的废罢保甲的措施也多是针对沿边五路的教阅保甲，以减弱其军事色彩。元丰八年四月，令府界和三路保

① 《续资治通鉴长编》卷二四六，熙宁六年八月丁丑条。

② 《续资治通鉴长编》卷三四三，元丰七年二月丁丑条。

③ 《宋会要辑稿·食货》六六之七三至七四。

④ 《续资治通鉴长编》卷二六三，熙宁八年闰四月乙巳条。

⑤ 司马光：《温国文正司马公文集》卷四六《乞罢保甲状》。

甲中，凡本户只有两丁、患病、不该出丁、确实不能从事生产者以及第五等以下不满 20 亩者，都免于轮番参加团教。

对于非教阅的家保，宋政府基本上还在推行。元丰八年十月，诏“府界诸路耆长、户长、壮丁之役，并募充，等第给雇钱。其旧以保正代耆长，催税甲头代户长，承帖人代壮丁，并罢。如元充保正、户长、保丁，原不妨本保应募者听”①。朝廷允许保甲制下的保正等头目兼充任乡役耆长、壮丁等，原来乡役之职责尽归于保正长。福建路比较特殊，并未实行兼充制，而是保甲制与耆户长并行，其职能则有所划分，“保正副、大小保长唯管缉捕逃亡军人及私犯禁物、斗讼、桥路等事，其承受县司追呼公事及催纳二税等物并系耆户长、壮丁承行”②。绍圣时复熙宁之制，但有改革，主要是停止甲头催税，而改用大保长催科，教阅也未恢复。徽宗时，在章惇、蔡京主持下，对东南地区的保甲组织进行了大力整顿，“虽不授弓弩，教之战阵，然于一乡之中以二百五十家为保，差五小保长、十大保长、一保副、一保正，号为一都。凡州县之徭役、公家之科敷、县官之使令、监司之迎送，一州一县之庶事，皆责办于都保之中”③。宣和三年(1121)，徽宗手诏称：“访闻法行既久，州县玩习弛废，保丁开收既不以实，保长役使又不以时，如修鼓铺、饰粉壁、守败船、治道路、给夫役、催税赋之类，科率骚扰不一，遂使寇贼奇邪无复纠禁，良法美意浸成虚文。”④此处虽是言保甲弛废之情形，但从其中所记保长所受役使的名目来看，可知其基本上已担负起熙丰变法之前乡役人的所有职责了。县也将政令下至都保，由其执行，都保组织日益具备了乡村行政组织的意义。

南宋时，保甲法依旧实行，只是略有调整。乾道九年(1173)，“详定一司敕令所修立下条：诸村疃五家相比为一小保，选保内有心力者一人为保长，五保为一大保，通选保内物力高者一人为大保长，十大保为一都保，通选都保内有行止财勇物力最高者二人为都副保正，余及三保者亦置大保长一人，

① 《续资治通鉴长编》卷三六〇，元丰八年冬十月丙戌条。注文对此段文字所记进行了补充说明，指出虽“诏耆长、户长、壮丁之役皆募充”，但“此时保甲固在，保正长亦未尝废”。

② 《宋会要辑稿·食货》一四之二二至二三。

③ 《建炎以来系年要录》卷九六，绍兴五年十二月丙午条。

④ 《宋史》卷一九二《兵志六》。

及五大保者置都保正一人,若不及即小保附大保、大保附都保”①。简而言之,都保正、副的佥选不一定出自现任大保长,大保长的选任也不限于现任小保长,而是通计全都250户中未曾担任职役者出任。各地在县以下或称“保”、或称“都”,或在都以下辖保,并不完全一致。《嘉泰吴兴志》记乌程县下设56都;《弘治抚州府志》记临川县、崇仁县、金溪县、乐安县下均设都;《淳祐玉峰志》记昆山县、《临汀志》记武平县等以下则不设都,而是直接设保;《(万历)义乌县志》卷二则称宋时“乡各有都,都各有保”;《(万历)滁阳志》卷三记滁州本州、全椒县和来安县诸乡下有都,都下有保。

都保的编排以户为单位,这样必然会触及原来的乡村区划。编排时按规定要打破村疃等的界限。熙宁九年(1076),荆湖等路察访蒲宗孟言:“湖北路保甲,无一县稍遵条诏,应排保甲村疃,并以大保、都保,止于逐村编排,更不通入别村,全不依元降指挥,其监司违法官乞施行。”②今河南省三门峡市湖滨区会兴乡辖下的赵村在唐代名“赵上村”,北宋崇宁时改为“赵上保”,可能是因该村户数不足,其附近的后土社、瓦务社均编属赵上保③,此也可作为都保编排打破村社范围的实例。

保甲编排对管、团等也有冲击。晁说之于元符三年(1100)曾说:“并团省管以为保,雇募保正以代耆长,而地里之远,所责之不一,则有所不恤,姑因保正而得利也。”④淳熙时,范成大在广西时,曾上奏:“广西人少,一保动隔山川,改户长法。”⑤保甲的编排也非无限扩大,而是及于乡而止,即一般在原来乡的范围内编排。如前引徽宗时,章惇、蔡京整顿东南各路保甲组织,即是“一乡之中以二百五十家为保……号为一都”⑥。方志中将都分隶于各乡下,如《新安志》所记祁门县、《琴川志》所记常熟县、《江阳谱》所记泸州本州等,也是保甲在原来乡的范围内编排的反映。有的地方甚至以乡为都保。

---

① 《宋会要辑稿·食货》六五之一〇一。

② 《续资治通鉴长编》卷二七四,熙宁九年四月戊戌条。

③ 参见三门峡市文物工作队《北宋陕州漏泽园》,文物出版社1999年版,第87～95、392～393页。

④ 晁说之:《嵩山文集》卷一《元符三年应诏封事》。

⑤ 孔凡礼辑:《范成大佚著辑存》,中华书局1983年版,第45页。

⑥ 《建炎以来系年要录》卷九六,绍兴五年十二月丙午条。

如义乌县，“熙宁中行保甲法，以十家为保，五十家为大保，每十大保立一都保，遂以二十六乡为二十六都保，仍存八乡之旧名以总之”[①]。这段材料也有助于理解乡与都的关系，即实行保甲法，原来的二十六乡被改为二十六都保，其中有十八个乡的名称被废，只是保留了八乡之名分统诸都保，这样就形成了一个“乡—都—保”或“乡—都(保)”的乡村区划编排模式。但这时的乡只是一种地域单位，而非行政组织。乡村行政事务的运作由县直接下至都或保，而不以乡为中介。上虞县于熙宁三年实行保甲法，“始置都，领于乡。本县置一十四乡，分领二十四都，改里曰保，领于都，多寡不同，或一乡领数都，亦有一都分属两乡者”[②]。上虞县存在一都分属两乡的情况也可证明上面的结论。县与都或保之间乡村行政事务的运作如果有乡作为中介，那么一都分属两乡，该都的行政运作就会令出多门，实际上无法运作，由此乡村行政事务的运作只能是县直接与都或保发生联系，而不经过乡这一级中间组织，即朱熹所说的前人成法：“差役以都而不以乡。”[③]

保甲组织创立后，一直沿着两个方向发展：一是职役化的方向，前面已有论述。二是地域化的方向。都保最初以户口递增编排而成，但绍兴时实行的经界法却使其地域性大大增强，使之逐渐具备了地域单位的性质。

绍兴十二年(1142)，两浙转运副使李椿年奏请实行经界，“画图合先要逐都耆邻保在关集田主及佃客，逐丘计亩角押字，保正长于图四止押字，责结罪状，申措置所，以俟差官按图核实，稍有欺隐不实不尽重行勘断外，追赏钱三百贯”[④]。绍兴十四年(1144)，李椿年因母忧去官，王铁继其后负责经界之事，要求“两浙诸州县已措置未就绪去处，更不须图画打量，造纳砧基簿，止令逐都保先供保伍帐，排定人户”[⑤]。绍熙元年(1190)，朱熹建议在泉州、漳州等地实行经界。他说：

图帐之法，始于一保，大则山川道路，小则人户田宅，必要东西相

---

① 《(万历)义乌县志》卷二《方舆考·乡隅》。

② 《(光绪)上虞县志校续》卷二〇。

③ 《朱熹集》卷二一《论差役利害状》。

④ 《宋会要辑稿·食货》七〇之一二五。

⑤ 《宋会要辑稿·食货》六之四〇。

连，南北相照，以至顷亩之阔狭，水土之高低，亦须当众共定，各得其实。其十保合为一都，则其图帐但取山水之连接与逐保之大界总数而已，不必更开人户田宅之阔狭高下也。其诸都合为一县，则其图帐亦如保之于都而已，不必更为诸保之别也。[①]

由上可知，经界法以都为单位，由都保正、副等负责实施。经界后所建砧基簿要登记都内人户土地的面积、四至、土色及来源等，这使得都在南宋成为重要的土地登记单位[②]，都的地域性大大增强，具备了地域单位的性质。淳熙时，袁燮在江阴"经理田野之政自一保始"，"每保画一图，凡田畴、山水、道路、桥梁、寺观之属靡不登载，而以民居分布其间"。[③] 从现存的一些土地买卖文书中也可看出都保地域单位的性质，如《南宋嘉定八年祁门县吴拱卖山地契》称："录白附产户吴拱，祖伸户，有祖坟山一片，在义成都四保，场字号项七仁后坞贰拾柒号尚（上）山在坟后高山，见作熟地一段，内取叁角，今将出卖与朱元兴。"[④]这里吴拱出卖的山地就是以都保来标记其具体位置的。再如绍定三年（1230）平江府《给复学田省札》记"常熟县双凤乡肆拾贰都器字荡田"[⑤]。可见经界以后，都保作为乡村行政组织，具备了土地控制和人户控制的双重功能。

保甲初设时，职能相对单一，主要是联比民户，逐捕盗贼，维护社会治安[⑥]，但随着保甲法与役法的结合，保甲组织承担了越来越多的职责。宋代都保组织的职能非常广泛，主要有：

第一，逐捕盗贼，维护社会治安。《畿县保甲条例》就明确规定了保甲巡

① 《朱熹集》卷一九《条奏经界状》。

② 参见[日]周藤吉之《南宋郷都の税制と土地所有》，载其《宋代経済史研究》，第475～500页。

③ 真德秀：《西山先生真文忠公文集》卷四七《显谟阁学士致仕赠龙图阁学士开府袁公行状》。

④ 该文书现藏中国国家图书馆，见张传玺主编《中国历代契约会编考释》（上），北京大学出版社1995年版，第533页。又见于刘和惠等《徽州土地关系》（安徽人民出版社2005年版）附录一"宋元土地契约"，其中宋代徽州地契之二、三、五、九中所记土地亦都以"都"标识，均可见南宋时都保作为地域单位的性质。

⑤ 《（民国）江苏省通志稿·艺文志三·金石十五》。

⑥ 这里所指的主要是家保，即非教阅保甲，教阅保甲有用以取代募兵制之意图，与本文无关，故不涉及。

查、抓捕盗贼的职能，并对保内藏留各种“行止不明”之人等有明确的处罚规定。元丰二年（1079），曾巩知亳州时，对以保甲巡察盗贼有更为详尽的规定：

本处素来无赖之人，保内须以姓名申官，官为籍记。系籍之人，凡有出入，并须告知本保。若保内舍止外来浮浪行止不明之人，犯人严断，同保不纠，科不言上之罪；保内有本处素来无赖之人，同保不以姓名申官，及系籍之人，出入不告本保，本保不纠，亦并科不言上之罪，犯人严断。所贵有所关防，可以暗消盗贼。况自来州县，亦往往有禁绝舍止浮浪及籍记恶人之处，可以断得盗贼，别无扰烦。兼保甲条，诸保内有外来人，如行止显有不明，即收领送官。

诸保内贼盗，画时集本保追捕，如入别保，即递相击鼓，报应袭逐，并置铺屋及鼓，仍轮保丁巡宿。如此，则保伍之内，既不得容止恶人，巡宿之法又备，如有贼发，则合力追捕，措置无所不尽。①

保正长要抓捕逃散军兵。“福建路保正副、大小保长唯管缉捕逃亡军人及私贩禁物、斗讼、桥路等事。”②邢凯《坦斋通编》记乾道七年（1171），“江南赤旱，王宁为武宁宰，务从宽厚，号‘王佛子’。至是，恶少强取人米谷”，当时其家“充里正，擒逃军林姓者解之县，宁命敲折手足以示众，乡邑帖然”。对“吃菜事魔”等非法结社，保正负有觉察之责，有的“恐其累己，匿不告官”③。保正副捕盗不得或失于觉察要受处罚。天禧四年（1020），“诏诸路州县乡村耆保公人自今除强盗失于申报，及捕盗迁延，并依旧条科违制之罪”④，“凡保内捕贼不获，则被盗物责保长偿之”⑤。保正还要检举各种违法之事。湘阴等地有杀人祭鬼之俗，朝廷对此明令加以禁止。“如官容纵”，“定将知县并巡、尉按劾，当行人吏决配，邻人、保正隐蔽，一体施行”。⑥

① 《曾巩集》卷三二《申明保甲巡警盗贼札子》。
② 《宋会要辑稿·食货》一四之二二至二三。
③ 《建炎以来系年要录》卷六三，绍兴三年三月丁丑条。
④ 《宋会要辑稿·兵》一一之九。
⑤ 桂万荣：《棠阴比事》附录《提举辨明》。
⑥ 《名公书判清明集》卷一四《行下本路禁约杀人祭鬼》。

第二，催征赋税，打击各种经济犯罪活动。都保制下，保正副、大小保长及福建等未行兼充制地区的户长都有催征赋役之责，即“在法：保正副管干乡村盗贼、斗殴、烟火、桥道公事，大保长催纳税租及随税所纳钱数，一税一替”。保正副本不参与追催赋税，“追催二税，非保正副之责。今来县道尽以文引勒令拘催，其间有顽慢不肯输纳之人，又有无着落税赋，往往迫以期限，不堪杖责，勒令填纳，无所赴诉”[①]。淳熙十三年(1186)，规定“顽户实不肯纳者，官为付保正追治”[②]。

保甲法实施以前，户长负责催税。熙宁八年(1075)，户长被废，代之以催税甲头。元丰三年(1080)十月，提举开封府界常平等事陈向言：“准朝旨，都副保正、大保长合管耆、户长事，令府界提点、提举司相度。”[③]催税甲头被废，其职责由保长取代。后来，户长虽然复置，但已成为按都佥选的役人，负责催收一都赋税。保长催税被视为成规。政和二年(1112)，户部言“大保长催税系熙丰、绍圣良法，行之累年，别无未便”[④]，并请求朝廷继续沿用。南宋人舒璘也称：

> 今之保长复以等第执役州县。税籍不整，驾虚为实，指无为有，凡倚阁，凡逃亡，凡死绝，凡没籍，凡竭产，如此等无一蠲除，尽责保长。一都之内，夏税二人，秋粮二人，又坐甲二年而后替。[⑤]

保正长等催税都有期限，“保正长、甲头之类日限分催税数，仍令三日赴县衙出头比磨”[⑥]。

保正长还负有稽查私贩禁榷物品之责。熙宁十年(1077)，诏：“诸巡捕人不觉察本地分内有停藏、透漏货易私茶、盐、香、矾、铜、锡、铅，被他人告捕获者，量予区分，本犯人罪至徒，杖八十，至流，杖一百，同保知情，杖六十，不知情并保长不觉察者各不坐。”[⑦]这里虽是诏令不再追究保正长失觉察走漏

---

① 《朱熹集》卷九九《约束不得骚扰保正等榜》。

② 《宋会要辑稿·食货》六六之二四。

③ 《续资治通鉴长编》卷三〇九，元丰三年冬十月丁亥条。

④ 《宋会要辑稿·食货》七〇之二三。

⑤ 舒璘：《舒文靖集》卷下《论保长》。

⑥ 《宋会要辑稿·刑法》二之八七。

⑦ 《宋会要辑稿·兵》三之六。

禁物之责,但恰恰反映了此前保正长负有相关连带责任。大观元年(1107),诏:“勘会私有铜、硫石等,在法自许人告,如系贩卖,即许人捕,若私铸造亦有邻保不觉察断罪之法。”①重和元年(1118)御笔:“保正长失觉察保内兴贩私茶,依条则有巡捕公人、吏人合断罪勒停,永不收叙外,其保正长因缘侥幸,避免差使,虑合止从地分人断放。”②绍兴四年(1134),明堂赦文称:“福建路保正副、大小保长唯管缉捕逃亡军人及私贩禁物、斗讼、桥道等事。”③庆元四年(1198),朝廷要求各地“严保伍之法,申粉壁之禁,使盗铸之弊销”④。曲是造酒的必需品,禁曲亦即禁酒。咸淳七年(1271),黄震曾要求抚州一带“曲户上畏天诛,下畏官法,日下速行改业,别去营生,仍仰都官、保正、邻甲各行严戒觉察,如有故违,定行徒断”⑤。

第三,编制文书版籍。保甲制实行以后,保甲簿随之产生。保甲簿又称“保伍簿”,要登记主客户的所有男性人口,不论成丁还是幼丁、老丁都要登记。人户外逃、迁移或绝户,或外来人口迁入,都要在保甲簿上显示出来。保甲簿还登记各主户的户等、应役、营运及下户租种他人田地、官户官品和是否析户等情况。⑥“户口之多寡,编排之虚实,此则各都各保之事。”⑦保甲簿一般由都保头目负责编制,并要在上面具名。绍兴十五年(1145),王𫓧行经界法时,要求“逐都保先供保伍帐,排定人户住居去处”⑧。《崇安社仓条约》称“逐年二月,分委诸都社首、保正副将旧保簿重行编排”⑨,可知保甲簿由保正参与编排。朱熹于淳熙时制定的《社仓事目》中有“排保式”,可充分体现保正长参与编排保甲簿之职责。具体如下:

某里第某都社首某人,今同本都大保长、队长编排到都内人口数

① 《宋会要辑稿·刑法》二之五二。
② 《宋会要辑稿·食货》三二之一一。
③ 《宋会要辑稿·食货》一四之二二至二三。
④ 《宋会要辑稿·刑法》二之一三〇。
⑤ 黄震:《黄氏日抄》卷七八《六月二十八日禁造红曲榜》。
⑥ 参见吴松弟《中国人口史》第3卷,复旦大学出版社2000年版,第52页。
⑦ 《文天祥全集》卷五《与吉州缪知府元德》。
⑧ 《宋会要辑稿·食货》六之四〇。
⑨ 董煟:《救荒活民书·拾遗》。

下项：

甲户。（大人若干口，小儿若干口，居住地名某处。或产户，开说产数若干，或白烟、耕田、开店买卖，土著、外来，系某年移来，逐户开。）

余开。

右某等今编排到都内人户口数在前，即无漏落及增添一户一口不实。如招人户陈首，甘伏解县断罪。谨状。

年　月　日

大保长姓名押状

队长姓名

保正副姓名

社首姓名①

都保头目还参与砧基簿的编制，方法如下：

令官、民户各据画图了当，以本户诸乡管田产数目从实自行置造砧基簿。

画图合先要逐都耆邻保在关集田主及佃客，逐丘计亩角押字，保正长于图四止押字，责结罪状，申措置所，以俟差官按图核实。②

保正长还参与其他一些图籍的编制。隆兴元年(1164)，汪应辰称若估价出卖福建寺观积攒的田地，必须令"诸县必且取责寺僧，追集耆保，供画图帐，标立界至"③。

第四，参与赈灾等各种社会救济事务。保正长等参与抄札受灾人口。嘉定八年(1215)，臣僚称："日来所差检踏灾伤官与抄札赈恤之官不能遍走阡陌，就近城寺院呼集保甲，取索文状，令人粉壁书衔，以为躬亲下乡巡行检责抄札了当。"④对乞丐等的施舍也由保正抄札。绍兴二十七年(1157)，提举两浙西路常平茶盐公事朱倬称："比见郡县之间，自冬徂春，所给乞丐钱米例

① 《朱熹集》卷九九《社仓事目》。

② 《宋会要辑稿·食货》七〇之一二五。

③ 汪应辰：《文定集》卷一三《请免卖寺观趱剩田书》。

④ 《宋会要辑稿·食货》五八之三〇至三一。

皆付之胥吏……令每岁抄札……别在村落者责之保正副。”①

福建“剑、建旧俗苦丁钱，有生子不举者，后丁钱奏免，以口食艰仍不举。(守黄)彦臣乃令保正月报数于官，给钱赡之，后为定式”②。对遗弃之小儿，有的地方则让保正副收养，“令州县告谕保明，根刷具名申官，支给钱米抚养”③。

崇安县社仓支米时，“仰社首、保正副、队长并各赴仓，识认面目，照对保簿，如无伪冒，重叠即与全押保明”④，方才支米。

对无人认领之尸首，保正副要将其葬于漏泽园；对有病之无依无靠者，保正副要将其送安济坊。崇宁五年(1106)，“诏诸漏泽园、安济坊，州县辄限人数，责保正长以无病及已葬人充者杖一百，仍先次施行”⑤。罗振玉的《雪堂专录》著录的两块宋代砖志也可反映保正的这一职责：

> 张贞骨殖保□□保保正范信□人收，无人识认，不记年月日终。崇宁四年十二月二十三日，乌字号葬讫。⑥

> 菜字号城东下□无主骨殖一副，大观二年十一月二十九日，一都保正翟稳送到，当日葬讫。⑦

第五，参与司法诉讼。保正副参与司法诉讼事务的范围较广，主要有：(1)接受诉状。绍兴二十四年(1154)，宰执进呈大理评事巩衍札子“乞戒约耆长、保正副，非盗贼、斗殴有实，毋得辄受状”⑧。(2)参与验尸。淳熙元年(1174)的《检尸格目》即要求记录“初检官某时承受，将带仵作某人，人吏某人于某日某时到地头集耆甲某人，保正副某人，及已死人亲”⑨等内容。(3)辖区内发现不明尸体，保正副要保护现场，以备勘验。《夷坚丁志》卷五

① 《宋会要辑稿·食货》六〇之一一。

② 李清馥:《闽中理学渊源考》卷一三《少师黄叔灿先生彦臣》。

③ 《宋会要辑稿·食货》六八之一一〇。

④ 董煟:《救荒活民书·拾遗·崇安社仓条约》。

⑤ 《宋会要辑稿·食货》六八之一三一。

⑥ 罗振玉:《雪堂专录·张贞专》，载《罗雪堂先生全集》第5编第3册，第1292页。

⑦ 罗振玉:《雪堂专录·无主骨殖专》，载《罗雪堂先生全集》第5编第3册，第1295页。

⑧ 《建炎以来系年要录》卷一六七，绍兴二十四年十二月癸未条。

⑨ 《宋会要辑稿·刑法》六之五。

《句容人》记："村民七八辈，围守一尸，云：'是人自缢于此室，吾曹乃里正及邻保，俱为虫鼠所坏，故共守以须句容尉之来。'"(4)充当人证，或负责召集人众提供证词。《名公书判清明集》卷一二《吏奸》称蔡八三"出外回来，亲见其妻与叶棠在家行奸，当捉住呕叫邻保"。呼叫邻保的目的是让其充当人证。陈傅良在桂阳军处置绝户家产时，为防"无籍之人告人绝产"，曾规定"自今如有的是绝户，即仰都保连名结罪，保明具申，方与受理，自余勿干涉人妄有告诉，重行科断"①。此处都保也是充当人证。《名公书判清明集》卷五《经二十年而诉典买不平不得受理》称："申府帖县，差无碍保正，再集邻从公勘会。今建阳县申，据保正常吉同邻人钟五九等称。"这里就是因相关证据不足，由保正召集邻保提供证词。(5)执行上级的司法判决。《名公书判清明集》卷一四《宰牛者断罪拆屋》称"牒尉司差人监下都保，将刘棠酒坊肉店日下拆除"。《名公书判清明集》卷一三《以累经结断明白六事诬罔脱判昏赖田业》记黄清仲强夺陈氏田地而引起争讼，"县司行下桩留，则保甲不敢收；行下供对，则保甲不敢近"。县里关于桩留与供对的命令都由保甲执行。

第六，承担各种杂役。保正长承担的杂役很多。如：宣和三年(1121)，保甲法"行既久，州县玩习弛废，保丁开收既不以实，保长役使又不以时。如修鼓铺、饰粉壁、守败船、治道路、给夫役、催税赋之类，科率骚扰不一"②。绍兴五年(1135)，知静江府胡舜陟言："凡州县之徭役、公家之科敷、县官之使令、监司之迎送，一州一县之庶事皆责办于都保之中。"③绍兴三十一年(1161)，有臣僚称保伍之法"法弊滋久。既使之督税赋矣，又使之承受文判；既使之治道路矣，又使之供雇船脚；既使之饰传舍矣，又使之应办食用"④。隆兴二年(1164)，福建路转运司言："近来州县违戾，保内事无巨细，一如责办，至于承受文引、催纳税役、抱佃宽剩、修葺铺驿、抛置军器、科买食盐、追扰陪备，无所不至。"⑤

① 陈傅良：《止斋先生文集》卷四四《桂阳军劝农文》。

② 《宋史》卷一九二《兵志六》。马端临《文献通考》卷一五三将此文系于"宣和五年"。

③ 《建炎以来系年要录》卷九六，绍兴五年十二月丙午条。

④ 《宋会要辑稿·食货》一四之三七。

⑤ 《宋会要辑稿·食货》六五之九五。

保正长还负责供给驿站食物、草料和修缮道路。宋代自潮州至番禺有一条下路，“自有下路以来，役保甲为亭驿子，亭驿距保甲之家且远。客至，则扶老携幼，具荐席，给薪水，朝夕执役，如公家之吏，不敢须臾离焉，俟其行乃去。客未至，则尉之弓手、巡检之土兵，预以符来，需求百出。客或他之，则计薪刍，尽锱铢，取资直而去。民以为苦”①。《永乐大典》卷五三四三引《三阳志》记：“凡道于潮、惠间，乃冒暑得疾者且半。加之驿传无人，器皿不备，惟监司贵客至县，乃檄里保办之。”郢州“盖马纲道所自出，食谷旧责之都保”②。嘉定十七年(1224)，臣僚建议：“道路堤岸、桥梁摧毁去处，仰日下量给工费，委州县官及本乡保正等，公共相视，措置修治。”③

地方有各种祥异之兆，保正也要报告。如：绍兴三十一年(1161)，洞庭湖西北角出现“神龙”，“一鳞大如箕，一髯大如椽。白身青鬐鬣，两角上梢天。半体卧沙上，半体犹沉渊。里正闻之官，官使吏致虔”④。乾道初，钦州一村妇得一飞鸣而来、光耀夺目的大珠，“里正访知而索焉不得，闻之县官”⑤。有些事他们却不敢上报。如咸淳七年(1271)，“曹家产子威杀人，二首一身连骨节。左首似爹右似娘，浑舍惊走趾欲折。里胥不敢上其事，一州喧喧腾颊舌”。一个并不稀奇的连体婴儿，却被视为大不祥，乡里头目不敢上报，只是因为“从来天子天下首，二首之占何待说”⑥。

以上是宋代都保组织的职能。对南宋时都保在乡村管理体系中的地位，学术界有不同认识。吴泰称“宋代的乡村就形成了县—乡—都—保统辖系统的统治体制”⑦，其主要论据是乡书手对都保头目人选的安排。前面已经提及，乡书手到南宋时已不再是乡役，而成为县役，其对都保头目人选的安排只能视为县对都保的直接管理，而非乡对都保的统辖。夏维中主要依据日本学者周藤吉之、柳日节子等的研究成果，提出“宋代乡村基层组织，必

① 《永乐大典》卷五三四五林安宅《潮惠下路修驿植木记》。

② 罗愿：《罗鄂州小集》附录《罗颀遗文・郢州太守墓志》。

③ 《宋会要辑稿・方域》一〇之一〇。

④ 姜夔：《白石道人诗集》卷上《昔游诗》(其八)。

⑤ 周去非：《岭外代答》卷七《宝货门・蛇珠》。

⑥ 高斯得：《耻堂存稿》卷七《记二首儿四日雷二异》。

⑦ 吴泰：《宋代“保甲法”探溦》，载《宋辽金史论丛》第2辑，第187页。

须同时兼具控制土地和人户的职能”。此论不误。但他紧接着指出:宋代的基层组织也正是以此为目标而不断进行变革的,并最终导致了南宋乡都制的确立。[①] 此论点就值得商榷了。首先,乡在南宋时已成为一种地域单位,不再具备控制人户的功能,此说也是夏维中在其文章中所着力强调的,既如此,再坚持认为南宋时形成了乡都制,则难以符合其前面提出的乡村基层组织的标准。其次,夏维中此说的来源主要是日本学者周藤吉之、柳田节子的观点,他们最重要的论据是地方志及其他文献中有大量关于“某乡某都”的乡村区划编排[②],但他们却忽视了南宋时乡的性质已发生变化这样一个事实。

南宋人习惯在都前面冠以某乡之名,但这并不能反映乡都制的确立,这里的乡与都(保)之间更多的具有地域统辖上的意义,而非行政管理上的意义。以乡冠都大概还有以下几方面的原因:首先,宋代稍大些的县就有二三十都,如果一些事务需要县直接处理,而以都为单位,则因一县内都的数量过多,颇不方便。宋代多采用某一天某几都的办法。《州县提纲》卷二《立限量远近》称:“催科若讼常限须关佐官厅同一日,如一都、十一都、二十一都则以初一日、十一日、二十一日,二都则以初二日、十二日、二十二日之类,非惟整齐无杂乱易稽考。”以乡冠都具有相同的作用,便于行政事务的处理。其次,都的命名多以数字的形式在一县内编排,不像一般的地名那样易记清,冠以长期沿用的乡名便于弄清其方位;都的界限随着土地的交易可能会发生变动,用以表示方位等十分不便,故时人在表墓地、土地等的位置等时均要冠以乡名。

总之,保甲组织建立后,逐渐演变成了宋代乡村的基层行政组织,它以保正副、大小保长等为头目,直接受县的领导,承担其交付的行政事务。

---

① 参见夏维中《宋代乡村基层组织衍变的基本趋势》,载《历史研究》2003 年第 4 期。

② [日]周藤吉之:《宋代郷村制の変遷過程》,载其《唐宋社會経済史研究》,第 561～644 页;《南宋郷都の税制と土地所有》,载其《宋代経済史研究》,第 437～473 页;《南宋の役法と寛郷、狭郷、寛都、狭都との关系》,载其《唐宋社会经济史研究》,第 645～680 页。另见[日]柳田節子《宋元郷村制の研究》,東京:創文社 1986 年版。

第四节　宋代乡村行政组织演变的特征

鉴于宋代乡村行政组织的复杂多样性，这里只能就某一时期最主要的乡村行政组织加以叙述。

宋代乡村行政组织的演变大致以熙丰变法为界分为两个阶段：

熙丰变法以前为第一阶段。这一时期的乡村行政组织是乡或管等以催征赋税为主要职责的行政组织与以维护治安为主要职责的耆并列的时期，乡或管与耆一起实现宋代乡村行政管理的职能。

北宋建立之初，承袭了唐代以来的乡制，以里正、户长、乡书手为乡的主要头目，负责催征赋税。维护治安之责则由后周时萌芽的耆来实现，它以耆长、壮丁为主要头目。

开宝七年(974)，宋政府颁行废乡设管之令。管设户长，负责催征赋役，但这一制度并未在全国推行，宋代乡村大多数地区仍维持原来乡和耆并行的制度，一部分地区则是管、耆并行。

至和二年(1055)，里正被废罢，但乡作为一级行政组织并未终结，其职能改由户长和乡书手来体现，直至熙丰变法时期。

熙丰变法以后为第二阶段。这一时期宋代乡村行政组织的变化就是保甲法实行后，都、保逐渐演变为县以下最重要的乡村行政组织。

熙丰变法以前，保伍制就在许多地区实行过，但只是联比邻伍，使民户互相保任，以维护社会秩序，并非行政组织。

熙宁三年(1070)，《畿县保甲条例》颁布，保甲制被迅速推广到各地。但保甲最初与乡村行政组织无关，其成为乡村行政组织经历了一个过程，这个过程就是保甲法与募役法结合的过程，即保甲头目成为乡村职役人的过程。虽然自“绍圣以降，保甲、募法的融合，已十分稳固”[①]，但各地推行起来仍很不一致。两浙路的象山县，“唐设为五乡，历五代不改。宋太平兴国间，并三

① 黄繁光：《论南宋乡都职役之特质及影响》，载《宋史研究集》第16辑，(台北)“国立”编译馆1986年版，第410页。

乡三里。乾道年间，每一乡一里，计村一十二。宝庆间，以村析为保，计保三十二”[①]。宝庆年间方在乡村推行保这一行政组织，距熙宁时已有150年了。

熙丰变法以前的管这一行政组织随着保甲法的推行已不再存在，耆作为单项行政组织仍旧存在，但由于其职能上与保甲组织存在重叠，其地位受到很大冲击，并日渐下降，以至于在南宋文献中很少见到耆作为行政组织实施行政职能的例子。

通过宋代乡村行政组织的演变，大致可以发现以下特点：

第一，宋代乡村行政组织逐步地缘化。就组织形态而言，国家的特点在于它的地缘性质。秦汉以降，国家的地缘性行政组织就一直延伸到乡里，但历代乡村行政组织多是以固定不变的人户为管理对象，并不是建立在固定的地域上。汉代“凡县(户)五百以上置乡，三千以上置二乡，五千以上置三乡，万以上置四乡”[②]。晋代的制度与汉代基本相同。隋代和唐代初年规定以百户为里，五里为乡；而到唐中后期，这一制度即被打破；“到了五代，(一里)就远远超过了百户之数，所以此时的乡、里，只有标记地域范围的命名意义，而不再具有标志户口数目的意义了”[③]。历经唐末五代的变迁，北宋的人口不比唐初少，但乡里数目较唐代大为减少，每乡里所辖户数已远远超过唐初的定数，乡里均已失去人户控制的功能，乡就成了按地域设置的行政区划。[④] 管由乡分割而成，既然乡已失去其人户控制的功能，管也应只是按地域设置的行政区划，而不是按人户数量设置的行政组织。耆是耆长这一乡村头目出现后产生的乡村行政组织，职责主要是维护治安。耆长的辖区称为“耆”，但宋代的耆也不是按人户数量划分的行政组织，而是按地域设置的行政区划。耆的管辖范围被称为“耆分”。耆分的大小相差很大，表明各耆均有自己的管辖地域。庆历八年(1048)，富弼在谈到赈济流民时说：“逐耆每日有官员躬亲支散，如管五七耆者，即将耆分大者，每日支散一耆，其耆分

---

① 《(嘉靖)象山县志》卷二《都隅》。

② 郝经：《郝氏续后汉书》卷八六下。

③ 杨炎廷：《北宋的乡村制度》，载《宋史论文集：罗球庆老师荣休纪念专辑》，第98页。

④ 参见梁建国《宋代乡村区划研究》，河南大学硕士学位论文，2004年。

小者，每日支散两耆，亦须每日一次支遍。”[①]都保初设时以人户为基础编排而成，但从绍兴年间的经界法开始，其地域性大大增强，逐渐具备了地域单位的意义，前已有述。从总体上看，宋代乡村行政组织呈现出强烈的地缘化趋势。

宋代乡村行政组织之所以会呈现出强烈的地缘化趋势，主要是由于两税法实施以后，土地成为赋税征收的主要对象，但在宋代土地私有制确立、土地交易频繁的条件下，为保证土地及赋役的登记与征收，必然要加强对土地的控制，由此决定了宋代乡村行政组织必须具备控制土地的功能，这也导致宋代乡村行政组织向着地缘化方向发展。

第二，宋代乡村行政组织的控制范围不断缩小。北宋太平兴国初，人口约为 3540 万[②]，而唐代贞观时人口只有 1235 万[③]，但比较起来，宋代乡的数目却大大减少[④]，这使得宋初乡所辖户数很多，大大超过了唐制规定的一乡五百户之数。宋初渭南县有 5063 户，设四乡八里[⑤]，每里约辖 633 户，每乡约 1266 户。蒲城县有 20908 户，设十乡十里[⑥]，每乡里约辖 2091 户。再如歙州地区，见表 1-10：

表 1-10　　唐宋歙州乡与户口数目演变表

时　间	乡　数	户口数	一乡平均户数	资料来源
唐开元时	72	31961[⑦]	444	《元和郡县图志》卷二八

① 董煟：《救荒活民书》卷下《支散流民斛斗画一指挥》。

② 参见吴松弟《中国人口史》第 3 卷，第 621 页。

③ 参见冻国栋《唐代人口问题研究》，武汉大学出版社 1993 年版，第 97 页。

④ 王棣通过唐宋时长安地区乡数的对照表对此作了说明。（参见王棣《宋代乡里两级制度质疑》，载《历史研究》1999 年第 4 期）

⑤ 《长安志》卷一七；《类编长安志》卷一。

⑥ 《长安志》卷一八；《类编长安志》卷一。

⑦ 《太平寰宇记》卷一〇四记开元户数为 38320，因其晚出不取。

续表

唐元和时	50	16754	335	《元和郡县图志》卷二八
北宋太平兴国时	56	51763①	924	《太平寰宇记》卷一〇四
北宋元丰时	53	106584	2011	《元丰九域志》卷六
南宋乾道时	54②	122014	2260	《新安志》卷三至卷五

由上表可以看出，唐开元时一乡所辖户数最接近"百户为里，五里为乡"的标准，到北宋初年一乡所辖户数已经增加了一倍。有宋一代，歙州地区一乡所辖户数急剧增长，使得乡村行政事务日益繁重，这样再以乡为乡村社会行政组织就会使其在处理乡村行政事务时有些力不从心，不利于国家对乡村社会的管理与控制。这在客观上就促使宋代国家对乡村行政制度进行改革，使乡变成地域单位，而改以管辖人户数目大大减少的都保为乡村行政组织，以便基层行政组织能更有效地处理乡村行政事务，保证国家对乡村社会的统治。

开宝七年(974)设管，管的辖区一般要比乡小，所以宋人在将乡和管作为乡村区划编排时，一般都要将乡置于管的前面。保甲法实施以后，保甲一般都是在原来乡的范围内编排，都保所辖范围较之行政组织乡的控制范围一般要小，有的甚至比作为地域单位的里的范围也要小。如惠安县于太平兴国六年(981)"初置县时，析晋江东北十六里，领以三乡，其后复增至二十里。庆历八年乃定为十八里，仍三乡领之。……熙宁保甲法行，分三十四都"③。有的地方直接以乡为都保，如义乌县在"熙宁中行保甲法，以十家为保，五十家为大保，每十大保立一都保，遂以二十六乡为二十六都保"④。但

① 日本学者斯波义信在其《宋代江南经济史研究》中将此数字误记为11763(参见方健、何忠礼中译本，江苏人民出版社2001年版，第407页)，中译本未能校出。这可能与斯波义信所用《太平寰宇记》版本有关，据笔者检索，《四库全书》文渊阁本《太平寰宇记》卷一〇四即为主户8560，客户3203。本文数据系据中华书局2002年影印的日本宫内厅书陵部藏宋本《太平寰宇记》所记。中华书局2007年出版的王文楚等点校本所记与日本藏宋本相同。

② 此数字据《新安志》卷三至卷五所记各县所辖乡的数目相加得到。

③ 《(嘉靖)惠安县志》卷一《图里》。

④ 《(万历)义乌县志》卷二《方舆考·乡隅》。

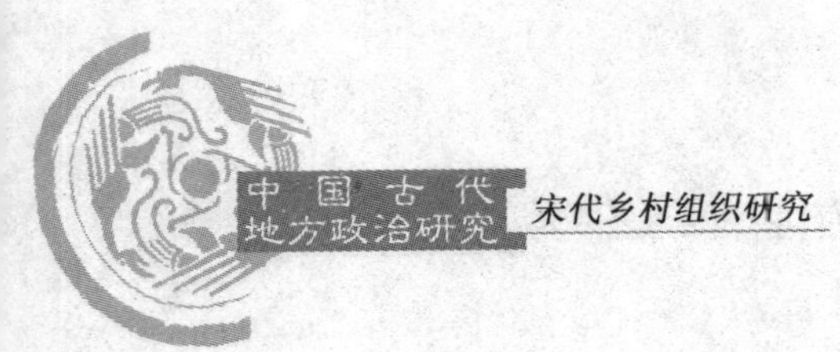

这些地方在都保之下还有保的编制,保较之乡的控制范围也要小得多。都保制在实施过程中也不断调整,缩小管辖范围。熙宁时一都保有500户,而到徽宗时,就调整为250户了,"一乡之中以二百五十家为保,差五小保长,十大保长,一保副、一保正,号为一都"[1]。乡村行政组织管辖范围的缩小是国家对乡村社会控制力加强的表现,绍兴五年(1135),知靖江府胡舜陟从维护治安的角度对保甲法实施前后的乡役人作了比较:"若祖宗时,于人户第一、第二等差耆长,第四、第五等差壮丁,一乡差役不过二人而已。今保甲于一乡之中有二十保正副,有数百人大小保长。"[2]需要说明的是,保甲法实施以前,一名耆长属下并不止一名壮丁,差役不止二人,但要远低于保甲法实施以后保正长的数目,虽然胡氏的认识有些偏颇,但其言论仍能反映乡村行政组织管辖范围缩小后,国家对乡村社会控制力加强的情况。

第三,宋代乡村行政组织的职能日趋集中。保甲法实施以前,宋代乡村中催征赋役与社会治安的职责分别由乡、管与耆负责,呈现出二元性的特点。保甲法实施以后,新出现的都保组织本就是为联保民户、维护社会治安而设,此后又与募役法结合,都保头目走向职役化,开始担负催征赋役之责,最终集维护治安与催征赋役于一体,实现了乡村行政组织职能的集中。宋代乡村行政组织由二元化走向一元化,无疑也是宋代国家加强对乡村社会控制的重要表现。行政组织职能的集中可使其更好地担负起催征赋役和维护治安等职责,避免由不同组织承担不同职能而可能导致的不协调。

绍圣年间复行雇役法后,"再以保正长催科,其保正长不愿就雇者,依旧召募耆户长、壮丁",由此,各路尤其是福建路均实行耆户长、壮丁与保正长并行不废的制度。绍兴十年(1140)后,耆户长雇钱和壮丁雇钱相继拨入经总制钱,由此"江浙诸州耆户长、壮丁并废,惟福建诸州至今有之"。福建路虽继续实行耆户长、壮丁与保正长并行的制度,但"福州官司检验、缉捉、催率、勘会烦重之事必责之保正副、大小保长"[3]。隆兴二年(1164),福建路转

---

① 《建炎以来系年要录》卷九六,绍兴五年十二月丙午条。

② 《宋会要辑稿·食货》六五之八二。

③ 陈傅良:《止斋先生文集》卷三五《与闽帅梁丞相论耆长壮丁事》。

运司也称："建宁府福、泉诸县差役保正副，依法止管烟火、盗贼。近来州县违戾，保内事无巨细，一如责办，至于承受文引，催纳税役，抱佃宽剩，修葺铺驿，抛置军器，科卖食盐，追扰陪备，无所不至。"[①]都保头目保正长的职责越来越重，乡村行政组织的职责越来越集中到都保身上，耆作为乡村行政组织的职能日益弱化。这也能反映出宋代乡村行政组织职能日趋集中的特点。

第四，宋代乡村行政组织逐步职役化。梁方仲曾明确指出中国古代的乡村行政头目存在着从官到役的变化：在明代以前，主持乡一级和乡以下各级——如村、社等级的财务人员，他们的地位和身份是随着时代的改变而有所转变的。这可以概括地分为两个时期来说：从秦汉至唐代中叶（大致以"安史之乱"为转折点），基本上属于"乡官"的类型；自唐末至元末，这一批征收赋役的乡、村、里、社人员逐渐下降为近于衙门的"差役"了。[②]

宋代正处于这一转折的关键点上。秦汉时乡里的三老、啬夫、里正等由地方上有才德的人担任，有的还有一定的禄秩，地位比较尊崇。北魏实行三长制，五家立一邻长，五邻立一里长，五里立一党长，取乡人强谨者充任，"今之三长，皆是豪门多丁为之"[③]，最初可免除兵役、力役，后来又免除一切征调。北魏都城洛阳的里正身居流外四品，宣武帝时里正甚至进入勋品。[④] 隋代里长仍有一定地位，张长逊、窦建德等富户都曾经担任里长。唐前期的里正仍多选用六品以下勋官或清平强干之白丁充任，仍有较高的社会地位。但从唐后期开始，里正的地位不断下降，从人们竞相追求到人人视为畏途，表现出向职役转变的征兆。[⑤] 到宋代，乡村行政组织头目的职役化已经完成，里正、户长、耆长、保正副、大小保长等乡村行政头目都变成了地位低下的职役人。他们都是由官府按民户田亩资产和人丁多寡而选出的役人。他们的待遇很差，在宋代的多数时间里根本得不到政府的报酬，其职"至困至贱"，各级贪官污吏对他们"非理征求，极意凌蔑"，使其不时遭受"期会追呼

① 《宋会要辑稿·食货》一四之四〇。

② 参见梁方仲《明代粮长制度》，上海人民出版社2001年版，第7页。

③ 《北史》卷四二《常景传》。

④ 参见《北史》卷四〇《甄琛传》。

⑤ 参见齐涛《魏晋隋唐乡村社会研究》，第67～68页。

笞棰”。[①] 他们如果不能完成官吏交代的任务，就要由自己赔补，以致很多服役者破家荡产，史籍中关于这一方面的叙述比比皆是。职役是宋代乡村人户的沉重负担。在当时人的心目中，乡村职役人也是极其卑贱的。胡太初曾言：“稍有资产者，又孰肯为吏哉？非饥寒亡业之徒，则驵狡弄法之辈，非私下盗领官物，则背理欺取民财尔。”[②]更有一些人视职役人为奴仆。秦观曾言：“今世胥吏、牙校，皆奴仆、庸人者。”[③]刘攽则说：“郡县吏卒，弃绝为贱，不齿于缙绅，贤士不复从此役。”[④]如果家中有人为职役，往往会被士大夫视为可耻的事情。李廌《师友谈记》中有一则故事足可反映这一点：

比年多自七寺卿除侍郎。一日，因景灵宫国忌行香，时寺监并会于幕次外。有从者坐地上，各话其所事。光禄宗之从者曰：“吾卿当作侍郎矣。盖宰相之子，今一叔为少傅，一叔为使相判太原，只言家世必吾卿也。”文太仆及之从者曰：“吾卿职是修撰，父是太师，若言家世，岂光禄可及乎？”高太府遵惠之从者曰：“若言吾卿，必为侍郎矣。”赵卫尉令铄之从者曰：“吾卿家世，则太祖皇帝之后，今皇帝之近族也，亮非诸卿之可及矣。”众从者皆服。俄有王司农孝先之从者曰：“吾卿曾作大理，领都水，出入重职，多历年岁，若除侍郎，吾卿必矣。”众从者皆噪之，曰：“汝虽官高职重，宣力不少，奈何亲戚族人见任壮丁、耆长乎？”王之从者不胜其怒，遂殴诸卿之从者。从者复众殴击，至有流血者，皆为逻卒擒捕之，诣尹治焉。

宋代有的禅师在说法时都称：“诸德，不教你作乡头、里正、耆长、大户，一个个作师子儿去，成佛作祖去，入如来藏去。”[⑤]这位禅师把担任里正、耆长等乡村职役同“成佛作祖”对比，揣摩其口吻，不难看出当时担任乡村职役会使人“至困至贱”的事实。

所谓职役，就是让民户按田亩资产与人丁多寡到各级衙门充任低级吏

① 马端临：《文献通考》卷一三《职役考二》。
② 胡太初：《昼帘绪论·御吏篇第五》。
③ 秦观：《淮海集》卷一七《盗贼下》。
④ 刘攽：《彭城集》卷二四《贡举议》。
⑤ 赜藏主编集：《古尊宿语录》卷一〇《并州承天(智)嵩禅师语录》。

职，或在乡村充任基层政权的头目。在职役制度下，民户充任乡村行政头目几乎没有任何报酬。通过乡村行政组织的职役化，既可以减少国家行政支出，又能保证乡村行政组织的正常运行，实现对乡村社会的统治，最终保证宋代国家利益的最大化，这才是宋代将乡村行政组织职役化的真正目的之所在。这一制度被后来的元明清各朝代所继承。元代乡里制下的里正同前代一样，地位低下，任务繁重，“里正、主首，科役繁重，破家荡产，往往有之”[①]。明清两代乡村头目“役”的性质进一步加强，统治者对他们任意驱使，甚至连县衙小吏对他们也驱之如牛羊。明人何乔远在《闽书》卷三九《版籍志・职役》中说：“里甲之役，其始催征钱粮，勾摄公事而已，后乃以支应官府诸费，若祭祀、乡饮、迎春等事皆其措办，浸淫至于杂供私馈，无名百出，一纸下征，刻不容缓，加以里皂抑索其间，里甲动至破产。”

以上就是宋代乡村行政组织演变的趋势，这与唐宋时期的社会变革密切相关。它反映了宋代国家在新的历史条件下为加强对乡村社会的控制而进行的努力。首先，自唐代实行两税法以后，以土地为主的财产逐渐取代人口而成为赋税征收的主要对象，到宋代，两税已经演变为单纯的土地税。[②]宋代役的征调以户等制为标准，而确定户等的标准以资产为重，资产中又以田亩为主。这样，土地就成了宋代赋役征发的主要依据。在宋代不抑兼并、土地交易频繁的新形势下，为保证土地的登记和赋役的征收，国家必然要加强对土地的控制，由此决定了宋代乡村行政组织必须具备控制土地的功能，这也导致宋代乡村行政组织向着地缘化方向发展。其次，宋朝建立以后，为改变唐末五代以来藩镇割据、中央权力衰微的局面，采取了一系列加强中央对地方的集权控制的措施。国家要加强对乡村社会的控制，将人户和土地这两大维系政权的要素掌握在自己手中，确保赋役的征发和乡村社会秩序的维护，无疑是其中的重要课题。宋代乡村行政组织的控制范围不断缩小和职能日趋集中正适应了这一需要。再次，中央集权的加强势必导致国家行政支出的增加，而宋代财政从北宋仁宗时起就出现了入不敷出的危机，南

① 《至顺镇江志》卷二。

② 参见王棣《宋代经济史稿》，长春出版社 2001 年版，第 277 页。

宋时问题更加严重，“绍兴十七年，所积尽绝，每岁告阙不过二百万缗，至二十四年以后，阙至三百万缗，而乾道元年、二年阙至六百余万缗”[1]。在这种情况下，国家通过乡村行政组织的职役化可以在确保对乡村社会的控制的前提下，减少行政支出，最终保证宋代国家利益的最大化。

① 留正等：《增入名儒讲义皇宋中兴两朝圣政》卷五四。

第二章 宋代乡村行政组织职能的实施

陈明光等在回顾20世纪中国古代赋役制度史的研究时指出：中国古代的纳税应役是活生生的社会行为，牵涉城乡千家万户，但以往的研究较多关注制度条文本身和官府公文，较少揭示纳税应役的具体场景，特别是乡村基层社会的实际状况。[①] 其实在当前的历史研究中，不仅仅是对纳税应役的研究，对其他问题如民间诉讼、灾荒救助等的研究都是如此。前面已经论述了宋代乡村行政组织的各种职能，本章试图通过揭示宋代乡村两税收纳、刑事诉讼和灾荒救助的具体流程，分析制度的运行过程，借以反映乡村行政组织在乡村社会生活中的作用。

第一节 宋代乡村行政组织职能的实施

一、宋代乡村行政组织与两税收纳

宋代的两税实即农业税，分夏、秋两季征收，其具体的征收程序，学术界已有研究。葛金芳据《宋会要辑稿·食货》、《续资治通鉴长编》和《庆元条法事类》等文献的记载勾勒出两税收纳的简要轮廓，具体包括均田、检田、倚阁

① 参见陈明光、郑学檬《中国古代赋役制度研究的回顾与展望》，载《历史研究》2001年第1期。

与带纳、两料与三限、支移与破分、揽纳与包税、预借和增借等环节[①]，但其研究更多的是对制度的分析，过程感不强。王棣对两税的缴纳手续也作过论述，较清晰地展现了两税征收的流程。[②] 杨宇勋对两税征收流程的研究最为详尽。[③] 何高济对南宋两税的征纳环节也有探讨。[④] 但这些研究都缺乏对两税收纳中乡村行政组织地位的探讨，下文即以前述研究为基础，探讨宋代乡村行政组织在两税收纳中的运作方式及其地位。

宋代“诸县税租，夏秋造簿，于起纳百日前同旧簿并干照文书送州审磨点检，书印讫，起纳前四十日付县”[⑤]。二税征收前百日，县就须将税簿送州审定。在此之前，县必须核定各户田产。对于有买卖、逃亡、户绝等导致土地产权转移的情况进行审核，以编制合理、可靠的新版籍簿帐。如“诸税租户逃亡，厢耆邻人即时申县，次日具田宅四至、家业什物、林木苗稼申县”，其财产“勒厢耆邻人守管，应收地利以时拘纳”。[⑥] 政和元年（1111），户部奏：“臣僚言：乞令县邑严立法禁，凡质贸田业印契之际，须执分书或租契赴官按验亩角、税苗分数之实，勒户案人吏并乡书手即时注籍，其前状割不尽者，许催税保长于农隙时具实申县，专委丞、簿追呼众典买户，均摊批契。”[⑦]但“典卖田宅，出于穷窘，遂将田产破卖，多是乡豪、权贵、公吏之家典买，其买地之人每遇投税，扶会本乡保正，借令别人诈作卖地人名字，赴官对会推割，嘱托乡司承认些少税役，暗行印押契赤，批凿簿书”[⑧]。如发生灾荒，需要倚阁或减免税租，也要由乡村民户提出，由乡村头目协同县所差官员检放，官员要“躬亲下乡，遍诣田段地头，亲自相视。仍关叫耆保并人户指证”[⑨]。

---

① 参见葛金芳《宋辽夏金经济研析》，武汉出版社 1991 年版，第 354～356 页。

② 参见王棣《宋代经济史稿》，第 289～290 页。

③ 参见杨宇勋《取民与养民：南宋的财政收支与官民互动》，台湾师范大学历史研究所 2003 年版，第 297～324 页。

④ 参见何高济《南宋的税收制度和揽户》，载《中国古代社会经济史诸问题》，福建人民出版社 1989 年版，第 274～282 页。

⑤ 谢深甫：《庆元条法事类》卷四七《赋役门一・税租簿》。

⑥ 谢深甫：《庆元条法事类》卷四七《赋役门一・阁免税租》。

⑦ 《宋会要辑稿・食货》六一之六二。

⑧ 《宋会要辑稿・食货》六一之六四至六五。

⑨ 《朱熹集・别集》卷九《施行下诸县躬亲遍诣田段相视》。

税租簿的内容包括本县及各乡上年纳税总额、当年新增收税额及应倚阁税额、当年实纳税总额及各税户应纳税额等。[①] 州接到县上报的税租簿后，要依限审核发回，作为当年征收二税的原始依据，如“本州不依限印给者，杖一百”[②]。接下来县还要作两方面的准备：一方面，“县于起催前两月，真书开具每户应纳数单子，折变者具折变实数送纳处所，令、佐分定乡村，案簿点对毕，付催税人，给散纳户”[③]，即州县预先将各户应交纳的税物数额通知民户。这种通知是通过根据税租簿抄写出的一种单子即“税由”（又称“凭由”、“由子”）实现的。“在法：输纳税赋，官司必给税由。”[④]淳熙六年（1179）规定：“大保长不许催科，止受凭由给付人户。”[⑤]绍兴二十八年（1158），知阆州苏钦在一奏折中谈到凭由的利便及其内容：

> 令州县给散民间合纳夏、秋二税凭由，实为利便。然凭由之给，不徒具税租合纳名色而已，须具一岁间本户二税增减之数，如夏、秋税凭由，各具去年至今年税钱、米斛、物帛增减之数，或收买典到某乡某人某地名田土税钱若干，或典卖出本户某地名田土税钱或秋税物斛若干，入某人户下，见今户下实计税钱或物斛若干，合纳支移、折变物帛、斛斗、役钱，下项开具。县令佐点检无差错，签押用县印，给付民户收执。所给凭由并于起催前一月给散。如有欺弊不实，大科钱物，许人户经县或经州论诉施行。[⑥]

由上可知，凭由不仅开列赋税数额，还可反映人户土地买卖等情况，便于国家准确地掌握税入。凭由经县令佐核对盖印后，交由充当乡村催税人的里正、户长、保正长等乡村行政头目分散给人户。户长还将所管税户应纳总数通抄成“户长催理册”（如系甲头催税，则称“甲帖”），以便于统计和掌握税户的缴纳情况。另一方面，州县还要准备格式相同的“四钞”，“县钞付县，户钞

① 参见谢深甫《庆元条法事类》卷四七《赋役门一·税租簿》。

② 谢深甫：《庆元条法事类》卷四七《赋役门一·税租簿》。

③ 谢深甫：《庆元条法事类》卷四七《赋役门一·拘催税租》。

④ 《宋会要辑稿·食货》七〇之七七。

⑤ 《宋会要辑稿·食货》六六之二一。

⑥ 《宋会要辑稿·食货》一〇之八至九。

给人户，监钞付监官，住钞留本司。每钞用长印日，印其扣头，并县、户、官钞，各监官亲用团印"[①]。绍兴十年(1140)，大臣上奏说：

赋税之输，止凭钞旁为信，谷以升，帛以尺，钱自一文以往，必具四钞，受纳官亲用团印。曰户钞，则付人户收执；曰县钞，则关县司销籍；曰监钞，则纳监官掌之；曰住钞，则仓库藏之，所以防伪冒，备去失而互相照。此良法也，今所在监、住二钞不复用印，废为故纸。[②]

由上可知，"四钞"中以县、户二钞较重要，要使用团印，另外两种钞并无多大实际作用。输纳税租钞的具体格式是：

某县某乡某村某色户

某人姓名，送纳某年夏或秋某色税或租物若干，(目下不得空字，有空纸者用墨勾抹。)若干纳本色，(有合零就整数者，仍开析，下准此。)若干折某色，若干耗，(有仓省及官称耗者，各别具数总计)。

右件如前。

年 月 日钞[③]

凭由发放到人户手中后，即开始征税，"夏秋税差科才下，便榜逐村大字楷书，告示人户"[④]，劝民户及时缴纳。榜文由耆长张贴，具体内容如下：

访闻人户自来递相仿效，不依限送纳税赋，唯务行用钱物与催税之人，以此因循，遂遭刑责，以至枷项监催，方得了足，盖是愚民全无识虑，须至告示者。

右仰诸乡村通晓。父老详认今来告示，互相讲劝。愚顽之人若将重叠行用与催税人钱物，不如趁有物之际相添，及早纳足户下税物，不唯公私省力，亦免人户枉遭刑责。又缘税物终须要纳，若候官中勾追，已是过时，猝难办集，转见费力，县司今来除给帖付户长外，更不别差人下乡催促，恐生搔扰，若有妄作县司催税之人起动人户，仰收领赴县，以凭严断。其递年顽猾欠税人户，已抄出姓名，如入中限输纳未足，先次

① 谢深甫：《庆元条法事类》卷四七《赋役门一·受纳税租》。

② 《宋会要辑稿·食货》三五之七。

③ 谢深甫：《庆元条法事类》卷四七《赋役门一·受纳税租》。

④ 李元弼：《作邑自箴》卷二。

勾决，枷项监纳，的不虚行晓示。

年　月　日[①]

民户将税物运至指定地点或仓库缴纳，纳完后，受纳官员要用红笔勾销掉簿书上的名字，并发给赤钞，即用过团印的户钞，“既纳之后，官司必给赤钞，一付人户，一关本县”[②]。赤钞就是纳税的凭证。州县仓库收到税户缴纳的税物后，即将完税之税租钞副本送到县里，由县令佐分授各乡书手，乡书手即在县钞中予以注销，纳税手续至此方才完成。

宋代征税一般要分三限催征，即将二税征收时间从起征之日起均分为上、中、末三限。如到中限民户仍未缴纳，知县则再付耆长一道榜文，每村都要张贴两三道，劝告民户尽快交税。榜文内容如下：

勘会先行告示，更不差人下乡催税，恐生搔扰，今来已及中限，全未见大段纳及分数，须至别有告示者。

右散行告示乡村人户，仰火急前来了纳户下税物，县司已指定某月某日先勾第一等至第三等欠户勘决，其第四等、第五等欠户于某月某日勾追施行，的不虚示。

年　月　日[③]

如果民户再迟迟拖欠不纳，县里就会派乡村行政头目催征了。有的民户难催，有的易办，为防止某乡村头目尽催一都内重难之家，对户长们采取“拈号给册”之法。《州县提纲》卷四记：

民户有乐输，有抵顽，有逃绝，总一都内造册一扇，于中立一二人催理。且甲户力厚，则嘱吏以乐输，则详载其名于册，故催理易办。其不乐输及抵顽之户，别立其名，无使弱者受害，苦乐不均，须勒吏先以一都内所有逃移、绝户均为二册，各立号，仍别书于阄，令甲户至官，随意拈之，庶绝私嘱之弊。

催征时一般规定“先次起催上三等，而后徐及四等以下户”[④]，然“乡胥与

① 李元弼：《作邑自箴》卷八。
② 《宋会要辑稿·食货》七〇之七七。
③ 李元弼：《作邑自箴》卷八。
④ 胡太初：《昼帘绪论·催科篇第八》。

富强之家素相表里,有税未即具上,或不尽具,至有每年不曾输官者,却止将善良下户先具催数,或多科尺寸,逼令输纳"[①]。有的豪强之家与乡村行政头目勾结而隐漏税额,也有的雄踞一方,乡村头目势单力孤,根本无法催收,只有依靠州县政府直接出面催征。浮梁县民臧有金就是这样:

素豪横,不肯输租。畜犬数十头,里正近其门,辄噬之。绕垣密植橘柚,人不可入。每岁,里正常代之输租。及临泾胡顺之为县令,里正白其事,顺之怒曰:"汝辈嫉其富,欲使顺之与为仇耳,安有王民不肯输租者耶?第往督之。"里正白不能。顺之使手力继之,又白不能,使押司录事继之,又白不能。顺之怅然曰:"然则此租必使令自督耶。"乃命里正取藁,自抵其居,以藁塞门而焚之。臧氏皆迸逸,顺之悉令掩捕,驱至县,其家男子年十六以上,尽痛杖之。乃召谓曰:"胡顺之无道,既焚尔宅,又痛杖汝父子兄弟,尔可速诣府自讼矣。"臧氏皆慑服,无敢诣府者。自是臧氏租常为一县先。[②]

再如,嘉定五年(1212)南郊赦文称:"诸县所差保长催科,率是四等、五等下户,往往乡村多右(有)豪右官户,倚势不输……今仰州县,自今官户税物,官司自行就坊郭管揽门户干人名下催理,不许一例具入保长甲帖内,抑令催纳,使之陪(赔)备。"[③]

乡村头目催税一般挨门进行,即"排门催"。到税户之家,税户要殷勤招待。乾道时,杨万里称:"一鸡未肥,里胥杀而食之矣。持百钱而至邑,群吏夺而取之矣。"[④]乡村头目不仅吃喝,还敲诈钱财。范成大《催租行》诗曰:

输租得钞官更催,踉跄里正敲门来。手持文书杂嗔喜:"我亦来营醉归耳!"床头悭囊大如拳,扑破正有三百钱:"不堪与君成一醉,聊复偿君草鞋费。"[⑤]

---

① 胡太初:《昼帘绪论·催科篇第八》。

② 《续资治通鉴长编》卷九五,天禧四年夏四月丙申条。

③ 《宋会要辑稿·食货》七〇之一〇六。

④ 杨万里撰、辛更儒笺校:《杨万里集笺校》卷六五《与张严州敬夫书》,中华书局2007年版,第2783页。

⑤ 范成大:《范石湖集·石湖居士诗集》卷三。

有的甚至随意打骂、逮捕欠税民户。北宋初，姚坦称："在田舍时，见州县督税，上下相驱峻急，里胥临门，捕人父子兄弟，送县鞭笞，血流满身，愁苦不聊生。"[①]还有的欠税者被乡村行政头目打死。光宗时徽州发生了这样一起案子：

> 歙县上妻杀夫，以五岁女为证。公(徐谊)疑曰："妇人能以一掴致人死乎?"缓之，未覆也。既而实税于庭，死民母及弟在焉。乃言："我子欠租，系久不胜饥，大叫，役者批之，堕水亹耳，宿昔死矣。"然后保正伏罪。[②]

有的民户因不堪里胥督迫侵凌而奋起反抗。深州陆泽人邢超"逋官租，里胥督租，与超斗，超殴里胥死"[③]。徽州婺源县民程彬，"尝有里胥督租，以语侵彬，彬怒，毒而饮之。胥行未几，脑痛呕血"[④]，经求饶，程彬方解其毒。

赵汝鐩的《翁媪叹》生动地描述了乡村头目催税的情景：

> 旱曦赫空岁不熟，炊甑飞尘煮薄粥。
> 翁媪饥雷常转腹，大儿嗷嗷小儿哭。
> 愁死未死此何时，县道赋不遗毫厘。
> 科胥督欠烈星火，诟言我已遭榜笞。
> 壮丁偷身出走避，病妇抱子诉下泪。
> 掉头不恤尔有无，多寡但照帖中字。
> 盘鸡岂容供大嚼，杯酒安足直一醉。
> 沥血祈哀容贷纳，拍案邀需仍痛詈。
> 百请幸听去须臾，冲夜捶门谁叫呼。
> 后胥复持朱书急急符，预借明年一年租。[⑤]

再如释文珦的《听野老所言》诗：

> 农家累世服畎亩，此外宁复知其他。

① 司马光：《涑水纪闻》卷二《姚坦好直谏》。
② 《叶适集·水心文集》卷二一《宝谟阁待制知隆兴府徐公墓志铭》。
③ 《宋史》卷四五六《邢神留传》。
④ 洪迈：《夷坚甲志》卷三《万岁丹》。
⑤ 赵汝鐩：《野谷诗稿》卷一。

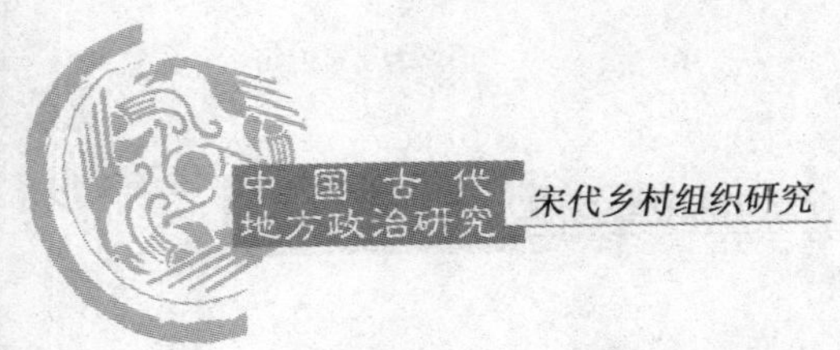

世道愈变俗愈薄，天意亦复相折磨。
举贷养蚕不收茧，尽瘁耕耨田无禾。
千疮百孔正难补，前月里正来催科。
家贫乏钱办酒食，卖却养命双种鹅。
昨朝县吏又追唤，真如乌雀遭网罗。
儿女啼号顾弗及，心如乱丝头绪多。
西邻寡妇更可念，譬彼坏木无枝柯。
饥寒交煎绝生意，母子牵挽沉于河。[①]

如果催纳不得，则由乡村行政头目代赔。这方面的记载很多，如：至和二年(1055)，韩琦称："里正代纳逃户税租及应无名科率。"[②]仁宗时，李南公知长沙县，"诸村多诡名，税存户亡，每岁户长代纳"[③]。绍兴三十年(1160)，有臣僚称："州县夏、秋二税之欠，或水旱逃荒不行除放，或豪贵典卖不为推收，或簿钞积压而不销，或公吏领揽而不纳，逮至省限过勘，旋凭乡司根刷，或勒贫民重叠监理，或追耆长责认陪(赔)填。"[④]真德秀曾说，递年逃阁之数多"勒令保长代输"，"为保长者尤所不堪，甚至保正、副本非催科之人，亦勒令代纳"。[⑤]

在交通不便的边远乡村，乡村人户自行到指定仓场缴纳税物并不容易，这样就出现了揽纳税物的揽户或揽子。当时"官户输纳多凭干人，乡户则凭揽子"[⑥]，对揽子的依赖，使其有机可乘，为自己牟私利。淳熙年间，陈傅良在桂阳军催理欠税时，"又虑税户日前已将钱米交托与揽子店户等人，却被兜收入己，致作名下挂欠。已行下知丞，分乡具出长名帖子，付逐都保正、户长，仰各巡问甲甲(按：疑衍)内人户，如委曾交纳托与人，见有干照，即仰保正类聚姓名，保明申县，切待于交揽人名下追理"[⑦]。为此，他特意提醒民户

① 释文珦：《潜山集》卷五。
② 《续资治通鉴长编》卷一七九，至和二年四月辛亥条。
③ 司马光：《涑水纪闻》卷一四。
④ 《宋会要辑稿·食货》一〇之一二。
⑤ 《名公书判清明集》卷一《劝谕事件于后》。
⑥ 胡太初：《昼帘绪论·催科篇第八》。
⑦ 陈傅良：《止斋先生文集》卷四四《桂阳军告谕纳税榜文》。

"或将银米凭托揽子、铺户等人，须是便取去赤钞为凭，不可信受手会、白关之类，所虑揽铺兜收过己，致作挂欠，正当农务，忽被追呼"[①]。

宋代虽对两税征收程序有比较详尽的规定，创立了如纳税凭由及格式相同的四联钞的应用等立意颇佳的制度，同时制定了严格的防弊措施，但其中许多环节都会有胥吏、豪强之家与乡村头目等通同舞弊，隐逃税物，抑勒贫弱下户。对此学界已有较详尽的研究[②]，不再赘述。

有学者认为，宋代乡司控制着县乡赋税征收的全过程，掌握县乡赋役征收的实权，是实现州县财税职能的关键人物及乡村管理体制中不可或缺的角色。[③] 但若从赋税缴纳的角度来看，乡村行政头目的作用更加突出。虽然乡村头目在赋税征纳中，主要在催税环节行使职责，但其有着不可替代的作用。宋人对此有清楚的认识。陈靖曾称："今则州额不登，天府未闻其必罚，县数有漏，州司亦因而无言，存亡只任于里胥。"[④]宋人还说："盖县事追会，必须保正，县道财赋必须耆长。一都缺保正，则一都之事废；一乡阙耆长，则一乡之财赋亏。"[⑤]南宋后期，昆山"县治僻处西北，而东乡最为隔绝……豪民慢令，傲不服役，有二十年无里正者，逋积秋苗四万余石，他赋称是"[⑥]。为此，高衍孙建议割昆山五乡二十八保创嘉定县，以加强对地方社会的控制，从而确保赋税及时足额征收。

宋代乡村行政组织及其头目虽然代表国家在乡村社会中行使催征赋税之责，但其施政难度和阻力却相当大：一是征收事务极其复杂，如逃亡、绝户、诡名逃税、田产交易等情况多种多样，需要一一核实；二是征收困难，对于穷苦乡民，其还可以用各种方式甚至是暴力相威胁，但对于形势豪强之家，其根本无可奈何。如果不能及时足额征收，则由乡村行政头目代纳，以致他们为此倾家荡产，由此人们纷纷逃避差役，有的地方甚至长期无人担任

---

① 陈傅良：《止斋先生文集》卷四四《桂阳军劝农文》。

② 参见王曾瑜《宋朝的两税》，载《文史》第14辑，中华书局1982年版，第133～138页。

③ 参见王棣《宋代乡司在赋税征收体制中的职权与运作》，载《中州学刊》1999年第2期。

④ 《宋朝诸臣奏议》卷一〇五陈靖《上太宗聚人议》。

⑤ 谢维新：《古今合璧事类备要·外集》卷三〇。

⑥ 《吴都文粹续集》卷九高衍孙《嘉定创县记》。

乡村头目，这不仅严重影响了乡村行政组织的正常运作，而且因催征赋税之责过于沉重，使得宋代乡村行政组织的职能有很大局限，后文详述。宋代国家也曾试图采取措施以解决乡村头目催征赋税负担过重的问题，如改良差役轮充方式、调整宽乡狭乡范围、压缩官户免役特权和通过义役进行乡民互助等，但只要不解除乡村头目催征赋税的责任，问题就不能解决。在传统社会经济条件下，两税始终是国家财政的重要支柱之一，只要两税存在，乡村头目催征赋税的责任就不可能被解除，乡村行政组织的正常运作因之遭受的破坏及其职能上的局限问题就不可能得以解决。

二、宋代乡村行政组织与民间刑事诉讼

根据所解决纠纷性质的不同，诉讼分为刑事诉讼和民事诉讼等。宋代刑事诉讼的程序和民事诉讼的程序并不尽相同。宋代刑事诉讼的程序主要有起诉、检验和审判等环节，对此学界已有比较详尽的探讨[①]，但这些研究对乡村行政组织在刑事诉讼中的作用却很少涉及。下文就对此作一论述，以期展现宋代乡村行政组织在民间刑事诉讼过程中的作用及其运作实态。

起诉是诉讼制度的开始。宋代对刑事犯罪并没有专门提起公诉的机构。如果发生案件，起诉方式一般有两种：一是受害人及其亲属自诉。“死有冤滥，自有血属能诉，何待他人干预？”[②]理宗时，孙子秀知金坛县，要求“讼者使赍牒自诣里正，并邻证来然后行，不实者往往自匿其牒”[③]。《夷坚支景》卷一〇《郑二杀子》中，郑二遭张二驱逐，“郑愈怒，其子八九岁，卧于凳上，捽其首，断臂折裂。胁以死，而大呼投里正，言张二杀我儿”。此处郑二即假装成受害者向里正报案，诬告张二。《夷坚支丁》卷五《黟县道上妇人》记淳熙十四年(1187)，浮梁民程发“自临安归，过黟县境。清旦，遇妇人于途”，妇人

① 参见郭东旭《宋代法制研究》，河北大学出版社2000年版，第538～588页；王云海主编《宋代司法制度》，河南大学出版社1992年版，第120～382页；戴建国《宋代刑事审判制度研究》，载《文史》第31辑，中华书局1988年版，第115～142页；刘馨珺《明镜高悬：南宋县衙的狱讼》，北京大学出版社2007年版。

② 《名公书判清明集》卷一三《诬讦》。

③ 《宋史》卷四二四《孙子秀传》。

要求嫁给他，被程以同行不便推却，但“暮抵旅店，则妇已在房内矣，力邀共寝。程初不肯从，(妇人)愠曰：‘我便走投都保，说汝掠我来，强奸我’”。此处妇人则是自己称要向都保报案。《夷坚支癸》卷一《薛湘潭》记淳熙时“湘乡县有富家女子，夜为人戕于室”，其父母“告于都保，诉之郡县”。二是其他人告发。《夷坚丙志》卷五《兰溪狱》称兰溪祝氏“宅之侧凿大塘数十亩，秋冬之交水涸，得枯骸一具于岸边树下，莫知所从来。邻不敢隐，闻之里正”。《夷坚支甲》卷五《游节妇》记建昌南城近郭南原村民宁六，素蠢朴，被其弟妇诬陷，“邻人以为然，执诣里正赴县狱”。《洛阳缙绅旧闻记》卷五《焦生见亡妻》载，焦生在河边丢弃衣服后离去，船上人恐被人寻见而受连累，于是报告给耆长。

对一些危害较大的犯罪，宋政府有严格的规定，强迫百姓等告发。前引《畿县保甲条例》规定“同保内有犯强窃盗、杀人、谋杀、放火、强奸、略人、传习妖教、造畜蛊毒，知而不告，论如伍保律”，并对保内“居停强盗三人以上”过三日不觉察，及不觉察保内有外来行止不明之人，均须以不觉察之罪负连带责任。叶梦得《奏严州淳安县管孙众等结集凶徒状》称：“保正徐公化状申：本保徐衡、徐机、徐公爰、方客四共四名，在保将泥涂面，各有纸甲器刃，结集贼众，强夺姓汪人钱米。”[①]再如叶梦得《奏严州贼倪从庆窃发第一状》称：“风林乡保正吴良能状师巫徐周、倪从庆等在地名广洲源赵侯庙鸣鼓聚众，结集作过，申乞施行。”[②]官府虽然鼓励民众控告重要案件，但控告不实则反坐，以防止助长随意告讦之风。宋敕规定“诸讦告之罪，若于法不应告之人，虽系厢耆邻保，亦不得告”[③]。元璹曾任澧州司法参军，摄令澧阳，“里正有以溺死妇诬旁溪民家为奇货者，勘验无实，公谓当反坐里正”[④]。

乡村头目若能擒获凶犯，可直接将其逮捕，解送至县。前引《郑二杀子》中当郑二称张二杀其子后，“里正捕系张，仍飞报县”；《兰溪狱》中“里正夙与祝氏讼田有隙，遂称祝昔尝棰人至死，今尸正在其塘内，以白县”；《游节妇》

① 叶梦得：《石林奏议》卷一。
② 叶梦得：《石林奏议》卷一。
③ 陈傅良：《止斋先生文集》卷四四《桂阳军告谕百姓榜文》。
④ 陈元晋：《渔墅类稿》卷六《广东主管帐司元公墓志铭》。

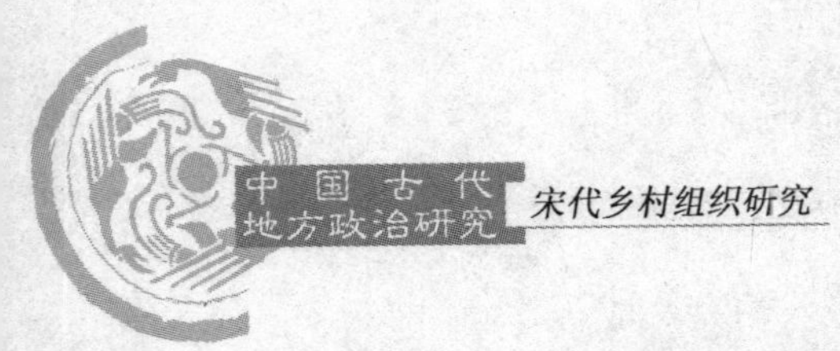

中的宁六被里正解赴县狱;《夷坚支景》卷一〇《陈长三》中张道僧踢死陈长三后,"里正执张诣县"。罪犯有时也要由都保将其临时关押,《州县提纲》卷三《捕到人勿讯》称罪犯"在都保或巡尉司绵历多日"。乡村头目若不能捕获凶犯,则要报至县,由县派县尉或巡检等率领弓手擒捉,同时要由县出面构织一张全面追捕之网。史称:

经随近官司申牒,即移亡者之家居所属,及亡处比州、比县追捕。承告之处,下其乡、里、村、保,令加访捉。若未即擒获者,仰本属录亡者年纪、行貌可验之状,更移比部切访。捉得之日,移送本司科断。①

若迟迟不能捕获,保伍则受牵连。《夷坚志补》卷一三《新城县贼》称:"陈昌言为临安新城尉,邑境恶少杀一人伤一人,逋逃未获,保伍坐系者十数。"如违限仍不能追到,则要受刑。"县官追逮,多责里正,里正违初限,未可遽杖。且要紧事追人,初限五日不至,遽挞之矣。次限又不至,不再挞则益见缓慢,而前杖为虚设,再挞之则五日内杖疮必未痊……故初限未至,不若量讯,或封案,或锢身,示以不测,不专用杖。"②

刑事案件发生后,由受害者或由一般人报与乡村头目,由其上报至县。虽然在宋代县并非每天都受理诉状,而是分日受理各乡诉状,但对"斗殴、杀伤、水火、盗贼、不测等"案件一般都会及时受理,"置锣于县门之外,不以早晚,咸得自击锣鸣,令即引问,与之施行"③。当时对诉状格式有严格要求,如果诉状不合要求则不受理。诉状格式具体如下:

某乡某村,耆长某人、耆分、第几等人户,姓某,见住处,至县衙几里(如系客户,即去系某人客户),所论人系某乡村居住,至县衙几里。

右某,年若干,在身有无疾、荫(妇人即云有无娠孕及有无疾、荫),今为某事,伏乞县司施行。谨状。

年 月 日 姓某 押状④

案件被受理后,接下来的环节就是审讯。审讯需要获得充足的证据,认

---

① 《宋刑统》卷二八《部内容止逃亡》。

② 陈襄:《州县提纲》卷二《用刑须可继》。

③ 胡太初:《昼帘绪论·听讼篇第六》。

④ 李元弼:《作邑自箴》卷六。

定犯罪事实，并依此对案件作出处理。对非正常死亡的案件，检验是获得证据的重要手段，即司法人员对于与犯罪有关的场所、人身（包括尸体）等进行勘验。案件上报到县后，县里会派巡检或县尉前来检验。前引《郑二杀子》中，“里正捕系张，仍飞报县，主簿李大东摄令事，檄巡检验实”。《夷坚支庚》卷一《鄂州南市女》中案件上报后，“遣县尉诣墓审验”。《夷坚支癸》卷三《杨真人》称保甲报告“大木下有人缢死，县尉检尸”。官员到来之前，乡村行政头目要保护好现场，以供勘验。《夷坚丁志》卷五《句容人》就反映了这一规定：

> 绍兴二十一年十二月，知建康府王伸道遣驶卒往茅山元符宫，限回程甚速。还次中途，值夜寒甚，望山脚下园屋内爇火，亟就之。至则村民七八辈围守一尸，云：“是人自缢于此室，吾曹乃里正及邻保，惧为虫鼠所坏，故共守以须句容尉之来。”……明日，尉熊若讷始至。

受差检视的官员如县尉或巡检等到达案发地后，要召集乡村头目参与检验。受差官员到达检所后，“未要自向前，且于上风处坐定，略唤死人骨属，或地主、竞主，审问事因了，点数干系人及邻保，应是合于检状着字人齐足，先令札下硬四至，始同人吏向前看验”，“凡承牒检验，须要行凶人随行……如到地头，勒令行凶人当面，对尸仔细检喝，勒行人、公吏对众邻保当面供状。不可下司，恐有过度走弄之弊。如未获行凶人，以邻保为众证”。[①]

初检完毕后，“血属、耆正副、邻人，并责状看守尸首”[②]，以待复检。复检的过程基本相同，“复检官验讫，如无争论，方可给尸与亲属。无亲属者，责付本都埋瘗，勒令看守，不得火化及散落”[③]，“其家贫乏或无主之家，即合勒行凶人陪备，或某人委实又无力可出，且令耆保应钱买用，本县依价给还，并不得烧化。如违今来约束，依前烧化，日后致有词诉，其覆检官与保正、耆甲、仵作、人吏必有情弊，定当根究施行。仍于当日某时差人赍覆检单状保明申某处，仍于当时对众入某字号递，具状缴连格目申本司，照会，人吏某人

① 宋慈著、罗时润等译：《洗冤集录译释》卷一《检复总说上》，福建科学技术出版社 1980 年版，第 20～21 页。

② 宋慈著、罗时润等译：《洗冤集录译释》卷一《检复总说下》，第 27 页。

③ 宋慈著、罗时润等译：《洗冤集录译释》卷二《复检》，第 51 页。

押批覆检官职位、姓名”①。对贫困无钱埋葬之家或无主尸体，由罪犯自己出钱埋葬；如果罪犯也没有能力出钱，就由官府出资委派乡村行政头目予以安葬。为保留证据，防止检验中的徇私舞弊，尸体不许火化或者散落，必须土埋。

检验完毕后，检验官员要填写验状和检验格目等检验笔录。验状是验尸报告。检验格目始创于淳熙元年(1174)，由检验官详细记录报检、初检、复检、申报整个检验过程中的每个活动细节。下面就是完整的初验尸格目：

初验尸格目

某路提点刑狱司，照每副排定字号，发付某字号。

某州或县于某年某月某日某时，据某人状乞检尸首，本案人吏某人承行，于某日某时差某人赍牒某处官初检。本官廨舍至泊尸地头，计几里，人吏姓名押批，本案官某官姓名押。

初检官具位姓名

某时承受，将带仵作人某人、人吏某人于某日某时到地头，集耆甲某人、保正副某人及已死人亲(如是亲兄，即填云亲兄；如是堂兄，即填云堂兄之类)。初检到已死人痕损数内致命因依，的系要害致命身死分明，各于验状亲签，于当日某时差某人赍初检单状，保明申某处，仍于当时对众入某字号递，具状缴连格目，申本司照会。人吏姓名押批。初检官职位姓名押。

右本司措置在前，仰州县照应格目先行实填三本，付初检官，候验讫实填，并验状仰初检官以一本发赴州县，一本给付血属(如无血属，即将所余格目一本缴回)。一本具日时字号状入急递，经申发赴本司。如点检得申缴违时，计程迟滞，勘验不实，仵作行人、公吏、耆保等辄有情弊及乞受骚扰，并仰诸色人除程限三日，赴司陈告。出限更不受理(妄有陈诉，亦当勘断施行)。如所告得实，即支赏钱一百贯文。其官员定当按治，吏人等送狱根勘，依法决配，的不容恕，各仰知委。某年某月某日给。

① 《宋会要辑稿·刑法》六之六。

件作人　耆甲

保正副　人吏

已死人亲　行凶人

初检官职位姓名　押

某官某路提点刑狱公事姓 押[①]

复验尸格目与此基本相同。通过验尸格目,也可知耆长、保正副等乡村行政头目都要参与验尸。检验所得材料只是证据的一部分,另外还要有人证,主要是被告的供述、原告的陈述及证人证言。但乡村头目和县衙吏人所陈往往不足凭信,"盖彼受赂,所责多不依所吐,往往必欲扶同牵合,变乱曲直,山谷愚民,目不识字,吏示读不实,若凭所供辄断,而不面诘之,则贫弱之民,无辜而受罪矣。凡吏呈所供,必面审其实,如言与供同,始判入案。或言与供异,须勒再责。若供不当厅而令其下司,则豪强之人,教唆之徒,公然据司案而坐,指挥叱咤,变乱情节,善良之人有冤无告矣"[②]。对于证人,要经由证人居住地的官府,"并具姓名、人数及所支证事状,申府勾追"[③],由官府派巡检、县尉等人拘捕。但有时对于"无甚计利害"、"杖以下"的案件,则由"本保戒约","本保追究",不必"便牒巡检"。[④] 对于"斗打伤损者,各指要切照证之人,仍不得过二人"[⑤],由耆长押解赴县。

宋代证据搜集过程中还有一个"体究"的环节,也要乡村行政头目参与。"每于初、复检官内,就差一员兼体究。凡体究者,必须先唤集邻保,反复审问。如归一,则合款供;或见闻参差,则令各供一款,或并责行凶人供吐大略,一并缴申本县及宪司。"[⑥]《名公书判清明集》卷一一《引试》记载了一个"体究"的实例。犯人毛德被拘锁期满后,由董喜押解赴提点刑狱司,但毛德在路上病死,提点刑狱司"不敢信凭,帖县委官体究,致死曾无瘀病,有无冤

---

① 谢深甫:《庆元条法事类》卷七五《验尸·杂式》。文中"某"、"某人"等原为空格,参考《宋会要辑稿·刑法》六之五补。

② 陈襄:《州县提纲》卷二《面审所供》。

③ 《宋会要辑稿·刑法》三之五八。

④ 《名公书判清明集》卷一《细故不应牒官差人承牒官不应便自亲出》。

⑤ 李元弼:《作邑自箴》卷七。

⑥ 宋慈著、罗时润等译:《洗冤集录译释》卷一《检复总说下》,第 27 页。

滥”，于是德兴县“委县尉亲押董喜前到地头，集邻保责供因依，则董喜管押毛德起程之时，已患伤寒，身体黄瘦，行步艰辛。董喜同一都保正汪福，集邻取责口词文字，又扛毛德过二都，取过都，及到乐平界牌源，毛德气绝身亡，店户、邻人洪文等同共安葬讫，见得毛德为患身死”。有时也需要乡村行政头目独自调查案情。南宋时，平阳有钟姓乡豪“欲歼其仇家，诬以死罪”，县命“里正究实”。时任保正的黄九皋“不惮劳，不惮费，力与辨明”，最终避免了一起冤案。①

各种证据搜集齐备后，接下来便是结案，即将口供和各种证据进行整理，以便作为判决依据，准备判决。这一环节基本与乡村行政组织无关，不再赘述。

司法程序的最后环节是执行，即对判决的具体实施。执行有时也要乡村头目参与，由其负责判状的执行。耆长收到人户判状，给予凭由，然后依判状的规定执行。《作邑自箴》卷三《处事》称：

> 耆镇判状事已了毕，限十日缴连赴县，先取知委告示。应在县公人并耆镇等，凡判状、帖引之类有朱印火急字者违限一日，急字者违限两日，其余违五日，并勘决。

综上所述，乡村行政头目在刑事诉讼过程中作为国家在乡村社会中的代表，发挥着极其重要的作用。乡民自身遇到或周围发生刑事案件，只有及时向乡村行政头目报告方可得到救助或免却连带责任，乡村头目要及时上报到县，并协助县里对案件进行调查、取证，最后还要负责判状的执行。正是由于对乡村行政组织的依赖，使得乡村头目在刑事诉讼的不少环节上均可营私舞弊。

在起诉阶段，前引《兰溪狱》中里正就借机陷害报复。再者由于乡村头目并非专业司法人员，对案情的判断出现偏差，可能导致冤狱。前引《游节妇》中的宁六就是遭其弟妇诬告，被里正解县后酿成冤狱的。《折狱龟鉴》卷二《任中正劾吏》载：

---

① 参见黄居正《有宋黄公圹志》，载政协苍南县文史资料委员会等编《苍南碑志》，2003年，第13页。

任中正尚书知益州时，眉州青神县吏光宝家为盗所劫，耆保言是夜雷延赋、雷延谊皆不宿本舍，县尉即捕系之。县吏王嗣等恣意考掠，皆死于狱。

这里雷延赋、雷延谊仅仅是因为抢劫案发生的当夜未在家中住宿，即被耆保揭发，而遭横祸。有的地方乡村头目与县吏勾结，收受贿赂，不起诉杀人者。嘉定时，曾噩知潮州，当时"潮俗以人命同货贿，犯重辟者惟赂乡保、邑胥，十无一闻于郡，杀人不复死，视以为常，武断横行，冤气莫伸"①。

逮捕过程中，巡检带兵亲出，"遂致一家之四人无辜而被执，一乡之内，四邻望风而潜遁"②的事常有发生，乡村头目往往参与其中，甚至通同滥杀无辜。《折狱龟鉴》卷三《王长吉上言》记载了这样一件案子：

南安军上犹县僧法端、守肱，忿渔人索鱼直，诬以行劫，赂县胥集耆保掩捕其家，四人遭杀，三人被伤，以杀获劫贼告于官。

由于追捕犯人都有期限，在官府的严厉督责下，有的乡村头目甚至诬良为盗。《折狱龟鉴》卷二《府从事发瘞》就记述了这样一个案例：

宣、歙间有强盗，夜杀一行旅，弃尸道上，携其首去。将晓，一人继至，而践其血，亟走避之。寻被追捕系狱，半年不决。有司切欲得首结案，乃严督里胥，遍行搜索。会一丐者病卧窑中，即斩以应命。囚亦久厌考掠，遂伏诛。后半年，强盗始败于仪真。狱成，验所斩首，乃瘞于歙县界。彼里胥之滥杀，与平民之枉死，皆缘有司急于得首以结案也。

官员率人下乡检验，更为民害。有的地方乡村头目甚至为避免官员下乡检验而隐瞒案情。嘉泰元年(1201)，臣僚言："近日大辟行凶之人，邻保逼令自尽，或使之说诱被死家赂之钱物，不令到官，尝求其故，始则保甲惮检验之费，避左证之劳，次则巡尉惮于检覆，又次则县道惮于勘鞠结解，上下蒙蔽。"③有时"州县乡村委官检验、覆检，多不躬亲前去，只委公人同耆壮等，事干人命，虑有冤枉，仰提点刑狱申明条法行下州县，违者奏劾，不以赦原"④。

---

① 陈宓：《复斋先生龙图陈公文集》卷二二《大理正广东运判曾君墓志铭》。

② 《名公书判清明集》卷一《细故不应牒官差人承牒官不应便自亲出》。

③ 《宋会要辑稿·刑法》六之六至七。

④ 《宋会要辑稿·刑法》六之三至四。

这些官员将检验完全推给州县公人及耆长等乡村头目，也为乡村头目舞弊提供了机会。

三、宋代乡村行政组织与灾荒救助

宋代灾荒发生后，国家有一套严格的程序，以使受害者及时得到救助，具体步骤有诉灾、检放、抄札、赈济等。学术界对此已有论述[①]，但这些研究多注重对救灾制度和流程的探讨，不注意乡村行政组织在其中的作用。下文即通过对乡村行政组织在灾荒救助中作用的叙述，展现乡村行政组织公共服务职能的实施。

诉灾是灾荒救助的第一步，即灾害发生后民户向官府报告灾情。宋代对诉灾有严格规定，一般要求民户直接向官府报告，“使军已立式出榜三县，晓示人户赴县投帐”，“诸路漕臣散出文榜于乡村，晓谕应有灾伤去处，仰民户依条式于限内陈状。仍录白本户砧基田产数目、四至投连状前”。[②]

诉灾一般不允许州县吏人代替，“诸乡书手、贴司代人户诉灾伤者，各杖一百，因而受乞财物，赃重者坐赃论，加一等，许人告”；“告获乡书手、贴司代人户诉灾伤状者，每名钱五十贯”。[③] 之所以限制州县吏人告灾，目的是不给乡司胥吏营私舞弊提供可乘之机。绍兴二年(1132)，江浙、荆湖、广南、福建路都转运使张公济称：“人户田苗实有灾伤，自合检视分数蠲放。若本县界或邻近县分小有水旱，人户实无灾伤，未敢披诉。多是被本县书手、贴司先将税簿出外，雇人将逐户顷亩一面写灾伤状，依限随众赴县陈过。”[④]虽然朝廷禁止州县吏人代民众诉灾，但却允许里正诉灾。嘉泰四年(1204)，刘宰称：“今岁之稔，虽及七八，时雨之愆，岂无二三，如闻里正不申被旱之图，县吏惮受诉灾之牒，倘陈词有逾于八月，则吁哀莫彻于二天，仰冀慈祥，亟垂矜

① 参见张文《宋朝社会救济研究》，西南师范大学出版社2001年版，第88～140页；郭文佳《论宋代灾荒救助程序》，载《求索》2004年第9期。

② 《朱熹集·别集》卷九《检坐乾道指挥检视旱伤》。

③ 董煟：《救荒活民书》卷中。

④ 《宋会要辑稿·食货》一之六。

悯，赐之揭示，许以实闻。”①

对民户诉灾，官府要及时受理，“诸县灾伤应诉而过时不受状，或抑遏者，徒二年，州及监司不觉察者，减三等”②。但官府有时仍不愿受理。董煟称：“今之守令，专办财赋，贪丰熟之美名，讳闻荒歉之事，不受灾伤之状，责令里正伏熟，为里正者，亦虑委官经过，所费不一，故妄行供认，以免目前陪费。”③朝廷对此采取的措施就是下诏令帅臣、监司“从实检放，不得信凭保正伏熟”④。州县强令乡村行政头目里正、保正“伏熟”，也可看出乡村行政头目在诉灾中的重要作用。

朝廷在接到民户的诉灾状后，要尽快派员下乡检查灾情，确定放税分数，即“检放”。《淳熙令》对检放过程有详细规定：

> 诸受诉灾伤状，限当日量伤灾多少，以元状差通判或幕职官（本州缺官即申转运司差），州给籍用印，限一日起发。仍同令、佐同诣田所，躬亲先检见存苗亩，次检灾伤田改（段）。具所诣田所、检村及姓名、应放分数注籍，每五日一申州。其籍候检毕，缴申州，州以状对籍点检，自往受诉状，复通限四十日，具应放税租色额外分数榜示。⑤

州县要及时派人下乡检视，检灾官必须亲至受灾地区，到地头后要召集乡村头目参与指证，“将各县乡分分委县官趁此未曾收刈之际，躬亲下乡，遍诣田段地头，亲自相视。仍关叫耆保并人户指证，供结罪赏，攒类开具供申”⑥。检放时，许多官员并不认真，只依靠乡村头目的汇报。朱熹曾告诫检放官员要“少带人从，严切戒约，给与粮米钱物，不得纵容需索搔扰，又须不惮劳苦，逐一亲到地头，不可端坐宽凉去处，止凭乡保撰成文字。又须依公检定分数，切不可将荒作熟，亦不可将熟作荒。其间或有疑似去处，或有用力勤苦之人，宁可分明过加优恤，不可纵令随行胥吏受其计嘱，别作情弊”⑦。

① 刘宰：《漫塘集》卷一五《谢辛待制》。
② 董煟：《救荒活民书》卷中。
③ 董煟：《救荒活民书》卷中。
④ 董煟：《救荒活民书》卷中。
⑤ 董煟：《救荒活民书》卷中。
⑥ 《朱熹集·别集》卷九《施行下诸县躬亲遍诣田段相视》。
⑦ 《朱熹集》卷二六《与星子诸县议荒政书》。

嘉定八年(1215),一位官员称:"臣来自吴门,沿路见日来所差检踏灾伤官与抄札赈恤之官不能遍走阡陌,就近城寺院呼集保甲,取索文状,令人粉壁书衔,以为躬亲下乡巡行检责抄札了当。"①

检灾后,即根据受灾程度放税,一般灾伤二分至五分为小饥,放税在二分至五分之间;灾伤五分至七分为中饥,放税在五分至七分之间;灾伤七分以上为大饥,放税在七分至十分之间。赈济则根据放税的分数进行,北宋时以放税七分以上,南宋时以放税五分以上实施赈济。②

赈济的第一步是抄札,即登记受灾人口情况。抄札时州县会派出官员负责,但具体工作多由乡村头目承担。绍兴年间,任潼川府路转运判官的王之望称:"委本路州县当职官体量,自第四等已下阙食户,勒耆保尽实抄札。"③绍兴二十七年(1157),提举两浙西路常平茶盐公事朱倬称:"每岁抄札委州县长吏,令在郡邑者责之社甲首副,在村落者责之保正副。"④

抄札的内容包括需要赈济的人户及姓名、大小、口数、住处等。淳熙七年(1180),朱熹称:

> 近委官抄札三县管下赈粜人户姓名、大小口数申军,寻将已申到帐拖照得合赈粜人户,并不见声说见住地名去处,恐有漏落增添情弊,难以稽考。合行下逐县,将逐都塌画地图,画出山川水陆路径、人户住止去处,数内不合赈粜人户,用红笔圈栏,合赈粜人户,用青笔圈栏,合赈济人户,黄笔圈栏。逐一仔细填写姓名、大小口数,令本都保正长等参考诣实缴申,切待差官点摘管实。⑤

耆保抄札如不实,则要受处罚。绍兴二十七年(1157),权户部侍郎林觉等上奏称:"冬月养济,务在均给贫乏。今措置临安府两县在城兵官下公人及甲头,如抄札贫民姓名不实,及诡名冒请钱米,许人告,每名赏钱十千至三

① 《宋会要辑稿·食货》五八之三〇至三一。
② 参见张文《宋朝社会救济研究》,第100～101页。
③ 王之望:《汉滨集》卷五《论赈济灾伤去处状》。
④ 《宋会要辑稿·食货》六八之一四四。
⑤ 《朱熹集·别集》卷九《行下三县抄札赈粜人户》。

百千止，诸路令坊正、耆保抄札，依此施行。”①

第一次抄札若有不实，需要进行审核，或重行抄札。朱熹《施行阙食未尽抄札人等事》就反映了这一过程：

本军管下三县诸乡保正当来受情，不行依公抄札阙食人户，多将得过隐实之人抄作阙食，其实是阙食人户却不抄札。未欲便行追究，合行约束。

仰隅官、保正照应本县巡察官所行事理，须管从实随门再行审实，抄札阙食人户。若保正依前减裂，不即同隅官抄札，及将元冒滥人盖庇，或在乡乞觅人户分文钱物，仰隅官具状陈诉，切待追究，重作施行。

有当来不应抄札隐实有营运物业之家，及上户自能赡给地客，见执使军历头之人，仰隅官、保正追收缴纳。若颜情盖庇，不即追纳，别致人户陈诉，或觉察得知，必定重作行遣。

有委是阙食人户，隅官、保正不为抄札，或保正等乞觅搔扰，仰被扰人户不拘早晚赴本军陈告，切待重作行遣。

有得过人户，妄称阙食，陈乞给历，紊烦官司之人，定当追收，赴军重断。

有合追收元给文历人户，辄敢倚恃猾，健讼把持，不伏追收，仰隅官、保正具状陈诉，切待重作行遣。

仰属县逐乡隅官、保正从实再行审实抄札到阙食人户，切待委官躬亲下乡，随门审实。如再有不实，仍前泛滥去处，必定追收犯人赴军，定送狱根勘情弊施行。②

但若事态紧急，来不及重行抄札、审实，也就只好依靠乡村头目，“只关集大保长尽在一寺，令供出人之贫者。大保长无有不知，数日便辨”③。

被抄札的贫民则给“凭由”或“历”（又称“历头”），作为领米凭证，历上要注明其能领米数。嘉定时，黄榦在汉阳赈灾，“以各村人户分为四等：以能自

① 《建炎以来系年要录》卷一七八，绍兴二十七年十月癸丑条。

② 《朱熹集・别集》卷一〇《施行阙食未尽抄札人等事》。

③ 黎靖德编：《朱子语类》卷一〇六《朱子三・外任・浙东》。

食而又有余粟可备劝粜为甲户，以无可劝粜而能自食者为乙户，以不能自食而藉官中赈粜者为丙户，以官中虽有粟出粜而其人无钱可籴者为丁户”，“甲乙等人户，官司可以不问，丙户给历”，“丁户乃是鳏寡疾病不能自济之家，即自九月初一日为始，官司先支常平米寄之都正之家，量其户之多寡，每月给米三斗，给历就请，每旬以一斗为率”。[1] 朱熹则要求对“不应抄札隐实有营运物业之家，及上户自能赡给地客，见执使军历头之人”，由“隅官、保正追收缴纳”。[2] 持有官府所给“历头”的灾民，即可在指定时间，到指定地点领米。领米时也要由乡村头目率领，以维持秩序。朱熹的措置如下：

> 见置场赈粜米谷，合于赈粜赈济前十日勒逐都保正将置场处用棘刺夹截，作两门两重，极小，只通一人来往。外门之内、里门之外须极宽，可容一场赈粜赈济人。外门之侧为一窗，后夹截交钱位子一间，依使军立去样式，告示保正夹截。[3]
>
> 赈粜赈济人户米谷已下场，差官及合干人监辖外，逐场先出榜分定都分先后，仍于外门外及里门外各依先后资次，排定都分上户坐处。(近都先交钱，后请米，远都后交钱，先请米。)
>
> 至日天未明，监官入场，隅官入交钱位子，(随行人非有号不得入门。)保正、大保长各将旗号，引本都保下轮粜济人赴场外门，依资次旗下座定。以监官逐队叫名，保正以旗引保长，保长以旗先行，赈济人户以次诣窗前呈牌，隅官以入门印印其左手讫，拨入门。监官逐队叫名，保正长引赈济人以次请米讫，监官用支米讫印于牌下日子之左，以湿布拭去手印，即时出门。次引赈粜人户诣窗交钱，(上户米钱自行交外，更不附历。常平米钱县司差人吏当厅交纳。)交讫，用红印于历内本日合籴米数下之右。如钱数不足，分明批上实籴之数，却付人户，以入门印印其左手入门。监官逐队叫名，保正长引赈粜人以次籴米讫，监官用粜米讫青印印其历内交钱印之左，仍用湿布拭去手印，即时出门。一保毕

---

① 黄榦:《勉斋集》卷三一《赈济条目》。

② 《朱熹集·别集》卷一〇《施行阙食未尽抄札人等事》。

③ 《朱熹集·别集》卷一〇《粜支外令施行下项》。

又引一保，如前一赈粜人户。逐都各置绢旗一面，（止用小绢一幅，约长二尺，各书第几都字。）逐保各置小旗一面，（或绢或纸，从便。各书第几都第几保字。）逐场都各各异色，保各如其都之色。[①]

由上可以看出，灾民领米一般以都和保为单位，由保正、大保长等乡村行政头目率领，以确保赈济井然有序地进行。

乡村行政组织在灾荒救助过程中，尤其是在抄札和赈济环节扮演着极为重要的角色。它发挥了自己作为官府与民众的中介环节的作用，利用自己熟悉和了解乡村人户基本情况的优势参与灾荒救助，有助于保证救助的公平与秩序。但在传统人治政治的大背景下，各种赈济措施的实际效果往往取决于官吏的责任心、才能和声望[②]，即人为因素在其中有重要影响。如果官员不能像朱熹等人那样精心措置并制定严格的防弊措施，灾荒救助过程中的舞弊行为也会层出不穷。“朝廷以赈恤之政责之郡县，郡县以赈恤之事付之吏胥，此曹贪欲无厌，每藉此以规利，岂能公心以为民？”[③]仅以乡村行政头目而言，抄札之时，“厢耆保正习为吏胥巧取之弊，每遇抄札，肆为欺罔，赂遗所至，则资身之有策者可以为无业，丁口之稀少者可以为众多”[④]；给散之时，“里正乞觅，强梁者得之，善弱者不得也；附近者得之，远僻者不得也；胥吏、里正之所厚者得之，鳏寡孤独、疾病无告者未必得也”[⑤]，有的甚至“杂以糠秕，而精者则入于胥吏之家，或减其升合，而余者则归于里正之手。计其散于民者无几，而化为乌有者多矣”[⑥]。

第二节　宋代乡村行政组织的地位及其职能的局限性

对宋代乡村行政组织的地位可以从以下两方面来分析：

① 《朱熹集·别集》卷一〇《施行置场赈粜济所约束事》。
② 参见张文《宋朝社会救济研究》，第138～141页。
③ 《宋会要辑稿·食货》六八之一〇六。
④ 《宋会要辑稿·食货》六八之一〇七。
⑤ 董煟：《救荒活民书》卷中。
⑥ 《宋会要辑稿·食货》六八之一〇七。

首先，从乡村行政组织职能覆盖的范围来看，通过前文对宋代乡村行政组织乡、管、耆及都、保职能的叙述，我们可以看到乡村行政组织的职能主要有催征赋税、维护社会治安、编制版籍、参与司法诉讼和社会救济及下达政令等。可以说，乡村行政组织的职能涵盖了乡村社会生活的许多方面，其重要性不言而喻。

其次，从乡村事务的实施过程来看，通过前面对宋代乡村社会中两税征纳、刑事诉讼、灾荒救助等事务具体实施过程的阐述，可以看到乡村行政组织在其中的许多环节都发挥着极其重要的作用，是不可或缺的。从乡村租税版籍的编制到赋税的催征，从刑事案件发生后的起诉到检验，从灾荒的检放、受灾人口的抄札到赈济粮米的发放，都有乡村行政头目的身影。正是有了乡村行政头目的广泛参与，国家对乡村社会的各项措施才得以实现和实施。

总之，乡村行政组织广泛地参与了乡村社会生活，其在乡村行政事务的运转中发挥着国家统治的"神经末梢"作用，是国家政权深入乡村社会的不可或缺的中间环节，是联系国家（尤其是县）与乡民生活的中介。"里有水火盗贼之变，上于正；县有供亿科配之烦，下于正"[①]，其既要负责执行上级行政组织下达的各种指示和命令，又要将乡村社会的状况和动向报告上级行政组织。宋人对此已有清楚的认识。天圣五年（1027），范仲淹指出：

> 今国家有劝农之名，无劝农之实。每于春首，则移文于郡，郡移文于县，县移文于乡，乡矫报于县，县矫报于郡，郡矫报于使。利害不察，上下相蒙，岂朝廷之意乎！[②]

熙宁四年（1071），杨绘言：

> 凡等第升降，盖视人家产高下，须凭本县，本县须凭户长、里正，户长、里正须凭邻里，自下而上，乃得其实。[③]

靖康元年（1126），宣教郎张九幹称：

---

① 《琴川志》卷一二张攀《归政乡义役记》。
② 《范仲淹全集·范文正公文集》卷九《上执政书》。
③ 《续资治通鉴长编》卷二二三，熙宁四年五月癸卯条。

朝廷财赋大计，责之省寺，而省寺责之部使者，部使者责之州县，而州县责之里正，始能办事。[①]

淳熙四年(1177)，臣僚言：

凡有科差，州县下之里胥，里胥之所能令者，农夫而已。[②]

嘉定十年(1217)，黄榦称：

和买，其实白科，监司行下州郡，州郡行下县道，县道行下保正，保正敷之大小保长，大小保长抑勒百姓。[③]

稍后，黄榦还称当时敷买马草等“不支本钱，郡抑之县，县抑之总保，总保抑之百姓”[④]。

南宋学者胡宏曾称：“蜂屯蚁聚，亦有君臣之义，况人为万物之灵乎？是以自都甸至于州，自州至于县，自县至于都保，自都保至于主户，自主户至于客户，递相听从，以供王事。”[⑤]在胡宏主张的社会政治秩序的金字塔“都甸(京城、中央)—州—县—都保—主户—客户”中，都保作为乡村行政组织在其中也处于极其重要的地位。宋代各种事务的实际实施也是如此，前面所述乡村刑事诉讼、灾荒救助均可反映这一运转过程。再如四明地区石堰放水，须“田氓告之都保，都保告之县，县告之郡，往复行移，动是旬日”[⑥]。绍兴六年(1136)，淮西宣抚司措置马草，“宣抚司行下安抚司，安抚司行下诸州，州行下县，县行下保正长”[⑦]。

宋代乡村行政组织的职能虽然十分广泛，但其施政有明显的侧重点，即其施政的重心在于催征赋税和维护社会治安。宋人对乡村行政组织施政侧重点的叙述不易见到，但对于州县施政侧重于催征赋税和维护治安的叙述却不鲜见。庆历元年(1041)，石介称：“州县之政，赋税为急。”[⑧]政和元年

---

① 《历代名臣奏议》卷一〇七。
② 《宋会要辑稿·食货》六三之二二二至二二三。
③ 黄榦：《勉斋集》卷二五《安庆府拟奏便民五事》。
④ 黄榦：《勉斋先生黄文肃公文集》卷一二《与林宗鲁司业》。
⑤ 《胡宏集·书·与刘信叔书五首》。
⑥ 《宝庆四明志》卷一二《鄞县志卷第一》。
⑦ 王之道：《相山集》卷二一《预置大军马草札子》。
⑧ 石介：《徂徕石先生文集》卷一七《与张安石书》。

(1111)，有臣僚称："官吏不能上体爱民之意，其所急者特在于催科税入、簿书、狱讼而已。"[①]南宋胡太初称："今之为令者，知有财赋耳，知有簿书期会耳，狱讼一事已不皇悉尽其心，抚字云乎哉！教化云乎哉！"[②]他还说："今之作县者，莫不以催科为先务。"[③]郑伯谦说："今为官吏者，无非以办财赋为先。今之所以考课官吏者，无非以财赋之办否为优劣，闾里之凋耗，市井之萧条不恤也。狱讼之不戢，差税徭役之不均，不以为意也。"[④]陆游称："中兴七十年，郡县之吏，往往惟饷军、弭盗、簿书、讼狱为急。"[⑤]宋人金安节称：

> 州县长民之官，不以风化为意，而训迪有所未至故也。夫郡守、县令，民之师帅，今乃独以簿书、钱谷为急。至于风俗之淳漓，民情之孅恶，皆无与于己事；部刺观风者亦徒以其供输及期、文书如式，不为其下所讼则已矣，化民成俗之方未尝过而问焉。[⑥]

通过以上叙述，能清楚地看出宋代地方官员施政的侧重点。乡村行政组织作为州县以下的执行机关，其职能的侧重点无疑与此相同。

宋代乡村行政组织虽然也参与灾荒救助和修补桥道等社会公共事务，但这一方面的职能比起赋税催征和社会治安来明显要弱一些，这与宋代的财政状况密切相关。两宋国家长期面临着外敌的强大军事压力，战争时断时续，边境少有安宁之日，维持一支庞大的常备军队成为其立国之本。这样，军费开支就在宋朝财政开支中占有异乎寻常的地位，一般可占国家财政岁出总额的一半以上，战争时可高达十分之七八，甚至更高。宋代还存在十分严重的冗官问题，官僚人数极其庞大，官俸开支总量也很大，再加上皇室和宗室的开支，就占去了宋代财政支出的绝大部分。[⑦] 除上述三项开支外，国家财政还要包括祭祀、岁币、兴学、农田水利、官营工商业本钱、公共工程

---

① 《宋会要辑稿·食货》一之三一。

② 胡太初：《昼帘绪论·催科篇第八》。

③ 胡太初：《昼帘绪论·催科篇第八》。

④ 郑伯谦：《太平经国书》卷七《官民》。

⑤ 《陆游集·渭南文集》卷一九《会稽县重建社坛记》。

⑥ 《（弘治）休宁志》卷二六金文刚《宋故敷文阁学士中奉大夫致仕休宁县开国子食邑五百户累赠开府仪同三司少保谥忠肃金公家传》。

⑦ 参见汪圣铎《两宋财政史》，中华书局 1995 年版，第 395～490 页。

支费及赈济等的支出。这样，真正能投入到赈济的开支就很少了。从两宋的财政状况来看，财政开支一直十分庞大，从仁宗时起就出现了入不敷出的危机，南宋时问题更加严重，财政拮据不堪，“绍兴十七年，所积尽绝，每岁告阙不过二百万缗，至二十四年以后，阙至三百万缗，而乾道元年、二年阙至六百余万缗”①。在这种情况下，中央对地方财政的征调持续增长，使北宋中期以后州县财政也是入不敷出，长期处于困窘状态。② 虽然宋代已认识到了通过社会救济来保持社会稳定，从而实现社会控制的重要性，但由于财政窘迫，官府为赈济设置了较高的门槛，一般要受灾五分或七分以上方可赈济。再者，赈济会影响财政收入，正如洪迈所言：“水旱灾伤，农民陈诉，郡县不能体朝廷德意。或虑减放苗米，则额外加耗之入为之有亏，故往往从窄。”③有的地方官甚至因“专办财赋，贪丰熟之美名，讳闻荒歉之事，不受灾伤之状，责令里正伏熟”④。乡村行政组织在救灾方面仅仅是执行机构，上级官府不实行赈济，其也无能为力，这就使得其灾荒救助方面的职能要弱一些。国家救济往往捉襟见肘，并不足以完全解决救济的问题，这为民间力量的参与留下了广阔的空间。

与其他朝代相比，宋代乡村行政组织在社会教化方面的职能则更弱一些，国家在乡村社会并未设置专门负责教化的乡村头目⑤，而其他朝代大多在乡村社会设专人负责教化。秦汉时有乡三老掌教化。如《汉书·百官公卿表》言“三老掌教化”；《后汉书·百官志》记“乡置有秩、三老、游徼”，本注

---

① 留正等：《增入名儒讲义皇宋中兴两朝圣政》卷五四。

② 参见包伟民《宋代地方财政史研究》，上海古籍出版社2001年版，第83～169页。黄宽重《从中央与地方关系互动看宋代基层社会演变》（载《历史研究》2005年第4期）亦论述了宋代财政中央化的发展趋势，可参见。

③ 洪迈：《容斋随笔·三笔》卷一四《检放灾伤》。

④ 董煟：《救荒活民书》卷中。

⑤ 我们只是强调宋代国家未在乡村社会设置专门负责教化的乡村头目，并不是说宋代乡村行政头目不承担任何与乡村教化相关的事务。前文已述及耆长参与社会教化一事。再如保正长有时也参与乡村风俗的改善。《建炎以来系年要录》卷一六五记绍兴二十三年将作监主簿孙寿祖称：“湖广夔峡多杀人而祭鬼，近又浸行于他路，浙路有杀人而祭海神，川路有杀人而祭盐井者，望饬监司州县严行禁止，犯者乡保连坐，仍毁巫鬼淫祠，以绝永害。”但他们只是秉承上级的命令行事，其意义在于执行国家法令，而非以社会教化为职责。

称“三老掌教化。凡有孝子顺孙，贞女义妇，让财救患，及学士为民法式者，皆扁表其门，以兴善行。游徼掌徼循，禁司奸盗。又有乡佐，属乡，主民收赋税”。曹魏时期有乡三老掌教化。北魏时以三长主之。唐代“乡置耆老一人。以耆年平谨者，县补之，亦曰父老”①。至于唐代父老的职责，唐太宗在《存问并州父老玺书》中称：“父老宜约勤乡党，教导后生亲疏子弟，务在忠孝，必使风俗敦厚，异于他方。副朕此怀，光示远迩，使旌表门闾，荣宠家国，书名竹帛，岂不美乎。”②元代选择“深知农事，年高纯谨之人”为社长，“专劝课，凡农事未喻者，教之，人力不勤者，督之”，“不管余事，专一劝课农桑，照管社内之人，务勤本业”。③ 明代则是“里设老人，选年高为众所服者，导民善，平乡里争讼”④。宋代乡村也有肩负教化之责的父老，他们从社会基层支持地方官的统治，但他们不是官府委派的，其权威也不是来自国家的授权，而是在乡村社会中自发形成的。他们作为长期扎根于乡村社会的年长的知识分子，得到广大乡民的支持，从而拥有了指导力量和统率权力。⑤

宋代国家未在乡村设置专门负责教化的乡村头目，究其原因，当与唐末五代以来乡村社会的状况有关。唐朝自懿宗以后，各地农民与士卒群起反叛，先是裘甫、庞勋起兵，后是震撼全国的黄巢起义，虽然起义很快就被镇压了，但唐代的政治地理从此改写，一统的唐王朝不复存在，各地出现了大量的强藩大镇，纷纷争城掠地，战争不已，直至演化成五代十国政权林立、纷争不已的局面。面对社会的动荡，乡村社会纷纷在属于地方精英的豪强阶层的带领下团结自保，一些地区甚至形成了范围较大的民团组织⑥，这就使得在全国范围的大动荡环境下，某一小范围的乡村社会的秩序得以维持。宋

---

① 杜佑：《通典》卷三三《职官十五・乡官》。

② 《全唐文》卷一〇。

③ 方龄贵校注：《通制条格校注》卷一六《田令》，中华书局 2001 年版，第 451～456 页。

④ 《明史》卷七七《食货一》。

⑤ 参见[日]柳田節子：《宋代の父老》，载《東洋学報》81 卷 3 号，1999 年。游彪中译本载《漆侠先生纪念文集》，河北大学出版社 2002 年版，第 331～338 页。

⑥ 参见[日]石田勇作《唐・五代における村落支配の変容》，载《宋代の社会と文化》，第 14～19 页；[英]崔瑞德编、中国社会科学院历史研究所西方汉学研究课题组译《剑桥中国隋唐史》，中国社会科学出版社 1990 年版，第 762～765 页。

朝也不是通过席卷基层乡村社会的农民起义建立的，而是通过几乎兵不血刃的兵变建立的，这一朝代革易对基层社会影响很小，“受命之日，市不易肆”[①]。再者，各藩镇及割据政权要想维持自己的地位，也必须控制乡村，他们往往派出由自己控制的所由、节级（多由乡村中的豪强阶层担任）直接对乡村进行统治，从而确保最大限度地动员乡村社会的人力、物力，使乡村成为其割据的重要支柱。面对各割据势力控制下的局部地区相对稳定的乡村社会，宋代重建乡村统治的首要任务不是对民众进行教化，而是削弱各藩镇对乡村的控制，将乡村控制在中央集权下的官僚系统手中，削除地方割据的基础，并动员乡村社会中的人力、物力为新政权所用，从而满足北宋统一全国和抵御外敌的需要。这样，宋朝建立后，作为加强中央集权的措施之一，在乡村社会“收乡长、镇将之权悉归于县”[②]，并设置以催征赋税为主要职责的里正及以维护治安为主要职责的耆长来实现对乡村的控制。如果此时设置地位比较尊崇的类似汉代三老等的乡村头目，也很容易被原为割据势力基础且有较高威望的豪强控制，可能导致新的割据势力出现。[③] 随着宋政权的确立，不少大臣都提出了设置负责乡村教化的乡村头目的建议。苏颂曾言：

> 古之治民，劝道教率无所不至。故孝弟力田有优异之科，三老廉吏有表率之义。由是农民众而土田辟，风俗厚而狱讼稀。今则不然，民勤于力苟致赡足，则惧外迁第等，遂有因循不耕之患。是力田者有累，而惰游者无罚也。父子聚居，丁产稍多，则惧差徭配率，遂有离析异居之弊。是孝弟无所劝，而奸恶未得止也。乡村但有耆壮巡察，吏卒追捕，不闻以善道谕之者，是教化无由至，而讼狱不得息也。然则欲变其俗，使稍敦本者，亦在朝廷劝勉之而已。[④]

① 《二程集·河南程氏遗书》卷一五《伊川先生语一·入关语录》。

② 《宋朝诸臣奏议》卷七二范祖禹《上哲宗乞行考课监司郡守之法》。

③ 张锦鹏亦认为教化是治理乡村必备的主要权力，宋代出于防范与限制乡村职役势力的目的而削去其此权。（参见张锦鹏《宋代乡村治理中政府与“富民”的博弈关系分析》，载林文勋等《中国古代“富民”阶层研究》，云南大学出版社 2008 年版，第 218 页）

④ 苏颂：《苏魏公文集》卷一八《请别定县令考课及立乡官》。

为此他提出选乡民中“明于义理，年高行著者，即少加旌异，或立乡官之号以赐之，使人谕教化于下，相率而归于善道”[①]。苏辙也认为：“天下之人，狃于工商之利，而不喜于农，惟其最愚下之人，自知其无能，然后安于田亩而不去。山林饥饿之民，皆有盗跖趑趄之心，而闺门之内，父子交忿而不知友。朝廷之上，虽有贤人，而其教不逮于下。”为此他提出“推择民之孝悌、无过、力田不惰、为民之素所服者为之。无使治事，而使讥诮教诲其民之怠惰而无良者”[②]。他们的建议都未被采纳，主要原因在于民间力量的兴起弥补了这一方面的不足，使乡村已经不需要再设置这样的头目了。宋代新的宗族制度逐渐确立，族长等在乡村教化方面开始发挥越来越重要的作用。乡约也在一些地区得到了发展。[③]

总之，宋代乡村行政组织的职能和施政都表现出一定的局限性。面对纷繁复杂的乡村社会事务，乡村行政组织甚至其上级行政组织都不可能全面介入。正是由于国家提供的公共产品不足，才为宋代乡村社会中各种民间组织的发展留下了充足的空间。[④] 有学者认为，从权力体系的变化看，到宋代，政治权力都往上收缩，州县成了空架子，乡村基层政权不复存在，这就为地方社会的自我组织留下了空间。[⑤] 笔者同意其地方社会存在自我组织的空间这一认识，但不认为这一空间是因为地方州县成了空架子和乡村政权不复存在而留出的，而主张是国家提供公共产品不足的缘故。宋代乡村

---

① 苏颂：《苏魏公文集》卷一八《请别定县令考课及立乡官》。

② 《苏辙集·栾城应诏集》卷九《民政上·第一道》。

③ 关于宋代乡约的推行，周扬波《宋代乡约的推行状况》[载《浙江大学学报》(人文社会科学版)2005 年第 5 期]一文有详细论述。

④ 郝春文指出：即使在中国古代强大国家力量的控制之下，民众仍有很大的社会空间。在任何时代，国家永远也不能完全占据民众的社会空间。(参见郝春文《唐后期五代宋初敦煌私社的教育与教化功能》，载韩昇主编《古代中国：社会转型与多元文化》，上海人民出版社 2007 年版，第 230 页)王日根也指出宋代推行田制不立的经济政策，更广泛地以科举制选拔官员，从而引起了社会的广泛流动，对固有政治体制提出了挑战，“在市场发育过程中，政府的干预虽多强而有力，但覆盖范围终究有限，民间社会进行自我管理的空间便越来越大”。(参见王日根《中国会馆史·绪论》，东方出版中心 2007 年版，第 2 页)

⑤ 参见黄向春《文化、历史与国家——郑振满教授访谈》，载《中国社会历史评论》第 5 辑，商务印书馆 2007 年版，第 470 页。

宗族组织和乡约等可弥补乡村行政组织在教化方面的不足。社仓等可填补其在灾荒救助方面的遗漏。民间宗教组织可满足乡民的精神追求和娱乐的需要，这也是乡村行政社区所不具备的。当然，国家权力也不是被动地坐视民间组织的发展，而是在乡村通过乡村行政组织积极地向民间社会渗透，下文详述。

第三章　宋代乡村行政组织的运行机制

邓小南在总结20世纪的宋代政治制度史研究时，提出要“走向‘活’的制度史”，要注重对制度运行的研究[①]，其此后关于宋代政治制度史研究的不少成果，尤其是其主编的《政绩考察与信息渠道：以宋代为重心》一书则可视为对上述主张的具体实践。该书围绕中央对地方的政绩考察机制、方式和沟通中央与地方之间的信息渠道，包括法律制定和公布的信息渠道、文书传递制度、官方“文字”的流转往来、州县政令的传布等进行了深入探讨，展现了宋代的政务运作机制。[②] 日本学者佐竹靖彦以北宋官箴书《作邑自箴》为中心探讨了县级行政组织的运作及其文书行政体系，其中论及县与乡村行政组织的公文运行。[③] 李文以从历史学、信息学的角度对宋代公文传达与公布的途径、体系及相关制度和政令信息的公布方式进行了探讨，分析了公文传达与公布制度对宋代行政管理以及政治发展的意义。[④] 此外，朱瑞熙、余

---

① 参见邓小南《走向“活”的制度史：以宋代官僚政治制度史研究为例的点滴思考》，载包伟民主编《宋代制度史研究百年》，商务印书馆2004年版，第10～19页。

② 参见邓小南主编《政绩考察与信息渠道：以宋代为重心》，北京大学出版社2008年版。对该书中已收入的戴建国、曹家齐、游彪、高柯立等的研究成果，下文不再罗列。

③ 参见[日]佐竹靖彦《〈作邑自箴〉研究：对该书基础结构的再思考》，载《佐竹靖彦史学论集》，中华书局2006年版，第234～269页。

④ 参见李文以《宋代公文传达与公布制度研究》，郑州大学硕士学位论文，2006年。

蔚、游彪等对宋代行政组织的运行机制也有一些研究。[①] 从总体上看，这些研究多是针对中央政府和地方县级以上行政组织的运行机制，但对乡村行政组织的运行机制涉及不多。

乡村行政组织是联系国家（尤其是县）与乡村社会或乡民的中介，其正常运行既能使上级行政组织下达到乡村社会的各种指示和命令得以执行，又能使上级行政组织及时准确地掌握乡村社会的状况和动向，进而实现国家对乡村社会的有效管理和控制。虽然“就其广度而言，宋代所完成的，事实上并不是真正意义上的统一；然而其统治所达到的纵深层面，却是前朝难于比拟的。这正与宋廷对于信息渠道的重视和经营相关”[②]，宋代“始终强敌环伺，向非中国历史上强大而统一的朝代，然其国家控制力所及深度，却非前朝可比，究其缘由之一端，实因赵宋政权格外重视讯息传递与其管道经营所致”[③]。宋代国家不仅建立了中央与地方各级行政组织间的信息渠道，对地方行政组织和乡村社会间的信息渠道也有建设和经营，以确保有效地掌握乡村社会的动向和贯彻国家政令，从而实现对乡村社会的控制。本章即以乡村行政组织为中心，通过探讨其与上级行政组织和乡村民众间的信息沟通方式来分析其运营机制，讨论其如何作为中介实现国家与乡民的联系及国家对乡村社会的控制，从而加深对其地位的认识。

第一节　宋代乡村行政组织与县之间的政务运行

行政组织及相互之间政务的运行，无论是制度的制定，还是方针政策的下达，或是对于具体事务的处理意见、请示报告和批示等，都要通过公文来进行，“官府吏曹，凡公之事，上而下者则曰符、曰檄；问讯列对，下而上者则

① 参见朱瑞熙《中国政治制度通史》第6卷；余蔚《宋代地方行政制度研究》，复旦大学博士学位论文，2003年；游彪《宋代朝廷与地方之间的“文字”传递：围绕邸报及其相关问题而展开》，载《河北大学学报》（哲学社会科学版）2003年第3期；游彪《宋朝邮政管理体制的一个侧面：以进奏院的职责与官方文书的分类为中心》，载《云南社会科学》2003年第3期。

② 邓小南主编：《政绩考察与信息渠道：以宋代为重心·前言》，第7页。

③ 黄宽重、邓小南：《“宋代的讯息传递与政令运行”专辑导言》，载《汉学研究》27卷2期，2009年。

曰状;位等相以往来,曰移、曰牒”①。宋人描述向民间催督起发大军马草称:“宣抚司行下安抚司,安抚司行下诸州,州行下县,县行下保正长,文移联函继踵。”②再如,地方上出现“雨骤水泛”的情况时,百姓要求开闸放水,“田氓告之都保,都保告之县,县告之郡,往复行移,动是旬日,水之溢者已壑,稻之浸者已芽”③。这都清晰地展现了宋代各级行政组织间的公文运转及其流程。

宋代县与乡村行政组织之间也注重使用公文这一载体来沟通和指挥行政运作。公文的运转分为上行和下行两个系统。上级向下级组织下发的政令文书构成下行文书;下级组织或臣民向上级组织报事的文书构成上行文书。当然,公文运转并非行政运行的全部,下级面见上级建言陈情、上级召集下级当面问责也是行政运行的内容。

一、宋代县对乡村行政组织的下行机制

宋代县下行乡村行政组织的公文主要有符、帖、引和历等。

符,至晚自唐代就作为县对乡村行政组织的下行公文形式。《唐六典》卷一称:“尚书省下于州,州下于县,县下于乡,皆曰符。”宋代仍旧使用。神宗时,吕南公说:“保正虽豪,而其职则总统众长,其受符于县,则退而关付于众长。”④南宋初年,王洋曾说:“某闻謇叔(按:指陈仲谔)之居于乡也,有里胥持县符相督以劳辱事者。”⑤

《庆元条法事类》卷一六《文书门一》载有宋代州行下县的符的结构程式:

某州某事云云。某处主者云云。符到奉行。

年　月　日下　吏人姓名　具官　书字

县行下乡村行政组织的符当与此相同。

---

① 《欧阳修全集》卷六九《与陈员外书》。

② 王之道:《相山集》卷二一《预置大军马草札子》。

③ 《宝庆四明志》卷一二《鄞县志》。

④ 吕南公:《灌园集》卷一四《与张户曹论处置保甲书》。

⑤ 王洋:《东牟集》卷一〇《答陈謇叔主簿书》。

符一般用于乡村头目催督赋役。前引《天圣令》称:“里正唯得依符催督。”苏辙《喜雨》诗曰:

同尔乐丰穰,异尔苦税役。
时闻吏号呼,手把县符赤。
岁赋行自办,横敛何时毕?①

陆游《邻曲有未饭被追入郭者悯然有作》诗称:

春得香粳摘绿葵,县符急急不容炊。②

陆游《秋赛》诗称:

常年征科烦箠楚,县家血湿庭前土。
妻啼儿号不敢怨,期会常忧累官府。
今年家家有余粟,县符未下输先足。③

刘克庄《运粮行》诗称:

极边官军守战场,次边丁壮俱运粮。
县符旁午催调发,大车小车声轧轧。④

徽宗时,张端礼知常州武进县,“政事既简,出令必信,有所号召,榜之邑间,辄应如响,未尝遣吏持符至村疃间”⑤。绍兴时,陈良翰知温州瑞安县,“催租不下文符,第揭逋户姓名通衢,为之期日。民乐于不扰,如期皆集”⑥。宋代自潮州至番禺有一条下路,“自有下路以来,役保甲为亭驿子……客未至则尉之弓手、巡检之土兵,预以符来,需求百出”⑦。这里县也是用符来役使保甲。

帖是宋代县对乡村行政组织的下行公文中应用范围十分广泛的一种文书。据宋代文书制度,“内之省台寺监,外之监司群县,文移往来,皆有定体,

① 《苏辙集·栾城后集》卷四。
② 陆游著、钱仲联校注:《剑南诗稿校注》卷二一,上海古籍出版社 1985 年版,第 1623 页。
③ 陆游著、钱仲联校注:《剑南诗稿校注》卷三七,第 2403 页。
④ 刘克庄:《后村先生大全集》卷八。
⑤ 《李纲全集》卷一六九《宋故朝请郎主管南京鸿庆宫张公墓志铭》。
⑥ 《朱熹集》卷九七《敷文阁直学士陈公行状》。
⑦ 《永乐大典》卷五三四五林安宅《潮惠下路修驿植木记》。

自下而上则用状，自上而下则用帖，非相统属则用牒”[①]，“州下属县不行符者，皆用此式”[②]。实际上，帖不仅用作监司和州对县的下行文书，而且也用作县对乡村行政组织的下行文书。

县行下帖的结构程式可参考州行下属县帖的结构程式：

某司某事云云。

右帖某处云云（如前列数事，则云“右件”云云）。

年　月　日帖[③]

帖的功能十分广泛，举例如下：

第一，县可出帖令耆长等处理诉讼事务，或押解诉讼相关人出头，即“受县帖勾人”[④]。《作邑自箴》卷三称：“公事伺候，勾干照人，罪轻不当收禁者，不必责付镇耆知在，但只出帖云：押去勾某人限几日同出头。”或让其处理婚姻、田产等纠纷，“付镇耆定夺婚田事，于帖后连素纸十幅（小事五幅），印缝仰两争并邻保人写于其上，以防拆换”[⑤]。

第二，县可出帖令乡村行政头目催税。《作邑自箴》卷八《知县事榜》称：“县司今来除给帖付户长外，更不别差人下乡催促。”淳熙时，陈傅良知桂阳军，在告谕百姓纳税的榜文中称：“虑税户日前已将钱米交托与揽子店户等人，却被兜收入己，致作名下挂欠，已行下知丞，分乡具出长名帖子，付逐都保正、户长，仰各巡问甲甲（按：疑衍）内人户，如委曾交纳托与人，见有干照，即仰保正类聚姓名，保明申县。”[⑥]孝宗时，太学博士虞俦称诸县编制税簿后要“赴州审印，下县起理，开数给帖，付户长催科”[⑦]。华岳在谈及州县催科舞弊时称：“一县元苗计二万石，虽已申州放一万，而民间合催止一万石。今保长帖内尚催一万五千石者，盖五千石暗催之米，俱系县胥偷匿。”[⑧]此处保长

① 《宋会要辑稿·仪制》五之二二。
② 谢深甫：《庆元条法事类》卷一六《文书门一·文书》。
③ 谢深甫：《庆元条法事类》卷一六《文书门一·文书》。
④ 李元弼：《作邑自箴》卷七《榜耆壮》。
⑤ 李元弼：《作邑自箴》卷四。
⑥ 陈傅良：《止斋先生文集》卷四四《桂阳军告谕纳税榜文》。
⑦ 《历代名臣奏议》卷二五八虞俦《轮对札子》。
⑧ 华岳：《翠微北征录》卷一《平戎十策·财计》。

也是凭帖催税。

第三，县可用帖令耆保均敷茶引。绍兴末年，洪适知荆门军，称当时“凡客人赍引到县，指定所欲卖茶乡分，乞留元引，只以县帖下乡，称某客贩到若干引，令耆保差大小保长门到户至，应主客户并计口均敷”[①]。

第四，县可用帖令乡都官维护社会治安。仁宗皇祐时，王罕任广南东路转运使，为防御贼盗，“召每村三大户，与之帖，使人募壮丁二百”[②]。南宋后期的王柏称：“有乡村恶少，平时无籍，挟刃劫夺，虽未成党，歉岁既无一饱之资，乘间抵隙，亦能倡为不靖。如此等人，乞帖乡都官密窃体访，以姓名来申。”[③]

引也是县对乡村行政组织的下行文书之一，多用于令乡村头目催督赋役，有时也用于官吏苛扰乡村头目。这类引内会注明赋役的类型及应承担者的姓名，以便乡村头目执行。《作邑自箴》卷五称：“人户诸杂拖欠课利等，官员指挥令出引催促者，于引帖内分明声说只交付朱钞前来对簿勾销，不得乱勾人赴县。”《作邑自箴》卷二称：“差役合告示户头，便于引内分明写定某人今差充某役，庶免动摇人户。”《昼帘绪论·催科篇第八》称：“起催税物，例是勒逐乡乡胥供具合管数目，以凭给引。”绍熙六年(1195)，有臣僚谈及保正许募人代役的危害时称：“应募者无所顾籍，才得文引追逮，乘势欺诈钱物。”[④]真德秀曾要求：“在州官及诸县知、佐，不许出引，令公吏、保司买物。及因南安县丞厅出引，付保司募役人买布，因而妄行科配，致人陈诉。”[⑤]“文引乞觅”后来甚至成了赋税催征中的一大害。嘉定六年(1213)十一月，监察御史倪千里称：

世多从吏，惟急催科，民间输赋，岂谷(按：应为“欲”)逋欠？帛之分寸，米之勺合，刬刷根括，秋毫尽矣。今乃县邑又于既足之余，复有重催之害，一□不已，以至于再，犹且不已。官族士流倒遭棰挞，富家强干尚

① 洪适：《盘洲文集》卷四九《荆门军奏便民五事状》。
② 司马光：《涑水记闻》卷一一。
③ 王柏：《鲁斋集》卷一五《述民志》。
④ 《宋会要辑稿·食货》六六之二六。
⑤ 《名公书判清明集》卷一《劝谕事件于后》。

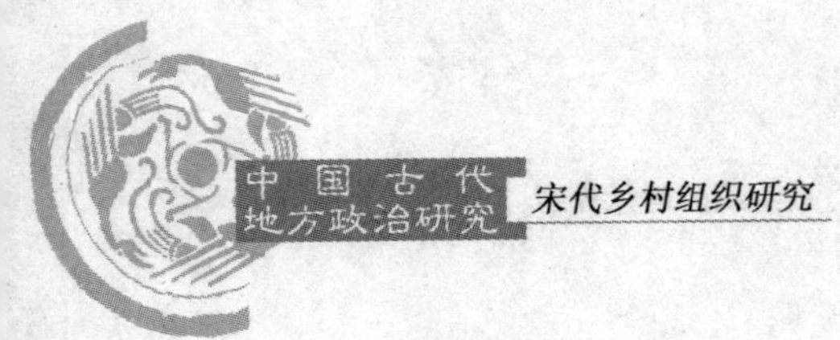

难分辨，下户贫民其冤曷诉？纵非实欠之数，展引必责以钱，计一引之钱，已不啻尺绢斗粟之直。文引繁多，乞取浩瀚，贪胥猾吏，交夺不餍，此文引乞觅之弊也。①

文引还用以传讯诉讼双方及追对证人。仁宗时，苏颂知江宁县，要求诉讼者“投状州县”后，“宜即归休勿留”，经审查认定可以受理后，就“出引，使耆保约日呼两词皆来，为之区断”。②《名公书判清明集》卷一一《弓手土军非军紧切事不应辄差下乡骚扰》称：“陈世华等所争，特田业耳，罗闰不过知证人耳，此等词讼，州县之间，无日无之，若合追对，但以文引付之保正足矣。”

有时州县发给乡村行政组织的公文中还有历。南宋淳熙初年，方崧卿知上饶县时，“县凡七十二都，保正副百四十人，君令旬分四番，番三十五人，迭诣县受约束，皆给走历，有故或追呼批历授之，无则奉历而退，人既不劳，事亦随举”③。

各种文书版簿样式也是县下行公文的内容之一。淳熙七年(1180)，朱熹曾称：“根括贫民，请详本军所立帐式，行下诸都隅官、保正，仔细抄札，着实开排。”④

判状也是县行下乡村头目的重要文书之一。《作邑自箴》卷六称：“人户自执去判状，须是付耆长正身，仍取批收凭由收掌。”

各种公文除作用不同外，地位和意义也不相同。南宋时县对隅总“应有关会，并用文帖”，“如三帖不报或不了，可引出”。⑤ 这可表明使用文帖似乎更客气一些，礼遇性的意味稍强一些，强制性的意味稍弱一些。当县发下文帖三次仍得不到回复时，就可用引质询。虽然隅总不是乡村行政头目，但其作为乡村治安组织的首领，县对其下行公文的方式应与乡村行政头目相似。

为保证行政效率，宋代对行政组织处理各种公文都有明确的日限。日限分常限、破限、紧限和信限等。常限是指一般的或正常的期限；破限是指

---

① 《宋会要辑稿·食货》七〇之一〇七。

② 《苏魏公文集》附录一，苏象先《魏公谭训》卷五，中华书局 1988 年版，第 1149 页。

③ 周必大：《庐陵周益国文忠公集》卷七一《京西转运判官方君崧卿墓志铭》。

④ 《朱熹集》卷二六《与星子诸县议荒政书》。

⑤ 《永乐大典》卷七八九五胡太初《帖请诸乡隅总规式》。

特殊规定的延展了的期限；紧限是指因事情紧急而规定的比较紧迫的期限；信限应是指不能再有任何差误的期限。日限必须根据事情的缓急轻重确定，否则只会造成混乱，影响行政效率的发挥，“立限宽严，必量事之缓急。不量缓急，而一切以紧行之，则缓急杂乱，承限者抵罪必多，势不可久，其终必至于紧与缓者俱违戾矣”[①]。如不能在规定的日限内完成公文的处理，就要受处罚。《作邑自箴》卷三称：

> 耆镇判状事已了毕，限十日缴连赴县，先取知委告示。应在县公人并耆镇等，凡判状、帖、引之类有朱印火急字者违限一日，急字者违限两日，其余违五日并勘决，仍出榜发放司前。

如果实在不能完成，也可“展限”，即适当放宽日限。《作邑自箴》卷七《榜耆壮》称：“若于限内实不能了者，具因依疾速申来，当议量展日限，辄敢妄乞展限者，罪不轻恕。”《昼帘绪论·期限篇第十三》称：

> 立限有别，应限有程。泛常追会，止给到限，许其三次申展。三展未圆，厥罚讯若干，然后换给“定到”，许其二次申展。二展又未了，厥罚决若干，仍换给不展引，此则诚不可复展矣。若更稽违，则当勘杖若干，枷监追集。如有督捕紧切之事，则当径出定到之引，或不展引，拘确如前。然或恐县道有十分紧急事务，非可以顷刻稽违，断欲必集者，则当给加牌不展引，此牌引违，则有大罚，如勘锢，如传都，皆当先示戒警。

日限的规定除考虑要处理的事务的性质和难易度外，还要考虑都保辖区大小及其与县之间的距离等地理因素。“破限必量地远近。盖远乡往返，有四五百里者，若初限例，与一二日追会不至而辄挞之，则是责人以其所不能也。”[②]《昼帘绪论·期限篇第十三》载：

> 都有广狭，地有远近，当量其力，使之可以趁赴。其去县五十里以上，及地分稍广，隔涉溪岭者，每限以七日或十日为约；下此者则以五日为约。此合先考远近广狭之数，预立规式，置簿明署某都限例十日或七日，某都限例五日。逮给限之时，须令直日厅吏就案头随即抄记，以俟

---

① 陈襄：《州县提纲》卷二《立限量缓急》。

② 陈襄：《州县提纲》卷二《立限量远近》。

令之自行稽察。

县对发出的文书有严格的登记制度，一般都设有“发帖引簿”，上面登记所发引帖的日限，并由领取人签名，还要注明领取时间。《作邑自箴》卷二称：“逐案置发引帖簿，抄上所给日限，令承差人批领去日时。”光宗绍熙时，刘宰任江宁县尉，“始至，置三帙：一曰受委，以籍符移之至自台府者；一曰受词，以籍牒诉之关于职守者；一曰追会，以籍帖引之下于乡都者”①。

乡村行政头目收到县发下的公文，首先要及时登记。“耆长各置承受簿一面，壮丁置脚历一道，凡承受诸般判状、帖、引等，及交付与壮丁缴跋文字，并将簿历对行批凿。”②然后要按照公文上批凿的日限付诸实施。当公文规定的事务处理完毕后，乡村行政头目还要将公文交回县里，“耆镇判状事已了毕，限十日缴连赴县”③。其中有些重要公文的处理还需由耆长亲自到县上交写定，“耆长亲自赴县缴跋者，逐案批收”④，至此，公文的处理方算完成。

州县为了保证公文能按时完成，对公文的承受对象也有选择，但这会使某些乡村行政头目苦不堪言。“县所下期会诸文，月数十于保正所，而耆长所受或十余而已。”⑤之所以如此，就是因为保正“必一乡之豪，官吏百须可以仰给”⑥，但这样最终只能导致出现“责其办事，事未必办”⑦的局面。

宋代县对乡村行政组织的下行公文在文书格式、文书收发、处理日限和程序等方面都形成了一套制度，保证了县与乡村行政组织之间可保持较高的行政效率。但是县下行公文也存在许多弊端：首先，政出多端，令乡村行政头目应接不暇。朱熹曾称：“今一县之内有令有丞，有簿有尉，号为四衙，杂出文引，别置木牌，各立程限，尽令趁赴。”⑧《昼帘绪论·期限篇第十三》称：

---

① 刘宰：《京口耆旧传》卷九。

② 李元弼：《作邑自箴》卷七。

③ 李元弼：《作邑自箴》卷三。

④ 李元弼：《作邑自箴》卷七。

⑤ 吕南公：《灌园集》卷一四《与张户曹论处置保甲书》。

⑥ 《宋会要辑稿·食货》六五之九八。

⑦ 吕南公：《灌园集》卷一四《与张户曹论处置保甲书》。

⑧ 《朱熹集》卷九九《约束不得骚扰保正等榜》。

> 今之里正，以期会不报，被笞索者累累也。其弊在于上之给引泛滥而无统，甚至一次当限，累数十引，追逮百余辈。其里正之代役者，自知应赴不及，必遭笞决，于是并与其可以办集者。

其次，县级官吏在公文处理过程中对乡村行政头目百般勒索。“申展缴押，需索百出，多创名色，立为定例，分文不可违少。如押到则有到头钱，缴引则有缴跋钱，展限钱定限、常限所用之钱，复有多寡。”①

县除通过公文与乡村行政组织联系外，有时也会直接召集乡村行政头目到县，当面安排、处理各种政务。宋人施德操《北窗炙輠录》卷下载：

> 邓光祖知严州某县，时当绍兴中，国家方创都钱塘，所需林木甚大，期且急，所在鼎沸。而光祖殊不经意，乃徐集诸里正，各置之，即以朝廷所降木色丈尺人一纸，令各具其界中凡寺凡庙凡驿凡官道有木与所降式样合者供，不得脱一根。既供，乃令匠往视之，皆合，遂令里正伐之。

元丰八年(1085)，苏辙任绩溪县令，据其《龙川略志》卷四《江东诸县括民马》载：

> 予为绩溪令，适有朝旨，江南诸县市广西战马。江东素乏马，每县虽不过十余匹，而诸县括民马，吏缘为奸，有马之家，为之骚然……州符日至县督责买马，乃以夏税过期为名，召诸乡保正、副问之曰：“汝保谁为有及格马者?”相顾，辞不知。曰：“保正、副不知，谁当知者！弟勿以有为无，无为有，则免罪矣。汝等所具，吾将使众人诉其不实，而陈其脱落者，不可不实也。”人知不免，皆以实告。复喻之曰：“买马事止此矣。广西取马者至郡，则马出；若不至，则已矣。”皆再拜曰：“邑人幸矣。”然取马者卒不至。

绍兴四年(1134)九月明堂赦文称：“自今不得更令保正副、大小保长在县祗候承受差使。”②第二年十二月，又有大臣强调“在法：非本耆保事，不得差委干办及赴衙集祗应”③。由此可知，耆长、保正长等乡村行政头目经常被召至

① 《朱熹集》卷九九《约束不得骚扰保正等榜》。

② 《宋会要辑稿·食货》一四之二三。

③ 《宋会要辑稿·食货》一四之二六。

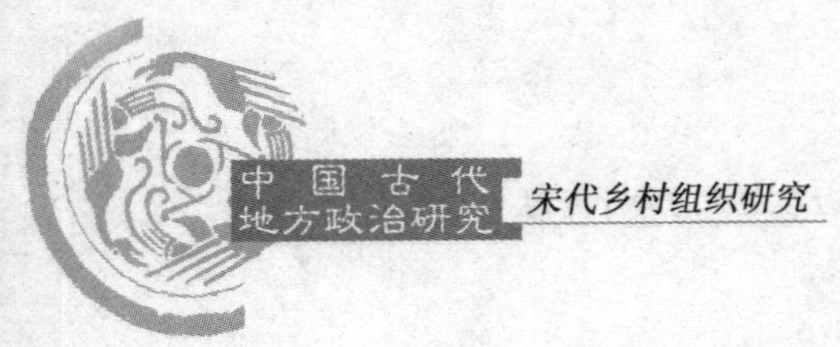

县衙接受任务。

二、宋代乡村行政组织对县的上行机制

宋代乡村行政组织对县的上行公文是申状，简称为“状”或“申”。举凡乡村社会各种行政事务，乡村行政头目均可用申状来向上级报告。举例如下：

(1)报告盗贼发生等危害社会治安的事情用状或申。政和四年(1114)二月，有臣僚“乞下诸路括责州县，前此有以讲说烧香斋会为名而私置佛堂、道院为聚众人之所者，尽行毁拆，明立赏典，揭示乡保，仍令逐都保每季具有邪法聚众申县，县申州，州申提刑司，类聚以上朝廷”①。北宋末年，叶梦得称：“保正徐公化状申：本保徐衡、徐机、徐公爰、方客四共四名，在保将泥涂面，各有纸甲器刃，结集贼众，强夺姓汪人钱米。”②遂安县“凤林乡保正吴良能状师巫徐周、倪从庆等在地名广洲源赵侯庙鸣鼓聚众，结集作过”③。

(2)豪猾难治可用状报告。淳熙八年(1181)，朱熹说：“有合追收元给文历人户，辄敢倚恃猾，健讼把持，不伏追收，仰隅官、保正具状陈诉，切待重作行遣。”④

(3)都保充当人证要出具申状。淳熙末年，陈傅良在桂阳军处置绝户家产时，要求“自今如有的是绝户，即仰都保连名结罪，保明具申，方与受理，自余勿干涉人妄有告诉，重行科断”⑤。

(4)户长等被迫代纳逃税可用状自陈。庆历年间，欧阳修奏请朝廷允许“诸县人户见均摊着和籴及户长陪(赔)纳逃税者，列状自陈”⑥。

(5)发生斗殴等致人身死之事可用申状。元丰八年(1085)，泰宁军某都保正的家人姜齐与本都代名大保长张存“捉缚袁贵，虚做打死元相争人，申

① 《宋会要辑稿·刑法》二之六一。

② 叶梦得：《石林奏议》卷一《奏严州淳安县管孙众等结集凶徒状》。

③ 叶梦得：《石林奏议》卷一《奏严州贼倪从庆窃发第一状》。

④ 《朱熹集·别集》卷一〇《施行粥食未尽抄札人等事》。

⑤ 陈傅良：《止斋先生文集》卷四四《桂阳军劝农文》。

⑥ 《欧阳修全集》卷一一六《乞减放逃户和籴札子》。

解赴县，替得偿命”①。

(6)各种祥异之兆可用状报告。真宗咸平、景德年间，“上洛等五县耆寿、户长泉延义等状称：今年秋夏，按稼丰熟异于常年，于田中摘得谷十二茎，各长一尺五寸至一尺二寸，及一茎两穗三穗者”②。

(7)户长可用状上报劝诱百姓开导沟渠河道等事。仁宗时，宋祁称：“诸处县令、主簿……只是逐年一度差公人下乡，取责户长等状，称劝诱到百姓开导沟渠河道，并得通快，别不滂损田苗文状申县，本州据县状批上本人历子，得替日，依例保明。”③

(8)乡村发生蝗灾等要及时申报。《作邑自箴》卷七《榜耆壮》称：“田野间或有蝗虫之类损坏苗稼，仰画时申县，仍一面呼集保众打扑。”熙宁五年(1072)，“中书检会应蝗蝻生本州及转运司施行乞奏又一法：耆申县，县申州，州申转运、提点刑狱司，集人夫捕尽”④。隆兴元年(1163)，“朝廷著令，虫蝗生发飞落及有遗子，地主报耆申县，先次追集人户，并力扑除”⑤。

(9)对于德行高尚或改过自新、足以垂范世人者要申报到县。大观元年(1107)，诏“诸士有孝、悌、睦、姻、任、恤、忠、和八行见于事状，著于乡里者，耆邻保伍以行实申县，县令佐审察，延入县学”，“诸犯八刑，县令佐、州知通以其事目书于籍报学，应有入学，不睦十年，不姻八年，不任五年，不恤三年，能改过自新不犯罪而有二行之实，耆邻保伍申县，县令佐审，听入学”。⑥

宋代的状有固定的结构程式：

某司(自申状，则具官、姓名)某事云云。(自申状而无事因者，于此便云“右某”)

右云云。谨具申。(如前列数事，云“右件状如前”云云)

某司。谨状。(取处分，即云“伏候指挥”)

---

① 司马光：《温国文正司马公文集》卷四八《乞不贷故斗杀札子》。

② 杨亿：《武夷新集》卷一六《代宰相贺商州进嘉禾状》。

③ 宋祁：《景文集》卷二八《乞停开沟渠札子》。

④ 《续资治通鉴长编》卷二三六，熙宁五年闰七月丙辰条。

⑤ 《宋会要辑稿·瑞异》三之四三。

⑥ 章如愚：《群书考索·后集》卷二八。

年　月　日　具官姓名　状①

当时对于状的撰写及传递等都有规定。《作邑自箴》卷七《榜耆壮》称"本耆差壮丁解送公事，于状内填实日时，其状折角实封，用木觑子发来"，"申解公事只得于状内略论事情，即不得一面取责夹细文状，及不得枝蔓，乱勾人户前来"。由上可知，申状文字要简明扼要，状上要注明时间，并要实封，加盖木觑子(木制印章)。对于乡村发生的一些重要事件，乡村头目要及时申报，如发生蝗灾，"本所耆长、壮丁限当日申县"②。这都是为了保证一定的行政效率和公文的安全性。

县接到乡村行政组织的上行公文后，要根据事情的轻重缓急及时作出处理。"诸官司所受之事，皆用日印，当日受，次日付。事速及见送囚徒，皆即时发付。"③如民户诉灾文状，"诸县灾伤应诉而过时不受状，或抑遏者，徒二年，州及监司不觉察者，减三等"④。一般规定："行遣小事限五日(谓不须检覆者)，中事十日(谓须检覆或须勘会者)，大事二十日(谓计算簿帐或须议论者)。签审经三人以下，小事别给一日，四人以上给二日，中事、大事各递加一日。以上受付之日不计。"⑤关于乡村行政组织上行公文撰写、封弥、签审及处理时限的规定同样也是为了保证一定的行政效率。

乡村行政头目除通过公文向县申报各种事务外，也可直接至县，面见上司陈诉。如乡村行政头目押解犯人到县，即可当面向县级官吏陈词。

三、壮丁和承帖人与宋代公文传递

宋代乡村行政组织与县之间的公文传递由壮丁和承帖人承担。

壮丁是乡村行政组织耆的职役人，隶属于耆长，一般以第四、五等户充任，职责是协助耆长处理乡村的各种事务，但中心任务是"承文引"⑥。《作邑

---

① 谢深甫：《庆元条法事类》卷一六《文书门一·文书》。
② 《续资治通鉴长编》卷八九，天禧元年五月戊戌条。
③ 谢深甫：《庆元条法事类》卷一六《文书门一·程限》。
④ 董煟：《救荒活民书》卷中。
⑤ 谢深甫：《庆元条法事类》卷一六《文书门一·程限》。
⑥ 章如愚：《群书考索·后集》卷五六。

自箴》卷七《榜耆壮》对此有详细说明：

> 耆长各置承受簿一面，壮丁置脚历一道。凡承受诸般判状、帖、引等及交付与壮丁缴跋文字，并将簿历对行批凿。
>
> 本耆差壮丁解送公事，于状内填实日时，其状折角实封，用木㔁子发来。

由上可知，耆长要设置承受簿一册，登记所收到的由县发下的各种文书及交付给壮丁并由其负责送到县的各种文书；壮丁要设置脚历一道，记录自己传递文书的名称、时间等情况。承受簿和脚历要逐行核对批注，以保证公文不被丢失或隐匿。各耆差壮丁解送公事时，还要付给其状，状上注明时间，折角实封后盖上本耆的木㔁子，即将公文密封并采用不同记号，防止公文泄露。

熙宁时实行保甲法，并以之入役，壮丁被承帖人取代。

熙宁八年（1075），规定"诸县有保甲处已罢户长、壮丁，其并耆长罢之。以罢耆、壮钱募承帖人，每一都保二人，隶保正，主承受本保文字"①。元丰八年（1085），"旧以保正代耆长催税、甲头代户长、承帖人代壮丁，并罢"②。直到绍圣元年（1094），监察御史周秩还谈到雇承帖人之便利：

> 元丰间雇人充承帖人，实兼耆户长、壮丁之役，而保正长等管本乡公事，非若耆户长、壮丁之劳也。行之数年，民极便之。今欲沮两役取余之讥，则莫若令保正长得如官户减免役钱，而雇承帖人充役，保正长管本保事，如元丰旧制为便。③

由上也可知承帖人的主要职责就是替代壮丁负责公文传递。

由于保甲制度在各地推行的进度不一，承帖人取代壮丁的进程在各地也不一致。元丰四年（1081），都承旨司奏准让都副保正"依旧管勾本保公事"，"今每保欲共募承干七人，人每月给雇钱千五百，隶保正，承受文字，催税租、常平等钱"④，但朝廷令将承干人改称承帖人。元丰六年（1083），河北

① 《续资治通鉴长编》卷二六三，熙宁八年闰四月乙巳条。

② 《续资治通鉴长编》卷三六三，元丰八年十二月壬午条。

③ 《宋会要辑稿·食货》六五之六五。

④ 《续资治通鉴长编》卷三一一，元丰四年正月丁酉条。

提举保甲司奏准："都副保正多于教成大保长内选补，系主教人员，团教一都保人武艺。方且责成，又令管本都保公事，应副州县役使，以至期会稽违，必遭刑责，不惟有妨主教，恐非朝廷教养之意。乞应合系本县于本都保追呼公事，止责承帖人计会追呼，毋令亲身勾当及管解赴县。"①

绍圣二年(1095)，为保证公文及时传递，特意规定："凡都保所雇承帖人，必选家于本保者，而雇直皆从官给，一年一替，则自无浮浪稽留符移之弊。"②

南宋时，承帖人仍旧存在。绍兴二十一年(1151)，"宰执进呈右宣教郎、守大理正张巘奏，乞应州郡常程文字并用木匣实封，令递铺或祗候典转送下县，县复责令承帖人付乡村"③。

宋代承帖人的职责主要就是负责州县与乡村之间的文书传递。至于对其传递公文的诸种规定，限于史料，已无从考究，很可能与壮丁相近，对其承接、传送文书也有严格的制度规定，包括文书的登记、保管和呈送等。

除壮丁和承帖人外，一些地方官员在辖下乡村设置负责公文的专人，以保证县与乡村间的公文能够正常运转。淳祐时，麋弇任丹徒知县，命"都各置人直县，给里正紫袋，使往来有公事，吏不得高下其手"④。各都设置专人在县当值，负责文书传递，并通过使用紫袋对公文加以保密，以排除吏人对乡村行政的干扰。

通过以上叙述可知，宋代乡村行政组织与州县之间的行政运行已经建立起了以公文运转为中心的一套较为完备的制度。使用公文将行政行为记录在案，可保证行政的严肃性和准确性，也有助于增强其权威性和责任感。公文的撰写、收发、传递及处理时限等都有严格规定，有效地保证了公文处理的速度和质量，保证了宋代乡村行政组织行政效率的发挥。

---

① 《续资治通鉴长编》卷三三二，元丰六年正月乙未条。

② 《宋史》卷一七八《食货上六》。

③ 《宋会要辑稿·职官》四七之三〇。又，《建炎以来系年要录》卷一六二绍兴二十一年十月甲午条有类似记载。

④ 黄震：《黄氏日抄》卷九六《知吉州兼江西提举大监麋公行状》。

第二节 宋代乡村行政组织与乡民的关系

首先需要说明的是,此处所言乡村行政组织与乡民的关系是指乡村行政组织与乡民之间在行政事务处理方面的关系,主要表现为乡村行政头目对乡民下达县的各种指令和向上反映乡民的各种意愿,而不涉及乡村行政头目对乡民的敲诈勒索等其他行为。

宋代为防止州县官吏下乡扰民,一般不允许差人下乡。《作邑自箴》卷二称:"非紧切事差人下乡,奈骚扰何。"《名公书判清明集》卷一《责罚巡尉下乡》称:"昨来提刑寺丞建台之初,亦尝有巡、尉不许下乡之禁。"《名公书判清明集》卷一真德秀《劝谕事件于后》称:"前在任日,曾作条行下诸县,应文引只付保司,不许差人下乡。"朱熹在一篇《劝农文》中称:"本州节次行下诸县,不得差人下乡乞觅骚扰。"[①]绍定二年(1229),臣僚奏准"今后非军期、大辟、劫寇等事,州不得差人下县,县不得差人下乡"[②]。严禁胥吏下乡,一可防止其弄权扰民,二可节省行政成本,但却造成了国家在实现乡村控制方面对乡村行政头目的过度依赖,也使县与乡村之间的行政运行更多的是依靠公文往来。

乡村行政头目要负责向乡民传达州县等上级行政组织的各种政令,方式主要有以下几种:

第一,张贴榜文。榜是宋代国家与民众联系的重要媒介,内容主要是朝廷的诏敕法令,另外,地方官到任、催税、劝农、劝民风俗等都要使用榜文。[③]国家传达政令用榜,民众了解国家大事或政令也要通过榜文。大量榜文需要传达到乡村社会,甚至每一个民户,目的就是"使民间通知"[④],"晓谕民户

---

① 《朱熹集》卷一〇〇《劝农文》。

② 《宋史全文》卷三一。

③ 关于宋代榜的研究,参见朱传誉《宋代新闻史》,(台北)中国学术著作奖助委员会1967年版,第127~153页;高柯立《宋代州县官府的榜谕》,载《国学研究》第17卷,北京大学出版社2006年版,第77~108页。

④ 《宋会要辑稿·刑法》二之八八。

通知”[①]，保证国家对民众信息传递渠道的畅通。绍兴十二年(1142)，两浙转运副使李椿年行经界法以前，请求朝廷允许他“出榜晓谕民间通知”其经界的目的，即“措置经界，要在均平，为民除害，更不增添税额”，以防“民间不知，妄有扇摇，致民情不安”。[②] 此处系通过榜文使民间及时了解国家施行某一政策的原因，防止民间私下传播非官方消息，以保持社会安定。

国家颁行的各项禁令也要通过榜文传达到乡村社会，使乡民遵守。绍兴十三年(1143)，“令州县将今来所降指挥分明大字镂板，多出文榜，遍于乡村等处晓谕民户通知，务要投纳契税，今后更不得申乞再展限”[③]。乾道元年(1165)正月一日，大礼赦文称：“宰杀耕牛罪赏非不严备，因州县失于检察，使愚民多有违犯。仰具指挥于乡村要闹处分明出榜晓示，仍督责合捕官司严行觉察。”[④]淳熙六年(1179)，户部“乞下诸路提举司，依本官奏陈事理开具衔(冲)改条法指挥，并见行条法、续绛(降)指挥，行下所部州县遍出榜文，分明晓谕民户通知，常切遵守”[⑤]。庆元二年(1196)，朝廷诏令户部行下浙西提举司“严立赏榜，遍于诸州县城郭乡村散榜晓谕，自后辄敢将陂塘淹渎等应干潴水之处增围旧田及新创围田，并虽系旧围之田，如已经浸没，或围岸已倒者，不得再行修围”[⑥]。庆元五年(1199)，朝廷诏“客旅兴贩驮载货物内有及格尺壮马，并不得辄往沿边界首。先次揭榜乡村晓谕。仰帅臣监司常切觉察，旬具有无透漏，结罪保明闻奏”[⑦]。

朝廷禁止地方官吏扰民的各种举措也会通过榜文予以公布，使民众知晓，民众发现此等行为可以越诉。宣和五年(1123)，朝廷对“诸州郡非厢巡捕兵而辄差军人散在街市以捉事为名者，重为之禁。提刑司觉察，每季检举，出榜晓示，使民间通知”[⑧]。绍兴二十一年(1151)，“诸州郡守辄于额外令

---

① 《宋会要辑稿·职官》四三之三五。

② 《宋会要辑稿·食货》六之三八。

③ 《宋会要辑稿·食货》三五之八。

④ 《宋会要辑稿·刑法》二之一五七。

⑤ 《宋会要辑稿·食货》六六之二一。

⑥ 《宋会要辑稿·食货》六一之一三八。

⑦ 《宋会要辑稿·兵》二六之一〇。

⑧ 《宋会要辑稿·刑法》二之八八。

(场务)监官重加征取(税收),又以民间日用油布、席纸细微等物置场榷卖,展转增利。缘此物价翔踊,所得之息,止资公库无名妄用。望令监司常切检察,仍揭榜示民间,许令陈诉。如有违戾,按劾闻奏,重置典宪"①。绍兴二十六年(1156),权知桂阳军程昌时言"州县为民害者,莫如科配巧立名字,行之自如。欲望专委监司、郡守镂版大字,榜示诸村乡镇市,凡有科配,许民越诉。有司许受其词,不许系其人。差官体问得实,申明朝廷。系不遵诏者,宜以违制。所科钱物,并以入己断罪",由此虽"出榜之说,朝廷累有指挥,惟是官吏为奸,恐民间尽知数目,不得而欺隐,所以不肯出榜耳"。②

国家出卖没官、户绝等田及承佃官田等事也出榜通知民户。绍兴二十九年(1159),国家为出卖没官、户绝等田宅,"下两浙、江东西、湖南、福建、二广、西(四)川提举常平司,疾速行下所部州县遵依施行。仍令州县分明大字,多出文榜州县要闹及乡村坐落去处,晓谕民户通知,无令藏匿"③。绍兴三十二年(1162),"条画屯田利害:耕熟田户未归业者,限自四月十一日为始,满一周年,如无田主识认,许诸色人经言(按:应为"官")投状,指占承佃。印榜民间,使之通知,庶得来年趁时耕种"④。

国家关于社会救济的各种措施也会通过榜文发布。绍兴十八年(1148),令"江浙、淮南路州军据灾伤县分,遵以今限(降)指挥,依实检放,分明大字出榜乡村,晓谕民户通知,并下逐路转运司、常平司子细检察"⑤。绍兴二十八年(1158)十一月,南郊赦:"勘会在法:病人无缌麻以上亲同居者,厢耆报所属,官为医治。访闻比来客旅寄居店舍、寺观,遇有病患,避免看视,闻官逐赶出外,及道路暴病之人,店户不为安泊,风雨暴露,往往致毙,深可矜悯。可令州县委官内外检察,依条医治,仍加存恤,及出榜乡村晓谕。月具无违戾去处以闻。"⑥

---

① 《宋会要辑稿·食货》一七之四〇。
② 《宋会要辑稿·食货》七〇之四五。
③ 《宋会要辑稿·职官》四三之三五。
④ 《宋会要辑稿·食货》三之七。
⑤ 《宋会要辑稿·食货》一之九。
⑥ 《宋会要辑稿·食货》五九之三四。

要使榜文的内容迅速、广泛地传播开来，就需要四处张贴，以使民众尽知，“遍榜乡都贴挂，各令通知”，“镂小手榜散贴，俾深山穷谷小民皆户知之”。[①] 在广大乡村，张贴榜文的任务多由乡村行政头目承担。《作邑自箴》卷八记起催赋税时要出榜，“勾耆长当厅丁宁指挥，给付此榜”，税到中限再出一榜，“小作印板印给耆长，每村三两道”。南宋时，石子重曾任泉州同安县丞，奉命检视旱情，“君既行视归，即揭榜喻民，蠲之什九，然后言府。且亟召乡吏闭廨中，使乡为一榜，户列所蠲与其当输之数。既成，立授里胥，使走揭于其所，于是上官不得变其说，乡吏无所逞其奸，邑人便之”[②]。《名公书判清明集》卷一三《以累经结断明白六事诬罔脱判昏赖田业》记案件判决后，“仍帖本县备榜本保本里，使邻里通知”。这里官府出榜向诉讼双方所在乡村社区通告案件判决结果，榜文当由保正等乡村行政头目张贴。

第二，粉壁晓示。粉壁是指可以用来录写官府政令条文或张贴榜文的人工粉刷的墙壁，是官府发布和传递政令的场所，即如史载：“通知条法，大字楷书，榜要闹处，晓告民庶。乡村粉壁如法誊写。”[③]粉壁的分布极为广泛。宣和二年(1120)，朝廷就要求县镇及“逐乡村置粉壁一座”[④]。高柯立对此有专门研究。他认为宋代粉壁就是为发布榜文而设的，榜文的性质则因时因地而异，或录写于木板，或直接誊于粉壁上，或录于纸上。[⑤] 但有一类文字并未形成榜文，也用粉壁晓示。如苏轼《与朱鄂州书》称：

> 准律，故杀子孙，徒二年。此长吏所得按举，愿公明以告诸邑令佐，使召诸保正，告以法律，谕以祸福，约以必行，使归转以相语，仍录条粉壁晓示，且立赏召人告官。[⑥]

这里州县的告谕并未形成榜文，保正要将其书写于粉壁上加以晓示。

乡村行政头目与粉壁有密切关系，如其有修饰粉壁之责。宣和三年

---

① 《景定建康志》卷四〇《田赋志》。

② 《朱熹集》卷九二《知南康军石君墓志铭》。

③ 李元弼:《作邑自箴》卷一《处事》。

④ 《宋会要辑稿·职官》四八之六八。

⑤ 参见高柯立《宋代粉壁考述》，载《文史》第66辑，中华书局2004年版，第127页。

⑥ 《苏轼文集》卷四九《与朱鄂州书》。

(1121)手诏称保长所受役使有“修鼓铺、饰粉壁、守败船、治道路、给夫役、催税赋”[①]之类。《作邑自箴》卷七《榜耆壮》中要求耆长对“里堠粉壁及榜示常切照管,不得稍有损坏”。淳熙五年(1178)二月,为防止州县官吏及乡村行政头目征收丁税时舞弊,朝廷命令各县“委县丞,如均税事体,置丁税一司,遇岁终,许庶民之家长或次丁立罪赏,自陈其家实管丁若干,老病、少壮悉开列于状。将旧簿参照,年实及六十与病废者,悉除之,壮而及令者,重行收附。如隐年不自陈者,许人告首。每岁入务限前,以籍实丁名数关报本县催理。仍抄录人名,下逐都置粉壁,大字书写,晓示通知,每岁一易”[②]。此处粉壁由“逐都”头目设置,也应由其负责书写相关信息。

第三,口头传达。上引苏轼《与朱鄂州书》中,保正除“录条粉壁晓示”州县官府的告谕外,也要“归转以相语”,即口头宣讲。当面口头传达在赋役催征中尤为突出。《夷坚甲志》卷三《万岁丹》称:“尝有里胥督租,以语侵(程)彬。”此处里胥因督促租赋而与程彬发生口角,可推知里胥乃是当面口头通知程彬交租。乡村头目催征赋税多是至逋欠者家中,应为口头传达。文同《织妇怨》诗云:“里胥踞门限,叫骂嗔纳晚。”[③]郑刚中《北山集》卷九《答潘叔豹》称:“官中征罗绢䌷帛,免无钱,里胥每登门,彷徨无所出。”朱继芳《农桑》诗称:“四月官场入纳时,乡耆旁午上门追。”[④]华岳《田家十绝》之二称:“早早安排了官税,莫教耆长上门催。”[⑤]乡村行政头目上门催发赋役一般要持有县里发下的符、帖等文书作为凭据。王洋曾称:“某闻謇叔之居于乡也,有里胥持县符相督以劳辱事者。”[⑥]《作邑自箴》卷八《知县事榜》称:“县司今来除给帖付户长外,更不别差人下乡催促。”

神宗时,彭汝砺奏称:“凡国之政教刑禁之要,各以时宪于州、县、乡、保,使有司读谕而教之,曰:‘其言如是,则其法如是;其罪如是,则其刑如是。’使

① 《宋史》卷一九二《兵六》。
② 《宋会要辑稿·食货》六九之三一至三二。
③ 文同:《丹渊集》卷三《织妇怨》。
④ 《江湖小集》卷三一朱继芳《静佳龙寻稿·农桑》。
⑤ 华岳:《翠微南征录》卷一〇。
⑥ 王洋:《东牟集》卷一〇《答陈謇叔主簿书》。

天下之民知天子所以教爱之如此，而得有所避也，刑可得而省矣。”①这里就是要求乡保向民众口头传达朝廷法令。绍兴二十九年(1159)，有臣僚奏准，“出卖没官田宅，见有承佃去处，令知、通、令、佐监督合干人估定实价”后，“分明开坐田段、坐落、顷亩、所估价直，出榜晓示”，另要差“耆保逐户告示”。② 实则要求耆长或保正长挨户上门口头通知。

在乡民眼中，乡村行政组织及其头目就是国家的象征。如果乡村社会发生事情，一般都要以当面陈述的方式向乡村头目报告。前面论述乡村行政组织与刑事诉讼时，有不少例证均可反映此问题。再如，《罗鄂州小集》卷六《宋詹孝子惠明传》称：

> 詹孝子惠明，婺源人，小名念一，父直绍兴中坐斗杀邻人妻阿姚，惠明年二十二，知父必死，诣里正及县求代，皆不受，县以狱上。

此处詹惠明直接到里正处，请求代替父亲服刑，反映了他对里正作为国家象征的认识，但里正无权处理，只好上报到县，县也不能决定，又上至州郡。

乡民有时也会以文书的形式向乡村头目汇报事情。绍兴二十四年(1154)，大理评事巩衍在札子中“乞戒约耆长、保正副，非盗贼、斗殴有实，毋得辄受状”③。由此可知，乡村发生盗贼、斗殴等事时，民众会用状向耆长、保正副等乡村行政头目汇报。孙子秀知金坛县时，“民有闾里自为不靖之讼，则使讼者赍牒自诣里正核实，并邻证来然后行，不实者往往自匿其牒，不以诣”④。乡民在这里就使用了“牒”这种公文。

第三节　宋代乡村行政组织运行机制的特点

从行政组织运行的角度来看，乡村行政组织的活动处于国家整个行政系统运行的两个端点：一是信息输入的起点。乡村行政组织负责收集乡村

---

① 《历代名臣奏议》卷二一一彭汝砺《乞悬法示人状》。

② 《宋会要辑稿·食货》六一之二〇至二一。

③ 《建炎以来系年要录》卷一六七，绍兴二十四年十二月癸未条。

④ 黄震：《黄氏日抄》卷九六《安抚显谟少卿孙公行状》。《宋史》卷四二四《孙子秀传》也称：“讼者使赍牒自诣里正。”

社会的各种信息，或通过公文，或以面见上司的方式将这些信息及时地上报到县，县再根据自己的行政权力[①]进行筛选，择其要且自己无权决定者上报至州军、监司，直至朝廷。“耆申县，县申州，州申转运、提点刑狱司”[②]，反映的就是这一过程。二是决策执行的终点。朝廷、监司或州县的行政决策完成后，多会以公文的形式逐级向下传达，其终端就是乡村行政组织，由其负责将各种信息传达给乡民，并具体加以执行。“监司行下州郡，州郡行下县道，县道行下保正，保正敷之大小保长，大小保长抑勒百姓”[③]，反映的就是这一运作过程。“里有水火盗贼之变，上于正；具有供亿科配之烦，下于正”[④]，乡、管、耆、都保等乡村组织正是通过对上下的行政联系和沟通，使自身行政组织的性质得以凸显，发挥着国家行政体系“神经末梢”的作用，国家对乡村社会的控制在这种联系和沟通中得以实现。

与宋代其他各级行政组织的运转相比较，位于行政体系最基层的乡村行政组织的运转相对简捷一些，这主要与乡村行政组织的行政权力即行政决策权极其有限有关。凡事必须上请，乡村行政组织几乎没有自行处置的权力。这样，乡村行政组织的运转基本可以省略决策这一环节。

前面已经讲过，在唐代中后期，乡的地位大大上升，敦煌地区甚至出现了知乡务官，管理乡的政务和军务，将基层政权集中于乡。宋朝建立后，为加强集权，采取收权于下的策略。范祖禹曾言：

> 祖宗肇造区夏，划削藩镇，分天下为十八路，置转运使副、提点刑狱；有州三百，州置守，皆得专达于朝廷；有县一千二百，县置令，皆命于天子。其始也，收乡长、镇将之权，悉归于县；收县之权，悉归于州；收州之权，悉归于监司；收监司之权，悉归于朝廷。[⑤]

由此，乡村行政组织的权力被大大压缩，使其只具有极其有限的行政权力，

---

① 这里所说的行政权力，是指行政组织的行政处置权，主要体现为对行政事务的指挥决策。宋代县的行政权力相对有限，可参见余蔚《宋代地方行政制度研究》，复旦大学博士学位论文，2003年。

② 《续资治通鉴长编》卷二三六，熙宁五年闰七月丙辰条。

③ 黄榦：《勉斋集》卷二五《安庆府拟奏便民五事》。

④ 《琴川志》卷一二张攀《归政乡义役记》。

⑤ 《宋朝诸臣奏议》卷七二范祖禹《上哲宗乞行考课监司郡守之法》。

即其仅仅有权处理一些极其琐细的事件。耆长可自行处理小的盗窃、斗殴事件,“至道元年敕:小可盗失,令村耆了绝”[①]。再如《宋文鉴》卷一二九载:

> 甲为县令,乙与其故人丙醉,殴乙,乙诣县讼丙,令问曰:“伤乎?”曰:“无伤也。”“相识乎?”曰:“故人三十年矣。”“尝相失乎?”曰:“未也。”“何为而殴汝乎?”曰:“醉也。”解之使去。有司劾甲故出丙罪,甲曰:“斗不至伤,敕许在村了夺,耆长则可,县令顾不可乎?”

保正也可处理一些小的争斗之事。《名公书判清明集》卷一《细故不应牒官差人承牒官不应便自亲出》称:“彭四初状所诉彭五四等闲争事,初无甚计利害,纵便是实,不过杖以下,本保戒约足矣,本保追究足矣,何至便牒巡检。”

对于稍大一些的事件,乡村头目就必须将其上报至县,由县决定如何处理,而不能自行决定。另有一些事情乡村行政组织可自行处理,如桥梁、道路的维修和火灾防范等,但这些事情已经常规化,只要根据实际情况执行即可,无须在执行之前再作决策。

乡村行政组织运行的环节和层次也十分简单。首先,乡村行政组织在运行中没有平行组织间的公文往来。县往往是将公文直接发至负责该项事务的乡村头目手中,“县所下期会诸文,月数十于保正所,而耆长所受或十余而已”[②],由乡村行政头目在县的领导下负责实施。当然,这并非认为乡村行政头目之间没有互相配合。他们有时也在县的领导下协同完成某些任务。《作邑自箴》卷四记编造五等簿时,“将乡书手、耆、户长隔在三处,不得相见,各给印由子,逐户开坐家业,却一处比照”。户长、保长等催税时,“所在遣县尉部弓手于要路巡护,后闻扰民,罢之,只令乡耆、壮丁防援”[③]。这种配合并非平行行政组织之间自主地相互配合施政,而是根据县的指令,在县的协调下进行的。其次,乡村行政组织内部的运行机制较为简单。严格地说,宋代乡村行政组织的设置是不完整的,其头目设置比较简单,一乡、一耆、一都保内的头目只有几人,没有设立与县衙逐案对应的职役人,里正、户长、耆长和

---

① 《续资治通鉴长编》卷九一,天禧二年三月乙卯条。

② 吕南公:《灌园集》卷一四《与张户曹论处置保甲书》。

③ 《宋史》卷一七四《食货上二》。

保正长等的职能都具有综合性的特点。乡村头目集多种职能于一身,其运转必然简单。再次,乡村行政组织的施政有直接性,一般是由乡村头目直接面对广大乡民,基本没有中间环节,至多也就是"县道行下保正,保正敷之大小保长,大小保长抑勒百姓"①罢了。

总之,乡村行政组织运转的简捷有助于其保持相对较高的行政效率,使得国家与民众之间的这条联系渠道保持畅通,官府能够及时掌握乡村社会的各种信息,了解地方动向,朝廷意向也能够及时下达,政令畅通,有效地维护着整个国家机器的顺利运转。但宋代乡村行政组织的运行及行政效率的发挥还受其他多种因素的影响。

首先,宋代乡村行政组织的运行机制中缺乏有效的监督稽核力量,使得其运转过程中存在许多弊端。在信息输入环节,乡村头目可能会隐匿某些事情不报。嘉泰元年(1201),有大臣称:"近日大辟行凶之人,邻保逼令自尽,或使之说诱被死家赂之钱物,不令到官,尝求其故,始则保甲惮检验之费,避左证之劳,次则巡尉惮于检覆,又次则县道惮于勘鞠结解,上下蒙蔽。"②再如某地发生灾荒,而县令"贪丰熟之美名,讳闻荒歉之事",而"责令里正伏熟,为里正者,亦虑委官经过所费不一,故妄行供认,以免目前陪费"。③ 在政令执行环节,各种弊端也是层出不穷。乡村头目在两宋大多数时间里只是无偿地服役,不仅没有报酬④,还要受州县胥吏的敲诈勒索及代偿逃户赋税,迫使其大肆勒索乡民,"县吏厚敛里胥以赂州之吏,里胥复率于民"⑤。乡村头目一旦收受贿赂,政令的执行必然大打折扣。绍兴五年(1135)就有大臣称:"乡司、保正等人公然受赂,致使逐县苗税不能及额。"⑥再如抄札受灾人口时,乡村头目"肆为欺罔,赂遗所至,则资身之有策者可以为无业,丁口之稀少者可以为众多,如其不然,则啼饥号寒者反置而不录,老

① 黄榦:《勉斋集》卷二五《安庆府拟奏便民五事》。
② 《宋会要辑稿·刑法》六之六至七。
③ 董煟:《救荒活民书》卷中。
④ 参见吴洪印《论南宋的州县胥吏》,中国社会科学院研究生院硕士学位论文,1987 年。
⑤ 《宋史》卷一七四《食货上二》。
⑥ 《宋会要辑稿·食货》六一之一一。

弱猥众者仅指其二三”[①]。有时乡村头目还受地方豪横的影响，或与县中吏役人通同舞弊。乡民“典卖田宅，出于穷窘，遂将田产破卖，多是乡豪、权贵、公吏之家典买，其买地之人每遇投税，扶会本乡保正，借令别人诈作卖地人名字，赴官对会推割，嘱托乡司承认些少税役，暗行印押契赤，批凿簿书”[②]。

其次，乡村行政头目自身的职业技术素质也会影响乡村行政组织的运作及行政效率的发挥。其一，担任乡村行政头目要签押文书和参与各种版籍的编制等事务，他们必须识字并达到一定的水平。《夷坚志补》卷五《张允蹈二狱》记张允蹈为信州永丰令时，“尝治夏税籍，命主吏拘乡胥二十辈于县舍，整对文书，吏察录过严，自晓彻暮，不少息”，其中一人因不堪忍受而逃至长沙，“为揽纳人书抄”。此处20余位乡村头目应已具备一定的识字率。其二，乡村行政头目参与赋税征收及经界等土地丈量之事，须具备一定的算术能力。“乡村人户，素多不闲书算。”从地域上看，“吴、蜀等处，家习书算”，而“三路等处，民间不谙书算”。[③] 朱熹也曾称“乡民安知经界书算”，“经界之法，打量一事最费功力，而纽折算计之法，又人所难晓”。[④] 书算能力的欠缺必然影响其行使职权。其三，乡村行政头目要熟悉“公家行遣次第”[⑤]，即要熟悉官府处理各种事务的成规。《州县提纲》卷四《募役不禁》称：“邑有户长，居于乡村，其间平生未尝至官府者。若必勒亲身自充，非惟不知诡名挟户，且不惯催科，徒遭刑责，费既不赀，甚至破家。”这里，户长对催征赋税等事务并不熟悉，以至于“破家”。宋代乡村行政头目多以乡户轮充，服役时间短则半年，长不过两年，这不仅难以保证充任者的文化素质，也难以形成一支熟悉衙门日常事务和运作规则的稳定的乡村行政头目队伍，从而影响了乡村行政组织行政效率的发挥。当然，这种情形后来随着允许雇人充役而有所改变，使充任乡村行政头目的群体相对稳定。他们熟悉各方面的情况，可确保乡村行政组织职能的完成。《州县提纲》卷四《募役不禁》称：“一乡户

---

① 《宋会要辑稿·食货》六八之一〇七。

② 《宋会要辑稿·食货》六一之六四至六五。

③ 《苏辙集·栾城集》卷四五《论衙前及诸役人不便札子》。

④ 《朱熹集》卷一九《条奏经界状》。

⑤ 《苏辙集·栾城集》卷四五《论衙前及诸役人不便札子》。

长必有平昔专代充之人，诡名挟户、逃亡死绝，彼无不知，故催科不劳而办。”黄榦曾言：“今之为保正副、户长者，皆非其亲身。逐都各有无赖恶少，习知乡间之事，为之充身代名，执役之亲身虽屡易，而代役之充身者数十年不易也。”①

再次，宋代乡村行政组织的运作较之上级行政组织的运作虽然相对简单，但它有自己的特殊性。它直接面对着纷繁复杂的乡村社会。乡村社会作为国家的统治对象，由乡村行政组织进行管理，但它却不只是处于被动的地位，乡村社会中各种民间组织及士人、豪强等阶层的行为都对其运作有很大影响。《名公书判清明集》卷三《顽户抵负税赋》就记录了一个地方豪族赵桂抵负国税，使乡村行政头目受累的例子。赵桂身为上户，“平日在家，为奴仆之所敬畏，乡曲之所仰望”，地方官指责他们说：“保正、户长前后为催尔等税钱不到，不知受了几多荆杖，陪了几多钱财。”对此后文还有涉及，此处不再赘述。

① 黄榦：《勉斋集》卷二五《代抚州陈守奏·役法》。

中 篇
宋代乡村民间组织

台湾学者陈其南指出：从现代的视野看来，自宋代开始发展起来的家族制度可视为中国家族社会的复兴，这正好开启了中国民间社会新的一页。宋代以前的乡村民间社会尚难看出有像宋明以来的那种已经具体化和组织化的共同体社会。自主性的民间社会在宋以后才有相当明显的发展。[①]这里所说的乡村民间组织主要是宗族组织，对其他乡村组织并未提及，实际上，宋代乡村社会中的民间组织除了因血缘关系形成的宗族组织外，还有各种各样的非血缘组织，按性质大致可分为经济组织、宗教组织、民间武装等，足以反映宋代乡村社会的组织化程度。

从这些乡村民间组织与国家的关系来看，它们并不独立于国家权力之外，而是大都与包括乡村行政组织在内的国家权力有着千丝万缕的联系，有的甚至与乡村行政组织互相渗透。透过国家，尤其是乡村行政组织与民间组织的互动关系，大致可窥见传统中国社会中国家与乡村社会的关系，各种民间组织正是在国家与社会力量的博弈中向前发展的。

---

① 参见陈其南《传统中国的国家形态、家族意识与民间社会》，载“中央”研究院近代史研究所编《“认同与国家：近代中西历史的比较”论文集》，“中央”研究院近代史研究所1994年版，第193页。

第四章　宋代乡村宗族组织

学术界对宋代宗族已有较多研究，但这些研究关注的多是宗族的组织制度和对一些世家大族的个案研究，对宗族与当时政治、经济和社会等的关系也有涉及。从社会史的角度来看，宗族研究的重要议题之一应是通过对宗族的研究来了解乡村社会的运作，包括宗族组织在乡村社会中的角色；从政治史的角度来看，宗族研究的重要议题之一是政治因素对宗族的影响力，尤其是宗族与国家的互动。在这些议题上仍有许多空间有待进一步探索。[①] 如对宗族与各级行政组织尤其是乡村行政组织的关系等，学界论述就不多，即使偶尔涉及，也多是泛泛而谈。[②] 本章就从宋代新宗族制度的确立入手，探讨宗族组织对乡村社会控制的作用、宗族组织与州县等地方行政组织的关系及其与乡村行政组织的互相渗透等问题。

---

① 参见郭恩秀《八〇年代以来宋代宗族史中文论著研究回顾》，载《新史学》16 卷 1 期，2005 年。

② 王善军在《宋代宗族和宗族制度研究》（河北教育出版社 2000 年版）第 262 页提出宋代宗族"与封建基层行政组织结合，部分的承担乡村行政职能"，并认为乡村行政机构的负责人都是"富实有力之家，而这些人往往又是族权的掌握者。这样一来，基层政权就可以充分利用宗族这一组织形式，而更加有效地去发挥它的各项行政职能"。论述仅此而已，没有征引任何史料。赵秀玲在《中国乡里制度》第四章专论"乡里制度与宗法关系"，但引证史料多限于明清时期，难以对宋代乡里组织与宗族组织的关系作出令人信服的论述。

第一节 宋代新宗族制度的确立

学界对宋代宗族制度在中国宗族史上的地位有不同认识。陶希圣认为，战国至五代是亲属组织的族居制度，宋以后渐变为家长制的家族制度。[①]高达观从社会学的视野研究了周、宋、清三个时期的家族，认为宋代是近代家族制度的开始，特点是宗族制度民众化。[②]朱瑞熙也强调宋代家族组织的重建。[③]徐扬杰认为，魏晋至唐代是世家大族式家族，宋以后是近代封建家族组织，其有严密的组织系统、严格处理族众关系的管理规范，实行族长族权的统治，同时以祠堂、家谱和族田为主要特征。[④]冯尔康等认为，秦唐间是世族、士族宗族制，宋元间是大官僚宗族制。[⑤]常建华认为，宋代以后是科举制下祠堂族长宗族制的成长时期，也强调宋代宗族制的重建。[⑥]王善军认为，从宋代开始确立了以"敬宗收族"为主要特征的宗族制度。[⑦]李文治等认为，宋代是由门阀权贵等级性宗法宗族制向一般官宦及庶民户类型宗法宗族制过渡的时期。[⑧]包伟民认为，两宋处于由魏晋隋唐时期的贵族型家族制度向明清之际的普及型家族制度转变的中间阶段，并对转变的原因进行了深入分析，指出：唐宋间社会政治、经济格局的变化，社会流动性的扩大是士大夫要求重建宗法组织的深刻社会根源；唐代以来阶级结构的变化，尤其是社会各阶层在法律地位上的日趋接近为普及型家族制度的产生和发展奠定了必要的社会基础；传统氏族社会的残余，尤其是服亲血缘关系，是宗法重建的直接前提；而士大夫阶层对宗法思想的强调为普及型家族制度提供了

---

① 参见陶希圣《婚姻与家族》，商务印书馆 1931 年版，第 2 页。
② 参见高达观《中国家族社会之演变》，正中书局 1944 年版，第 72～81 页。
③ 参见朱瑞熙《宋代社会研究》，中州书画社 1983 年版，第 99 页。
④ 参见徐扬杰《中国家族制度史》，人民出版社 1992 年版，第 20 页。
⑤ 参见冯尔康等《中国宗族史》，上海人民出版社 2009 年版，第 20～22 页。
⑥ 参见常建华《中华文化通志·宗族志》，第 38～41 页。
⑦ 参见王善军《宋代宗族和宗族制度研究》，第 20～21 页。
⑧ 参见李文治、江太新《中国宗法宗族制和族田义庄》，社会科学文献出版社 2000 年版，第 27～31 页。

思想根源。[①] 上列各家之说在具体论述上虽有所不同，但都从不同角度指出了宋代宗族制度某一方面或几个方面的特征，强调了宋代是宗族史上一个重要的变化时期。

本节即从唐宋之际宗族制度的变革、国家和士绅重建宗族制度的努力、宋代新宗族制度的内容和特征三个方面加以论述。

一、唐宋之际宗族制度的变革

兴盛于魏晋南北朝时期的门阀宗族制度到隋唐时期仍然发挥着重要作用，但随着唐代社会的发展变化，逐渐走向衰落。学界对于中古时期门阀士族的衰落问题已有较多论述，大致可归纳为以下几点：

首先，在经济上，唐中期以后，国家土地所有制的统治地位被动摇，均田制逐渐崩溃，地主土地所有制得以迅速发展，国家对土地所有权不再严格控制，以致地权转移频繁，由此不能保证门阀士族的经济特权，即不能保证士族占有大量土地和部曲、荫客等劳动人手。唐代商品经济的发展使土地买卖日益频繁，贫富分化加剧，致使宗族血缘纽带关系日渐松弛，超经济的人身强制逐渐减弱，士族从聚族而居走向分户析产，经济地位日渐不稳，不少大族难免走向贫困和破产。两税法实行后，要增加户税就必须增加户口，这促使大家族进一步瓦解和宗族成员不断迁徙。

其次，在政治上，隋唐时期实行的科举制取代了魏晋南北朝时期盛行的九品中正制，选人和用人大权被收归中央，剥夺了门阀士族垄断地方官吏选举的政治特权，很多士族因为科举不成功而导致“世禄失之，其族绝矣”[②]。唐太宗时修《氏族志》，“欲崇重今朝冠冕”，“不须论数世以前，止取今日官爵高下作等级”。[③] 武则天时修《姓氏录》，“各以品位高下叙之”[④]，即按当时官

---

① 参见包伟民《唐宋家族制度嬗变原因试析》，载其《传统国家与社会》，商务印书馆 2009 年版，第 229～261 页。

② 王定保撰、姜汉椿校注：《唐摭言校注》卷九《好及第恶登科》，上海社会科学院出版社 2003 年版，第 181 页。

③ 《旧唐书》卷六五《高士廉传》。

④ 《新唐书》卷九五《高俭传》。

爵高低作为排列等级，使军功入五品者皆入士流。这些扩大士族范围的国家行为使士庶间的差别相对缩小，起到了削弱旧门阀士族地位的作用。

再次，在社会上，因战争造成的社会动荡对门阀士族打击很大。隋末农民起义使山东士族遭受打击，“安史之乱”又使两京士族背井离乡，唐末时的黄巢大起义和五代时的社会动荡使门阀士族因文化优势、地缘优势而获得的政治地位和社会地位在武力面前丧失殆尽。为躲避战乱，士族四处流徙，以致证明其身份的谱牒也亡佚，士庶难以区分。[①]

存在了几百年的门阀士族制度在经历了唐末五代的社会大动荡后基本趋向消亡[②]，门阀宗族组织也随之崩溃。宋人李焘就说：“唐末五代之乱，衣冠旧族多离去乡里，或爵命中绝，而世系无所考。”[③]由此，在“自古未之有”的五代乱世时期，社会上出现了严重的宗法关系紊乱、宗族观念淡漠的现象，“五代之际，君君臣臣父父子子之道乖，而宗庙、朝廷，人鬼皆失其序”[④]。后人对此也有许多评论，如《新五代史·义儿传》称：

> 世道衰，人伦坏，而亲疏之理反其常，干戈起于骨肉，异类合为父子。

宋人薛季宣《浪语集》卷三〇《贾氏家谱序》称：

> 五代王，十国判，义养盛，宗姓沦，人知其所自生，盖千一矣。

清人顾炎武《日知录》卷二三称：

> 氏族之乱，莫甚于五代之时。[⑤]

这种宗法关系紊乱、宗族观念淡漠、宗族组织不发达的现象一直延续到北宋。如李清臣说：

> 今天下之民，莫不割其室庐，计其桑柘，殊井爨坟墓，离血气色脊之

① 参见宁志新、朱绍华《门阀士族的衰落与衰亡原因》，载《河北学刊》2002 年第 5 期；冯尔康等《中国宗族史》，第 143～161 页；常建华《中华文化通志·宗族志》，第 35～38 页。

② 至于唐末五代的政治、社会大动乱对门阀士族制度衰亡的影响，还可参见孙国栋《唐宋之际社会门第之消融》，载其《唐宋史论丛》（增订版），香港商务印书馆 2000 年版，第 230～242 页。

③ 《续资治通鉴长编》卷一〇三，天圣三年夏四月条。

④ 《新五代史》卷一六《唐废帝家人传》。

⑤ 以上关于唐宋之际宗族制度变革的论述，参见王善军《宋代宗族和宗族制度研究》，第 17～18 页。

亲,而邈若胡越。其联族而居者,千室无二三焉。[①]

理学家张载也说:

> 今骤得富贵者,止能为三四十年之计。造宅一区及其所有,既死则众子分裂,未几荡尽,则家遂不存。[②]

苏轼也曾说:

> 今夫天下所以不重族者,有族而无宗也。有族而无宗,则族不可合。族不可合,则虽欲亲之而无由也。族人而不相亲,则忘其祖矣。今世之公卿大臣贤人君子之后,所以不能世其家如古人之久远者,其族散而忘其祖也。[③]

二、宋代士大夫和国家推动新宗族制度的重建

北宋建立后,在经济上实行"不立田制"、"不抑兼并"的土地政策,随着宋代商品经济的发展,地权转移极其频繁,出现了"千年田换八百主"[④]、"如今一年一换家"[⑤]的情况,社会各阶层的经济地位随之发生了很大波动,"贫富无定势,田宅无定主,有钱则买,无钱则卖"[⑥],"富者之子孙或不能保其地"[⑦],即使是高官大族之家也难免会有一天突然衰落,庶族地主和农民却有了通过占有土地致富的希望。经济地位的变化必然引起人们社会地位的变动。一批庶族地主通过拥有众多土地而跻身上层社会。政治上,依据学业选拔人才的科举考试制度在宋代完全确立,尤其是考试的公正性和机会均等性原则得到了较为彻底的贯彻,增加了庶族地主通过读书进入官僚阶层的机会,社会流动性得以提高,由贵而贱和由贱而贵的社会变动层出不穷。总之,经济上和政治上的激烈竞争,使得北宋社会各阶层家族的地位变动无常。对于士大夫阶层来说,如何保持本家族长享富贵和经久不衰就成了一

---

① 《宋文选》卷二二李清臣《厚俗策》。

② 《张载集·经学理窟·宗法》。

③ 《苏轼文集》卷八《策别安万民二》。

④ 邓广铭笺注:《稼轩词编年笺注》卷三《最高楼》,上海古籍出版社 1978 年版,第 279 页。

⑤ 罗椅:《涧谷遗集》卷二《田蛙歌》。

⑥ 袁采:《袁氏世范》卷下《富家置产当存仁心》。

⑦ 苏洵:《嘉祐集》卷五《田制》。

个十分棘手的问题，由此产生了对宗族组织的需求。正如日本学者井上徹所指出的，"在科举官僚制度下，要实现实质性的官僚身份世袭化，就必须基于按能力选拔官员这一理念，培养能够通过科考的优秀人材，并不断地把他们送入官场；而要实现这个官僚辈出的前提，就是程颐、张载等主张的组成宗族。如果能够把分散的族人集结起来，形成基于宗法原则的集团，那么在众多族人中出现能通过科考进入官场者的把握就增大了许多。这就是复兴宗法对于实现士大夫所希望的官僚身份世袭化所具有的意义"①。

从两晋隋唐逐步发展起来的租佃制，经唐代中叶、五代发展到北宋，开始在北宋大部分的统治区内占据了主导地位。在这种经济制度下，土地出租者（主人）和租佃者（客户）采用契约方式来维系他们之间的关系。租佃者有了"徙乡易主"②的自由，他们同主人之间的隶属关系或者说人身支配关系因这种自由而大为削弱。③ 随着北宋阶级矛盾的加剧，国家也希望在已有的政治统治体系之外，建立平民的宗族组织来加强对农民即乡村社会的控制，确保统治的长治久安。

总之，在北宋前期宗法关系紊乱、宗族观念淡漠的形势下，随着宋代社会经济和政治形势的发展，士大夫阶层与国家都产生了重建宗族组织的强烈需要。他们都积极推动宗族组织的建立，下文即分别论述之。

（一）宋代士大夫与新宗族组织的重建

在宋代新宗族制度重建的过程中，士大夫阶层出于维护自身家族利益的目的，非常积极地投身其中，为宋代新宗族制度的重建作出了贡献。他们在传统宗法理论的基础上，顺应时代发展，或从理论上对新宗族制度进行设计，或者积极实践，在宗族制度的重建中扮演了非常重要的角色。

对新宗族制度进行设计的主要有张载、程颐、苏轼和朱熹等人。

北宋中期的理学家张载最先提出重建宗族制度的设想。他首先提出

① ［日］井上徹著、钱杭译:《中国的宗族与国家礼制》，上海书店出版社 2008 年版，第 25 页。井上徹还强调了宋代宗族组织重建与中国传统的家产继承中诸子均分原则的关系。（参见上引其著作，第 21～22 页）

② 王之道:《相山集》卷二二《乞止取佃客札子》。

③ 参见邓广铭、漆侠《两宋政治经济问题》，知识出版社 1988 年版，第 100～107 页。

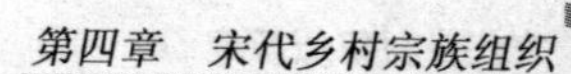

"诸侯建宗"是"天理",为宗族制度的普及化提供了最根本的理论根据,接着论述了重建宗族组织的目的和意义。他认为重建宗族组织能增强人的道德意识,既是维系家族组织所必需的,又能促进国家政治统治的稳固。他说:

管摄天下人心,收宗族,厚风俗,使人不忘本,须是明谱系世族与立宗子法。宗法不立,则人不知统系来处……谱牒又废,人家不知来处,无百年之家,骨肉无统,虽至亲,恩亦薄。宗子之法不立,则朝廷无世臣。且如公卿一日崛起于贫贱之中以至公相,宗法不立,既死遂族散,其家不传。宗法若立,则人人各知来处,朝廷大有所益。公卿各保其家,忠义岂有不立?忠义既立,朝廷之本岂有不固?今骤得富贵,既死则众子分裂,未几荡尽,则家遂不存,如此则家且不能保,又安能保国家![①]

张载主张将社会成员通过宗族组织这一纽带紧密地联系起来,增强宗族成员之间的凝聚力,使宗族组织得以维系,最终目的是实现国家政权的稳固。从这一目的出发,张载提出了维系宗族组织的两项措施,即立宗子和改革宗族祭祀制度。

张载将立宗子视为新宗族组织重建的重要内容。他虽主张立嫡长子为宗子,但也有改革。在嫡长子微贱、别子为仕宦的情况下,张载主张不问少长,须由有官职者任宗子。他还主张维护宗子在宗族内部的突出地位,首先是厚给其财产,"须据所有家计厚给以养宗子";其次要对宗子进行专门教育,"宗子须专(立)教授,宗子之得失,责在教授,其他族人,别立教授";再次,请求朝廷立下条法,"许族人将己合转官恩泽乞回授宗子,不理选限官,及许将奏荐子弟恩泽与宗子"[②],即将族人应升的官爵及享受的恩泽转与宗子,提高其社会地位和政治地位。张载之宗子法的最终目的是"以官僚作为宗族首领,保障其宗族昌盛,借此维护国家的统治和社会秩序"[③]。

张载还提出了改革祭祀制度的设想。他主张革新周代形成的宗庙祭祀

① 《张载集·经学理窟·宗法》。
② 《张载集·经学理窟·宗法》。
③ 冯尔康等:《中国宗族史》,第165页。

制度和北宋只允许高官进行祭祀的制度，将平民祭祀用的正厅也称为“庙”，“凡人家正厅，似所谓庙也，犹天子之受正朔之殿。人不可常居，以为祭祀吉凶冠婚之事于此行之”①。即主张不分贵族官僚和平民都要建立家庙，使原本仅限于士大夫以上的庙祭制度具有了普及到民间的平民化特征。在祭祀世代方面，他主张庶人也可祭至三代，士大夫可常祭高祖以下的近四代祖先，而且可以祭祀始祖和先祖。② 扩大祭祀对象有助于团结更多的族人，更好地实现收族的目的。

与张载同时的理学家程颐也提出了自己改革宗法制度的主张，其中最主要的是立宗子、祭祀祖先和立家法等。在立宗子方面，程颐提出了“夺宗法”。他说：“立宗必有夺宗法，如卑幼为大臣，以今之法，自合立庙，不可使从宗子以祭。”③即主张让有官职的族长取代嫡长子身份的宗子，其目的同张载主张立有官职者为宗子一样。宗子标准的变化可增强宗族制度的弹性，有利于宗族聚居的维持。在祭祖制度上，程颐比张载更进一步，不仅要求士大夫建立家庙常祭高祖以下的近四代祖先，而且可以祭祀始祖和先祖。这一主张为宗族由小宗向大宗发展及建立大宗祠提供了理论依据。④ 在立家法上，他说：“治家者，治乎众人也，苟不闲之以法度，则人情流放，必至于有悔，失长幼之序，乱男女之别，伤恩义，害伦理，无所不至，能以法度闲之于始，则无是矣。”⑤充分强调了家法族规的作用。

苏轼关于宗族制度改革的思想也有其特色。他主张宗族制度的推行不应仅仅局限于官僚士大夫阶层，而应推行到平民百姓之中。他说：

> 今夫良民之家，士大夫之族，亦未必无孝弟相亲之心，而族无宗子，莫为之纠率，其势不得相亲。是以世之人有亲未尽而不相往来，冠婚不相告，死不相赴，而无知之民，遂至于父子异居，而兄弟相讼，然则王道

① 《张载集·经学理窟·祭祀》。

② 参见李静《论张载重建宗法的思想》，载《重庆社会科学》2000年第4期。

③ 《二程集·河南程氏外书》卷一一《时氏本拾遗》。

④ 参见冯尔康等《中国宗族史》，第166页。

⑤ 《二程集·周易程氏传》卷三《家人》。

> 何从而兴乎！……天下之民，欲其忠厚和柔而易治，其必曰自小宗始矣。[①]

向平民推行宗族制度的目的是“教民和亲”。他说：“今欲教民和亲，则其道必始于宗族。臣欲复古之小宗，以收天下不相亲属之心。”复小宗的具体措施就是建立族子统率族人的体制，最终实现社会秩序的稳定，“复小宗，使族人相率而尊其宗子。宗子死，则为之加服，犯之则以其服坐。贫贱不敢轻，而富贵不敢以加之。冠婚必告，丧葬必赴。此非有所难行也”[②]。

南宋理学家朱熹对重建宗族制度也有自己的主张，主要有：

第一，建祠堂。为区别于当时严格的家庙制度，朱熹提出了建祠堂的主张，目的是满足士庶祭祀的需要。在他看来，祠堂具有非常重要的地位和作用，故而将相关论述置于《家礼》的篇首。他说：

> 今以报本反始之心，尊祖敬宗之意，实有家名分之守，所以开业传世之本也，故特著此冠于篇端，使览者知所以先立乎其大者，而凡后篇所以周旋升降、出入向背之曲折，亦有所据以考焉。然古之庙制不见于经，且今士庶人之贱亦有所不得为者，故特以祠堂名之，而其制度亦多用俗礼云。[③]

第二，置祭田。朱熹主张由族人共同捐助祭田，用于祭祖。他说：“初立祠堂，则计见田，每龛取其二十之一以为祭田，亲尽则以为墓田，后凡正位祔者，皆放此，宗子主之，以给祭用。上世初未置田，则合墓下子孙之田，计数而割之，皆立约闻官，不得典卖。”[④]

第三，墓祭始祖和先祖。朱熹提出：“大宗之家，始祖亲尽则藏其主于墓所，而大宗犹主其墓田，以奉其墓祭，岁率宗人一祭之……高祖亲尽，则迁其主而埋之，其墓田则诸位迭掌。”[⑤]他还明确提出：“若是始基之祖，莫亦只存

---

① 《苏轼文集》卷八《策别安万民二》。

② 《苏轼文集》卷八《策别安万民二》。

③ 朱熹：《家礼》卷一《通礼·祠堂》。

④ 朱熹：《家礼》卷一《通礼·祠堂》。

⑤ 朱熹：《家礼》卷一《通礼·祠堂》。

得墓祭。”[①]他将祠堂之制与墓祭联系起来，具有引发人们于墓所建置祭祀始祖和先祖的宗族祠堂的作用。[②]

以上就是宋代士大夫在新宗族制度设计方面的主要主张，其中影响最大的是程颐祭祀始祖、先祖和朱熹《家礼》设计的祠堂制度、祭祖礼仪，把祖先崇拜信仰进一步仪式化，对新宗族制度的确立产生了深远影响。[③] 他们除了从理论上对新宗族制度进行设计外，还积极投身于新宗族制度重建的实践，其中最重要的是范仲淹设置义田以赡族和苏洵、欧阳修开创私修家谱的先例。

宋代族田、义庄之设始于皇祐二年(1050)范仲淹设置的范氏义庄。范仲淹曾谈到设立义庄的目的是救恤宗族，使族众免于饥寒。他说：

> 吾吴中宗族甚众，于吾固有亲疏，然以吾祖宗视之，则均是子孙，固无亲疏也。吾安得不恤其饥寒哉？且自祖宗来，积德百余年而始发于吾，得至大官，若独享富贵而不恤宗族，异日何以见祖宗于地下，亦何以入家庙乎？[④]

范仲淹亲自制定了《义庄规矩》，规定了义庄中族人衣食的配给及婚嫁和丧葬方面的补助办法，以便“族之人日有食，岁有衣，嫁娶凶葬皆有赡”[⑤]。除救恤宗族的目的外，范仲淹设立义庄还有更深的意图，就是将其作为“收族”的手段，以维系本宗族的长久不衰。他的五世孙范之柔就曾明确提出其祖设立义田是“深念保族之难，欲为传远之计”[⑥]的结果。刘宰则认为“近世名门鲜克永世，而范公之后独余二百年，绵十余世而泽不斩”[⑦]的一个重要原因就是义田的存在。

有学者认为范氏义庄是在族田收益的基础上，全面保障集结在义庄周围的族人的日常生活，其最主要的目的是在保障族众生活的基础上，让其安

---

① 黎靖德编：《朱子语类》卷九〇《礼七》。
② 参见冯尔康等《中国宗族史》，第166～168页。
③ 参见常建华《明代宗族研究·引言》，上海人民出版社2005年版，第1页。
④ 《范文正公集》附录二楼钥《范文正公年谱》。
⑤ 《吴郡志》卷一四钱公辅《范文正公义田记》。
⑥ 《范文正公集》附范之柔《续定规矩》。
⑦ 刘宰：《漫塘集》卷二一《希墟张氏义庄记》。

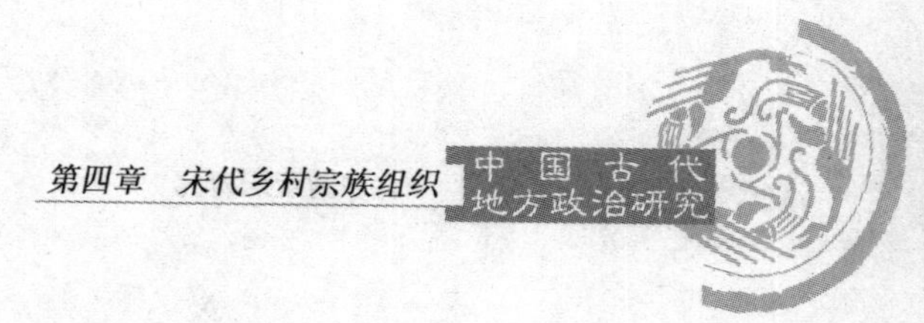

心在义学中学习，培养能够在科举中及第的人才，最终建立实质性的世袭官僚家系。[①] 其实上述两个方面都是义田收族功能的体现，很难区分主次，因为范氏义庄对义学的保障只是从义田收入中划拨，未必有固定田地的支持。真正重视义学的宗族往往专设“义学田”来支持义学，如浮梁李椿年“自立义学”，“招延师儒，召聚宗党，凡预受业者逾三十人，捐良田二百亩以赡其用”。[②] 与上述义学相比，范仲淹及其子孙在历次制订的《义庄规矩》中都没有划出专门的义田来支持义学。实际上，范仲淹无论设义田、义庄还是义学，都是为了实现其“收族”的目的。

宋代族谱的编修始于仁宗时欧阳修编纂的《欧阳氏谱图》和苏洵编的《苏氏族谱》。

欧阳修于宋仁宗皇祐年间修成《欧阳氏谱图》，目的是传承祖先“以忠事君，以孝事亲，以廉为吏，以学立身”的遗德。他说：“吾先君诸父之行于其躬、教于其子孙者守而不失，其必有当之者矣。故图其世次，传于族人。”[③]谱图的内容有以下几项：首先是《欧阳氏谱图序》，叙述其宗族传承的历史；接下来是谱图和本支历代族人的简介；最后是谱例，即修谱原则。该谱的特点是采用小宗谱法和详亲略疏的原则：

> 谱图之法，断自可见之世，即为高祖，下至五世玄孙，而别自为世。如此，世久子孙多，则官爵、功行载于谱者，不胜其繁。宜以远近亲疏为别，凡远者、疏者略之，近者、亲者详之，此人情之常也。玄孙既别自为世，则各详其亲，各系其所出。是详者不繁，而略者不遗也。凡诸房子孙，各纪其当纪者，使谱牒互见，亲疏有伦，宜视此例而审求之。[④]

根据以上原则，族谱通常是从高祖到玄孙五代，可根据与本人血缘关系的远近，近者详尽，远者可简略。此原则虽然简略，但切实可行，可操作性强。

苏洵修谱在宋仁宗至和年间，是针对当时“无服则亲尽，亲尽则情尽，情尽则喜不庆、忧不吊，喜不庆、忧不吊，则涂人也”的情况而作，试图通过修谱

---

① 参见[日]井上徹著、钱杭译《中国的宗族与国家礼制》，第3～33页。
② 洪迈：《夷坚三志己》卷一〇《界田义学》。
③ 《欧阳修全集》卷七四《欧阳氏谱图序（集本）》。
④ 《欧阳修全集》卷七四《欧阳氏谱图序（集本）》。

使族众增强孝悌之心,“观吾之谱者,孝弟之心可以油然而生矣”[①],最终实现“敬宗收族”的目的。他充分肯定了谱牒对于宗族维系的作用,“自秦、汉以来,仕者不世,然其贤人君子犹能识其先人,或至百世而不绝,无庙无宗而祖宗不忘,宗族不散,其势宜忘而独存,则由有谱之力也”[②]。《苏氏族谱》也采用了小宗谱法和详亲略疏的原则,其内容包括:谱例,实为谱序,论述修谱的意义;族谱,包括修谱的目的、叙述法则和世系图;族谱后录下篇,记述先人事迹;大宗谱法,应属于谱例;苏氏族谱亭记,类似于后世的祠堂记文。

唐宋族谱的最大区别在于与之结合的观念,欧阳修和苏洵编修的族谱呼应了当时宗族形态的变化和社会的需求,融入了他们“敬宗收族”的意图,使宋代族谱呈现出新的面貌[③],从而使得他们开创的小宗谱法和详亲略疏的原则为后世所仿效,他们编修的《欧阳氏谱图》和《苏氏族谱》成为后世族谱的范本。

总之,通过以上对宋代士大夫关于宗族制度重建的理论设计和实践的论述,可以看出宋代新宗族制度的主要内容就是通过祠堂、宗子(族长)、族田、族谱等重建宗族组织,最终达到“敬宗收族”和维护社会秩序的目的。

(二)宋代国家对新宗族制度重建的推动

北宋建立后,不仅在政治、经济、军事等各方面采取了一系列加强专制主义中央集权的措施,而且在社会建设方面也采取了许多措施,如:培养民众的忠义意识,加强道德教化;健全礼仪制度,规范人们的社会行为;打击信巫不信医、淫祠盛行等愚昧迷信行为。[④] 其目的是改变唐末五代以来社会秩序和民众思想观念极其混乱的局面,维护宋王朝统治的稳定。加强民众的宗法观念,利用行政力量推动新宗族组织的创建就是其中的一项重要措施。具体来说,主要表现在以下几个方面:

---

① 苏洵:《嘉祐集》卷一四《苏氏族谱》。

② 苏洵:《嘉祐集》卷一四《谱例》。

③ 参见龚鹏程《宋代的族谱与理学》,载《第二届亚洲族谱学术研讨会会议纪录》,(台北)联经出版事业公司 1985 年版,第 60～63 页。

④ 参见雷家宏《宋初社会风气建设初识》,载《河南大学学报》(哲学社会科学版)1988 年第 1 期;王善军《宋初精神文明建设初论》,载漆侠等主编《宋史研究论文集》,宁夏人民出版社 1999 年版,第 319～332 页。

首先，通过立法纠正子孙别财异居的状况，以求恢复以宗子为中心的宗族组织。开宝元年(968)，宋太祖在诏书中说："人伦以孝慈为先，家道以敦睦为美。矧犬马而有养，岂父子之异居？伤败风化，莫此为甚。应百姓祖父母、父母在者，子孙无得别籍异财，长吏其申戒之。"[①]这里明确规定了地方官吏可通过"申戒"的方式阻止民间与父母等异财别居的行为。同年，还因四川及山南诸州百姓在祖父母、父母在世就"别籍异财"，诏令对"违者论如律"[②]。第二年，朝廷还专门对川陕诸州发布诏令，要求"察民有父母在而别籍异财者，其罪死"[③]。宋初法典《宋刑统》也明确规定："诸祖父母、父母在，而子孙别籍、异财者，徒三年。"如果是祖父母和父母令子孙别籍，父母等则要"徒二年"[④]。国家积极采取措施维护大的家族组织，同时通过维护族长或家长的权威，加强对族内成员的管理，最终实现巩固国家统治的目的。宋代国家还采取措施打击不尊敬族长和挑拨子弟分家等破坏宗族组织的行为。太平兴国六年(981)，太宗下诏要求州县长吏要严密伺察辖区内的"轻薄无赖，孝悌有亏，货鬻田园，追随捕博，宗族所共弃，乡党所不容者"，对其"严加诱掖"，以使之改悔，如果是"为恶务滋者"，"即须条具姓名以闻，当议置于刑辟"。[⑤]大中祥符二年(1009)，真宗下诏称"字氓之术，敦教为先"，针对民间"靡顾宗亲、显求析户"和"不闻尊长，潜举息钱，颇开狱讼之源"的现象，要求对"诱人子弟求析家产"者"逐处即时捕捉"，"当议决配"。[⑥]贝州地区甚至出现了对析居者加税的处罚，"民之析居者，例皆加税，谓之罚税，惟其家长得免"[⑦]，这一处罚措施到天圣七年(1029)方才取消。

其次，对义门大家庭进行旌表和扶持，以求引导社会时尚和习俗，使国家意志悄然深入民间，促进新宗族组织的创建。

所谓"义门"，是指同一个祖父或曾祖父的所有子孙同居共财的大家庭，

---

① 《续资治通鉴长编》卷九，开宝元年六月癸亥条注。

② 《续资治通鉴长编》卷九，开宝元年六月癸亥条。

③ 《续资治通鉴长编》卷一〇，开宝二年八月丁亥条。

④ 《宋刑统》卷一二《户婚律·父母在及居丧别籍异财》。

⑤ 《宋大诏令集》卷一九〇《诫饬士庶子弟甥侄等诏》。

⑥ 《宋会要辑稿·刑法》二之九。

⑦ 《续资治通鉴长编》卷一〇七，天圣七年三月己酉条。

是一种特殊类型的宗族组织。宋代国家往往以朝廷的名义对其进行旌表和宣传，推广其强化伦理纲常，实践亲族团聚、同居共财、止讼息争的经验，发挥其维护族内秩序和社会稳定的作用。仅以太宗朝为例，太平兴国三年(978)，贝州清河民田祚十世同居，朝廷旌表其门闾。① 太平兴国六年(981)，旌表冀州阜城七世同居的李罕澄门闾。太平兴国七年(982)，旌表江州德化八世同居的许祚门闾。另外，对信州李琳十五世同居，京兆惠从顺十世同居，庐州赵广、顺安军郑彦圭、信州俞隽八世同居，陕州张文裕六世同居，襄州张巨源刘芳、潭州瞿景鸿、温州陈侃、江陵褚彦逢五世同居，徐州彭程四世同居都赐诏旌表其门闾。雍熙二年(985)，旌表累世聚居至数百口的胡仲尧家庭。至道年间，旌表南康建昌六世义居的洪文抚家庭。②

除旌表外，国家还给予义门家庭物质上的优待，主要是减免赋税。《宋史》卷四五六《孝义传》就称太祖、太宗以来对数世同居者"辄复其家"。如对德安陈氏义门，在开宝初年灭南唐后，北宋就承袭了南唐"免其徭役"的政策；到太平兴国七年(982)，江南转运使张齐贤又奏请免除其杂科。太平兴国二年(977)，旌表十世同居的武城田祚家时，"复其家"③。淳化二年(991)，对八世同居的玉山县俞携家在"常税外免其他役"④。有时朝廷还会赏赐一些物品。义门大家庭人口众多，往往生活困难。淳化元年(990)，知江州康戬上奏朝廷说德安陈氏"家常苦食不足"，故"诏本州每岁贷粟二千石"⑤。

再次，宋代国家推动私家谱牒的编修。清人钱大昕曾说："五季之乱，谱牒散失，至宋而私谱盛行，朝廷不复过而问焉。"⑥但江西省图书馆藏清刘士魁等纂修《袁邑刘氏族谱》卷一收录了一道天禧五年(1022)颁行的《宋真宗皇帝敕文武群臣修家谱诏》，其中称：

朕闻古者因生赐姓，故有著姓氏之书，别类分门，爰命司姓氏之职，

① 参见《宋史》卷四《太宗纪一》。
② 以上均见《宋史》卷四五六《孝义传》。
③ 《(嘉靖)武城县志》卷七《人物志·孝友》。
④ 韩淲：《涧泉日记》卷上。
⑤ 《宋史》卷四五六《孝义传》。
⑥ 钱大昕：《十驾斋养新录》卷一二《郡望》。

而有关世教之大者，莫若谱也……尔在朝文武百官，亦必各有原委，其各述祖宗本末，以进朕省览，以知我朝人物之盛。于戏！源之深者，流必长；叶之活者，光必华。秩秩昭穆，则知祖宗之有自；绳绳世系，实衍谱牒于无穷。故兹诏示，咸使闻知。

有学者指出：人们一般认为宋代私修族谱主要是受欧阳修、苏洵的影响，真宗此诏却在欧、苏修谱之前。如果此诏真实可信的话，则宋代士大夫私修族谱显然受到国家倡导的影响，但目前所知此文仅见于上述家谱，对其真实性还要考察。[①] 对于明清族谱中类似的属于孤证的史料，又不能在其他文献中见到任何印证，确应对其可靠性进行极其慎重的判断和推敲。再者，此诏书在欧、苏修谱之前，其倡修的谱牒在形式上肯定不同于我们所说的宋代重建的宗族组织的家谱。至于修谱的目的，从上文中仅能知道是"各述祖宗本末"，以了解当朝人物之盛，故其可能只是比较简略地记录宗族世系，与宋以前门阀宗族制下的谱牒颇为类似。

三、宋代新宗族制度的主要内容

我们在上文一直强调宋代新宗族制度的重建，学术界也认为宋代是中国宗族史上一个重要的转折时期，那么宋代重建的新宗族制度在内容上与前代相比究竟有哪些突出的变化？要探讨此问题，必须首先弄清宋代宗族制度的主要特征。

学术界对宋代宗族制度特征的认识可归纳为以下几点：第一，从发展趋势上看，呈现出明显的平民化趋势。由当时官、民向官定祭祖法挑战的情形看，即从违制祭祀五世祖及少数宗族祭祀始祖的事实看，更多的民众关心宗族建设，它比秦唐间的宗族更具有民众性，因而宋元时期成为宗族平民化的重要阶段。总之，宗族发展到宋代之后，不再是皇族、贵族、士族及官僚的群体，平民百姓也可建立自己的宗族组织，使它进入了平民化的新时期。[②] 第

---

① 以上参见常建华《中华文化通志·宗族志》，第271～273页。

② 参见冯尔康《中国古代的宗族与祠堂》，商务印书馆国际有限公司1996年版，第40页；冯尔康主编《中国社会结构的演变》，河南人民出版社1994年版，第133页。

二，从功能上看，以“敬宗收族”为主要目的。针对门阀宗族制度衰落导致的宗法人伦关系和伦理道德弱化的问题，宋代的统治阶级深深感到了“世道衰，人伦坏”给统治秩序带来的严重威胁。他们认识到要重整社会伦理道德，就要重建宗族制度，于是以官僚士大夫为核心的地主阶级倡导“尊尊”、“亲亲”、“敬宗”、“收族”，形成治家治族的社会风气。经过一番努力，最终形成了以“敬宗收族”为突出特点的宗族制度。[①] 第三，从组织形式上看，以祠堂、族谱和族田为“敬宗收族”的手段。所有的宗族都由祠堂、族谱和族田三者联结起来。族田是家族制度赖以存在的物质条件，以它为“诱饵”将族众团聚在一起；祠堂和族谱则用以尊祖敬宗，强调血缘关系，规定家法族规，从上层建筑和意识形态方面维系宗族制度。这三者是宋代及以后宗族制度的主要特点。[②] 总之，宋代宗族制度内容上的变化主要表现在祠堂、族谱和族田三个方面。它们都呈现出平民化的发展趋势，以“敬宗收族”为主要功能。下面就以此为基本认识对宋代宗族制度中的祠堂与祭祖制、族谱制和族产制三个方面作一简要论述。至于宋代宗族制度的其他内容，后文论述宗族对乡村社会的控制时还有述及，此不赘述。

（一）祠堂与祭祖制

宋代以前，为祭祀祖先，贵族和官僚可以按爵位和品级设立家庙，最多可以祭祀高、曾、祖、父四代，而一般士庶不能设立家庙，只能在寝堂内供奉祖先牌位祭祀一代。到宋代，随着宗族组织的发展，墓祭和祠祭成了主要的祭祖形式，祭祀对象的范围也有所扩大。前文已述及张载、程颐、朱熹等的相关主张，此处主要论述宋代的祭祖实践。

宋人在岁节、寒食、中元、十月初一等节日都要举行墓祭，有不少都是宗族一起祭祀。如福州一带，“州人寒食春祀，必拜坟下。富室大姓有赡茔田屋，祭毕合族，多至数百人，少数十人，因是燕集，序列款服，尊祖睦族之道也”[③]。姑苏钱僧孺在葬亲时就“筑馆于其侧，岁时率其群子弟、族人祭拜其

---

① 参见王善军《宋代宗族和宗族制度研究》，第20～21页。

② 参见冯尔康等《中国宗族史》，第219页；徐扬杰《宋明家族制度史论》，中华书局1995年版，第20页。

③ 《淳熙三山志》卷四〇《土俗类·寒食》。

间,凡家有冠婚大事,则即而谋焉"[①]。墓祭完毕后,族人得以聚合,有的墓祠甚至演变成了宗族举行重要活动时族众的聚集之所。四明汪氏的墓祠"可以聚族列拜","遇清明必合而祭者,凡数十人,列于其次"。[②]

庆历元年(1041),宋朝允许高级官员建家庙祭祖,但有资格者很少。其实在此之前,已有人兴建祭祖家祠。天圣六年(1028)左右,官员任中师在曹州"治其第之侧隅起作新堂者,敞三室而辟五位","以是升画像而荐岁时焉",命名为"家祠堂"。[③] 庆历元年(1041),任从七品的节度掌书记的石介因"品贱"不能立家庙,于是在"宅东北位作堂三楹"[④],祭祀烈考及五位夫人,称为"祭堂"。到南宋朱熹在《家礼》中提出建立家祠的主张后,祠堂开始推广。如在徽州地区,休宁古林黄氏宗族、休宁率口程氏和臧溪汪氏也都建成了祠堂。[⑤] 仙游一带"士风盛,故多世家宦族。今有合族祠堂,置祭田以供祀事者,仿文公《家礼》而行"[⑥]。

南宋后期,有的地方已经出现了宗祠。宝祐元年(1253),江西丰城王氏"惧其族之衍而岁且久,将忘其所自出也,乃于其里白马山之阴立一庙,而取其族谱图刻于中,俾公(按:指该家族的始祖五代时人王威)之子孙至斯庙者,皆得因流而寻其源焉。族之人虽数十百千,而其来实出于一,则协比友睦之心油然以生,不至于亲尽则疏,相视如路人"[⑦]。王氏所建家庙祭祀始祖,与始祖已历十四世,族人众多,庙址未与族居地相连,与宋代的家庙制度出入很大,实际上已属于宗祠。[⑧] 祠堂的建立使原来个别家庭的祖先祭祀活动成为全族经常性的活动,如莆田黄氏的族祠就是"东里族黄氏春秋享祀、岁节序拜之所也"[⑨],有利于族众联系的加强。

---

① 沈括:《长兴集》卷一〇《苏州清流山钱氏奉祠堂记》。
② 楼钥:《攻媿集》卷六〇《汪氏报本庵记》。
③ 穆修:《穆参军集》卷下《任氏家祠堂记》。
④ 石介:《徂徕石先生文集》卷一九《祭堂记》。
⑤ 参见赵华富《徽州宗族研究》,安徽大学出版社2004年版,第140页。
⑥ 《(同治)仙游县志》卷八下《邑肇志·风俗》引陈说《道庆堂记》。
⑦ 姚勉:《雪坡集》卷三六《丰城王氏家庙记》。
⑧ 参见常建华《中华文化通志·宗族志》,第90页。
⑨ 黄仲元:《四如集》卷一《族祠思敬堂记》。

宋代祭祀祖先的范围到南宋后期也不断扩大,如俞氏家族,“每岁寒食,主祭者率子弟各执事,自始祖而下合祀焉”①。莆田黄氏设立族祠,“祠吾族祖所自出”②共13代,也是祭祀始祖。光泽县李氏宗族“聚族千指……为会宗法,岁时设远祖位,合族荐献饮福”③。这都是到南宋后期祭祖对象扩大的实例。

通过以上论述可知,宋代祭祖制度将原来仅限于贵族和高级官员的家庙发展为祠堂,将祭祖对象从最近一代、数代延至始祖以下的历代祖先,都是宋代宗族祭祀平民化的表现。从功能上看,经常和完备的宗族祭祀可以将族众紧密团结在祖先灵魂的周围,加强了族人之间的联系,增强了族众的认同感,是“收族”的重要手段之一;宗族祭祀还可加强族长、宗子的权威,有助于其对族众的日常约束。④

(二)谱牒制

宋代史学家郑樵评论魏晋隋唐时期的谱牒制度说:

> 自隋唐而上,官有簿状,家有谱系。官之选举,必由于簿状;家之婚姻,必由于谱系。历代并有图谱局,置郎令吏以掌之,仍用博通古今之儒知撰谱事。凡百官族姓之有家状者则上之,官为考定详实,藏于秘阁,副在左户。若私书有滥,则纠之以官籍,官籍不及,则稽之以私书,此近古之制,以绳天下,使贵有常尊,贱有等威者也。所以人尚谱系之学,家藏谱系之书。自五季以来,取士不问家世,婚姻不问阀阅,故其书散佚而其学不传。⑤

由此可知魏晋隋唐时期的谱牒有官修和私修两种,其目的在于界定门第高低和考证族属血统,为选官和婚姻服务。出于这样的目的,其主要记述世系,虽然简略,但考证非常缜密精审。

前文已指出宋代新式族谱的编修是从仁宗时欧阳修和苏洵修谱开始

---

① 徐元杰:《楳埜集》卷一〇《洪庆庵记》。

② 黄仲元:《四如集》卷一《族祠思敬堂记》。

③ 周必大:《文忠集》卷七五《澹轩李君吕墓志铭》。

④ 参见王善军《宋代宗族和宗族制度研究》,第98~100页。

⑤ 郑樵:《通志》卷二五《氏族略·氏族序》。

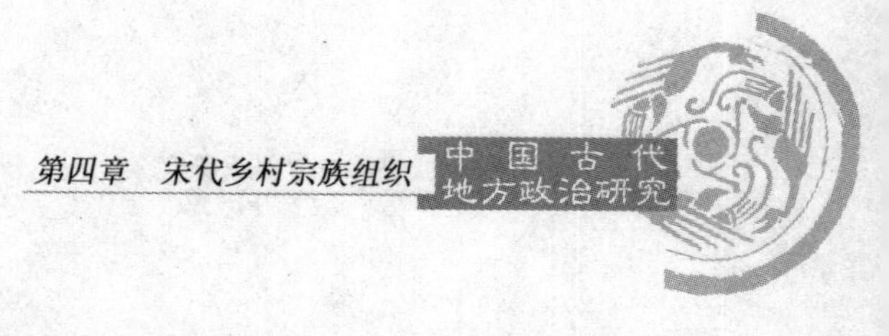

的，其后“继之者不一而足”[①]，出现了修谱盛行的局面。欧阳修也说：“世之谱其族者，往往有之。”[②]约在元丰七年(1084)，南丰曾氏修成了《曾氏谱图》，此谱在《宋史》卷二〇四《艺文志三》中有著录。除以上欧阳、苏、曾三家族谱外，北宋时修谱的还有临川许元家族、范仲淹家族、朱长文家族、游酢家族、黄庭坚家族、衡阳渔溪王氏家族、晁说之家族、杨杰家族等，总共不过10余例。[③] 到了南宋，族谱修纂日渐增多，保存在南宋文集中的族谱序跋就有数十篇，日本学者多贺秋五郎搜集后达43篇[④]，这与当时谱牒的实际数量肯定相去甚远。目前保存下来的徽州地区的宋修族谱尚有7种[⑤]，足可想见当时修谱之盛。

随着时势的发展，尤其是门阀世族宗族制的衰落，宋代谱牒发生了很大变化，主要表现在：

首先，在编修方式上，由前代的官修和私修并存演变为完全私修，“至宋而私谱盛行，朝廷不复过而问焉”[⑥]。到宋代，门阀士族已退出历史舞台，“取士不问家世，婚姻不问阀阅”，族谱对于国家失去了其在选官等方面的功能，故而成了宗族及其成员的私人行为，表现出明显的平民化趋势。

其次，在编修原则上，由于前代谱牒以界定门第高低和考证族属血统为原则，故而尤其注意祖先世系之考证，考订缜密。宋代谱牒以收拢族人和辨明亲疏关系为目标，重今世而忽略上世。有的宗族为达到增强族众孝悌观念和荣誉感的目的，往往故意将历史上的同姓名人引为自己的祖先。欧阳修就说：“世之谱其族者，往往有之，然诞者上推古昔以为博，夸者旁援他族以为荣，不几于诬其祖乎？”[⑦]

---

① 《文天祥全集》卷一〇《跋李氏谱》。

② 《古今图书集成·明伦汇编·氏族典》卷二八〇欧阳修《衡阳渔溪王氏谱序》。

③ 参见常建华《中华文化通志·宗族志》，第267页；[日]多賀秋五郎《中国宗譜の研究》上卷，東京：日本学術振興会1981年版，第143页。

④ 参见[日]多賀秋五郎《中国宗譜の研究》上卷，東京：日本学術振興会1981年版，第143～145页。

⑤ 参见赵华富《徽州宗族研究》，第217～218页。

⑥ 钱大昕：《十驾斋养新录》卷一二《郡望》。

⑦ 《古今图书集成·明伦汇编·氏族典》卷二八〇欧阳修《衡阳渔溪王氏谱序》。

再次，从谱牒内容上看，宋以前的谱牒主要记录“世族继序”，讨论“族望之高下”，内容相对简略。宋代族谱不必“次族望之高下”，亦不必管“前件郡姓出处，许其通婚媾”，其内容也就开始偏重族内关系[①]，不仅记录宗族世系、历史、现状，而且记录祭祀、义庄和义田管理、族规、艺文等。

最后，在功能上，魏晋隋唐时期谱牒的功用主要在于选官和婚配，而宋代谱牒的功能在于“收宗族，厚风俗，使人不忘本”[②]，前文所述欧阳修、苏洵修谱的目的也可说明这一点。[③] 后文对此还有论述。

（三）族产制

宗族组织为实现“收族”的目的而需要进行祭祖、维持祠堂、修纂族谱、救济贫弱等活动，而这都需要一定的经费支持。汉唐时期的世家大族基本上是同居共财，财产世代相袭，是宗族维持的物质基础。宋代土地私有制急剧发展，新宗族组织内部基本上都是个体家庭异财别居，缺乏共同的经济基础，族人易于离散。[④] 宋代新宗族组织形成后，设置固定的族产尤其是族田，就成了宗族制度的重要内容。

宋代族产的种类虽多种多样，但以族田为主体，包括用以供应祭祀的祭田和用以赡族的义田等。

祭田又称“烝尝田”、“赡坟田”、“赡茔田土”、“赡茔田产”等，在宋代已比较普遍，其收入主要用于“供资用、粢盛、酒醴、牲牢、脯醢”[⑤]。陈藻说：“今自两府而至百姓之家，物力雄者则烝尝田多。”[⑥]可知只要经济条件许可，从高级官员到平民百姓都设置祭田。绍兴八年（1138），泉州傅氏族人就“相与出力买田，以奉蒸尝”[⑦]。福建地区祭田设置较江浙一带要多，福州的“富室大

① 参见龚鹏程《唐代思潮》，商务印书馆 2007 年版，第 398 页。

② 《张载集·经学理窟·宗法》。

③ 以上关于宋代谱牒制变化的论述，参见王善军《宋代宗族和宗族制度研究》，第 21～22 页。

④ 参见刘广明《宗法中国》，上海三联书店 1993 年版，第 78 页。

⑤ 舒岳祥：《阆风集》卷一二《广孝庵记》。

⑥ 陈藻：《乐轩集》卷八《大宗小宗》。

⑦ 傅诚：《葵山圣姑祀田籍记》，载郑振满、丁荷生编纂《福建宗教碑铭汇编·泉州府分册》上册，福建人民出版社 2003 年版，第 23 页。

姓有赡茔田屋”[①]，从而使“江浙巨室有朝为陶朱、暮为黔娄者，惟闽人千金之产，百亩之田，或传十数世而不失”[②]。可见祭田有助于宗族的维系。

在宋代族田中，最主要的还是义田。范仲淹于皇祐元年（1049）创设义田及范氏义庄后，在社会上产生了很大影响，许多人起而仿效。胡寅就说：“本朝文正范公置义庄于始苏，最为缙绅所矜式。”[③]刘宰则说范仲淹设立义庄后，“吴中士大大多放而为之”[④]。义田的例子很多，学界已多有统计，可参见[⑤]，此处略举数例。宋代的大部分义田主要只是用来救助族内的贫弱者。潍州北海人吴奎“以钱二千万买田北海，号曰‘义庄’，以赒亲戚朋友之贫乏者”[⑥]。右司郎中李师中在家乡楚丘“买田数千亩”，“给宗族贫乏者”。[⑦]临江人向子諲“置义庄，赡宗族贫者”[⑧]。仙居吴明可为义庄义冢，“以俟宗族之贫者”[⑨]。新昌人石子重因“族党有贫不能自活者，买田捐金，以振业之”[⑩]。还有一些义田的功能比较多，不仅济贫，还用来充祭祀之费。金坛人陈稽古“闵宗族之不竞，忧墟墓之不保，一日聚族，出手书，拨良田以为义庄，收其半之入以赡族，余以赡茔事”[⑪]。莆田方氏义庄的功能更为全面：

> 即旧请琵琶槽之地，堤而为田，田成，岁入石三百，犹未足于用也，又捐田五十石以足之。于是取范公遗法，依仿而行，聚每岁之入，等第给之。姑自其亲且近者始，故九世祖礼部而下若干人，高王父福平而下

---

① 《淳熙三山志》卷四〇《土俗类·寒食》。

② 刘克庄：《后村先生大全集》卷九三《林寒斋烝尝田记》。

③ 胡寅：《斐然集》卷二一《成都施氏义田记》。

④ 刘宰：《漫塘集》卷二一《希墟张氏义庄记》。

⑤ 张文对前人关于宋代义庄和义田的统计进行了订补，编成《宋朝义庄、义田设置情况表》，共收79项，其中五项存疑，是目前最为完备的关于宋代义庄和义田的统计。（参见张文《宋朝民间慈善活动研究》，第145～160页）虽然其统计已较完整，但也有一些无义庄之名，却有义庄之实者未收录，如北宋时湖南邵阳李杰建立的“同庄”，本名“义庄”，因其“以为义之名重，而不敢居”（《（道光）宝庆府志》卷一一六），故改名。

⑥ 刘攽：《彭城集》卷三七《吴公墓志铭》。

⑦ 刘挚：《忠肃集》卷一二《右司郎中李公墓志铭》。

⑧ 《宋史》卷三七七《向子諲传》。

⑨ 《朱熹集》卷八八《龙图阁直学士吴公神道碑》。

⑩ 《朱熹集》卷九二《知南康军石君墓志铭》。

⑪ 刘宰：《漫塘集》卷二三《洮湖陈氏义庄记》。

若干人。冠笄有馈,婚嫁有馈,丧葬有馈,男女之生有馈。延师家塾,教子若孙,月有俸,岁有供,登科者庆遗之,秋荐入学者资送之。有其亲而贫者,疏而贤者,俭岁而有饥乏者,非次而有患难者,皆有以济助之。是皆范氏旧规也。

每岁季秋,又与族众共行忠惠之祀,祭之仪、器服牲牢、献奠祝赞,件件应法。故其意盖曰,馈者惠也,徒惠非古也,是必有以私淑之。故器必如礼,欲其因俎豆之数,而知有作圣之学焉;服必如礼,欲其因衣冠之制,而知有修容之学焉。登降祼献有节,则朝廷宗庙之事习焉;尊卑饮拜有序,则闺门孝睦之义著焉。此其用意深远,又范规所无也。[①]

与范氏义庄相比,方氏义庄不仅为族众提供生活上的救助和兴办义学,而且还用于祭祀,目的是增强族众的"闺门孝睦之义"。

宋代出现的义田、义庄为宗族组织的发展提供了经济基础。它们对族众生活的救助使许多贫穷的宗族成员避免了流离失所、四处迁徙的命运,有利于宗族组织的维系。它们的收入用于义学,则为族众接受教育,进而参加科举考试提供了基本保障;用于祭祀,则有助于族众之间相互联系的加强。总之,从功能上看,义田、义庄表现出明显的以经济手段联系和控制族众的特点。

义田、义庄控制族众的力度还呈现出加强的趋势。如范仲淹制定的《义庄规矩》是对族众一律予以资助,没有对族众的行为进行规范。到了嘉定三年(1210)范之柔制定的《续定规矩》中就有了大量限制族众的行为的内容,如果违反,就予以暂停支米或除籍的处罚。史载:

旧规,诸房不得租种义庄田土,诡名者同。近来有恃强公然于租记名下夺种者,及有坝捺义庄田渭泾浜,车漕种菱,不容租户车水上下者,为害甚大。今后探闻有违犯之人,罚全房月米半年。

旧规,义庄事务惟听掌庄子弟自行处置,虽是尊长,不得侵扰干预。缘违犯者未曾有罚,是以近来多有族人专为货赂,不顾义庄利害,或为揽户兜纳苗米,必要多增贴耗;或主张不逞之徒,充应脚力及墓客之类;

① 林希逸:《竹溪鬳斋十一藁续集》卷一二《莆田方氏义庄规矩序》。

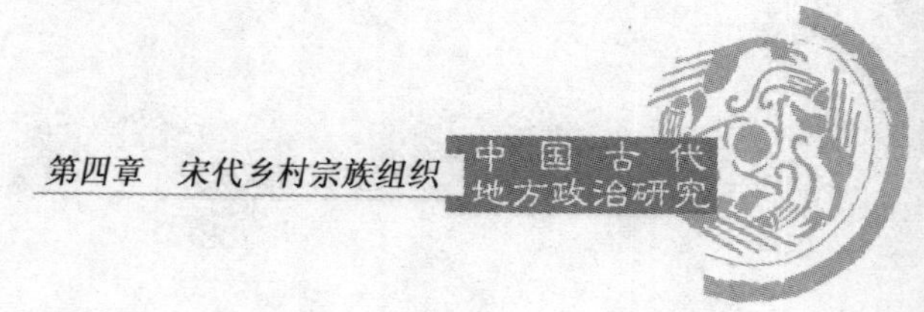

甚至鼓诱外郡族人挟长前来擅开仓廒，妄用米斛，恣行侵扰，意在破坏。今后如有违犯，许掌庄指实，申文正位，自行体访知觉，罚全房月米一年外，仍经官乞行根究惩治，内有乞觅过钱物之人，即合从条施行。

诸房闻有不肖子弟因犯私罪听赎者，罚本名月米一年；再犯者除籍，永不支米（奸盗、赌博、斗殴、陪涉及欺骗善良之类，若户门不测者，非）。除籍之后长恶不悛，为宗族乡党善良之害者，诸房具申文正位，当斟酌情理，控告官府，乞与移乡，以为弟子玷辱门户者之戒。[①]

建阳麻沙刘氏义庄的规约也有类似的规定："患苦乡闾、害及族党者，虽贫勿给；男婿越礼，女适非正者，虽贫勿助。"[②]这就使得这些关于义庄的规约有了家法族规的意味，以至于有人将范仲淹的《义庄规矩》直接称为"范文正公家法"[③]。

除以上三项宗族制度在宋代发生了重要变化外，其他如家法族规制也有变化。首先是数量上的增加。明人谢肇淛曾将宋代与汉唐作比较，"汉称万石君家法，唐则穆质、柳公权二家为世所崇尚，至宋则不胜书矣"[④]。宋人胡寅则从内容和功能等方面论述了家法族规在宋代的变化：

汉唐而后，士大夫家能维持累世而不败者，非以清白传遗，则亦制其财用，著其礼法，使处长者不敢私，为卑者不敢擅。凡祭祀、燕享、丧婚、交际，各有品节，出分出赘之习不入乎其门，而相养相生之恩浃洽于其族也。[⑤]

唐代的家法族规仍然主要是维护宗族门第，保守其"家风"，内容上更多的是对其子弟行为的规范，让其保持传统的生活规范，最终达到确保自己"名门右族"地位的目的。《旧唐书》卷一六五《柳玭传》就称："夫门地高者，可畏不可恃。可畏者，立身行己，一事有坠先训，则罪大于他人。虽生可以苟取名

---

① 《范文正公集》附范之柔《续定规矩》。

② 游九言：《默斋遗稿》卷下《建阳麻沙刘氏义庄记》。王善军据《（嘉靖）建阳县志》卷六指出此段文字中的"男婿越礼"应为"男婚越礼"。（参见王善军《宋代宗族和宗族制度研究》，第76页）

③ 游九言：《默斋遗稿》卷下《建阳麻沙刘氏义庄记》。

④ 谢肇淛：《五杂组》卷一四。

⑤ 胡寅：《斐然集》卷二一《成都施氏义田记》。

位，死何以见祖先于地下？不可恃者，门高则自骄，族盛则人之所嫉。实艺懿行，人未必信，纤瑕微累，十手争指矣。所以承世胄者，修己不得不恳，为学不得不坚。”从中可清楚地看到唐代家法族规的上述特点。到了宋代，家法族规虽也有对子弟行为的规定，但不太讲究什么“余家学识礼法”或“孝悌礼法”，更多的是关于宗族内外人际关系和各项事务的规范，目的是协调整个宗族的人伦关系，最终实现敦宗睦族的目的，使宗族组织得以维系。[①]

综上所述，由唐入宋以后，因应时代形势的变化，在士大夫阶层和国家的推动下，实现了宗族组织的重建。与前代相比，宋代新建立的宗族制度有许多方面都发生了很大变化。这种变化不仅体现在宗族制度的内容或形式上，如祭祖、谱牒、族产和家法族规等，更体现在其“敬宗收族”的功能和平民化的发展趋势上。

第二节　宋代宗族组织对乡村社会的控制

由于宋代宗族制度以“敬宗收族”为重要功能和目的，并呈现出明显的平民化的趋势，使其对乡村社会的渗透和影响力远远大于前代，因此其对乡村社会的控制能力随之大大增强。[②] 需要特别指出的是，由于新宗族制度是从北宋中期方开始形成的，其发展有一个漫长的过程，宗族制度的不少内容甚至到南宋后期才逐渐增多，故而对上文所说的宗族对乡村社会的控制力不宜估计过高，但这种控制力始终是向着增强的趋势发展的。宋代宗族组织对乡村社会的控制，大致有以下三种模式：

---

① 参见龚鹏程《宋代的族谱与理学》，载《第二届亚洲族谱学术研讨会会议纪录》，第 58～59 页。

② 有学者以《名公书判清明集》所反映的情况为例，认为在南宋乡村社会中传统家族制度日趋式微，家族成员的关系逐渐淡薄，讼案不断，族长职权大大缩小，其对乡村社会的控制力大大减弱。（参见黄牧航《〈清明集〉中所见南宋乡村社会》，华南师范大学硕士学位论文，2002 年）实际上这种认识未必准确。由于其所用史料为《名公书判清明集》，这是一部诉讼判决文书等的汇编，对反映乡村社会整个面貌有很大局限，其反映的乡村社会诉讼状况与实际状况有很大差距，其中宗族内部诉讼案例虽不少，但并不能说明宗族制度式微和其对乡村社会的影响减弱。

一、以族长等为核心的组织管理系统

宋代宗族一般都设有族长，管理宗族内部事务。族长的人选不仅要年龄高，更要德高望重，足以服众。族长多由族人推举族内"高年重望，硕德耆英"[①]者担任。会稽裘氏宗族"世推一人为之，有事取决，则坐于听事"[②]。被推选者为族内年长德高并能服众者，"诸位中以最长一人主管家事及收支租课等事务，愿令已次人主管者听，须众议所同乃可"[③]。庐陵人欧阳彝为族长，其"儒学行义表表一乡"[④]。绍兴嵬山金氏则是"推尊宗长一人，总治一应大小事务，如或不能任事者，次者佐之"[⑤]。金溪义门陆氏以"一人最长者为家长，一家之事听命焉"[⑥]。

有的宗族内还有房长。房长对宗族各种事务也有一定的管理权。《名公书判清明集》卷七《吴从周等诉吴平甫索钱》称："凡立继之事，出于尊长本心，房长公议，不得已而为人后可也。"《名公书判清明集》卷七《房长论侧室父包并物业》称梁居正一死，其侧室郑氏便唤族人梁太"行房长之事"，"一主居正之丧"。浙江衢州赵氏的财务由所有宗族领导层控制，"主家者的角色首先是召集人或提案人，然后与各房长共同决策，最后主家者成为执行人"[⑦]。

宋代义门聚居的大家庭比较多。[⑧] 这种大家庭世代较多，有的甚至超出五代，实际上就是宗族。[⑨] 大家庭内事务较多，除家长总管外，还设有众多辅

---

① 姚勉：《雪坡集》卷四五《礼席致语》。

② 王栐：《燕翼诒谋录》卷五。

③ 赵鼎：《忠正德文集》卷一〇《家训笔录》。

④ 周必大：《文忠集》卷四九《书欧阳彝四世碑》。

⑤ 台湾联合报国学文献馆藏《绍兴渔临关金氏宗谱》，转引自盛清沂《试论宋元族谱学与新宗法之创立》，载《第二届亚洲族谱学术研讨会会议记录》，第156页。

⑥ 罗大经：《鹤林玉露·丙编》卷五《陆氏义门》。

⑦ 柳立言：《从赵鼎〈家训笔录〉看南宋浙东的一个士大夫家庭》，载黄宽重等主编《家族与社会》，中国大百科全书出版社2005年版，第308页。

⑧ 参见王善军《宋代宗族和宗族制度研究》，第142～156页。

⑨ 参见常建华《中华文化通志·宗族志》，第201页。

助人员。江州义门陈氏就是“立主事一人，副事二人，管理内外诸事”[①]，另设有两名库司、十名宅库、一名勘司及若干庄首处理各项事务。金溪义门陆氏在家长以下，“岁迁子弟，分任家事，凡田畴、租税、出内、庖爨、宾客之事，各有主者”[②]。据嘉定十五年(1222)的《义门刘氏家法记略》，上虞义门刘氏盛时达5000多人，族中一应事务“惟尊长命令”，具体事务则“各有司存”，“若夫延师、修脯、待宾、仪用，皆主学人有以专之；置庄以营耕稼，由力穑人以掌之；为商贾以通有无，善会计者以谋之，凡百家政，经画云为井井有条”。[③]

族长的职责是管理宗族内外诸事。《江州陈氏义门家法》规定族长“内则敦睦九族，协和上下，约束弟侄，日出从事，必令各司其局，毋相夺伦。照管老少应要之资，男女婚嫁之给，三时茶饭，节朔聚饮，如何布办纽配，诸庄费用多寡，一依下项规则施行；外则迎接亲姻，袛待宾客，吉凶筵席，送迎之仪，一依下项施行”。有学者以《名公书判清明集》为基本史料，列举南宋族长的职权主要有：立继之权，但必须经过族人会议共同评议；参与主持族人家产的析分；掌管本族族谱；在特殊情况下主持族人的家事；族产管理；对族内不肖子弟进行教导；保管族人内部的协议书；抚育族内孤儿；主持族人丧事。[④] 今结合上述研究，辅以其他史料，重新概括宋代族长的职权如下：

(1)参与族人立继。《名公书判清明集》卷八《父子俱亡立孙为后》记载王圣与的两个儿子王怡、王蜀均不幸早死，因无后，故为其兄弟分别立后，然而所立王怡之子后归本家，结果使次子有嗣，而长子却无嗣，故族长王圣沐“经本司陈乞，照条择昭穆相当人，为王怡命继”，可见族长有责任为无后者立嗣。族长还负责选择立嗣对象。“本司随与行下本县”，“唤到王家族长王

---

① 陈崇：《江州陈氏义门家法》，载费成康主编《中国的家法族规》，上海社会科学院出版社2002年修订重印本，第238～243页。(下引此文出处皆同，不再详注)此家法虽制订于唐大顺元年(890)，但到宋代仍在执行。(参见许怀林《财产共有制家族的形成与演变》，载许怀林主编《江西历史研究论集》，江西人民出版社1999年版，第74页)

② 黄宗羲：《宋元学案》卷五七《梭山复斋学案》。

③ 《余姚开原刘氏宗谱五编》卷一《义门刘氏家法记略》，载《中华族谱集成·刘氏谱卷》第5册，巴蜀书社1995年版，第80页。

④ 参见宋燕鹏、张文科《从〈名公书判清明集〉看南宋族长的职权》，载《邯郸师专学报》2001年第4期。

圣泰等，契勘只有王广炳次子渊海，方三岁，唤王怡系是叔行，此外别无可继之人”。同卷《所立又亡再立亲房之子》中称“族人以王怡不可绝嗣，同共商议”，可知立嗣是由族长主持的族人会议共同决定的。《勉斋集》卷三三《谢文学诉嫂黎氏立继》中，官府处理这一争讼时，“追到族长数人，并称谢骖不愿立谢骏之子”。这一意见最终被官府采纳。

(2)参与主持族人析产及调解族人纠纷。据《名公书判清明集》，邢坚的所有家业由嘉兴府“别委清强官，唤集族长，从公检校，作两分置籍印押”①；谭念华的财产也是由官府“唤集谭氏族长，将谭念华所管田业及将李子钦姓名买置者，并照条作诸子均分”②；对于何南夫所有物业，“案即今监族长并监乡司根刷”，“索出产簿参对，与作两分均分”③；对黄廷吉财产，“备引差郛节监宅牙董丁杰下保，呼集黄氏族长，将黄廷吉分产，从公作两分均分”④。方天禄死后无子，所有财产由县衙“唤上族长，从公将但干户下物业均分为二，其合归天禄位下者，官为置籍，仍择本宗昭穆相当者立为天禄后”⑤。上述五个案例中的族长虽都是由官府召唤前去参与析产，但却是当时民间社会中族长参与主持族人析产习惯的反映。《黄氏日抄》卷七八《乐县尉绝户业助和粜榜》记处理乐县尉遗产时，要“族长保明”。《秋崖集》卷二六《回李宰》称“今后有资产交关者，以干照白尊长评直之”，对“叔侄相殴，兄弟为仇”者“委本宗族长戒谕”。《雪坡集》卷四五《礼席致语》称族长为“乡间之司命，公心服众”。《新安文献志》卷七九《胡大监传》称：“富民子讼析资不平，第严责族长平之，而讼以息。”

(3)管理族产。黄榦宗族烝尝田所入，“每年于内拨六石充祭享及输租外，公交族长掌管”⑥。江氏义庄由官府“择族长主其收支”⑦。《夷坚支景》卷七《程氏樟木》记鄱阳程氏“家山有大樟木一株”，庆元元年(1195)，“族长

---

① 《名公书判清明集》卷七《生前抱养外姓殁后难以动摇》。

② 《名公书判清明集》卷四《随母嫁之子图谋亲子之业》。

③ 《名公书判清明集》卷五《僧归俗承分》。

④ 《名公书判清明集》卷七《双立母命之子与同宗之子》。

⑤ 《名公书判清明集》卷八《检校嫠幼财产》。

⑥ 黄榦：《勉斋集》卷三四《始祖祭田关约》。

⑦ 《名公书判清明集》卷八《命继与立继不同》。

(程)知万与众议,以与荐福寺,使自伐之"。安吉阎氏"族聚浸广,仰食者众",阎骙"为杭治中,得圭田之租,即以付族长,俾置田乡里,次第给之,视兄弟之子逾己子"。[①]

(4)保管族谱或族内其他文书。宋代有俗语云:"有生若不报宗长,虽在宗门知是谁。"[②]可见当时如果有新生儿,需要报告族长,很可能就是因为族长保管族谱,需要由其将新增人口登录于族谱。《华阳集》卷三三《题祖诰》称:"自丱角闻先祖少傅言:家旧有唐朝告敕数卷,三张族长主之。"《名公书判清明集》卷八《诸侄论索遗嘱钱》称:"柳璟兄弟四人,久矣分析,各占分籍,素无词诉。三兄俱亡,有侄凡四,璟死之日,家业独厚,生子独幼,遂以四侄贫乏,各助十千,书之于纸,岁以为常。今才五七年,而璟之妻子乃渝元约,诸侄陈论,意欲取索,就其族长索到批帖。"批帖这一族人内部的协议书即由族长保管。

(5)教导族内不肖子弟。强幼安任遂安县主簿时,"有詹天申者稍不逊,公遣人谕以理,少选,詹之族长相率携天申诣公愧谢"[③]。族长还可对族人实施处罚。会稽裘氏"有竹箄亦世相授矣,族长欲挞有罪者,则用之"[④]。《名公书判清明集》卷八《衣冠之后卖子于非类归宗后责房长收养》中记载"刘理为衡州知郡孙,有男元老,幼不抚养,而卖于乡民郑七",后元老逃回本家,其父又将其卖于程十乙,后经官府裁决,将刘元老"牒押往族长刘万二宣教宅,听从收养,观此子情貌奸狡,兼所习已乖,请万二宣教严于钤束,庶免堕落下流,为衣冠之玷"。如果族内子弟有犯法者,族长要承担连带责任。如婺源汪氏义门大家族中有子弟"有抵罪匿者,吏以为当坐家长"[⑤],由此也可反映

---

① 刘一止:《苕溪集》卷五〇《宋故永嘉郡夫人高氏墓志铭》。

② 《胡氏莫太夫人家训》。莫氏为余姚人,年二十嫁同里赠右通直郎胡宗汲为妻。胡宗汲,字浚明,又号醇儒,元符二年(1099)登乡书,屡试礼部不售,遂同莫氏携家寓京授徒。此家训为莫太夫人84岁时所作,由孙介编定。共120条,内容详细平实,皆日常处事接物、立身持家之法,较一般谱中所列家训,尤切实可行。本书所引此家训之文均转引自戴建国《宋代家法族规试探》,载其《宋代法制初探》,黑龙江人民出版社2000年版,第327~350页。

③ 曾协:《云庄集》卷五《右中散大夫提举台州崇道观强公行状》。

④ 王林:《燕翼诒谋录》卷五。

⑤ 《新安志》卷八。

族长的这一职权。

(6)扶助族内孤弱。《攻媿集》卷一〇八《朝请大夫吴公并硕人姚氏墓志铭》称有人"家尚窭,寓族长之家"。宋末元初袁桷的妻子郑氏年幼时父母双亡,由宗族收养,袁桷的父亲"谋于其宗长"①,方才嫁给袁桷。

(7)主持宗族祭祀。祭祀祖先时讲究尊卑长幼有序,族长必然处于领导者和主持者的地位。赵鼎《家训笔录》第五项称:"岁时享祀,主家者率诸位子弟协力排办,务要如礼,以其享祀酒食,合族破盘。"②

宋代族长的权力不仅仅来源于宗族内部的习俗和约定,来源于民间性质的家法族规的规定,还得到了国家的认可、支持与维护(后文有述),从而保证了其对族众的强有力的约束和控制。这种控制无疑有利于国家对乡村社会的控制。

二、以族塾义学、家法族规、族谱及宗族祭祀为核心的教化惩戒系统

北宋中期以后,许多宗族都创办了族塾义学,以教育本族子弟。累世同居的义门大家庭往往设有书堂或书院,如江州义门陈氏的东佳书堂(义门书院)、金溪陆氏的槐堂书屋等,洪州胡氏和建昌洪氏也都有书舍。这类家族学校以北宋立国后至仁宗庆历兴学前较为常见。范仲淹创设义庄和义学后,以义田收入兴办义学成了宋代宗族教育的重要形式。如崇安人江埙之父江焘"以余财创义庄,辟塾延师,聚族教养"③。饶州乐平人王刚中生平慕范纯仁之为人,"买田千亩为义庄",又"筑室为家塾,延宾师,具粮糗,凡族子之胜衣者皆进于学"。④ 希墟张氏以良田四百亩为义庄,"建学立师以训其族之子弟,名曰申义书院"⑤。衡阳赵氏以5000亩田地为义庄,赡养族众,认为不能"有养而无教","乃立义学……学规如岳麓、石鼓"。⑥ 以义庄资助义学,使义学可以有比较稳定的经济支持。此外,还有不少个人独立或宗族合力

---

① 袁桷:《清容居士集》卷三三《亡妻郑氏事状》。

② 赵鼎:《忠正德文集》卷一。

③ 魏了翁:《鹤山先生大全文集》卷八三《知南平军朝请江君(埙)墓志铭》。

④ 孙觌:《鸿庆居士集》卷三八《宋故资政殿大学士王公墓志铭》。

⑤ 刘宰:《漫塘集》卷二一《希墟张氏义庄记》。

⑥ 刘克庄:《后村先生大全集》卷九二《赵氏义学庄记》。

创办的族塾义学，不再详述。

宗族组织创办族塾义学的目的主要有以下两个：

一是加强对族中子弟的教育，使之通过科举考试获得出仕机会，提高本宗族的政治地位和社会地位。这在当时文人为宗族兴学所作的记文及各种宗族规约中均有体现。北溪崔氏族众集资建立盱山书院，“萃诸子侄就学其中”，以求“自是而往，明经取青紫，特其余事，衮衮而来”。[①] 桐源书院是贵溪“高氏特以教其家与一乡子弟”而建，“他日有自此而达于郡邑，上于国学，赫然名闻于四方，则书院不为徒设矣”[②]。眉山家氏兴义学，“延致里中宿儒，聚宗族子弟之有志于学者，俾之教之”，使之“各通一经，各为一艺，无适他途，无营他业也。席珍待聘，怀忠信以待举可也。他年峨冠垂绅于朝廷之上，以行其所学，夫然后有光祖宗而究显扬之美，流积庆于无穷矣”。[③] 一些宗族在这一方面取得了很大成功。如南康洪氏建雷塘书院后，子弟受学，“自端拱以来，岁登上第者，联光桂籍”[④]。奉新胡氏建有华林书院，胡氏自太宗端拱二年(989)至真宗天禧三年(1019)的30年间，就考中进士6人，至哲宗绍圣四年(1097)，则共举进士11人，中举者则不可胜数。

二是通过传统伦理道德和宗法观念的灌输，把宗族成员教育成国家的忠顺臣民。由唐入宋的陈氏东佳书堂的建立就充分说明了这一问题：

> (陈)衮以为族既庶矣，居既睦矣，当礼乐以固之，诗书以文之，遂于居之左二十里曰“东佳”，因胜据奇，是卜是筑，为书楼，堂庑数十间，聚书数千卷，田二十顷，以为游学之资。[⑤]

所谓的“礼乐”，其主要内容就是传统伦理道德和宗法观念。陈衮认为宗族要通过“礼乐以固之”，可以看出他的真正用意就是通过礼乐诗书来达到“族睦”的目的。孝是宗法观念和传统伦理道德中最为核心的部分，对于宗族组

---

① 包恢：《敝帚稿略》卷三《盱山书院记》。

② 汪应辰：《文定集》卷九《桐源书院记》。

③ 家铉翁：《则堂集》卷二《积庆堂记》。以上关于宋代族塾义学发展和目的等的论述，参见宋三平《宋代家族教育述论》，载《南昌大学学报》(社会科学版)1996年第1期。

④ 张君房：《南康军旌表门闾洪府君墓志铭并序》，载陈柏泉编著《江西出土墓志选编》，第12页。

⑤ 《(同治)德安县志》卷三徐锴《陈氏书堂记》。

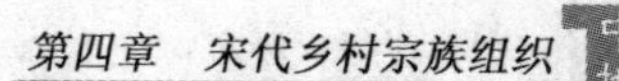

织的维护具有重要作用，所以许多宗族都强调族塾义学的教学内容要围绕孝来展开。赵鼎《家训笔录》第一项便规定“闺门之内以孝友为先，吾平日教子孙读书为学，正为此事”[①]。陆九韶在《陆氏家制·居家正本上》中则说得更加具体：

> 愚谓人之爱子，但当教之以孝弟忠信。所读之书，先须六经语孟，通晓大义，明父母君臣夫妇兄弟朋友之节，知正心修身齐家治国平天下之道。以事父母，以和兄弟，以睦族党，以交朋友，以接邻里，使不得罪于尊卑上下之际。次读诸史，以知历代兴衰，究观皇帝王霸与秦汉以来为国者规模措置之方。[②]

总之，宋代宗族组织创办教育事业，无论出于何种目的，最终都是为了保持宗族内部的稳定，扩大宗族的影响，提高宗族的地位，更好地实现“敬宗收族”的目的。

宋代宗族组织为加强宗族成员间的凝聚力和宗族对其成员的约束力，纷纷制定家法族规，作为全体宗族成员共同遵守的行为规范。家法族规的内容比较广泛，但无非是家事、族事及宗族与他族、宗族与地方社会和国家间的关系等的规范。此处只对家法族规中有助于乡村行政组织职能实施的内容作一简述。[③]

首先，家法族规对个人行为进行约束。家法族规要求宗族成员的言行举止要遵循礼法，不能涉及异端邪说。余姚《胡氏莫太夫人家训》规定“诞日及嫁娶不得僭用非礼之乐”，禁止子孙游手好闲、参与赌博、纵情声色伎玩等；对妇女则不许其干预外事，强调男女有别，禁止“看搬杂剧，又不可往庙观街市烧香看灯”。家法族规中还多有要求成员节俭的内容。赵鼎称“节俭一事，最为美行”[④]。叶梦得则称：“夫俭者，守家第一法也。故凡日用奉养，

---

① 赵鼎：《忠正德文集》卷一。

② 以上关于宋代族塾义学的论述，参见王善军《宋代族塾义学的兴盛及其社会作用》，载《中国史研究》1999年第2期。

③ 本书关于宋代家法族规的叙述，参考戴建国《宋代家法族规试探》尤多，特此说明。

④ 赵鼎：《忠正德文集》卷一〇《家训笔录》。

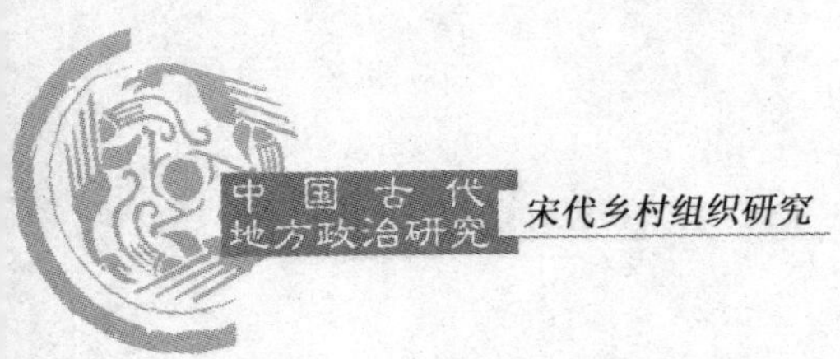

一以节省为本，不可过多，宁使家有赢余，毋使仓有告匮。”[①]

其次，家法族规对家庭关系进行调整。家法族规要求宗族成员遵守传统伦理道德，孝敬长辈，无条件地服从尊长。司马光《涑水家仪》要求：“凡诸卑幼，事无大小，毋得专行，必咨禀于家长。”[②]《胡氏莫太夫人家训》规定：“父母尊长在前，当敛容恭顺起敬。如父坐则子立，姑坐则妇立，兄坐则弟侍，姐坐则妹侍，不可并行，不可并坐。”绍兴裘氏家规规定：“孝子悌弟，凡化所关，如有事亲敬长，行谊纯笃，可方古人者，合族举呈于公府，以待旌表。即有一节可录，亦当于谱中直纪其事。”[③]

家法族规对族人的婚姻也有具体要求。“凡娶嫁，应以鼎宗为荣，不必问其家厚薄。”[④]择偶标准一般注重贤德。《胡氏莫太夫人家训》的要求是“家法严正，德性纯良”。《石林治生家训要略》规定：“无家教之族，切不可与为婚姻。娶妇固不可，嫁女亦不可……为子孙娶妻嫁女，必择孝悌世世有行仁义者，如是则子孙慈孝。”

再次，家法族规对族内关系进行调整。家法族规中对宗族祭祀一般都有详细规定。赵鼎《家训笔录》规定：“岁时享祀，主家者率诸位子弟协力排办，务要如礼，以其享祀酒食，合族破盘”，祭祀时族内成员要衣冠整齐，“长幼毕集，不得懈慢”。[⑤]

家法族规对族众间纠纷的处理也有详尽规定，一般不允许宗族成员直接告至官府。陆游《放翁家训》称：

> 诉讼一事，最当谨始。使官司公明可恃，尚不当为，况官行关节，吏取货贿，或官司虽无心，而其人天资暗弱，为吏所使，亦何所不至？

《江州陈氏义门家训》则说：

> 夫讼者，逞刁顽以求胜，非盛德也。破家亡身实始于此，凡我子姓

---

① 叶梦得：《石林治生家训要略》。

② 《说郛》卷七一司马光《涑水家仪》。

③ 《（道光九年）西朱裘氏宗谱》卷一《裘氏族规》。本书所引此家训之文均转引自戴建国《宋代家法族规试探》，载其《宋代法制初探》，第327～350页。

④ 《（道光九年）西朱裘氏宗谱》卷一《裘氏族规》。

⑤ 赵鼎：《忠正德文集》卷一〇。

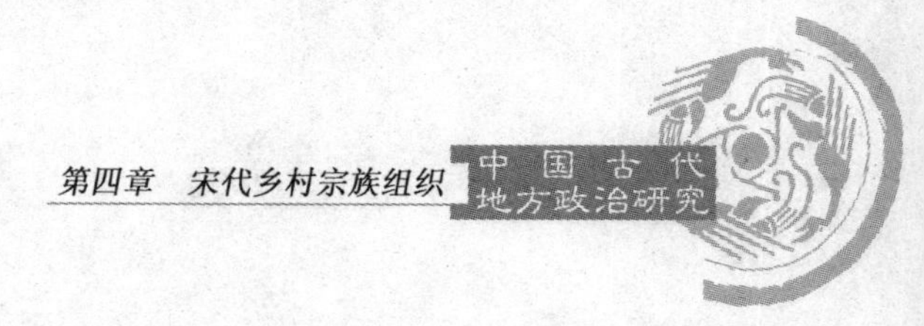

于纤芥小忿，务宜含忍。倘有不平，在宗族，则具巅末诉之族长，从公以辨其曲直。[①]

《胡氏莫太夫人家训》则告诫子孙不可争讼，认为“废家败事，敝精劳思，最在于此”，对于先宗族、后官府的诉讼程序，如违反，“家长具其曲直，会宗族对庙神主声其是非，明加大罚大责”。

最后，家法族规对宗族与国家的关系进行调节。家法族规对宗族与国家关系的调节表现为其要求宗族成员履行对国家的义务，主要是纳税应役。许多家法族规都把按时完纳赋税当作一件大事。《袁氏世范》卷下《赋税宜预办》规定：

凡有家产，必有税赋，须是先截留输纳之资，却将赢余分给日用。岁入或薄，只得省用，不可侵支输纳之资，临时为官中所迫，则举债认息，或托揽户兑纳而高价算还，是皆可以耗家……若能知此，则无破家之患矣。

这里要求宗族成员宁可省吃俭用，也要缴纳税赋，以免招致破家之祸。《袁氏世范》卷下《赋税早纳为上》条称：“纳税虽有省限，须先纳为安。如纳苗米，若不趁晴早纳，必欲拖后，或值雨雪连日，将如之何?”吕氏《家范》要求“每遇夏秋税起催日，先期输纳”[②]。《江州陈氏义门家训》称“公赋乃朝廷军国所急需，义当乐输者”，要及时交纳，这样“不惟省吏胥追呼之扰，而室家亦有盈宁之庆矣”。《裘氏家规》要求“凡正供之需，当及时上输，免官府催科之烦，且以省家门骚扰之费”。《胡氏莫太夫人家训》要求“户役当加勤谨，争先趋之，不可互推以辱家门”。井研青阳简家族也要求“公法不可不畏，租赋不可不时”[③]。

如果宗族成员违反家法族规，则要受到惩治。江州陈氏立有“刑杖厅”，“凡弟侄有过，必加刑责”。具体规定如下：

诸误过失、酗饮而不干人者，虽《书》云“宥过无大”，倘概不加责，无

---

① 《(民国)义门陈氏大同族谱》卷四《义门家训》。本书所引此家训之文均转引自戴建国《宋代家法族规试探》，载其《宋代法制初探》，第327～350页。

② 吕祖谦：《东莱集·别集》卷一《家范》。

③ 黄庭坚：《山谷别集》卷九《青阳希古墓铭》。

以惩劝。此等各笞五十。

恃酒干人及无礼妄触犯人者，各决杖五十。

不遵家法，不从家长令，妄作是非，逐诸赌博、斗争伤损者，各决杖十五下，剥落衣装，归役一年。改则复之。

妄使庄司钱谷，入于市廛，淫于酒色，行止耽滥，勾当败缺者，各决杖二十，剥落衣装，归役一年。改则复之。[①]

会稽裘氏"有竹箄亦世相授矣，族长欲挞有罪者，则用之"[②]。江阴陆氏家规规定："若子孙有罪过，合族兄弟叔侄禀告族长，押入祠堂，量轻重责罚。"[③]对屡教不改者则告官或除名。绍兴《裘氏家规》规定："男有狂暴凶横，干名犯义及结党匪类，玷恶宗族者，则削其名。"陆九渊宗族对"子弟有过，家长会众子弟，责而训之。不改，则挞之。终不改，度不可容，则告于官，屏之远方"[④]。青阳人方纲"家世孝义，同居四百年，凡七百口"，"著《家法》三卷，冠婚丧祭皆有仪式，子弟不率教者，尊长数其罪挞之"。[⑤]

家法族规是家族管理的重要保证。江州义门陈氏"世世守家法，孝谨不衰，闺门之内，肃如公府"[⑥]；金溪陆氏义门在陆九龄的主持下，"治家有法。阖门百口，男女以班各供其职，闺门之内严若朝廷"[⑦]。家法能够使族内"肃如公府"、"严若朝廷"，足可见家法在族众管理上的效力。虽然这是同财共居大家庭中家法族规的情况，与之相比，一般宗族族规的控制力度有所不及，但应不会差别太大。家法族规对于宗族成员的个人行为、家庭关系、宗族内关系、宗族与国家关系的调整都是在遵守国家法令与伦理道德的原则下进行的，教化与惩戒相结合，很好地起到了维护宗族内部稳定的作用，进而有助于维护乡村社会秩序的稳定。家法族规在某些方面可以填补国法的

① 《江州陈氏义门家法》。

② 王楙：《燕翼诒谋录》卷五。

③ 《(民国)江阴陆氏世谱》卷二《格言家训》，转引自戴建国《宋代家法族规试探》，载其《宋代法制初探》，第333页。

④ 罗大经：《鹤林玉露·丙编》卷五《陆氏义门》。

⑤ 《(嘉靖)池州府志》卷七《人物·贤哲》。

⑥ 《续资治通鉴长编》卷四〇，至道二年六月庚辰条。

⑦ 《宋史》卷四三四《陆九龄传》。

空缺和不足之处，是国家法的重要补充。

宋代从仁宗时欧阳修编成《欧阳氏谱图》和苏洵编成《苏氏族谱》后，以“敬宗收族”为目的的族谱大量出现。这从族谱的序文中就可以看出，略举数例如下。欧阳修在嘉祐五年(1060)的《衡阳渔溪王氏谱序》中说：

长沙之湘东有文学士曰王永贤者来谒，出其谱，属予序之……曰：“吾宗人家于湘东者不可指数，其初一本也，源流而末益分，于是乎有期功之属焉，有缌麻之属焉，有袒免无服之属焉。世之薄者于其疏属，视如涂人，繇无谱以稽之也。使有谱焉，等而上之，则出于一本；旁而推之，则分为群支。虽百世之远，而祖考不忘，宗族不散，尊祖敬宗之心将油然兴矣。此吾谱所以修也。君其为我序之。”予惟族谱之作，所以推其本，联其支，而尊尊亲亲之道存焉……今王氏之谱，据其所可知而不失之诬，缺其不可考而不失之夸。推其祖之所自出，有尊尊之义焉；详其族之所由分，有亲亲之义焉。①

由上文所述可知，不仅欧阳修坚持族谱的“亲亲”、“尊尊”之义，强调族谱的“收族”功能，就是王永贤对此也有清楚认识。游酢在其《家谱后序》中也强调了家谱敦宗睦族的意义：

自时厥后，本朝太平兴国间，簪缨朱芾，蝉联至今，巨族之称，由来尚矣。酢膺祖父之休，承乏俎豆，而顾使先人之泽散佚无传焉，是谁之咎哉？独不敢少有侵假，令支系混淆，世次紊乱，蹈雷同附和之讥。是编之葺，兄醇倡其事，酢用成之，则惟以别其流者澄其源，庶无负乎敦伦睦族之训也已。②

到南宋，族谱“收族”的目的和功能更加突出。绍兴五年(1135)，饶州李份说：

族谱之作，所以纪氏族之源也……自姓统氏分之制变，而支派日以紊繁，大宗小宗之法废，而族属日以疏远……不有继述，恐源流远、世系失、宗支久而泯矣，于是考其源流，编辑图谱……既作姓氏以正源流，以

① 《古今图书集成·明伦汇编·氏族典》卷二八〇欧阳修《衡阳渔溪王氏谱序》。

② 游酢：《游廌山集》卷四《家谱后序》。

清本宗，支派由兹而不紊，昭穆亲疏于是而有伦，后之子孙继是而续之，自近及远，无俾碔砆之乱玉，嘉禾之混莠，庶几不失尊祖敬宗之道，而于作谱之意为无负矣。[①]

莆田方大琮说：

由一人之身分而至于如途之人，曰途人者，利害不相及之谓也。不相及犹可也，推其薄将有不得为途之人者。吾用是惧。此族谱所为作也。[②]

徽州汪高梧在《新安汪氏庆源谱序》中说：

周文王立为宗法，别子为祖，继别为宗，继祢为小宗，使相联属而不忘其祖。复设庠序，以明其大宗、小宗之法，叙其昭穆。有喜则相庆，有急则相救，死葬相恤，而疾病相扶持，欢然恩以相爱，粲然文以相接，然皆出于亲也。虽亲尽服绝，而和气蔼然；虽家析户分，而尊卑秩若如初，皆宗有谱有图之所致也。后世以娄为刘，以疏为束，姓系淆乱，宗法不明，情弗洽而若胡越，服未远而如途人，是独无人心之天乎？良由谱不明，族不和，情不通，而势不相亲也。[③]

族谱的编修也确实起到了维系宗族组织的作用，陈亮称族谱“有裨益于名教尚矣。夫表功德、厚亲族、制婚姻、明人伦，皆谱乎寓，其可轻而忽之哉”[④]。有了族谱，宗族成员之间“虽族属疏远，长幼尊卑，按此谱，历历殆可见矣”[⑤]。

族谱还可用作伦理道德教育的教材，有睦族治乡和维护社会秩序的功效。族谱多给本族的贤德之人立传，以为族人之榜样。也有的记载族内犯有过失者的情况，以为族人之诫。宋代苏洵“有《族谱引》，又有《族谱亭记》。《引》专言父祖子孙出于一本，不可忽忘；《记》则以乡人不义不睦者为戒”。

---

① 李份：《饶州李氏宗谱序》，载《国学文献馆现藏中国族谱序例选刊初辑·李姓之部》，（台北）联经出版事业公司1983年版，第175～176页。

② 方大琮：《铁庵集》卷三一《方氏族谱序》。

③ 转引自赵华富《徽州宗族研究》，第222～223页。

④ 陈亮：《龙川集》卷一五《后杜应氏宗谱序》。

⑤ 《文天祥全集》卷九《燕氏族谱序》。

西山李氏“放苏氏作族谱亭”，“岁时聚族，拜奠亭下，更愿与《苏公亭记》，各各观诵一过，使为长上者复申告之，曰：谨勿为乡之某人者”[1]，以此达到劝贤戒不肖之目的。

祭祀也是宗族最重要的活动之一，一般要求族众全体参加。赵鼎《家训笔录》规定“岁时享祀，主家者率诸位子弟协力排办，务要如礼，以其享祀酒食，合族破盘”，“旦望酌酒、献食如平日，长幼毕集，不得懈慢”。[2] 吕祖谦《家范》规定祭祀时要“长少晨诣家庙瞻拜，设酒三杯，茶三盏”，“子弟不奉家庙，未冠，执事很慢；已冠，颓废先业，并行夏楚”。[3] 四明史氏的祭祀，“致敬家庙，旦旦集家人拜谒，风雨不渝。蔬菜之属，未荐者弗敢尝。祭祀备极诚洁，涤濯烹饪，必躬必亲。将奉祀，则衣深衣以寝，讳日先期斋素，哀慕涕洟如始丧”[4]。明州汪氏的汪思温任至左朝议大夫，“奉坟墓尤谨，遇忌日必躬至墓下，为荐羞之礼，遂为汪氏家法”，可见其对祭祀之重视，但尚未提及宗族祭祀。到他的儿子汪大猷时，“恪遵先志，不敢少怠而增色焉”，由于“冢舍三易，岁久易圮”，他于是“营基于松楸之东，辍费于伏腊之余，鸠工两月而告成，为堂三间，后出一间，并为修祀之地。前为轩，如堂之数，可以聚族列拜。两庑凡六楹，前又为门及享亭。以淳熙十二年三月二日奉神座于堂之东室，宗人虽坟墓在远，遇清明必合而祭者，凡数十人，列于其次，规画纤悉，一一亲授。以板为障，而平其前，祀则取以陈祭器，临事可不移而办。下至庖湢，罔不备具。靡钱五十万，一力为之”。[5] 汪大猷使汪氏祭祖成为定制，每到清明，宗人无论远近都聚而祭之，从而达到“收族”合宗之目的。建阳蔡氏则是每年集合宗族成员墓祭所有祖先一次。蔡渊兄弟师承朱熹，“相与讲究先师文公《家礼》所著祠堂之制”，在《蔡氏祠堂仪约》中规定除设置祠堂奉祀四代以内的祖先外，“亲尽则迁其主而埋之墓后，岁率宗人一祭之，百世不改”。[6]

---

① 《文天祥全集》卷九《李氏族谱亭记》。

② 赵鼎：《忠正德文集》卷一〇。

③ 吕祖谦：《东莱集·别集》卷一。

④ 楼钥：《攻媿集》卷一〇五《朝请大夫史君墓志铭》。

⑤ 楼钥：《攻媿集》卷六〇《汪氏报本庵记》。

⑥ 民国五年(1916)刊《庐峰蔡氏族谱》卷一，转引自郑振满《明清福建家族组织与社会变迁》，湖南教育出版社 1992 年版，第 229 页。

有的宗族在祭祀后还举行合食的活动，以融洽族众感情，达到“亲亲”的目的。如嘉定年间，郭子纵建立了祭祖的宗会楼后，又设“食燕堂”，“取《礼经》所谓族食、族燕之义，以为祭后与宗人馂之地”，目的不在于“一燕之乐”，而是“冠昏丧葬必相助，贫穷患难必相恤，推先祖所以芘覆之泽，使宗人无或颠连之病，然后为尊尊亲亲恩义之至”。[①] 真德秀于嘉定十四年(1221)在其先人丘垄侧建成西山精舍后，又考虑到“古者合族而祭，事已必有燕私焉，祭所以尊尊，而燕所以亲亲，其义一也”，但自己宗族“春秋𥛚祀，无以为会吾宗族之地”，于是又建成了“睦亭”，并作记文称：

亲未尽，服未穷而涂人焉，今之俗皆然也，况于亲之尽、服之穷而不涂人耶？此吾所以虑乎后之人也。今为精舍于斯，欲吾子子孙孙钦奉其先之祀，又为亭于斯，欲吾子子孙孙毕其先之祀，而相与会聚于斯亭，劝酬欢洽之余，追念本始而知其所祖之一，则服属虽远而情不至于疏，情不至于疏则恩不得而绝，庶其免于相视为涂人也。兹吾所望于后之人也。[②]

总之，通过经常和完备的宗族祭祀可以将全体族众紧紧团聚在祖先灵魂周围，促进宗族成员间的团结，并增强其凝聚力，最终达到“收族”与约束族众的目的。

三、以族田、义庄等为核心的赡给互助系统

宋代宗族组织内部的赡给互助，除设立族田、义庄外，有些宗族还设有义宅和义仓。范仲淹在建立义庄的同时，又建义宅，以“聚族其中”，并且“义庄之收亦在焉”。范氏义庄后来荒废，到范仲淹的六世孙范良器时又将其恢复，“复得故地”，“缭以垣墙”，创建了供奉范仲淹的祠堂，并“结屋十楹，以处贫族，就立新仓”。[③] 义宅主要是用作“处贫族”的屋舍，收恤那些“贫不能自存”的族众。如眉州家氏对于“老而无以为养，病而无以为药”的族人“为居

① 陈淳：《北溪大全集》卷九《食燕堂记》。
② 真德秀：《西山先生真文忠公文集》卷二四《睦亭记》。
③ 楼钥：《攻媿集》卷六〇《范氏复义宅记》。

庐以收恤之"[①]，新淦郭氏对于族人则是"既买田以给之，又为堂以聚之"[②]。宗族义仓则主要是通过贷粮帮助族人渡过灾荒。如嘉兴人陶某临死时要求其子"为义廪，几以周族姻"[③]，莆田人李丑父"家素清贫，虽稍沾禄赐，仅仅自给，而析其半为义廪，与弟侄共之"[④]。有的义仓面向乡里，收取一定的利息，具有高利贷经营的性质。如武宁田氏所建名曰"希贤庄"的义仓，"敛谷六百石为贷本……率楮六万缗为籴本……贷息什三"[⑤]。设义宅和义仓的目的同样是为了"收族"。如平阳人蔡元龟"颇患俗之不美，亲在而异财，既殁而私居也。尝欲广其室庐以族处，益其田畴以族食，于以合宗族，于以表乡闾"，"经理资财以为是，盖十余年矣"[⑥]。虽然其规划最终因其去世未能完成，但其以之"合宗族"的目的还是十分明显的。

宋代还有一些人虽未设立义庄，但将众多族人聚集到一起赡养，也是"敬宗收族"的重要方式。如宣城人李宏"婚嫁孤幼十余，晚年虽贫，聚族至数百指"[⑦]。宁国太平人吕广问"少时家贫，兄弟奉亲至孝，聚族数百指，无间言"[⑧]。阳夏人谢绛"赒急宗族之无依者几百口……有田在苏杭，岁入千斛，悉留以给宗族之在南者"[⑨]。眉山人程濬"族属贫者聚而衣食，养孤女寡妇而嫁之者凡六人，此皆乡党所矜法也"[⑩]。

宗族内还有许多临时性的互助活动。比如：江宁人吕士元"仕三十余年，以一县令之禄，衣食其族四十余口，虽薄而必均"[⑪]。虞城人赵槩对"族人

① 家铉翁：《则堂集》卷二《积庆堂记》。

② 黄榦：《勉斋集》卷二二《书新淦郭氏叙谱堂记》。

③ 周南：《山房集》卷五《陶宣义墓铭》。

④ 林希逸：《竹溪鬳斋十一藁续集》卷二四《湖南提举宫讲太史礼部李公行状》。

⑤ 姚勉：《雪坡集》卷三六《武宁田氏希贤庄记》。

⑥ 周行己：《浮沚集》卷七《蔡君宝墓志铭》。

⑦ 韩元吉：《南涧甲乙稿》卷二〇《左朝请大夫致仕李公墓志铭》。

⑧ 韩元吉：《南涧甲乙稿》卷二〇《左大中大夫充龙图阁待制致仕赠左正奉大夫吕公墓志铭》。

⑨ 范纯仁：《范忠宣集》卷一三《朝散大夫谢公墓志铭》。

⑩ 吕陶：《净德集》卷二一《太中大夫武昌程公墓志铭》。本段文字参见张文《宋朝民间慈善活动研究》，第163～164页。

⑪ 《欧阳修全集》卷二八《陇城县令赠太常博士吕君墓志铭》。

之单贫者，不问戚疏，皆月赒以奉钱，其久而未葬者，皆敛而葬之"[①]。寿州人吕公著"自为小官，不问生事，而夫人亦好施，仕浸显，内外姻戚亦益多。为相受赐所散至十之九三。公俸赐率以周九族，家无余积，米不足，至籴以继之"[②]。彭城人刘庠"禄廪所入，均以赡族人。使契丹得金币，则以葬宗党之贫者，凡二十余丧"[③]。汀州司法参军林戴周的继室苏氏"爱宗族而常主于恩，亲有不给者，虽力不济，但随有而与之"[④]。信州贵溪人许几"乐振人之急，成人之善，其于宗族振之尤厚"[⑤]。郢州人别湜"隐约阡陌，闻族姻有不给者，称家有无以赒之；鳏寡孤独废疾者，绝甘分少以扶持之"[⑥]。余姚孙椿年"终不得第名于进士"，"既不遇，行之家，推之乡，寡嫂孤侄待君而后立，衣食其族人岁有常廪，亲戚、故人、邻里赖以不冻馁露居者甚众，又出私钱筑堤捍海，县无凶年，系君力也"。[⑦] 晋江人李谌"家居守俭约"，"有埭田，岁租千斛，五房共之，至公悉推所当有以予贫者。宗族及外姻之昏嫁死丧多随力赒助之"。[⑧]

宋代族田义庄的大量出现及族内临时性救济活动的增加，使越来越多的宗族成员在尊祖等的名义下获得族内的救助和关怀，宗族组织发挥协调贫富的作用越来越明显，这有助于消弭因贫富差距而产生的社会矛盾。在这一过程中，宗族的凝聚力得到加强，宗族组织"敬宗收族"的目的得以实现，乡村社会得以稳定。正如陆游所言：

人之情，于其宗族，远则疏之，弥远则益疏，而至于忘之。盖以身为亲疏，而不以先人为亲疏也。视兄之子，已或不若己之子。己之子与兄

① 王珪：《华阳集》卷六〇《太子少师致仕上柱国天水郡开国公食邑四千五百户食实封一千四百户赠太子太师谥康靖赵公墓志铭》。

② 赵善璙：《自警编》卷三《齐家类·赈亲族》。

③ 吕陶：《净德集》卷二一《枢密刘公墓志铭》。

④ 陈玠：《故太夫人苏氏墓志铭》，载何丙仲编纂《厦门碑志汇编》，中国广播电视出版社 2004 年版，第 472～473 页。

⑤ 汪藻：《浮溪集》卷二六《户部尚书许公墓志铭》。

⑥ 魏了翁：《鹤山先生大全文集》卷八五《宣义郎致仕别公墓志铭》。

⑦ 《叶适集》卷一六《孙永叔墓志铭》。

⑧ 真德秀：《西山先生真文忠公文集》卷四二《通议大夫宝文阁待制李公墓志铭》。

> 之子，自吾父视之，有异乎？能以父之心为心，则己之子与兄之子，且不知其同异矣。推而上之，大父之孙为从父兄弟，曾大父之曾孙为从祖兄弟。又推而上之，至于无服，虽天下长者，不能无亲疏之杀矣。呜呼！制服不得不若是也。若推上世之心，爱其子孙，欲使之衣食给足，婚嫁以时，欲使之为士，而不欲使之流为工商，降为皂隶，去为浮图、老子之徒，则一也。死而有知，岂以远而忘之哉？义庄之设，盖基于是。①

综上所述，宋代宗族组织已形成了以族长等为首的管理系统，以族塾义学、家法族规、族谱及宗族祭祀等为核心的教化惩戒系统，以族田、义庄为核心的宗族互助系统，三者的有机结合维系着宗族的存在和运转，使宗族内外的各种关系得以协调，宗族成员的行为被严格约束在国家法律的范围内，有助于社会的稳定，有助于国家赋税的征收。宗族组织的这一功能与乡村行政组织的两项主要职能即维护社会治安和赋税征收不谋而合，无疑是对乡村行政组织的强有力的支持和补充。

宋人对宗族组织的作用也有比较清楚的认识，以张载的认识最具有代表性。他说："宗法不立，既死遂族散，其家不传。宗法若立，则人人各知来处，朝廷大有所益。"②宋代国家也注意充分发挥宗族组织的作用，为此颁行了一系列法令政策，如确认族长或家长的绝对权威，允许族内犯法者相互容隐，打击破坏宗族团结者，在精神和物质上奖励、扶持同居共财的义门大家庭，保护宗族族产等③，以求维护宗族组织的稳定，进而保证统治的稳固。

第三节　宋代宗族组织与国家的关系

宋代国家不仅积极推动宗族组织的建立，而且在新宗族组织创建后，在政策和法律上采取措施保证其"敬宗收族"功能的正常发挥，从而达到控制宗族成员，进而稳固统治的目的。在这些政策中，比较突出的就是通过法律

① 《陆游集·渭南文集》卷二一《东阳陈君义庄记》。
② 《张载集·经学理窟·宗法》。
③ 参见戴建国《宋代家族政策初探》，载其《宋代法制初探》，第292～326页。

维护族长的权威。如《宋刑统》就明确规定："诸子孙违反教令及供养有阙者，徒二年"①，"诸詈祖父母、父母者，绞；殴者，斩"②，"诸家长在，而子孙弟侄等不得辄以奴婢、六畜、田宅及余财物私自质举及卖田宅"③。这些都强调了族内尊长对子孙的支配权。国家对族长权威的维护不仅仅见于法令条文，还见于宋代处理诉讼的具体司法实践中。《名公书判清明集》中就收录了不少官府认可族长权力的事例，规定"立嗣合从祖父母、父母之命，若一家尽绝，则从亲族尊长之意"④，如果一家没有亲人，则"立继由族长"⑤。对一些民事纠纷，官府也认可交由族长加以调解和戒谕。如方岳宗族中有"叔侄相殴，兄弟为仇"，原因是借贷纠纷，他就请求"委本宗族长戒谕，今后有资产交关者，以干照白尊长评直之，尊长不能与之评直，则白之有司"⑥。从当时地方官特意"公移"告知方岳推测，很可能会接受他的建议。除此以外，国家还保护宗族组织的各种规约。如范氏义庄的《义庄规矩》就由官府备案，以保证其正常实施；有的官员在判文中也称如子弟有过失，"为叔父者正当哀矜之，教训之，否则以家法警戒之可也"⑦。由此也可看出官府对家法族规的认可态度。对族产，宋代国家也采取了保护政策。元祐七年(1092)，"诏诸大中大夫、观察使以上，每员许占永业田十五顷，余官及民庶愿以田宅充奉祖宗飨祀之费者亦听，官给公据，改正税籍，不许子孙分割典卖，止供祭祀，有余，均赡本族"⑧。

在国家政权的扶持下，宋代宗族组织得以迅速发展，其控制族众的能力也不断增强，很好地发挥了对国家政治统治的辅助和支持作用。宋代宗族组织虽是在国家力量的推动下建立和发展的，然而其并不完全是国家政治设计的产物，而是有着自己的传统。既然它是民众因血缘关系形成的社会

---

① 《宋刑统》卷二四《斗讼律·告周亲以下》。

② 《宋刑统》卷二二《斗讼律·夫妻妾媵相殴并杀》。

③ 《宋刑统》卷一三《户婚律·典卖指当论竞物业》。

④ 《名公书判清明集》卷七《争立者不可立》。

⑤ 《名公书判清明集》卷八《嫂讼其叔用意立继夺业》。

⑥ 方岳：《秋崖集》卷二六《回李宰札》。

⑦ 《名公书判清明集》卷七《先立已定不当以孽子易之》。

⑧ 《宋会要辑稿·食货》六一之六一。

组织，其除了辅助政治统治的功能外，还要维护本组织的利益，从而不可避免地与国家权力发生冲突，使宗族组织与国家之间的关系呈现出十分复杂的局面。除上述宋代国家对宗族组织的扶持和利用、宗族组织对国家政治统治的辅助和支持外，本书拟再从以下三个方面论述宗族组织与国家的关系。

一、宋代强宗豪族对地方州县行政的干预

在中古社会，除皇帝和割据的藩镇外，把持地方政权的各级官吏虽然不是世袭的，但却往往依照门第从世族子弟中选拔，宗族组织与国家行政组织之间有着密切的关系。宋代以后，随着科举制度和职官回避制度的完善，割断了宗族与官职之间制度化的、直接的联系。[①] 即使如此，宋代的一些强宗豪族对地方州县的行政仍有很大影响和干预能力，只不过是干预方式有所改变，即不再通过出任地方州县官吏干预地方政务，而是通过自己的经济实力、政治影响等勾结或胁迫地方官吏，从而达到实现自己小集团或个人私利的目的。王善军对宋代强宗豪族与基层社会的关系有专文探讨，对强宗豪族的特点及其对基层社会秩序的破坏、强宗豪族与平民和国家的关系及其存在的根源等问题都有论述。他指出强宗豪族具有如下特点：雄厚的经济实力，在上层有一定的政治靠山，能够控制基层政权，有强固的宗族组织。[②] 总之，强宗豪族是宋代宗族中政治和经济势力及社会影响强且大者，所指并不仅仅是某一个人，而是指一个家族或社会组织，“所谓豪族，并不是单纯的同姓同宗的集团，是以一个大家族为中心，而有许多家或许多单人以政治或经济的关系依附着它。这样合成一个豪族单位”[③]。既然强宗豪族是一个社会组织，那么在讨论强宗豪族与基层社会的关系时就应重视社会组织在基层社会中的角色，而非个人在基层社会中的活动，从前引王文所列举的诸多

---

① 参见刘军、王询《中国古代宗族聚居与宗族形态的历史考察》，载《北方论丛》2007 年第 1 期。

② 参见王善军《强宗豪族与宋代基层社会》，载《河北大学学报》(哲学社会科学版)1998 年第 3 期；又载其《宋代宗族和宗族制度研究》，第 170～186 页。

③ 杨联陞：《东汉的豪族》，载《清华学报》11 卷 4 期，1936 年。

事例来看，更多的是被称为“豪横”者个人的行为，虽然其背后可能有宗族势力的支持，但毕竟不能很好地展现强宗豪族这一社会组织在基层社会中的活动和影响。

对于强宗豪族对州县行政的干预，宋人已有很多叙述，举例如下。

真州六合县是真州境内的大邑，“多强宗，挟吏势，市权养客，令以下为其俯仰”，新任知县陈经刚刚到任时，“有吏慢诟于县门之下”，他认为“民敢懻忮视其长上，职根吏以为奸”。[①] 这里的强宗豪族相互勾结，至以为援，县吏在其支持下甚至对知县都不放在眼里。

洪州分宁县“土多强宗大姓”，仁宗初年以前，历任县令对他们“以嫌不之按”，对他们的犯罪行为听之任之，直到王平上任后，“无间然，虽宾兴未预，皆以礼迎见。至其家负法，虽细弗贷”。[②]

余干县“强宗有为奸利，至中人以死者，郡县莫之能御”[③]。此处强宗豪族致人以死，郡县仍然无可奈何，足可见其势力之大。

房州竹山县号称“剧邑”，“多巨姓强家，连地千顷，其间桀黠者往往雄张一乡，负多资，视为吏者若易与，每轻犯法，自国朝以来无闻令焉”[④]。此处强宗豪族之家凭借其强大的经济实力根本不将县之官吏和国家法律放在眼中，县之官吏很可能被其玩弄于股掌之间。

襄州穀城县“居汉上，号剧邑，富资豪族聚居，前令鲜能以苞苴自洁”，只有鄞县人丰稷到任后“以善政公平称”。[⑤] 丰稷以前的历任县令在富家豪族面前多不能洁身自好，可反映这些富家豪族对地方行政的干预能力。

建州浦城县“封疆远，且多世族，前后令罕能制，蔽蒙请托，习以为常”[⑥]，“多世族，侵扰请托，以挠法败政为常”[⑦]；陈襄称自己“官浦城三年，衣冠大姓

---

① 沈括：《长兴集》卷一六《故信阳军罗山县令陈君墓志铭》。

② 胡宿：《文恭集》卷三七《宋故奉直郎守侍御史王公墓志铭》。

③ 余靖：《武溪集》卷一九《故尚书虞部郎中致仕李公墓碑》。

④ 张嵲：《紫微集》卷三一《岁寒堂记》。

⑤ 李朴：《丰清敏公遗事》。

⑥ 陈襄：《古灵集》附录叶祖洽《先生行状》。

⑦ 陈襄：《古灵集》附录孙觉《先生墓志铭》。

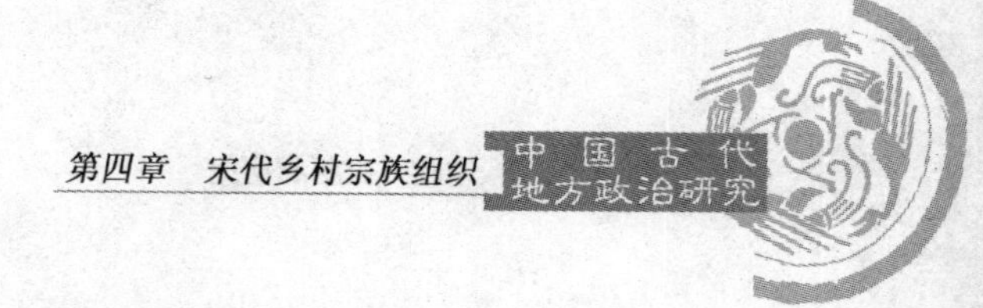

有以事渎于官者，常无虚日”[①]。由上可见浦城强宗豪族干预地方行政已习以为常。

嘉定十年(1217)，有大臣上奏称：“近年强宗大姓，武断尤甚，以小利而渔夺细民，以强词而妄兴狱讼，持厚赂以变事理之曲直，持越诉以格州县之追呼，大率把持官吏，欺压善良。”[②]这里描述了强宗豪族勾结州县官吏谋私利的种种手段。

将乐县“多强宗大姓，肆为政蠹，莫之谁何，稍有忤者，辄败去”，该县“厢西拘者几千人，皆豪家所拘债负者”。[③] 该地强宗豪族甚至能驱逐县令，驱使官府为之索债，足可见他们对地方行政的影响和干预之深。

鉴于强宗豪族在地方社会上的影响力和对州县行政的干预能力，宋代的地方官在面对他们时也不得不谨小慎微，甚至对其听之任之，或同流合污。《宋会要辑稿·刑法》五之四三至四四记载绍熙元年(1190)十一月有大臣说：

> 比年以来，士大夫寓居多以外邑为便，县官甫下车，则先诏(按：应为“访”)问权要声援，往往循习谄媚，互相交结。其为权要声援者，因县官之见知，遂假此以恐吓齐民。或以私忿未决，债细未偿，辄将小民拘送县狱。县官方承奉之不暇，乃俾老胥猾吏锻炼追考。有一人抵罪，或至一户荡产，甚者根连逮捕，以决权门之狱。

以上虽然讲的是地方官对乡居士大夫之家的态度，对强宗豪族的态度当与之相似，更何况许多强宗豪族就是居乡士大夫之家。[④]

宋代强宗豪族干预地方官府行政的目的在于为自己或其宗族谋取不当利益，这不仅严重破坏了社会秩序，也对普通民众的生活产生了恶劣影响，对地方政府的权威造成了极大的损害，最终会影响宋代社会的稳定。当其

---

① 陈襄：《古灵集》卷二〇《吴君唐卿墓志铭》。

② 《宋会要辑稿·刑法》三之四二。

③ 《(弘治)八闽通志》卷六四。

④ 梁庚尧指出，宋代居乡官户和士人在乡里社会有豪横和长者两种形象。[参见梁庚尧《豪横与长者：南宋官户与士人居乡的两种形象》，载其《宋代社会经济史论集》下册，(台北)允晨文化实业股份有限公司 1997 年版，第 476～498 页]

势力膨胀到可能严重影响社会稳定，进而危及国家政治统治时，就与宋代国家利用宗族组织加强对基层社会控制的初衷越来越远，从而会受到官府的惩处和打击。

二、宋代国家对宗族组织的控制

鉴于宗族组织尤其是强宗豪族可能对国家政治统治产生危害，宋代国家对宗族组织始终保持着较强的控制力度。我们可从以下两个方面作一说明。

首先，宋代国家对强宗豪族的打击和抑制。

前文已论述过强宗豪族对州县行政的影响，所以这个问题在当时就颇受关注。朱熹就曾说："州郡乃朝廷行法之地，保佑善良，抑措豪横，乃其职也。"①对强宗豪族进行打击和抑制，尽力维护官府权威和民众利益，被视为地方官员应尽的职责。

前文所举各处强宗豪族干预州县行政的史料大多见于宋代官员的墓志铭或其他传记类文献，其中之所以记述强宗豪族的干政行为，就是因为传主对其仕宦地的强宗豪族进行打击和抑制，为其立传者将此视为传主政治生涯中的突出政绩加以强调。在真州六合县，陈经将怠慢和侮辱他的县吏"系治逾月，刑而后徇于市，横猾为之缩气"②。在余干县，李虚舟到任后，"明示教约，无敢复犯，一境为之肃然"③。在竹山县，宣和六年(1124)秋，夏珙致宏到任后，"宣令典，设教条，振宿弊，矜无辜，敷恩信以劝其从，严断刑以威其淫。大率以抑强扶弱为本，用猛而济之以宽。未期年而政成"④。他采用恩威相济的措施抑强扶弱，最终做到了"讼庭廓无事"的地步。在浦城，陈襄以主簿独当县事，"夜寐夙兴，务究其弊，讼之难听而积久者，穷极本源，剖决无留。有请托者，惜其士类，不欲遽绳于法。每听讼，必使数人环列于前，私谒

① 黎靖德编：《朱子语类》卷一〇六《朱子三·外任·南康》。

② 沈括：《长兴集》卷一六《故信阳军罗山县令陈君墓志铭》。

③ 余靖：《武溪集》卷一九《故尚书虞部郎中致仕李公墓志铭》。

④ 张嵲：《紫微集》卷三一《岁寒堂记》。

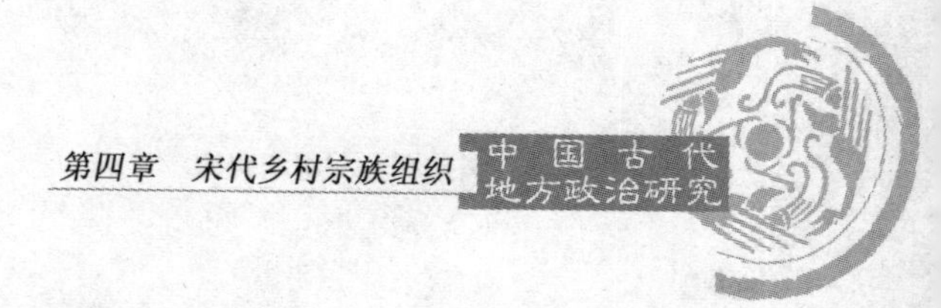

者无所发，由是邑人知公之不可干，老奸宿赃缩手丧气”[①]。刘填到将乐县后，“吏事精敏，豪猾已詟服”，并将县里帮豪强关押的百姓全部释放，“豪强榹魄不敢犯”。[②] 虽然以上官员对强宗豪族采取的手段并不激烈，但因其洁身自好，明于决狱，从而使强宗豪族和胥吏不得因缘为奸。

对于一些使用武力对抗地方官府的强宗豪族，官府也会采取相对激烈的手段。《夷坚志》中记载了这样一起案件：

> (宣)州之何村，有民家酿酒，遣巡检捕之。领兵数十辈，用半夜围其家。民，富族也，见夜有兵甲，意为凶盗，即击鼓集邻里，合仆奴，持梃(械)迎击之。巡检初无他虑，恬不备，并其徒皆见执。民以获全火盗为功，言诸县。[③]

从字面上看，何村很可能是何氏宗族聚居的村落，私酿酒之民户在何村是富族，其能在夜间因误会集合应是以其宗族为主体的乡民生擒巡检及数十名兵卒，可见其在乡村社会的影响力。当其将此事当作捕盗之功上报至县后，县委托给县尉处理，“尉度不可以力争，乃轻骑往”，将该民户主人及其子、孙等骗至州，可见此民户确系强宗豪族，县尉都不敢与其“以力争”。他们被骗到县后，被用麻绳将全身捆起，“自肩至足，然后各杖之百”，最终都被打死。

其次，国家权力是宗族组织维系和存在的决定性力量。

国家权力是某一宗族组织能否维系和存在的决定性力量，一旦国家政权认为某宗族可能会危及其统治的安全时，就可凭国家权力对其进行打击和抑制，使之解体。我们可以宋代几个强宗豪族的命运加以说明。

(1)江州义门陈氏。陈氏义门十几世同居、同财、共爨，曾多次受朝廷褒奖。到庆历四年(1044)，义聚达 3400 余口，是年应举登科者 45 人，任朝官者 18 人，任地方官者 200 余人。这样一个听命于家长的有着严密管理体系的大家族虽然可以辅助官府加强对族众的统治，但也有可能转化为危及国家统治稳定的潜在的可怕力量，宋朝廷不能不对其特别重视，并对之心存畏

① 陈襄：《古灵集》附录叶祖洽《先生行状》。

② 《(弘治)八闽通志》卷六四。

③ 洪迈：《夷坚乙志》卷一六《何村公案》。

惧。后来，文彦博、包拯、范师道、吕诲等大臣都上疏称陈氏家族太盛，朝廷借机在嘉祐七年(1062)由宋仁宗下诏强令陈氏分家，将其析为291户，使之散居大半个中国。[①]

(2)青州麻氏。该家族居于青州临淄，初兴于五代时期。当时麻希梦担任青州录事参军，曾帮助青州节度使刘铢保存其聚敛的巨额财富，后因刘铢被杀，这笔钱财被麻希梦独吞，麻氏由此兴起，逐渐发展成为当地的强宗豪族。主要表现在：第一，在经济上，拥有大量财产，"富冠四方"[②]，到麻希梦退老临淄时，其家族已"有美田数百顷，积赀巨万"[③]。该家族除了凭借广占良田获得丰厚租入外，还经营邸店，既为客商提供住宿，又代客商寄存货物，还做交易经纪人，利润极为丰厚。第二，在政治上，积极谋求政治势力。手段一般有两种：一是使家族成员通过各种方式跻身仕途。麻氏非常重视对子弟的教育，麻希梦之子麻景孙在太平兴国年间中进士甲科，其曾孙麻温其、麻温舒等在大中祥符年间登第。其家族成员还可通过纳粟释官，如景德三年(1006)，"赐青州习三史麻温叟同学究出身。温叟纳粟麦二千余石赈贫民故也"[④]。麻氏的其他成员，如麻景宗、麻士安、麻士瑶等也都曾入仕。二是结交官吏寻求政治靠山，其中既有朝中高官，也有地方官吏。《宋史》卷三〇三《胡顺之传》就称"大姓麻士瑶阴结贵侍"，说明其与上层有着密切关系，临淄及青州一带的地方官与之也有紧密联系，下文详述。第三，在私家武装上，麻氏家族拥有众多子弟族属和仆从庄客。天禧四年(1020)该家族伏法时，被流放和充军的麻氏子弟、童仆就有150余人。凭借这些人，麻氏组织起强大的自保武装。景德元年(1004)，辽军攻掠至青州临淄一带，麻氏迅速组织起了上千人的自保武装，据寨自守，成功地击退了辽军，使乡里免遭蹂躏。辽军退后，"麻氏敛器械尽输官，留什二三以卫其家"[⑤]，其家族仍保留有相当实力的武装，即使小股义军或盗匪对其也无可奈何。这支武装也成为

① 参见许怀林《陈氏家族的瓦解与"义门"的影响》，载《中国史研究》1994年第2期。

② 司马光：《涑水记闻》卷六《临淄麻氏》。

③ 《太宗皇帝实录》卷四四。

④ 《宋会要辑稿·职官》五五之三二。

⑤ 《续资治通鉴长编》卷九五，天禧四年四月丙申条注。

其横行乡里的重要依靠。第四，在社会影响或形象上，麻氏是一副为富不仁的嘴脸。天禧二年(1018)，当地大旱，饥民遍野，“盗起淄、青间”，知青州戚纶劝其出粟以济饥民，麻氏不仅断然拒绝，而且复信的用语“极不逊”。其对于所在地的地方长官尚且如此，其他人就更不放在眼里了。史籍中记述麻氏的史料虽然不多，但其中充满了如下语句：“居乡里，常兼并不法，每持州郡吏之长短，横恣，营丘人皆畏之”①，“家既富饶，宗族横于齐……纵横临淄，齐人慑服”②，“累世益豪纵，郡境畏之，过于官府”③，由此不难想象出麻氏家族在乡里的形象。第五，在与地方政府的关系上，通过上引“每持州郡吏之长短”、“过于官府”等对麻氏的描述和其对戚纶等地方长官的态度就可看出其对地方官的蔑视和凌辱。在青州，“牧宰而下，多与亢礼，未尝敢违忤”。麻士瑶与镇将张珪不合，就派遣家童率民夫在路上将其殴杀，弃其尸，后张珪复苏，讼至青州，但州之吏人都受麻士瑶贿赂，纷纷为其开脱。知临淄县孙昌“愤其凶恶，有犯必讯理之”，麻士瑶就放风说要派人刺杀孙昌。孙昌被迫送走家人，自己居于县衙，严加防备。麻士瑶还勾结青州院司理院典级王圭等诬告孙昌。④

青州麻氏这样一个强宗豪族的行为使地方官府的权威遭到了极大的挑战，已经严重地影响了地方社会的稳定，由此日益引起宋代国家的重视。在这种情况下，该家族内部因财产纠纷引起的命案成了国家对其进行打击的导火索。天禧四年(1020)初，家长麻士瑶与其侄麻温裕在家产问题上产生了矛盾。麻士瑶将麻温裕囚禁，绝其饮食，终致其死亡。是年二月，侍御史姜遵风闻此事，立即予以揭发，朝廷派遣监察御史、推直官江钧前往调查审理。当派人捕捉麻士瑶及其党羽时，绝大多数官员由于惧怕，都不敢前往，只有素以打击豪强闻名的青州从事胡顺之自告奋勇，前往“尽得其党”，在抄家时又“获兵器及玉图书小印”，最终麻氏被以“私畜兵刻玉宝，将图不轨”的

---

① 《太宗皇帝实录》卷四四。

② 司马光：《涑水记闻》卷六《临淄麻氏》。

③ 《续资治通鉴长编》卷九五，天禧四年四月丙申条。

④ 《续资治通鉴长编》卷九五，天禧四年四月丙申条。

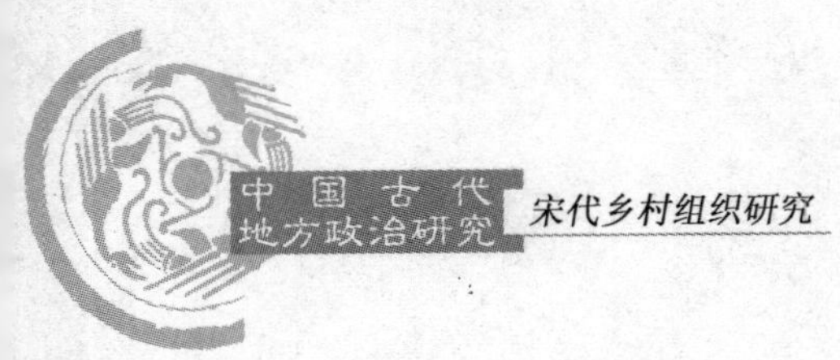

罪名被严惩，“于是麻氏或死或流，子孙有官者皆贬夺，籍没家财不可胜纪”。[①] 曾经不可一世的麻氏家族在国家政权的强力打击下迅速走向了衰败。[②]

(3)休宁汪氏。关于休宁汪氏，《宋史》卷三〇三《胡顺之传》称：

胡顺之……知休宁县。民有汪姓者豪横，县不能制，岁租赋常不入，适以讼逮捕，不肯出。顺之曰：“令不行何以为政。”命积薪环而焚之，豪大骇，少长趋出，叩头伏辜，推其长械送州，致之法。

休宁所在的徽州地区在宋代已是一个宗族聚居十分突出的地区，汪氏又是休宁地区的望族，明人程敏政就说：“新安在万山中，兵燹少经，号多旧族，程、汪两姓为尤著。”[③]又说：“徽郡惟汪氏姓最著，族最多，故昔人有‘十姓九汪’之谚。”[④]明人曹嗣轩编撰的《休宁名族志》卷二也用较大篇幅对该地汪氏宗族的发展作了详尽叙述，可见汪氏宗族在当地势力之强大。胡顺之所打击的汪姓豪横很有可能就是以强大的宗族力量为依托，才得以肆行无忌，以致到了连州县都不能约束的地步，但当其遇到像胡顺之那样以打击豪横闻名的地方官时却只能束手就擒。强宗豪族最终在国家政权的强大力量面前败下阵来。

再次，州县等地方官府对宗族组织的控制。

上文所讲多是强宗豪族与国家权力的代表州县政府之间的复杂关系，虽有强宗豪族能够干预甚至在某种程度上控制地方行政，但更多的是宗族组织受到地方政府的严格控制，甚至有的州县吏人都能对其百般刁难和勒索，原因就在于他们的身份代表国家。对此，我们可用上虞义门刘氏与乡司之间围绕夫役差派产生纠纷一案加以说明。

上虞义门刘氏始于唐代，至北宋政和年间已达5000余人。熙宁年间，因地方官赵抃奏请朝廷予以旌表，“敕命除二税外，并免诸色差徭，不依常制

---

① 司马光：《涑水纪闻》卷六《临淄麻氏》。

② 以上关于青州麻氏的论述，参见王善军《北宋青州麻氏家族的息兴与骤衰》，载《齐鲁学刊》1999年第6期。

③ 程敏政：《篁墩文集》卷三八《书兖山汪氏谱后》。

④ 程敏政：《篁墩文集》卷二七《城北汪氏谱序》。

之限”。至晚从孝宗淳熙年间开始，“累被本县吏贴、乡司相见欺凌援置，故意生事”，“不依条制，凡遇海塘夫役及警急不测、诸般科敷之类，乘势动便之扰”，刘氏宗族中的刘良嗣“累经上司陈理”，后蒙朝廷同意，并于淳熙四年（1177）和淳熙七年（1180）两次由州发下公文仍予优免。到绍熙二年（1191）冬，“起海塘夫役，再被乡司沈期、徐渊科出追扰”，后屡经县陈诉，方许免除。宝庆三年（1227），刘氏宗族中的刘德远又遭乡司徐忠乞觅，同样经县陈诉给予优免。淳祐五年（1245），又蒙安抚使司同意免除和买。宝祐五年（1257）三月，刘氏又“被余姚县黠吏徐良冒充典押，把持哗讦，撰词搔扰”，后由知县李灼予以判决，允许仍按原免役条例施行。开庆元年（1259）七月，又经安抚使司“帖责余姚、上虞两县典吏、役局、乡保知委”，要求“不许妄科”。[①]

以上就是南宋八十多年中，义门刘氏针对县吏摊派徭役进行诉讼的情况。刘氏宗族虽然每次上诉都得到了州县或路安抚使司甚至朝廷的支持，并行下公文重申北宋熙宁年间免除徭役的敕令，然而这些似乎并不十分有效，刘氏家族仍要不断面对背后就是“国家”的县吏的科扰，他们所能做的也只能是向更高一级的官府申诉。就在这种反复之中，国家的形象和作用日益凸显，宗族组织受到国家严格控制的情形不言自明。

当宗族组织遇到可能影响宗族秩序而族内无法处理的问题时，往往会主动求助于国家权力，依靠国家强制力维护宗族内部的秩序。苏州范氏义庄虽在初设时就由范仲淹制定了《义庄规矩》，后来却遭族人破坏，范纯仁只得于治平元年（1064）请求朝廷“特降指挥下苏州，应系诸房子弟有违犯《规矩》之人，许令官司受理”[②]，获得朝廷批准。《义庄规矩》后来又多次续定，求助国家权力以维持义庄运营也越来越明显，不断有“申官理断”的规定。到嘉定十三年（1220）范之柔续定《义庄规矩》时，对国家权力的依赖已经非常严重。他上奏朝廷说：

> 自南渡之后，虽田亩仅存，而庄宅焚毁，寄廪坟寺，迁寓民舍，蠹弊百出，尽失初意。庆元初，臣与兄弟始协谋同力，尽复故基，渐还旧观，

---

① 《余姚开原刘氏宗谱五编》卷一，载《中华族谱集成·刘氏谱卷》第5册，第83～87页。

② 《范文正公集》附范纯仁《续定义庄规矩》。

参定约束，加备于前。固尝经本州镂给板榜，揭示义宅，然非更得朝廷行下本州申明受理元降指挥，恐无以善后，怀此日久，无路自伸。今臣幸蒙公朝轸念故家，擢缀班列，若不于此时控告君父，则何以副先人属望子孙之意？用敢冒昧以闻，伏望圣慈俯鉴微衷，特颁睿旨，札下平江府，令将续添规约常切照应治平元年已降指挥受理，庶几足以敕厉来者，增固旧规，臣与阖族实均戴天地施生之造。所有治平元年指挥并庆元二年续添条约，谨缴连在前。渎犯宸严，臣无任惶惧俯伏俟命之至。谨录奏闻，伏候敕旨。

在范之柔看来，仅仅有州府"镂给板榜"，已不足以维系义庄，故而又请求朝廷"行下本州申明受理元降指挥"，最大限度地借助国家权力来增强《义庄规矩》的效力。他续定的十二条义庄规矩中，有六条规矩规定对于违反者除了族内处罚外，还要向官府申诉，由官府裁断，最严重的是开除犯罪却屡教不改者的族籍，然后"控告官府，乞与移乡"①。抚州陆氏规定对族内不肖子"度不可容，则告于官，屏之远方"②。《名公书判清明集》中有大量宗族内成员互相争讼的案例，均因在宗族内部无法解决而上诉到官府。这都反映了国家权力对宗族组织的渗透和控制。

三、宋代宗族组织与乡村行政组织的互动

宋代宗族组织与乡村行政组织的互动包括两个方面：一是宗族组织对乡村行政组织的渗透；二是乡村行政组织对宗族组织的控制。限于史料，故一并叙述之。宋人王谠《唐语林》卷一称唐代"里胥者，皆乡县豪吏，族系相依"，反映了唐代乡村胥吏的宗族化现象。宋代的情况或与此类似。

宋代有许多宗族聚居的村落，"满村无别姓"③的现象并不少见。有的是整个村落就只有一个宗族。如《邵氏闻见后录》卷二六称："陕之芮城县一村落皆李氏。"《夷坚乙志》卷一五《水斗》记："乐平县何冲里，皆程氏所居。"《夷

① 《范文正公集》附范之柔《清宪公续定规矩》。

② 罗大经：《鹤林玉露·丙编》卷五《陆氏义门》。

③ 刘克庄：《后村先生大全集》卷三《溪西》。

坚三志辛》卷六《牛头王》称："婺源毕村皆一姓所居。"鲁应龙《闲窗括异志》称："去东湖三、四里，有村曰杨墩，左右皆杨其姓者。"有的村落中可能不只一族，但都是宗族聚居。曹彦约称"介江州、南康间，居多大族"，其中曹氏和黄氏"两姓聚族……少者亦数十家，多至百家"。[①]《夷坚支戊》卷二《叶丞相祖宅》记兴化仙游县"叶氏族派百余家，皆居一村"。《夷坚支癸》卷一《曹家莲花》记"鄱阳义仁乡车门，一大聚落也，曹氏环而居之，至数十百家"。《夷坚支癸》卷八《丽池鱼箔》记鄱阳丽池村"诸聂累世居之"。《夷坚三志己》卷一〇《叶氏七狐》称"德兴县外五里，一村落名朱家闶，叶氏聚居之"。《平斋文集》卷一〇《于潜洪氏谱系图序》称："聚族天目下，以东洪名其村，无虑六七十家。"王楙在《燕翼诒谋录》卷五中称自己曾至会稽裘氏聚居村落，"族人虽异居，同在一村中"。镇江府张宗湜"所居之地曰希墟，环而居者皆其族"[②]。还有一些大的宗族，占据相邻的若干个村落。南宋宝祐年间，豫章丰城王氏"子孙蕃衍盛大，别派分枝，星列棋处"，该县城头里一带都是其宗族居住，以至于"绵亘十四五里，皆一姓"。[③]

有些村落径以族姓名之，大多也属于宗族聚居的村落。如《夷坚支乙》卷一《管秀才家》记："信州永丰县管村，皆管氏所居。"《夷坚志补》卷七《齐生冒占田》称："德兴齐村，皆齐氏杂居。"《鲁斋集》卷二〇《宋故太府寺丞知建昌军王公墓志铭》称："王村皆王氏之聚居。"华岳《翠微南征录》卷一〇《花村》称宁川花村因"村人花姓"得名。元代徽州学者陈栎的"始祖鬲山府君讳禧，唐僖宗时避广明之乱，自桐庐郡溯流而上，至新安郡休宁之西曰藤溪里，爱其溪山之清奇，因家焉。其后子孙益蕃，一村无二姓，故人称是村曰陈村"[④]。《水浒传》中的史家村、祝家庄、李家庄、扈家庄及穆家庄等无一不是

---

① 曹彦约：《昌谷集》卷一八《侄女曹氏墓志铭》。

② 刘宰：《漫塘集》卷二一《希墟张氏义庄记》。

③ 姚勉：《雪坡集》卷三六《丰城王氏家庙记》。

④ 陈栎：《定宇集》卷一五《陈氏谱略·始祖鬲山府君》。

某一族姓聚居的村落。① 其中史家村"村中总有三四百家,都姓史"②;祝家庄"有一二万人家","村里姓祝的最多"③,唯有一户复姓钟离。在这些村落中,地缘性的聚落与血缘性的宗族组织往往合为一体。即使不是单一宗族构成的村落,血缘性的宗族组织也是构成地缘性聚落的基础。

宋代乡村行政组织乡、耆等都是以村落为基础编排,而都、保虽以人户为基本编排单位,会割裂某些宗族聚居的自然村落,但由于其编排一般限定在原来乡的范围内,故其辖区内仍可保留大量宗族聚居的村落,或存在一些完整的规模不大的宗族组织。据宋代役法,乡村行政头目多由五等户制下的上三等户担任④,从阶级成分看,他们至少为富裕农民。⑤ 官户不得免耆长之役。熙宁以前,"耆长、弓手之类,须正身充役",到熙宁时方允许"役人正身不愿者,今来兼许雇人"。⑥ 由此可见,乡村行政头目多由乡村社会中的上层人物担任。保正长初选时要求被选任者"物力高强,即素为其乡闾所服、又不肯乞取侵牟人户"⑦。这些对乡村行政头目的要求与宗族对族长人选在家产、个人声望等方面的要求颇有重合之处,故可以断定,乡村行政头目中肯定有以族长身份出任者。这就给乡村行政组织打上了宗法制的烙印。《水浒传》第二回称史家村"村中总有三四百家,都姓史",史进之父史太公为此宗族聚居村落的庄主,当为族长,他还要到"华阴县中承当里正"。这是族长兼任乡村行政头目的一个实例。这样的实例在文献中

① 学术界对《水浒传》所反映的社会状况的时代有不同认识,一般认为其可反映宋元时的社会状况。李埏认为《水浒全传》第八十二回以上和第一百一十一回以下两部分成书较早,可反映宋代社会的状况。(参见李埏《〈水浒传〉中所反映的庄园和矛盾》,载《云南大学学报》1958 年第 1 期)高敏认为其中反映的社会现实比较贴近宋代和元代的社会实际。[参见高敏《从〈水浒传〉看宋元时期的庄客、庄户与庄园主的矛盾》,载《郑州大学学报》(哲学社会科学版)1993 年第 4 期]

② 《水浒全传》第二回,上海古籍出版社 1984 年版,第 21 页。

③ 《水浒全传》第四十七回,第 600～601 页。

④ 参见宋晞《宋代役法与户等的关系》,载《宋史研究集》第 13 辑,(台北)"国立"编译馆 1981 年版,第 259～280 页;[日]柳田节子《宋代乡村的户等制》,载刘俊文主编、索介然译《日本学者研究中国史论著选译》第 5 卷,中华书局 1993 年版,第 189～270 页。

⑤ 参见王曾瑜《宋朝阶级结构》,河北教育出版社 1996 年版,第 354 页。

⑥ 《续资治通鉴长编》卷三七八,元祐元年五月辛巳条。

⑦ 《续资治通鉴长编》卷二三五,熙宁五年七月庚寅条。

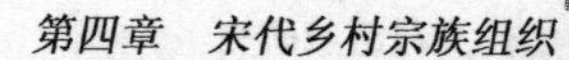

非常少见，其原因在于宋代乡村行政头目属于地位低卑的职役人，族长等不愿出任；即使被迫充任，也认为不是荣耀之事，从而很少在各种传记文献中留下记载。

如果宗族内有官户，一般都以任官者为族长，二程还提出"夺宗法"，即主张让官位高者取代原来的族长。[①] 宋代官户有免役特权，这类族长则不可能出任乡村行政头目，但他们却可操控乡村行政头目。一些大族的族长应当也能控制乡村行政头目。婺源汪廷美家族"义居数十年，聚族四百口"，他在年轻时就曾任过"乡官"，时间应在北宋初年[②]，这时的"乡官"应当就是里正之类的乡村行政头目，他这个年轻人充任的乡村行政头目肯定受到当时该大家族族长的控制。再者，乡村行政头目允许雇人代充后，由于雇人充役者多为一乡豪族，他们也可操纵乡村行政头目，与之勾结，通同作弊，借以欺凌贫弱百姓，从中牟利。绍兴十五年(1145)，夔州路转运判官虞祺称："典卖田宅，出于穷窘，遂将田产破卖，多是乡豪、权贵、公吏之家典买，其买地之人每遇投税，扶会本乡保正，借令别人诈作卖地人名字，赴官对会推割，嘱托乡司承认些少税役，暗行印押契赤，批凿簿书。"[③]绍兴二十二年(1152)，大理正张巘指出："寄居士大夫与大姓豪家骚扰村民，小不如意，即送都保锁缚捶楚。"[④]这里豪族大姓借助乡村行政头目的力量来打击普通百姓，而乡村行政头目似乎已经毫无是非观念，完全沦为欺凌百姓的豪族大姓的帮凶了。张巘在朝廷上特意指出此事并请求诏令各地方长官下令禁止，可推知这种现象在当时是比较普遍的。咸淳元年(1265)，王梦得知建昌军，在上任前奏事时谈到了推排田产中的弊端。他说：

> 自州而县，而乡都官，而保，寸寸而较之。夫岂易事？其势不容不

---

① 参见朱瑞熙《宋代社会研究》，第101～102页。

② 对于汪廷美，宋人罗愿纂《新安志》卷八有传，其中称"祥符中东封，赦减天下赋十之二，廷美亦减其佃者租十之二。乾兴颁遗诏，衰绖号慕，营佛斋者七日……将终，遍为书别亲旧，翌日而卒，年八十九。庆历中，知县秘书丞蔡巽摭其事刻之石"。大中祥符年间，宋真宗东封泰山，他可"减其佃者租十之二"，可知汪廷美至晚到这时已成为族长。他大约到乾兴元年(1022)去世，但至晚不会超过庆历年间，享年89岁，由此可推知其任乡官的时间约在北宋初年。

③ 《宋会要辑稿·食货》六一之六四至六五。

④ 《建炎以来系年要录》卷一六三，绍兴二十二年八月己卯条。

> 自乡都官始。此皆豪家大姓实为之。昔者官吏精明，监察严而稽考密，乡都有所惮，不容其私。今也不然，州局无可专委之官，胥徒皆少年无赖之辈，豪家大姓先生慢心，厘改在其手，步算在其手，造籍在其手，虽亲戚故旧之产犹不容不隐，况纠正其自产哉！怀私得便，平日并吞之心反因是以售其奸，况守令更易靡常，识见不同，规模屡易，贫弱长受困苦，而赋税卒不得其实。①

这里没有讲明是乡都官由豪强大姓控制，豪强大姓得以在推排中作弊，还是乡都官就是由豪强大姓担任，从而得以作弊。但无论哪种情况，都可反映出乡村豪族对乡村行政头目的控制和宗族组织对乡村行政组织的渗透。

宗族组织还参与乡村行政头目的选差。对于乡村民户来说，充任乡村行政头目是一个极为沉重的负担，这迫使广大民户纷纷通过各种手段逃避差役。宗族作为一个民间组织，较之个体家庭有着更大的力量，许多宗族出面干预差役之事，为族众轮充差役而诉讼不已。陈傅良曾说："民极困于保正长，则以保甲催科之故也。民不能堪，虽叔伯兄弟，相讼以避役久矣。叔伯兄弟相讼以避役，非其愿相雠也，势使然也……吾都不过四五望族，凡庆吊问报之事，大抵相好，而又家务为学，人务省事，其俗甚厚，独时以役讼失欢。"②黟县人程叔达因"族人病于乡正之役，则剖私田倡义役"③。常熟县归政乡实施义役前，乡民对于差役"百计规免，事力雄者以役近告，岁月远者以产簿辞，谍诉纷然，互角已胜。甚而闺门不相爱，宗族不遑恤，况邻里乡党乎？"④华亭县实行差役，致使"族党里姻相疾如仇"⑤。

以上各例中的宗族之间之所以失和，原因就在于它们干预了乡村行政头目的选差。义役制度实行后，其地各宗族之间的关系往往会因差役负担的减轻而有所改善，这也可从另一个方面反映宗族组织对乡村行政头目选

---

① 王柏：《鲁斋集》卷二〇《宋故太府寺丞知建昌军王公墓志铭》。本段文字参校续金华丛书本《鲁斋王文宪公文集》。

② 陈傅良：《止斋先生文集》卷四〇《义役规约序》。

③ 杨万里撰、辛更儒笺校：《杨万里集笺校》卷一二五《宋故华文阁直学士赠特进程公墓志铭》，第 4827 页。

④ 《琴川志》卷一二张攀《归政乡义役记》。

⑤ 《（正德）松江府志》卷六杨瑾《义役始末序略》。

差的参与情况。吕祖谦就说："异时或以义役为请，有司方持之，而闾里稍相与约，上不违县官律令，而下以全其族党之欢，其意美甚。"[①]丹阳人诸葛埴"未之官时，以族党困于里役之纷争，首倡义役，迄今二十年，纷争之端息，辑睦之风成，人咸德之"[②]。宁海县"行义役，而乡邻无纠决之仇，遂百年之聚族，溥一同而蒙休"[③]。余姚县实施义役"行之有年，豪宗大姓无复仇讼而驩然相亲，中家儒民免于荡析，而安土乐业，其效甚美"[④]。

乡村行政头目多用当地土著之人，有宗族田产之累，其处理各种事务皆能用心，有利于乡村行政组织的顺利运转。司马光曾称："旧日差役之时，所差皆土著良民，各有宗族田产，使之作公人管干诸事，各自爱惜，使之主守官物，少敢侵盗，所以然者，事发逃亡，有宗族田产以累其心故也。"[⑤]这里虽未提及里正、户长等乡村行政头目，但司马光在这里是讲差役法的优点，里正、户长等也属差役，故其所讲对乡村行政头目也适用。

南宋时发生了一起保正率宗族抗法的事件：

> 秀州华亭县保正胡诩者，兴贩私盐五千斤，已捕得犯者，而诩乃集亲族七百余人被甲持杖，夺去犯人并赃物，缚去巡检张承信及捕事人张兴等十三人，杀死捕事沈旺。[⑥]

一名乡村行政头目竟能动员宗族成员700余人暴力抗法，至少可以说明此保正在其宗族内有较高威望，或许就是以族长身份出任乡村行政头目者。如果不是族长出任保正，则可反映乡村行政头目对宗族的控制力。乡村行政头目能够控制宗族组织，除去其一身二任的原因外，大概还有某种利益因素在内。李觏曾称："粤民勤于役，其胥或世世与其族异财而同籍，率一胥影户数十。"[⑦]乡村胥吏之所以影庇同族其他民户，主要是由于他们正服差役，其户为形势户，至少在近期不需再服差役，故其能影庇同族其他人户暂时不

① 吕祖谦：《东莱集》卷一一《金华汪君将仕墓志铭》。

② 刘宰：《漫塘集》卷三二《故监江陵府粮料院诸葛承直墓志铭》。

③ 《御定历代赋汇补遗》卷六储国秀《宁海县赋》。

④ 孙应时：《烛湖集》卷九《余姚县义役记》。

⑤ 《宋会要辑稿·食货》六五之二九。

⑥ 陈造：《江湖长翁集》卷二五《寄袁京尹书》。

⑦ 《李觏集》卷三〇《宋故朝散大夫守尚书屯田郎中上轻车都尉赐绯鱼袋江公墓碑铭》。

再轮充差役。这种行为的另一种后果是造成了宗族聚居的假象。

前文已经指出国家对宗族组织有较强的控制力，那么在乡村社会中国家权力的代表——乡村行政头目的法律地位就会高于族长。宋代实行检校制度，“所谓检校者，盖身亡男孤幼，官为检校财物，度所须，给之孤幼，责付亲戚可托者抚养，候年及格，官尽给还，此法也”①。宋代法律规定：“诸身死有财产者，男女孤幼，厢耆、邻人不申官抄籍者，杖八十。因致侵欺规隐者，加二等。”②宋代的检校制度剥夺了族长对绝户和孤幼户的财产处理权，但却允许耆长参与，这与唐代的检校制度有很大不同。唐代身死户绝者的财产先由家族近亲处理，在无近亲的情况下才由官府处理。《宋刑统》卷一二《户婚律》引唐《丧葬令》称：“诸身丧户绝者，所有部曲、客女、奴婢、店宅、资财，并令近亲转易货卖，将营葬事及量营功德之外，余财并与女。无女，均入以次近亲；无亲戚者，官为检校。”唐宋时期检校制的这一变化恰恰反映了国家权力对宗族组织干预和控制程度的加深。

宋代国家为“明伦善俗”，以行政组织干预家族、宗族生活。大观元年(1107)，规定“诸士有善父母为孝，善兄弟为悌，善内亲为睦，善外亲为姻，信于朋友为任，仁于州里为恤，知君臣之义为忠，达义利之分为和”，“诸士有孝、悌、睦、姻、任、恤、忠、和八行见于事状，著于乡里者，耆邻保伍以行实申县，县令佐审察，延入县学”。③“八行”中至少有孝、悌、睦、姻四项是调节家庭、家族关系的，这无疑要求耆长和保正等对自己辖区内各家族、宗族成员的行为有较多了解，实际上也是国家权力对宗族组织的渗透和另一种形式的控制。再者，以“八行”被举入县学也是一件光耀宗族的大事，诏令中对“八行”又只有性质的界定，具体操作时弹性很大，这样，考察具备“八行”者的权力实际上就落入了乡村行政头目耆长、保正之手，这也会使他们相对于族长处于优势。绍熙元年(1190)，吴猎知常州无锡县，也采用了以行政组织干预宗族生活的办法，“县为浙右剧，前令鲜以善去，公使五家为甲，甲有长，

---

① 《名公书判清明集》卷七《不当检校而求检校》。

② 《名公书判清明集》卷八《叔父谋吞并幼侄财产》。

③ 章如愚：《群书考索·后集》卷二八。

二十五家为保，保有大长，凡一百二十五家，则揭其党里姓名于都亭，其有不孝、不友、不姻、不恤，凡以泯彝败俗，合众而挞罚之"①。

① 魏了翁：《鹤山先生大全文集》卷八九《敷文阁直学士赠通议大夫吴公行状》。

第五章　宋代乡村的民间经济组织

梁庚尧曾指出：从户口的社会结构、土地分配、劳力运用、资本融通以及农产品价格变动各方面观察，都可以看出南宋农村的财富集中在少数富户手中，而大多数农家则生活困苦。为了使农村稳定，南宋政府和民间作了许多努力，以阻止贫富差距的扩大。[①] 民间的努力即创立了社仓、义役等经济互助组织。宋代乡村还有一类为协调或处理某些公共事务而出现的经济合作组织，如各种水利共同体等。本章就对宋代社仓、义役、水利共同体等经济组织的发展、组织形态、运营及其与国家尤其是与乡村行政组织的关系作一探讨。

第一节　宋代乡村的社仓组织

学术界对宋代的社仓已有比较深入的研究，虽然也取得了较为丰硕的成果，但对社仓与乡村行政组织的关系却几乎没有涉及，另在社仓组织中国家权力与民间力量的博弈问题上也有进一步深入探讨的余地。本节即在前述研究的基础上，首先对宋代社仓的发展、组织形态及运营作一简要论述，然后对社仓与乡村行政组织等的关系等进行探讨。

① 参见梁庚尧《南宋的农村经济》，(台北)联经出版事业公司 1984 年版，第 257 页。

一、宋代社仓的创立与发展

社仓起源于隋朝，专指义仓设于乡村者。熙宁时，知陈留县苏涓主张设立社仓，但未能实施。宋代社仓最初由魏掞之创立于绍兴二十年(1150)，地点在建宁府建阳县长滩铺招贤里。《建炎以来系年要录》卷一六一对此有详细记载：

自建炎初，剧盗范汝为窃发于建之瓯宁县，朝廷命大军讨平之，然其民悍而习为暴，小遇岁饥，即群起剽掠。去岁因旱，凶民杜八子者乘时啸聚，遂破建阳，是夏民张大一、李大二复于回源洞中作乱，安抚使仍岁调兵击之。布衣魏掞之谓民之易动，盖因艰食，及秋，乃请于本路提举常平公事袁复一，得米千六百斛以贷民，至冬而取，遂置仓于长滩铺。

由上可知，魏掞之创建社仓的目的是为了消弭民众因"艰食"而暴动的问题，以保持乡村社会的稳定；具体措施是秋贷冬敛，不收利息。到乾道四年(1168)，建宁府发生灾荒，距其地不到二十里的浦城又有"盗发"，建宁"人情大震，藏粟亦且竭"，乡之耆艾刘如愚与时居于崇安县开耀乡的朱熹共同请求府中拨常平米六百石赈济乡民，使乡里安定。到该年冬天，"民愿以粟偿官贮"，知府王淮同意将米留置乡中，以备凶荒，具体做法是"岁一敛散"，"愿贷者出息什二"，"岁或不幸小饥，则弛半息，大侵则尽蠲之"，旋即又因"粟分贮民家，于守视出纳不便"[①]，而仿古法建社仓以贮之，始于乾道七年五月，到八月建成。朱熹等的这一做法取得了很大成功。淳熙八年(1181)，朱熹上疏请求将社仓法推广至全国。他在奏疏中叙述了崇安社仓的设立及基本规制：

乾道四年，乡民艰食，本府给到常平米六百石，委臣与本乡土居朝奉郎刘如愚同共赈贷。至冬收到元米，次年夏间，本府复令依旧贷与人户，冬间纳还。臣等申府措置，每石量收息米二斗，自后逐年依此敛散，或遇小歉，即蠲其息之半，大饥即尽蠲之。至今十有四年，其支息米造成仓敖三间收贮，已将元米六百石纳还本府。其见管三千一百石，并是

① 《朱熹集》卷七七《建宁府崇安县五夫社仓记》。

> 累年人户纳到息米，已申本府照会，将来依前敛散，更不收息，每石只收耗米三升。系臣与本乡土居官及士人数人同共掌管，遇敛散时，即申府差县官一员监视出纳……窃谓其法可以推广，行之他处，而法令无文，人情难强。妄意欲乞圣慈特依义役体例，行下诸路州军，晓谕人户，有愿依此置立社仓者，州县量支常平米斛，责与本乡出等人户，主执敛散，每石收息二斗，仍差本乡土居或寄居官员士人有行义者与本县官同共出纳。收到息米十倍本米之数，即送原米还官，却将息米敛散，每石只收耗米三升。其有富家情愿出米作本者亦从其便，息米及数，亦与拨还。如有乡土风俗不同者，更许随宜立约。申官遵守，实为久远之利。其不愿置立去处，官司不得抑勒，则亦不至搔扰。[①]

由上可见，社仓的目的是以低息贷米给乡民，每石收息米二斗，当息米到一定数量后，即不再收息，仅收耗米三升。社仓虽然初设时由政府或富户提供贷本，但日后可用息米偿还，社仓米实际上是民众所纳米，故而社仓的性质应是民仓，但其敛散时由官府派人监督出纳，其条约也要申官，即借助国家的力量保证久远之利，故准确地说，社仓应为官督民办。

朱熹推广社仓的建议被朝廷采纳，但同时强调“任从民变”，“州县并不许干预抑勒”。诏令虽然下发，各地的反应却非常冷淡，不仅“诸路既不能皆如诏”[②]，江西常平司“移文郡县，揭示衢要，累月无应之者”[③]，社仓的发展仍很缓慢。庆元元年(1195)，朱熹称诏令颁行“至今几二十年，而江浙近郡田野之民犹有不与知者，其能慕而从者，仅可以一二数也”[④]。但随着时间的推移，社仓的功效逐渐得以证明，加上朱熹同道及其门人等的推动，还是有了长足发展。据考查，南宋统治下的福建、两浙、江西、江东、湖南、湖北、四川、广南、淮南等地都有社仓的设置。[⑤] 到朱熹去世二三十年后，社仓得以广泛

---

① 《朱熹集》卷一三《延和奏札四》。

② 《嘉泰会稽志》卷一三。

③ 《陆九渊集》卷八《与陈教授》。

④ 《朱熹集》卷八〇《建昌军南城县吴氏社仓记》。

⑤ 关于南宋社仓的设置，梁庚尧《南宋的社仓》(载其《宋代社会经济史论集》下册，第447～453页)作了系统的论述，张文对此有所补充(参见其《宋朝民间慈善活动研究》表2-1《南宋社仓设置情况表》，第18～23页)。

推行，"落落布天下，皆本于文公"[①]，"文公之食仓，不独建人守之，往往达于天下郡邑"[②]。

二、宋代社仓的组织形态与运营机制

关于宋代社仓的组织形态，包括其首领、成员构成、运营机制等，在朱熹上奏朝廷的《社仓事目》中有详尽论述，今择要录下：

一、逐年十二月，分委诸部社首、保正副将旧保簿重行编排……次年三月内，将所排保簿赴乡官交纳。乡官点检，如有漏落及妄有增添一户一口不实，即许人告，审实申县，乞行根治。如无欺弊，即将其簿纽算人口，指定米数，大人若干，小儿减半，候支贷日，将人户请米状拖对批填，监官依状支散。

一、逐年五月下旬，新陈未接之际，预于四月上旬申府，乞依例给贷。仍乞选差本县清强官一员、人吏一名、斗子一名前来，与乡官同共支贷。

一、申府差官讫，一面出榜排定日分，分都支散。晓示人户，各依日限，具状结保，正身赴仓请米。仍仰社首、保正副、队长、大保长并各赴仓识认面目，照对保簿，如无伪冒重叠，即与签押保明。其日监官同乡官入仓，据状依次支散……如人户不愿请贷亦不得妄有抑勒。

一、收支米用淳熙七年十二月本府给到新漆黑官桶及官斗，仰斗子依公平量。……

一、丰年如遇人户请贷官米，即开两仓，存留一仓。若遇饥歉，则开第三仓，专赈贷深山穷谷耕田之民，庶几丰荒赈贷有节。

一、人户所贷官米，至冬纳还。先于十月上旬定日申府，乞依例差官将带吏斗前来公共受纳，两平交量……又虑仓廒折阅，无所从出，每石量收三升，准备折阅及支吏斗等人饭米。其米正行附历收支。

一、申府差官讫，即一面出榜，排定日分，分都交纳。仰社首、队长

---

① 刘宰：《漫塘集》卷二二《南康胡氏社仓记》。

② 刘克庄：《后村先生大全集》卷八八《兴化军创平粜仓》。

告报保头，保头告报人户，递相纠率，造一色干硬糙米，具状赴仓交纳。监官、乡官、吏斗等人至日赴仓受纳，不得妄有阻节，及过数多取。其余并依给米约束施行。

一、收支米讫，逐日转上本县所给印历。事毕日，具总数申府县照会。……

一、社仓支贷交收米斛，合系社首、保正副告报队长、保长，队长、保长告报人户。如阙队长，许人户就社仓陈说，告报社首，依公差补。如阙社首，即申尉司定差。

一、簿书锁钥，乡官公共分掌。其大项收支，须监管官签押。其余零碎出纳，即委乡官公共掌管，务要均平，不得徇私容情，别生奸弊。

一、如遇丰年，人户不愿请贷，至七八月而产户愿请者听。

一、仓内屋宇什物仰守仓人常切照管，不得毁损及借出他用。如有损失，乡官点检，勒守仓人备偿。如些小损坏，逐时修整。大段改造，临时具因依申府，乞拨米斛。①

首先需要说明的是，朱熹的《社仓事目》就是其为社仓组织制订的规约，这一规约影响很大，虽各地据实际情况有所变通，但其几乎成为南宋社仓组织规约的标准模式。刘宰就称“今社仓落落布天下，皆本于文公”②。邵武军光泽县社仓是由上“下崇安建阳社仓之法于属县”后“略放其意”③而成的。金华人潘景宪出私谷赈贷贫民也是“取建宁社仓法”④。景定四年(1263)，知南安府饶应龙“积见钱二千缗省，充籴本，冬收夏贷，以济艰籴，盖仿朱文公社仓之规也”⑤。嘉定十七年(1224)，真德秀在潭州设立社仓，“其敛散之规，息耗之数，大概悉仿朱熹所上条约，而因时救弊，视俗制宜者又加详焉”⑥。理宗淳祐年间，万镇在澧州“率乡中富而有德者”建立社仓，“其法则仿文公

---

① 《朱熹集》卷九九《社仓事目》。

② 刘宰：《漫塘集》卷二二《南康胡氏社仓记》。

③ 《朱熹集》卷八〇《邵武军光泽县社仓记》。

④ 《朱熹集》卷九三《承事郎致仕潘公墓志铭》。

⑤ 《永乐大典》卷七五一〇引《南安郡志》。

⑥ 真德秀：《西山先生真文忠公文集》卷一〇《奏置十二县社仓状》。

摹规"[①]。刘克庄曾说:"文公之食仓,不独建人守之,往往达于天下郡邑。"[②]由上可见朱熹所设计社仓规约应用之普遍。正是鉴于朱熹《社仓事目》应用的普遍性,我们可以据其讨论宋代社仓的组织形态。

第一,社仓组织的首领。无论是官府主导创建的还是民间创办的,宋代社仓组织的首领都是乡官,即乡居官员或士人,由其具体管理。举例如下:

邵武军光泽县社仓由知县张欣创立,"而其条画精明、综理纤密者,则李君之力也"[③],李君就是当地的隐君子,即没有出仕的读书人李吕。他还"推择其乡之士八人任乡官之委,以与民附籍"[④]。

常州宜兴县知县于绍熙五年(1194)建立 11 所社仓后,"择邑人之贤者承议郎赵君善石、周君林、承直郎周君世德以下二十有余人以典司之"[⑤],这二十余人也都是乡居官员。

洪都府社仓建立后,"属里居之贤连江宰陶君武泉、幕友裘君万顷择士之堪信仗者分粜之"[⑥]。

真德秀在潭州置社仓百余所,也是由乡士主执,但由官府"选择佐官分任出纳,乡士之主执者不得独专其权,兼令二年一替"[⑦]。

清江县社仓规约中,明确规定"仓中事务并委乡官主管"[⑧]。

天台县设立社仓后,"令乡人自求一贤士主之"。一乡之人都请王贲主之,其人"特有守,隐居于顽恶之乡,习俗化焉,不敢为非"。[⑨]

南康军三县社仓设立后,"每县选寄居及士人之有行义者充都乡官,每乡又自选乡官一员,提督条画毕具"[⑩]。

---

① 《(隆庆)岳州府志》卷一八万镇《社仓规约序》。

② 刘克庄:《后村先生大全集》卷八八《兴化军创平粜仓》。

③ 《朱熹集》卷八〇《邵武军光泽县社仓记》。

④ 李吕:《澹轩集》卷五《代县宰社仓砧基簿序》。

⑤ 《朱熹集》卷八〇《常州宜兴县社仓记》。

⑥ 袁燮:《絜斋集》卷一〇《洪都府社仓记》。

⑦ 真德秀:《西山先生真文忠公文集》卷一〇《申尚书省乞拨和粜米及回粜马谷状》。

⑧ 董煟:《救荒活民书·拾遗》。

⑨ 王柏:《鲁斋集》卷一二《王石潭帖跋》。

⑩ 《永乐大典》卷七五一〇引《南康志》。同书《创立社仓记》一文则称"县委官一员提督",与上引文有歧异,应以此为是。

由上可知，选任社仓首领不仅仅要看其是否具有乡官或士人等身份，还尤其注重其人品德行，或以贤良称，或以行义节操而为乡里所信服和拥戴，不会借主持社仓之机营私舞弊。

理宗嘉熙年间，广德军也创设社仓，其首领及管理人员被黄震统称为“仓职”，其中包括仓官及副职等。仓职由上户充当。由于官府为了增加息米，强迫民户多贷社仓米，以致民户畏贷谷甚于畏科敷，上户避仓职甚于避差役。仓职之任期为四年，“两年为副，两年升正而替”，在任期内必须经过四贷四敛方可。黄震改革后，由于在正常年景不再放贷，所以不再“专拘四年之限”，要求充任者“必在四年之内，曾经一次贷敛，俟四年限满，亦许替换”；但如果在任职的四年内，一直都是丰熟年景，“未经贷敛者，未许替职”，注意选任“物力高强、众所推服”[①]者充当。

宋代社仓除由乡官全面掌管社仓事务外，据朱熹所设计的《社仓事目》，还有社首和队长等。《文献通考》卷二一《市籴二·社仓》称：

> 凡借贷者，十家为甲，甲推其人为之首。五十甲则本仓自择一公平晓事者为社首。

由上可知，社首是由从“五十甲”即 500 家中选出的“公平晓事者”充任的。在社仓制的实际运营中，充分利用了乡村社会已有的行政组织都保，但为了社仓制的运营又引入了社首。据朱熹《社仓事目》的记载，社首位于保正长之上，如“排保式”的押字顺序是“大保长姓名押状、队长姓名、保正副姓名、社首姓名”，而在社仓支贷交收仓米时，由“社首、保正副告报队长、保长，队长、保长告报人户”。由押字顺序及其通知流程都可看出它们在社仓组织内部的关系。虽然社首附加于保甲组织之上，但与都保内的其他事务无关，只负责社仓运营。可以说，社首是“总管社仓运营之实务，担负其一切责任的存在”[②]。

至于队长，有可能是“十家为甲”之首领，但在朱熹的《社仓事目》中又提

---

① 黄震：《黄氏日抄》卷七四《更革社仓公移》。

② ［韩］李瑾明：《南宋时期社仓制的实施及其性质——以福建地区为中心》，载姜锡东主编《政府与经济发展：中国经济发展史上的政府职能与作用国际研讨会论文集》，第 222 页。

及"保头"。由于宋代乡村都保体制中没有"保头"这一头目，故从字面意义上推断，其很可能是"十家为甲"或"十人结为一保，递相保委"而产生的首领，那么队长就是其他方式选出的社仓组织头目。由于史料缺乏，具体如何已难以讲清。唯一可确定的是，队长是社首和民户之间联系的一个环节，"如阙队长，许人户就社仓陈说，告报社首，依公差补"①。社首不仅有品质、才能上的要求，如前文提及的"公平晓事"，很可能还有财产上的限制，需要"出等上户"充任。这也可由广德军社仓中与之地位类似的"仓职"证明（下文详述）。社首一职如果有阙，则需要申报尉司，由县尉定差。

另外需要说明的是，乡村行政组织都保的头目保正副和大小保长等也参与社仓事务，但由于其是乡村社会中国家权力的代表，熟悉乡村的人口户籍等事务，故得以参与社仓管理（下文详述），但其不属于社仓这一民间组织的首领。

从社仓组织首领所涉及的社会阶层来看，其中包括在乡的官僚士人和包括豪民在内的上户等，他们在社仓的正常运营中发挥着重要的领导作用。正是由于不同社会阶层的参与，社仓组织对乡村社会中各种力量的整合也具有重要作用，正如有学者指出的：社仓是为了解决乡村社会的粮食问题，由国家权力主导，试图全力动员士大夫、上户乃至豪民阶层等乡村社会的力量的结果。因为社仓制的运用有机地结合了士大夫阶层、国家权力以及乡村强势集团即豪民阶层的活动，所以尽管财政上具有脆弱的一面，却可以发挥稳定乡村社会的功能。②

第二，社仓组织的成员。社仓组织不同于其他民间组织有严格、明确的成员构成，其成员除首领及各种管理人员外，就是接受救助的对象。具体来说，这一对象可从以下几个方面作一界定：

一是其财产限制。社仓的目的是救助阙食等生活困难者，因此朱熹设计的《社仓事目》中明确规定："产钱六百文以上及自有营运，衣食不阙，不得

---

① 《朱熹集》卷九九《社仓事目》。

② 参见[韩]李瑾明《南宋时期社仓制的实施及其性质——以福建地区为中心》，载姜锡东主编《政府与经济发展：中国经济发展史上的政府职能与作用国际研讨会论文集》，第234页。

请贷。"[①]饶干于庆元初年在长沙创建的社仓则是允许"凡二十亩以下之户皆预贷谷，赖此得充粮种"[②]。社仓虽然将衣食无忧者排除在救助对象外，但其也不是对所有贫苦农民都进行救助，其具体规定是"贷谷止及末等有田之人，而细民无田者不得预也"[③]。这是为了确保仓本的安全，故而将求助对象限定在有偿还能力者这一范围内。对于那些没有土地的贫苦细民，只能通过赈济的方式予以救助。

二是其身份限制。社仓为确保仓本安全，多限定只救助农民，对手工业者、商人及游手好闲者不予救助。瑞州社仓就规定对"五等户服田力穑者方许给借，游手末技者不与焉"[④]。金华县社仓规约中也规定"有艺人"（即手工业者）除"口累众多"外不得借贷。[⑤] 清江县社仓规约中则规定"素号游手及虽农业而众以为懒惰顽慢者，亦不支贷"[⑥]。

三是其居住地域的限制。为了确保社仓米能有贷有还，有的社仓规定只贷给有固定住址者，对"无居止"者不借。[⑦] 当时出于社仓能够维持的目的，为防止贷户逃亡，采用了结保连坐的方式，要求"每十人结为一保，递相保委。如保内逃亡之人，同保均备取保。十人以下不成保不支"[⑧]。社仓还与一定的乡村区划密切相关，或许某一社仓的救助只针对该区域内的乡民。刘宰就称社仓"或及于一乡，或及于一邑"[⑨]。建宁府建阳县长滩社仓就是针对三个招贤里，其运行数年后，"三里之人始得饱食安居"[⑩]。婺州金华县潘景宪设立的社仓在金华县婺女乡安期里之四十一都，其救助对象也即该都，"敛散以时，规划详备，一都之人赖之"[⑪]。朱熹创建的建宁府崇安县五夫社

① 《朱熹集》卷九九《社仓事目》。

② 真德秀：《西山先生真文忠公文集》卷一〇《申尚书省乞拨和籴米及回籴马谷状》。

③ 真德秀：《西山先生真文忠公文集》卷四〇《劝立义廪文》。

④ 《永乐大典》卷七五一〇引《瑞阳志》。

⑤ 参见董煟《救荒活民书·补遗》。

⑥ 董煟：《救荒活民书·补遗》。

⑦ 参见董煟《救荒活民书·补遗》。

⑧ 《朱熹集》卷九九《社仓事目》。

⑨ 刘宰：《漫塘集》卷二二《南康胡氏社仓记》。

⑩ 《朱熹集》卷七九《建宁府建阳县长滩社仓记》。

⑪ 《朱熹集》卷七九《婺州金华县社仓记》。

仓在崇安开耀乡，其建成后则使“一乡四五十里之间，虽遇凶年，人不阙食”[①]，其救助的对象很可能也是限于开耀一乡。

第三，社仓组织的规约。社仓规约对于社仓的正常运营具有重要意义。朱熹曾说：“仓之庶事细大有程，可久而不坏矣。”[②]规约的内容主要包括支贷和还米的各项规定及日常事务的管理等。前文已讲过宋代社仓的规约大多都是仿行朱熹社仓的规约，其《社仓事目》几乎成了宋代社仓运营的标准模式，今据此将社仓的运营略述如下：

从总体上看，社仓的运营主要有如下几个环节：(1)点检保簿并送乡官处审核。每年十二月，社首、保正副等负责重新编排旧保簿，详细记录人口变化的情况，并查核其中是否“有停藏逃军及作过无行止之人隐匿在内”。次年三月，送至乡官处审核后报至县备案，即可批填请米状，以备支散时使用。(2)支米。每年五月下旬新陈不接之时，预于四月上旬申报州府请求支贷，获准后，由县派遣官员一名、人吏一名、斗子一名前来监督，与乡官一起支贷。支贷时以当时的乡村行政组织为基础(下文详述)。(3)还米。十月上旬预先申府州，请求派遣官员及人吏、斗子前往同共收纳；时间不超过十一月下旬。收米时同样以乡村行政组织为基础。收米后每日都要上报数目到县。全部收完后，具总数申府县照会。除支米和收米外，社仓其他簿书、锁钥及小数目的出纳等事务均由乡官负责。

宋代社仓的运营还有以下两个问题：

第一，谷本来源。刘宰认为社仓谷本“或出于官，或出于家，或出于众”[③]，实际就是两种：一是官府垫支，朱熹所建崇安县开耀乡社仓即是如此；二是富豪之家捐助，或由某人独自捐助，或由多人共力为之。临川某乡就有李某“捐粟六百石为倡，将成社仓”[④]；建昌军南城县社仓就是吴伸、吴伦兄弟捐自家谷四千斛为本。还有的社仓“专务劝课上户蓄积”[⑤]。有学者钩稽了

① 《朱熹集》卷一三《延和奏札四》。

② 《朱熹集》卷七七《建宁府崇安县五夫社仓记》。

③ 刘宰：《漫塘集》卷二二《南康胡氏社仓记》。

④ 黄震：《黄氏日抄》卷八七《抚州金溪县李氏社仓记》。

⑤ 《永乐大典》卷七五一〇引《都梁志》。

文献中记载的南宋社仓，共69项，其中官方出资33项，约占总数的47.8%；民间出资24项，约占总数的34.8 %；官方与民间共同出资者4项，约占总数的5.8%；情况不详者8项，约占总数的11.6%。[①] 这就是宋代社仓谷本来源的大致状况。需要说明的是，不少官府提供的仓本仅仅是垫支性质的启动资本，一旦息米增加到足以维持社仓运营的数量，即归还官本。如朱熹在建议朝廷推广社仓法的奏札中就说：

乞圣慈特依义役体例，行下诸路州军，晓谕人户，有愿依此置立社仓者，州县量支常平米斛……收到息米十倍本米之数，即送原米还官。[②]

随着社仓的发展，有的人就开始筹划以田产作贷本。《永乐大典》卷七五一〇引《宜春志》称：

县西仓又以在仓积米出粜得钱二千缗足，买民田一百余亩，俟买及五千把，即尽蠲息米，如有欠折，即以田分米补凑，庶几悠久不致隳废。

由于"粟之藏易弊，而田之入无穷"[③]，故而用田产作为贷本的来源逐渐得以推广。如知瑞州陈韡所设社仓由于"岁久弊生"，"亏折损坏"，"太守方逢辰欲救其弊，委官发谷买田以为经久之计，名曰社庄，贮谷备荒"。[④] 黄震在广德军改革社仓也是将各处仓本陆续出粜，"随乡置田，常年积租，荒年赈济，则自不必取息求多矣"[⑤]。这一经营方式不仅使社仓得以长久维持，同时也可减轻农民的利息负担。[⑥]

第二，救助方式。社仓初创时，大都采用低息贷放的方式救助贫民。朱熹称：

山谷细民无盖藏之积，新陈未接，虽乐岁，不免出倍称之息，贷食豪右。而官粟积于无用之地，后将红腐，不复可食。愿自今以来，岁一敛散，既以纾民之急，又得易新以藏，俾愿贷者出息什二，又可以抑侥幸、

① 参见张文《宋朝民间慈善活动研究》，第24页。

② 《朱熹集》卷一三《延和奏札四》。

③ 林希逸：《竹溪鬳斋十一藁续集》卷一三《跋浙西提举司社仓规》。

④ 《永乐大典》卷七五一〇引《瑞阳志》。

⑤ 黄震：《黄氏日抄》卷七四《更革社仓公移》。

⑥ 参见梁庚尧《南宋的社仓》，载其《宋代社会经济史论集》下册，第456～458页。

广储蓄，即不欲者勿强。岁或不幸小饥，则弛半息；大侵则尽蠲之。[①]

由上可知，朱熹为了抑制高利贷盘剥，采用低息赈贷[②]的方式，等到息米足以归还所借官府仓本后，"更不收息，每石只收耗米三升"[③]。前文也已提及，一些社仓以田地作为谷本来源后，也可免收息米。但无论是否收息米，其运营都是赈贷式的。

随着社仓的发展，又出现了与赈贷不同的平粜式社仓。刘宰就称南宋后期社仓已发展为两种类型："或粜而不贷，或贷而不粜。"[④]至于其中的利弊和发展趋势，宋人王柏也有论述："后之继者虑既贷而民不尽偿，则社仓之惠穷而追呼之害起，故朱先生之法一转而为魏公之法，但储于乡以备岁之不登，及其岁之小歉也，又不以贷而以粜，则魏公之法又转而为广惠之法……昔人既有广惠之法，谷贵则捐价以出之，谷贱则高价以入之，一出一入，低昂适平。"[⑤]具体例子如张䜣所设邵武军光泽县社仓，"夏则损价而粜，以平市估；冬则增价而籴，以备来岁"[⑥]；合州巴川县景元一等人所立社仓，"登熟则以价籴之……期月谷价暴贵，细民不易，则收二分之息而粜之，以济贫弱，以平市价"[⑦]。

三、宋代社仓组织与国家的关系

探讨宋代社仓组织与国家的关系，可以从其与各级行政组织的关系入手。

首先，在功能上，社仓组织是行政组织的补充。

宋代以救荒为目的的仓储原有义仓和常平仓，社仓与它们的一个重要区别就是其设于乡村。朱熹曾说：

① 《朱熹集》卷七七《建宁府崇安县五夫社仓记》。

② 宋代一般的借贷利率为30%～50%，高者可达80%或100%，社仓只有20%，故为低息。关于宋代的借贷利率，可参见梁庚尧《南宋的农村经济》，第117～178页。

③ 《朱熹集》卷九九《社仓事目》附敕命。

④ 刘宰：《漫塘集》卷二二《南康胡氏社仓记》。

⑤ 王柏：《鲁斋集》卷七《社仓利害书》。

⑥ 《朱熹集》卷八〇《邵武军光泽县社仓记》。

⑦ 傅增湘辑：《宋代蜀文辑存》卷七六度正《巴川社仓记》。

> 常平义仓尚有古法之遗意，然皆藏于州县，所恩不过市井惰游辈。至于深山长谷，力穑远输之民，则虽饥饿濒死而不能及也。①

袁燮曾说：

> 常平裒聚于州县，而社仓分布于阡陌，官无远运之劳，民有近籴之便，足以推广常平赈穷之意。②

常平仓和义仓救济的多是市井之人，对广大的乡村民众难以顾及，而社仓却设于乡村，以救济乡民为目的，“原出于乡先生及乡大夫念饥民之亟求一饱，以轻犯刑辟”③，对稳定乡村社会发挥了积极作用。

社仓对乡民的救助功能有效地弥补了宋代国家在赈济上的不足，其稳定乡村社会的功能与各级行政组织维护社会治安、确保对乡村控制的职能是一致的，是对行政组织尤其是乡村行政组织功能的强有力的补充。

其次，社仓的运行由国家行政组织进行监督。

社仓组织是以民间组织的姿态出现于南宋历史舞台上的。宋代朝廷在接纳朱熹的建议而颁布的推广社仓的敕命中强调“遍下本路诸州县晓示，任从民便”，“其不愿置立去处，官司不得抑勒”④，但其从创立之初就与国家行政组织有密切的关系，并且国家在其中扮演的角色越来越重要⑤，最主要的表现就是对社仓运行的监督和对社仓事务的直接管理。

根据朱熹的《社仓事目》的设计，社仓在运行中不能脱离国家行政组织的监督。如社仓米的支贷和回收都要申报州府批准，支贷时由县派清强官一名、人吏一名等同往监督，回收完毕要将总数申报府县备案，大项收支需要监管官签押。在社仓的具体运营中，这种监督体现得同样非常明显。朱熹创办的建安社仓就由国家监督其运行，“遇敛散时，即申府差县官一员监视出纳”⑥。高安县社仓由“乡官、里师主之，司户提督”⑦。司户是国家官

---

① 《朱熹集》卷七七《建宁府崇安县五夫社仓记》。

② 袁燮：《絜斋集》卷一〇《洪都府社仓记》。

③ 《永乐大典》卷七五一三引《建安志》。

④ 《朱熹集》卷九九《社仓事目》附敕命。

⑤ 参见梁庚尧《南宋的社仓》，载其《宋代社会经济史论集》下册，第464～467页。

⑥ 《朱熹集》卷一三《延和奏札四》。

⑦ 《永乐大典》卷七五一〇引《瑞阳志》。

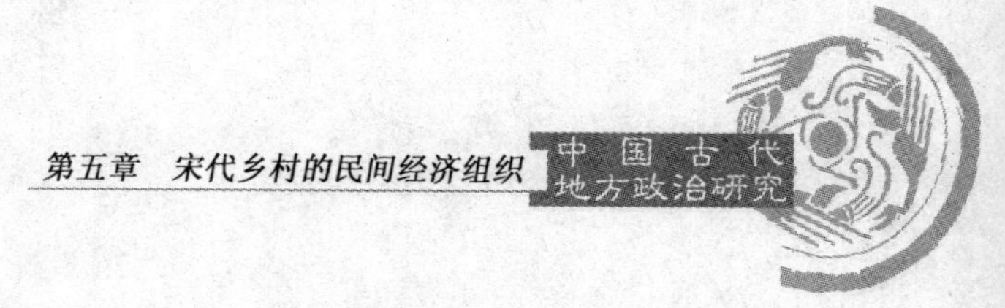

员，设于州、军、监，掌户籍赋税和仓库受纳等。乡官是指掌管社仓的乡居士人。《永乐大典》卷七五一〇引《南康志》称南康军社仓“每县选寄居及士人之有行义者充都乡官，每乡又自选乡官一员，提督条画毕具”。

后来，有的地方官府不再满足于仅仅扮演监督者的角色，而是直接参与由官府出贷本的社仓的管理。嘉定年间，真德秀在潭州以官钱创办社仓，“选择佐官分任出纳，乡士之主执者不得独专其权，兼令二年一替”[①]。这里虽称未完全排斥乡里士人，但国家力量进一步渗入社仓组织是无疑的。《永乐大典》卷七五一〇引《渌江志》详细记述了长沙县社仓运行中国家力量的监管：

> 在州置司，委通判职官，县有提督措置官，知县以提督社仓，系衔丞簿尉中选二员措置，任满，本州核实无欠，方许批书……支贷则措置官同监视，看守则责之寺观主者。

庆元五年(1199)，余干县设立的社仓“出纳以尉，提督于县”[②]。湘潭县有社仓，县尉“实司敛散，率常丰取刻与”[③]，即县尉实际掌握社仓米的敛散权。王柏也说：“恭睹淳熙八年朱先生申请社仓指挥，若曰：‘其敛散之事，与本乡耆老公共措置，州县并不须干预抑勒。’至哉言乎！此行法者所当共守也。今也不然，领以县官，主以案吏。”[④]由上足可见官府对社仓管理的介入之深及前后变化之明显。

总之，从朱熹孝宗年间上奏朝廷推广社仓的《社仓事目》开始，就强调了应以充任社仓首领的乡居士大夫阶层为中心，自主运营，但其仍须“藉官司之力”，有的仓职甚至借官府力量“立威乡落”，加上其在处理社仓事务时地方官府的指挥和监督，可以说“标榜乡村社会自律的社仓制，形式上由士大夫层来整体指挥，而实质性的业务处理则可以说是形成了在所谓上户的乡

---

① 真德秀：《西山先生真文忠公文集》卷一〇《申尚书省乞拨和籴米及回籴马谷状》。

② 《永乐大典》卷七五一〇引《番阳志》。

③ 袁甫：《蒙斋集》卷一七《湘潭县尉赵君墓志铭》。

④ 王柏：《鲁斋集》卷七《社仓利害书》。

村豪民的活动之上，附加了地方官乃至地方官衙之权威的结构”[①]。

再次，社仓运作以乡村行政体系为基础，乡村行政头目广泛参与其中。

崇安县社仓“分四隅，而以隅官掌其事，则保甲之法默寓其中，他县莫能及也”[②]。保甲组织并非仅仅“默寓”于社仓组织中，而是广泛参与社仓组织的运作过程。社仓的运作主要有四个步骤，“其一曰抄札贷户，其二曰支贷，其三曰交纳，其四曰守掌”[③]。下面分别叙述之。

首先，抄札由保正副负责。《攸县志》称“抄札核实则责之保正副”[④]。社仓支米按保甲簿进行。抄札也就是保甲簿的编排，“逐年十二月，分委诸部社首、保正副将旧保簿重行编排。其间有停藏逃军及作过无行止之人隐匿在内，仰社首、队长觉察，申报尉司追捉，解县根究。其引致之家，亦乞一例断罪。次年三月内，将所排保簿赴乡官交纳。乡官点检，如有漏落及妄有增添一户一口不实，即许人告，审实申县，乞行根治。如无欺弊，即将其簿纽算人口，指定米数，大人若干，小儿减半，候支贷日，将人户请米状拖对批填，监官依状支散”[⑤]。保甲簿要由保正长画押，格式如下：

> 某里第某都社首某人，今同本都大保长、队长编排到都内人口数下项：
>
> 甲户（大人若干口，小儿若干口，居住地名某处。或产户，开说产钱若干，或白烟，耕田、开店买卖；土著、外来，系某年移来，逐户开。）
>
> 余开
>
> 右某等今编排到都内人户口数在前，即无漏落及增添一户一口不实。如招人户陈首，甘伏解县断罪。谨状。
>
> 年　月　日　大保长姓名押状　队长姓名　保正副姓名　社首姓名

---

① [韩]李瑾明：《南宋时期社仓制的实施及其性质——以福建地区为中心》，载姜锡东主编《政府与经济发展：中国经济发展史上的政府职能与作用国际研讨会论文集》，第239页。

② 《永乐大典》卷七五一三引《建安志》。

③ 《永乐大典》卷七五一〇引《攸县志》。

④ 《永乐大典》卷七五一〇引。

⑤ 《朱熹集》卷九九《社仓事目》。本节下引文未注出处者，均见《社仓事目》，不再一一注明。

请米状也要注明保正长姓名：

> 某都第某保队长某人、大保长某人下，某处地名，保头某人等几人，今递相保委，就社仓借米，每大人若干，小儿减半，候冬收日，备干硬糙米，每石量收耗米三升，前来送纳。保内一名走失事故，保内人情愿均备取足，不敢有违。谨状。
>
> 年　月　日　保头姓名　甲户开名　大保长姓名　队长姓名　保长姓名　社首姓名

其次，支贷米时以都为单位，由保正副、大小保长核对正身，“申府差官讫，一面出榜排定日分，分都支散。（先远后近，一日一都。）晓示人户，（产钱六百文以上及自有营运，衣食不阙，不得请贷。）各依日限，具状（状内开说大人小儿口数。）结保，（每十人结为一保，递相保委。如保内逃亡之人，同保均备取保。十人以下不成保不支。）正身赴仓请米。仍仰社首、保正副、队长、大保长并各赴仓识认面目，照对保簿，如无伪冒重叠，即与签押保明”。保正副和保长等生活于乡村，熟悉其管辖地域内乡民的情况，所以要其核对正身，并要“签押保明”，以示承担连带责任。

再次，收米仍以都为单位，并有都保头目参与。“人户所贷官米，至冬纳还”，“申府差官讫，即一面出榜，排定日分，分都交纳。（先近后远，一日一都。）仰社首、队长告报保头，保头告报人户，递相纠率，造一色干硬糙米，具状（同保共为一状，未足不得交纳。如保内有人逃亡，即同保均备纳足。）赴仓交纳，监官、乡官、吏斗等人至日赴仓受纳，不得妄有阻节，及过数多取”。

保正副、保长在仓米支收过程中还负责传递信息。“社仓支贷交收米斛，合系社首、保正副告报队长、保长，队长、保长告报人户。”

各地社仓组织形式不同，乡村行政头目的地位与作用也不一样。长沙府长沙县社仓就是于“乡士有信义者及合充保正、副者，每仓委请二人充监仓，不律以法而待以礼，二年一替”①。清江县社仓“仓中事务并委乡官掌管，但差使保正编排人户、驱磨簿历、弹压敛散、踏逐仓厫、追断逋负之类”②。

---

① 《永乐大典》卷七五一〇引《渌江志》。

② 董煟：《救荒活民书·拾遗·清江县社仓规约》。

社仓创设后，充分发挥了其调节乡村贫富矛盾的作用。农民因社仓的救助不至于受高利贷及米价腾踊之害，遇到灾荒也不必完全依赖临时赈济，既有利于生活的改善，也有助于乡村社会的稳定。真德秀称："数十年间，凡置仓之地，虽遇凶岁，人无菜色，里无嚣声。"[①]黄榦也说："二十余年，里闾安帖，无复他变，盖所以阴消潜弭之者，皆社仓之力也。"[②]

随着时间的推移，社仓的弊端逐渐显现出来。真德秀曾说："诸处社仓败坏之由，盖缘其始多是劝谕士民出本，因令管干，往往视为己物，官司亦一切付之，不加考察，且无更替之期，安得不滋弊幸？"[③]国家的监督力度一旦减弱，社仓主持者就会营私牟利，"乡里大家，诡立名字，贷而不输，有至数十百石者"[④]，"所贷者非其亲戚，即其家佃火与附近形势豪民之家，冬则不尽输"[⑤]，"为仓官者或私其干仆而不及乡民，或因循侵耗，以虚数交承，亏损元额"[⑥]。若国家充分参与社仓的管理，或者可以避免贷放徇私，但抑配扰民现象却又出现，"或主者倚公以行私，或官司移用而无可给，或拘纳息米而未尝除免，甚者拘催无异正赋"[⑦]。淳祐三年(1243)，朝廷特意"诏申严郡国社仓科配之禁"[⑧]。王柏也指出社仓"领以县官，主以案吏"，以致出现了如下弊端：

> 昔之法也，先给以米，贷以米，敛亦以米。今也不然，敛以钱，科以籴，若能薄增厥直，亦何患民之不乐输哉？价既不平，谷不时至，势必至于敷扰以抑勒，人情之所不堪，小民未受其利，中产先被其害。[⑨]

总之，社仓"非蠹于官吏，则蠹于豪家"[⑩]，如何在国家权力与社会力量的

---

① 真德秀：《西山先生真文忠公文集》卷一〇《奏置十二县社仓状》。

② 黄榦：《勉斋集》卷一八《建宁社仓利病》。

③ 真德秀：《西山先生真文忠公文集》卷一〇《申尚书省乞拨和籴米及回籴马谷状》。

④ 黄榦：《勉斋集》卷一八《建宁社仓利病》。

⑤ 《宋会要辑稿·食货》六二之五〇。

⑥ 《永乐大典》卷七五一〇引《南康志》。

⑦ 《文献通考》卷二一《市籴二·社仓》。

⑧ 《宋史全文》卷三三。

⑨ 王柏：《鲁斋集》卷七《社仓利害书》。

⑩ 林希逸：《竹溪鬳斋十一藁续集》卷一三《跋浙西提举司社仓规》。

互动中找到一个最佳的结合点，既能充分发挥官府的监督作用，又能保持社仓民间组织的性质，不至于变成扰民苛政，使社仓组织能够正常运行并尽可能减少弊病，就成了社仓改革的重要问题。黄震知广德军时在这一方面进行了可贵的探索，并取得了良好的成效。

广德军社仓创立于理宗嘉熙四年（1240），乃当时的知军康植用"本官自趱到酒息及李盈家业并荒政局剩米"等"不曾将窠名官物"创置，措置每乡谷本500担，仿效朱熹社仓之法，春贷秋敛，收20%的利息，以求逐渐增加谷米，"为将来万一水旱之备"[①]。

由于广德军社仓系地方长官用官钱筹措创办的，且受其地条件的限制，从一开始就为其日后弊端丛生埋下了隐患。朱熹创办五夫社仓是"以五夫一区之地，而得建宁大府六百斛之粟，故不必取息增多，但使愿贷者出息十二，备耗而已"。与之相比，康植却是"以小垒荒岁一时之力，而欲广为千里将来无穷之惠"，由此其所创设的广德军诸社仓"志在日久增多，必使尽数均贷，且令计息未足，县官不许批书，于是奉行者不待其愿贷，类追迫而使之贷矣"。由此官府为增加息米，不听自愿而强贷于人，逃户之欠谷则由他户代纳，甚至逃户贷谷，谷不出足，只就地收息，息上又加息，另外随着息米增加，民户被强制贷的谷量也越来越多，致使民户视贷谷甚于强制科敷。"社仓一年富于一年，乡民一年穷于一年"，"社仓皆是乡民运聚之息，颗粒不曾散还"。再者官府只注意社仓息米是否增长，所差官员忽视对仓职的监督，即使下乡，往往"急欲回司，只取仓职虚申一状"，仓职从而得以作弊，甚至于将仓谷"折钱入己"[②]，其他上下其手之处更是层出不穷。乡民纷纷诉至官府，"乞免行贷敛，甚至以为社仓不除，皆当逃避他郡"[③]。

咸淳四年（1268）九月，黄震知广德军。他到任后，立即着手革除社仓之弊。在他看来，广德军社仓弊病丛生的根本原因就在于其是官办的，即"广德社仓创于官，故其弊不一"，所以他主张据朱熹社仓法，"一切归之民"[④]。

---

① 黄震：《黄氏日抄》卷七四《更革社仓公移》。
② 黄震：《黄氏日抄》卷七四《更革社仓事宜申省状》。
③ 黄震：《黄氏日抄》卷七四《更革社仓公移》。
④ 黄震：《黄氏日抄》卷七八《抚州金溪县李氏社仓记》。

为此，他对广德军社仓进行了如下改革：

第一，购置田地，以岁收租利补助社仓，取消社仓收息。“社仓之不免于弊者，正因取息，而仓职得以并缘耳。契勘仓职先来有解到人户折纳谷钱见寄留常平库，今将上项寄库钱就近城置买水田，委局官岁收租利，为扶助九乡社仓之基本，应社仓规约内元收耗谷、支遣谷。向后并将所收田租代充使人户，贷一斤只敛一斤，更不增收颗粒”，“除前项近城置田贷息外，更将各乡元得康知军谷本五百担陆续出粜，随乡置田。常年积租，荒年赈济，则自不必取息求多矣”。①

第二，改革社仓管理体制。黄震在广德军针对社仓的组织体系除改革了仓职制度外，还在广德军设立了社仓局，全面负责社仓事务。“委寄居充局官”，即委托寄居乡里的官员或士人充任局官，“今请委寄居充局官之后，凡事并听局官区处”。由于他认为“社仓自是乡曲之事”，故而将社仓事务全部委托给局官处理。局官的具体职责有：(1)掌管社仓田。黄震利用部分已有息米钱粮“近城置买水田”或“随乡置田”②，由局官每年负责收其租利，作为扶助社仓之本。(2)管理仓职改替，根据排定的次序选取物力高强、众所推服者充任仓职。(3)监督仓职支贷仓米，“惟遇水旱，则从本军径请局官及时下乡监仓职，照官秤公平出贷”③。

社仓事务虽然由寄居乡里的官员或士人充任的局官负责，但“寄居行乡曲事，亦须藉官司之力，而官司为民父母，尤不可一日少忘吾民之事，顾才经官司，辄不免吏卒之扰”，由此黄震在社仓的管理运营中引入了学校教官，让其与社仓局官共同掌管田租簿籍，一旦遇有紧急事务，由州军委托学校教官与局官同共禀议后上报官府。之所以让教官参与，一是因为学校乃“公议所自出，乡曲馆事可赖以维持不朽”，二是因为“教官厅虽官司，而无吏卒之扰”④。选择乡户中物力高强、众所推服者担任仓职，确定任期，有事直达乡局，不用再与官府共事。另外，设立机(稽)察，协助和监督仓职收支米谷。

---

① 黄震：《黄氏日抄》卷七四《更革社仓公移》。
② 黄震：《黄氏日抄》卷七四《更革社仓公移》。
③ 黄震：《黄氏日抄》卷七四《更革社仓事宜申省状》。
④ 黄震：《黄氏日抄》卷七四《更革社仓公移》。

第三，改革贷敛方式。原来官府强制民众贷谷，且为提防人户逃亡，不贷于春困之时，反而贷于秋熟之时，借以规取赢余。黄震改为听凭民户自愿，社仓所准备的一千担谷“不以贷尽为拘”[①]，也“不每年常贷”[②]，常年不再贷谷，荒年减息贷谷。民户贷谷随到随给，还本也随到随收，尽可能方便民众，减轻其负担。

黄震通过改革使广德军社仓的性质发生了根本变化，最重要的就是使社仓与官府剥离开来，“旧仓职并与改替，旧来州县官吏有关仓事者并免干预”，“旧规官差兵士在乡，名坐仓节级，岁久扰人，仓职间亦藉以立威乡落，今并免差”。[③] 他说：“今日更革之后，诸仓所存全是息谷，又皆系百姓己物，于官司尤无相干。”[④]社仓的管理也由乡寄居官和从乡间上户中选出的仓职负责。这都使社仓成了相对完全的民间组织，但局官仍“须藉官司之力”，“有合从官司施行者”则由寄居局官申明。黄震还特意选择教官参与社仓管理，既代表国家行使监督之权，又不致有吏人骚扰。这样，黄震恰当地处理了社仓运行中国家权力和社会力量的关系，使之共同作用，保证了广德军社仓的平稳运转。

第二节 宋代乡村的义役组织

学界对宋代义役的研究大致有两个角度：一是从役法的角度，主要从宋代差役制度的演变入手，探讨义役产生、创建、推广、变异以至被破坏的经过和原因，其中也涉及各社会阶层和势力在其中的作用。二是从社会组织的角度，主要探讨义役的组织形态及其运营等。虽然学界对义役的研究已取得了比较丰硕的成果，但对于义役组织与乡村行政组织的关系却很少涉及，其他一些细微问题的研究也有不当之处。本节即在前述研究的基础上，先对宋代义役的组织形态作一论述，然后探讨其与乡村行政组织等的关系。

---

① 黄震：《黄氏日抄》卷七四《更革社仓公移》。

② 黄震：《黄氏日抄》卷七四《更革社仓事宜申省状》。

③ 黄震：《黄氏日抄》卷七四《更革社仓事宜申省状》。

④ 黄震：《黄氏日抄》卷七四《更革社仓公移》。

一、宋代义役的创立与推广

宋代的职役制度，"以衙前主官物，以里正、户长、乡书手课督赋税，以耆长、弓手、壮丁逐捕盗贼，以承符、人力、手力、散从官给使令，县曹司至押、录，州曹司至孔目官，下至杂职、虞候、拣、掏等人，各以乡户等第定差"①，即要求民户承担州县的吏职、杂役及乡村头目等。承役民户有的虽然有利可图，但更多的是责任和义务，给民户带来的是极为沉重的负担，他们轻则赔累不堪，重则倾家破产，史籍中的相关记载比比皆是。② 这严重影响了农村社会的稳定和农业生产的正常发展，迫使宋王朝不断对职役制度进行局部的、补救性的改革，但效果并不明显。神宗熙丰年间，王安石改革职役制度，行募役法，规定由原来服役的乡户出免役钱，原来不服役的民户出助役钱，用这些收入募第三等以上户充役，这虽然减轻了服役者的负担，却也给原来不服役的下户带来了较大的负担，从而成为反变法派废除新法的重要理由。

哲宗元祐年间，司马光等又改募役为差役，实际上是差募兼行。绍圣年间，在"绍述"的旗帜下，募役法又被恢复，但与熙丰年间的募役法相比已经有所变化，最主要的就是保甲法与役法的结合。如真德秀说：

> 元丰末议改新法，始复募户长，给雇钱，受庸于官，而任奔走之责，此法之至善者也。绍圣之初，复行雇役，始以保长督赋输，于是前日所以责户长，今以责保长矣。夫户长，役人也，保长，保甲也，保甲之设，本以讥盗，而责以他役，可乎？然是时犹以户长钱给之，虽失初意，而未大失也。③

以保甲入役的做法被南宋沿用，最初还将户长的雇钱支付给保长，但从绍兴元年(1131)开始，即把雇募户长、保长等的"所有雇钱只在县桩管"④，"绍兴以后所谓耆户长、保正雇钱复不给焉"⑤。充役的保正长负担很重，最重要的

---

① 《宋史》卷一七七《食货志五》。

② 详见王棣《宋代经济史稿》，第405～407页。

③ 真德秀：《西山先生真文忠公文集》卷二九《福建罢差保长条令本末序》。

④ 《宋会要辑稿·食货》一四之一八。

⑤ 李心传：《建炎以来朝野杂记·甲集》卷一五《身丁钱》。

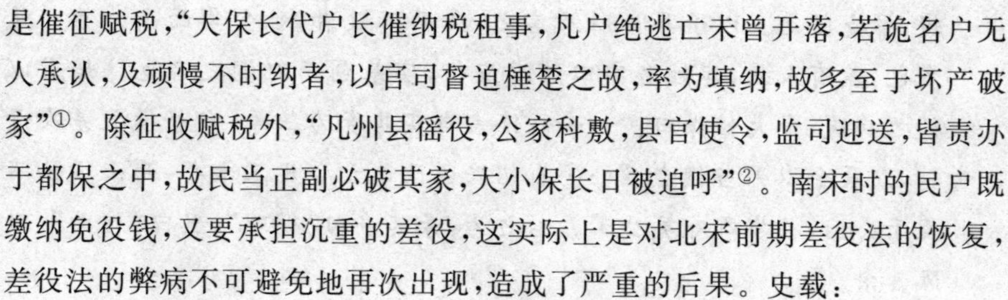

是催征赋税，“大保长代户长催纳税租事，凡户绝逃亡未曾开落，若诡名户无人承认，及顽慢不时纳者，以官司督迫棰楚之故，率为填纳，故多至于坏产破家”①。除征收赋税外，“凡州县徭役，公家科敷，县官使令，监司迎送，皆责办于都保之中，故民当正副必破其家，大小保长日被追呼”②。南宋时的民户既缴纳免役钱，又要承担沉重的差役，这实际上是对北宋前期差役法的恢复，差役法的弊病不可避免地再次出现，造成了严重的后果。史载：

> 下户受弊于被差之后，征求之频，追呼之扰，以身则鞭箠而无全肤，以家则破荡而无余产，思所以脱此者而不可得。时则有老母在堂抑令出嫁者，兄弟服阕不敢同居者，指己生之子为他人之子者，寄本户之产为他户之产者，或尽室逃移，或全户典卖，或强逼子弟出为僧道，或毁伤肢体规为废疾。习俗至此，何止可为恸哭而已哉！③

就是在这样的状况下，借用众人的力量来避免破家荡产危机的义役应运而生了。④

至于义役创始的时间和地点，学界有不同的说法。⑤杨宇勋认为其约在绍兴十二年(1142)创始于浙东路婺州金华县长仙乡，依据是《朱熹集》卷八八《龙图阁直学士吴公神道碑》：

> 金华长仙乡民十有一家，自以甲乙第其产，以次就役者几二十年矣。公(按：指吴芾)闻之喜，帅郡佐及县长吏舆致所谓十一人者，与合宴于平政堂，而更其乡曰“循理”，里曰“信义”，以褒异之。

吴芾知婺州在1162～1163年，其时长仙乡义役已有二十年左右，故其约始于绍兴十二年(1142)⑥。吕祖谦《东莱集》卷一一《金华汪君将仕墓志铭》则称：

> 异时或以义役为请，有司方持之，而闾里稍相与约……然合散作

---

① 《宋会要辑稿·食货》一四之二一。

② 《宋会要辑稿·食货》一四之二五。

③ 林季仲：《竹轩杂著》卷三《论役法状》。

④ 参见漆侠《宋代经济史》上册，上海人民出版社1987年版，第483～492页。

⑤ 参见周扬波《宋代士绅结社研究》，中华书局2008年版，第43页。

⑥ 参见杨宇勋《取民与养民：南宋的财政收支与官民互动》，第272页。

辍，靡克坚定。以予耳目所及言之，久而不败者，独金华西山为然。是乡也，盖有人焉，其姓名字曰汪灌庆衍，实基创而纪纲之者也。始君以役之病民，聚大姓谋曰："……吾侪盍自实其资为三等，定著役之差次于籍，众裒金以畀当役者。"……自绍兴己巳迄于今几三十年，西山役讼不至于公门，往岁郡守吴公芾嘉君之为，号其乡曰"循理"，里曰"信义"，以风其余。

综合以上两段史料可知，朱熹所记吴芾表彰的义役是在金华县长仙乡，但没有提及发起人；吕祖谦所记吴芾表彰的义役是由金华县西山乡汪灌创办的，他们均称吴芾将其乡改为"循理乡"，里改为"信义里"。那么，至此我们就会提出如下问题：金华县的"长仙乡"和"西山乡"是否为同一地？上述两文中所记义役是否指同一件事情？鉴于相关史料缺乏，这里只能提出以下两种推测：

其一，如果"长仙乡"和"西山乡"是一地，二者所记是同一件事情，那么在义役的创始年代上二者有七年以内的差距。[①]

其二，如果"长仙乡"和"西山乡"不是一地，二者所记也不是同一义役，那么朱熹和吕祖谦所记吴芾的表彰肯定有一处是错误的。

对于以上两种推测，笔者倾向于后者。据《（道光）金华县志》卷一，"循理乡"和"信义里"之名到明清时依旧存在，位于该县之东南部，似与"西山"无关。另外，从吕祖谦《金华汪君将仕墓志铭》的论述也可知其并未将汪灌当作义役的创始者，文中称："异时或以义役为请，有司方持之，而闾里稍相与约，上不违县官律令，而下以全其族党之欢，其意美甚，然合散作辍，靡克坚定。以予耳目所及言之，久而不败者，独金华西山为然。"[②]可知汪灌创立的西山义役并非当时唯一的义役，而只是其中能够维持比较长久者。若果如此，则义役在金华县长仙乡出现以后，由于效果明显，同县的其他乡纷纷起而仿效，只有西山乡汪灌创立的义役能够"久而不败"。长仙乡义役也持续得较好，由此得到了知婺州吴芾的表彰。

---

① 张文在《宋朝民间慈善活动研究》第204页称"西山乡，或曰长仙乡"，不知何据，姑记于此。

② 吕祖谦：《东莱集》卷一一《金华汪君将仕墓志铭》。

南宋孝宗乾道四年(1168)八月,范成大知处州,“松阳民争役,公晓之曰:‘吾闻东阳县有率钱助役者,前婺守吴侯义之,为易乡名,揭碑褒劝,尔与之邻,独无愧乎?’民既感谢,则推广其制……命曰义役。许自第名次,有司勿预。数月间,人皆乐从。一县二十五都悉以办告。甲乙相推,远至二十年,诸邑争效之”①。引文中所记范成大称自己听说“东阳县有率钱助役者”,其中“东阳县”系“金华县”之误,学界已有考辨,不再赘述。② 范成大于乾道四年到处州后,首先在松阳县二十五都仿行金华县“率钱助役”之法,并命名为“义役”,由于“人皆乐从”,周边诸县也都起而仿效。

乾道七年(1171)正月,范成大已改除中书舍人、同修国史及实录院同修撰,上《义役札子》,称处州六邑义役已成,可以风示四方,美俗兴化,并请命“知州胡沂将六县已结义役详细规约,缮写成册缴进”③,结果获得朝廷批准。由此宋朝廷将义役作为正式制度推向全境,“自义役创于处之松阳,天下多仿行之”④。

总之,从宋高宗绍兴十二年(1142)或十三年到孝宗乾道六年(1170)的近三十年间,是义役在浙东自发兴起到地方官员着力推广的初兴时期。从孝宗乾道七年到南宋灭亡,义役始由政府推广至各地⑤,尤其是在淳熙以后,迅速普及于东南诸路州县,绵绵不绝地在各乡都间展开,其中尤其以两浙路、江南东路、福建路等地最为盛行。⑥ 日本学者周藤吉之曾论述南宋义役的地域分布范围,今据以叙述如下:

在两浙东路,婺州金华县是义役的初创地,绍兴府山阴县、余姚县,台州黄岩县,温州瑞安县,明州鄞县,庆元府,衢州等地都有义役的存在。

在两浙西路,范成大在处州主持推广的义役是后来许多地方义役的“样

① 周必大:《文忠集》卷六一《资政殿大学士赠银青光禄大夫范公成大神道碑》。

② 参见周扬波《宋代士绅结社研究》,第44～45页。

③ 《宋会要辑稿·食货》六五之一〇〇。

④ 《开庆四明续志》卷七《排役》。

⑤ 参见葛金芳《从南宋义役看江南乡村治理秩序之重建》,载《中华文史论丛》总第85辑,上海古籍出版社2007年版,第55～59页。

⑥ 参见黄繁光《南宋义役的综合研究》,载林徐典编《汉学研究之回顾与前瞻》下册,中华书局1995年版,第89页。

板”，常州、湖州武康县、平江府常熟县、秀州华亭县、镇江府金坛县、严州等处都有地方官员主导推动的义役。

在江南东路，饶州德兴县和鄱阳县、徽州婺源县和黟县民众都有义役的结成。

在江南西路的义役多被称为“议役”，嘉定十一年(1218)，知溧阳县陆子遹就称“比年以来，浙中之义役、江西之议役行之，而民以为便”[①]。本路临江军的新喻县和新淦县、饶州德兴县、吉州吉水县、抚州临川县、瑞州高安县等地都有义役组织。

在福建路，兴化军仙游县、建宁府建阳县、泉州安溪县、建州崇安县等地也都有义役组织。[②]

二、宋代义役的组织形式

有学者指出：义役的组织形式有一个发展的过程，大体是随着社会的需要而日趋复杂。由于义役曾由政府全面推行，但又在诏书中允许“从民便”，所以从性质上可分为民间组织和官方组织两类。[③] 我们判断某处义役究竟是民间组织还是官方组织时，不应仅看其是由谁加以推广的，而应将多种因素综合起来考虑，如看其首领是谁，其日常运营掌握在何者手中，如果这两方面不是由现任地方官员直接出任或掌管，就不应将其视为官方组织，故而由地方官推动创立的义役组织未必都是官方组织，更应视为“官督民办”的民间经济组织。

从宋代义役的创设情况来看，完全由民间主导结成的义役较少，如绍兴年间金华县民自己结成的义役；后来也有一些是地方士绅主导创立的，如黟县程叔达“剖私田倡义役”[④]，婺州金华人胡潜“捐田为义役倡，规划井然”[⑤]。

---

① 《景定建康志》卷四一陆子遹《溧阳县均赋役记》。

② 参见[日]周藤吉之《南宋における義役の设立とその运营》，载其《宋代史研究》，東京：東洋文庫 1969 年版，第 273～283 页。

③ 参见周扬波《宋代士绅结社研究》，第 46 页。

④ 杨万里撰、辛更儒笺校：《杨万里集笺校》卷一二五《宋故华文阁直学士赠特进程公墓志铭》，第 4827 页。

⑤ 魏了翁：《鹤山先生大全文集》卷八〇《从义郎胡君墓志铭》。

宋代义役从乾道七年(1171)以后以“官督民办”型为主,各地郡守县令成为义役的推进力量。[①] 当然,也有一些地方的义役由于官府介入过度,从而使义役组织失去了其民间性。义役田是义役组织存在和维系的经济基础,有些地方官府将义役田收为官府所有,如常熟县九乡五十都“管义役田地共五万五百二十二亩一角五十八步五尺五寸,岁收租米麦共二万四千九百九十八石六斗四升一合一勺,已随都分大小分拨与保正长,听其任便收支,以助役费”,这些义役田至晚在嘉熙元年(1237)就属于“常平物业,不许公私典卖,亦不许移易转换,违者按法论罪”[②]。华亭县的义役田产也是“充常平义役官产,他日不许役户盗卖执复,亦不许官户指射妄佃其业,亦不许复于名下抱租,违者合照条施行”[③]。上述这些义役田已完全由官府掌管,义役组织失去了对义役田的控制权。鉴于义役组织经济基础的控制权被转移,其民间性也被大大削弱。实际上,这类义役也是少数。总之,从总体上来看,大多数义役组织都是民间组织,我们下文的讨论也主要针对占大多数的具有民间组织性质的义役展开。

至于宋代义役的组织形态,可从以下几个方面讨论:

第一,义役组织的首领。从来源上看,确定义役组织的首领主要有两种情况:一种是因其纠合义役而自然地成为首领,如前述金华县西山乡义役,汪灌“实基创而纪纲之者也”[④],其既是倡议发起人,又是主持者,是该组织的领导者。二是义役组织成员推选或由官府选定。前者如南宋末年昌国县义役,“众役户捐己田,岁一人掌之,专以助有司科调之用,曰义役”[⑤]。后者如嘉定七年(1214),知崇安县赵必愿“力主义役之法,乡选善士,任以推排”[⑥],这里就是由知县选乡中善士充任义役首领。

宋代义役组织的首领多称“役首”。当时“大抵义役必有役首,非各甲上

---

① 参见葛金芳《从南宋义役看江南乡村治理秩序之重建》,载《中华文史论丛》总第85辑,第60～61页。

② 《琴川志》卷六《义役省札》。

③ 《(正德)松江府志》卷六《便民省札》。

④ 吕祖谦:《东莱集》卷一一《金华汪君将仕墓志铭》。

⑤ 《大德昌国州图志》卷三《叙赋》。

⑥ 《宋史》卷四一三《赵必愿传》。

户不能主役"①,可知役首一般多由地方上的豪强大户(上户)充任。他们的职责则如朱熹所言,"逐都各立役首管收田租,排定役次",即掌管义役田之收入和排定义役成员的充役次序。役首在义役组织中有重要地位,其可以利用职权上下其手为自己牟私利。如役首掌管义役田,若其"欲擅其利,故自破坏义役,掩取田租。又虑人告发,则或献纳本县板帐库,或献纳常平司,旋即诡名请佃,量纳租钱"②,即役首先将义役田献纳给官府,再以回租公田的名义侵吞田租。再如役首负责排定役次时,"只知利己,更不恤人!谓如一甲之中有上户二十家,律以正差役法及倍法,自合轮流充应,却与此二十家结为一党,派及下户,有勒充一月者、半月者、十日者,甚至有三日、一日、半日、八分、四分者,不知出何条令……不幸适有杀伤、烟火、盗贼及一切不测追捕之事,役首又操纵其间,随役户之嘱托,事在昨日,或移在今日,事在上半日,或移在下半日,使当役细民应办官司,支吾巡尉,数亩之田不了货卖结拆,数口之家不了抛离分散,官吏肥,上户肥,而细民则日就穷困灭绝"③。由役首借排定役次之权上下其手可知其在义役组织中的重要地位。

除役首外,有的义役组织为管理义役田,还设有其他名目的首领。端平三年(1236),知常熟县王爚主持实行义役,"率义田以供役之费,建义庄以储田之入。田有砧基,庄有规约,选属都之贤者能者,曰措置以提其纲,曰机察以纠其弊。稽凡费之入于邑者几何,而使吏不得纵给,凡田之系于版帐者几何,而使官不得逞"④。由于义役田对义役组织的维持十分重要,常熟县义役在义役田管理制度上设计得非常严密:从所辖诸都内选拔贤能者,一人充当"措置","提其纲",即主持义役的日常运营;另一人充当"机察","纠其弊",负监察之责,监督义役田的正常运营。

负有监察之责的"机察"一职的设立对于义役的正常运营有重要意义,其负责监督义役组织运营中的各项弊端,一旦发生舞弊行为或引发诉讼,其可以向县陈诉,以消除影响义役组织正常运行的各种因素,确保义役组织能

① 《开庆四明续志》卷七《排役·行移始末》。

② 《琴川志》卷六《义役省札》。

③ 《开庆四明续志》卷七《排役·行移始末》。

④ 《琴川志》卷一二刘宰《义役记》。

够长久平稳的运行。义役结成以后，如果出田上户重新占据所捐田产，州县吏人破坏义役，或生事骚扰役户，就要由“役户与机察合词经官理诉，或往上司陈乞，必使侵扰之计不得容毫发，而后义役之利可以垂永久”①。机察还要负责田产版籍的过割。嘉熙元年(1237)的《义役省札》称：

役政之弊始于版籍之不明，版籍之弊始于过割之不谨。本县今将各都新排经界田籍，备录一本，印押交付机察谨密收藏。每遇人户典卖田产，并许具状经县陈乞送下机察，仰置簿打号发下保正。役主内系起催夏税以后入状者，即责付新苗保长；内系起催秋苗以后，即责付新税保长，令取责契照及两家砧基点对保明，类申机察，机察类申本县，送乡戛局参对官籍移割，其诡名寄产者缴回元状，不许容情相与为欺，违者一例坐罪，务要户籍常清，保长可无陪纳之患。②

由上可知，机察从官府得到审定的田籍副本，人户如典卖田产，经县过割后，还要到机察处登记，待到夏税秋苗征收时，由催税保长核实后申机察，机察申县与官籍核对，以防止诡名寄产、漏落税赋给保长带来“陪纳”的负担。总之，负有监察之责的机察的设立是常熟义役制度设计的独到之处，可惜的是，设立类似机察的首领的义役组织仅此一例，其他地区的义役组织都没有如此严密的制度设计。

有学者还认为义役组织“采用了保甲制这一乡村固有的组织形式”，其管理人员中有保正、保副、税长等名称③，依据是孙应时在家乡组织义役时写给余姚监丞施宿的信。其中称：

年来所至，民物凋瘁，役户绝稀，惟义役略可救之，然议者多不主此说，未识仁侯以为何如。某居乡，每辄以此劝邻曲而不敢强，今所居一都稍稍乐从，渐欲就绪，且先推一名徐宗广者抵替见役保副。截自三月旦为始，敢为封纳其状，且令经拜庭下。其余保正及税长名次一面排结，当以面呈。④

---

① 《琴川志》卷六《义役省札》。

② 《琴川志》卷六《义役省札》。

③ 参见周扬波《宋代士绅结社研究》，第47～48页。

④ 孙应时：《烛湖集》卷八《与施监丞宿书》。

依据上文认为义役组织的管理人员中有保正副和税长（户长），实际是对史料的误解。上文只是说孙应时在劝余姚一都民众行义役后，首先自行推举一人接替当时正在充役的副保正，并通报给施宿，至于保正和税长稍后再排定。推举副保正等只不过是义役结成的目的和任务，就是民众结成义役后，自行决定承应保正副、户长等役的人选，其所推出的保正副、户长不是义役组织的管理人员，而是被推举出来充当乡村行政头目的人员。义役组织在组织体系上并未采用保甲体系，催税也不是义役组织的职责。

虽然大多数义役组织都有役首等首领的设置，但也有的不设役首。如绍兴府山阴县所行义役，“只是本县劝谕人户各出义田，均给保正户长，各有亩数，具载砧基。其保正户长依旧只从本县定差，更不别置役首”[①]。

第二，义役组织的成员。义役初设时的目的是解决宋代民户因承应差役而导致负担沉重的问题。据宋代职役制度，要“各以乡户等第差充”[②]，对于保正长而言，“二者必以物力之高、人丁之多者为之”[③]，一般应由第一、二等民户轮充，耆长和户长则由第三等户充任，由此，义役组织的成员也应是上户。义役初创时仍然多由上户参与，如绍兴时汪灌在金华县西山乡发起义役时，就是“聚大姓谋”，其成员都是当地大姓，亦即上户。常熟县归政乡义役由乡之望族葛观发起，“载盟凡一十七人”[④]，这 17 人也应都是该乡上户。宝庆年间，知婺州魏豹文、王梦龙相继奏行义役，“以义劝民，量其多寡出助田产，以为役费，其不应差役小户则不在劝率之数”[⑤]，即将本不应负担差役的小户排除在义役组织之外。

在宋代义役的实施中，更多的还是将根据役法本不用负担差役的小户也纳入其中，这种现象在义役组织广泛推广之初就已出现。乾道七年（1171）之后，因宋朝廷首肯，各地郡守、县令开始大力推广义役。[⑥] 到淳熙九

① 《朱熹集》卷一八《奏义役利害状》。

② 马端临：《文献通考》卷一二《职役一》。

③ 林季仲：《竹轩杂著》卷三《论役法状》。

④ 《琴川志》卷一二张攀《归政乡义役记》。

⑤ 《（万历）金华府志》卷九《役法·宝庆义役法》。

⑥ 参见葛金芳《从南宋义役看江南乡村治理秩序之重建》，载《中华文史论丛》总第 85 辑，第 57 页。

年(1182),时任浙东提举常平的朱熹在谈到处州义役的弊端时就说:

本州目今奉行,却有未尽善者。如令上户、官户、寺观出田以充义田,此诚善矣,而本州却令下户只有田一二亩者亦皆出田,或令出钱买田入官,而上户田多之人,或却计会减缩,所出殊少。其下户今既被科出田,将来却不充役,无缘复收此田之租,乃是困贫民以资上户。①

可知淳熙年间的处州义役已将下户纳入义役之中。理宗端平初年,胡太初写成《昼帘绪论》,其中也谈到义役的弊端:

昔有持庚节者,乃独深恶义役,其说专谓利上户而不利下户,便富民而不便贫民。盖视产出财,固为均适,而平日产力鲜少未尝充役者,乃因义役,例被敷金。②

咸淳八年(1272),黄震出任提举江西常平茶盐,对该路义役的弊病有清醒认识,其中之一就是强迫贫苦下户入役。他说:

近来义役亦多有弊。结义役者或出于物力高强,身充主役之家,则中户以下,旧来不系充役者皆拘入义役。此等事力不及之户,向来既苦妄纠,今来幸有定论,亦只得俛首从之。中户以下排结既众,则上等户反宽,而身充主役者坐制其权,役使群动,自家户产阴已免役,此一弊也。中户以下既入义役,差排轮充,或十日、五日,宜不为重,而不幸都保有重难事偶在此十日、五日之内,此等人户县道生疏,支吾不行,权归主役,间有主役而不仁者,反为打话卖弄之人,充役之家一举遂空,主役之家兼并得便,此二弊也。大凡乡保有大役、有小役。大役者保正也,小役者大小保长也。所在保正有事,多是裒率大小保长之钱,以应县吏之诛求,则虽名小役,亦重役也。向也上户充大役,小户充小役。家有一二十亩之田,轮充一次,尚可支。当今中户以下尽入义役,则小役之为大小保长者降而差及一两亩田及无田而有屋基、有坟山、挂名县道、略有税产者,皆须充大小保长,一次轮充,其家遂索,而贫苦益众,此三

① 《朱熹集》卷一八《奏义役利害状》。

② 胡太初:《昼帘绪论·差役篇第十》。

弊也。[①]

通过以上朱熹、胡太初和黄震的论述，可知宋代义役在实施时强迫贫苦下户入役是十分普遍的，大多数义役组织的成员包括了该地区范围内的所有民户。

第三，义役组织的规约。各义役组织都有自己的规约，一般是由成员共同商定。如金华县汪灌发起的金华县西山乡义役，在他与乡里大姓议定后，“即日立要束”[②]。有的则是由推行义役的地方官主持制定，如余姚义役，庆元二年(1196)知县施宿到任后，“为总其规式，参其得失，同其戒禁，异其物宜，定为正长之名次及某岁月，周而复始，以至于死生贫富、水旱丰凶、升降损益之变，稽谋于众，具有成约”[③]，“博尽众谋，画为要束”[④]。

义役规约被制定出来后，往往会以书面形式记录下来，以备日后核查。由于规约的内容非常细致，如吉水县永昌县义役规约包括“尔役月日若干，尔末减若干，尔费若干，至若干以上助若干”[⑤]等内容。为防止义役被沮坏，其规约都“条画精详，防闲备具”[⑥]，故其内容也不少，有的甚至多达39条[⑦]，往往可以编成书册，称为“义役册”、“义役书”或“义役图册”，“大纲小纪具在方册”[⑧]。程珌《洺水集》卷九有《书金华义役册后》一文。林希逸《竹溪鬳斋十一藁续集》卷五有诗《得安溪书知义役义舟图册已成喜寄二首》，其中称：“山邑煎熬百弊俱……役户难差处处先……编排册子见成模……朱记还闻遍十都。”义役规约实际上就是由义役参与者共同订立的契约，有的义役册就直接称为“关书”，即契约。如淳熙十六年(1189)，婺源四十都在县令等主持下结成义役后，就制订了《婺源四十都义役关书》，由程洵作序，“著贤守令

---

① 黄震：《黄氏日抄》卷七九《义役差役榜》。

② 吕祖谦：《东莱集》卷一一《金华汪君将仕墓志铭》。

③ 孙应时：《烛湖集》卷九《余姚县义役记》。

④ 孙应时：《烛湖集》卷一二《茅唐佐府君墓志铭》。

⑤ 《文天祥全集》卷九《吉水县永昌乡义役序》。

⑥ 程珌：《洺水集》卷九《书金华义役册后》。

⑦ 《新安文献志》卷一一李缯《婺源义役记》。

⑧ 王遂：《社坛记》，载《琴川志》卷一一。

与其寮所以切为民之意于篇端，而条其要束之后”[①]。

有的义役册还要请一些知名官员或士绅撰写序跋，以增强其影响力。除前述程洵序外，再如温州义役册由陈傅良作序[②]，孙氏义役书由叶适作跋[③]，安溪县义役规约由刘克庄作跋[④]，吉水县永昌乡义役由文天祥作序[⑤]。有时为了确保义役规约能够长期保存，各地不仅将其书之于纸，而且刻诸碑石，如张震龙和叶谦“相与为义役，因其资产之高下，裒金市田，储粟西坡，以募出力当公者。凡十八户，其名氏悉题于石之阴，自是户不知役，可为永图矣！”[⑥]这里就是将参与义役的18户的情况刻于碑石。雍正《浙江通志》卷二五七记新昌县有宝祐五年(1257)庆元司户葛炳奎撰文的《义役记》碑，太平县有《朱文公义役碑》；卷二五八记兰溪县有绍定元年(1228)知县张溥的《本县义役碑》。淳熙十一年(1184)，“德兴县人户并赍出本县旧刊义役石碑，可见经久之计”[⑦]。

有的义役规约还要呈送地方官府甚至朝廷备案，或由上级官府发下，借助国家权力增强其权威性，如果遇有定差不公和推排不当，官府也可以介入协调，以求义役组织能够长期维持。例如：临江新喻人谢谔“里居时，创义役法，编为一书”，后将其上奏给朝廷，“诏行其法于诸路，民以为便”。[⑧]《古今合璧事类备要·外集》卷三〇收有《福建提举使帖》，其中称福建提举使司针对已结义役的弊端：“仰役首尽推排合充役人姓名，置规约簿三扇，一留本县，一付役首，一申发本司照应，或有差役不当，仰先经县陈理。”此处即是将义役规约簿申报至县和路提举使司，以备日后发生纠纷和诉讼时能够核查处理。宝祐五年(1257)的《行移始末》称知庆元府吴潜整顿义役，“各仰先备榜晓示”，“续改委专官下县置局排结，诸乡各都攒造籍册，每都三本，取押用

---

① 程洵：《尊德性斋小集》卷二《婺源四十都义役关书序》。

② 参见陈傅良《止斋先生文集》卷四〇《义役规约序》。

③ 参见《叶适集》卷二九《跋义役》。

④ 参见刘克庄《后村先生大全集》卷一〇〇《跋安溪县义役规约》。

⑤ 参见《文天祥全集》卷九《吉水县永昌乡义役序》。

⑥ 程珌：《洺水集》卷七《开化张氏义役田记》。

⑦ 《宋史全文》卷二七上。

⑧ 《宋史》卷三八九《谢谔传》。

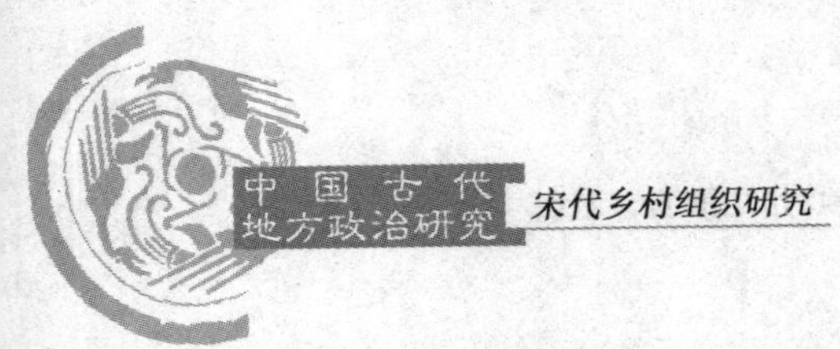

印，一留府，一留县，一留都”①。嘉熙元年(1237)，常熟义役重新排定后，“采摭始行之大要，条画垂远之定式，缮写成帙，申府佥印发下”，另有一些不便列入义役规约的关乎义役兴废的内容“从本府备申朝省，札下本县遵守，并札提举常平使司照会施行”。② 绍兴十九年(1149)，金华县西山乡义役规约制定出来后，“登其书于县，而各藏其副于家”③，规约不仅上报至县备案，参与义役诸户都收藏副本以备检核。

义役规约由上级官府备案还有一层意义，即让官府对此加以认可，“关约一定，悉当遵守”，一旦民众因职役轮充发生诉讼时，官府也要依据其加以裁断。《名公书判清明集》卷三《走弄产钱之弊》记录了这样一件案子：石才称自己出卖田产后，已除豁产钱 181 文，其户下税数已不及合当充役产钱数目，故请官司勒令王珍先次入役。而官府认为应当遵守义役关约，“两下皆系义役之数目，自合以排定名次论，不当以产钱高下，朱脚、白脚论”，由此驳回了石才的请求。通过此案例也可看出义役规约的效力。

至于义役规约的内容，即使各地会因地制宜而有所不同，但大的方面应大致相同，包括助役方式(即资金或义田的筹措)、出资标准、充役人员来源、役次排定、役田管理及相关的惩罚措施等管理事项。由于今已不存完整的义役规约全文，此处不再详述。

义役规约是义役组织正常运转的基本条例。对于义役组织的运转，学界已有深入研究，如日本学者周藤吉之对义役的运营形态，特别是义役组织的物质基础——义役田的运营形态已有深入探讨；杨宇勋则从资金筹措、出资标准、充役人来源、充役人职称、执役期限与监察管理等六个方面讨论了义役的运营，并讨论其如何能够经久可行；葛金芳则从资金筹措、出资标准、充役人员来源、役次排定、管理模式等义役实际运作的环节讨论了义役的运

① 《开庆四明续志》卷七《排役》。

② 《琴川志》卷六《义役省札》。

③ 吕祖谦：《东莱集》卷一一《金华汪君将仕墓志铭》。

作方式。[①] 本书对此不再赘述，只在下文讨论义役与乡村行政组织的关系时略有涉及。

三、宋代义役与乡村行政组织的关系

义役是宋代民众为减轻职役负担而结成的经济互助组织，而选拔职役人充当乡村行政头目又是宋代乡村行政组织的重要特征之一。以职役为连接点，义役与乡村行政组织之间有着十分密切的关系。至于宋代乡村行政组织与义役组织的关系，可从以下两个方面来论述：

首先，义役的实施有助于乡村行政组织的正常运转。宋代以职役人充当乡村行政头目，由其代表国家实施对乡村社会的管理。职役人负担十分沉重，超过了民户所能负荷的程度，往往充役一次，就会导致破家荡产。[②] 宋人称：

> 州县被差执役者率中下之户，中下之家产业既微，物力又薄，故凡一为保正副，鲜不破家败产。昔之所管者，不过烟火、盗贼而已，今乃至于承文引、督租赋焉；昔之所劳者，不过桥梁道路而已，今乃至于备修造、供役使马。方其始参也，馈诸吏则谓之参役钱；及其既满也，又谢诸吏，则谓之辞役钱。知县迎送僦夫脚，则谓之地里钱；节朔参贺上榜子，则谓之节料钱；官员下乡，则谓之过都钱；月认醋额，则谓之醋息钱。如此之类，不可悉数。[③]

由上可知，被差充职役民户的负担主要有两个方面：一是催税之艰难。如史料所载："凡户绝逃亡，未曾开落，若诡名户无人承认，及顽慢不时纳者，以官司督迫棰楚之故，率为填纳，故多至于坏产破家。"[④]二是乡村的各种琐碎事务及官吏的百般勒索。如此沉重的负担使民户无论如何尽心竭力，也还是

① 参见[日]周藤吉之《南宋における義役の設立とその運營》，载其《宋代史研究》，第261～304页；杨宇勋《取民与养民：南宋的财政收支与官民互动》，第272～285页；葛金芳《从南宋义役看江南乡村治理秩序之重建》，载《中华文史论丛》总第85辑，第53～72页。

② 详见黄繁光《论南宋乡都职役之特质及其影响》，载《宋史研究集》第16辑，第461～501页；漆侠《宋代经济史》上册，第485～492页。

③ 《宋会要辑稿·食货》一四之四〇至四一。

④ 《宋会要辑稿·食货》六五之七九。

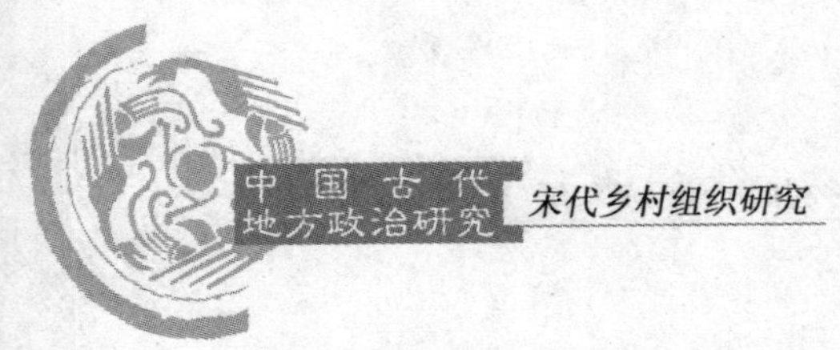

无法胜任，这迫使广大民户纷纷通过各种手段逃避差役。楼钥说：

夫民之畏役如避仇雠，苟可以幸免，则无所不至。甲当为之，必曰乙富于我；乙当为之，必曰丙之增产倍我，民之奸伪百出，吏之上下百端，州以为甲可，甲不已而诉之运司，则以乙为之，乙又诉于常平司，则复及于丙矣。取其案而观之，则据法援例，皆不可破，三者交诉，不胜不已，卒之豪强得志，而害及下户。①

胡太初《昼帘绪论·差役篇第十》称：

有身斯有役，而民之畏役甚于畏死。盖百年治生，坏于一年之充役，而其患之大者在于催科，始则用财嘱托，期于脱免；中则逃亡死绝，被抑填陪；终则棰楚禁锢，连年莫脱，其势不至于倾家荡产、鬻妻卖子不止也。

这种局面严重影响了乡村行政组织的正常运转，致使其地赋税长期拖欠，社会秩序变得极度混乱。如昆山县东七乡由于"去县隔绝"，"豪民慢令，役次难差。间有二十余年无保正之都。两税官物，积年不纳。只秋苗一色言之，岁常欠四万余石，其他类是"。该地的社会治安也出现了严重问题，东七乡之民"敢与官司为敌，不奉命令，不受追呼，殴击承差，毁弃文引。甚而巡尉会合，亦敢结集千百，挟持器仗以相抗拒"，"习成顽俗，莫可谁何。其害有三：争竞斗殴，烧劫杀伤。罪涉刑名，事干人命。合行追会，不伏赴官，至有经年而不可决"，"无忌惮之民相率而为寇。公肆剽掠，退即窝藏，殆成渊薮"。② 常熟县归政乡实施义役前，也是因为保正等乡村行政头目"一身尸数责，力且不逮，其费可知"，故而使该乡"里正久阙"。③

针对上述问题，宋代国家也曾采取如轮充方式的改良、宽乡狭乡的调减、官户免役特权的压缩等措施，力求均平职役负担，但这些均是枝节性的修补，问题并未得到根本解决。在这种情况下，义役应运而生了。

义役的目的是合众人之力帮助充役户分担职役给民户带来的沉重负担

① 楼钥：《攻媿集》卷二六《论役法》。

② 《吴郡志》卷三八《县记》。

③ 张攀：《归政乡义役记》，载《琴川志》卷一二。

及解决由此产生的严重社会问题，其具体运作方式如程洵所说：

> 盖今义役之约，虽所至不一，而其大要有二：有分岁月而人自为之者，有裒其费而众募人为之者。于裒费之中又有二焉：或使之出田，或使之出粟。[①]

由上可知，义役资金的筹措以田亩或家产为标准，由应役户分摊，具体方式有两种：一是使应役民户出田，依靠田产经营所得帮助充役者，义田“分拨与保正长，听其任便收支，以助役费。有余不足，官司更不复干预”[②]。二是让应役民户直接出粟帮助充役者。另外，偶尔也有官府拨官田助之者，如理宗初年，知婺州魏豹文、王梦龙相继推行义役，“又虑其事力单寡，承应不继，则拨官田及给官钱买田以助之，以各都分厘为三等，上等事力有余，无待于助，次则酌中助之，下等助之加厚”[③]。义役充役人员的来源也有两种：一是民户自应职役，众人所集经费作为对他的补助，充役次序由众人商议排定；二是用众人所集经费雇募其他人充当，如常熟义役募人代役，“保正则岁一人，及除而代；苗、税长则岁各二人或一人”[④]。

总之，义役的关键就是汇集乡村社会中众人的力量，以资助轮充职役者的方式，共同应付官府差役。义役实行以后，“把数年、十来年才轮一次保正之类乡役的成本和风险，按年分摊到乡里大姓头上。这种风险分摊机制大大降低了应役乡户‘坏家破产’的概率”[⑤]，极大地减轻了服役者的负担，使乡村民户因差役产生的矛盾得以缓和，有助于乡村社会的稳定。孙应时称浙江余姚“义役告成，邑民大和，天人叶应，年谷善熟，辑睦富厚，厥有休绪”[⑥]。袁甫也称赞处州义役实施后“有协比辑睦之风，无乖争图讼之俗，当时皆称为利民”[⑦]。义役的实施也在一定程度上缓解了保正长等难差的问题，一些

① 程洵：《尊德性斋小集》卷二《代作上殿札子三》。

② 《琴川志》卷六《叙赋》。

③ 《(万历)金华府志》卷九《役法》。

④ 《琴川志》卷一二刘宰《义役记》。

⑤ 葛金芳：《从南宋义役看江南乡村治理秩序之重建》，载《中华文史论丛》总第 85 辑，第 70 页。

⑥ 孙应时：《烛湖集》卷九《余姚县义役记》。

⑦ 袁甫：《蒙斋集》卷三《知衢州事奏便民五事状》。

地方实行义役后出现了民众“争先就役”[①]的局面，如婺源义役由众人“裒金与谷，聚田百亩，量其租入，召募一夫，募者乐就”，从此“募无阙事”，“人情翕然，无复乖易”。[②] 林希逸称义役编成后，“役户难差处处无”[③]。文天祥称吉水县永昌乡义役编成后，“承之者无拒色”[④]。这有利于乡村行政组织的平稳运行。

其次，义役组织对乡村行政头目的差派有很大影响。义役组织对乡村行政头目差派的影响主要体现为在义役实施后，乡村行政头目的差派权由州县转移到民间力量手中。宋人对此也有清楚的认识。刘宰曾指出义役之利为“权不在官而吏无所容其私”[⑤]。孙应时则称“其效甚美，惟是奸胥猾吏无以弄权取资”[⑥]。文天祥将差役与义役对比后得出了同样的结论：

> 义役之不行，而差役之纷纷何甚也！民无以相友助，相扶持，乙曰甲当役，甲推之乙，乙复曰甲，展转而听命于长民者之一语，时则其权在于官。官无以自为也，雁鹜行钳，纸尾而进，曰，某宜差，某有以私其人，则改曰宜某，时则其权在于吏。一方之版籍，吏胥主之，高下其手，紊于多寡之实，时则其权在于乡胥。闾阎之间，纷争之微，桀黠者乘间而起，告讦因之，而差法以乱，时则其权在于奸民。受役者，有二三年迄无一事，有不幸而杀伤盗贼丽于其境，不旋踵家破，时则其权在于天。今吾陈君与其乡约曰：尔役月日若干，尔末减若干，尔费若干，至若干以上助若干，一切惟公是据。处之者无愧辞，承之者无拒色，是役之权，不在官与吏，与乡胥，与奸民，与适至之天，而在吾乡里和气间。[⑦]

各地义役的组合方式和营运形态各不相同，但乡村行政头目的差派一般都是由义役组织内部决定。

有的地方是由众役户自行排定役次，或输钱，或出粟，或捐田，以之帮助

---

① 楼钥：《攻媿集》卷一〇六《参议方君墓志铭》。
② 《新安文献志》卷一一李缯《婺源义役记》。
③ 林希逸：《竹溪鬳斋十一藁续集》卷二《得安溪书知义役义舟图册已成喜寄二首》。
④ 《文天祥全集》卷九《吉水县永昌乡义役序》。
⑤ 刘宰：《漫塘集》卷二三《二十三都义庄记》。
⑥ 孙应时：《烛湖集》卷九《余姚县义役记》。
⑦ 《文天祥全集》卷九《吉水县永昌乡义役序》。

役户服役。如婺州金华的义役田由役户"自实其资为三等，定著役之差次于籍，众裒金以畀当役者，役之先后视其籍，金之多寡视其等，他日户有升降，则告于众而进退之"，后因"裒金之烦也，则众割田百亩庾之"。[①] 松阳义役，由民户"输金买田，充为众产，遇当役者以田助之，又自相推评，排比役次，以名闻官，盖排至一二十年者"[②]。

义役一般设有役首。朱熹曾称："逐都各立役首，管收田租，排定役次。"[③]役首的职责是"将都内当充之人，随其物力及参陪法公心排定，或独充二年或一年，或半年，或两户共充一年，或三户共充一年，其不可充者则出谷助役，各随乡例立定义约，经官印押，周而复始"[④]。由役首负责排定役次，也是乡村头目的差派权为民间力量掌握的表现之一。

有的地方还有一种"议役"，役户毋须出田捐粟，也不设置义役田产，只是由众人评议各役户资产及户等，决定役次和役期等。谢谔"里居时，尝教其里之人自占户之甲乙，产之高下，当役者自请承之，编为一书，命曰'义役'"，到淳熙十一年(1184)正月，"以闻于上，下之诸路，民多便之"。[⑤]《景定建康志》卷四一《溧阳县均赋役记》称江西有议役，"户之高下，役之久近，一听于众议，有司但视成而已"。

至于义役组织作为民间力量参与乡村行政头目差派的意义，正如有学者指出的：义役的组织、管理、运行，主要就是对乡村行政头目的差派，由民间协商而定，这就增加了乡村行政头目排定的公开性、公正性，减少了不必要的争执和词讼。这种"一听于众议"的民间协商，能在一定程度上体现以公平、公正服人，既节约了乡村行政制度运行的交易成本，又提高了完成乡

---

① 吕祖谦：《东莱集》卷一一《金华汪君将仕墓志铭》。

② 谢维新：《古今合璧事类备要·外集》卷三〇。

③ 《朱熹集》卷一八《奏义役利害状》。

④ 谢维新：《古今合璧事类备要·外集》卷三〇。

⑤ 杨万里撰、辛更儒笺校：《杨万里集笺校》卷一二一《故工部尚书焕章阁直学士朝议大夫赠通议大夫谢公神道碑》，第4690页。此处谢谔"以闻于上"的时间可参见《宋会要辑稿·食货》六六之二二之二三。

村行政任务的效率。[①]

总之,义役作为民间经济互助组织,优点在于其"力出于众而不偏弊于一家,事定于豫而不骤费于一日,又权不在官而吏无所容其私,故役至而人不争,役可募人而己不专任其责,故役久而人不病。嚣讼以息,礼逊以兴"[②],对乡村行政组织的平稳运行有重要意义。义役的运营颇为重视民意,尤其是其对乡村头目差派权的掌握反映了南宋社会民间力量的兴起,是民间社会对国家权力向基层社会渗透作出的反应。

第三节 宋代乡村的水利共同体

水对于人类的日常生活和社会生产都具有重要意义,在以农业生产为本的中国传统社会中尤为重要。在水资源匮乏的地区,以蓄积和分配为主要内容的水利事务十分繁重;在水资源充足的地区,建设相应的水利设施,或排涝,或保证农田灌溉,又成为水利事务的重中之重。为保证水利事务的正常进行,相关的受益民众往往会按照一定的规章制度结成许多具有自我认同标志的民间社会组织,即水利共同体。[③] 它既因水利事务而结成,自然随着水利事业的发展而发展。宋代是中国古代水利事业发展的高峰期,水利共同体也随当时水利事业的兴盛而得以蓬勃发展。

讨论宋代乡村社会中的水利共同体问题,需要关注学界以下两个方面的研究:

第一,水利社会史的研究。传统的水利史研究多从农田水利、水利技术或生态环境的角度进行考察,目的是寻求技术进步的脉络。水利社会史的研究则从整体史的角度对水利与社会的关系进行探讨。较早的当推美国学

---

① 参见葛金芳《从南宋义役看江南乡村治理秩序之重建》,载《中华文史论丛》总第 85 辑,第 70 页。

② 刘宰:《漫塘集》卷二三《二十三都义庄记》。

③ 对于"水利共同体"的界定及相关理论问题,可参见钱杭《库域型水利社会研究:萧山湘湖水利集团的兴与衰》,上海人民出版社 2009 年版,第 8～12 页;钞晓鸿《自然环境・水利・水利共同体:以清代关中中部水利为例》,载李文海等主编《天有凶年:清代灾荒与中国社会》,三联书店 2007 年版,第 302～307 页。

者魏特夫(Karl A. Wittfogel)在1957年出版的《东方专制主义》(*Oriental Despotism*)一书中提出的"治水社会"的理论。[①] 虽然我们不同意其观点,但其试图从水利的角度对中国传统社会政治作出某种历史解释的方法值得借鉴。魏特夫的研究在东西方引起了很大反响。日本学者受其影响,从"二战"前后就对中国水利史进行了深入研究。他们不仅注意到了通过水利这一"媒介"展现出的社会关系,也注意到了生态变化、资源与人口的关系以及地方行政与地方精英的职能等问题,研究的焦点主要是水利共同体及其与村落和国家的关系、对水权的理解等问题。这些研究对水利社会史的研究具有重要的借鉴意义。[②] 近年来,国内学者也开始关注水利社会史的研究,王铭铭和行龙都从理论上作了论述,指出水利社会是指以水利为中心延伸出来的区域性社会关系体系,水利社会史的研究不仅要关注不同历史时期不同地区的水利研究,更应将水利与社会生活的各个方面结合起来研究。[③] 钱杭更是明确指出:一般水利史主要关注政府导向、治河防洪、技术工具、用水习惯、航运工程、排灌效益、海塘堤坝、水政官吏、综合开发、赈灾救荒、水利文献等。水利社会史则以一个特定区域内围绕水利问题形成的一部分特殊的人类社会关系为研究对象,尤其关注某一特定区域独有的制度、规则、象征、传说、人物、家庭、利益结构和集团意识形态。建立在这个基础上的水利社会史,就是指上述内容形成、发展与变迁的综合过程。[④] 具体来说,水利社会史的研究较多的是通过对水利工程兴修中的组织和管理、分水规则、水利纠纷、水利习俗等问题的研究来探讨地方社会的结构和权力体系,进而展现国家和社会在其中的作用。学界对此已取得了较丰富的成果,但在时代上偏重于明清时期[⑤],宋代相关问题的研究尚待扩展和深入。

---

① 徐式谷等将其译成中文,由中国社会科学出版社1989年出版。

② 参见张俊峰《明清以来洪洞水利与社会变迁·导言》,山西大学博士学位论文,2006年。

③ 参见王铭铭《"水利社会"的类型》,载《读书》2004年第11期;行龙《从"治水社会"到"水利社会"》,载其《从社会史到区域社会史》,人民出版社2008年版,第187~196页。

④ 参见钱杭《共同体理论视野下的湘湖水利集团:兼论"库域型"水利社会》,载《中国社会科学》2008年第2期。

⑤ 参见廖艳彬《20年来国内明清水利社会史研究回顾》,载《华北水利水电学院学报》(社科版)2008年第1期。

第二，关于宋代水利史的研究。学界对宋代水利事业的发展，包括各地水利建设的基本情况、水利技术的进步、重要水利设施的兴建和维修及其中的组织和管理等问题已有较多研究。① 具体到水利共同体的研究，更多的是围绕着某项水利工程而形成的共同体的个案研究②，也有一些是对某一区域内水利共同体的研究③，综合性的研究比较少④。本节在前人研究的基础上，试图对宋代乡村社会中水利共同体的发展、组织形式、职能及运作、其与国家的关系等问题作一初步论述。

一、宋代水利共同体的发展

水利共同体因水利事务而形成，随水利事业的兴盛而发展。宋代水利共同体就是随着当时水利事业的兴盛而蓬勃发展起来的。

宋代是中国古代水利事业发展的高峰期，水利建设取得了很大成就。在宋代广大的统治区内，从沿海到内地，从平原、丘陵到多山地区，都分布着

---

① 专著如缪启愉《太湖塘浦圩田史研究》，农业出版社 1985 年版；漆侠《宋代经济史》上册；武汉水利电力学院《中国水利史稿》编写组《中国水利史稿》中册，水利电力出版社 1987 年版；汪家伦等编著《中国农田水利史》，农业出版社 1990 年版；《太湖水利史稿》编写组《太湖水利史稿》，河海大学出版社 1993 年；姚汉源《中国水利发展史》，上海人民出版社 2005 年版。专题论文如孙垂利《从在水利事业中的作用看宋代的民间力量：以江南地区为中心考察》[载《井冈山学院学报》（哲学社会科学版）2006 年第 3 期]专门讨论了宋代水利事业中民间力量的作用，对民间力量的身份进行了分析。他认为民间力量之一是乡里都保头目，例证是《宝庆四明志》卷一二记郡守胡榘“令翔凤乡长顾咏之”负责掌管鄞县东钱湖的疏浚。需要指出的是，宋代乡里都保头目确是广泛参与水利事业，但似乎不能将其视为民间力量，“乡长”也不是乡里都保头目的名称。

② 对下文即将论述的因湘湖、通济堰等水利设施形成的水利共同体，相关研究成果在下文均要提及，此处不再罗列。

③ 日本学者有较多成果，如斯波义信对宋代江南水利组织有深入研究（参见[日]斯波义信著、方健等译《宋代江南经济史研究》）。国内有成岳冲对宁波水利共同体的研究（参见成岳冲《论宋元时期宁波水利共同体》，载《它山堰暨浙东水利史学术讨论会论文集》，中国科学技术出版社 1997 年版，第 23～27 页；《浅论宋元时期宁波水利共同体的褪色与回流》，载《中国农史》1997 年第 1 期）；陆敏珍对明州水利组织亦有研究（参见陆敏珍《唐宋时期明州区域社会经济研究》，上海古籍出版社 2007 年版，第 138～175 页）。

④ 如周藤吉之《宋代の陂塘の管理機構と水利規約》，载其《唐宋社會經濟史研究》，第 737～781 页；傅俊《宋代的官府与乡村社会：一个据于南宋时期灌溉管理网络的考察》，载包伟民主编《宋代社会史论稿》，山西古籍出版社 2005 年版。

不同类型的水利工程。由于各地地形、地貌、气温、降水量及湖泊沼泽、江河海岸等自然条件的差异，人们对水利的客观要求和在水利兴修的具体状况上也有很大差异。

北方地区和南方地区的水利建设存在很大的差异。宋代北方的水利建设主要是疏浚黄河等河道及开发、利用水利来提高产量，并通过淤田改良土壤。在河北边防前线，宋朝为阻御辽军铁骑南下，利用当地的淀泊塘泺建成了大量塘泊。这些工程多是官府凭借国家力量强制推行的，其中未能形成民间水利组织。当时北方水利共同体比较兴盛的是较为干旱缺水的河东地区。在河流较少的情况下，修建水渠来开发、利用山泉水就成为这一地区水利建设的特色之一。绛州骨堆泉“方数丈，可灌民田万亩左右，农家恃以为命”①。晋祠泉“下溉平田几百顷”②。宋代山西灌渠非常多，既有前代开凿、到宋代重又整修并沿用者，更多的则是宋代开凿者。民国时修成的《洪洞县水利志补》记载了该县的40条水渠，其中南霍渠、北霍渠、广平渠、润民渠、万润渠等五条建于唐代及以前，到宋代依旧使用；润源渠、小霍渠、清泉渠、长润渠、众议渠、要截渠、崇宁渠、先济渠等八条开挖于宋代，共占总数的30%以上。当时围绕着每一条渠道水资源的分配、渠道的日常维护和管理都形成了一系列规章制度，并由轮充或选任的首领负责实施。可以说当时洪洞的每一条水渠都已经以渠系和水文边界为基础，将相关的受益民众组织起来，形成了众多的水利共同体。

秦岭、淮河一线以南的广阔地区与北方相比，水源丰富，河深湖阔，气候湿热。如果说北方的水利建设主要是解决缺水的问题，那么南方的水利建设则主要是如何将水乡泽国的大片沼泽和东南沿海的大片海涂开发出来，将丰富的水利资源用于农业生产。由于南方各地区的自然环境也不尽相同，所以各地的水利事业也不尽相同。

首先看以太湖流域为中心的两浙路。这一地区有太湖在内的众多湖泊，水利资源丰富。位于太湖东北部的苏州地势低洼，各处之水都汇集于此

---

① 洪迈：《夷坚支甲》卷八《绛州骨堆泉》。

② 梅尧臣：《宛陵集》卷一一《和永叔晋祠诗》。

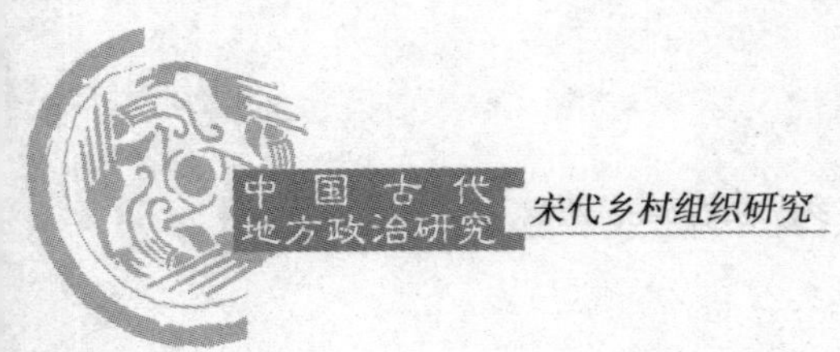

东流入海，排除积潦就成为苏州水利建设的当务之急。从仁宗朝以后，地方官张纶、范仲淹、叶清臣都采用了开凿新旧塘浦以疏导积潦入海或入江之法，“变埆土成腴壤”①。《宋会要辑稿·食货》六一之一一三对两宋时期这一地区的水利建设作了总结：

浙西诸州，平江最为低下，而湖、常等州之水皆归于太湖，自太湖以道于松江，自松江以注海，是太湖者三州之水所潴，而松江者又太湖之所泄也……昔人于常熟之北开二十四浦疏而导之扬子江，又于昆山之东开一十二浦分而纳之海，两邑大浦凡三十有六，而民间私小径(泾)港不可胜数，皆所以决壅滞而防泛滥也。

浙东水利也取得了很大成效。钱塘江北岸自杭州至绍兴、明州一带有许多湖泊，“湖高于田丈余，田又高海丈余，水少则泄湖溉田，水多则泄田中水入海”②，“平畴沃壤，绵亘阡陌，多江湖陂塘之利，虽少有水旱，不能为灾”③，“潴泄两得其便，故无水旱之忧，而皆膏腴之地”④。绍兴府的鉴湖和明州的广德湖都很大，皆能溉田几千顷以上。除一些较大的水利工程外，各种小型的水利工程分布更加广泛，几乎遍及两浙广大乡村，如：于潜县嘉德乡第一都有 14 堰和 6 捺，第二都有 21 堰，第三都有 12 堰和 3 捺，第四都有 20 堰；惟新乡第六都有 29 堰和 28 捺，第七都有 19 堰和 5 捺，第八都有 9 堰，第九都有 10 堰，第十都有 40 堰，第十一都有 16 堰，第十二都有 5 堰和 7 捺；丰国乡第十四都有 1 堰和 2 捺，第十五都有 10 堰，第十三都有 4 捺，第十七都有 30 堰和 5 捺，第十八都有 19 堰，第十九都有 24 堰，第二十都有 14 堰；长安乡第二十二都有 11 堰和 7 捺，第二十三都有 3 堰。⑤

为了这些陂、塘、堰、捺等水利设施的日常维护和修缮，大都设有陂长、塘长、堰头等首领，并对水的使用和分配制定了严格的规约，这些水利设施的利益相关者都要遵守。这样，以陂、塘、堰、捺等为边界形成了众多的水利

---

① 胡宿：《文恭集》卷三五《常州晋陵县开渠港记》。

② 《曾巩集》卷一三《越州鉴湖图序》。

③ 卫泾：《后乐集》卷一三《论围田札子》。

④ 卫泾：《后乐集》卷一三《又论围田札子》。

⑤ 参见《咸淳临安志》卷三九。

共同体。

其次再看宋代江南地区的圩田。圩田又叫"围田",杨万里对圩田作了如下解释:

> 江东水乡,堤河两涯而田其中,谓之"圩"。农家云:"圩者,围也。内以围田,外以围水。"盖河高而田反在水下,沿堤通斗门,每门疏港以溉田,故有丰年而无水患。①

由上可知,圩田由濒江临湖地带围裹水泊洼地而成,"中有河渠,外有门闸。旱则开闸引江水之利,涝则闭闸拒江水之害"②,还可用水车之类排灌工具将圩内之水抽到圩外的塘浦中去,兼有灌溉和排涝之效。圩田和塘浦构成一套完整的水利设施,将治田和治水有机结合在一起。

宋代在江南东路的沿海地带、两浙路的太湖流域、淮南西路和浙东部分地区都有数量众多的圩田。北宋中晚期,太平州"圩田十居八九,皆是就近湖泺低浅去处筑围成埂"③,亦即80%以上的土地都在圩中。据韩茂莉研究,从长江南岸的建德开始,沿江向东北方向,经池州、南陵、宣城、宁国、广德,再折向北面的润州,此线和长江之间的狭长地带都是圩田,约占江东一路面积的1/4④。广德、润州以东的太湖流域也是圩田集中的地区。南宋时,圩田还向江西、两湖和岭南地区扩展,如南宋中期江西永丰县就有"东西相望五百圩"⑤。

宋代圩田不仅分布广,而且数量多,规模大。北宋中叶,江东地区"宣池之间圩之沉者千余区"⑥,再加上江对岸的淮西无为、舒州、太湖等地的圩田,总数不下两千区。南宋中叶,宣城一地有圩田179处。淳熙时,浙西圩田有149处。圩的规模也很大,如著名的宣州化城圩、芜湖万春圩和建康新丰圩等动辄包容上千顷田地,圩岸长达数十里,甚至上百里。北宋中叶,浙西"每

① 杨万里撰、辛更儒笺校:《杨万里集笺校》卷三二《圩丁词十解》,第1643页。
② 《范文正公集·范文正公政府奏议》卷上《答手诏条陈十事》。
③ 《宋会要辑稿·食货》六一之一三六。
④ 参见韩茂莉《宋代农业地理》,山西古籍出版社1993年版,第121～122页。
⑤ 韩元吉:《南涧甲乙稿》卷二《永丰行》。
⑥ 沈括:《长兴集》卷九《万春圩图记》。

一圩方数十里，如大城。中有河渠，外有门闸”[①]。建康新丰圩“四至相去皆五六十里，有田九百五十余顷”[②]。还有许多是大圩套小圩，或在众多小圩之外，更筑一条大圩（即长堤）在外挡水，如当涂县广济圩“长九十三里有余，其圩与私圩五十余所并在一处，坐落青山前，各系低狭，埂外面有大埂埕一条，包套逐圩在内，抵涨湖水”[③]。

宋代的圩田管理制度已比较完备。各圩“必有长，每一年或二年，率诸圩之人，修筑堤防，浚治浦港”[④]。圩长除负责率领圩内之人修治圩岸，疏浚塘浦外，还要负责调解因圩田“以邻为壑”产生的纠纷，并已形成一套固定的制度，从而使与圩堤相关的民户结成了一种水利共同体。

再次是东南沿海滩涂地的水利建设。宋代淮东、两浙和福建沿海地带有大量的沙涂海滩，要想充分利用，必须要解决海潮浸灌的问题，这就需要修建捍海海堤。当时从淮东经两浙直到福建沿海，海堤不断兴筑，并逐步连成一体。

今苏北地区有始筑于唐代的捍海堰，初长 142 里，天圣年间，在范仲淹的主持下，调集通、泰、楚、海四州民夫，利用旧堰基址扩建重修，堰长达 300 里，使“海濒沮洳泻卤之地，化为良田”[⑤]。后又多次大兴工役对其进行加固和修缮：淳熙十三年（1186），赵巩在泰州“甓而新之，壮于旧三倍”；庆元二年（1196），提举使王宁和知海陵县陈之纲再度兴工加筑，“创立基址，计三十四里一百九十四步……西接范公大堰”[⑥]。这样，经过多次增建，此堰南起通州海门，中经泰州、高邮军沿海，一路北上延伸至楚州盐城的喻口，全长近 400 里。

在浙西地区，从吴越时就开始修筑捍海石塘，经过一个多世纪的努力，在浙西沿海，从钱塘县起，中经仁和、海宁、海盐、平湖，北到金山，出现了一

① 《范文正公集·范文正公政府奏议》卷上《答手诏条陈十事》。

② 《宋会要辑稿·食货》八之一。

③ 《宋会要辑稿·食货》七之五〇。

④ 《吴郡志》卷一九《水利上》。

⑤ 《宋史》卷九七《河渠志七》。

⑥ 楼钥：《攻媿集》卷五九《泰州重筑捍海堰记》。

条长达300多里的石质海堤。在浙东地区，海堤兴筑同样连绵不断，比较大的工程有：庆历七年(1047)，谢景初在余姚县筑海堤约16华里。崇宁年间，重修明州它山堰，易土为石，并用铁水浇铸，后来施宿又将这段海堤加以延长，长达四万二千余尺，约合25里。绍熙年间，重修余姚海堤，"于谢家塘、王家塘、和尚塘三处，度为石堤，通计三千尺"①，堤成后增加耕地近2000亩。

在福建沿海的福、漳、泉等州的捍海长堤称为"海埭"，据《淳熙三山志》卷一二载，福建长乐县包括海埭在内的各类水利设施共有150多处。始筑于唐代的泉州烟浦埭，经治平三年(1066)和建中靖国元年(1101)的两次复修，成为当地最有名的海堤，岸长三万丈。在莆田兴化平原，捍海长堤称为"长围"。兴化"濒海之田皆依堤为固，名曰长围。昔人于围内疏塘以灌溉，而南北洋凡十塘焉"②。"北洋"即莆田北部沿海平原，海堤与"三步泄"、"濠塘"等渠系堰闸工程配套，实现了捍潮、蓄泄和排灌的有机结合，提高了水利设施的效益。莆田南部沿海则于熙宁年间建成了著名的木兰陂，在全长160米的大坝建成后，又利用旧港汊开浚大河7条，新挖支渠109条，转折旋绕三十余里，后又添设回澜桥、抵海斗门、涵闸、捍海塘堤等配套工程，使其具备了拦洪、蓄水、排涝、灌溉、拒潮等多种功能，可溉田万余顷。③

虽然上述捍海堤大都因工程浩大而由官府主持、推行、兴建和维护，但在工程完工后，往往会交给民间力量管理，由此所形成的水利共同体仍属于民间组织。

最后是南方的山地丘陵区。当时山坡大量被改造为梯田。在江西袁州，仰山"岭阪之上皆禾田，层层而上至顶，名梯田"④。在福建山区，人们"垦山陇为田，层起如阶级"⑤。在四川果州、合州、戎州一带，"农人于山陇起伏间为防，潴雨水，用植粳稉稻，谓之噌田"⑥，即在山陇建成了阶梯状的噌田。

---

① 楼钥：《攻媿集》卷五九《余姚县海堤记》。

② 刘克庄：《后村先生大全集》卷八八《新收(修)三步泄》。

③ 以上关于宋代水利事业发展的论述，参见漆侠《宋代经济史》上册，第75～108页；葛金芳《中国经济通史》第5卷，湖南人民出版社2002年版，第63～92页。

④ 范成大：《骖鸾录》。

⑤ 方勺：《泊宅编》卷三。

⑥ 叶廷珪：《海录碎事》卷一七《农田部》。

在湖南衡阳、永州一带，山势十分陡峭，仍有人在上“锄犁”，“山农如木客，上下翾以飞”[①]。在浙江温州和处州，梯田也很盛行，“百级山田带雨耕，驱牛扶来半空行”[②]。为保障梯田农产丰收，必须要开发利用山区水资源浇灌梯田，主要方式就是修建陂塘堰坝，正如宋人陈旉在《农书·地势之宜篇》中说的，“若高田，视其地势，高水所会归之处，量其所用而凿为陂塘”。当时各种小型塘坝工程大量涌现。清江军的清江县、新喻县和新淦县共有陂塘700多所。[③] 皖南山区的陂塘工程也很多。据罗愿的《新安志》卷三至卷五，当时徽州歙县、休宁、祁门、婺源、绩溪、黟县等六县共有陂塘2206所，堨1735所。福建山区垦山陇为田，“每援引溪谷水以灌溉”，“七闽地狭瘠，而水源浅远”[④]，因此导引溪水不能不修堰筑坝，塘坝随梯田修造而不断发展。后人称福建“山岭之甿，依峰阻溪而居，有村必有坝，有坝必有田，率于溪涧上游或数里或数十里拥石绝流，屈曲以达于其村，悉数之不能尽也”[⑤]，足可见陂塘堰坝的普及程度。[⑥]

以上就是宋代水利事业发展的概况。宋代的水利共同体就是在上述背景下得以飞速发展的。围绕着这些渠、堰、堤、圩、塘、陂等各种各样的水利设施，其受益者（或用水者，或受保护者）为了工程的建造和维修，水利设施的管理、用水分配，依据历史习惯或新制定的规约而结成了众多以灌溉或防洪为目的的水利共同体。

二、宋代水利共同体的组织形式

宋代水利设施种类繁多，不同类型的水利设施功能和管理方式各异，由此使结成的水利共同体的组织形式也不尽相同，甚至存在很大差异。下文即首先选取若干典型个案加以叙述，然后再对宋代水利共同体的组织形式

① 范成大：《范石湖集·石湖居士诗集》卷一三《黄罴岭》。

② 楼钥：《攻媿集》卷七《冯公岭》。

③ 《永乐大典》卷二七五四引临江府旧图志。

④ 方勺：《泊宅编》卷三。

⑤ 《（民国）福建通志·水利志》卷一《连江县》。

⑥ 以上关于宋代山地水利发展的论述，参见汪家伦《中国农田水利史》，农业出版社1990年版，第350～361页。

加以概括。

(一)宋代不同类型水利共同体的组织形式

本部分选取四种类型的水利共同体:河东地区因人工水渠结成的水利共同体、江南地区因圩田结成的水利共同体、因人工水库湘湖结成的水利共同体和因人工蓄水灌溉工程通济堰结成的水利共同体。对其组织形式分别加以论述。

1. 河东水利共同体的组织形式

宋代河东地区围绕着水利灌溉设施的兴修、使用和管理等已形成了一些规约,作为全体成员共同遵守的原则,内容主要包括水资源的分配、水利设施的维修、水利组织首领的推选及职责和水利纠纷的调解等。

兴修于唐贞观年间的洪洞县南霍渠早在唐贞元十六年(800)因有百姓意图侵占,经官府裁断,制定了水利规约。内容主要是水资源的分配:

> 将赵城县道觉等四村、洪洞县曹生等九村,计一十三村庄一同与北霍渠下地土一例十分水为率。验得本渠二百一十五顷地,计四百三十夫头,总计验数本渠合得水三分。然比先赵城县道觉等四村浇讫,将多余水浇洪洞县曹生等九村人户。为定南霍渠陡门,东西阔六尺九寸,深一尺五寸,计积尺三十四尺五寸,每夫合得水八分二毫三丝一忽。南霍渠不迭元分水数,于北霍渠陡门南岸下添到石头二尺,将水拦入南霍渠,陡门内阔六尺九寸,内先添过水得深一尺八寸,计积尺五十五尺二寸,放四百三十夫数上,新添过水每夫合分得水一寸二分八厘三毫七丝二忽。①

以上在唐代经官府裁定的用水规约到宋代可能仍旧沿用,到金代还有续补。《洪洞县水利志补》卷上《南霍渠》所录金天眷二年(1139)的南霍渠旧水例称:"续自大朝登基,置立渠条。本渠一十三村大小沟总地土使水日期,兹有三村渠长共村得将癸巳年古旧渠条,累经兵革,失迷无凭,可照所有去岁渠长,从新置立,抄写古旧渠条例一簿,以渠照验科罚。"上文所称"癸巳年古旧渠条",在金天眷二年以前的第一个癸巳年是北宋政和三年(1113),可推知

① 孙奂崙:《洪洞县水利志补》卷上《南霍渠》。

此古渠条例很可能是北宋南霍渠的水利条例。至于其内容，有渠长的抡充方式：

> 古旧条例：渠长下三村充当，冯堡、周村、封村周岁轮流，以凭保结。

还有水的分配措施：

> 霍山脚下有广胜寺前泉水数处，砌成泉池，赵城、洪洞两县人民以地亩立成限口，以十分为率，三七均分。赵城县得水七分，名北霍泉渠；洪洞县得水三分，名南霍泉渠，计浇一十三村，上接四村系属赵城县，下接九村系属洪洞县。照依古旧渠例，沟埕使水，除曹生、道觉陡门下使水外有一十一村，内有双头村陡门、东安村陡门、坊堆村陡门、坊村陡门、南羊社并南寨秦村陡门，其陆村更有大沟使水，每月零四日轮转使水，浇溉一遍。①

另外还规定了对违反渠例者的详尽处罚措施，作为保障南霍渠水利共同体正常运转的原则。通过上述渠例可知南霍渠在宋代已设有渠长，并由三村村民轮充，一年一换。

晋祠泉水在北宋嘉祐以前并无分水设施和配水制度，也未设专人管理。到嘉祐四年(1059)，知县陈知白劝导民众整修水渠，新建分水石塘，详细划定配水比例：

> 湲(按：应为浚)其源为十分，穴庙垣以出其七分，循石弦而南行，一分半面奉圣院，折而微东，以入于郭村；又一分凑石桥下，以入于晋祠村；又支者为半分，东南以入于陆堡河。其正东以入于贤辅等乡者，特七分之四；其三分，循石弦而北，通圣母池，转驿斤右，以入于太原故城。由故城至郭村，凡水之所行二乡五村，民悉附水为沟，激而引之，漫然于塍陇间，各有先后，无不周者。②

陈知白不仅划定了三七配水的比例，还设置了渠长、水甲等首领管理水渠，使晋祠泉渠水利共同体基本成形。

---

① 孙奂仑：《洪洞县水利志补》卷上《南霍渠》。

② 《(嘉靖)太原县志》卷五公乘良弼《重广水利记》。又，国家图书馆藏清抄本《晋祠志》卷一二《流寓》有类似记载。

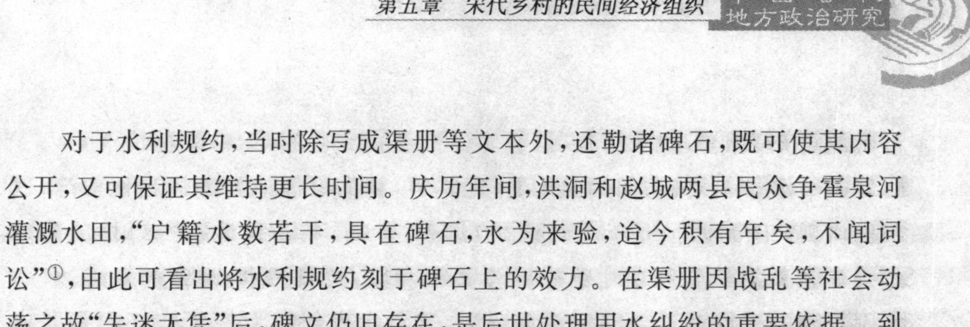

对于水利规约，当时除写成渠册等文本外，还勒诸碑石，既可使其内容公开，又可保证其维持更长时间。庆历年间，洪洞和赵城两县民众争霍泉河灌溉水田，“户籍水数若干，具在碑石，永为来验，迨今积有年矣，不闻词讼”[①]，由此可看出将水利规约刻于碑石上的效力。在渠册因战乱等社会动荡之故“失迷无凭”后，碑文仍旧存在，是后世处理用水纠纷的重要依据。到金天眷二年(1139)，处理南霍渠水利纠纷的重要原则仍是“依古旧碑文内各得水分数比附”，判断是否均平的原则是“考验古碑水数无异”，当时官府的处理办法仍是将处理经过及结果“刻于其石，帖赵城、洪洞两县，置碑二亭，一亭于两县分水渠上竖立，一亭于本府公厅内竖立，免使更有交争者”[②]。润源渠的渠册也是“自宋、元、明至清，历经五百余年，重录四次，不敢增减一字”，元至元十八年(1281)的《重建润源等渠碑记》称“今录旧碑文，绍圣四年再录印渠条，与众议渠同堰收水”[③]，可知润源渠的渠册不仅有抄录和刻印本，同样也刻于碑上。

2. 江南圩区水利共同体的组织形式

宋代圩田不仅数量多，而且分布广，圩区人民利用圩田进行生产和生活，形成了独特的圩区水利社会。在圩区中，日常农业生产中的引水灌溉、开闸放水及圩区民众对圩堤、堰闸等水利设施的维修等水事活动十分频繁[④]。实际上，在圩区社会中，人们所进行的水利活动都是通过因圩结成的水利共同体进行的。各圩虽然大小不一，性质各异，但其受益民众还是遵守相关规约，结成众多的水利共同体，并有自己的首领。

至于圩区水利共同体的规约，内容主要是水资源的合理配置和水事预警。宣和二年(1120)，浙西地区设立了圩田水则石碑，对高低田水利进行调节。凡各陂湖河渠近处，“立者甚多，以验水灾”。如某横道水则石碑“长七尺有奇，横为七道，道为一则，以下一则为平水之衡”，通过观察碑上水位的

---

① 杨丘行:《都总管镇国定两县水碑》，载黄竹三等编著《洪洞介休水利碑刻辑录》，中华书局2003年版，第4页。

② 杨丘行:《都总管镇国定两县水碑》，载黄竹三等编著《洪洞介休水利碑刻辑录》，第4～5页。

③ 孙奂仑:《洪洞县水利志补》卷上《润源渠》。

④ 参见庄华峰、丁雨晴《宋代长江下游圩田开发与水事纠纷》，载《中国农史》2007年第3期。

位置便可知高低田的水利状况：

> 水在一则，高低田俱无恙；过二则，极低田浸；过三则，稍低田浸；过四则，下中田浸；过五则，上中田浸；过六则，稍高田浸；过七则，极高田浸。如某年水到某则为灾，即于本则刻之，曰某年水至此。[①]

水则石碑的设置对于合理配置水资源、避免水事纠纷发挥了较好的预警作用。[②] 至于规约中关于放水灌溉的诸种规定，大都围绕各闸门、沟渠而制订，此处不再叙述。

各圩都设有圩长，“田各成圩，圩必有长”[③]，一般是推举有心力和田亩最多者充任，依圩田大小，多数只设一人，大者设两人，专一负责“每一年或二年，率逐圩之人，修筑堤防，浚治浦港”[④]。乾道年间，太平州整修圩田利病，“将圩内人户推一名有心力、田亩最高之人为圩长，大圩两人，每遇秋成，集本圩人夫于逐圩增修，面阔一尺，侧厚一尺，脚阔二尺，须用坚土实筑”，对“私圩未修去处，以田亩十分为率，借米一分，令日下修葺”。[⑤] 各圩都由其最大受益者担任圩长，到秋收之后，其要召集本圩人夫对圩进行增修，“乡有圩长，岁晏水落则集圩丁，日具土石，揵楗枝以修圩”[⑥]。杨万里有十首《圩丁词》，其中之一称：

> 年年圩长集圩丁，不要招呼自要行。
> 万杵一鸣千畚土，大呼高唱总齐声。[⑦]

当时除对圩长和圩丁的责任有明确规定外，对圩的维护也有详尽规定，如圩的宽度、厚度及修筑方法等。对缺乏经费的私圩的维护，地方官府往往会制定规约，按田亩筹措经费，确保圩的维修。

3. 湘湖水利共同体的组织形式

目前学界对湘湖水利共同体的研究已比较深入，日本学者斯波义信和

---

① 金友理：《太湖备考》卷三《水治》。
② 参见庄华峰、丁雨晴《宋代长江下游圩田开发与水事纠纷》，载《中国农史》2007 年第 3 期。
③ 《全宋文》卷一六五二郑亶《上治田书》。
④ 《吴郡志》卷一九《水利上》。
⑤ 《宋会要辑稿·食货》八之一四。
⑥ 杨万里撰、辛更儒笺校：《杨万里集笺校》卷三二《圩丁词十解》，第 1643 页。
⑦ 杨万里撰、辛更儒笺校：《杨万里集笺校》卷三二《圩丁词十解》，第 1644 页。

美国学者萧邦齐(R. Keith Schoppa)等均有研究。[①] 近年来,钱杭从水利社会史的角度对湘湖水利共同体进行了深入研究,绪论中对其成果已有罗列,此处不再赘举。本部分即参照上述研究,对宋代湘湖水利共同体的概况作一叙述。

湘湖在浙江省萧山县以西,建成于北宋政和二年(1112)杨时任萧山县令时。宋代及以前的萧山县由于地理和水文条件的限制,经常发生水旱灾害,农业生产环境极其脆弱。史载:

> 萧山土硗而水渫,雨则暴涨,稍干暵则渠港皆圻。县西二里许有高阜,在西山之阴,距隔阜、菊花诸山相去越二里,而东西夹束如胡同。然每春夏多雨,山水流离,温无所潴;既不可以艺植,而一当秋暵则中高外埆,望如蒿庐,真芜田也。[②]

到熙宁变法时,在全国性的水利建设热潮中,当地乡民殷庆等向官府请求在县治西二里的高地上筑堤建水库,但因"富民多游移,不能画一;而令其地者又惮于任事,遂不决而罢"[③]。杨时主持县政时,"集耆老会议,躬历其所,相山之可依与地之可圩者,增庳补陋,但筑两塘于北南。一在羊骑山、历山之南,一在菊花、西山之足,两相拦筑,而其潴已成。大约周回八十余里,通计其田有三万七千零二亩,统以为湖,用以溉由化等乡诸田,得一十四万六千八百六十八亩有奇。即以湖田原粮一千石零七升五合加派之由化等乡得水之田,每田一亩派七合五勺,以代为上纳,谓之'均包湖米'"[④]。杨时为在确保国家既定税粮收入不受影响的前提下推动湘湖的形成,提出了"均包湖米"的措施,对因围建湘湖而被淹占土地的原缴税粮作出重新安排,即将湖底土地所纳税粮 1000 石 7 升 5 合,平均分摊到周围九乡受益农田上,从而推动了湘湖的建成。"均包湖米"就成了湘湖水利共同体的制度基础。[⑤]

---

① 参见[日]斯波义信著、方健等译《宋代江南经济史研究》,第 582～610 页;[美]萧邦齐著、姜良芹等译《九个世纪的悲歌——湘湖地区社会变迁研究》,社会科学文献出版社 2008 年版。

② 毛奇龄:《湘湖水利志》卷一《宋熙宁年县民殷庆等请开湖之始》。

③ 毛奇龄:《湘湖水利志》卷一《宋熙宁年县民殷庆等请开湖之始》。

④ 毛奇龄:《湘湖水利志》卷一《政和年开湖》。

⑤ 参见钱杭《均包湖米:湘湖水利共同体的制度基础》,载《浙江社会科学》2004 年第 6 期。

湘湖形成时方圆 82 里，湖底面积 3.7 万亩，灌溉萧山县的崇化等八乡，南宋乾道中期又加上了许贤乡，扩展为后世所统称的“九乡”。凡是在湘湖水灌溉范围即九乡范围内拥有水田，同时根据“均包湖米”之制交纳湖耗而获得湘湖水使用权者，即具备了水利共同体的成员资格。若在灌区内拥有水田而不使用湘湖水，则不具备成员资格。如果土地易手，地权变动，成员资格也会随之发生转移。①

“均包湖米”只是宋代湘湖水利共同体形成和维系的基础制度之一，要实现其灌溉功能，还需制订关于放水顺序、放水总量、放水时间等的具体而详尽的规约。绍兴二十八年(1158)，湘湖周围九乡农民为分配水的数量和使用时间发生了争水和斗殴事件，县丞赵善济召集塘长和各上户计议解决办法，结果是“设一均水法，相高低以分先后，计毫厘以酌多寡，限尺寸以制泄放，立为榘(按:应为“渠”)则，绝无枯菀偏颇之患。众皆悦伏，无敢争者。其所定例，遂永以为法”②。淳熙九年(1182)，任萧山县令的顾冲在赵善济“均水法”的基础上，重新制定了各乡的放水顺序、灌溉田地、水量和放水时间，并于淳熙十一年(1184)订立《湘湖水利约束记》，刻石立碑，以俾遵守。它设定总水量为 100 或 1000 分，每亩分别配水六丝八忽一秒。放水之法规定沿湖 18 穴的水门各宽 5 尺，水面下深 3 尺，在水门的侧柱和底部刻石标志，以固定分水量，放水分为六放，按从第一放到第六放的顺序进行。

宋代湘湖水利共同体已有首领的设置。赵善济在制定“均水法”前就曾“集塘长暨诸上户与之定议”③。此处“上户”指有实力的湘湖水利共同体的成员，“塘长”就是维护湘湖堤塘安全的日常负责人。赵善济能召集他们计议水利共同体的规条，表明他们在水利共同体内部有相当大的发言权。在湘湖水利共同体中，豪民或“里老”等社会阶层发挥着重要作用。《湘湖水利志》卷一《宣和年议罢湖不许》载：

宣和改元，豪民即有请罢湖复为田者，下本县会议。时梅雨初过，

① 参见钱杭《共同体理论视野下的湘湖水利集团：兼论“库域型”水利社会》，载《中国社会科学》2008 年第 2 期。

② 毛奇龄:《湘湖水利志》卷一《南宋绍兴年定均水则例》。

③ 毛奇龄:《湘湖水利志》卷一《南宋绍兴年定均水则例》。

湖岸淫溢，守者皆撤防待涸，而议不画一，且议罢者少，议筑者多。主客不敌，遂迟久未决。入夏顿晴，而运河水浅，民甚虞之。值乡官有主罢议者被召入汴，里老十人诣其家，跪请勿罢。会县令送者亦在坐，助里老言。各咨嗟间，里老请视今年旱涝果须溉与否以定行止，旱则留之，否则听罢之可耳，许之。是年适大旱，秋后河涸，赖湖水救济，得不饥。于是议罢不许。

据钱杭的研究，上述鼓吹"罢湖复田"的豪民应当就是那些献出"为湖之地"，某种意义上是受了湘湖之"害"的那部分"豪民"，由此他们才能违忤众意、趾高气扬地提出"罢湖"主张，迫使里老十人下跪恳求，县令也陪着说情，最终方使湘湖水利共同体暂时得以维系。但由于这些"豪民"与其他湘湖受益者之间存在难以调解的矛盾，在依靠湘湖水形成的"共同利益"背后，尚存在被覆盖、忽略、抹杀了的"非共同利益"，这就为湘湖水利共同体最终走向解体埋下了伏笔。①

总之，凭借湘湖水利灌溉系统连接起来的、由湘湖灌溉受益者组成的水利共同体，在"均包湖米"和均水条例的约束下，已形成了一个与行政意义上的乡村编制不同的水利共同体。②

4. 通济堰水利共同体的组织形式

学界对宋代通济堰水利共同体的研究，主要是根据范成大的《通济堰规》所记对其组织体系、用水规约、日常维护制度等进行探讨③，本部分亦据此对通济堰水利共同体作一简要论述。

位于今浙江丽水碧湖平原上的通济堰，相传建于南朝梁天监年间，后世多次维修和扩建，一直保存至今。南宋乾道四年(1168)，该堰"往迹芜废，中

---

① 参见钱杭《论湘湖恩怨：一个区域社会史的演变轨迹》，载《传统中国研究集刊》第4辑，上海人民出版社2008年版，第317～339页。

② 参见[日]斯波义信著、方健等译《宋代江南经济史研究》，第597页。

③ 比如：[日]好并隆司《通済堰水利機構の検討：宋代以降の国家権力と村落》，载《岡山大學法文學部學術紀要》通号15，1962年；宋晞《范成大知处州》，载其《宋史研究论丛》第3辑，(台北)中国文化大学出版部1988年版；韩肖勇《通济堰述略》，载《江西文物》1990年第4期；张慧琴《诗人范成大与〈通济堰规〉》，载《农业考古》2005年第3期。

下源尤甚”[①]。次年，在处州知州范成大与军事判官张澈主持下加以修复。范成大考虑到“水无常性，土亦善堙，修复之甚难，而溃塞之实易”[②]，于是亲自拟定了相关的规条，并刻石以记，此即通济堰碑。通过此碑所记堰规，我们可以了解通济堰水利共同体的概貌。

首先来看该水利共同体的成员。凡是由通济堰灌溉土地者均属该共同体成员，称为“田户”。田户按其田产划分为不同类别，负有不同的责任。虽然是依照田产数量划定，但其有独特的计量单位，如秧、工等。当时规定“每秧五百把，敷一工。如过五百把有零者，亦敷一工。下户每二十把至一百把，出钱四十文足。一百把以上至二百把，出钱八十文足。二百把以上敷一工”[③]，这是中、下等田户的情况。十五工以上的田户是上田户，要充任水利共同体的首领。

接下来再看水利共同体的首领和职衔。堰首是水利共同体的最高首领，其需要“集上中下三源田户，保举下源十五工以上，有材力公当者充”，即由田户保举上田户中“有材力公当者”充任，两年一替，职责是每逢寅日对所有堰堤斗门、石函叶穴进行巡察，“如有疏漏倒塌处，即时修治。如过时以致旱损，许田户陈告，罚钱三十贯，入堰公用”[④]。除堰首外，十五工以上的上田户还要充任监当，“遇有工役，与堰首同，共分局管干。每集众，依公于三源差三名，二年一替，仍每月轮一名，同堰首收支钱物人二”；如遇大的工役，充当监当者不能同堰首一样免除工役，而是“亦抑前来分定窠座管干，或充外役，亦不蠲免”[⑤]。监当在遇有工役时，与堰首负有相同的责任，协助堰首工作，但因其不参与堰的日常维护，故而不能享受免除堰工的优待。另外，由于堰工难以召集，故而设立了甲头一职，由三工以上至十四工者差充，给予“全免本户堰工”[⑥]的优待，一年一替。另外，还差募堰匠六名，负责经常看守

① 范成大:《通济堰碑》，载孔凡礼辑《范成大佚著辑存》，第174页。
② 范成大:《通济堰碑》，载孔凡礼辑《范成大佚著辑存》，第174页。
③ 范成大:《通济堰规·堰工》，载孔凡礼辑《范成大佚著辑存》，第176页。
④ 范成大:《通济堰规·堰首》，载孔凡礼辑《范成大佚著辑存》，第174～175页。
⑤ 范成大:《通济堰规·田产》，载孔凡礼辑《范成大佚著辑存》，第175页。
⑥ 范成大:《通济堰规·甲头》，载孔凡礼辑《范成大佚著辑存》，第175页。

堰堤，如有疏漏，要及时向堰首汇报，以便修治。

在通济堰水利共同体的职衔中，还有概首或概头。概即渠道，通济堰有众多大小概，设有概头，“开拓、城塘、陈章塘、石剌概，皆系利害出处，各差概头一名”，对这些重要的概头“并免甲头差使”，至于“其余小概头与湖塘堰头，每年与免本户三工”。概头的职责主要是负责概的开关，并防止田户“聚众持杖恃强，占夺水利”①，如果发生类似事件，要及时申报堰首或官府，追究犯者之罪。

俗称“排沙门”的叶穴是通济堰的一个重要设施。它不仅可以排去上段干渠淤积的沙石，还可以泄放多余的渠水。由于其地位的重要性，故在邻近的上田户中，“专差一名充穴头，仰用心看管。如遇大雨，即时放开闸板，或当灌溉时，不得擅开。所差人，两年一替，特免本户逐年堰工”②。

在当年充任甲头的人中，还要选择能书写者一人充当堰司，三年一替，负责共同体内的相关文书事务。每年由官府发给红色年历两本，分别记录敷工与纳钱情况。

最后再看用水及维护堰堤等的规约。范成大将通济堰的灌溉区域划分为三部分，即上、中、下三源。为了使各灌溉区能均匀用水，他对干渠上六条大概(即六条大渠)的宽窄尺寸作了详细规定：

> 开拓概中枝，阔二丈八尺八寸，南枝阔一丈一尺，北枝阔一丈二尺八寸。凤台两概，南枝阔一丈七尺五寸，北枝阔一丈七尺二寸。石剌概，阔一丈八尺。城塘概，阔一丈八尺。陈章塘概，中枝阔一丈七尺七寸半，东枝阔一丈八寸二分，西枝阔八尺五寸半。③

至于用水，则是采用一系列不同形制的大小闸门进行控制，对各闸尺寸、启闭先后、开闸时限都有详细规定，以免民户纷争。史载：

> 内开拓概遇亢旱时，揭中枝一概，以三昼夜为限，至第四日，即行封印，却揭南北概荫注，三昼夜讫，依前轮揭。如不依次序及至限落概，概

① 范成大:《通济堰规·堰概》，载孔凡礼辑《范成大佚著辑存》，第177页。
② 范成大:《通济堰规·叶穴头》，载孔凡礼辑《范成大佚著辑存》，第180页。
③ 范成大:《通济堰规·堰概》，载孔凡礼辑《范成大佚著辑存》，第177页。

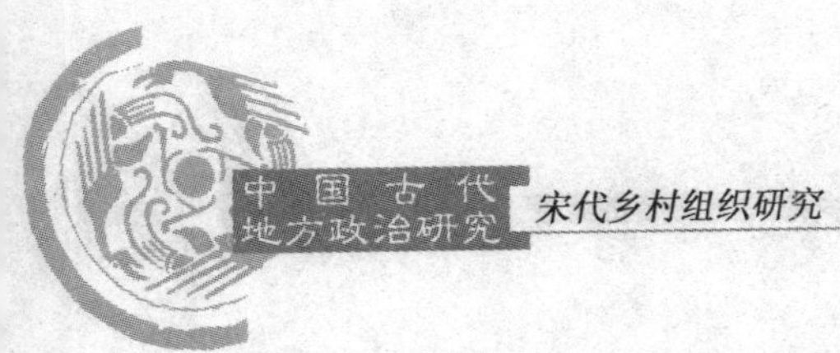

首申官施行。其凤台两概不许揭起外，石刺、陈章塘等概，并依放开拓概次第揭吊。或大旱，恐人户纷争，许申县那官监揭。[①]

《通济堰规》对该堰维修时堰工的分派也有详细规定，分派标准同划分田户户等的标准一样，"每秧五百把敷一工"，下户二百把以上敷一工，一百至二百把出钱80文，二十至一百把出钱40文。乡村实行三分法，二分敷工，一分敷钱；城郭中三工以下者全敷钱，三工以上者，依乡村分法，每工折钱100文。另对石函、斗门、船缺的管理及塘堰的开淘等也都有详细规定。

当时还设有堰簿，其中都工簿由堰首收管，田秧等第簿由公当上户一名收管，三年一替，主要职责是登记土地产权的变动情况，以保证堰工的及时转移，便于配水和派工。

总之，通过《通济堰规》，可知宋代在通济堰管理上已出现了相当完备的民间组织，其不仅有严格的用水分配方案和完善的维护措施，而且有按照利益与责任相联系制定的严密的内部分工及相应的处罚措施，使人各负其责，共同维护着共同体的有效运转。

(二)宋代水利共同体的组织形式

概括而言，宋代水利共同体的组织形式主要有以下几个方面：

第一，各水利共同体是以水利设施为中心，由其受益民众为主要成员组成的。

每一水利设施都有其固定、明确的受益区域，这一区域范围就是相关水利共同体的地理边界。宋元时期受益湘湖的有萧山县的由化乡、夏孝乡、长兴乡、安养乡、许贤乡、新义乡、来苏乡、崇化乡和昭明乡等九乡的诸多村落，各村落中需要利用湖水灌溉的农田就是湘湖库域的实际边界。[②] 宋代木兰陂也有明确的灌溉区域，具体为宋代莆田东南部和西部三个乡中的十个里，计100个自然村落，也即陂水利共同体的地理边界。具体如下：

维新里：铁灶、上横山、下横山、沟口、横沟、前黄、郑坂、后廖、塘东、

① 范成大:《通济堰规·堰概》，载孔凡礼辑《范成大佚著辑存》，第177页。

② 参见钱杭《共同体理论视野下的湘湖水利集团:兼论"库域型"水利社会》，载《中国社会科学》2008年第2期。

龟塘。

胡公里：桥头、冲溪、溪东、东汾、草鞋墩、深渎、王庄、圳尾、锦墩、洋尾。

南力里：白埕、蒲坂、上墩、东皋、高埁、前张、港利、山屏、下坂、新度、东镇、厝柄。

国清里：漳桥、洋城、西津、东津、小横塘、徐厝、西山。

安乐里：横塘、新塘、前尾、梅陇、沟尾、凌厝。

莆田里：余埭、清江、埕尾、郑塘、西利、宋墓、岺头、船度。

景德里：沙坂、银渡头、金墩、塘滕、下坂、塘头、定庄、巷口、窑台。

连江里：西洪、东吴、下江头、下埭、龙琯、埭尾、海滨、东角、遮浪、井埔、后涞、五龙、院后、林墩、港西、宁海、厓江、东华、沟边、东埭、大龟屿、塘下、前欧、后洋、坑园、康厝。

兴福里：邹曾徐、斗南、陈山、湖厝、刘山、榜头、东张、后积、程洋、谢厝。

合蒲里：南田、企石。①

在水利设施受益区域内的"食利人户"，即受益民众，就是相关水利共同体的成员。以灌溉为主要功能的水利工程的受益者就是在其灌溉范围内拥有土地且利用该设施者。如果仅仅是在该灌溉设施灌溉范围内拥有土地，但不接受该设施水资源的灌溉，就不属于相应水利共同体的成员。如果土地产权发生了转移，那么新田主就自然而然地成为共同体成员，原田主不再属于相关共同体的成员。地权与水权相对应，或者说地权是获得水权的前提，亦即地权是成为水利共同体成员的基本前提，这在宋代几乎是所有湖域、泉域、库域、圩域、渠域都遵行的惯例。嘉祐五年(1060)，睦州桐庐县令刘公臣就上报说："天下郡县乡村，有古来溪涧沟渠泉穴之处，并不得人户作埭填筑，占据为主。每遇春农之际，并仰有田分之家，各据顷亩多少，均摊出备工力，修开取令深阔，盛贮其水……或有贫人、下户贸易田土与别主者，亦

① 《莆田水利志》卷二《陂塘·木兰陂》。

据见佃之人承认水分，违者严置之法。”[①]这清楚地反映了土地产权与水权的对应关系，修渠者是“有田分之家”，如果土地被售予他人，则由“见佃之人”负担。乾道元年(1165)，知徽州吕广问就江河流域的问题上奏，详细规定了与塘堨修筑管理事务相关的十条规约，其中称：

诸塘堨合轮知首之人充，虽田少不该，亦均给水利，不得阻障。若乡例私约轮充，于官簿内开说充知首人，尽卖田业，新得产家虽合充，止轮当末名，不得越次，仍批官簿……塘堨下合承水利田产人户典卖者并依资次承水。[②]

由上可知，在当时的水利共同体中，即使对于因田产少而没有资格充任首领知首者，只要有地权，无论数量多少，都享有“均给水利”之权。当原知首将田产出售后，新买田产之家即可充任知首。这也表明即使是在此前与水利共同体全无关系者，一旦购入含有水权的土地，即成为该组织的成员，而“尽卖田业”者同时失去共同体成员的身份。[③]

在水利共同体内部，其成员除依据土地产权享有水权外，还要根据受益程度来承担相应的义务，即按照被灌溉土地的多少来承担不同的义务。前述通济堰就是按照田产数量划定的秧、工等计量单位将受益民户划分为上、中、下三等田户，他们在组织内部充当不同的职衔，承担不同的义务。在水利共同体的运作中，多注意采取所获利益和承担责任相均等的原则，获利较多的大田户要分担更多的责任。国家对此也是认可的。乾道九年(1173)十一月，朝廷诏令诸路州县对所有公私陂塘“以有田民户等第高下分布工力，结甲置籍，于农隙日浚治疏导”[④]。这些获利多的大田户要承担更多的责任，不仅要充任水利共同体的首领，且要有更多付出。由于他们经济实力较强，故而需要在物资上多付出一些。乾道六年(1170)，有官员称兴修水利的“乡

① 《宋会要辑稿·食货》七之一六。

② 《宋会要辑稿·食货》八之六至七。

③ 以上关于宋代地权与水权相对应的论述，参见钱杭《共同体视野下的湘湖水利集团：兼论“库域型”水利社会》，载《中国社会科学》2008年第2期。

④ 《宋会要辑稿·食货》六一之一二二。

原体例"就是要求有田之家"出备钱米与租佃之人"[①],由租佃人提供劳动力作为报酬。《袁氏世范》卷三《修治陂塘其利博》中也称:

> 池塘陂湖河埭,有众享其溉田之利者。田多之家当相与率倡,令田主出食,佃人出力,遇冬时修筑,令多蓄水。

这种有田之家出钱物、无钱之家出力的做法在当时较为普遍。绍兴六年(1136),温州瑞安集善乡陶山湖也是由豪户出备谷米,"给散贫乏人,同共修筑陂塘,蓄水灌溉"[②]。乾道二年(1166),知秀州孙大雅也称:"若于诸港浦置闸启闭,不惟可以泄水,而旱亦获利。然工力稍大,欲率大姓出钱,下户出力,于农隙修治之。"[③]总之,在水利共同体内部各成员之间,富人与穷人按受益大小及经济实力强弱承担不同的责任,相互协作,使得水利共同体能够正常运作。[④]

第二,各水利共同体都有自己的首领和相关的管理人员,负责共同体内部日常事务的处理及水利设施的维护等。

无论是哪种水利设施,围绕其出现的水利共同体均有相应的首领和相关的管理人员。前述河东各灌渠已有渠长的设置,江南各圩则是"圩必有长",湘湖水利共同体设有塘长,通济堰水利共同体除有堰首外,还有监当、甲头、堰匠、概首、堰头、穴头、堰司等管理人员。熙宁八年(1075),侯官人李宏修成木兰陂后,首先设立陂司负责木兰陂的维修,选任陂正、陂副、甲头各一人,另有小工八人、水手二人作为管理人员。乾道元年(1165),知徽州吕广问称"诸塘堨合轮知首之人充"[⑤],表明其处各塘堨都设有首领。临安府于潜县曾规定每个大堰都要设立堰长,至于小堰则各从民便。该县的张堰共有小堰八所,分为八捺,自北宋元符年间开始,每年在农务前,各捺都要推举小堰管头三名,"同共集田户修作"[⑥]。

---

① 《宋会要辑稿·食货》八之一四。

② 《宋会要辑稿·食货》七之四四。

③ 《宋史》卷一七三《食货上一》。

④ 以上关于宋代水利共同体中"乡原体例"的论述,参见傅俊《宋代的官府与乡村社会:一个据于南宋时期灌溉管理网络的考察》,载包伟民主编《宋代社会史论稿》,第215～217页。

⑤ 《宋会要辑稿·食货》八之六。

⑥ 《咸淳临安志》卷三九《山川十八》。

对于广布于乡村的小型水利设施，宋代国家往往放任民间自行设置头目管理，“小堰各从民便，使自为之，或一家得专，或众有私约而不立之长”[①]。有的小型水利设施由某些大族管理（后文详述），而有的则仿照“私约”，即按民间惯例设立首领进行管理。

由于水利设施不同，各水利共同体首领的称呼也多种多样。除以上所述外，还有称为“陂头”、“陂主”的，或将二者合称为“头主”。皇祐元年（1049），两浙转运司为防止山泽陂湖被人侵占为田地，要求“明置簿籍拘管陂湖，永充众户贮水荫田，更不许以起纳租税为名请射。仍令知县常行检察，如违其所请，头主及给付官司各乞严行勘断奏闻”[②]。明道元年（1032），朝廷诏令“以上户为陂头，部众修筑之”[③]。还有的称为“团头”或“团首”。至和元年（1054），仙居县令田渊建议共修陂塘，“仍逐处立团头、陂长监催”[④]；至晚从北宋太平兴国年间开始，句容赤山湖就设有团首，也叫“都团”。《永乐大典》卷二二六一引明修《句容新志》称：

> 太平兴国六年五月十五日，赤山湖团首唐瑫男霸在县陈状……庆历三年二月十八日，龙图叶直阁知建康府日帖句容县本县尉，并句容县所申，告示赤山湖都团任操等，一依逐官所定……如团首任操等不依今来逐官定下水则开放湖水……政和二年七月空日，团首方安顺具政和三年七月空日权县事曹宣德任内据杨隆状……父老相传句容、上元两县水利人户，推排堰长二人看守，及置团首二人掌管湖水，逐时兴葺岸埂，固护湖水，轮转交替。

还有的称为“圳甲”，开禧元年（1205），潮州大埔的蔡仙圳建成后，即“岁举一人为圳甲”[⑤]。还有的称为“湖长”，前述句容赤山湖自唐代就设有湖长。朱熹在《约束榜》中也称：

> 契勘目今久阙雨泽，窃虑陂泽湖塘池泺泺正副长专意放养鱼鲢之

① 《咸淳临安志》卷三八《山川十七》。
② 《宋会要辑稿·食货》七之一三。
③ 《续资治通鉴长编》卷一一一，明道元年十一月辛卯条。
④ 《宋会要辑稿·食货》七之一四。
⑤ 《（民国）新修大埔县志》卷一〇《民生志上·水利》。

类，不肯泄水注荫，致田禾干槁，深属未便。今晓谕陂塘湖长等人，如合承水之田阙水，即仰日下量分数放水注荫。[①]

还有的称"统管"和"塘长"，雷州府海康县自绍兴年间修成渠堤后，"堤岸主之统管，河渠主之塘长"，即设有统管和塘长为首领，如"堤岸坏，则统管集食利户以修筑，河渠塞，则塘长率用水户以开浚"[②]。

宋代水利共同体首领的选任标准主要有二：一是田产数量。前文已经讲过，水利共同体成员内部多实行受益度与责任相一致的原则，被灌溉的田产多者，从水利共同体中所获利就大，其要承担更多的责任，不仅在物资上要付出更多，还要依田产数量充任水利共同体的首领和职事人员。济源千仓渠科条规定"沿渠人户分作上流、中流、下流三等，每等各置甲头一人，以逐等内地土物力最关百姓充"[③]，选择地土物力最关者充任首领可充分说明这一原则。前述圩长往往是由田亩最高之人充当；而在通济堰水利共同体中，则是按照由田产数量确定的秧、工等标准确定首领，堰首是由上中下三源田户保举"下源十五工以上"者担任，其他职事人员也是按此标准差派的，"十五工以上，为上田户，充监当"，而甲头则是"于三工以上至十四工者差充"。[④] 二是人品、德望和才能。宋代选定水利共同体的首领时，也注重选用乡村社会中有威望、能服众且具备相应素质者，以求充分发挥水利共同体首领在处理各项水利事务中的作用。通济堰的堰首是由"有材力公当者充"[⑤]，即其不仅有才能，而且处理事务要公当，人品可以服众。江西李渠的渠长"须得有公心好义之士"[⑥]充任，即急公好义者，被推举出来掌管分水湖地的李贡士更是"平昔有信义、有干略，为一邦推重"[⑦]。临安于潜县的元丰塘则是"择其里之善事而可长者凡八人"[⑧]。地方政府在组织水利工程兴修疏浚

① 《朱熹集》卷一〇〇《约束榜》。
② 《全宋文》卷六九七七薛直夫《雷州海康渠堤记》。
③ 《(乾隆)济源县志》卷六《千仓渠水利奏立科条碑记》。
④ 范成大：《通济堰规》，载孔凡礼辑《范成大佚著辑存》，第174～175页。
⑤ 范成大：《通济堰规》，载孔凡礼辑《范成大佚著辑存》，第174～175页。
⑥ 程国观：《李渠志》卷二《宋李渠志·渠长十员》。
⑦ 程国观：《李渠志》卷二《宋李渠志·委李贡士掌管分水湖地》。
⑧ 潜说友：《咸淳临安志》卷三八。

时,往往选择当地有威望和有才干者负管理之责,如鄞县广德湖兴修时,县令张峋"择民之为人信服、有知计者使督役"①。庆元二年(1196),余姚县令施宿修筑海堤,"选乡豪之首公强干为人所信服者十五人,分地而共图之"②。这些被选出来的水利工程的组织者后来很可能会转化为水利共同体的首领,继续发挥作用。有些水利共同体的首领由僧人充当。莆田县的太平陂设有陂田,初由八个大户掌管,到南宋绍定时多被人侵吞,于是知兴化军曾用虎命"陂正一人,干一人,以庵僧充",掌管陂田,"租之出纳,陂之修废,在八姓不可问,在僧可覆也"③。象山县的朝宗石碶与僧人的关系更是密切。北宋初年,瑞龙寺僧蔡某在其地"伐木为闸,以时启阖,若简而甚利"④,此为该石碶之始。从治平时开始扩修,到隆兴年间重修时,所需经费由地方官府承担,所需粮食"粒一十四斛有奇,稻一十一斛有奇,皆庵僧募于好施者"⑤。修成后,日常管理则是由官府"置寨屋于其侧,每岁官差僧行居之,视水旱以为启闭"⑥。莆田的濠塘泄在宝庆三年(1227)重修时,"推浮屠氏之有智计者,俾自任其役"⑦。嘉定年间,莆田修三步泄,"浮屠宗奂、宗超被选董役"。建成后,兴化军判官又"筑马头,择守僧,且取田于废庵以赡焉"⑧。僧人凭借其宗教身份在地方社会具有较强的影响力,其中也不乏颇具治水等方面才干的人,有的则处事公正,从而被选定为负责水利设施的兴修、维护和日常事务管理,成为水利共同体中的头面人物。

第三,各水利共同体往往通过一定的规约作为协调组织成员关系和维系共同体存在的纽带。这些规约因水利设施的大小而呈现出不同面貌。

一些大型水利设施的规约往往会被形成文字、刻诸碑石,以利于长久保存和后世查证。前述宋代河东地区的水利规约有不少被刻诸碑石。通济堰

① 《曾巩集》卷一九《广德湖记》。
② 楼钥:《攻媿集》卷五九《余姚县海堤记》。
③ 刘克庄:《后村先生大全集》卷八八《重修太平陂》。
④ 《乾道四明图经》卷一〇廉布《修朝宗石碶记》。
⑤ 《乾道四明图经》卷一〇赵彦逾《重修朝宗石碶记》。
⑥ 《宝庆四明志》卷二一《象山县志》。
⑦ 《莆田水利志》卷八郑寅《重修濠塘泄记》。
⑧ 刘克庄:《后村先生大全集》卷八八《新收(修)三步泄》。

规约也是付诸刻石,原因在于“水无常性,土亦善堙,修复之甚难,而溃塞之实易”,故范成大希望“惟后之人,与我同志,嗣而葺之,将有考于斯。今故列其规于石以告”[①]。浙西地区则有圩田水则石碑。淳熙年间,萧山县令顾冲制定了《湘湖水利约束记》,也是刻石立碑,让人们遵守。

水利规约的制定往往由官府主导,凭借国家力量强制实行。《通济堰规》由时任处州知州的范成大亲自制订。木兰陂修成后,先后数次制订规约。宣和元年(1119),知兴化军詹时昇首订《陂司规例》;绍兴二十一年(1151),县丞陈弥作制定《陂司规例》,并申明户部颁行,以增强其约束力;庆元五年(1199),莆田县丞林圮又制定了《木兰陂正副定例陂籍》,并报知兴化军钱孜施行。官府对水利规约制定的介入更多的是选择民众围绕水发生纠纷的时机。一旦发生水利纠纷,民众争执不下而上诉至官府,官府便可趁机在原来水利规约的基础上或重申旧约,或重订规约。真宗时,“蜀引二江,溉诸县田,多少有约。李顺为乱时,成都大豪樊氏盗约,改一昼夜为六,由是他县岁赂樊氏县,乃得其余水,讼二十年不决”,转运使将此事交付监成都府市买务萧定基处理。萧认为“约所以为均,即不均,约不可恃也”,于是“亲决水,视一昼夜,而樊氏县水有余,樊氏即伏罪,诸县得水如故约”[②]。庆历五年(1045),赵城、洪洞两县人户争霍泉河灌溉水田,因分数不均而发生纠纷,官府裁定“赵城县人户得水七分,洪洞县人户得水三分,两词自此而定。其户籍水数若干,具在碑石,永为来验”[③]。这一由官府裁定的三七分水原则到金元时期依旧使用。萧山湘湖的规约也是如此。绍兴二十八年(1158),萧山大旱,湘湖水位下降,九乡受益民户为争水发生诉讼,“县丞赵善济为集塘长暨诸上户与之定议,设一均水法,相高低以分先后,计毫厘以酌多寡,限尺寸以制泄放,立为榘(按:应为“渠”)则,绝无枯莸偏颇之患。众皆悦伏,无敢争者”[④]。于是让其他八乡各均水给许贤,使之均等,制定《湘湖均水利约束

---

① 范成大:《通济堰碑》,载孔凡礼辑《范成大佚著辑存》,第174页。

② 王安石:《临川先生文集》卷八九《故淮南江浙荆湖南北等路制置茶盐矾酒税兼都大发运副使赠尚书工部侍郎萧公神道碑》。

③ 孙奂岺:《洪洞县水利志补》卷上《南霍渠》。

④ 毛奇龄:《湘湖水利志》卷一《南宋绍兴年定均水则例》。

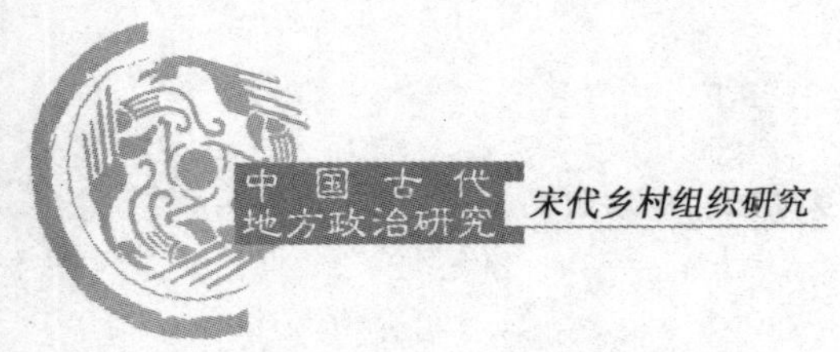

记》,并刻石以记。官府依靠国家力量制订水利规约,使国家力量深入水利共同体,反映了当时国家对民间组织的控制力度。

当然,并非所有较大水利设施的规约都由官府制定。福清县元符陂建成于唐天宝年间,可溉田数万亩,“岁久沟湖为豪右所侵,遇旱干,民挺刃争水,讼不绝”,县令将此事委托乡之长者刘允恭处理。他“著规立籍”,制订了该陂的水利规约,“众咸以为利”①,较好地解决了纠纷。虽然刘允恭是以平民身份制订水利规约的,但得到了县令的授权,故而此规约也有国家推行的色彩。安福县西寅陂能溉田 12000 亩,“擅于豪右,贫民病之”,当时尚未出仕的刘廷直“为作均水约,上之官,事下,至今利焉”②。刘廷直虽以布衣身份制订了均水约,但最后还是报至官府,由其颁行,同样是依靠国家行政力量加以实行。通过以上诸例,可看到宋代国家力量与民间力量的联结与合作,虽然民间力量在其中发挥了重要作用,但最终还是需要国家行政力量的推动。

以上是大型水利设施的规约的情况。宋代乡村广布的还是大量小型水利设施,其受益民户同样会凭借一定的规约作为纽带结成水利共同体。这类规约在形式上往往比较随意,多无详尽条文,更不会形诸于碑刻,实际上就是当时乡村社会中被广泛认可的一些惯例,文献中有“乡原体例”、“乡原例”和“本乡俗例”等不同称呼,学界多以“乡原体例”统称之。③ 宋代对小型水利设施“各从民便,使自为之,或一家得专,或众有私约而不立之长”④,可知民间按“私约”对小型水利设施进行管理。乾道六年(1170),胡坚常奉命看详浙西修建水田、塘、浦之事。他提议“镂板晓示民间有田之家,各自依乡原体例,出备钱米与租佃之人,更相劝谕监督,修筑田岸”⑤,获得朝廷批准。这里的“乡原体例”就是指浙西一带修筑塘浦的惯常规约,即田主出钱,佃户

---

① 韩元吉:《南涧甲乙稿》卷二〇《刘令君墓志铭》。

② 杨万里撰、辛更儒笺校:《杨万里集笺校》卷一二二《新喻知县刘公墓表》,第 4723 页。

③ 参见包伟民、傅俊《宋代“乡原体例”与地方官府运作》,载《浙江大学学报》(人文社会科学版)2008 年第 5 期。

④ 《咸淳临安志》卷三八《山川十七》。

⑤ 《宋会要辑稿·食货》八之一四。

出力。

通过前文的论述，可知水利规约的内容大致有以下几方面：

(1)经费筹集。由于一些大型水利设施所需费用高昂，需要官府投资，故此项主要是日常维修所需费用和小型水利设施修建所需费用的筹集，包括经费来源、相关土地的经营管理等。这以宋代宣和年间木兰陂的《陂司规例》最为典型。元丰八年(1085)，木兰陂建成后，其创建者李宏从填平当地原筑五塘所得田地的租谷 2655 石中拨出 800 石设立陂司，委子孙掌管修陂。宣和元年(1119)，知军詹时昇制订《陂司规例》，详细记载了各处陂田的面积及收入，并对陂田收入的收取支用作了详尽规定。绍兴二十一年(1151)，莆田县丞陈弥作针对木兰陂在陂田管理使用中出现的寄庄充役、执佃拖欠、典田举债和非泛科须四种弊端，就收管财谷、轮差正副、兴工修筑、年中神福、干当酬劳等事制订了定例，并报户部颁行，大多涉及陂田收入的分配和使用。后来，充任陂正副之人“略不以水利为急，直指陂司财谷，如具家之私帑，甚至沟塍不修、神福不赛、官赋不纳、雇钱不支，百弊具有焉”①。庆元五年(1199)，知兴化军钱孜又据陂田数量重订了陂正副的轮充顺序。

(2)人员组成，包括组成人员的界定、首领的充任方式、各类管理人员的选任方式及其应承担的职责。前文已有论述，不再赘述。

(3)水资源管理和水利设施维修，包括水资源的管理和分配方式，水利设施的日常维护、修缮事务及相关纠纷的调解等。关于水资源的分配，当推淳熙十一年(1184)订立的《湘湖均水利约束记》最为详尽。湖水所及九乡受益田地共 146868 亩，该均水约束将湖水以 10 分为准，“每亩合得六丝八忽一秒，积而计之”，并明确规定了各处放水穴次与时刻。兹将“第一放”列举如下：

> 柳塘：溉夏孝乡范巷村二百二十四亩一角四十步，得水一厘三毫七丝七忽，放四时一刻止。
>
> 周婆湫：溉夏孝乡杜湖村六百五十亩，得水四毫四丝二忽，放一时三刻止。

---

① 雷应龙辑：《木兰陂集节要》卷四《累朝规例》。

历山南：溉安养孙茂村一千四百九十七亩三角，得水一厘一丝九忽，放三时止。

历山北：溉安养孙茂村一千四百九十七亩三角，得水一厘一丝九忽，放三时止。①

其余五放的情况基本同上。在这里，湖水的分配被人为地精确到了毫厘分秒，使湘湖水利共同体内部的相互依存程度更加紧密，其成为一个极其严密而封闭的利益共同体，具有明显的排他性。②

至于水利设施的维护，如乾道四年(1168)，范成大主持制订的《通济堰规》中的"逆扫"、"开淘"、"叶穴头"等条有详细规定；"堰首"、"田户"、"甲头"、"堰工"、"堰概"等条对可能出现的相关纠纷规定了明确的处理措施。

以上诸多内容，未必每一水利共同体的规约都逐一具备，但总体上不外如上几点。由于前文论述中已列举诸多水利规约，此处不再详加说明。

总之，宋代乡村社会中因大大小小的水利设施而形成的水利共同体不仅有着明确的地理界域，而且有着相对固定的成员边界，按照受益大小承担不同责任，或轮充首领，或充当各类管理人员，依照共同的规约实现水利共同体的日常运作，最终实现其水资源分配、管理和水利设施日常维护的基本职能。

三、宋代乡村水利共同体与国家的关系

在宋代，与乡村社会的水利共同体关系较为密切的是州县地方官府和乡村行政组织，对于前者与水利共同体的关系，学界已有不少研究，本部分只拟作一简要总结，而主要探讨水利共同体与乡村行政组织的关系。

(一)乡村水利共同体与地方官府的关系

宋代地方各级官府，由路级监司到州县都负有农田水利管理之责，"向来官司施行，以塘埸为大事。上而常平使者提其要，下而州县佐令任其

① 毛奇龄：《湘湖水利志》卷一《萧山县湘湖均水利约束记》。

② 参见傅俊《宋代的官府与乡村社会：一个据于南宋时期灌溉管理网络的考察》，载包伟民主编《宋代社会史论稿》，第258～261页。

详”[①]。所谓“常平使者提其要”，可能主要是由常平使者（即提举常平茶盐公事）将信息由地方传递给中央，提出一些相关的建议和决策，对州县进行巡行监督。国家对农田水利的管理，主要责任都落在州县长吏头上，但其总领一地，事务繁多，且重心在赋役与诉讼，对水利的管理实际有限。在地方官员中，实际代表国家参与水利事务的更多的是次于知县的县丞。熙宁年间，推行农田水利法等新法，增置县丞，职掌推行农田、水利、免役等法。崇宁二年（1103），增置县丞，主管山泽水利等。理宗时，有大臣称陂塘之修，“申严旧法，在州委通判，在县委县丞”[②]。正是由于地方政府负有对农田水利事务的管理之责[③]，故而使得乡村社会的水利共同体受到地方官府的严格监督和控制。当然，官府对水利共同体的控制力度是不同的。前面已讲过对于因小型水利设施形成的水利共同体“各从民便，使自为之，或一家得专，或众有私约而不立之长”[④]，官府更多地关注因大型水利设施形成的水利共同体。

具体来说，地方官府与水利共同体的关系主要表现在以下三个方面：

第一，许多水利共同体的首领由官府选派或排定轮充顺序。木兰陂建成后，李宏置陂司，设陂正一人、陂副一人负责相关事务。绍兴二十一年（1151），莆田县丞陈弥作排定陂正副 12 人，依次为朱从事广、朱推官廖、余纶、朱承信、朱庚、陈将仕、余彬、林承奉、吴作院、朱悫、顾汝辙、朱桂。淳熙元年（1174），在知军潘时新的主持下，新增众人推举的陂正副二人：余士端、朱公廙。庆元五年（1199），知兴化军钱孜“重排定一十四大田户姓名、田亩、种数高下，并系陂司勘会审实保明”[⑤]，从而排定了陂正副的轮充顺序[⑥]。鄞县东钱湖在宝庆二年（1226）重浚后，知庆元府胡榘“惧无以继，奏以嬴钱增置田亩，令翔凤乡长顾咏之主之，分渔户五百人为四隅，人岁给谷六石……

① 袁甫：《蒙斋集》卷二《知徽州奏便民五事状》。

② 黄榦：《勉斋集》卷二五《代抚州陈守》。

③ 以上有关宋代官府管理水利之责的叙述，参见傅俊《宋代的官府与乡村社会：一个据于南宋时期灌溉管理网络的考察》，载包伟民主编《宋代社会史论稿》，第 187～192 页。

④ 《咸淳临安志》卷三八《山川十七》。

⑤ 雷应龙辑：《木兰陂集节要》卷四《累朝规例》。

⑥ 参见雷应龙辑《木兰陂集节要》卷三《陂司人役姓名》。

立管隅一人、管队二十人以辖之,县丞以时督察,仍命提举常平司董其事"①。乾道元年(1165),知徽州吕广问条奏农田水利称:"诸塘堨合轮知首之人充……若乡例私约轮充,于官簿内开说,充知首人。"②这里轮充知首即使是根据乡例私约而定,但仍要经官府确认并备案。

第二,水利共同体的规约要由官府颁布或备案确认,以国家权力作为其效力基础。这类规约在宋代非常多。有的是民间制订后由官府颁行,如吉州安福县西的寅陂于北宋治平年间建成后,"岁既久,官失其籍,大姓专之"③,由于豪右专擅水利,"贫民病之",当时是布衣的刘廷直"为作均水约束",然后"上之官,事下,至今利焉"④。刘廷直以平民身份制订均水规约后,特意上报至官府,凭借国家政权的力量颁行,以利长久。有的是在官府主持下召集民间力量参与制订。绍兴二十八年(1158),湘湖所灌九乡民众因天旱争水引起诉讼,"县丞赵善济为集塘长暨诸上户与之定议,设一均水法,相高低以分先后,计毫厘以酌多寡,限尺寸以制泄放,立为桀(按:应为"渠")则,绝无枯菀偏颇之患"⑤。有的则直接由地方官制订并颁行。前文已论及木兰陂的《陂司规制》是由地方官制订的。乾道五年(1169),通济堰建成后,知处州范成大亲自制订了《通济堰规》。

第三,水利共同体内部各成员之间,或水利共同体与外部社会之间因水利事务一旦发生纠纷,往往要上诉至州县官府,由其裁决,使官府可以借机干预水利共同体内部事务,加强对其的监管和控制。

乾道元年(1165)正月,知徽州吕广问条奏农田水利十事,其中不少内容均可反映宋代官府对水利共同体的纠纷具有裁决权。如其中称:

> 塘堨水上流既足,如障塞、公然占夺,不从州县约束者,取旨。形势之家将新置田产却在旧堨之上占截水利,似此去处,县官即时除折,若旧堨不容修筑,众定利害,务从民便。若两堨用水已足,不放流者,亦仰

---

① 王荣商纂:《东钱湖志》卷一《水利二·湖说》。

② 《宋会要辑稿·食货》八之六。

③ 王庭珪:《卢溪文集》卷二《寅陂行》。

④ 杨万里撰、辛更儒笺校:《杨万里集笺校》卷一二二《新喻知县刘公墓表》,第4723页。

⑤ 毛奇龄:《湘湖水利志》卷一《南宋绍兴年定均水则例》。

官司禁约。[①]

宋代水事纠纷按争议内容可划分为用水纠纷、治水纠纷和管水纠纷等。用水纠纷有以下几种情况:(1)均水之讼,即在同一水利共同体内部因水量分配产生的纠纷。如前述北宋前期成都大豪樊氏盗改水约一案持续二十余年,最终由转运使指定官员处理。仁宗时,两浙路的衢州和江南东路的信州发生争水之讼,最终由江南西路的袁州知州裁决,他重申了"先衢而后信"的用水次序,使诉讼平息。(2)侵耕之讼,即因对湖、陂、圳、塘、堰等的侵占而使水利设施遭到破坏,从而影响其功能的正常发挥而产生的纠纷。自咸平至熙宁年间,福州长乐县"狡民或侵或请",使当地的150余所蓄水设施的数量急剧减少,影响到当地百姓的正常生活和农业生产,"屡有讼者"。[②] 湘湖在乾道四年(1168)以前,被汪念三等人将1000余亩献与总管李显忠,湘湖被填筑为田,严重影响了九乡的灌溉,百姓裴咏等多次经御史台陈状,请求复湖。[③] 总之,在两宋时南方的福建路、两浙路、江南东路、江南西路、淮南、淮西、四川等地都有侵耕现象出现,鉴湖、东钱湖、广德湖、夏盖湖、练湖等都遭受了侵占,虽宋朝政府屡颁禁令,但侵耕之讼却总是反复出现,无法禁绝。(3)功能矛盾引起的水事纠纷。河渠除灌溉农田外,还有通航运和用作动力等功能,各种功能的用水协调不好就容易产生纠纷。庆历四年(1044),华州渭南知县曹公望引敷水灌溉民田,但"有人为妨私家水磨,遂讼于官"[④],宋仁宗为此颁布了灌溉用水优于其他功能用水的原则。治水纠纷指兴修水利过程中围绕劳动力和经费分摊等问题产生的纠纷。这类纠纷北方并不多见,但在江淮一带却比较严重,如光州仙居县"民间不肯协力乘闲修作,虽私有文约,愚顽之民多不听从。兴工之之(按:衍文)时难为纠率,或矜强恃猾,抑卑凌弱,或只令幼小应数,而坐俟其利。似此之类,十居其半。及用水之际,争来引注。是以劳费不均,多起斗讼"[⑤]。南宋浙西也有类似情况,对此类纠

① 《宋会要辑稿·食货》六一之一一七。

② 《淳熙三山志》卷一六《版籍类七·水利》。

③ 参见《宋会要辑稿·食货》六一之五三。

④ 《宋会要辑稿·食货》六一之九三。

⑤ 《宋会要辑稿·食货》六一之九四。

纷,官府往往会凭借国家力量强行介入,令民户依受益程度按比例分担费用,“令民以时分治,不用命者有罚”[①]。管水纠纷是指在水利管理的过程中,水利共同体的首领等有一定权力,甚至有利可图,由此成为豪族势家追逐的对象,从而产生诉讼。如嘉泰三年(1203),两浙路于潜县嘉德乡乡民盛逸、盛端为争夺堰长职位诉讼不已,最终由县令晁石谈据“远年官印押堰簿”裁定:“以自来轮流堰长姓名、年载置旁通图,令上五捺田户每充应两年讫,即轮下三捺田户充应一年,并照田亩、捺数多寡均差,日后周而复始,且出给断由付八捺田户,家收一本,永为定规。”[②]

由上述诸纠纷案例可知,官府在裁决水利纠纷时,往往会稽考水利共同体的旧有规约,并根据已有成规进行调解和裁断。通过这样的方式,既增强了民间规约的效力,也使国家权力得以深入水利共同体内部。

第四,一些水利共同体会对一些与水利相关的设施维修和放水浇灌等事务主动寻求官府支持。宋代句容县的赤山湖就是如此。据绍兴九年(1139)三月建康府帖称:

> 句容、上元两县水利人户,推排堰长二人看守,及置团首二人掌管湖水,逐时兴葺岸埂,固护湖水,轮转交替。如遇天旱年岁,要水灌溉田苗,两县团首商议,未放水前,堰长先经县陈状,集水利人并工修作百冈堰坝,断水头,再经县过状,方始放水涌入百冈堰,次第散水入湖,下七乡四十二埍,浇灌田苗。[③]

通过以上几个方面可看到宋代国家对民间水利事务的介入程度,反映了国家对基层社会的严格控制。在国家与水利共同体的互动中,民间力量虽然依旧发挥着作用,如官员在制订规约时要与塘长、耆老等商议,在裁决水利纠纷时往往考稽旧时的民间水利规约,甚至以重申旧约的方式裁定。有时甚至面对地方豪强对水利设施的破坏,却不得不妥协,如朝廷下诏要求

---

① 《蔡襄集》附录一《蔡忠惠别纪补遗·政术》。

② 《咸淳临安志》卷三九。以上关于宋代水利纠纷的论述,参见高楠《宋代水事纷争类型》,昆明国际宋史研讨会暨中国宋史研究会第十三届年会论文,2008年。

③ 《永乐大典》卷二二六一引《句容新志》。

宁波地区“复湖”最终成了一纸空文即是如此[1]，但主导权和最终决定权依旧掌握在国家一方。

(二)水利共同体与乡村行政组织的关系

对于宋代乡村水利共同体与乡村行政组织间的关系，学界已有不少探讨。日本学者长濑守曾论及水利集团与乡村组织的重叠性[2]。其实，这种重叠性更多地表现在地域意义上。乡村水利设施及其所灌溉区域必然隶属于一定的行政空间，这一空间大可以是府、州和县，小则是乡村行政组织乡或都等。水利共同体的边界必然也可归属到一定的行政区域。有学者认为在北宋熙宁年间昆山等地已存在圩的建制，每圩皆有民居，并设有专门的圩区管理人员，当时还没有严格的乡领都、都领区或圩的划分；南宋绍兴年间已存在乡—都—圩的建制。端平二年(1235)，华亭县修复经界，清理田籍，“始于围，合于保，而成于都”[3]，使田籍“自亩之围，则有归围簿；自围之保，则有归保簿；自保之乡，则有归乡簿；自乡之县，则有都头版簿”[4]。总之，南宋时期县—乡—都—保—圩(围)的规制已经存在。[5] 庄华峰等在讨论宋代长江下游圩田开发与水事纠纷时也持相同观点，认为南宋时乡—都—圩基层组织的构建对预防和解决水事纠纷发挥了一定作用。[6] 需要指出的是，这种圩区的基层组织编制只是地域意义上的层级关系，而非行政意义上的层级关系。前文已指出南宋时的乡已不再是乡村行政组织，而只是地域单位，都作为乡村组织也逐渐地域化，乡—都—圩的建制至多能表明某圩位于某乡、某都范围内，而不能说明它们之间存在行政上的隶属关系。日本学者斯波义信则指出：伴随着大规模的水利共同体所进行的建设与维护活动，其责任特别是堤防、堰闸斗门、干渠、支渠等基本部分维护的责任即随之产生，这是通过政府来实现的。为了承担这种责任，地方政府在其管辖下的行政区域建

---

① 参见陆敏珍《唐宋时期明州区域社会经济研究》，第161～164页。

② 参见[日]長瀬守《宋元水利史研究》，東京：国書刊行会1983年版，第66～69页。

③ 《(正德)松江府志》卷六王遂《修复经界本末记》。

④ 《(正德)松江府志》卷六《便民省札》。

⑤ 参见冯贤亮《明清江南地区的环境变动与社会控制》，上海人民出版社2002年版，第80～82页。

⑥ 参见庄华峰、丁雨晴《宋代长江下游圩田开发与水事纠纷》，载《中国农史》2007年第3期。

立了覆盖至行政村的管理网络。[①] 根据该段文字的注释，即参照“宋代宁波鄞县的乡、都区划图”，可知斯波义信所说的管理网络就是乡、都体系。前文已指出，乡在两宋大部分时间里已非行政组织，故实际的管理者应当是都保。这里虽然强调了都保等乡村行政组织在水利管理中的责任，但同时易给人留下一种错误印象，即都保是专为管理水利事务而设的。都保等乡村行政组织参与水利事务管理是无疑的，但这并非其最主要的责任。

陆敏珍以唐宋时期的明州为例，对水利共同体与区域社会结构的关系进行了探讨。她指出：唐宋明州地区的水利事务更多的是通过政府与地方势力进行管理，地方势力通过自己的经济力量获得官府的承认，并协调着水利共同体之间的矛盾，管理着地方水利事业。这种水利管理方式使得地方势力成为基层社会的管理者。水利管理组织并不取决于行政体系的设置，以用水为目的的地域共同体在区域地理空间及社会结构上与行政单位关系不大。这种以水利为目的所形成的共同体不以行政区划或市场体系为范围，而是由灌溉流域所组成。每一个灌溉流域作为一个单位，构成相对独立的共同体。在共同体内部，地方势力是农村基层社会事务的组织者和管理者，在许多事务上都拥有发言权和实际领导权。虽然他们不属于正式权力机构，但却实际支配着灌溉网络的形成与维护，精心处理着官方移交的社会管理事务。在政府对县以下的水利控制不力时，地方势力的参与不仅填补了国家权力在基层社会的真空，而且还延伸了中央集权对民间社会的控制。[②] 陆敏珍的研究虽颇具启发性地提出宋代水利共同体及地方势力在地方社会管理中的作用，但这是以当时县以下存在国家权力真空为前提的，其实忽略了乡村行政组织在水利共同体中的作用。实际上，乡村行政组织不仅未被各种水利共同体排除在外，而且在其中发挥着重要作用。具体来说，表现在以下几个方面：

首先，乡村行政头目掌管水利设施的启闭。有些水利设施的启闭由乡村头目与豪强共同控制。《吴郡志》卷一九《水利下》称：“范参政仲淹、叶内

---

① 参见［日］斯波义信著、方健等译《宋代江南经济史研究》，第207页。

② 参见陆敏珍《唐宋时期明州区域社会经济研究》，第169～174页。

翰清臣，昔年开茜泾等浦，亦皆有闸，但无官司管辖。而豪强耆保利于所得，不时启闭，遂致废坏。乡人往往能道其事。”水利设施的启闭需要由都保上报至县请示。鄞县大石桥碶如需放水，要先由“田氓告之都保，都保告之县，县告之郡，往复行移，动是旬日，水之溢者已壑，稻之浸者已芽”。后来对此进行了改革，“今州郡一闻雨骤水泛，不待都保县道申到，放闸之人已遣行矣，防患未然”[①]，虽然加大了放闸之人的自主权，但仍需都保及时向县报告。

对“陂塘水利，宜从古来上流下接，公共分使。若甲家占吝，害及乙丙，群聚争夺”，这些因用水产生的纠纷如果在民间不能解决，则要官府予以调停，需要“期集邻保，追逮证佐，动经旬月，方得事明”[②]。这里也要召集邻保充当证人。

其次，乡村行政头目参与水利设施的维护和修缮。乡村行政头目生活于乡村社会之中，熟悉乡村社会的各种情况，对水利设施的运行状况可经常予以关注，其还有国家赋予的合法权威，因此他们有条件保护水利设施不被人侵占。治平三年(1066)，都水监言：

> 勘会诸处陂泽，本是停蓄水潦，近年京畿诸路州县例多水患，详见其因，盖为豪势人户耕犁高阜处土木，侵叠陂泽之地，为田于其间，官司并不检察，或量起税赋，请射广占耕种，致每年火雨时行之际，陂泽填塞，无以容蓄，遂致泛滥，颇为民患，不制其渐，则尽为民患。欲乞应天下州县及京畿陂泽之类，皆不得请射，明立界址，逐季举行，令地分乡耆觉察，不得容纵人户侵耕，许诸色人陈告，每亩支赏钱三千。[③]

结果获准。

保护水利设施免遭破坏是乡村行政头目的职责之一。温州永嘉县有瞿屿斗门，“左负岩，右邻浦，斗门因山脚岩石为之，右臂又有埭以扞浦”。乾道年间，地方官“筑右臂为石塘八十余丈”，到嘉定四年(1211)，有村农“窃劚之以纾田，初若兔穴”。当时乡豪诸葛珍担任保正，有人向他报告说：“埭决，君

---

① 《宝庆四明志》卷一二《鄞县志》。

② 陈傅良：《止斋先生文集》卷四四《桂阳军劝农文》。

③ 《宋会要辑稿·食货》七之一八。

当任其咎。及早窒之,费谷二石尔。”诸葛珍不听。过了一段时间,“决咫尺,又告。已而决寻丈,又告。俱不听”。通过村民一而再地报告保正应保护塘埭免遭破坏,否则其应当承担责任一事可看出乡村行政头目在保护水利设施上的责任。后来,塘埭果然大决口,知州杨简“必此户视成,不他及”①,诸葛珍只好独立重修塘埭。

保甲头目也参与水利设施的检修,并要及时申报。袁甫曾谈及徽州的水利兴修。他说:

> 向来官司施行,以塘堨为大事,上而常平使者提其要,下而州县佐令任其详。每遇农隙之时,举行检视之令,县具图籍,来上于州,命官僚躬行阡陌,建土埄牌,以为标识,集大小保,以定户名。某堨兴修,某塘湮塞,众目共见,不可厚诬,然后因其废兴稍加惩劝,官既以是为急,民亦孰敢弗勤?数年以来,恬不加察,问其主名,则含糊难考,按其故籍,则散漫罕存。苟且如斯,可为太息,然而坠典未久,旧例可寻,欲乞朝廷下之仓司,仓司下之郡佐,时时督促,处处举行,若县道视为常程,保甲不加检举,别委官属察探以闻,慢令之人,必罚无赦。②

可见在徽州,州县要负责登记各种水利设施,并“建土埄牌,以为标识”,保正长等乡村头目除负有检举之责外,还具体负责召集受益民户,安排兴修事务。熙宁三年(1070)十二月,有臣僚奏准劝民户兴修江淮荆楚等地水利,并明确规定对民户“不得以威刑驱逼,并专行觉察公人、耆保等接便骚扰”③,由此可推知耆长及保正长等都参与组织民户兴修水利。黄榦称:

> 江西之田瘠而多涸,非藉陂塘井堰之利,则往往皆为旷土。比年以来,饥旱荐臻,大抵皆陂塘不修之故,莫若申严旧法,在州委通判,在县委县丞,先于每乡籍记陂塘之广狭深浅,方水泉涸缩之时、农事空闲之际,责都保聚民,浚深其下,而增筑其上,积水既多,则虽有旱暵,而未始枯竭,巡行考察,课其勤惰而为之赏罚。④

---

① 《永乐大典》卷三五二六引《温州郡志》。

② 袁甫:《蒙斋集》卷二《知徽州奏便民五事状》。

③ 《宋会要辑稿·食货》七之二二。

④ 黄榦:《勉斋集》卷二五《代抚州陈守》。

由上可知，江西地区陂塘井堰的修建均有“旧法”，即州县分别由通判和县丞负责，将“陂塘之广狭深浅”登记造册，农闲时由都保头目代表官府具体负责召集民众进行水利设施的维修。

袁州李渠的维修也要保正长及时检查，一旦发现有损坏冲决去处，要及时报告渠长。《李渠志》卷二《宋李渠志·陂户》称：

> 陂户乃佃氓自沙陂而上至官陂受此渠溉田者为之，计六十余人，而甲首六人（甲首每岁轮着六人），遇有小小损坏冲决去处，本保即报知渠长，令甲首唤集陂户自行修整。

此处乡村行政头目要向民间组织的首领渠长报告，可反映出乡村行政组织与水利共同体间的复杂关系。这或许与李渠渠长由州郡“选请州士”充当而具有浓重的行政色彩，且这些人具有较高的社会地位有关。

宋代许多水利设施都有专门的管理机构，设有塘长、陂长、团长、知首和堰首等名目繁多的头目。他们的选任与保正长的选任也颇有相似之处，一般是“于上等户内，如差夫队头例选差”[①]。处州通济堰的堰首就是选当地“有材力公当者充，二年一替，与免本户工。如见充堰首，当差保正长即与权免，州县不得执差，候堰首满日，不妨差役”[②]。这里民户充任堰首，即可免当次差役，使得堰首也有了差役的色彩，以至于有的堰首被视“如皂隶”了。《咸淳临安志》卷三四《水利记》称：

> 往时湖与溪皆有塘长，官免差科，俾专缮治，既而役之如皂隶然。又常以假人，民厌苦之，罢去既久，禁戒浸弛，隳者弗增，阙者弗茨，蚁蛀鼠穿，獭龟之穴漫而不訾者，水至则溃，今稍复增置塘长，而蠲其役。

各水利设施虽有自己的专职管理人员，但在维护和管理上仍然需要乡村头目的参与，原因就在于陂长、塘长、堰首等虽“如皂隶”，但仍是民间组织首领，并不能代表国家对水利设施进行监管。这也反映了宋代民间组织对国家权力的依赖性，需要国家力量支持方能正常运作。

---

① 《宋会要辑稿·食货》七之一四。

② 范成大：《通济堰规·堰首》，载孔凡礼辑《范成大佚著辑存》，第174页。

第六章　宋代民间宗教组织

首先需要说明的是，这里所说的民间宗教组织的范围比较广，其主体是广大普通民众，举凡民众因宗教信仰结成的社会组织均包括在内，但不包括佛教、道教等由专职教徒组成的教团组织。从组织形态上看，其中既有组织形态明确的宗教会社，也有民众参与刻经、建塔、造宝幢、修寺造殿、捐造佛像等宗教信仰活动而形成的松散的临时性组织。从其与国家的关系来看，既有合法的民间宗教组织（无论官府的态度是支持还是默许，只要没有明令禁止均视为合法），也有官府明令禁止和打击的各种秘密宗教等非法组织。①

学术界对宋代民间信仰和秘密宗教的研究已有较为丰硕的成果，虽然这些研究或多或少地涉及民间宗教组织，但学术界关注较多的是宋代民间信仰和秘密宗教的发展、流变及其与国家和社会的互动关系等，专门针对民间宗教组织的研究并不多，主要集中在以下几个方面：一是对民间宗教会社的研究，既有通论性的研究，也有对宋代宗教会社的专门研究，论题涉及其发展、组织形态、社会功能等；二是对宋代祠庙信仰与国家、士大夫和地域社

---

① 合法和非法的界限并非绝对的，某一宗教组织初出现时未被视为非法，但后来国家认为其可能危及自己的统治，就将其视为非法。如宋代对"吃菜事魔"的态度，《宋会要辑稿·刑法》二之八一称宣和二年（1121）五月发生方腊借助"吃菜事魔"之徒造反事后，尚书省言："契勘江浙吃菜事魔之徒，习以成风，自来虽有禁止传习妖教，刑赏既无止绝吃菜事魔之文，即州县监司不为禁止，民间无由告捕，遂致事魔之人聚众山谷，一日窃发，倍费经画，若不重立禁约，即难以止绝，乞修立条。"结果获准。另外，也有宗教组织初成立时被官府视为非法，后来却合法者，如宋代的白莲教（详见濮文起《秘密教门——中国民间秘密宗教溯源》，江苏人民出版社 2000 年版，第 28～30 页）。

会关系的研究，其中也涉及祠庙信仰组织，其成果还有助于研究民间宗教组织与国家的关系问题；三是对秘密宗教组织的源流、传播、组织形式、与农民起义的关系、国家对它的政策和态度等的研究。虽然关于宋代民间宗教组织的研究在以上几个方面都取得了一些进展，但在不少方面仍有进一步探讨的空间，尤其是对民间宗教组织与乡村行政组织及其他民间组织间的关系鲜有论述。下文首先叙述宋代民间宗教组织的发展，然后选择若干个案分析其组织形态，最后探讨其与国家尤其是与乡村行政组织的关系。至于民间宗教组织与其他民间组织的关系，后文另述。

第一节　宋代民间宗教组织的发展

随着宋代政治、经济、文化的发展及中外各民族间文化交流的深入，宋人的信仰世界发生了很大变化。除日益世俗化、平民化的佛教和道教仍保持巨大影响力外，其他宗教信仰也大为流行，以进行各种宗教信仰活动为目的而结成的民间宗教组织随之兴盛。宋代民间宗教组织有很大发展，主要有以下几种形式：

一、佛教和道教影响下出现的宗教组织

有宋一代，历朝统治者对佛教大都采取扶植和利用的政策。宋太宗就说："浮图氏之教有裨政治，达者自悟渊微，愚者妄生诬谤，朕于此道，微究宗旨。凡为君治人，即是修行之地，行一好事，天下获利，即释氏所谓利他者也。"[①]佛教本身在宋代也进一步世俗化，不讲理论、更便于修行的禅宗和净土宗成为主流。它们多采用世俗化的拜佛、念经、祈祷和超度亡灵等形式，因而得到了更多平民百姓的信仰。在佛教徒的极力鼓动和统治者的倡导下，佛教在宋代广为流行，深入民心。"天下之民，其奉事佛者十室而九。贫者敝衣菲食之不给，而闻施于佛，则往往假贷以自效。老而耄者，其自奉养

① 《续资治通鉴长编》卷二四，太平兴国八年冬十月甲申条。

有所不忍,而持以供僧唯恐其不受也。"[①]宋代两浙路信佛之风最盛。天禧三年(1019),越州知州高绅称:"瓯越之民,僧俗相半,溺于信奉,忘序尊卑。"[②]释智圆说:"今之世行佛法者,自天府而下,以吴越为盛。"[③]福建路信佛之风也很盛,"闽于天下,僧籍最富"[④],不少民户,"家有三丁,率一人或二人,舍俗入寺观"[⑤]。该地"风俗刻意事佛,乐供好施,休咎问僧,每多淫祀"[⑥]。荆南民俗"多斋戒以奉佛"[⑦]。中原地区佛教也很盛行。苏辙就说:"佛法行中原,儒者耻论兹。"[⑧]

由于宋代佛教信仰的普遍,因此宋人结会修行之风也非常盛行,佛会特别多,各种水陆斋会、水陆道场、山头斋筵聚会、烧香会、诸神圣诞会等不计其数。宋人为表示信奉之诚,积累功德,还往往借机"写经造像,修建塔庙"[⑨]。由此,围绕着佛教信仰形成了众多的民间宗教组织。

首先是僧人主持的佛教修行结社。净土宗中结社念佛之风最盛,如宋哲宗时,僧人元照称:"近世宗师,公心无党者,率用此法(按:指结社念佛)诲诱其徒。由是在处立殿造像,结社建会,无豪贱,无少长,莫不归诚净土。"[⑩]北宋中期以后,净土结社已成为时尚,信徒大量增多,其活动场所从寺院逐渐发展到民宅,其成员亦更加复杂,无论士庶僧尼,尊卑贵贱,只要信奉西方净土,均可结社念佛。僧人灵照"自元丰已来,结四众为社,专慕弥陀,誓期西往。每至春首,启净土法会七昼夜,躬事忏摩,愈加精至。如是二三年间,

---

① 周孚:《蠹斋铅刀编》卷二三《焦山普济禅院僧堂记》。

② 《续资治通鉴长编》卷九三,天禧三年二月壬寅条。

③ 释智圆:《闲居编》卷一三《华亭兴圣院界相榜序》。

④ 韩元吉:《南涧甲乙稿》卷一五《建安白云山崇梵禅寺罗汉堂记》。

⑤ 汪应辰:《文定集》卷一三《请免卖寺观趱剩田书》。

⑥ 《宋会要辑稿·刑法》二之四九。

⑦ 《全宋文》卷二九六杨亿《连州开元寺重修三门行廊记》。

⑧ 《苏辙集·栾城后集》卷二《次韵子瞻和渊明拟古九首》。

⑨ 司马光:《司马氏书仪》卷五《魂帛》。以上有关宋代佛教信仰盛行的叙述,参见徐吉军等《中国风俗通史·宋代卷》,上海文艺出版社 2001 年版,第 566~586 页。

⑩ 宗晓编:《乐邦文类》卷三元照《无量院造弥陀像记》。

士女预社者二万余人,获益感应,不可胜数"[①]。明州延庆院的"念佛净社","当社普结僧俗男女一万人,毕世称念阿弥陀佛,发菩提心,求生净土"[②]。每年二月十五日,在院内建道场,祝延帝寿,并且为军民祈福。其组织方式如下:

劝请会首二百一十人,各募四十八人,逐人请念佛忏愿历子一道。每日称念佛名一千声,忏障道重罪,发菩提愿,为度众生,取于净土。请画佛数于历子上……或入社弟子倾逝者,请劝首继将姓名并其人历子到院相报,即当告示在社九百九十九人,各念佛一千声,为彼忏罪,资其愿行,令生净土。又至建会日,令社众念佛,荐其往生。仍请劝首速募人填补。所冀常结万人,同修净业者。[③]

此"念佛净社"的主持者是明州延庆院的僧人,其下有劝请会首 210 人,每人下辖 48 人,总数可达万人以上。一旦有人去世,立刻由劝请会首募人填补,以保持组织的规模。南宋绍兴初年,信士郑子隆集万人结社念佛,并同众建弥陀塔一座。僧人法忠记述了其结社的情形:

数年以来,寇盗四起,兵火交作,其遭非理殒亡,横尸堕首,填于沟壑者,盖不可胜数也。加复疫气流作,民亦苦之。有信士郑子隆者,夙怀善种,悲念特发,观斯罹乱之苦,知怨业之有对也,以怨报怨,安能已矣哉,断惟佛力可以拯济也。乃运精诚,结同志者万人,共念西方极乐世界阿弥陀佛尊号八万四千藏。愿既圆满,复化檀越,同出净财,僦工砻石,建窣睹波一所凡七级,高三丈有二,立于南岳罗汉洞妙高台之右,藏念佛人名于其中。[④]

钱塘人陆伟从中年开始厌世念佛,"率众结法华、华严二社,各百许人,其法各人在家诵经一卷,月终就寺读诵,终日而散。如是二十年,遂成大会"[⑤]。

① 释元照:《芝园集》卷上《华亭超果照法师塔铭》。明河撰《补续高僧传》卷二《义解篇·灵炤传》对此亦有记载,直接称灵照发起的结社为"净业社"。

② 《全宋文》卷一八一释知礼《结念佛会疏》。

③ 《全宋文》卷一八一释知礼《结念佛会疏》。

④ 宗晓编:《乐邦文类》卷三法忠《南岳山弥陀塔记》。

⑤ 志磐:《佛祖统纪》卷二九《净土立教志·往生庶士传》。

其他佛教修行之社也不少。北宋崇宁年间，齐州历城某村就有“念法华经社”，有社头王政、丁安政、刘琮、刘平、李握等五人。① 明州育王禅寺“以众多食贫，常住陈请海岸闲地，仅得千顷，命工开筑以为南亩，费缗钱十万余”，大慧普觉禅师“率八万四千人结般若会，出缗钱以成岁入，用赡斋厨”。② 嘉兴南门外有真如精舍，舍中有华严经阁，每年春天都有“般若社会”，“少长咸集，以数千计，念诵佛号，隐雷盘旋，皆兹阁之所覆也”。③《夷坚三志壬》卷六《蒋二白衣社》称：“鄱阳少年稍有慧性者，好相结诵经持忏，作僧家事业，率十人为一社，遇人家吉凶福愿，则偕往建道场，斋戒梵呗，鸣铙击鼓。起初夜，尽四更乃散，一切如僧仪，各务精诚，又无捐匄施与之费，虽非同社，而投书邀请者亦赴之。一邦之内，实繁有徒，多着皂衫，乃名为白衣会。”鄱阳白衣会的每一个社虽然规模不大，但非常普及。

其次是名目繁多的奉佛斋会。宋代有一种广泛存在于社会各阶层的斋会，虽有会的名称，但非固定的社团，参与者全凭自愿，非常自由，不受任何约束。其名目种类众多，一般选择宗教性节日或传统岁时节日来定期举行，有的由寺院僧侣组织举办，有的则是由平民百姓自发组织举办，举办的目的都是为了敬佛、礼佛。

由寺院僧侣组织举办的宗教组织，如大中祥符年间，“关右民每岁夏首于凤翔府岐山县法门寺为社会”④，此“社会”在法门寺举行，应是由寺院僧侣发起的。政和年间，拱州“南寺干办年例作葬佛会，多是僧行预散帖子，纠率县下乡民户百姓，男女同处，身服布衣，首施纸花，沿路引迎纸佛”⑤，此“葬佛会”也是由众僧发起的。至于由平民百姓自发组织举办的佛会，如徽宗时，李元弼称：“民间多作社会，俗谓之保田蚕、人口，求福禳灾而已。或更率敛钱物，造作器用之类，献送寺庙。动是月十日，有妨经营，其间贫下人户，多

① 《(民国)续修历城县志》卷三二《志大水摩崖》。

② 郭子章：《明州阿育王山志》卷八《宋大慧普觉禅师传》。

③ 《至元嘉禾志》卷二二《真如教院华严阁记》。

④ 《宋会要辑稿·刑法》二之一〇。

⑤ 《宋会要辑稿·刑法》二之六九。

是典剥取债，方可应副。又以畏惧神明，不敢违众或是争气，强须入会。"[①]可见当时民众结集社会的盛行。《夷坚甲志》卷四《江心寺震》记绍兴十六年(1146)，"温州小民数十，诣江心寺赴诵佛会"，此处的"诵佛会"当也是这一类的组织。每年四月八日福州一带的僧俗都要举行道场庆祝。绍兴三年(1133)，"就万岁寺作第一会，是日，缁黄至一万六千余人，凡会，僧俗号劝首数十人，分路抄题，户无富贫，作如意袋散俵，听所施与，无免者"。乾道四年(1168)，发生了大的饥荒，谷价上涨，城中有的会首还是筹集了三千多缗，结果被官府没收，用以赈灾，"自是遂绝"。但是"乡社亡业之民犹有自为之者亦众，似斯之类，借是为利，岁无时节，率旬以三二日，或集民居，或聚社庙，闾阎翁妪辍食谇语来赴者，亦数百人"[②]。再如杭州天竺寺光明会，每年浙江一带的富豪、富商之家都要舍钱作会，"烧大烛数条如柱，大小烛一二千条，香纸不计数目。米面、碗碟、匙箸、扇子、蒲鞋、条帚、扫帚、灯心、油盏之类俱备"[③]，"广设胜会，斋僧礼忏三日，作大福田"[④]，所施舍的香花灯烛、斋资米面等各类物品足够寺院一年之用。需要说明的是，常见的关于此类宗教组织的记载多为南宋都城临安周围的情况，姑且不论会有周围的大量乡村民众参与其中，临安风俗如此，其他地区也不会相差太大，可能只是规模等有所差异罢了。

再次是为互助行善而结成的经社与社邑。民众为了行善而参与刻经、建塔、造宝幢、修寺造殿等活动，就一般平民百姓而言，这类活动非个人或个体家庭所能独立承担，必须借助集体的力量，互助合作，才能完成，从而结成经社、经会或社邑等各种宗教会社。这类组织在民间尤为广泛，有的在佛事活动结束后继续存在，有的只是暂时性的，在相关活动结束后就会自动解散。兹举数例如下：

乾德三年(965)，小师善道率社众善能、光祥等在凤翔府崇信县兴教院

---

① 李元弼：《作邑自箴》卷六《劝喻民庶榜》。

② 《淳熙三山志》卷四〇《土俗类二·岁时》。本段引文参校《四库全书》文渊阁本。

③ 西湖老人：《西湖老人繁胜录》。

④ 吴自牧：《梦粱录》卷一九《社会》。

中造石卯一所，“葬于舍利灵骨，并愿诸官信心，六道四生，同沾胜果”[①]。

景祐二年(1035)，浦江县白佛院宝殿的修成则是依靠“会首胡文𥃩、金超、徐君聚、张欢、高和、陈亨、韩集、高回、夏承遇、刘逸、吴宠、魏宠、石凌、倪德明等，钦其道化，仰以志勤，喜舍云趋，赞成兢至。得钱数百万”[②]。

至和元年(1054)，青州临朐县儒教乡诸王村众人在石门山修造佛像九尊，乞求国泰民安，家眷平安，其中“纠首谭江、谭景管菩萨一尊，谭辛管菩萨一尊，王琼管菩萨一尊，社首王栾、李忠、李芳共管圣容一尊”[③]。这里造像也是采用结社的方式。

大观二年(1108)，潍州百姓造香炉并修天齐仁圣庙，其所结社组织体系比较复杂，针对不同的修缮工程各有都维那和副维那，另外还有众多社录、社官。[④]

宋代佛教结社已有严格的规约，有的甚至超过国家法令。宋僧赞宁《大宋僧史略》卷下称：“历代以来成就僧寺，为法会社也。社之法以众轻成一重，济事成功，莫近于社。今之结社，共作福因，条约严明，愈于公法，行人互相激励，勤于修证，则社有生善之功大矣。”

宋代道教也非常兴旺，并呈现出新的特点：佛道结合的内丹修养成为道教的主流，内丹和符箓开始出现融合之势，祈福禳灾、驱鬼降妖之类的思想和方法受到统治者的提倡。道教也呈现出越来越世俗化的趋势，从而更多地得到了官府和民众的崇信。随着道教世俗化的加深，宋代道教从民间神祠文化中吸取了一大批祠神作为自己的神仙，建立了一个以玉皇大帝为至尊，太上老君、托塔天王等为辅助的机构齐全、等级分明的崇拜体系。许多人虽不信仰道教，但对这类祠神仍顶礼膜拜。从地域范围看，宋代道教以四川、江西等地及北宋都城开封为最盛，福建、两浙、江东等地次之。宋人曾称：“先是，道教之行，时罕习尚，惟江西、剑南人素崇重。”[⑤]洪州“多尚黄老清

---

① 《全宋文》卷四九释善道《兴教院石卯铭》。

② 《全宋文》卷三六一廖称《白佛院宝殿记》。

③ 潘心德主编：《石门坊》，明天出版社 2002 年版，第 50 页。

④ 《全宋文》卷二九四七徐京《造香炉序》。

⑤ 《续资治通鉴长编》卷七二，大中祥符二年十月甲午条。

静之教，重于隐遁”[①]。与佛教一样，道教徒及其信众也有结社从事信仰活动的习俗。[②]

道教信徒刻经往往采取会社的形式。太平兴国五年(980)二月，陕西京兆步虚社刻常清静等经，其题名如下：

> 纠首樊有永、张仁早、赵仁瑞、预洪明、张仁则、李莹、王文义、李若拙、张重厚、刘守恭。会头黄均。副会头田光又、齐知改、袁德昭、赵仁献、范道祐之……[③]

可见此刻经之事有严密的会社组织，并设有纠首、会头和副会头等首领。

修建庙宇也采取会社的形式。熙宁时潍州昌乐县重修平王庙就是采用会社的形式。据其碑阴题记，这次重修庙宇活动有“辛展村重修安公殿都维”、“维那刘金”、“维那杜举”、“维那杜录”、“维那杜官”、“纠首维那重修安公殿功德主成谭”、“纠首维那韩贵”、“纠首都维那苑象”等首领[④]，由此可知其组织体系在都维那下设有众多首领。宣和二年(1120)，汾州介休县龙泉观三清殿的重修也是采用社邑的形式，其领导者就有“石同里都维那杨皋、副维那刘荣、维那耿思□、副维那张师雄”等[⑤]。

铸钟需要铜、锡较多，民众通过结成会社共同捐献。元丰二年(1079)，广州天庆观铸钟，会首陈文遇舍锡 25 斤，另有林英舍钱买铜 100 斤，林仲和舍铜 40 斤，陈遘舍铜 50 斤，陈富舍铜 30 斤，还有多人舍铜 5 斤至 20 斤不等。[⑥]

道教徒们组织的会社数量也很多，有的规模还相当大。《隆平集》卷八《程琳传》则称“蜀人岁为社会，以祀灌口”。道教胜地青城山每年二月十五日举办道会，“会者万计”[⑦]，与会者“四远毕至，巨室张氏、唐氏轮主之”[⑧]，此

---

① 乐史：《太平寰宇记》卷一〇六。
② 以上关于宋代道教的叙述，参见徐吉军等《中国风俗通史·宋代卷》，第 586～593 页。
③ 《常清静等经碑》，载陈垣编纂《道家金石略》，文物出版社 1988 年版，第 216 页。
④ 《匋斋藏石记》卷三九姚迪《潍州昌乐辛展重移修平王庙记》。
⑤ 《汾州介休县龙泉观三清殿记》，载陈垣编纂《道家金石略》，第 340 页。
⑥ 《金石续编》卷一六《广州天庆观钟款》。
⑦ 洪迈：《夷坚丙志》卷四《饼店道人》。
⑧ 洪迈：《夷坚丙志》卷三《道人留笠》。

道会也是由当地的大户主持。宋代民间斋醮习俗很盛，由此形成了众多的斋醮会社。《夷坚丁志》卷一一《田道人》记："田道人者，河北人，避乱南度，居京口。每岁三月茅山鹤会，欲与其徒偕往，必有故而辍。"可知每年三月茅山有鹤会，规模盛大，"每岁春二月大茅君生朝，士庶道流辐辏，凡宫观十七所，供醮无虚席"①。婺州一带"乡俗每以三月三日真武生辰，阖郭共建黄箓醮，禳灾请福。绍熙元年，富户陈氏、徐氏主其事，陈作都首而徐副之"，"在会男女数百"，可知该道教会社由乡村两富户主持，并由其分别担任都首和副都首，其费用由会众凑集，会首掌管，故而陈氏可以"侵用众钱"②。庆元四年(1198)二月十六日，"饶州天庆观设黄箓大醮，募人荐亡，每一位为钱千二百，预会者千人"③。

总之，宋代在佛教和道教影响下出现的民间宗教组织数量极多，其盛况远远超过前代，并且遍及社会各阶层。④

二、祠庙信仰组织

宋代民间有大量的祠庙："京东西之民，多信妖术，凡小村落，辄立神祠"⑤，"闽之风俗，祭祀报祈，比他郡国最谨。以故祠庙之盛，甲于四方"⑥；福州各县祠庙"率里社自建立，岁月深远，一邑或至数百所"⑦。《夷坚丁志》卷一九《江南木客》称："大江以南地多山，而俗禨鬼，其神怪甚诡异，多依岩石树木为丛祠，村村有之。"绍兴十六年(1146)二月，有大臣称："近来淫祠稍行，江浙之间，此风尤炽。"⑧

这些祠庙在民众生活中占有重要地位，举凡灾害需要祈禳、节日举行庆

① 洪迈：《夷坚支景》卷九《陈待制》。

② 洪迈：《夷坚支戊》卷六《婺州两会首》。

③ 洪迈：《夷坚三志己》卷二《天庆黄箓》。

④ 以上关于宋代佛教和道教影响下出现的民间宗教组织的论述，参见史江《宋代传统宗教会社综述》，载《宗教学研究》2003年第1期。

⑤ 《续资治通鉴长编》卷一五九，庆历六年十月甲戌条。

⑥ 《陆游集·渭南文集》卷二四《福州城隍昭利东岳庙祈雨文》。

⑦ 《淳熙三山志》卷九《公廨·诸县祠庙》。

⑧ 《宋会要辑稿·刑法》二之一五二。

典酬神等活动都要以祠庙为中心进行，由此形成了各种各样的临时性或周期性的祠庙信仰组织，即所谓的“祠赛社会”、“社会”、“社火”等，数量非常多。漳州龙溪人陈淳曾言：“南人好尚淫祀，而此邦（按：指漳州）之俗为尤甚。自城邑至村墟，淫鬼之名号者至不一，而所以为庙宇者，亦何啻数百所。逐庙各有迎神之礼，随月送为迎神之会。”[①]可见该处祠庙社会的繁多。建阳人刘子寰曾感叹南宋中后期“事鬼神”的社会风气，并记述了福建地区一年之中各种民间会社的基本情况：

伤时风，伤时风，时风日异岁不同。一是时风好奢侈，二是时风事神鬼……村庄未肯便归田，里社神祠结佛缘。人家未有一丁入，庙祝乡豪来率钱。率钱本欲供祈祷，却因祈祷生烦恼。哀凶敛恶引奸偷，起讼兴争害乡保。仲春未肯趋农耕，遍郭倾坊事赛迎。排办衣裳全举债，习学吟叫妨营生。家迎神像设水陆，户掠油钱烧万灯。年荒也要依前例，费力忍穷争胜气。一旗一社各比赛，网尽百工诸伎艺。花棚花树闹红烛，蜡泪成堆遍街市……季春蚕月正条桑，奔赴婺源还愿香。少豪结束赴时样，贫下辛苦营行装。黄旗赤帜交旁午，不怕关津与河渡。如遵密约赴黄巾，又似传筹觅王母。倡优伎术并商贾，总计乡州十七路。哄传番界有人来，官员秀才今也去。贵游宅眷千金身，兜轿也随岐路尘。何曾回首念家计，但说倾身能事神。初年去者间一二，即今里巷无居民。纷纷少定已重午，擂鼓嘈船邀竞渡。须臾渐近六七月，投佛迎神要求雨。雕青年少跨锦躯，担枪揭旗相鼓舞。净洗牲牛与插花，缠以纸钱上祠宇。每日烂醉起忿争，持刃相当宁惧死。好勇斗狠成习气，一遇凶荒皆啸聚。终年胶扰少曾停，东神西佛庆生辰。接连正殿五十会，流例灵祠要大烹。上坊下郭相输率，隔乡越县迎请佛。古来佛缘未到处，顿然信向住不得。世人醉梦正颠倒，更被缁黄相诱惑。自从度牒不直钱，此辈隈多衣食窄。近年转见化缘多，趁旁收冬作功德。逐乡创立白莲社，每寺教化人礼佛。祈蚕保冬善诱引，血盆忏杀深恐吓。收禾未得纳主家，勾疏搀先量斗石。织布全家不曾着，量还化主修生七。一冬仅仅了

① 陈淳：《北溪大全集》卷四三《上赵寺丞论淫祀》。

抄题，逐年累累添生借。[①]

上诗生动记述了仲春时里社神祠的迎神赛会、季春时节婺源的还愿社、六七月间因祈雨结成的民间组织、庆祝各神佛生辰的集会和白莲社等众多民间宗教组织的基本情况，包括其首领乡豪筹集资金、赛会举行时的盛况及民间会社给社会秩序带来的危害等。

宋代周期性的祠庙社会主要是各种神灵诞日的集会。自从宋真宗封禅泰山后，泰山神信仰迅速传播开来，各地纷纷建立东岳庙，由此许多地方都出现了东岳诞日集会。其中以常熟县的东岳诞会场面最为宏大。史载：

> 四方万里，不以道途为劳，往奉祠事，往往规模岱岳，立为别庙多矣，然未有盛于姑苏之福山也。福山庙经始于至和之中，垂六十年，楼殿门廊并诸从舍巍然而轮奂。江淮闽越，水浮陆行者各自其所，有以效岁时来享之诚，上祝天子万寿，且以祈丰年，以后保其家。凡有求必祷焉，率以类至，号曰会社，箫鼓之音相属于道，不知几千万人，不及之乎太山，则之福山焉。[②]

此东岳诞会的参加者不仅仅局限于一州一县，而是遍及江淮闽越，规模非常大，“不知几千万人”，几乎成为南方地区东岳信仰的中心。福州一带民众以三月二十八日为岳帝生日，“结社荐福，观者如堵，俚诗有‘三月廿八出郭东’之句”[③]。绍兴三年(1133)，浙东福建路宣谕朱异称：“衢州所盖东岳神祠气象雄伟，州人每遇岳神生日，人户连日聚集，百戏迎引，其服饰仪物大段僭侈。”[④]湖州德清县的孚惠庙，“四月十三日系神生辰，乡社请迎神像，以致祭献”[⑤]。建炎年间，金山咸塘湖建立了金山忠烈王行宫，“乡民祈祷辄应，部下钱侯尤为灵著，王以四月十八诞辰，浙之东西商贾舟楫朝献踵至，自入四月至中旬末，一市为之鼎沸”[⑥]，“远近翕然结社会拜者，舳舻相衔也”[⑦]。

---

① 刘子寰：《篁嵘山人伤时风歌》，载《新编事文类聚翰墨全书·癸集》卷一一《神祠门》。

② 《吴都文粹》卷三魏邦哲《重修东岳庙记》。

③ 《淳熙三山志》卷四〇《土俗类二·岁时》。

④ 《宋会要辑稿·刑法》二之一四七。

⑤ 《两浙金石志》卷九《宋孚惠庙敕牒碑》。

⑥ 鲁应龙：《闲窗括异志》。

⑦ 《(光绪)平湖县志》卷九鲁詹《显忠庙记》。

宋代也有不在神灵诞日却定期集会的祠庙社会。磁州有护国灵应公祠,"每岁二三月,天下之事神者四集,所献奇禽异兽、巧工妙伎、珍肴异果,无所不有。至期,邻郡之事人多会于祠下,游览宴聚,以至夏初,社人罢去乃归"①。建康一带"土俗多事三圣,所在立庙,而塑像唯一躯,莫知为何神,灵威颇著,吏民奉之尤谨",其中句容县庙于"每岁春月,邑人祭享沓至,宰猪烹羊……从朝至暮,叫呶冗杂"。② 长沙一带土俗"率以岁五月迎南北两庙瘟神之像,设长杠舆几三丈,奉土偶于中。恶少年奇容异服,各执其物,簇列环绕,巡行街市。竟则分布坊陌,日严香火之荐,谓之大伯子。至于中秋,则装饰鬼社送之还,为首者持疏诣人家裒钱给费"③。武当山"有诸葛孔明庙,俗以清明数百人为社祠神"④。以上各祠庙社会都有固定日期举行活动。

宋代临时性的祠庙社会主要是为祈雨祷旱、禳除蝗灾与瘟疫等举行的宗教集会。"宋有天下,征伐既已息,民得保家乐业,殖财之风陶于上下,至于一乡一聚,莫不戮力农亩间。或凶旱水溢,则归于神祇,是故神之泽当浃于一境焉。"⑤乡村民众一旦遇到水旱、瘟疫等灾害,往往求助于神祇,从而形成许多祠庙社会。邓深《乡人祷雨有应,时寓乌石》诗反映了村民祈雨的场景:

> 力穑乃有秋,斯言闻自古。天时或不顺,人事亦安取。
> 今年问何如,常旸颇为苦。大田纷拆裂,槁苗渴灌注。
> 井瓮走墟落,河车喧旦暮。江溪近复涸,手足了无措。
> 祷旱急农夫,迓神击村鼓。动以千百人,为此万一举。
> 烈日仍朝朝,乞灵空处处。⑥

天圣五年(1027),河阳、怀、泽州"乡村百姓百十人为群,持幡花、螺钹、鼓乐,执木枪棹刀,歌舞叫啸,谓之迎圣水以祈雨泽"⑦。淳熙四年(1177),有大臣

① 张师正:《括异志》卷七《方道士》。
② 洪迈:《夷坚支景》卷九《建康三圣庙》。
③ 洪迈:《夷坚志三补·梦五人列坐》。
④ 晁补之:《鸡肋集》卷六七《朝奉郎致仕陈君墓志铭》。
⑤ 《(康熙)萍乡县志》卷七袁及《圣冈庙记》。
⑥ 邓深:《大隐居士诗集》卷上。
⑦ 《宋会要辑稿·刑法》二之一六。

称:“今天下郡邑乡聚,每岁立社,计户裒金以造作兵器,小有忤意,变故随生。近者都城鬻赏娱悦,童稚之具,多有装饰兵器,弄伪为真。乞今后遇有献神、祷旱等事,不得以头刃为戏,凡物之像兵器者亦不许复鬻于市。”①可知当时为祷旱,民众往往会结社进行。歙县黄墩有程仪同庙,“水旱必求,求必应,比近所报常有八十余社”②,即到该庙祈雨的有周围地区的 80 余社。南宋后期,在瑞州高安县旌义乡有郑仙姑祠,“祷祈辄应,远近翕然,趍之作会,几数千人”③。这个因郑仙姑祠结集的“会”规模也不小,甚至可能已超出了其乡的范围。

三、乡村的春秋社会

春秋社会源起于上古因土地崇拜而进行的春祈秋报祭祀活动。从周代开始,春祈秋报两次祭祀社神就成为国家最重要的典礼之一,也是全体民众参与的祭祀和娱乐活动。这种传统一直延续下来,在宋代乡民生活中仍然占有重要地位,“里有社,通天下祀之,闽人尤崇”④。刘克庄也说:“三家之市,数十户之聚,必有求福祈年之祠,有像设焉,谓之‘里社’是也。”⑤宋代乡村中每年举行的春秋社会依旧是当时最普遍的民众集会,往往以村落为单位举行,“岁有常典”⑥。宋人高承《事物纪原》卷八称:“今人以岁十月农功毕,里社致酒食以报田神,因相与饮乐,世谓巫礼,始于周人之蜡云。”苏轼也称眉州百姓于七月既望“买羊豕酒醴,以祀田祖,作乐饮食,醉饱而去,岁以为常”⑦。有些大的村落甚至分为两社。如福建的静安里被交溪分为南、北两部分:“溪北之人岁时奉里社于溪南之岭表,不知始于何年,率夜半往待事于祠下。虽甚寒若大风雨,无敢改也,或不得时渡而奠献独后,往往举家惶

① 《宋会要辑稿·刑法》二之一二九。

② 罗愿:《罗鄂州小集》卷三《程仪同庙记》。

③ 周密:《癸辛杂识》前集《郑仙姑》。

④ 廖鹏飞:《圣墩祖庙重建顺济庙记》,载郑振满等编纂《福建宗教碑铭汇编·兴化府分册》,福建人民出版社 1995 年版,第 15 页。

⑤ 刘克庄:《后村先生大全集》卷九三《宴云寺玉阳先生韩公祠堂》。

⑥ 廖刚:《高峰文集》卷一二《春赛祝文》。

⑦ 《苏轼文集》卷一一《眉州远景楼记》。

惧，以为一岁不满之事”。由于溪北之人对渡河祭祀感到极为不便，建炎元年(1127)，任福建提点刑狱的廖刚就建议他们在溪北另建一社，溪北之人“无小无大，欢欣歌舞，相与捐金出力，惟恐其后，不再月而庙成”。[①]

宋代乡村春秋社会祭祀的神灵就是田神，“还与老农争坐席，青林同社赛田神”[②]。有的称为“田公”和“田姥”，其主要职能就是保佑风调雨顺，年年丰收，家庭和乐。宋人舒岳祥的《田公姥词》对此有生动描述：

田公布衣五尺长，田姥角冠八寸强。平生布施不造殃，教养儿孙耕与桑。田公姥，生为农家夫与妇，寿考百年作田祖，岁岁田头管风雨，春三秋九享鸡豚，环珓神灵如对语。田公姥，听侬歌看侬舞，使我仓有秔，使我庾有稌，使我囷有黍，使我富牛羊，千斯牸兮百斯牯。田公姥，侬肴芬芬兮侬酒湑湑，官税既输兮公役不烦，男不为人驱，女不为伧妇，读书识字应门户。[③]

至于春秋社会举行时的情况，陆游的《赛神曲》诗对浙东一带的状况有描述：

击鼓坎坎，吹笙呜呜。绿袍槐简立老巫，红衫绣裙舞小姑。乌臼烛明蜡不如，鲤鱼糁美出神厨。老巫前致词，小姑抱酒壶：愿神来享常欢娱，使我嘉谷收连车……神归人散醉相扶，夜深歌舞官道隅。[④]

黄大受则描述了春社的情形：

二月祭社时，相呼过前林。磨刀向猪羊，穴地安釜鬵。老幼相后先，再拜整衣襟。酾酒卜筊珓，庶知神灵歆。得吉共称好，足慰今年心。祭余就广坐，不问富与贫。所会虽里闾，亦有连亲姻。持肴相遗献，聊以通殷勤。共说天气佳，晴暖宜蚕春。但愿雨水匀，秋熟还相亲。酒酣归路暄，桑柘影在身。倾欹半人扶，大笑亦大嗔。勿谓浊世中，而无羲皇民。[⑤]

戴复古描述了秋社的情形：

---

① 廖刚：《高峰文集》卷一一《龙沙庙记》。

② 黄庭坚：《山谷集·外集》卷六《和师厚秋半时复官分司西都》。

③ 舒岳祥：《阆风集》卷二《田公姥词》。

④ 陆游著、钱仲联校注：《剑南诗稿校注》卷二九，第 1975 页。

⑤ 《两宋名贤小集》卷二六六黄大受《春日田家三首》。

> 春秧夏苗秋遂获，官赋私逋都了却。鸡豚社酒赛丰年，醉唱村歌舞村乐。鼓笛有声无曲谱，布衫颠倒傞傞舞。[①]

由上可知，春秋社会的参与者主要是同一村落的乡民，既有乡邻，也有姻亲。祭祀仪式往往由巫主持，或以筊珓占卜，或击鼓吹笙，或起舞娱神，目的就是祈求丰收，酬报神灵。祭祀结束后，还要举行宴会，分享各种祭品。这是当时乡民最重要的娱乐活动。

春秋社会的经费需要参与的民众共同分担，每当社会临近时，就会有主持社会的里老或巫觋四处筹集，“今年斟酌是丰年，社近儿童喜欲颠。半醉半醒村老子，家家门口掠神钱”[②]。社钱有时会成为贫弱下户的沉重负担。欧阳修曾说：

> 今大率一户之田及百顷者，养客数十家。其间用主牛而出己力者，用己牛而事主田以分利者，不过十余户。其余皆出产租而侨居者曰浮客，而有畬田。夫此数十家者，素非富而畜积之家也，其春秋神社、婚姻死葬之具，又不幸遇凶荒与公家之事，当其乏时，尝举债于主人，而后偿之，息不两倍则三倍。[③]

可见即使是佃户也要单独出钱参与春秋社会的祭祀，如果无力承担，就要向主人举债。

四、秘密宗教组织

两宋时期是中国秘密宗教发展史上的关键时期。这一时期，佛教、摩尼教等外来宗教进一步世俗化，并与中国固有的民间鬼神崇拜和传统宗教相结合，致使宋代出现了多种秘密宗教教派，其“流行之盛，范围之广，结集之众。可以说都是超前的。无论从流行的区域范围看，还是从染及人员的广泛性看，都能表现出这一特点”[④]。

---

① 戴复古：《石屏诗集》卷一《题申季山所藏李伯时画村田乐图》。

② 陆游著、钱仲联校注：《剑南诗稿校注》卷二五《秋日郊居》，第1782页。

③ 《欧阳修全集》卷六〇《原弊》。

④ 参见郭东旭《论宋代秘密宗教与法禁》，载其《宋朝法律史论》，河北大学出版社2001年版，第176页。

从宋代秘密宗教传播的地域看，几乎遍及宋朝全境。北宋时主要在京师周围诸路、川峡和江南地区；南宋时重心集中在江浙闽地区。仁宗时，张方平称京师、京畿东西、河北等地“妖教”浸盛，“僧徒谶戒、里俗经社之类，自州县坊市至于军营，外及乡村，无不向风而靡”[①]。南宋时“江浙之人，传习妖教旧矣，而比年尤盛，绵村带落，比屋有之”[②]。江西一带，“所谓食菜事魔者，弥乡亘里，诵经焚香，夜则哄然而来，旦则寂然而亡”[③]。从参加者来看，以农村广大贫苦乡民为主，官吏、士人、军士等也深受鼓惑，结集之众和染及之广是宋代秘密宗教的一个突出特点。[④] 从社会影响上看，秘密宗教往往能够迅速发展起十分庞大的组织。志磐谈及“白莲菜”时，就说“其徒展转相教，至今为盛”，谈到所有“事魔邪党”时则称“愚民无知，皆乐趋之，故其党不劝而自盛”[⑤]。两浙地区之“吃菜事魔”信仰炽盛，“倡自一夫，其徒至于千百为群，阴结死党”[⑥]。江西一带的“吃菜事魔”者“其徒大者或数千人，其小者或千人，其甚小者亦数百人”[⑦]。嘉泰时，江浙地区盛行的白衣道“夜聚晓散，相率成风，呼吸之间，千百响应”[⑧]。信徒们对于魁首十分拥护与服从，“其宗师之御其徒，如君之于臣、父之于子，而其徒之奉其宗师，凛然如天地神明之不可犯，较然如春夏秋冬之不可违也，虽使之蹈白刃、赴汤火可也”[⑨]。正是由于秘密宗教组织的巨大影响力，不少人就利用秘密宗教发动农民起义，如王则利用弥勒教发动民众起义，方腊起义中有大量“吃菜事魔”之徒，钟相起义时自称“天大圣”，宣传自己有神通……从而使秘密宗教遭到了国家的严厉禁止和镇压。

在宋代，影响较大的秘密宗教教派有明教、白莲教和弥勒教等，下文对

---

① 张方平：《乐全集》卷二一《论京东西河北百姓传习妖教事》。
② 范浚：《香溪集》卷一四《募兵》。
③ 王质：《雪山集》卷三《论镇盗疏》。
④ 参见郭东旭《论宋代秘密宗教与法禁》，载其《宋朝法律史论》，第 178 页。
⑤ 志磐：《佛祖统纪》卷五四。
⑥ 廖刚：《高峰文集》卷二《乞禁妖教札子》。
⑦ 王质：《雪山集》卷三《论镇盗疏》。
⑧ 《宋会要辑稿·刑法》二之一三二。
⑨ 王质：《雪山集》卷三《论镇盗疏》。

其发展和组织形式作一简要论述。

(一)明教

明教源于唐代传入中国的摩尼教。摩尼教在唐武宗会昌灭佛时遭受了沉重打击,后逐渐转入地下。在流传过程中,它不断受到其他宗教的影响与渗透,逐渐中国化,最后连名字也因其崇拜光明而逐渐改为"明教"。[①]

北宋初年,明教在福建的泉州和福州地区就有流传,并且得到了一些士人的支持。真宗时,福建一带的明教徒又设法将摩尼经典混入《道藏》中,试图使自己合法化。政和年间,浙江台州和温州一带已有明教活动,并且拥有了不小的势力。这从宣和二年(1120)十一月四日大臣的上奏中即可得到反映:

> 一、温州等处狂悖之人,自称明教,号为行者。今来明教行者,各于所居乡村建立屋宇,号为斋堂,如温州共有四十余处,并是私建无名额佛堂。每年正月内,取历中密日,聚集侍者、听者、姑婆、斋姊等人,建设道场,鼓扇愚民男女,夜聚晓散。
>
> 一、明教之人,所念经文及绘画佛像,号曰《讫思经》、《证明经》、《太子下生经》、《父母经》、《图经》、《文缘经》,《七时偈》、《日光偈》、《月光偈》、《平文策》、《汉赞策》、《证明赞》、《广大忏》、《妙水佛帧》、《先意佛帧》、《夷数佛帧》、《善恶帧》、《太子帧》、《四天王帧》,已上等经佛号,即于道、释经藏,并无明文该载,皆是妄诞妖怪之言,多引"尔时明尊"之事,与道、释经文不同。至于字音,又难辨认,委是狂妄之人,伪造言辞,诳愚惑众,上僭天王、太子之号。[②]

由上可知,当时温州一带已经有40多处明教斋堂,行者是建立斋堂的主要负责人,也是该处明教组织的首领,或许有的首领还被称为"天王"、"太子"等。在行者等首领下还有侍者、听者、姑婆、斋姊等,或是组织中次一级的首领,或系普通组织成员,主要活动就是在特定时间建道场,念习经典。

---

① 国内外学术界对摩尼教或明教已有深入研究,但歧见颇多,具体可参见王见川《从摩尼教到明教》"绪论"部分对相关学术史的回顾和批判。本书此处所引相关史料主要是学界无争议者,其他的归入后文对宋代"吃菜事魔"的论述。

② 《宋会要辑稿·刑法》二之七八。

对于南宋时期明教的活动，陆游《渭南文集》卷五《条对状》称：

妖幻邪人，平时诳惑良民，结连素定，待时而发，则其为害，未易可测。伏缘此色人处处皆有，淮南谓之二襘子，两浙谓之牟尼教，江东谓之四果，江西谓之金刚禅，福建谓之明教、揭谛斋之类，名号不一，明教尤甚。至有秀才、吏人、军兵亦相传习，其神号曰明使。又有肉佛、骨佛、血佛等号，白衣乌帽，所在成社。伪经妖像，至于刻版流布，假借政和中道官程若清等为校勘，福州知州黄裳为监雕。以祭祖考为引鬼，永绝血食，以溺为法水，用以沐浴。其他妖滥，未易概举。烧乳香，则乳香为之贵；食菌蕈，则菌蕈为之贵。更相结习，有同胶漆。

陆游在上文中虽然提到了多种秘密宗教[①]，但主要还是介绍明教的情况。通过上文，可知南宋初期明教徒除下层一般民众外，还有不少士人、胥吏和军兵参与其中；明教信奉的神祇除明使外，还有肉佛、骨佛、血佛等，这是唐代摩尼教中所没有的，应当是明教受其他宗教影响而产生的崇拜偶像；明教徒服白衣乌帽，与唐代摩尼教徒的白衣白冠也不同；明教徒还借北宋官员名号刻经传教，在宗教仪式上仿道教行法术；明教组织的凝聚力很强，“有同胶漆”。陆游《老学庵笔记》卷一〇对明教也有记载：

闽中有习左道者，谓之明教。亦有明教经，甚多刻版摹印，妄取道藏中校定官名衔赘其后。烧必乳香，食必红蕈，故二物皆翔贵。至有士人宗子辈，众中自言：“今日赴明教斋。”予尝诘之：“此魔也，奈何与之游?”则对曰：“不然，男女无别者为魔，男女不亲授者为明教。明教，妇人所作食则不食。”然尝得所谓明教经观之，诞谩无可取，真俚俗习妖妄之所为耳。又或指名族士大夫家曰：“此亦明教也。”不知信否。偶读徐常侍《稽神录》云：“有善魔法者，名曰明教。”则明教亦久矣。

此段文字有的可与前引陆文互为印证，如上文也记录了士人阶层对明教的信奉及明教徒借北宋官员名号刻经传教等。有的可作补充，如在明教徒看来，其与“吃菜事魔”的区别在于不是男女混杂。

---

① 有的学者认为“二襘子”、“四果”、“金刚禅”、“揭谛斋”等名号都是明教的变异名称，但从文中“名号不一，明教尤甚”可知并非如此。（参见王见川《从摩尼教到明教》，第308～309页）

宋代明教在传播过程中还引用佛教、道教经典等来为自己作掩护，试图证明自己信仰的合法化。志磐《佛祖统纪》卷四八引《夷坚志》称：

吃菜事魔，三山尤炽。为首者紫帽宽衫，妇人黑冠白服，称为明教会。所事佛衣白，引经中所谓白佛言世尊。取《金刚经》一佛二佛三四五佛，以为第五佛。又名末摩尼，采《化胡经》乘自然光明道气，飞入西那玉界苏邻国中，降诞王宫为太子，出家称末摩尼以自表证。其经名《二宗三际》，二宗者，明与暗也；三际者，过去、未来、见在也。……复假称白乐天诗云："静览苏邻传，摩尼道可惊。二宗陈寂默，五佛继光明。日月为资敬，乾坤认所生。若论斋絜志，释子好齐名。"以此八句表于经首。其修持者，正午一食，裸尸以葬，以七时作礼。

由上可知，明教引用《老子化胡经》证明摩尼又称"末摩尼"，引佛经中所谓"白佛言世尊"为自己"所事佛衣白"辩护，甚至还引用白居易的诗，这应是明教日益中国化的重要标志。宋人黄震在《崇寿宫记》一文中引用该宫主持张希声的观点称：

(张希声)一日书来，述其居已大备，属余记之。且曰："……吾师老子之入西域也，尝化为摩尼佛，其法于戒行尤严，日惟一食，斋居不出户，不但如今世清净之云。吾所居初名道院，正以奉摩尼香火，以其本老子也……摩尼之法之严，虽久已莫能行，而其法尚存，庶几记之以自警，且以警后之人也。"余读之曰："……吾儒与佛老固冰炭，佛与老又自冰炭，今谓老为佛，而又属记于学儒者，将何辞以合之，且何据耶？"因书诘之，则报曰："吾说岂无据者？《老子化胡经》明言'我乘自然光明道气飞入西那玉界，降为太子，舍家入道，号末摩尼，说戒律定惠等法'，则道经之据如此。释氏古《法华经》卷之八九正与《化胡经》所载合。……白乐天晚年酷嗜内典，至其《题摩尼经》亦有'五佛继光明'之句，是必有得于贯通之素者矣，则释氏之据如此。唐宪宗元和元年十一月，回鹘入贡，始以摩尼偕来，置寺处之，其事载于温公之《通鉴》，述于晦翁之《纲目》，则儒书之据又如此。"余既审之，果然。希声复缄示所谓《衡鉴集》，载我宋大中祥符九年、天禧三年两尝敕福州，政和七年及宣和二年两尝自礼部牒温州，皆宣取《摩尼经》颁入道藏，其文尤悉。余始复书，谓之

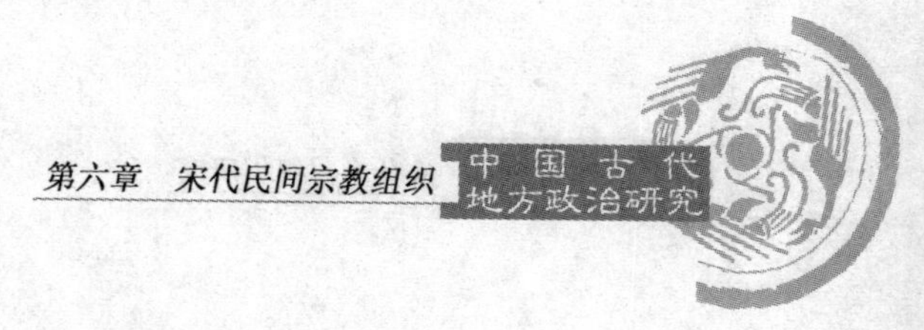

曰："信矣，是可记也。"[1]

上文所记可与志磐所记相印证，足可反映明教徒借助佛道来掩护自己的事实。虽然宋代明教仍保守着摩尼教的许多传统，但在传播过程中为适应中国本土文化，加上其他宗教的渗透，使其与唐代摩尼教相比，在某些方面表现出变异的特点。[2]

(二)白莲教

白莲教渊源于佛教净土宗。北宋时，净土结社念佛之风十分盛行。从北宋末年开始，金兵大举南下，社会动荡不安，生灵涂炭，加之各种自然灾害频繁发生，中原人民的生活十分痛苦，为了摆脱这种困境，找到精神上的寄托，他们就更加向往西方彼岸世界，纷纷结社念佛，以求来世生活幸福，净土结社得到了进一步发展，最终由吴郡昆山(今江苏昆山)人茅子元在南宋绍兴初年创立了白莲教。他"依放台宗，出《圆融四土图》、《晨朝礼忏文》，偈歌四句，佛念五声，劝诸男女同修净业，自称白莲导师"[3]。由于白莲教谨戒杀生，严禁荤酒，茹素念佛，其教徒平日多以素食为主，因此又被人称作"白莲菜"。

为了使白莲教扩大影响，深入社会各个阶层，茅子元首先在修持仪式上进行了许多改革。他参考前人制作忏仪的方法，自己创建了《白莲晨朝忏仪》。这种忏法对过去的忏法作了某种程度的简化，只规定每天早晚两次进行礼忏，并把过去不易背诵的发愿文变成了便于记诵的口号式的诗句，从而在信徒中广为流传。

在组织方面，茅子元也进行了不少改革和创新。先前的各种净土结社的社众之间是十分松散的"社友"关系，各地的净土结社除了信仰上的共同性外，在组织上没有什么联系。茅子元创立的白莲教与此不同。他自称"白莲导师"，在吴郡淀山湖建立了教派中心白莲忏堂，广劝善男信女同修净业，把"社友"关系发展成为师徒、宗门关系。与正统佛教的和尚不同，白莲教教

---

① 黄震：《黄氏日抄》卷八六《崇寿宫记》。

② 以上关于明教的叙述，参见王见川《从摩尼教到明教》，第201～323页。

③ 志磐：《佛祖统纪》卷四七《法运通塞志》。

徒不分男女一起集会，也可在家修行，还可娶妻生子，即所谓“在家出家”，半僧半俗。这使其组织迅速扩大，门徒大量增加。茅子元又规定“普、觉、妙、道”四个字为教徒们的“定名之宗”。教徒以这四个字来确定他们在教中的辈分，从而也就确立了分散在各地的教徒之间的宗门关系，并使茅子元作为白莲教开山鼻祖的地位得以巩固和加强。

茅子元传法之时，正值“吃菜事魔”盛行之际。他广收门徒，结社拜佛，在官府看来，颇似明教，有结社聚众、惑民造反之嫌。他虽然撮集佛家经论，却不遵守佛家规矩，不伦不类，男女混杂，所招徒众又都是乡村里的愚夫、愚妇，甚至以男女通淫相吸引，在正统佛教看来，显然是大逆不道。因此，白莲教问世不久，约在高宗绍兴年间，便被“论于有司”，以“事魔之罪”[①]被官府取缔，茅子元也被流放江州。

孝宗乾道二年(1166)，已是太上皇的宋高宗审阅了江州地方官员的奏议后，认为茅子元的白莲教对赵宋政权有益而无害，故一改过去严禁的态度，下令召茅子元进京，在德寿殿接见了他，不仅特赐其“劝修净业白莲导师慈照宗主”尊号，还敕赐八个字：“宗师到处，代朕亲行。”从此，白莲教变成了合法教派，得以自由传教，以致“宗风大振”。

乾道三年(1167)，茅子元去世后，他的门徒承其遗志继续传教，白莲教在江浙一带及江西的许多地区都建起了堂庵。到13世纪二三十年代，白莲教的传播更加广泛，对其进行猛烈抨击的僧人志磐称“今摩尼尚扇于三山，而白莲、白云处处有习之者”，“其党不劝而自盛”[②]；建阳人刘子寰也称“逐乡创立白莲社”[③]。白莲教的传播已经远远超过摩尼教，甚至已经传到了北方地区。各地堂庵小的虽仅有几十人，但大的却有几百人甚至上千人。一些堂庵的主持道人更是广占良田、房屋，交结地方权势，有的还得到了朝廷显贵的支持，成为势力极大的宗教组织。终南宋一朝，国家没有制定对白莲教的明确而统一的政策，各地对其态度各异，使其公开活动受到很大的限制。[④]

---

① 志磐：《佛祖统纪》卷四七《法运通塞志》。

② 志磐：《佛祖统纪》卷五四《历代会要志·事魔邪党》。

③ 刘子寰：《篁嵊山人伤时风歌》，载《新编事文类聚翰墨全书·癸集》卷一一《神祠门》。

④ 参见冯佐哲、李富华《中国民间宗教史》，(台北)文津出版社1994年版，第180～182页。

（三）弥勒教

弥勒教是大乘佛教的一个异端教派，产生于魏晋南北朝时期。它信仰净土的存在，并以往生净土为修行宗旨，宣扬弥勒佛下生解救人世间的苦难。这种思想从南北朝时就被当时饱受战乱之苦的民众接受，并用以组织起义，以求建立人世间的"净土"。隋唐时期，弥勒教一直很盛行。开元元年(713)，贝州（今河北清河）人王怀古预言："释迦牟尼佛末，更有新佛出。李家欲末，刘家欲兴。"[①]这种借弥勒佛出世对政权更迭进行影射的做法已危及唐朝的统治，引起了朝廷的警觉，致使弥勒教被唐玄宗下诏禁断。唐武宗会昌灭佛后，弥勒教又被进一步镇压，从此其只能秘密流传，不再公开活动。入宋之后，弥勒教又在贝州公开活动。庆历七年(1047)，王则以"释迦佛衰谢，弥勒佛当持世"为号召，发动起义。《续资治通鉴长编》卷一六一记载：

> （王）则本涿州人。岁饥，流至贝州，自卖为人牧羊，后隶宣毅军为小校。贝、冀俗妖幻，相与习五龙、《滴泪》等经及图谶诸书，言释迦佛衰谢，弥勒佛当持世。初，则去涿，母与之诀别，刺"福"字于其背以为记。妖人因妄传福字隐起，争信事之。

王则起义前主要在冀州和贝州活动，是因为弥勒教在这一地区有深厚的历史传统和群众基础。义军以士兵为主要力量，由"州吏张峦、卜吉主其谋"[②]，可见弥勒教信徒不仅包括一般平民，而且有士兵和州县吏人等。王则起义虽然很快失败了，但这一地区的弥勒教徒并没有停止活动。在这之后两个世纪的流传中，弥勒教逐渐与其他民间秘密宗教合流，对明清时期的秘密宗教产生了深远影响。

以上对民间宗教组织的分类只是为了叙述方便而作的大致性概括，未必允当。当然，这与宋代民间宗教组织的相互交融有密切关系。

宋代春秋之社的祭祀与前代相比发生了很大变化。黄震曾说："古者祠以坛，则谓之里社，今者祠以屋，则谓之社庙。"[③]从黄震的论述可知，"社庙"

---

① 《册府元龟》卷九二二。

② 《续资治通鉴长编》卷一六一，庆历七年十一月戊戌条。

③ 黄震：《黄氏日抄》卷八八《潺浦庙记》。

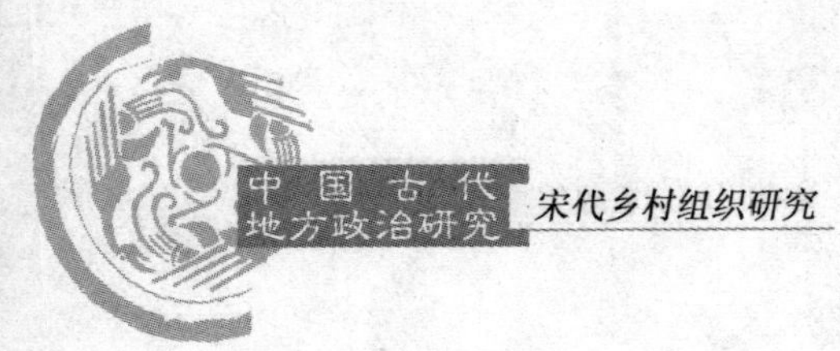

已取代“里社”，“神像”已取代“神位”，使得里社与一般祠祀之间的界限变得逐渐模糊起来。这是南宋里社祭祀形态最明显的改变。先秦时期，社的标志最初一般是一棵大树或一片丛林，有的则进一步封土为坛，坛上或为树，或奉木或石的“社主”，还有的在树丛旁边修筑围墙或祠屋[①]，可见里社与一般祠祀的界限与区别并不在于其建筑形式，而在于他们所祭祀神灵的变化，即许多新兴的神灵取代了社神，成为乡民春秋社祭的神祇。金井德幸对宋代社神的变易进行了研究。他认为自唐初以来，百姓多事狐神，以至于在晚唐，狐神成了一些村社的社神；元祐年间，邯郸郡南釜水畔枯死的老槐树中栖有枭或狐，村人以之为神，筑坛建社祀之；休宁县西关社祠祭的是杜副帅，南关社祠祭的是高副帅。[②]《夷坚支癸》卷二《昌田鸣山庙》则叙述了人们选择一间破败小庙充作社庙的经过；刘辰翁为祭祀兴祚、泰民二王的兴泰庙作记文，也是将其视为里社[③]；福建莆田白杜一带在北宋前期则是向“大官庙”祈谷，可知其已将大官庙等同于里社。在原有里社神不灵验的情况下，另立里社庙取代原有的里社就成了宋代里社庙的一个发展方向。[④] 总之，至少从晚唐开始，一个明显的趋势就是原有的社神被其他神祇取代。[⑤] 这样一来，某些乡村的春秋社会实际上与新建立的社庙形成的祠庙信仰组织合而为一，二者逐渐呈现出融合之势。

一些祠赛社会则与佛教和道教影响下结成的民间宗教组织融合在一起。宋代一些影响较大的祠神，如广德张王、婺源五通、袁州仰山的赛会，最重要的环节就是佛教斋会，婺源五通的诞会甚至被称为“佛会”。黄公绍《在轩集》中收录了其撰写的一些与祠神诞会相关的疏文和榜文，如《福善庙设斋门榜》、《祠山庙水陆戒约榜》和《惠应庙斋会戒约榜》，说明一些佛会、水陆

① 参见宁可《汉代的社》，载《文史》第 9 辑，中华书局 1980 年版，第 7 页；马新《两汉乡村社会史》，第 211 页。

② 参见[日]金井德幸《社神和道教》，载[日]福井康顺等监修、朱越利等译《道教》第 2 卷，上海古籍出版社 1992 年版，第 137 页。

③ 参见刘辰翁《刘须溪先生记钞》卷三《兴泰庙记》。

④ 参见姚政志《南宋福州民间信仰的发展》，台湾政治大学硕士学位论文，2005 年。

⑤ 余欣对唐宋敦煌社祭变迁的研究也证明了这一点。（参见余欣《神祇的“碎化”：唐宋敦煌社祭变迁研究》，载《历史研究》2006 年第 3 期）

会等已成为相关祠庙信仰组织的一部分。①

秘密宗教也会采用社会的形式。绍兴二年(1132)十月，枢密院称温州、台州一带的"吃菜事魔"被朝廷于宣和年间镇压后，"日近又有奸猾改易名称，结集社会，或名白衣礼佛会，及假天兵，号迎神会。千百成群，夜聚晓散，传习妖教"②。淳熙八年(1181)正月，有臣僚称："愚民吃菜事魔，夜聚晓散，非僧道而辄置庵寮，非亲戚而男女杂处。所在庙宇之盛，辄以社会为名，百十为群，张旗鸣锣，或执器刃横行郊野间。"③

第二节　宋代民间宗教组织个案分析

鉴于宋代民间宗教组织种类繁多，组织形式各异，其功能或对社会的影响及与国家的关系也不尽相同，难以一概而论，故而本节拟通过一些个案对其加以说明，其中既有松散的因修塔出现的临时性的组织，也有相对紧密的因修庙形成的民间宗教组织和祠神社会，还有"吃菜事魔"那样组织极其严密的秘密宗教组织，以求能够比较全面地展现宋代民间宗教组织的组织形式和功能等问题。

一、北宋前期修长清灵岩寺辟支塔之组织

辟支塔在今山东省济南市长清灵岩寺千佛殿西侧，为八角九层楼阁式砖石合砌塔，底围 48 米，通高 54 米。该塔创建于唐天宝年间。北宋淳化五年(994)重建。该塔南侧之鲁班洞内石壁上有一则题记，称"石作王万于淳化五年岁次甲午仲秋月重回，塔基做八角"，可为该塔重建年代之证明。第五层塔西外壁上嵌有"甲申岁次，庆历四年三月七日修第四、第五级塔记"，可知到此时修成第五级。塔东南外壁和第一层塔心柱上共有修塔的十方功德碑，时间在嘉祐二年(1057)和嘉祐三年(1058)，可推知到此时工程方才竣

① 参见皮庆生《宋代民众祠神信仰研究》，上海古籍出版社 2008 年版，第 104 页。

② 《宋会要辑稿・刑法》二之一一一。

③ 《宋会要辑稿・刑法》二之一二〇。

工。历时六十多年，足以反映重建此塔在当时是一项很大的工程。前述十方功德碑题名所记达3000多人，分布达20余州县，也足以反映工程之浩大。[①]

从总体上看，因修辟支塔所形成的民间组织是一个由众多社邑组成的、历时六十余年的非常松散的组织。前述十方功德碑上的大量题名是我们研究修辟支塔所形成的民间组织的基本史料。为便于对此民间组织的组织形式进行分析，又考虑到其内容繁多，此处只摘录部分内容如下：

1. 棣州滴河县善政乡深义村女邑社头姜氏、何氏、苏氏、王氏、宝氏、耿氏、张氏、孙氏。

2. 章丘县□千村社长丁忠，社官刘顺，社录成顺道、崔元，点检成用和。

3. 邹平县女邑社头王氏、田氏、徐氏、李氏、吴氏、马氏、刘氏、陈氏、王氏、綦氏、康氏、冯氏、马氏、岳氏、鲁赵氏、刘氏、孙氏、□氏、东可元妻尹氏、崔赞妻任氏、李德母王氏、刘氏、房氏、刘氏、文氏、王遂高氏。

4. 齐州禹城县移风乡阳村修塔社官王文素妻傅氏、宋氏、刘氏，社长刘均妻许氏、刘允妻管氏、徐记男，社政徐吉，社录赵祥、□□，社举王方婆宋氏、□□、王省、司坦、王吉、刘世宁、聂用、张刘、王习、岳□。

5. 郓州东阿县城回乡北射莩村社官程元，社录孙纪，社举那汉，社长赵□□□□□□□□马元、王洞、孟荣、杨诚、王忠、李遇、彭忠、纪元、王遂、李兴、崔景妻徐氏。

6. 章丘临邑两县社官刘顺，社录张顺、孙忠、严元、蔡埽一、王守益、李□□□□□□□张吉、竹顺、徐忠顺、刘政。

7. 郓州平阴县安乐乡故县村女邑社头路氏、张氏、胡氏、刘氏、张氏、□□□□□□□□□王氏、范氏、王氏、高氏、周氏、韩氏、马氏、李氏、彭氏、张氏、刘氏□□。

8. 大名府朝城县司徒村邑头李从周、吉周、麻周存、王□、李方、□

---

① 参见黄国康、周福森《灵岩寺辟支塔》，载《建筑历史与理论》第2辑，江苏人民出版社1982年版，第94～102页。

义、泉训、泉化、杨顺、吕周、逯辛、逯化、逯懿、杨训。

9. 朝城县西大李村维那头孙福、孙素、孙姜、□氏、李氏、王氏，结邑十人刘振妻徐氏、晁光义、王□、郭用志、李荣、周怀玉、张惟素、孔演、陈习、女弟子伦氏、朱氏，结邑十人头张文义妻郭氏，施主仇就，长男从巳、从吉，妻刘氏，施主刘志诚妻夏氏、三母刘氏、继母韩氏。

10. 齐州长清县孝义乡董村管维那头孙谭，社录郭坚白，妻孟氏，男十儿，次男得儿、亨儿、福儿，社长董赟、陆守忠、许帝，社正董根妻郭氏、弟董远妻刘氏，社举□郭化妻贾氏、贾美妻马氏，主掌李福、李经妻韩氏、孙守濬、刘训、张政、男张钦、母田氏、丁美妻贾氏、王政妻卢氏、赵明、杨泉妻樊氏、郭维清妻任氏。

11. 博州博平县金城乡南宋赵村维那头李义五、张权、赵吉。

12. 齐州禹城县千善乡维那头王德兴、男洞、男可方。

13. 禹城县移风乡修塔维那头高正品、蹇日忠、张用兴、韩从化、马忠、□方、张□、刘鼎、孙送、季兴，副维那头张在相，社录韩式、张□、刘惟政、徐从之、□花、□□□安刑则、杜进、齐太素、王则、孙遇昌、尹忠、张在田、王谦、张安、杨在忠、栗□、王忠、司明、孙政、竹义、张从吉、丁荣、李湘、仇元政、卢义。

14. 齐州长清、禹城两县移风乡佰宜村修塔维那头陈政、男□、孙女灵女、次孙小小、陈政妻李氏，社录郭坚白，点检董惠嵒，社举董务辛、李福、王□、赵□、岳忠、郭用、贾召、王□、卢荣、侯大诚、董用和、吴玭、田□、董振□、□辛、□□□遂、成福、董志城、□□□、宋英□、司□。

15. 齐州禹城县仁和乡千人头耿遂良，百人头史□诚。

16. 齐州禹城县移风乡百宜村百人头相寿□母毋氏、男相贵妻田氏、李遂、邵忠、张在忠、朱吉、霍义、杨沂、胡义宁(下还有众多题名，略)

17. 禹城县移风乡杨村维那头马利元母温氏、高永□氏、赵士元、赵昇、王琏妻刘氏、男在京、男庆范妻李氏、王是男、花道母张氏、女弟子乔氏、李荣、姜□妻郑氏、孙赟妻李氏、焦仁遂、路惟政、刘旦、司□，西伍德乡流芳村维那头女弟子陈氏、徐氏、丘氏、王氏、索氏、许氏、杨村杨安母苏氏、妻温氏、雷荣妻田氏、男用志、李氏，社录武吉妻宋氏、崔用元妻张氏、刘用、男如锡、郭□。

18. 齐州禹城县西伍德乡维那邢政母严氏、妻刘氏。

20. 齐州禹城县西伍德乡南宣美村十人维那头宋成妻张氏、刘照、明和妻宋氏、别□驴哥、王从宝、周□。

21. 禹城县移风乡维那头韩从式妻刘氏、男□妻蹇氏、女二姐、次男大哥、男去哥。

22. 长清县孝义乡董村管维那头董振妻任氏。

23. 齐州禹城县伍德乡维那头郑宗亮妻李氏、赵惟庆母郭氏。

24. 博州聊城县行疏维那□□□□□□宋密、施主冯□明男。

25. 齐州禹城县移风杨村社头李凝□母王氏、新妇胡氏、司□母王氏、李氏、马氏、马氏、东伍乡苏信、刘柏母翟氏、刘元吉、司氏、古氏、男刘陟、孟素母陈氏、马氏、□荣母王氏、男刘真、司氏、刘导、张氏、刘□、杨超母张氏、刘福妻夷氏、刘遂政母杜氏、王文方妻张氏、郭义、胡元母、张氏,社头董化与□母杜□、男峭□妻马氏、□妻刘氏、夏荣、杨村弟子范氏、男孙张政母范氏、盖氏、李遂妻杨氏、□□弟子姜氏、赵□、王郭德、周家□氏。[①]

对于上述功德碑的价值,清人唐仲冕在《岱览》卷二五称:

题名十石所载男妇子女约三千人,其州县乡村寨社之名,可备志乘考证。所载各社有社头、社官、社长、社政、社司、社录、社副录、社举、副社举、点检、勾当、知客、都排、副都排诸名目,而散者为社人,不知此等是在官者,抑是私举者。因忆昔读《三朝北盟会编》,于靖康年间,颇有山东寨主结连乡兵,各保本社,抵御金兵者,要皆社官等之后效也。当时行疏劝缘,远连郡县,有所谓十人头、百人头、千人头者,碑载三千人皆自劝钱修塔,姓名不详,所助若干,独夏津县李若冲夫妇各施石二尺,大书特书。

唐仲冕认识到了功德碑对于考证宋代乡村寨社等基层乡村区划、修塔社邑

① 以上据中国国家图书馆藏"各地 2898"拓片及笔者于 2008 年 5 月在辟支塔实地考察的记录。另外,为便于后文引证,按照列举的顺序加了编号,特此说明。

组织及其首领等的价值，但对借用官职或僧职名称的社邑首领的性质有所疑问，对民间信仰组织性质的"社"与民间自保武装性质的"社"未能明确区分。下文就据辟支塔功德碑的内容对相关民间宗教组织作一论述。

首先是组织的首领。前文已指出因修辟支塔形成的民间组织是一个由众多成员组成的松散组织，我们在相关碑刻中未发现其有共同的首领。如果该组织有共同的首领，很可能是由灵岩寺的僧人充任，由其负责发起活动、劝化民众布施、组织施工等事务。参与修塔的各社邑都有自己的首领，通过上述引文可知比较常见的有：

维那，有的称"维那头"，有的称"行疏维那"。维那本是寺院中的僧官，从南北朝时就广泛用作佛教社邑组织首领的称呼，但大多都是社邑的副首领[①]，从参与修辟支塔的各社邑来看，宋代的情况有所变化，这时的维那都是指社邑的正首领，而"副维那头"是社邑的副首领。

社头、社长、社官、社正、社录、社举、点检等，这是隋唐五代时期佛教社邑与从事春、秋二社祭祀的社邑首领的名称合流的产物。[②] 在前引题名中，社头、社长和社官都有作为社邑正首领的例子，但社长和社官的地位并不固定，如第 2 条中社长列于社官之前，而第 4 条和第 5 条中社官却列于社长之前。社正由南北朝时的邑正演化而来，在社邑组织中应当没有太多重要事务由其负责。社录源于官府的"录事"一职，职责可能主要是掌管文书，举弹善恶。点检也应来源于官名，可能负有督查之责。社举职责不详，除在前引第 5 条题名记中排名靠前外，其余大都排名最后，很可能就是指社邑组织的一般成员。

千人头、百人头、十人头等，这也是社邑中组织者的头衔，应是根据其发动和组织参与社邑的人数确定的名称。辟支塔题名碑中还有禹城县轮家镇的 10 多名十人头，这种小的组织应不仅仅存在于镇市之中，乡村社会中也有不少。如 2003 年夏，在济南市县西巷考古发掘中发现了北宋齐州开元寺的地宫，出土了一方熙宁二年(1069)的《开元寺修杂宝经藏地宫记》碑，碑文

① 参见郝春文《东晋南北朝佛社首领考略》，载《北京师院学报》(社会科学版)1991 年第 3 期。

② 参见郝春文《东晋南北朝佛社首领考略》，载《北京师院学报》(社会科学版)1991 年第 3 期。

载录了修藏经阁施主的题名，其中就有不少十人头：

博州高唐县北索村都维那头陈怀、聊城县东戴村都维那头任简、副维那头袁方、妻杨氏合家吾、百人头孙氏、十人头田氏、十人头赵氏、十人头马氏、十人头牟氏、王氏、刘氏、范氏、滕氏、刘氏、毕氏、周氏、张氏、李氏、赵氏、尚氏、段氏、李氏、郭氏、孙氏、杜氏、王氏、郭氏、范氏、孟氏、路氏、任氏、张氏、魏氏、孟氏、乙氏。[①]

总之，宋代民间社邑组织首领的名称比较复杂，虽然也建立了一定的层次关系，有的还是借用国家职官名称而来，但毕竟是民间组织首领，其在社邑组织内的位次变化不定，不像国家官制的等级层次那样分明、森严，这正是民间组织的特点之一。

其次是组织成员。组织成员就是修辟支塔的施主，除前述首领外，还有大量普通成员，即题名中的"社人"，他们通过为修塔施舍钱物而成为组织的成员。在灵岩寺佛教巨大的影响力和辐射力下，因修辟支塔形成的民间组织不仅人数很多，达 3000 多人，而且地域分布也很广，具体有齐州的长清县、禹城县、章丘县、临邑县，郓州的平阴县、寿张县、东阿县，棣州的滴河县，大名府的朝城县、清平县、夏津县，博州的聊城县、高唐县、博平县，德州的平原县、将陵县、安德县，濮州的范县、鄄城县、雷泽县，淄州的邹平县，淮南道的楚州、宝应县、阎城县等。

信众参加社邑除个人加入外，比较多的是以家庭为单位，整个家庭的成员都参与其中。从前引题名记中就可看到有不少人都是携全家人参与其中，包括父母本身及第二代的子、侄、媳和第三代的孙子、孙女等。在社邑中，也可见到家族的痕迹，如第 8 条所引司徒村社邑的邑头就有泉氏二人、逯氏三人。

清人唐仲冕《岱览》卷二五称："助缘之人市户最多，想是市易之行户。居官者惟靖顺之一人，登仕郎官封州司理参军也。又有乡贡进士一人，乡贡学究一人，处士一人。"从参加修辟支塔组织成员的社会阶层看，唐氏之论并

① 转引自高继习《济南市县西巷出土佛教地宫及几个相关问题的初步研究》，山东大学硕士学位论文，2005 年。

不完全恰当。该组织的成员大多都是乡村民众，这从题名记中记录的大量村、管、乡等的地名就可得到充分证明。组织中也有一些市户，即居住于城市或镇市、寨的坊郭户，但与乡村民户相比，数量要少得多。该组织中的绝大多数人都是平民百姓，确如唐氏所指出的，只有一名曾经为官者。至于乡贡进士，是指曾被选拔为参加进士科考试却没有考中的士人，乡贡学究应与之类似，处士更是指没有出仕的士人。他们都只是生活于乡村社会中的一般读书人，是平民，而非国家官员。

再次是组织内各类社邑的结集方式。通过前引题名碑可以看出当时的社邑多以地缘关系结成，以地缘为标准可划分出村社、管社、乡社和县社等类型。其中比较多的是以村落为单位结社，一般是一村一社邑。也有的是一村多社邑，以齐州禹城县移风乡百(佰)宜村为典型，如：第 14 条所记录的该村为修塔结成的社邑，组织体系也比较复杂；第 16 条又有该村百人头组织的众多社众。该地名在题名碑中还出现过多次，都是一个或多个家庭的题名。以管这一乡村行政组织为单位结成的社邑主要分布在齐州长清县。此外，还有以乡为单位结成的乡社，比较大的是以县为单位结成的社邑，如题记中有“德州安德县维那□社头安崇□”。

除按地缘关系结成的社邑外，还存在不少妇女因性别关系结成的女邑，前引第 1、3、7 条所载的都是女邑。女性除独立结社外，也有的是依附于丈夫或儿子参与结社，还有的是与男性混合结社。在男女混合结成的社邑组织中，有些妇女还充当首领，具有较高的地位，如第 4 条中禹城县移风乡阳村社中的社官就由几位妇女充当。

总之，民众结集社邑是以其生活空间为依托的，这一空间首先是家庭，进而扩大至家族、邻里，再到其所居住的村落等空间。社邑使参与民众的交往圈超越了家族等血缘组织的范围，扩大至整个村落社区，将同一社区内不同阶层、不同职业、不同家族的人集合在一起，使村落社区的凝聚力在共同的信仰活动中得以加强。①

① 卢建荣据造像铭记认为北朝乡民的人际网络突破了家族界限，已发展出社区意识。（参见卢建荣《从造像铭记论五至六世纪北朝乡民社会意识》，载《台湾师大历史学报》第 23 期，1995 年）

侯旭东曾指出：村民在从事造像等活动时用何种方式书写自己的居址和空间方位并非小事一桩，这上面的取舍既记录了他们的生活实际，也反映了他们的态度与好恶，从中不但可以看出民间活动的组织形式、空间范围以及朝廷、官府统治在民间影响的大小，也可以了解百姓对以乡里为载体的官府基层统治的态度。北朝村民在大多数情况下，既不通过"三长"，也不采用"乡里"，而是用"村"来界定造像活动的参与者，陈述自身的空间方位，说明在非官方的场合，百姓并不理会作为地域概念的"乡里"与作为户口组织概念的"三长"，更谈不上用它们来界定组织与人群。他们对世代生活其中的实际聚落"村"普遍显示出强烈的认同感，相形之下，对带有官方色彩的"三长"、"乡里"却是漠然乃至漠视。[①] 通过上引北宋前期修辟支塔的题名，可看出北宋前期民众结集社邑时，除用自然聚落和地域单位"村"来陈述自身的空间方位外，也有许多是以国家在乡村的行政组织乡、管等来记录自身的空间方位，足以表明他们对乡村行政组织与国家的认同感和归属感，也表明宋代国家权力对乡村社会的渗透和延伸都要超过北朝，反映了宋代国家对乡村社会控制的加强。

二、北宋熙宁九年修泽州玉皇行宫之组织

玉皇行宫现名"玉皇庙"，位于今山西省晋城市东北13公里的府城村。建于北宋熙宁九年(1076)，题名"玉皇行宫"，后历代多次重建或修葺，是古代泽州一带规模最大、影响最广的道教庙宇。下文要探讨的民间宗教组织就是熙宁九年重修此庙时形成的，史料依据是现存于该庙的《玉皇行宫之记》碑。该碑通高165厘米，宽69厘米，厚19.5厘米，正面碑文15行，每行30字，楷书。碑文由李安时撰写，记录了玉皇行宫创建的经过。碑阴记录

① 参见侯旭东《北朝乡里制与村民的生活世界》，载《历史研究》2001年第6期。

了当时的祈雨仪式和参加建庙的村社及社众。[①] 对于此碑，学界已有不少研究[②]，本书拟在其研究基础上对此碑反映的民间信仰组织作一探讨。

据《玉皇行宫之记》碑，熙宁九年(1076)，府城社百姓祈雨，“遍于群神祈祷无应”，该社李宗、秦恕二人在陵川下壁村玉皇行宫请得信马，“于当社祈求，克日而甘泽沾足”，于是提议在府城社兴建玉皇行宫，“卜吉北岗秦吉、秦简地内，鸠工营匠，不日而成。又得秦翌、杜惟熙等纠率乡人敛集藻绘廊庑之费，无不喜从者”。庙宇建成后，立《玉皇行宫之记》碑记其事。为更好地对此碑所反映的民间信仰组织进行分析，先将该碑文题名部分录于下：

> 府城社：修殿维那李信、秦韶、秦翌，彩画正壁维那大理寺丞孙刘宗嗣、毛怀信，彩画东壁维那李用、秦禹锡、焦文政。管老人秦恕、李恭。社人张吉、李盖、大理寺丞孙刘宗彦、李习、李旻、李侃、秦简、李昌、毛白、李集、李望、秦弁、王用、李勍、郭从、秦德、秦昱、秦选、焦善、李锡、李安、陈志、陈昌、李清、李緵、李晏、秦应、陈乂、李志、李准、秦昇、李能、李顺、阎宗左、秦谅、张德、秦士安、张信、陈庆、陈忠、王清、赵贵、宋清、宋诚。
>
> 水东社：管录事王应，管纠司维那牛太初，社人张习，维那司宪、使院前行司奕，管老人司孜、司宗祐、司盛、范昌、李、李清、李宗道、保长李定、神录司秘、医院景明、景和、李遂、牛清、牛简、赵贵、刘袭、刘旦、刘绪、刘政、范兴、范昌。
>
> 内曲社：管老人成绪、成恭、义勇第二指挥使司宣、押司官司清，社人阎遂、阎乂、司德、阎简、司贵、李坦。
>
> 水北社：卜神地阴阳官张秘，州院勾押官上官从一，管老人兼维那

① 参见吕晓庄等《晋城玉皇庙碑刻初探》，载山西省考古学会编《山西省考古学会论文集》(三)，山西古籍出版社 2000 年版，第 410 页。

② 杜正贞首次公开发表了此碑全文，并对该碑记录的信仰组织进行了探讨。(参见杜正贞《村社传统与明清士绅：山西泽州乡土社会的制度变迁》，上海辞书出版社 2007 年版，第 51～61、291～294 页)有学者在博客中指出杜氏所录碑文颇多脱误之处，至少存在误读 36 字，脱录 65 字，未释 130 字，并据 2006 年 8 月自己拍摄的照片重新整理公布，还附有《泽州府城玉皇庙札记》一文。本书所引该碑所有文字均据该学者在其“鸡冠壶的考古博客”中公布的文字(http://blog.sina.com.cn/s/blog_48c2185001008xz7.html)。因不知该学者真实姓名及身份，只能在此说明，并致谢忱。

张清，管纪司赵太初，社人上进、杜琏、杨质、上乂、上志、张和、赵问、杜昇、上文应、杜月、上绪、赵僎、董亮、杜宗、刘锡、张士温、张奭。

元庆社：管老人段继文、张宝，社人段顺、段宗仪、段士安、张宁、段士荣，元庆下社段锡、段诚、段进、袁德。

漳东大社：维那段士琮、李宣、刘清，社人郭绪、郭恩、郭进、李文通、李宗善、王登、周宣、李吉、赵寿、李庆、郭思、全政、乐政坦、李有庆、李揆、李从、李存、李绶、李锡、冯九哥、李凤昌、石清、李扆。

焦家社：皇志、任凤、焦清、胡介、张用和、王宗庆、张清、张宗祐、侯节、焦永初、乡贡进士胡知柔、保甲第五都保正焦本。

秦家社：维那秦宗应、秦士安、赵昌、秦志、秦宗、刘昌、刘用、秦侃、秦良、赵宗庆、秦乂、刘顺、卫让。

漳东南社：大理寺丞孙刘纪，社人陈德、刘演、刘诚、刘式、刘景、刘祐、胡清、刘安、赵宣、管职学士男乡贡进士刘发。

黄头社：管老人杨锡、祁习，管录事韩中时，义勇第二副指挥使韩坦，社人尹吉、祁信、杨翌、祁德、杨简、王信、祁清、杨昌、幺元、李永庆、王坦、祁昌、允昌、韩仲允、周庆、王翌、韩习、韩顺、乐寿、王逊、杨德、王诚、焦师中、杨茂先、韩宗嗣。

水西社：管老人李宗颜、李严正，社人常遂、李翌、司衮、牛锡、牛凤昌、常坦、常宣、杨文白、冯遂、袁宗、任吉、牛戬、任新、任宣、赵昌、张坦、赵诚、王清、赵应、李从。

吴庄社：维那司吉，社人张宣、李绪、李亮、司素、司扆、任用、司明、司贵。

临择社：管老人张在，管老人张白、张隐、张宣、张寿、张闰、张诚进、张兴、常素。

赵庄社：管老人李宣，管老人李元政、李亮、李宗应、李元禋、李王、王谏、赵昌、赵明、段贵。

风安社：管老人牛宗望、成坦、韩权、牛闫。

上引《玉皇行宫之记》中记录了当时存在的几种乡村区划名称，有社、管和都保(保)等。由于当时正是宋代乡村行政组织发生重大变化的时期，有必要

先对它们的性质加以说明。对于社，本书前文已指出其在宋代作为乡村区划只是一种地域单位，而不具备行政功能；此外，从上引碑文中还可知其是一种因宗教信仰结成的民间组织。① 对于管，杜正贞在引用了杨炎廷、梁建国等学者的观点后进一步指出：管在宋代以前可能就存在，管的制度是继承和改革了唐末五代的一些地方制度而来的；从《宋会要辑稿·职官》四八之二五关于管的记载的那一段话的语境来看，乡管制改革似乎与某些地方原有的军事体制有关；保甲制实行以后，与这套官方体制同时存在的原来的乡管制在民间仍然留有余迹，北宋时期的晋城府城村周边地区就处于这两套体制的规范控制之下。② 对于前一点，由于只是《（乾隆）凤台县志》卷一九记后唐存在"泽州晋城县建兴乡砂成里柒擀管义兴邑"一名，我们实在难以判定这一排列在里之后的"柒擀管"之名的性质；对于后一点，《宋会要辑稿·职官》四八之二五的一段文字只是讲开宝年间县及县以下各级行政和治安体制，与军事体制应无关系。宋代管的推行并不十分广泛，我们今天所见的曾经实行管制的地方并不多，前文已有罗列，不再赘列。管作为以户长为头目的乡村行政组织始于开宝七年（974），到熙宁三年（1070）行保甲法之初，管并未被废除，直到熙宁八年（1075）闰四月保甲头目被用于乡村职役，管才结束了其作为行政组织的功能，此后就成为一种单纯的地域单位或名称。对于都保或保，从熙宁八年闰四月以保甲头目充役开始，其就具有了乡村行政组织的性质。《玉皇行宫之记》碑阴的题名中有"保长李定"、"保甲弟五都保正焦本"两人，从熙宁八年四月到次年中秋以后，历时一年半，以保甲充役的制度应当已经推广开来，此处都保应已取代管成为乡村行政组织，府城周边地区并非处于保甲制与乡管制两套体制的共同控制之下。

熙宁九年这次修玉皇行宫形成的民间宗教组织实际上是众多民间宗教组织"社"联合而成的，其中包括府城社、秦家社、漳东南社、黄头社、水西社、关庄社、临择社、赵庄社和风安社等 15 社。据杜正贞考察，这 15 个社大致分布在府城社周边 5 公里范围的小平原上。丹水是这一区域内的主要河

---

① 参见杜正贞《乡社传统与明清士绅：山西泽州乡土社会的制度变迁》，第 52 页。

② 参见杜正贞《乡社传统与明清士绅：山西泽州乡土社会的制度变迁》，第 53、62 页。

流，其中水东、水西、水北等几个村落就位于丹水两岸，这些社可能同属于水东管。①

在修玉皇行宫形成的这一民间组织中，首领的类型比较多。最多的是“管老人”，共有10个社有“管老人”。从字面含义上看，“管老人”应当是与管这一层级组织相对应的首领，但碑阴的题名却又将其列于各社之下，应当是由各社推举年长且德高望重者出来充当。在宋代里社祭祀中，“老人”这一群体发挥着重要作用，如曾巩《里社》诗就称：“马蹄路南村有社，里老邀神迎且送。”②可推知“管老人”的主要职能应当是在祭祀方面。“老人”在宗教信仰活动中占据重要地位，多见于河东地区，其他地区并不多见。我们可以再举几例：

至道三年(997)，代州东张村民众重修五台山灯台，题名中就有“东张村主户老人等”③。

绍圣二年(1095)，重修上党县五龙庙，题名中有“乡老人董握，乡录事李演”④。这里的“乡老人”和“乡录事”应是与乡这一乡村区划层级相对应的民间宗教组织的首领。

建中靖国元年(1101)，潞州潞城县民众重修九天圣母庙，碑阴题名中有“修舞楼老人”、“行廊专砌老人”、“饰白大殿老人”、“竖碑老人”、“三池老人”、“北社老人”、“西社老人”、“下社老人”、“上社老人”等⑤，由此也可看出“老人”具体职责的多样性。

《玉皇行宫之记》中出现较多的另一类组织首领是维那。除各社一般的维那外，还有按具体职责或分工命名的维那，如修殿维那、彩画正壁维那、彩画东壁维那，有的还由“管老人”兼维那。类似的维那头衔较为常见，再如前引潞州潞城县九仙圣母庙碑阴题名中也有各社、村、庄的维那，还有修本殿

① 参见杜正贞《乡社传统与明清士绅：山西泽州乡土社会的制度变迁》，第52～54页。“水东管”一名并不见于宋代文献记载，而是杜正贞根据金元时碑刻的记载及相关制度推得的。

② 《曾巩集》卷一《里社》。

③ 《山右石刻丛编》卷一一张处贞《五台山及灯台讼》。

④ 《山右石刻丛编》卷一六李夷行《重修五龙庙记》。

⑤ 张孝先：《潞州潞城县三池东圣母仙乡之碑》，载冯俊杰编著《山西戏曲碑刻辑考》，中华书局2002年版，第30～32页。

乳廊维那、修舞楼维那等。

另在修玉皇行宫之民间宗教组织中，还有一些被称为“管纠司”的首领。杜正贞指出：“所谓纠司，如碑文中所说乃‘纠而司其事’之意，则‘纠司’是修庙工程的负责人。”[①]其实，从“纠而司其事”的字面意义来看，称其是修庙工程的发起人、组织者和负责人更为准确。修玉皇行宫的“管纠司”杜惟熙就负责“纠率乡人敛集藻绘廊庑之费”，可见其是修饰玉皇行宫廊庑工程的发起人。

“管录事”也是修玉皇行宫之民间宗教组织的重要首领，其职责可能是掌管文书事务。本组织中有“管录事”二人负责整个组织的文书事务，倒也足以应付。前引文中还提到有的地方设有“乡录事”，应是对应于乡这一层级的乡村区划的民间宗教组织的首领。

对于上述组织首领之间的关系，由于在题名中的排列次序比较混乱，我们已无法弄清其层级。

该民间宗教组织的成员被称为“社人”，大多数应是平民百姓，只有少数是州县下级吏人、下级军官及乡贡进士等一些地方士人，他们都是以自己所属的“社”参加修玉皇行宫的活动，从而成为组织的成员。在该组织内部，有一些还是同一宗族的成员，如其中的“大理寺丞孙”就有府城社的刘宗嗣、刘宗彦和漳东南社的刘纪，他们虽然不处于同一社，但肯定是同一宗族的成员。再如焦家社的焦清、焦永、焦本和秦家社的秦宗应、秦士安、秦志、秦宗、秦侃、秦良、秦乂等都可能是来自同一宗族的成员。这也可以说明民间宗教组织与宗族组织之间相互渗透的关系。

玉皇行宫修成后，就成了参与其事的“水东管”各社共同的祭祀中心。因修玉皇行宫形成的民间组织也没有在庙宇修成后解体，而是变成了15社对玉皇行宫共同进行祭祀的信仰组织。这一组织使参与修建和祭祀玉皇行宫活动的各社之间有了更多的联系，对当地村落社会的秩序系统产生了很大影响。此后的金、元、明、清各朝代重修和祭祀玉皇庙时的民间组织体系虽有变化，但宋代形成的组织无疑是这一地区明代出现的“七社十八村”村

① 杜正贞：《乡社传统与明清士绅：山西泽州乡土社会的制度变迁》，第54页。

社系统的基础，尤其是到明代管消失后，将“七社十八村”凝聚在一起的正是因重修和祭祀玉皇庙形成的民间宗教组织。[①]

三、南宋后期漳州地区的祠庙社会

南宋时期的漳州地区崇奉的神灵很多，祠庙就达几百所，各种祠庙社会更是蔚然成风。南宋后期理学家陈淳就说：

> 某窃以南人好尚淫祀，而此邦之俗为尤甚。自城邑至村墟，淫鬼之有名号者至不一，而所以为庙宇者，亦何啻数百所！逐庙各有迎神之礼，随月迭为迎神之会……不惟在城皆然，而诸乡下邑亦莫非同此一习。[②]

> 江淮以南，自古多淫祀……上而州县，下至闾巷村落，无不各有神祠。[③]

对于漳州一带的这一风俗，陈淳有《上赵寺丞论淫祀》和《上傅寺丞论民间利病六条》两篇写给漳州地方官的札文，较详细地记述了漳州地区祠庙社会的组织形式和运营实态，另其著作《北溪字义》中对此也有涉及。下面我们就根据陈淳的叙述对南宋后期漳州地区的祠庙社会作一论述。[④]

在论述陈淳记录的漳州祠庙社会前，首先对其两篇文章的写作年代作一探讨。

陈淳(1159～1223)，字安卿，号北溪，漳州龙溪(今福建漳州)人。少习举子业，后在林宗臣指引下，始研习朱熹等编的《近思录》一书，深乎其说。光宗绍熙元年(1190)，朱熹出守漳州，他始从朱熹受教，成为朱子晚期的重要弟子之一。一生未曾出仕，以传播、捍卫朱熹之学为己任。然而从庆元二年(1196)开始发生党禁，朱熹之学被定为“伪学”，遭到禁止。在这种情况

① 参见杜正贞《乡社传统与明清士绅：山西泽州乡土社会的制度变迁》，第53～74、270～273页。

② 陈淳：《北溪大全集》卷四三《上赵寺丞论淫祀》。

③ 陈淳：《北溪字义》卷下《鬼神》。

④ 皮庆生对此两文反映的漳州祠庙社会的组织者已有深入分析，本书在此基础上略加叙述。(参见皮庆生《宋代民众祠神信仰研究》，第117～119页)

下，作为朱子门人的陈淳不可能受到地方官的重视，直到韩侂胄发动的“开禧北伐”失败后，党禁才逐渐解除，朱子门人的政治地位逐步得到恢复。嘉定五年（1212），赵汝谠知漳州，招致陈淳，处以宾师之位，“其后大老贤侯，时造其庐，或质以所疑，或咨以时政”[①]，陈淳才有了向地方官员提出施政建议的机会。了解了这一背景，我们即可判定“赵寺丞”应是嘉定五年（1212）到嘉定六年（1213）知漳州的赵汝谠，“傅寺丞”是嘉定十二年（1219）到嘉定十四年（1220）知漳州的傅壅[②]，由此可判定他的两篇文章也应写于上述两个时间段内，其主张也是站在官府的立场上。

利用陈淳的著作讨论漳州地区的祠庙社会，还应考虑作为理学家的他对祭祀或淫祀的态度。陈淳认为对祖先、天地、山川及逝去的有道德者都可进行祭祀，但应控制在适当的范围内。他认为“非所祭而祭之曰淫祀”[③]，对淫祀持坚决的批判态度：

> 大凡不当祭而祭，皆曰淫祀。淫祀无福，由脉络不相关之故。后世祀典，只缘佛老来，都乱了。如老氏设醮，以庶人祭天，有甚关系？如释迦亦是胡神，与中国人何相关？假如忠臣义士、配享元勋，若是已不当祭，皆为外神，皆与我无相干涉。[④]

总之，陈淳认为庶民祭天不符合古代祀典，因此道教的做法属于淫祀；佛教来自域外，与中国本土无关，因此佛教祭祀也是淫祀；在民间祭祀中，配享的即使是忠臣义士等，但若超过了适当的祭祀范围，也属于淫祀。[⑤] 正是由于陈淳的上述态度，使得其对漳州一带的祠庙社会持强烈的批判和否定态度，对祠庙社会危害的叙述不免会有夸大之处，这是我们在利用陈淳的文章作为主要史料时应当注意的。下文就论述宋代漳州地区的祠庙社会。

首先是祠庙社会的首领。祠庙社会的发起者和组织者称为“会首”。他

---

① 陈沂：《叙述》，载陈淳《北溪大全集》附《北溪外集》。

② 参见李之亮《宋福建路郡守年表》，巴蜀书社 2001 年版，第 173～174 页。

③ 陈淳：《北溪大全集》卷四三《上赵寺丞论淫祀》。

④ 陈淳：《北溪字义》卷下《鬼神》。

⑤ 参见张加才《诠释与建构：陈淳与朱子学》，人民出版社 2004 年版，第 116～117 页。

们都是“游手无赖好生事之徒”①,“一般浮浪不检人”②,“里中破荡无生产者”③,负责整个祠庙社会的组织及运作,包括筹集资金、修缮庙宇和主持赛会仪式等。在祠庙社会中还有其他一些职衔。陈淳说:

始必浼乡秩之尊者,为签都劝缘之衔以率之,既又挟群宗室为之羽翼,谓之劝首。而豪胥猾吏,又相与为之爪牙,谓之会干。④

始者土居尊秩无识者倡之,继而群小以财豪乡里者辅之,下焉则里中破荡无生产者,假托此衰敛民财,为衣食之计。⑤

由上可知,会首为了确保祠庙社会的顺利进行,往往会请托“乡秩之尊者”或“土居尊秩”,实即在当地居住的品级较高的官员任都劝缘,借助其在地方社会的影响力,劝率信众积极参与。漳州是宗室聚集的地区之一⑥,宗室成员对地方社会有一定的影响力,但其能被会首那样的浮浪之人挟持为羽翼,出任祠庙社会的劝首,可推知其实际已没有太高的地位,只能凭借“天潢贵胄”的身份在祠庙社会组织中招摇;另外,州县的“豪胥猾吏”,也就是“财豪乡里者”,在祠庙社会中充当会干,凭借其在地方官府中的势力和地方上的影响力“相与为之爪牙”,为会首张目。⑦

其次是祠庙社会的成员。陈淳在前述两文中都强调了会众受到会首等祠庙社会首领的胁迫强制,但考虑到其对祠祀的态度,其说或有夸大之处,

① 陈淳:《北溪大全集》卷四三《上赵寺丞论淫祀》。

② 陈淳:《北溪大全集》卷四七《上傅寺丞论民间利病六条》。

③ 陈淳:《北溪字义》卷下《鬼神》。

④ 陈淳:《北溪大全集》卷四三《上赵寺丞论淫祀》。

⑤ 陈淳:《北溪字义》卷下《鬼神》。

⑥ 《朱子语类》卷一一一《朱子八·论财》记朱熹说自己在漳州时,因光宗皇帝登基之恩,“宗室重试出官,一日之间,出官者凡六十余人。州郡顿添许多俸给,几无以支吾”,可见漳州宗室人口之多。

⑦ 上述几类人对地方社会的影响力还可从他们把持诉讼看出。据陈淳《北溪大全集》卷四七《上傅寺丞论民间利病六条》载,“或是贡士,或是国学生,或进士困于场屋者,或势家子弟宗族,或宗室之不羁者,或断罢公吏,或破落门户等人”,“长于词理,熟公门事体浅深,识案分人物高下”。他们熟悉公门事务,凭借在地方官府中的人脉关系,专门教人词讼,“皆于影下教唆,或小事妆为大事,或无伤损妆为几丧性命,或一词实而妆九虚以夹之,或一事切而妆九不切以文之”。然后交结州县吏人,为之上下其手以牟利,“凡有词讼者,必倚之为盟主”,“承行之吏亦乐其人为鹰犬,而其人亦乐于挟村人之财,与之对分”。

从其叙述中我们也可觅得蛛丝马迹。他说："愚民无知，迷惑陷溺，畏祸惧谴，皆黾勉倾囊舍施，或解质举贷以从之。"[①]由此可以看出民众捐资参与会社的活动在很大程度上是为了祈福避祸，更多的是出于自愿，当然也不排除其中有被会首强迫的情况发生，下文详述。

再次是祠庙社会的运营。大致可分以下几个步骤：一是资金筹集。会首"自入春首，便措置排办迎神财物事例"，他们的手段也多种多样："或装土偶，名曰舍人，群呵队从，撞入人家，迫胁题疏，多者索至十千，少者亦不下一千。或装土偶，名曰急脚，立于通衢，拦街觅钱，担夫贩妇，拖拽攘夺，真如白昼行劫，无一空过者。或印百钱小榜，随门抑取，严于官租，单丁寡妇无能逃者。"[②]会首为筹集经费，或成群结队上门收取，或于要闹之处劝人施舍。二是塑饰神像。"钱既裒集富衍，遂恣为无忌惮。既塑其正鬼之夫妇，被以衣裳冠帔；又塑鬼之父母，曰圣考圣妣；又塑鬼之子孙，曰皇子皇孙。"[③]三是迎神之会的正式进行，即将祠庙中的神像抬出来，辅以各种仪仗和娱乐队伍，巡游祠庙影响所及的社区。陈淳这样描述迎神之会的盛况：

> 一庙之迎，动以十数像，群舆于街中，且黄其伞，龙其辇，黻其座。又装御直班，以导于前，僭拟逾越，恬不为怪。四境闻风鼓动，复为优戏队相胜以应之。人各全身新制罗帛金翠，务以悦神。或阴策其马而纵之，谓之神走马，或阴驱其轿而奔之，谓之神走轿，以诬罔百姓。男女聚观，淫奔酣斗，夫不暇及耕，妇不暇及织，而一惟淫鬼之玩；子不暇及孝，弟不暇及恭，而一惟淫鬼之敬。[④]

这不仅仅是为了报答和感谢神灵的活动，更是百姓的集体性娱乐活动，由民众的积极参与程度似也可反映出民众的自愿性。官府对于这类活动不但不禁止，反而积极参与，"复张帷幕以观之，谓之与民同乐，且赏钱赐酒，是又推波助澜"[⑤]。

---

① 陈淳：《北溪大全集》卷四三《上赵寺丞论淫祀》。
② 陈淳：《北溪大全集》卷四三《上赵寺丞论淫祀》。
③ 陈淳：《北溪大全集》卷四三《上赵寺丞论淫祀》。
④ 陈淳：《北溪大全集》卷四三《上赵寺丞论淫祀》。
⑤ 陈淳：《北溪大全集》卷四三《上赵寺丞论淫祀》。

从陈淳自己的论述来看，他之所以请求地方官禁止祠庙社会，主要是因为以下几点：其一，举行社会时，除去神的巡游仪式外，往往还有“戏乐”等艺术表演，吸引“男女聚观，淫奔酣斗”[①]，导致“贪夫萌抢夺之奸”、“后生逞斗殴之忿”、“旷夫怨女邂逅为淫奔之丑”[②]等社会问题出现，最终影响正常的社会秩序。其二，漳州一带祠庙社会多得令人应接不暇，是民众的一项沉重负担，已到了“扰民甚于官租”的地步。陈淳将“诸庙之率敛民财”称为“乡税”，将其与“官租”（即国家赋税）相比较，很可能是民众在祠庙社会上开支过多已经影响到了国家赋税的征收。其三，会首对于“所抄题钱”，“入已自用，为醉饱计，为肥妻孥计”[③]。前述社仓和义役等民间经济组织中也存在首领谋取私利的问题，解决的办法是官府加强干预和监督。在民间宗教组织中也有官府干预的现象。如广德军祠山张王圣诞社会规模非常大，“每岁十二月，江浙荆淮之民奔走徼福者，数千里间关不辞”[④]，其会首就是由官府差派，“岁差会首，同于差役”，结果使得“民一充应，率至破产”。另外，还由官府“岁差机察同于征商”[⑤]，对诞会进行监督，同样造成了严重的问题。如何恰当处理民间组织中的官民关系，一直是个难以解决的问题。

四、宋代的“吃菜事魔”组织

宋人在提及各种秘密宗教时，还经常用“吃菜事魔”一语来概括之。对于“吃菜事魔”的性质，学界有两种认识：一种认为其就是摩尼教，以王国维等为代表[⑥]；另一种认为“吃菜事魔”未必就是摩尼教。日本学者竺沙雅章主张不能将文献中的“吃菜事魔”一概视作摩尼教，即明教。他指出：“吃菜事

---

① 陈淳：《北溪大全集》卷四三《上赵寺丞论淫祀》。

② 陈淳：《北溪大全集》卷四七《上傅寺丞论淫戏》。

③ 陈淳：《北溪大全集》卷四七《上傅寺丞论民间利病六条》。

④ 黄震：《黄氏日抄》卷八七《广德军沧河浮桥记》。

⑤ 黄震：《黄氏日抄》卷七四《申诸司乞禁社会状》。

⑥ 参见王国维《摩尼教流行中国考》，载其《观堂集林》第4册《观堂别集》卷一，中华书局1956年版，第1167～1190页；方庆瑛《白莲教的源流及其和摩尼教的关系》，载《历史教学问题》1959年第5期；叶显恩《也谈〈辍耕录〉中的扶箕诗》，载《历史研究》1978年第9期；朱瑞熙《论方腊起义与摩尼教的关系》，载《历史研究》1979年第9期。

魔”不是教徒自己取的名称，而是以取缔邪教为己任的当政者的用语；在当政者看来，妖妄、反社会的宗教结社及其活动一概属于“吃菜事魔”或魔教；虽然被指称为“吃菜事魔”的主要是摩尼教，但不能将“吃菜事魔”一语全部定为摩尼教。[①] 陈高华也不赞成随意地将“吃菜事魔”信仰等同于摩尼教。他认为：“吃菜事魔是当时各种异端宗教的总称，摩尼教只是其中的一种。整体与局部的关系既不是对等的关系，也不是一分为二的关系。所以，说吃菜事魔就是摩尼教，当然不确；将吃菜事魔理解为不同于正统摩尼教的异端摩尼教，也是不很合适的。”[②]林悟殊也认为：“在宋代，吃菜事魔一词之专用于摩尼教（明教），看来只局限于一些佛教徒而已；而就统治者而言，始终都没有用该词来专指明教。因此，历史上被称为吃菜事魔的人，可能与摩尼教有关，亦可能无关。是故，以往国内外的一些学者在考察宋代的一些农民起义军或农民起义领袖时，仅仅因为被考察者曾被冠以吃菜事魔之号，就断言其为摩尼教徒，这是不够谨严的。”[③]芮传明认为：“宋代——特别是南宋时期——江南地区所流行的许多大众信仰，都具有‘吃菜事魔’的特色。这些宗教信仰中，有些固然是中国化的摩尼教或其亚流，有的则恐怕仅仅是吸收了若干摩尼教成分的土著信仰。所以，‘吃菜事魔’只不过是当时该地区形形色色大众信仰的一个共同特征，而非同一种宗教信仰的专称。有鉴于此，我们既不能一见具有‘吃菜事魔’名称的宗教信仰就视之为摩尼教，但也不宜因为某些‘吃菜事魔’信仰中具有其他宗教的色彩而全然否定它们与摩尼教的渊源关系。”[④]笔者同意后一种观点，由此，我们可将“吃菜事魔”视为宋人对宋代秘密宗教的一种总称。本部分就通过宋人对“吃菜事魔”的记述分析宋代秘密宗教组织的组织形态。

宋代的“吃菜事魔”从方腊起义前后开始盛行，范围主要在两浙和福建

---

① 参见［日］竺沙雅章《关于吃菜事魔》，载刘俊文主编、许洋主等译《日本学者研究中国史论著选译》第7卷，中华书局1993年版，第380～381页。

② 陈高华：《摩尼教与吃菜事魔——从王质〈论镇盗疏〉说起》，载《中国农民战争史论丛》第4辑，河南人民出版社1982年版，第98页。

③ 林悟殊：《吃菜事魔与摩尼教》，载其《摩尼教及其东渐》，中华书局1987年版，第142页。

④ 芮传明：《论宋代江南之“吃菜事魔”信仰》，载《史林》1999年第3期。

一带。庄绰《鸡肋编》卷上称:“近时事者益众,云自福建,流至温州,遂及二浙。睦州方腊之乱,其徒处处相煽而起。”从中可知在宣和年间方腊起义前“吃菜事魔”已广泛流行于闽浙地区。方腊起义被镇压后,朝廷严禁“吃菜事魔”,但其却呈现出更加盛行的局面。绍兴四年(1134)五月,王居正奏称:“伏见两浙州县有吃菜事魔之俗。方腊以前,法禁尚宽,而事魔之俗犹未至于甚炽。方腊之后,法禁愈严,而事魔之俗愈不可胜禁。”①绍兴七年(1137),赵鼎称:“浙俗易摇,食菜事魔之人处处有之。”②很快,江东、江西一带的“吃菜事魔”也得到迅速发展。大约在绍兴九年(1139),御史中丞廖刚称:“今之吃菜事魔、传习妖教,正此之谓,臣访闻两浙、江东西此风方炽。”③孝宗时,其流传范围进一步扩大,如王质《论镇盗疏》称:“臣往在江西,见其所谓食菜事魔者,弥乡亘里。”④岭南地区也出现了“吃菜事魔”,周紫芝有一首《魔军行》就反映了这一情况:

> 五岭南来山最多,驱军日涉千坡陁。
> 山中食菜不食肉,十室九家俱事魔。
> 县官给钱捕魔鬼,八万魔军同日起。⑤

至于“吃菜事魔”的组织体系,王居正在绍兴四年(1134)的奏文中记载较详:

> 方腊之后,法禁愈严,而事魔之俗愈不可胜禁。州县之吏,平居坐视,一切不问则已;间有贪功或畏事者,稍踪迹之,则一方之地,流血积尸,至于庐舍积聚,山林鸡犬之属,焚烧杀戮,靡有孑遗。自方腊之平,至今十余年间,不幸而死者,不知几千万人矣……臣闻事魔者,每乡或村有一二桀黠,谓之魔头。尽录其乡村之人姓氏名字,相与谊盟,为事魔之党。凡事魔者不肉食,而一家有事,同党之人皆出力以相赈(按:

---

① 《建炎以来系年要录》卷七六,绍兴四年五月癸丑条。

② 赵鼎:《忠正德文集》卷三《知绍兴乞差兵马防海道》。

③ 廖刚:《高峰文集》卷二《乞禁妖教札子》。《历代名臣奏议》卷一八三也收录此文,称廖刚任御史中丞时上。其任御史中丞是在绍兴九年(1139)三月,次年二月去职,故推断此札大约上奏于绍兴九年。

④ 王质:《雪山集》卷三《论镇盗疏》。

⑤ 周紫芝:《太仓稊米集》卷一《魔军行》。

《四库全书》文渊阁本作“赈”，当是）恤。盖不肉食则费省，故易足；同党则相亲，相亲故相恤，而事易济。臣以谓此先王道其民，使相亲相友相助之意；而甘淡薄，务节俭，有古淳朴之风。今民之师帅，既不能以是为政，乃为魔头者窃取，以鼓惑其党，使皆归德于魔，于是从而附益之，以邪僻害教之说。民愚无知，谓吾从魔之言，事魔之道，而食易足，事易济也，故以魔头之说为皆可信，而争趋归之。此所以法禁愈严而愈不可胜禁。①

庄绰《鸡肋编》卷上的记载可与上文相互印证：

睦州方腊之乱，其徒处处相煽而起。闻其法：断荤酒，不事神佛祖先，不会宾客。死则裸葬，方殓，尽饰衣冠，其徒使二人坐于尸傍，其一问曰：“来时有冠否？”则答曰：“无。”遂去其冠。逐一去之，以至于尽。乃曰：“来时何有？”曰：“有胞衣。”则以布囊盛尸焉。云事之后致富。小人无识，不知绝酒肉燕祭厚葬，自能积财也。又始投其党，有甚贫者，众率财以助，积微以至于小康矣。凡出入经过，虽不识，党人皆馆谷焉。人物用之无间，谓为一家，故有无碍被之说。以是诱惑其众。其魁谓之魔王，为之佐者，谓之魔翁、魔母，各诱化人。旦、望，人出四十九钱，于魔翁处烧香。翁母则聚所得缗钱，以时纳于魔王，岁获不赀云。亦诵《金刚经》，取“以色见我”为“邪道”，故不事神佛。但拜日月，以为真佛……其初授法，设誓甚重。

由上可知，“吃菜事魔”的组织体系也很严密，其以乡村聚落为基础结成，每乡每村都有首领，称为“魔头”或“魔王”，副首领一般有两人，分别被称为“魔翁”和“魔母”，“各诱化人”，都有发展新成员之责。加入者要将名字登记在册，并按时交纳会费，“愿为徒侣之人，即输钱上簿”②。加入时要举行一定的盟誓仪式，即所谓“相与谊盟，为事魔之党”，而且盟誓还比较重，这实际上就是“吃菜事魔”的组织纪律。他们的主要活动就是聚会烧香、诵经，每逢密日（星期天）、每月旦、望日及每年的正月都要举行集会，“人出四十九钱，于魔

① 《建炎以来系年要录》卷七六，绍兴四年五月癸丑条。

② 《建炎以来系年要录》卷六三，绍兴三年三月丁丑条。

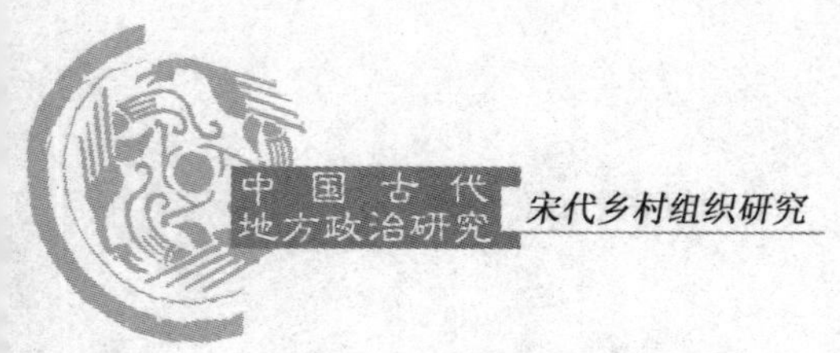

翁处烧香。翁母则聚所得绢钱，以时纳于魔王”。

“吃菜事魔”者的活动还有两个重要特点：一是夜聚晓散。史籍中称他们“诵经焚香，夜则哄然而来，旦则寂然而亡”[①]，“夜则啸集徒众，以神怪相诳诱，迟明散去，烟消鸟没”[②]。这与中国传统的“日出而作，日入而息”的日常生活秩序完全相反，引起了宋代国家的高度紧张和警惕，夜聚晓散成了“妖淫谋逆”的代名词，遭到了法令的严厉禁止。[③] 二是男女混杂。陆游《老学庵笔记》卷一〇记载明教徒说“男女无别者为魔”；淳熙年间，有大臣指责其“男女杂处”[④]；蔡杭在《莲堂传习妖教》判文中列举的“吃菜事魔”的罪状之一就是“诈作诵经，男女混杂”[⑤]。在讲究男女授受不亲的传统社会中，这很容易成为“吃菜事魔”被反对者攻击的重要罪状。

“吃菜事魔”的组织首领“有小有大，而又有甚小者，其徒大者或数千人，其小者或千人，其甚小者亦数百人”。他们对于成员有很强的支配能力，“其号令之所从出，而语言之所从授则有宗师”，“其宗师之御其徒，如君之于臣、父之于子，而其徒之奉其宗师，凛然如天地神明之不可犯，较然如春夏秋冬之不可违也，虽使之蹈白刃、赴汤火可也”。[⑥] 有的“吃菜事魔”组织甚至仿照当时的行政体系建立了一套森严的等级体系。前引蔡杭《莲堂传习妖教》一文就记录了南宋后期的一个案例，其中称首人张大用“自称尊长，自号大公，聚众罗拜，巍然高坐”，“布置官属，掌簿掌印，出牒陛差，无异官府”，“假作御书，诳惑观听”，其组织中的“李六二僭称大公，丁庆二僭称主簿”。

“吃菜事魔”在方腊起义后，虽然遭到国家严令禁止，并且有很多人被杀，但其不仅没有被镇压下去，反而还得到了较大发展。之所以如此，原因就在于“吃菜事魔”组织具有了民间互助组织的意义，即“一家有事，同党之人皆出力以相赈恤”。对于贫苦的初入教者，“众率财以助，积微以至于小康

① 王质：《雪山集》卷三《论镇盗疏》。

② 范浚：《香溪集》卷一四《募兵》。

③ 参见葛兆光《严昏晓之节：古代中国日夜秩序观念的意味》，载其《古代中国的历史、思想与宗教》，北京师范大学出版社2006年版，第88～108页。

④ 《宋会要辑稿·刑法》二之一二〇。

⑤ 《名公书判清明集》卷一四《莲堂传习妖教》。

⑥ 王质：《雪山集》卷三《论镇盗疏》。

矣”。“凡出入经过，虽不识，党人皆馆谷焉。人物用之无间，谓为一家，故有无碍被之说。”正是由于其组织的互助功能对于广大无财无势的下层民众有极强的吸引力，才使得其不断壮大。另外，由于戒荤禁酒，贫民们在经济开支方面也能比较节省，易于负担。由于官府不对平民施行“相亲、相友、相助”的“王道”统治，故而“魔头”能乘虚而入，赢得民心。庆元四年(1198)九月，有大臣上奏说：

浙右有所谓道民，实吃菜事魔之流，而窃自托于佛老，以掩物议。既非僧道，又非童行，辄于编户之外，别为一族。奸淫污秽甚于常人，而以屏妻孥、断荤酒为戒法；贪冒货贿甚于常人，而以建祠庙、修桥梁为功行。一乡一聚各有魁宿，平居暇日，公为结集，曰烧香，曰燃灯，曰设斋，曰诵经，千百为群，倏聚忽散。撰造事端，兴动功役，夤缘名色，敛率民财，陵驾善良，横行村疃间。有斗讼，则合谋并力，共出金钱，厚赂胥吏，必胜乃已。每遇营造，阴相部勒，啸呼所及，跨县连州，工匠役徒，悉出其党，什器资粮随即备具。人徒见其一切办事之可喜，而不知张皇声势之可虑也。及今不图，后将若何！①

通过上文可进一步证明宋代的“吃菜事魔”不仅仅是宗教组织，更是下层民众为了自身的利益而结成的一种互助组织，其成员有一种难能可贵的互助精神。参与者一旦遇到官司诉讼之事，便“合谋并力，共出金钱，厚赂胥吏，必胜乃已”，只要是属于“魔党”的人，便能得到该组织在诉讼方面的特别关照。如果有房屋建设等事，也可得到组织集体的帮助，“每遇营造，阴相部勒，啸呼所及，跨县连州，工匠役徒，悉出其党，什器资粮，随即备具”。②

---

① 《宋会要辑稿·刑法》二之一三〇。又，宋僧宗鉴《释门正统》卷四《斥伪志》引用嘉泰二年(1202)七月十二日臣僚对道民的论述，与此大致相同，只是批评的力度更强。兹全文录下：“道民者，游堕不逞，吃菜事魔，所谓奸民者也。既非僧道，又非童行，自植党与，千百为群。挟持妖教，聋鼓愚俗，或以修路、建桥为名，或效诵经焚香为会。夜聚晓散，男女无别，呼啸善诱，实繁有徒。所至各有渠魁相统，忽集忽散，莫测端倪。愚有争讼，合谋并力，厚啖胥吏，志在必胜。遇有修建，夤缘假名，敛率民财，自丰囊橐。横行州县，欺轹善良，创置私庵，以为逋逃渊薮。盖由寄居形势之家受其嘱托，认为己产，出名占据，曲为盖庇，遂使州县莫敢谁何。此风久炽，全不为怪。”

② 以上对于“吃菜事魔”组织民间互助功能的论述，参见芮传明《论宋代江南之“吃菜事魔”信仰》，载《史林》1999年第3期。

上引文所记被时人视为“吃菜事魔”的浙西道民群体还积极从事公共事业[①],“以建祠庙、修桥梁为功行”。虽然宋朝官员称其“撰造事端,兴动功役,夤缘名色,敛率民财”,“遇有修建,夤缘假名,敛率民财,自丰囊橐”,但道民在当时确实参与修建了不少祠庙和桥梁。如淳熙元年(1174),道民丁妙超在德清县平阳岭募缘买地兴建施水庵,道民沈妙净后又增修之[②];绍熙四年(1193),湖州的仪凤桥石柱题名中就有“干缘道民汤彦宗、汤道春、朱道诚、李道妙、周智成、沈道彦”[③];淳祐七年(1247)重新修创的武康县德胜桥题字中也有“干成道民鲁王□”的字样[④]。由此也可看出官员出于政治目的对道民的污蔑。

“吃菜事魔”的徒众包含多个社会阶层,成分极其复杂,但主体应是贫苦农民。他们生活艰难,根本吃不起肉,故以吃菜为主。如史籍中称“江浙山谷之民,平时食肉之日有数,所以易于食菜”[⑤],“田野之间,深山穷谷,肉食者少,往往止吃蔬菜”[⑥]。另外还有地方豪强,范浚就说:“江浙之人,传习妖教旧矣,而比年尤盛,绵村带落,比屋有之。为渠首者,家于穷山僻谷,夜则啸集徒众,以神怪相诳诱……其人类多奸豪、拳勇、横猾。”[⑦]其他还有“工匠役徒”[⑧],弓手、土兵等乡兵也有“事魔”者,如婺州所属七邑“乡民多事魔,东阳、永康尤甚,根株连结,虽弓手、土兵躬受其法”[⑨]。

最后,我们对宋代民间宗教组织的相关问题略作总结:首先,从组织形式上看,虽然每一组织都有自己的首领和成员,但他们之间的关系因组织不同而有很大差异。在前三种民间宗教组织中,成员的加入没有特定仪式,只

---

① 日本学者竺沙雅章曾专门论述浙西道民群体,参见其《宋代浙西の道民について》,载其《中國佛教社會史研究》,京都:同朋舍 1982 年版,第 261～292 页。

② 赵孟坚:《彝斋文编》卷三《德清县平阳岭兴善施水庵记》。

③ 《吴兴金石记》卷一〇《仪凤桥石柱题名》。

④ 《吴兴金石记》卷一一《德胜桥题字》。

⑤ 《建炎以来系年要录》卷六三,绍兴三年三月丁丑条。

⑥ 张守:《毗陵集》卷七《措置魔贼札子》。

⑦ 范浚:《香溪集》卷一四《募兵》。

⑧ 《宋会要辑稿·刑法》二之一三〇。

⑨ 郑刚中:《北山集》卷一《定谋齐力疏》。

要参加该组织的活动就可被视为组织的一员，首领只是相关宗教信仰活动的发起者和组织者，对于组织成员没有太强的支配能力；秘密宗教组织中则不同，加入组织要经过一定的仪式，首领对于一般成员有着极强的支配能力。其次，从功能上看，民间宗教组织满足了不同民众的精神需求，具有精神慰藉的功能；各种祠庙社会还有大众娱乐的功能；"吃菜事魔"等秘密宗教组织则具有反抗专制统治和经济互助等方面的功能。再次，从与国家的关系上看，对前三种民间宗教组织，官府对它们一般采取默许的态度，有时甚至参与其中，但对有的祠庙社会也会因其是所谓"淫祀"或影响社会秩序而加以禁止和取缔；对于秘密宗教组织，由于首领对成员具有极强的支配能力，其往往会形成一股强大的力量，从而引起国家的高度警惕、防范直至镇压。

第三节　宋代民间宗教组织与国家的关系

一、宋代国家对民间宗教组织的政策

宋代国家对民间宗教组织的政策和态度，概括起来讲，就是对那些对统治有益无害的民间宗教组织采取比较宽容的政策，或支持其发展，或听之任之，不加干涉，或通过对神祇的赐封等手段加以控制；对可能危及自身统治和社会秩序的民间宗教组织采取严格防范、厉行镇压的政策。一般来说，佛教和道教影响下出现的各种民间宗教组织、乡村春秋祭祀时的社等对国家统治和社会秩序往往造不成太大的危害，国家也不多加干预；"吃菜事魔"等民间秘密宗教对国家统治则具有巨大的威胁，国家对其采取严厉防范和镇压的政策，这点在王则起义和方腊起义等与秘密宗教有关的起义发生后尤为突出，学界对此已有详尽研究[①]，此不赘述。因祠庙信仰产生的民间宗教

---

① 相关研究主要有白鹏飞《两宋时期政府与民间教门关系初探》，载《历史教学问题》1998年第2期；郭东旭《论宋代秘密宗教与法禁》，载其《宋朝法律史论》，第170～194页；贾文龙《宋代秘密宗教与法禁研究》，河北大学硕士学位论文，2002年。

组织的情况比较复杂，国家对它的政策也不尽相同，有的是认可并参与其中，有的是严加监控，还有的是加以禁止和取缔，下文略加论述。

一般认为，宋代祠神信仰分为正祀和淫祀两类，只有那些列入国家祀典或获得国家封赐者方为正祀，其他的尤其是不合国家政策的则属于淫祀。[①]皮庆生分析了宋人的正祀和淫祀观念，指出：正祀是获得国家承认的祠祀，包括列入国家祀典和获得国家封赐的祠祀；淫祀是不合法的民众祠神信仰，即信众以不恰当的方式祭祀不合适的神灵，信仰者、祠神及崇奉行为三者中任何一者不合法都可能导致祠神信仰整体的非法。但在当时大部分人心中，正祀和淫祀之间有一个广阔的中间地带，民众祠神信仰的大部分介于合法与非法之间，不是非此即彼，虽然未必合法，但也未必是非法的。[②] 北宋后期的唐庚就说：

> 神江铁步水东皆有庙，而水东庙为特盛，然皆不在祀典，故或者以为疑。夫以祀典而论鬼神，犹以阀阅而论人物也，便谓之尽，可乎，此亦无足疑者。[③]

对不同类型的民间祠庙信仰，宋代国家出于维护统治的需要，也采取不同的政策：一方面是通过赐额、赐号、列入祀典等方式加强对某些祠庙的控制[④]，另一方面则是对不符合国家利益的祠庙信仰进行打击。正是由于国家对民间祠庙信仰的不同政策决定了国家对祠庙信仰组织的不同态度和政策

---

① 参见沈宗宪《国家祀典与左道妖异：宋代信仰与政治关系之研究》，台湾师范大学历史研究所博士学位论文，2000 年；杨建宏《略论宋代淫祀政策》，载《贵州社会科学》2005 年第 3 期。

② 参见皮庆生《宋人的正祀、淫祀观》，载《东岳论丛》2005 年第 4 期。

③ 唐庚：《眉山集》卷二《水东庙记》。

④ 学界对此研究较多，可参见［日］松本浩一《宋代の賜額・賜号について——主として〈宋會要輯稿〉にみえる史料から》，载野口鐵郎编《中国史における中央政治と地方社会》，1985 年度科学研究费补助金综合研究（A）研究成果报告书；［美］韩森著、包伟民译《变迁之神：南宋时期的民间信仰》，浙江人民出版社 1999 年版，第 76～101 页；［日］金井德幸《南宋の祠廟と賜額について——釈文珦と劉克荘の視点》，载宋代史研究会编《宋代の知識人——思想・制度・地域社会》，東京：汲古書院 1993 年版；［日］須江隆《唐宋期における祠廟の廟額・封号の下賜について》，载《中国－社会と文化》第 9 号，1994 年；沈宗宪《国家祀典与左道妖异：宋代信仰与政治关系之研究》，台湾师范大学博士学位论文，2000 年；［日］水越知《宋代社会と祠廟信仰の展開——地域核としての祠廟の出現》，载《東洋史研究》60 卷 4 号，2002 年。

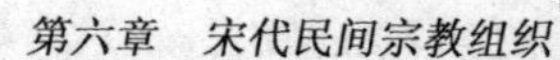

的复杂性。

首先，宋代国家对祠庙信仰组织默许、认可，甚至是积极参与其活动。

祠庙信仰有加强国家对基层社会控制和维护社会稳定的一面，宋人对此已有清楚认识。如汪藻称：

> 雨旸天事，虽有智者莫能力致。今乃取必于神，如责券探囊，无不如意，民既足食乐生，重犯法，得以其力出赋租给公上，而吏亦因此省治讼，兴事功，是神有功于国甚著，有德于民甚厚。①

他认为祠庙信仰可以使民众足食乐生，遵守国家法律，及时完成对国家的赋役义务，从而有助于社会稳定和国家的长治久安。袁甫也称："牧民无他技巧，从其愿而已。灵顺有庙，为祈町设也。"②这里清楚地指出了祠庙信仰也是国家"牧民"即加强对民众统治的有效手段。郑侠则清楚地论述了祠神信仰与行政控制相辅相成的关系：

> 神任职于幽，代天伺察正淫而祸福之，故血食于此。太守任职于明，代天子伺察善恶而赏刑之，故禄食于此……神与太守，所治不同，而为道一矣。③

在他看来，官员通过行政手段不能实现的社会控制目标可以借助神灵的赏善罚恶来实现。正是基于上述认识，宋代国家对某些祠庙信仰组织采取了认可甚至参与的政策。

北宋元祐年间，郑晴说："历代有祀典，以籍群神……祀典之外，又有祠宇，各为一方祈祷，例多以所在之民重古人角立杰出，有雄材奇节伸后世，恩德之怀□……在一方之祀者出于俗，特系民之兴废，吏不得以严督……官不率民而兴，亦不禁民之往。"④由此不仅可以看出宋代祠庙信仰并不是非正祀即淫祀那样截然对立的⑤，更可以看出宋代官员对相关祠庙信仰组织的默许和认可，官府既不提倡，也不禁止。

---

① 汪藻：《浮溪集》卷一八《虔州神惠庙记》。

② 袁甫：《蒙斋集》卷一二《衢州重修灵顺庙记》。

③ 郑侠：《西塘集》卷五《代林丈再任谒诸庙》。

④ 《常山贞石志》卷一二郑晴《重修淮阴侯庙碑》。

⑤ 参见皮庆生《宋代民众祠神信仰研究》，第295页。

宋代国家对祠庙信仰组织的参与较为突出地表现在对水旱等自然灾害的祈禳活动中。宋代祷雨时，可以对祠庙“无问在不在祀典”[①]。各地方官也是率僚属及民众积极地参与祈祷活动。政和元年(1111)四月，虔州遭遇水灾，“水至城下丈余，雨昼夜不止，吏民惴恐”，江南西路提点刑狱潘景修率官属祷于灵顺昭应安济王庙，“辄应”；六月时“民穑在田，天则不雨，有艰食之忧”，潘景修“又祷，则又应”；到冬天“盐荚之役兴，而常旸涸流，舟不得漕”，江南西路转运副使张根“又祷，则又应”。[②] 这里就是向已有封号的祠神进行祈祷。有的则是向没有封号或不在祀典的神灵祈祷。咸平四年(1001)，忻州一带发生大旱，地方官前往不在祀典的七岩山娘子庙祷雨。当时的忻州团练推官刘仲堪记载说：

> 凡有神福庇民间者，非当时忠臣，则列女。去郡四十里，有山曰七岩，有神曰娘子，俗传赵襄子之女也。祀之颇恭，农蚕之将兴、疾沴之代有，必往祈焉。咸平四年，自冬及春，雨雪弗降，郡之官吏遍走境内，而久无所应。越四月哉生明，知太守事庐江何公斋戒备牲醴，躬谒祠，仲堪时以宾席从……殁而历千百载，灵应若是，虽不系祀典，享庙食也无愧。[③]

潭州息山下有潭，潭上有龙神庙，“本州每遇雨旸稍愆，随祷辄应”，真德秀守潭州时，“尝走祠下，以分龙得雨为祷，且与神约，即雨则缮其祠屋以报，未几果雨，则既如约矣”，后又以秋旱“祷于神”，“与神约，即雨则请爵号于朝”，很快下了两场大雨，“槁苗复苏，迄成中熟”。[④]

一旦某一祠神获得了国家的封爵或进入国家祀典成为正祀，官府对该祠庙社会的参与会更加频繁和深入。广德军的张王诞会，地方官必须参加，诞会仪式的第一个环节就是县令告祠山，圣诞当天守丞要率先酌献，并象征性地出面请天宁寺主持出来主持道场仪式，甚至会首都由官府差派，这都说

① 陈傅良：《止斋先生文集》卷四一《跋灵润庙赐敕额》。

② 汪藻：《浮溪集》卷一八《虔州神惠庙记》。

③ 《定襄金石考》卷一刘仲堪《七岩山娘子神记》。

④ 真德秀：《西山先生真文忠公文集》卷一七《申请息山龙王封爵状》。

明了地方官员在张王诞会中的重要地位。[①]

有时地方官对祠庙信仰活动的参与是被动的。韩森曾指出地方官要征集赋税、处理诉讼事务、安定地方社会，离不开地方势力的支持，故而积极为当地神祇请求封号，以作为对地方势力合作的回报。[②] 邠州"城东有灵应公庙，傍有山穴，群狐处焉，妖巫挟之为人祸福，民甚信向，水旱疾疫悉祷之，民语为之讳狐音。前此长吏，皆先谒庙然后视事"[③]。邠州灵应公庙非常灵验，对当地民众有非常大的影响。邠州地方官到任之初，先去拜谒灵应公庙后才视事，与为当地神祇请求封号出于同样的目的，都是为了获得地方势力的支持。

其次，宋代国家对祠庙信仰组织监控、禁止乃至取缔。

从宋代国家的立场出发，国家要将祠庙信仰及其组织活动置于严密的监控之下。相比较而言，国家对于祠庙信仰组织的关注要超过对信仰内容的关注，原因在于信仰的内容往往不会对国家政权构成直接的威胁，但信仰组织却是直接的威胁力量。

宋代国家通过赐额、赐号等手段来加强对民众祠庙信仰的控制，虽然如前文所述在正祀和淫祀之间有一"中间地带"，但国家对属于此类的祠祀随时可以根据形势变化的需要将其列入淫祀予以打击。这在某种意义上也是对祠庙信仰组织的控制，因为如果某一组织赖以产生的祠庙信仰属于淫祀，那么该组织很自然地就可归入非法的民间组织，被官府禁止和取缔也就顺理成章了。赐额、赐号和列入祀典等手段一度被认为是国家控制民间信仰的最有效的手段，但从实际情况来看，其效力比较有限，因为这一制度"只能被动地将筛选过的神祇纳入正祠中，但巫觋和民间力量则不断创造新祠"，这种不为统治阶层认同的民间造神运动在宋代非常活跃，由此足可见国家这一制度之效力的有限[④]，由此，宋代国家必须加强对祠庙信仰组织的监控，

---

① 参见皮庆生《宋代民众祠神信仰研究》，第 85 页。

② 参见[美]韩森著、包伟民译《变迁之神：南宋时期的民间信仰》，第 94～95 页。

③ 《宋史》卷二八七《王嗣宗传》。

④ 参见王章伟《在国家与社会之间：宋代巫觋信仰研究》，香港中华书局 2005 年版，第 320～321 页。

以将可能对国家政治统治和正常社会秩序造成的威胁尽量减弱或消除。

宋代国家对祠庙信仰组织的担心主要来源于两个方面：

一是祠庙社会举行时礼仪、服饰等的僭越对国家权威形成了挑战。传统社会中，服饰、仪仗等都与一定的等级和社会地位密切相关，而民众在举行祠庙社会时往往给神灵配以超过其品秩的仪仗、服饰。政和八年(1118)七月，朝廷在诏令中称“川陕民庶，因飨神祇，引拽簇社，多红黄罗为伞扇，僭越无度”，故而要求加以禁止，并“检会近降不许装饰神鬼队仗指挥内，添入民庶社火不得辄造红黄伞扇及彩绘以为祀神之物，犯者以违制论。所属常切觉察”。[①] 嘉定七年(1212)九月，有大臣上奏称：“古者衣服有常，民得归一，今愚民以迎神为名，妄一男子，目以为神，如古者立户(尸)以祭，冠冕之华，服色之僭，饰金车，张皇盖，纵观者不骇，执法者不诃，僭乱之俗，莫此为甚。”为此，朝廷要求“申严行下监司、郡守，镂榜晓示，严行禁戢”。[②] 南宋末年四川怀安军的社火，“所事之神则被之以黄衣赭袍，奉之以龙床黄伞”[③]，知军度正认为此举僭越，欲加以禁止，虽后来遭地方势力劝阻作罢，但也反映出地方官对此类行为的高度警惕。

有的祠庙社会中还使用囚帽、神杖、神枷，欧阳守道就称吉州地区“神枷神杖处处盛行，巫者执权过于官府。一庙之间，负枷而至动以数千计，重者装为大辟，笼首带铃，其家自以子弟亲戚拥曳之至庙，以听释放，或受所谓神杖而还”[④]。枷、杖本来都是国家的刑具，判决处罚犯人是国家专利，祠庙信仰组织中对现实审判程序的模拟和对刑具的象征性使用很容易使人视之为游戏之事，以致“作奸犯科，略不知忌”[⑤]，最终削弱官府的权威，使社会秩序遭到破坏。

二是祠庙信仰组织的活动对社会秩序造成了破坏。在祠庙社会的赛神活动中，民众往往会手持兵器，时常发生械斗。淳熙二年(1175)十月，中书

---

① 《宋会要辑稿·刑法》二之七一。
② 《宋会要辑稿·刑法》二之一三九。
③ 度正：《性善堂稿》卷六《条奏便民五事》。
④ 欧阳守道：《巽斋文集》卷四《与王吉州论郡政书》。
⑤ 黄震：《黄氏日抄》卷七四《申诸司乞禁社会状》。

门下省言："访闻乡民岁时赛愿迎神，虽系土俗，然皆执持真仗，立社相夸。一有忿争，互起杀伤，往往致兴大狱，理宜措置。"由此，朝廷诏令"诸路提刑司行下所部州县严行禁戢，如有违戾，重作施行"①。广德军祠山庙"岁合江淮之民祷祈者数十万，其牲皆用牛，郡恶少挟兵刃舞牲迎神为常，斗争致犯法"②；方山祠"连三数郡，凡江湖出没之徒，率千百人，结枪刃啸呼之社，关系非小，禁防宜先"③。可知在一些规模较大的祠庙社会中，民众习以兵刃为仪仗迎神，加上一些"恶少"或"江湖出没之徒"的阴相鼓动，很容易发生群体斗殴等危害社会秩序的事件，故而引起了国家深深的忧虑和担心。宋代国家对此多次颁布诏令加以禁止。咸平六年(1003)四月，"诏民祠岳者自今无得造舆辇、黄缨伞、茜鞍帕及纠社众执兵，违者论如律"④。天圣五年(1027)八月，"禁民间结社祠岳渎神、私置刀楯旗旛之属"⑤。宣和六年(1124)闰三月，中书省尚书省称"诸色因祀赛社会之类，聚众执引利刃，从来官司不行止绝。其利刃之具虽非兵仗，亦当禁止"，"诏应诸色人因祠赛社会之类执引利刃，虽非兵仗，其罪赏并依执引兵仗法，仍仰州县每季检举条制，出榜禁止。如以竹木为器，蜡纸等裹贴为刃者，不在禁限"。⑥ 乾道三年(1167)五月，知邵武军王份称"本军管下乡村多有不畏公法之人私置兵器，结集人丁，岁以为常，谓之斗社，持枪杖，鸣锣鼓，千百成群，动以迎神为名，甚者倚恃徒党，因而为盗"，故请求"自今有犯，并依结集立社法，庶几顽俗有所畏惮"。⑦ 淳熙十四年(1187)正月，新知秀州赵亮夫奏："所在州县有神祠去处，每岁秋成丰稔，多用器械之属前后导引。乞申严条令，行下诸路州军，告谕民间，应有所藏迎神兵器，立限出首，赴官交纳，许以木锡代用。"⑧次年又规定"迎神不得

① 《宋会要辑稿·刑法》二之一一九。
② 《宋史》卷四三八《黄震传》。
③ 黄震：《黄氏日抄》卷九三《改添差通判绍兴府谢庙堂》。
④ 《续资治通鉴长编》卷五四，咸平六年四月丙寅条。
⑤ 《续资治通鉴长编》卷一〇五，天圣五年八月甲戌条。
⑥ 《宋会要辑稿·刑法》二之九〇。
⑦ 《宋会要辑稿·刑法》二之一五七至一五八。
⑧ 《宋会要辑稿·刑法》二之一二三。

辄持兵器”[①]。庆元四年(1198)三月,有臣僚称:“今天下郡邑乡聚,每岁立社,计户裒金以造作兵器,小有忤意,变故随生。”故而诏令“今后遇有献神、祷旱等事,不得以头刃为戏,凡物之像兵器者亦不许复鬻于市”。[②] 嘉定七年(1212)九月,有臣僚说:“今愚民之媚于神者,每以社会为名,集无赖千百,操戈被甲,鸣钲击鼓,巡行于乡井之间。万一有啸呼其间,如窃弄潢池之兵者,则里社何以御之?”[③]有的祠庙社会组织甚至已经到了揭竿而起的边缘。潭州长沙县“穷山中有丛祠,号影株神,愚民千百辈操兵会祭,且欲为乱”[④],被知县王师愈设计平定。

同样是基于维持正常的社会秩序的考虑,一些大臣主张对某些祠庙组织加以禁止。元丰四年(1081),京城附近民众“结成朋社,率敛财物”,欲在祥符县邓公乡为神立庙,御史丰稷和开封府界提举司管勾官邓忠臣等都主张“小人缘此易生奸心,神民异业,不可不禁”[⑤]。度正谈到蜀地祠赛社会的情况时说:

> 近年以来衣服益侈,器仗益盛,队火益繁,而所事之神则被之以黄衣赭袍,奉之以龙床黄伞,其人更相呼集,连结数州,多者千余人,少者数百辈。事神之人例多良善,然其间岂无少年博徒,膂力强健,酒后耳热,慷慨悲歌?当此之时,或有奸人萌其非心,妄意大事,诱之以福,挟之以祸,劫而驱之,非常之变起于俄顷,岂可不虑?使州郡城郭坚高,兵甲犀利,人马充壮,匹夫狂妄初无足道,而今州郡事力空虚,万一有此,未易扑灭……欲乞指挥行下,严加禁约,凡奉神者不得以黄衣赭袍、龙床黄伞等物,仍各于本贯判状,凡五六人至十人,各自为队,不得结连百人以上为队,庶几不至太盛,防微杜渐,以潜消意外之患。[⑥]

度正不仅主张从活动、仪式方面对祠赛社会加以限制,还主张严格限制祠赛

---

① 《宋会要辑稿·刑法》二之一二三。
② 《宋会要辑稿·刑法》二之一二九。
③ 《宋会要辑稿·刑法》二之一三九。
④ 《朱熹集》卷八九《中奉大夫直焕章阁王公神道碑铭》。
⑤ 《续资治通鉴长编》卷三一三,元丰四年六月壬申条。
⑥ 度正:《性善堂稿》卷六《条奏便民五事》。

社会的规模，从而避免“意外之患”。[①] 张端义《贵耳集》卷下记录了这样一件事情：

余干有一富人，作社火迎五圣，遂三次往行在看拜郊，画成图归。装官家驾出迎神，呼八千人为细甲军，皆用金银二纸为之，卤簿、仪卫俱全。又装一人，俨然赭袍坐于辇上。后州郡因诉词，取社首数十人囚死之。此等真怪事，所以迎神社火有禁，故有意也。

江西余干的这个社会规模很大，有八千多人，并且僭越无度，最终被地方官府禁止，参与领导其事的数十名社首被囚死，说明国家对这种宗教组织还是高度警惕和严厉打击的。

综上所述，宋代国家对民间宗教组织的态度和政策是复杂的，或对其采取默许、认可的方式，支持其发展并参与相关活动，或对其加以限制和禁止。虽然采取了不同的态度和政策，但目的都是为了维护政治统治的稳定。

二、宋代民间宗教组织与乡村行政组织的关系

乡村行政组织作为国家在乡村社会的行政末梢，需要执行上级行政组织的指令。宋代国家对民间宗教组织的政策和态度比较复杂，由此决定了宋代乡村行政组织与民间宗教组织的复杂关系，大致表现为以下三个方面：

(一)乡村行政组织对民间宗教组织的监控

前文已经指出，维持社会治安是乡村行政组织的重要职责。由于宋代一些秘密宗教组织不仅规模大，参与者众，而且组织严密，其首领对教众有绝对的控制权，“其宗师之御其徒，如君之于臣、父之于子，而其徒之奉其宗师，凛然如天地神明之不可犯，较然如春夏秋冬之不可违也，虽使之蹈白刃、赴汤火可也”[②]，甚至“辄于编户之外，别为一族”[③]，这样，秘密宗教组织就形成了一股组织严密的庞大力量，构成了对国家的严重威胁，由此，监控乡村社会中的非法宗教组织，防止社会上不安定因素的出现，自然是其中的重要

① 以上关于宋代国家对祠庙信仰组织担心的论述，参见皮庆生《宋代民众祠神信仰研究》，第112～116、130～142页。

② 王质：《雪山集》卷三《论镇盗疏》。

③ 《宋会要辑稿·刑法》二之一三〇。

内容。国家为加强乡村行政组织对非法宗教组织的监控，曾多次颁布法令，明确规定乡村行政组织负有监控非法宗教组织的职责。熙宁三年(1070)，《畿县保甲条例》规定："同保内有犯强窃盗、杀人、谋杀、放火、强奸、略人、传习妖教、造畜蛊毒，知而不告，论如伍保律。"[①]可见保甲组织从创立伊始就负有查禁"传习妖教"之责。政和四年(1114)，"下诸路括责州县，前此有以讲说烧香斋会为名而私置佛堂、道院为聚众人之所者，尽行毁拆，明立赏典，揭示乡保，仍令逐都保每季具有邪法聚众申县，县申州，州申提刑司，类聚以上朝廷。结集徒党事非细密，申令已明，倘复违犯，当严邻保之法，州城兵官、县巡尉其不觉察之罪，比他官宜加等坐之，庶止邪于未形，且使无知之人免陷于刑戮"[②]。这里是要求保正长巡查辖区内是否有非法宗教组织活动。绍兴六年(1136)，"诏结集五愿断绝饮酒，为首人徒二年，邻州编管，从者减二等，并许人告，赏钱三百贯，巡尉厢耆巡察人并邻保失觉察杖一百"[③]，可知耆长也负有监控非法宗教组织的责任。南宋中后期，湘阴一带有杀人祭鬼之俗，为此地方官要求"应有淫祠去处，并行拆毁，奉事邪鬼之家，并行籍记，四路采生之人，并行收捉，邻甲照已排立保伍，互相举觉"，"如官容纵，本司体探得知，定将知县并巡、尉按劾，当行人吏决配，邻人、保正隐蔽，一体施行"。[④] 南宋中后期的刘子寰在诗中称民众参加祠庙社会"本欲供祈祷，却因祈祷生烦恼。裒凶敛恶引奸偷，起讼兴争害乡保"[⑤]。祠庙社会会对社会秩序产生危害，引起争讼，保正等乡村行政头目要负责任，由此可推知乡村行政组织对民间宗教组织有监控之责。

虽然国家对乡村行政头目监控非法宗教组织有严格的法令规定，但有些乡村头目却怕受牵连而隐匿不报。"江浙州县溪山深僻之民，更相传教，各有主首，愿为徒侣之人，即输钱上簿，听其呼率，私置军器，群起举事。里

---

① 《续资治通鉴长编》卷二一八，熙宁三年十二月乙丑条。

② 《宋会要辑稿·刑法》二之六一至六二。

③ 《宋会要辑稿·刑法》二之一一一至一一二。

④ 《名公书判清明集》卷一四《行下本路禁约杀人祭鬼》。

⑤ 刘子寰：《篁嵘山人伤时风歌》，载《新编事文类聚翰墨全书·癸集》卷一一《神祠门》。

正恐其累己，匿不告官，由是其徒转炽。”①

一些地方官员也注意用乡村行政组织来监控民间宗教组织。蔡久轩在处理“莲堂传习妖教”事时，对“其会下说诱胁从之徒，初非本心，亦非素习，无问已追到未追到，已供摊未供摊等人，并免坐罪，更不追唤，仰日下改弃邪习，仍为良民，归事父母，供养祖先，以保身体，以保妻子，以保生理，如再敢聚集，定行追断。帖引巡、尉、隅、保常切觉察，遍榜诸州县”②。朱熹《劝谕榜》规定了“禁约保伍互相纠察事件”，其中就有“不得传习魔教”一条，要求“保内之人互相觉察，知而不纠，并行坐罪”。③

国家的这一政策使乡村行政头目直接处在了秘密宗教组织的对立面上，一旦有人想利用秘密宗教发动起义，其矛头首先指向的就是乡村行政头目。《宋史全文》卷一四称：“睦州青溪县有洞曰帮源，群不逞往往囊橐其间，方腊者因以妖术诱之，凶党稍集，是月（指宣和二年冬十月）丙子杀里正，纵火大掠，从之者几万人。”《鸡肋编》卷中记绍兴三年（1133）春，衢州开化县有人“以私怨告众事魔，有白马洞缪罗者，杀保正，怒其乞取，其弟四六者，辄衣赭服，传宣喧动”。

（二）乡村行政头目对民间宗教组织和活动的参与

对合法的民间宗教组织和活动，乡村行政头目不仅不予以干预，还会积极参与其中。开宝六年（973），白水县数社合作修苍颉祠并立碑以记其事。今将碑阴题名摘录如下：

崇明社　邑义如后　一十八人并修覆墙
张初　李□　张训　司稹　甄满　陶朗　李锐
龚遇　冯福　龚厚　韩训　韩筠　甄温　许斌
韩正　陈□　陶崇　张琦　庙子张信
社人如后　贺□
陈柔　孙皋　张密　张顺　陈温　张朗　李崇

---

① 《建炎以来系年要录》卷六三，绍兴三年三月丁丑条。
② 《名公书判清明集》卷一四《莲堂传习妖教》。
③ 《朱熹集》卷一〇〇《劝谕榜》。

李福　成宽　杨温　雷重　雷思　王肇　陈重
张思　陈故　严从　刘审　陈环　寇美　耿训
成饶　孙郴　孙义　孙钊　孙武　孙远　陈陶　陈福
孙通　陈仙　陈顺　陈训　冯嗣　……
当社里正成□羊一口　张训粟一石五斗 孙遇
诸社施主　徐庄党化成
和苏　傅玫粟一石二斗　李柔羊一口粟一石
傅柔羊一口粟一石　冯钊羊一口　冯宏粟一石　……①

再如天禧四年(1020)《河中府万泉县新建后土圣母庙记》碑阴题名：

助缘县前行张真等　卫靖　李顺之　阎美　王顺 解仲赟 范智明 张□宾
后行宋信　王诩　古文政　雍士元
手力节级孟仲明等　杨真　王守伦　李荣　李向　柳智　赵福
厅子卫用志
弓手节级陈恭　贾通
书手畅□恭　樊恕忠　张诚　陈坦　苏俊　薛进　李彦文　古忠
里正刘显　薛延嗣　李赟　皇甫进
客司行首知酒务张元正
右都押衙知税务陈延福
郭下助缘人马用忠等　姚遂　柴守忠　高光□　李文信　柴元吉　淮美　南随元　邵象之　牛延德　薛蕴
修大殿并后宫都维那头柳文遂　宁谦　李义　张进　王守忠
修舞亭都维那头李延训等　杨延嗣　杜文明　孙诩　李福全　柳茂真　丁思顺　李用　王质　孙延义　畅遂　薛延嗣　孙普　牛钊　王密　孙惠宗　李显通

① 《八琼室金石补正》卷八四韩从训《修苍颉祠颂碑并阴》。

丰荣……[①]

通过上述两碑题名大致可得到以下认识：

第一，乡村行政头目里正参与了为修建祠庙而成立的邑义组织。在白水县民为重建仓颉祠而组成的邑义中，参与的三位里正有两位还分别捐了羊和粟。在万泉县修建后土圣母庙时，四位里正也都是助缘人。南宋后期瑞州高安县旌义乡欲建郑仙姑祠，“乡保转闻之县，县闻之州，乞奏于朝，立庙旌表”[②]，可见乡村行政头目也参与了这个筹建郑仙姑祠的宗教组织。

第二，里正不仅仅是以信徒或善士的身份加入组织的，更是以乡村行政头目里正的身份加入的。碑刻题名的顺序就能反映这一点。修仓颉祠的邑义中，里正成某捐羊一口，张训捐粟一石五斗，孙遇无施舍，他们施舍财物的数量并非最多，却为突出其里正的身份而排于诸社施主之前。万泉县建后土圣母庙碑更加明显，无论是前行、手力、厅子、弓手等县衙吏人、公人，还是里正等乡村行政头目，都单独列出，排于其他助缘人及都维那之前。有的甚至是乡村行政头目的母亲、妻子等参加宗教组织，也会特别注明其儿子或丈夫具有乡村行政头目的身份，由此也可反映乡村行政头目在乡村社会事务中的重要地位。如景祐四年(1037)青州益都县东郑村《张仪等造石香炉记》的题名：

> 景祐四年，岁次丁庚午朔，□□□□那张仪等合社献香炉两坐。
> 维那张仪妻□氏 外母李氏 男张用基 □□□ 男用之
> 女婿周行 女大娘子 二娘子 三娘子
> □　官高利□妻刘氏　□王握妻矫氏
> 社□□□妻冯氏 社正王梦清妻常氏
> 张文妻满氏 司玉母郭氏 郦和妻李氏 满秀母邢氏
> 尚恕母刘氏 刘顺妻李氏 高和妻孙氏 刘行妻□氏
> □□母王氏 王□妻步氏 王崇妻张氏 □□□□□□□□□□□吕

---

① 参见冯俊杰等编著《山西戏曲碑刻辑考》，第11～12页。另参见夏杨《河东现存宋、金、元舞台碑碣资料辑校与浅说》，载傅仁杰等主编《河东戏曲文物研究》，中国戏剧出版社1992年版，第246～247页。

② 周密：《癸辛杂识》前集《郑仙姑》。

常怀妻王氏 王□妻杨氏 张璘妻□□

王翼母张氏 □□弟和　常□母成氏 王实妻□□

□□妻戴氏 赵义妻□氏 张□弟元 徐清妻李□

□□母宋氏 □□妻刘氏 □□妻朱氏 □□母王氏

□用和妻□氏 修□人宋文贵 邢用 王文照妻赵氏

□□妻孙氏 董□□妻王氏 耆长王振母刘氏

□□□□氏　郑辛 常□妻杜氏 □辛妻王氏 □□母王氏

邵元妻刘氏 王江妻杨氏 □□妻徐氏①

第三，有的里正也是民间宗教组织的首领。白水县修仓颉祠碑由于碑文有缺字，已无法弄清该邑义维那中是否有里正。万泉县修后土圣母庙碑中，薛延嗣既是里正，又是舞亭修建等工程的总负责人都维那头，即因修庙结成的民间组织的首领。乡村头目在这些民间宗教组织中扮演着组织者和领导者的角色。这体现了乡村行政组织与合法民间组织互相渗透、密不可分的关系。

有的乡村行政头目在执行公务时会到祠庙祭祷求助。绍兴三十二年(1162)五月，湖州德清县永宁乡“夜有贼偷土人舡一只，内有二子看守，贼撑舡去十余里，杀其二子，一境骚动”，面对这种情况，“本乡耆保及所属弓兵恳祷于神，乞赐威灵阴助，速其败获，仍先克定时日，果于平江府捉到，时刻不差”②。耆长和保正等乡村行政头目为破杀人命案，到该乡的孚惠庙祈求神助，足以反映他们对该神的笃信。当地结社祭祀时，这些乡村行政头目肯定也是积极参与者，并可能在其中扮演首领的角色。

宋代秘密宗教组织中也有乡村行政头目的身影。利用民间宗教发动起义的方腊“家有漆林之饶”，“为里胥，县令不许其雇募”。③ 方腊为里胥是因

---

① 《(光绪)益都县图志》卷二七。

② 《两浙金石志》卷九《宋孚惠庙敕牒碑》。

③ 曾敏行:《独醒杂志》卷七。关于方腊起义所利用的民间宗教，有的学者认为是摩尼教，有的则认为称方腊是摩尼教首领、以摩尼教为号召发动起义的观点证据不足。(参见朱瑞熙《论方腊起义与摩尼教的关系》，载《历史研究》1979 年第 9 期)学界虽有以上争议，但对方腊以民间宗教发动起义却无争议。

为其家中颇有财产，按户等轮充差役的，这尚不能反映秘密宗教曾作出向乡村行政组织渗透的努力。对此问题，我们无法找到直接有力的证据加以说明，但透过一些秘密宗教的组织形态似乎可看出其有过向乡村行政组织渗透的活动。[①] 从参与秘密宗教组织者的成分来看，除广大贫苦乡民外，还有所谓的“奸豪”、“拳勇”、“横猾”及“游惰不逞之辈”，即乡村豪强势力参与其中。范浚《香溪集》卷一四《募兵》称：

> 江浙之人，传习妖教旧矣，而比年尤盛，绵村带落，比屋有之。为渠首者，家于穷山僻谷，夜则啸聚徒众，以神怪相诳诱，迟明散去，烟消鸟没，究之则鬼迹，捕之则易以生事，根固蔓连，势已潜炽，其人类多奸豪、拳勇、横猾。

《夷坚支庚》卷七《盛珪都院》记绍兴元年(1131)上元日，饶州余干“里中豪者王德璋倡率社甲为佛会，禳除凶灾”。根据宋代役法，乡村豪横恰恰是乡村行政头目的主要力量。众多乡村豪横加入秘密宗教应能反映出秘密宗教组织对乡村行政组织的渗透。前文已经指出在一些秘密宗教组织实力强大的地区，弓手、土兵等乡兵也有“事魔”者，如婺州所属七邑“乡民多事魔，东阳、永康尤甚，根株连结，虽弓手、土兵躬受其法”。他们加入的一个重要原因在于“盖不如是，则其家不安”[②]，很可能是受到了家庭中信教成员的影响。由当地人充任的弓手、土兵如此，保正长和耆长等或与之类似。

需要说明的是，保正长等乡村行政头目虽然是国家在乡村社会的代理人，代表国家对乡村社会进行管理，但其在参与当地某些祠庙信仰组织的活动时，因其本来就生活于该祠庙影响所及的范围内，也是该祠庙的信奉者，故而他们对自己的身份或角色的定位势必会在祠庙信仰组织成员和国家在乡村社会的代理人之间徘徊，最终的结果往往是选择自己作为祠庙信仰组

---

① 有的学者认为宋代浙西道民等秘密宗教组织参与了差役的运营，其史料依据是前文所引《宋会要辑稿·刑法》二之一三〇关于浙西道民的记载。(参见贾文龙《宋代秘密宗教与法禁研究》，河北大学硕士学位论文，2002年)若果如此，无疑是秘密宗教组织向乡村行政组织渗透的最佳例证。但贾文对所引史料的理解恐有失误，史料中所言“工匠役徒，悉出其党，什器资粮，随即备具”并非针对国家差役，而是针对其成员的“营造”之事，即房屋建设等，我们从中看不出道民的上述活动与差役有任何关系。

② 郑刚中：《北山集》卷一《定谋齐力疏》。

织的成员，从而在相关活动中作出有利于祠庙信仰组织的选择。绍定三年(1230)前后地方官府对无锡王三十三太保灵迹的勘验就是一个很好的例证。当县令收到地方信众为神请求封号并附有其灵迹的状后，首先让各处保正副去验证这些灵应的事迹，结果是这些保正副都确认了神的灵迹，于是县令又派另一都保的保正副到神祠所在的第一都去调查。第一都的一位父老及都保正何德待等都证实了该神的灵验。县令将神的灵验事迹及请求封号的状上报至转运使后，转运使又派官员前往调查，当地的都保正等再次为神作证。[①] 在这一系列的勘验活动中，乡村行政头目保正发挥着极为重要的作用，其每次都是同地方父老等一起证实神的灵迹，因其身份之故，可能其叙述更能得到采信。他的证言也可证明其已完全融入祠庙信仰组织。南宋景定五年(1264)，嘉兴府的灵显庙被赐额前，地方官府勘验神灵事迹时被召集作证者也有保正，他们也是同地方父老一起确认了神灵灵验之迹。[②] 这两个事例在某种程度上也能反映出某些民间宗教组织对乡村行政组织及其头目的渗透和影响能力。

(三)一些大规模的民间宗教组织以乡村行政组织为基本单位结成

乡村行政组织是乡村民众生活的重要空间，也是他们从事各种活动的重要载体和基本单位。前述北宋前期因修灵岩寺辟支塔而出现的民间宗教组织是由众多社邑组成的，其中有不少社邑是以乡、管等当时的乡村行政组织为单位结成的。诸暨县松山有朱太守神祠，嘉熙四年(1240)，该县"吏率其僚佐，民会其保伍，走祠下瓣香致敬"[③]。这里民众聚集保伍到朱太守神祠祭祀，应当是以保伍为单位结成社会等民间组织参与祭祀。广德军的方山祠庙社会在当地影响很大，参与者遍及广德全县，举行祭祀时，该县"管下七百二十余保各用一牛"[④]。这里以乡村行政组织保为单位凑集祭祀用的牛，

① 参见[美]韩森著、包伟民译《变迁之神：南宋时期的民间信仰》，第97～99页。韩森在此引证的是台湾"中央"研究院傅斯年图书馆藏第02288号拓片《赐灵护庙牒》，笔者无缘得见，只能转述如上，特此说明。

② 《两浙金石志》卷一三《宋灵显庙赐额敕牒碑》。

③ 《越中金石记》卷五《文应庙记》。

④ 黄震：《黄氏日抄》卷七四《申尚书省乞禁本军再行牛祭事》。

很可能每保都结成一社参与祭祀活动；黄震还说“方山既每保用牛，而每保之社庙又各用牛”[①]，可知广德县各保都有自己的社庙，实即每保都有自己的社，也可说明方山祠庙社会是由该县700多保社联合而成，即以乡村行政组织保为基本单位。在这类以乡村行政组织为单位结成的民间宗教组织中，保正长等乡村行政头目虽然不可能再扮演首领的角色，但也会参与其中，接受民间宗教组织首领的领导。一些大的民间宗教组织以乡村行政组织为单位结成，还有一些小的民间宗教组织在一乡或一都保中就有多个，可反映出二者之间相互融合或包容的密切关系。

① 黄震：《黄氏日抄》卷七四《申尚书省乞禁本军再行牛祭事》。

第七章　宋代民间自保武装

宋代民间武装的类型多种多样。从产生原因上看，既有因农民起义所产生的民间武装组织和由散兵游勇组成的游寇集团，也有地方社会为防御外来袭扰而产生的自保性的民间武装组织，还有因秘密宗教形成的民间武装组织；从组织形态上看，既有组织严密的各种军事性会社和山水寨等，又有临时集结、组织相对涣散的一些民间武装；从与国家的关系上看，可分为合法的或国家认可的与非法的或国家反对而进行镇压的两类。限于学养及本书要讨论的主题，下文论述的民间武装主要是地方社会为防御外来袭扰而结成的合法的民间自保武装，而不涉及因农民起义形成的武装组织及游寇集团等在当时国家看来是“非法”的民间武装。

不少农民起义武装就是由民间自保武装转化而来的。至于民间自保武装与农民起义武装的区别，除合法或非法外，还在于其形成的原因和目的。民间自保武装的形成必须是受到了外来军事力量的袭扰，地方社会原来正常的生产秩序、生活秩序等都被打乱，民众被迫自行结成武装组织加以防御，以期维持基本的社会秩序，并不反对既成秩序和当时国家的统治。农民起义武装的出现原因就比较复杂，或是赋役负担极为沉重使人民难以承受，或是重大自然灾害使民众的生活难以维继，或是土地高度集中和政治黑暗，更多的是几种原因兼而有之，其结成的主要目的是反抗当时的统治和压迫，打破既有秩序。本章在处理南宋时期抗金义军中的民间自保武装时就主要考虑了以上几种因素。

鉴于武装力量作为国家统治支柱的极端重要性，历代国家都非常担心民间武装势力过分膨胀会影响自己的统治，从而非常注重对民间武装的控制。许多民间武装虽在形成之初具有不折不扣的民间性质，但后来却往往被国家控制、利用、改造，从而演变成被统治者所掌握和利用的地方武装力量。[①] 在宋代国家武装力量体制中，乡兵"选自户籍，或土民应募，在所团结训练，以为防守之兵"[②]，一般不脱离农业生产，是非正规的地方武装。宋代乡兵名号繁多，不少与民间自保武装有极其密切的关系。正是由于两者之间的密切关系，学界对弓箭社、忠义巡社、湖南乡社、福建忠义社等组织的性质有不同的认识。有的据《宋会要辑稿》、《宋史·兵志》等的分类，认为其属于乡兵的范畴，属于官方性质[③]；有的认为其是民间自发组建，民间组织的性质十分明确。这一点从史籍中关于它们的记载可知，如《宋史》卷一九〇《兵志四》称："百姓自相团结为弓箭社……又自相推择家资、武艺众所服者为社头、社副、录事，谓之头目。"《建炎以来朝野杂记·甲集》卷一八称"湖南乡社者，旧有之，领于乡之豪酋"等。[④] 之所以存在上述歧见，在于他们忽视了弓箭社、忠义巡社、湖南乡社、福建忠义社等武装组织的性质有一个演变的过程。当这些组织最初结集时，一般都是民众自发进行，属于民间组织，如弓箭社是"百姓自相团结"，《建炎以来朝野杂记》之所以称"湖南乡社者，旧有之"，就是指其在演化成为乡兵以前就以民间组织的形式存在。后来它们都被国家强制改造，使其民间组织的性质发生了变化，成为国家的地方武装乡兵。本书下文判断《宋史·兵志》中列举的名目繁多的乡兵何者曾属于民间自保武装时就充分考虑其最初集结时究竟是民众自发进行的，还是官府推动的，只有最初是由民众自发结集的方属于本书探讨的范围。

学术界对宋代民间自保武装已有一些研究，对宋代民间自保武装的发展、类型、性质、特点、功能、组织形式及其与国家的关系等都有探讨，但在不

---

① 参见史江《宋代会社研究》，四川大学博士学位论文，2002 年。

② 《宋史》卷一九〇《兵志四》。

③ 如王曾瑜《宋朝兵制初探》，中华书局 1983 年版，第 73～78 页；赵葆寓《宋代乡兵中的"社"》，载《北京师院学报》(社会科学版)1985 年第 4 期。

④ 参见史江《宋代会社研究》，四川大学博士学位论文，2002 年。

少问题上仍有深入探讨的余地。本章就以前述研究为基础，对宋代自保民间武装的发展、组织形式等作一概述，并对学界很少涉及的民间自保武装与乡村行政组织之间的关系等问题试加论述。

第一节 宋代民间自保武装的发展与组织形成

宋代的民间自保武装已有极大发展，学术界对此的看法比较一致。如有的学者称宋代“军事性结社的风气极盛”[①]；有的称宋代“乡社武装遍处皆是，结社置办兵器，演习武艺，成为农村的普遍现象，这是唐代所未曾有过的”[②]；还有的认为“宋代之前也曾出现过独立于政府军之外的民间武装”，“但大量突破宗族限制而成为乡里控制团体的民间武装涌现，还是始于宋代”。[③]

一、宋代民间自保武装的发展

宋代深刻的民族矛盾和阶级矛盾是宋代民间自保武装产生的直接原因。有宋一代，其北方始终存在着对立的少数民族政权，先是辽和西夏，后是金和蒙古。宋朝与他们的关系战和不定，双方军事冲突持续不断。面对少数民族政权的不断进犯，宋军败多胜少，少数民族军队不断南下，并于所到之处大肆掳掠，这使宋朝的北方边境和战火波及的北方地区的人民深受蹂躏，苦不堪言。宋代三百多年间，农民起义十分频繁，几乎每年都有起义发生，“遍满天下之渐”[④]，“一年多如一年，一火强如一火”[⑤]，再加上盗匪成灾，都使得社会动荡不已，普通百姓的生命与财产受到极大的威胁。这样，每逢战乱，各地民众都被迫自行组织起来，成立了许多民间自保武装组织，以抵御外族入侵和盗匪的劫夺杀掠。

---

① 陈宝良：《中国的社与会》，第243页。

② 宁可：《述社邑》，载《北京师院学报》（社会科学版）1985年第1期。

③ 周扬波：《宋代士绅结社研究》，第80页。

④ 《续资治通鉴长编》卷一四三，庆历三年九月丁丑条。

⑤ 《欧阳修全集》卷一〇〇《再论置兵御贼札子》。

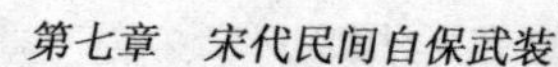

根据宋代民间自保武装组织成立的目的，大致可将其分为两种类型：

一是为抵御北方少数民族进犯和蹂躏而结成的保境抗敌的民间自保武装。

两宋三百多年的时间里，始终面临着北方少数民族政权的进犯和侵扰，边境百姓不时遭受蹂躏和劫掠，这就迫使他们以宗族或乡豪为中心自发地组织起大量的以保卫乡里为目标的民间自保武装。从地域分布上看，这类民间自保武装的分布区域随着宋王朝与北方少数民族政权的疆界不断南移而发生变化。

在北宋时，民间自保武装主要是抵抗契丹人的进犯，多分布在河北、山东等华北地区。真宗景德初，"契丹寇澶渊，其游兵至临淄，麻氏率庄夫千余人据堡自守，乡里赖之，全济者甚众，至今基址尚存，谓之麻氏寨"[①]。这里就是临淄麻氏凭借其在地方上的势力，迅速组织起了1000多人的队伍，据堡自守，成功地使家族和乡里免遭契丹游兵的杀掠之苦。

景德年间，在河北定州等沿边地区出现了民众自发组织的规模庞大的民间自保武装——弓箭社。熙宁三年(1070)十二月，知定州滕甫称："河北州县近山谷处，民间各有弓箭社。"[②]元祐八年(1093)十一月，知定州苏轼也称："今河朔西路被边州军，自澶渊讲和以来，百姓自相团结为弓箭社。"[③]弓箭社是一个兵农合一的组织，由一定区域内的主户组成，有自己的首领社头、社副和录事，而这些都由当地家资丰足、武艺服众的豪强大户充当。人们"带弓而锄，佩剑而樵"，一旦有警，可迅速集结，并投入战斗。它还有自己严格的规章制度，"私立赏罚，严于官府"，其职能主要是抵御辽人对边境的侵袭，并维护地方治安。由于他们保卫的是自己"亲戚坟墓所在"的家乡，所以作战格外勇敢，从而具有很强的战斗力。到元祐时，由于政府的大力推动，河北定、保两州和安肃、广信、顺安三军的弓箭社达588社，651火，共计31411人。

---

① 司马光：《涑水记闻》卷六。
② 《宋史》卷一九〇《兵志四》。
③ 《宋史》卷一九〇《兵志四》。

北宋末年，金人大举南下，北宋王朝灭亡，民间自保武装在北方地区大量涌现。其中最主要的是北方地区的百姓自行组织的巡社，既是勤王之师，又可保一方平安。巡社最初起源于频遭战乱蹂躏的河朔地区，“河朔之民愤于兵乱，自结巡社”[①]，“东阿县民自相纠集为巡社，寇不敢犯”[②]，“恩、冀之间农民自置弓剑，保护一方，谓之巡社，遂致道路肃静，都无寇掠，其于忠力极为可取，试询其数，两州约三十余万”[③]。巡社“团结推排，权在百姓”[④]，足见其作为自保武装组织的民间性。后来，由于南宋政权的推动和褒奖，其名称才由最初的“巡社”改成了“忠义巡社”，并很快地从河北发展到京东、京西、河东、陕西等路。它的主要职能就是在战乱的环境下，百姓自行结成武装，抵御来犯之敌。其效果也比较明显，如东阿县巡社使“寇不敢犯”，恩州、冀州一带的巡社成立后，“遂致道路肃静，都无寇掠”。

宋金对峙期间，边境地区战乱频仍，于是在华北金占领区和两淮地区出现了大量以自保为目的的山水寨，“江北之民，誓不从敌，自为寨栅，群聚以守者甚众”[⑤]。

华北地区被金人占领后，出现了大量以自保为目的的山寨。靖康元年(1126)，李若水就称自己在金占领区见“山上见有逃避之人，连绵不绝，闻各收集散亡士卒，立寨栅以自卫，持弓刀以捍敌”[⑥]。曹勋使金时，在相州以北见到了50余处山寨，“每寨不下三万人，其徒皆河北州县避贼者。今闻胁从者十余寨，例皆以无粮无援，遂且俯从，其余尚偃蹇山谷间，皆忠力勇敢之人”[⑦]。建炎二年(1128)，宗泽曾说：“今河东、河西不随顺番贼，虽强为剃头辫发，而自保山寨者不知几千万人。”[⑧]绍兴初年，“登、莱、沂、密、兖山林深

① 《建炎以来系年要录》卷八，建炎元年八月丁卯条。

② 熊克：《皇朝中兴纪事本末》卷五。

③ 曹勋：《松隐集》卷二六《进前十事》。

④ 胡寅：《斐然集》卷二五《先公行状》。

⑤ 《建炎以来系年要录》卷三四，建炎四年六月甲戌条。

⑥ 李若水：《忠愍集》卷一《使还上殿札子》。

⑦ 曹勋：《松隐集》卷二六《进前十事》。

⑧ 徐梦莘：《三朝北盟会编》卷一一五。

阻，豪右大姓自金人入寇以来各聚徒党，结为山寨，以自保固”①。

两淮地区的山水寨不仅数量多，而且规模大。两淮山水寨的结集有三次高潮：一是在12世纪二三十年代，即金军一再渡淮南下，至1141年绍兴和议达成，这一阶段两淮山水寨的结集有如风起云涌一般。建炎四年(1130)六月，有臣僚称：“江北诸郡之民往往自为寨栅，群聚以守。和州则有双山、鸡笼二三寨，麻胡、阿育二水寨，庐州则有浮槎、方山等寨，滁州则有独山等寨，每寨多至二万余家。”②其中濠州钟离县民王维忠组织的韭山寨，“垒石为城，周匝四里，又作大寨七里环绕之；战御之具稍备，民之愿来依者凡万余人”③，巢县焦湖水寨“有舟四五十，皆淮西富商大贾及上户富民”④。除上述两寨外，较著名的还有刘位领导的招信军横山寨和张荣领导的楚州鼍潭湖水寨等。二是自1161年金完颜亮南侵至1164年隆兴和议达成，两淮地区再次成为双方的战场，山水寨的组织又进入一个高潮。著名的有庐州焦湖水寨，刘绎领导的招信横山寨及楚州、滁州、濠州、庐州、光州出现的大量的山水寨。三是自1205年韩侂胄北伐至开禧和议(1207)达成，淮南的战局再起，沉寂已久的山水寨再度复兴。开禧二年(1206)，金军攻入两淮地区，“所残破处安丰、濠、盱眙、楚、庐、和、扬凡七郡，其民奔迸渡江求活者几二十万家，而依山傍水相保聚以自固者，亦几二十万家”⑤。总之，山水寨从分布的广泛性来讲，凡是金军所到之处，处处皆有；从参加的人数来讲，每家如以五人计算，二十万家总数要达百万以上，可见山水寨这种抗金组织声势之浩大。⑥

山水寨是一种兵农合一的民间自保武装组织，其成员既是战士，也是农民，“无事则力田以自赡，有事则固垒以相保”⑦。他们一般是“春夏散耕，秋

---

① 徐梦莘：《三朝北盟会编》卷一七四。

② 《玉海》卷一七四《绍兴山水寨》。

③ 徐梦莘：《三朝北盟会编》卷一三八。

④ 徐梦莘：《三朝北盟会编》卷一三九。

⑤ 《叶适集·水心文集》卷二《安集两淮申省状》。

⑥ 以上关于山水寨的论述，参见张家驹《宋代的两淮山水寨：南方人民抗金斗争的一种武装组织》，载《上海师范学院学报》(哲学社会科学版)1960年第1期。

⑦ 留正：《增入名儒讲义皇宋中兴两朝圣政》卷一六。

冬入堡”[①]。武装起来的目的就是为了保卫家园，保卫自己的劳动果实，正如姚勉所说：“依山而筑寨，庸卫国以护民，贫富相资，主佃相养，用古者富兵于农之意，以时乎教战于守之中，外而屯，内而耕，各有攸处；攻则胜，守则固，何惮不为。”[②]

山水寨往往是据山或湖泊而建，充分利用地势之利，或是山势险峻，或是湖泊泥潭，因此往往能恃险据守。它既是抵御强敌的重要基地，又是百姓躲避战乱、保全性命之所在。如招信横山寨，“流移之人，渡江入招信，投横山为乐国”[③]；开禧时的两淮山水寨，“依山傍水相保聚以自固者，亦几二十万家”[④]。嘉熙时，光州沦陷，百姓流离出境，发现黄州天台山“形势险峻，四面如壁，止通一人往来，石窍泉涌，冬夏不绝”，于是集结人众在山上建造堡寨，作为避难安身之所。蒙古军队曾连日攻打，都无法接近，“由是光、信残民，拥堡来依，屯聚十万众，果能全活”[⑤]。山水寨在军事上的作用也可通过敌军的态度得以反映。金军在南下过程中，对山水寨也颇有顾忌，如崔与之所说：“金人犯淮西，沿边之民得附山自固，金人亦疑设伏，自是不敢深入。”[⑥]

到南宋后期，京湖地区成为宋与蒙古之间的主战场之一，战事频繁，民间自保武装开始在两湖地区大量涌现，“襄、汉、扬、楚之间，豪杰皆自相结以保其族”。浮光人翟全寓黄陂，“有众三千余”[⑦]，可见这些民间自保武装的规模。端平三年(1236)五月，曾受命督视京湖军马的魏了翁说：

> 今春鞑蹂浮、光、随、信，管下如罗山、杏山诸处，率是义甲头目、牛社总首随宜剿遏。其间又有庄农自相结集，俟虏骑入村游抄，或伏险邀击，或随后蹑袭，必有斩获……自京湖诸郡残破以来，乡民丁壮屯聚相保者在在有之。[⑧]

---

① 《叶适集·水心文集》卷二《定山瓜步石跋三堡坞状》。

② 姚勉：《雪坡集》卷四二《檄诸乡教民兵筑山寨文》。

③ 徐梦莘：《三朝北盟会编》卷一三四。

④ 《叶适集·水心文集》卷二《安集两淮申省状》。

⑤ 《湖北金石志》卷一二《天台山立寨记》。

⑥ 《宋史》卷四〇六《崔与之传》。

⑦ 《宋史》卷四一四《董槐传》。

⑧ 魏了翁：《鹤山先生大全文集》卷三〇《缴奏奉使复命十事》。

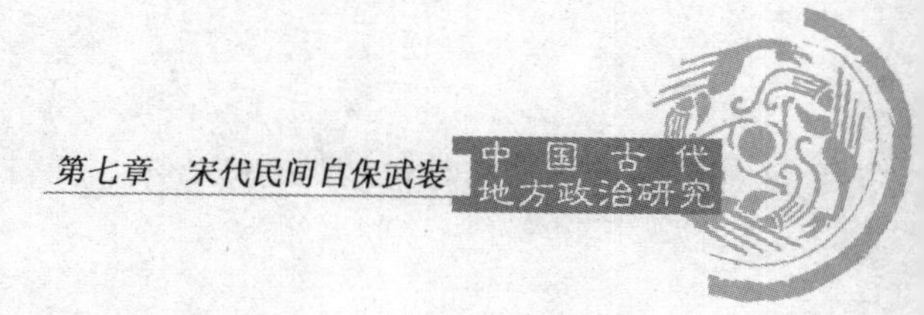

除京湖地区外，其他地区也有不少抗蒙的民间自保武装。绍定年间，“天长民保聚为十六砦，比岁失业，官振之，不能继，壮者皆就募。射阳湖浮居数万家，家有兵仗，侵掠不可制，其豪周安民、谷汝砺、王十五长之，亦蜂结水砦，以观成败”[①]。分宁人黄介擅长兵法，“帅乡民登龙安山，为保聚计，元兵至砦，介坚守不去”[②]。

二是为对抗农民起义军和盗匪组成的以地方自保为目的的民间自保武装。

宋朝自开国以来，阶级矛盾便十分尖锐，农民起义连续不断地爆发。农民起义既有反抗压迫的一面，也有破坏社会正常的生产秩序和经济秩序的一面，盗匪活动猖獗也威胁着人们的生命和财产安全，于是就出现了以地方自保为主要目的的民间武装遍布全国的现象。规模比较大的如福建忠义巡社、湖南乡社和抚州金溪邓、傅二社等。

福建忠义巡社在北宋时称作“福建保伍”，“福建保伍者，乡村自相团结，而立豪户为首领，所以备盗也”[③]。神宗熙宁年间，福建诸县共有“福建保伍”所辖枪杖手 5000 余人，是势力颇为可观的民间武装力量。建炎元年(1127)，宋廷采纳张悫的意见，“置诸路忠义巡社”，将“福建保伍”更名为“福建忠义巡社”。据《宋会要辑稿·兵》二之六〇，“福建诸县有忠义社，各随乡村人户多寡团结，推择豪右众所畏服者以为正副。仍量置枪仗、器甲之属，以故盗贼屏息，民以为便”。可知福建忠义巡社是由当地的豪门大户所控制的地主武装，主要职责是防备盗贼，镇压农民起义，维护地方社会治安。正因为如此，在宋代福建农民起义频发的局面下，其才能为宋代国家所承认，并由国家授以枪杖、器甲，长期存在下去。建炎二年(1128)四月，朝廷规定除北方边境诸路外，东南地区的各路巡社均罢废，福建忠义巡社得以保留。绍兴初年，诸路忠义巡社渐次罢废，福建忠义巡社又是唯一被保留下来的

① 《宋史》卷四七七《李全传》。

② 陆心源辑：《宋史翼》卷三二《忠义三·黄介传》。

③ 李心传：《建炎以来朝野杂记·甲集》卷一八《福建保伍》。

一个。①

湖南乡社主要也是维护地方社会治安的民间武装组织。李心传《建炎以来朝野杂记·甲集》卷一八称：

> 湖南乡社者，旧有之，领于乡之豪酋。或曰弹压，或曰缉捕。大者所统数百家，小者三、二百。自长沙以及连、道、英、韶，而郴、桂、宜章尤盛。

由上可知，湖南乡社与福建忠义巡社一样，由当地地主豪强控制，主要职能也是"弹压"、"缉捕"，即防盗缉贼，维持社会秩序。

孝宗时，两湖、江西一带不断发生茶贩起义，一些乡社随之出现，并得到了国家认可，参与镇压农民起义。抚州金溪邓、傅二社就是在这一背景下发展起来的由地方豪门大姓组织的自保武装。史载：

> 茶寇久未平，数日前，太学上舍魁刘尧夫纯叟来言："抚州金溪县大姓邓氏、傅氏各有乡丁数千，以朱漆皮笠冒其首，号'红头子'，远近颇畏之，号邓、傅二社。傅氏已离析，惟邓氏子雩者有二子：长年三十余，次年二十余，皆武勇绝人。名应科举，其实假儒耳。闻茶寇作，即阅习丁壮，自荐于州。先是县别有陆氏，尤豪于一乡，顷年转运司命充都社，邓、傅皆隶焉，近亦零落。独族人某者，行义颇著，乡人议使世其职，县亦视诸故，府以为当。然由是邓氏子意稍怠，盖惧受制于陆，则功不己出也。然其家童素轻捷，裹纸甲，机毒矢，善腾趠山谷间，尚技痒，思与贼角，亦风声气俗然也。今官军数为贼困，宜命抚守赵烨以礼追请，谕委用之意，乃借补校副尉名目，听自为一社，毋隶陆氏，使径趋赣、吉间。万一与大军遇，亦勿使相临，第择郡县官一人公平有识略者护其军，并为之调粮饷，破贼必矣。"②

宋代类似的民间自保武装很多。一旦发生农民起义，乡村豪强就会组织各种乡社武装，以保乡里。如在方腊起义时，义军所到之处都涌现出了不

① 参见史江《宋代军事性会社及其形成背景、特点及社会功能初探》，载《四川大学学报》(哲学社会科学版)2003年第2期。

② 周必大：《文忠集》卷二〇《金溪乡丁说》，参校《全宋文》卷五一四〇。

少民间自保武装。在衢州，面对方腊、倪从庆义军，元祐中曾游太学的布衣江衮"结集社甲，土人率服，一乡赖之"①。在婺源，出现了"詹氏忠勇世家"，擅长骑射的詹光国"尝试京师，得武举于兵部"，"召族之勇者芝瑞、彦达共誓，率乡邻据青山下，且守且战，光国等及乡人死于阵者二十二人"。② 在宁国，旌德人鲍琢在义军进攻时，"率乡族……直当要路"③，"纠义兵击破之"④。在新昌，"方腊起桐庐，蔓延新昌，官吏奔窜莫敢当"，邑人董公健"慨慷率子弟聚里中万人，驭以纪律，遂破贼"⑤。在义乌，徐信"好义轻财，折节下士。虽高赀巨产，雄视一乡，率皆因低昂积散，知予为取，而坐制其利"，并且积极投身地方公共事务，在乡里有很高威望，方腊起义时，"浙东西诸郡往往失守"，他"纠率里豪，捍蔽乡曲，有奇功"。⑥

其他地区发生农民起义或有寇盗出现时，也往往会出现民间自保武装。例如：景德年间，由于契丹人南下，致使"河北盗贼蜂起"，怀州修武人苏立"尽散家财，纠合乡曲子弟，结以信义，扞御群寇，修武由是获全"⑦。宣和年间，东阳县"怀德乡寇起"，邑人许琼"集民壮攻讨之，乡赖捍卫"⑧，后其又率部抵抗方腊义军，力战而死。建炎四年(1130)，"群贼犯应山"，德安人、补将仕郎连万夫"率邑人数千保山砦，贼不能犯"⑨。建炎、绍兴时，范汝为起义，浦城人叶文炳"募乡丁保里社"⑩。绍兴时，"闽部八郡山贼自建炎后盘踞岩险，剧寇管天下、伍黑龙、卓和尚、何白旗、丘崇、廖七嫂、满山红之属数十百

---

① 《建炎以来系年要录》卷七五，绍兴四年夏四月丁亥条。

② 《(弘治)徽州府志》卷九《人物三·义勇》。另，《新安文献志》卷六四《詹氏忠勇世家》一文有详细叙述，可参见。

③ 《方山鲍氏宗谱》卷一《承信将军传》，转引自安徽师范大学历史系《方腊起义研究》编写组编《方腊起义研究》，安徽人民出版社1980年版，第80页。

④ 《宋史翼》卷三〇《忠义一·鲍琢传》。

⑤ 徐象梅：《两浙名贤录》卷七《忠烈·先锋董伯强公健》。

⑥ 郑刚中：《北山集》卷一五《余彦诚墓志铭》。

⑦ 司马光：《温国文正司马公文集》卷七五《苏骐骥墓碣铭序》。

⑧ 徐象梅：《两浙名贤录》卷七《忠烈·秉义郎许世英琼》。

⑨ 《宋史》卷四五三《连万夫传》。《建炎以来系年要录》卷三一有相同记载。

⑩ 真德秀：《西山先生真文忠公文集》卷四六《通判和州叶氏墓志铭》。

部，部数千至数十百人，泉、漳、汀、南剑、邵武界咸被其毒，乡民多筑山砦自保”[①]。钟相在发动起义前也曾利用当时湖湘地区的动荡局势组织乡社，“及湖湘盗起，相与其徒结集为忠义民兵，士大夫避乱者多依之。相所居村有山，曰天子岗，遂即其处，筑垒浚壕，以捍贼为名”[②]。绍定时，“闽寇四起”，宜黄人侯铤在所居崇贤乡之雕峰“纠乡民为义丁，率众戮力与之抗”，后建山寨于龙磜，“自出米三千石零，又率族之有力者助之，仓于寨中，专以给义丁，而名曰义仓，当东作而散，以济其力农，如屯田焉；及西成而敛，依淳熙法量收息二分，觊以增其数，可以远及而持久”。[③] 景定五年(1264)，“寇起兴国之东，庐陵犬牙相错，所在骚动”，邹仲翔“率乡人栅东门山为备”；次年春，“寇一日蓐食行三百里，薄太和之王山，距余乡半合而近，乡人扶携老稚走险，微一不善脱。君经纪山寨，当是时，一乡之命悬于君，讫寇去，君保护无有害”。[④]

宋代民间自保武装的战斗力与正规军比较起来并不弱。如：河北弓箭社“与寇为邻，以战射自卫，犹号精锐”[⑤]，他们“人自为战，敌深畏之”[⑥]；还有一些民间武装，“皆能战，视官军可一当十”[⑦]。正是由于民间自保武装的强大战斗力，其得以充分发挥巡警守隘、防盗缉贼、保家卫国、维护和恢复地方社会秩序的作用。

二、宋代民间自保武装的组织形式

前文已指出上述几种民间自保武装的性质有一个变化的过程，即最初是由民众自行结成的民间组织，后来被国家改造成为国家武装力量体制内的乡兵组织。在这一演变过程中，官府对其组织形式的改造是国家加强对民间武装控制的重要内容，对此后文还要涉及，此处只论述其是民间组织时

---

① 薛季宣：《浪语集》卷三三《先大夫行状笺》。

② 《建炎以来系年要录》卷三一，建炎四年二月甲午条。

③ 包恢：《敝帚稿略》卷四《宜黄龙磜寨记》。

④ 《文天祥全集》卷一一《邹仲翔墓志铭》。

⑤ 《苏辙集·栾城后集》卷二二《亡兄子瞻端明墓志铭》。

⑥ 《宋史》卷一九〇《兵志四》。

⑦ 《宋史》卷三八〇《薛弼传》。

的组织形式。对宋代民间自保武装的组织形式，我们可以从首领、成员构成和相关规约三个方面进行论述。

(一)民间自保武装的首领

宋代民间自保武装都有自己的首领。由于民间自保武装的结成方式不同，首领的身份及产生方式也各不相同。较为普遍的是民众推举地方豪强担任武装组织的首领。这类地方豪强在宋代多被称为"土豪"，指在地方社会上为众所服、拥有较高威望和较强号召力的豪强大户，其分布也非常普遍。建炎三年(1129)，兵部尚书谢克家就建议说："官军单寡，而郡县皆有土豪，宜令自相推择有智勇者各守其地。"[①]土豪不仅在地方社会有较高的威望，其本人也具备相当的才略。他们的威名可以震慑敌人，且他们熟悉敌人的情况，保卫的又是与自己休戚相关的家乡，故而能够有效地守卫地方，还可以节省国家军费。宋人对由土豪组织地方自保武装保卫乡里和地方的长处有清楚的认识。欧阳修曾说：

> 所谓土豪者，其材勇独出一方，威名足以畏敌，又能谙敌情伪，凡于战守，不至乖谋。委以一州，则当视其州如家，系己休戚，其战自勇，其守自坚。又既是土人，与其风俗情接，众亦喜附之，可使自招集蕃汉之民。是外能捍贼而战守，内可缉民实边，省费减兵，无所不便。不比于命吏而往，凡事仰给于朝廷，利害百倍也。[②]

河北一带的百姓自相团结成的弓箭社，苏轼就称其是"自相推择家资武艺众所服者为社头、社副、录事，谓之头目"[③]。可知弓箭社的首领在当时称为"头目"，具体有社头、社副和录事，都是由民众自己推择当地家资丰足、武艺服众的豪强大户充当。福建诸县忠义社"各随乡村人户多寡团结，推择豪右众所畏服者以为正副"[④]，可知其也是由社众推择"众所畏服"的当地豪门大户充当社正和社副。各路巡社被官府改造为忠义巡社后，仍然要用土豪作为首领，"每五人为甲，五甲为队，五队为部，五部为社，各有长，至五社则

① 《建炎以来系年要录》卷二六，建炎三年八月条。

② 《续资治通鉴长编》卷一四九，庆历四年五月丁丑条。

③ 《宋史》卷一九〇《兵志四》。

④ 《宋会要辑稿·兵》二之六〇。

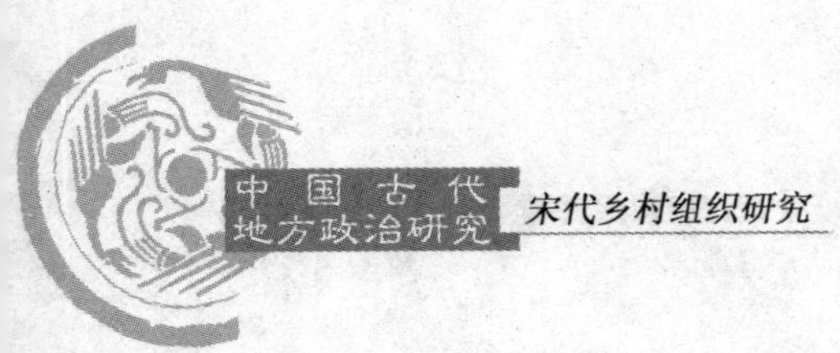

为都社，有正及副。如两都社及万人以上，择土豪二人为都副总辖”[①]，可推知巡社未被官府改造前应当也是以土豪作为首领。湖南乡社是“领于乡之豪酋”[②]，即由当地的豪门大户、地主豪强控制。抚州金溪邓、傅二社的首领也是由地方豪门大姓邓氏、傅氏充任。山水寨是一种兵农合一的民间自保武装。绍兴三十一年(1161)，御史中丞汪澈就称：“淮南山水寨，旧来乡豪自相结集。”[③]对于山水寨的组织体系，可以刘位领导的招信军横山寨为例：

> (刘)位，泗州招信人，居于碑镇，素豪强，为邻里所推，且宗族稍盛，扰扰之际，聚乡民保守横山，分乡民为军，使诸弟侄各统之。是时，西北衣冠与百姓奔赴东南者，络绎道路，至有数十里或百余里无烟舍者，州县无官司，比比皆是盗贼，艰辛之状万绪千般。及入泗州境，则闻招信刘家聚兵甚众，故流移之人渡江入招信，投横山为乐国。[④]

可见山水寨一般是以乡里豪族著姓为首领。他们在地方上拥有很高的威望，有很强的号召力，从而为乡里民众所推举，通过发起组织而掌握了山水寨的领导权。

不少民间自保武装的首领在组织结成时往往扮演着发起者或组织者的角色。真宗景德初的麻氏寨就由组织者——地方大族临淄麻氏的家人充当。建炎年间，出身汝阴盛族的袁溉“尝举进士免贡，避地州西山中。建炎初，集乡民为保聚，与金人及群劫抗，屡克，其众谋奉先生为主”[⑤]，这里就是由组织者袁溉充任民间自保武装的首领。有的民间自保武装由僧人发起并充当首领。如真州长芦崇福禅院规模很大，有房屋两千余间，为防止被金军利用，建炎三年(1129)被宋军焚毁，其僧人流离失所，于是该院“行者普伦、普赟、普琏结集行者及强壮百姓千余人，分为三队，在杨家洲上自相守保”。后来还曾协同韩世忠作战，“普伦、普琏、普赟率其众千余人，驾小舟千余艘，

① 熊克：《中兴小纪》卷二。

② 李心传：《建炎以来朝野杂记·甲集》卷一八《湖南乡社》。

③ 徐梦莘：《三朝北盟会编》卷二二八。

④ 徐梦莘：《三朝北盟会编》卷一三四。

⑤ 薛季宣：《浪语集》卷三二《袁先生传》。

皆裹红巾，立红帜来策应”[①]，这支队伍就是由僧人充当首领，其成员则是由僧人和当地百姓组成。前述众多为抵抗农民起义或盗贼而出现的自保武装的首领也多由发起者担任，其身份也多种多样，或为布衣，或为居乡士绅，或曾中过武举。

（二）民间自保武装的成员

宋代民间自保武装组织结成的目的就是保卫乡里安全，故其成员一般就是其所在地的民众。河北弓箭社一般是以村为单位，史籍中就有“北平军大悲村本社头目”[②]的记载，小村或仅一社，大村可能不止一社。弓箭社“不论家业高下，户出一人”，即由一定区域内的民户每家出一人组成。虽称“不论家业高下”，实则有财产限制，即其成员必须有家业，也就是由当地的主户组成。王惟忠的韭山寨即其“与乡人共守”[③]。

民间自保武装组织的成员除属于同一地域外，他们与首领或他们之间往往还有其他关系。由于民间自保武装的首领多是地方上的豪强大户，他们都有大量的童仆、佃户，一旦发生战乱，这些人就会追随主人结成武装组织以自保。前述麻氏寨是“麻氏率庄夫千余人据堡自守”[④]，这里临淄麻氏组织的千余人的队伍就是由其“庄夫”即佃户组成。再如建炎初年，金人占据和州，“以偏师万人筑堡新塘，遏绝濡须之路”[⑤]，进士出身的龚楫组织了3000多人的武装对金军进行偷袭，其中就有其家童百余人。还有的民间自保武装以宗族组织为基础，其成员有不少都是首领宗族的成员，且在武装组织中发挥着重要作用。如泗州招信人刘位“素豪强，为邻里所推，且宗族稍盛”，在南宋初年战乱之际，“聚乡民保守横山，分乡民为军，使诸弟侄各统之”[⑥]，可知其领导的招信军横山寨就是以其宗族为支撑的。前述“詹氏忠勇世家”所组织的民间自保武装同样是以其宗族为基础。对此问题后文还

① 徐梦莘：《三朝北盟会编》卷一三八。

② 《苏轼文集》卷三六《乞增修弓箭社条约状二首》。

③ 徐梦莘：《三朝北盟会编》卷一三八。

④ 司马光：《涑水记闻》卷六。

⑤ 《宋史》卷四五二《龚楫传》。

⑥ 徐梦莘：《三朝北盟会编》卷一三四。

有论述，此处不再赘述。在战乱时期，人口流徙频繁，往往会有一些外来者加入民间自保武装。我们仍以横山寨为例：

是时，西北衣冠与百姓奔赴东南者，络绎道路，至有数十里或百余里无烟舍者，州县无官司，比比皆是盗贼，艰辛之状万绪千般。及入泗州境，则闻招信刘家聚兵甚众，故流移之人渡江入招信，投横山为乐国。[①]

有的山水寨还有驻扎在这一地区的败退士兵加入。如麻湖水砦：

建炎三年，兀术犯和州，州人推（宋）昌祚权领军事，率众坚守，金人围之数匝。禁军左指挥使郑立亦拳勇忠愤，共激士卒，昼夜备御不少怠。阅数日，军士胡广发弩中兀术左臂，兀术大怒，飞炮雨集，径登弩发之地，城立破，金人入屠其城。昌祚与权倅唐璟、历阳令蹇誉、司户徐兟、县尉邵元通及立、广皆死谯楼上，磔裂以徇。军士多不降，溃围西出，保麻湖水砦，推乡豪为统领。[②]

有的水寨则主要由同业的渔人组成，如楚州五湖中捕鱼人卞宁领导的归化里水寨，“初，宁聚集捕鱼人，后又聚强壮，仅有千余人，在湖中山归化里为寨”[③]。焦湖水寨“有舟四五十，皆淮西富商大贾及上户富民”[④]。还有的民间自保武装由同一信仰者组成。钟相起义前曾以秘密宗教发动群众，后趁社会动荡结集忠义民兵（或为“乡社”）自保，其成员主要是其徒众，他们都应是秘密宗教组织的成员。《建炎以来系年要录》卷三一称：

相，武陵人，以左道惑众，自号“天大圣”，言有神灵与天通，能救人疾患，阴语其徒，则曰：“法分贵贱贫富，非善法也。我行法，当等贵贱，均贫富。”持此语以动小民，故环数百里间，小民无知者，翕然从之，备粮谒相，谓之拜父，如此者二十余年，相以故家资巨万。及湖湘盗起，相与其徒结集为忠义民兵，士大夫避乱者多依之。相所居村有山，曰天子岗，遂即其处筑垒浚壕，以捍贼为名。

---

① 徐梦莘：《三朝北盟会编》卷一三四。

② 《宋史》卷四五三《宋昌祚传》。

③ 徐梦莘：《三朝北盟会编》卷一四七。

④ 徐梦莘：《三朝北盟会编》卷一三九。

（三）民间自保武装的规约

对于宋代民间自保武装的规约，史籍中记载不多，下文以弓箭社为例略加说明。

河北弓箭社自澶渊之盟后始由民众自行结成，“带弓而锄，佩剑而樵，出入山坂，饮食长技与敌国同。私立赏罚，严于官府，分番巡逻，铺屋相望，若透漏北贼及本土强盗不获，其当番人皆有重罚。遇其警急，击鼓，顷刻可致千人”[①]。弓箭社兼武装自保组织和生产组织于一体，其成员要“带弓而锄，佩剑而樵”，轮流当番。它有严格的赏罚规约，“私立赏罚，严于官府”，如果“透漏北贼及本土强盗”，当番人要受重罚。

嘉祐四年（1059），庞籍对弓箭社“增损其约束赏罚，奏得仁宗皇帝圣旨”，经朝廷同意后施行。庞籍这次对弓箭社条约的修订既然是对原来民间自行所立规约的增损，应当能在一定程度上反映原来民间自行所立规约的情况。如前文称弓箭社初立时“不论家业高下，户出一人”，而庞籍制定的规约也称“不拘物产高下，丁口众寡，并每户选择强壮一丁，充弓箭手”。类似的情况应当不少。熙宁六年（1073），朝廷虽下令废除弓箭社，但“公私相承，元不废罢”，弓箭社并未被真正废除，在河北沿边地区仍旧作为民间武装存在，庞籍制定的弓箭社条约“自熙宁六年圣旨废罢，后来民间依旧衷私施行”。其主要内容如下：

> 不拘物产高下，丁口众寡，并每户选择强壮一丁，充弓箭手。
>
> 每社置社长、社副录录事各一名为头目。并选有物力或好人材事艺众所推服者，方得差补。农事余暇，委头目常切提举阅习武艺，务令精熟齐整，如无盗贼，非时不得勾集。
>
> 每社及百人以上，选少壮者三人，不满百人者选二人，不满五十人者选一人，充急脚子，并轮番一月一替。专令探报盗贼。如探报不实，及稽留后时有误捕捉者，并申官乞行严断。
>
> 逐社各置鼓一面，如有事故及盗贼，并须声鼓勾集。若寻常社内声鼓不到者，每次罚钱一百。如社内一两村共为一火，地理稍远，不闻鼓

① 《宋史》卷一九〇《兵志四》。

声去处,即火急差急脚子勾唤。若强盗入村,鼓声勾唤不到,及到而不入贼者,并罚钱三贯。如三经罚钱一百,一经罚钱三贯,而各再犯者,并送所属严断。

如能捉获强盗一名,除依条支赏外,更支钱二十贯。如两次捉获依前支赏外,仍与免户下一年差徭。如三次以上,更免一年。无差徭可免者,各更支钱十贯折充。如获窃盗一名,除依条支赏外,更支钱二贯。以上钱,用社内罚钱充,如不足,并社众均备。

逐社各人,置弓一张、箭三十只、刀一口。内单丁及贫不及办者,许置枪及杆棒一条。内一件不足者,罚钱五百。弓箭不堪施放,器械虽有而不精,并罚钱二百。若全然不置者,即申送所属,乞行勘断。

逐社每夜轮差一十人,于地分内往来巡觑,仍本县每季给历一道,委本社头目抄上当巡人姓名。有不到者,罚钱二百。如本地分失贼,其当巡人委本社监勒依条限捕捉。限满不获,送官量事行遣。其所给历,除每季纳换及知佐下乡因便点检外,不得非时取索。

弓箭社人户,遇出入经宿以上,须告报本社头目及邻近同保之人,违者罚钱三百文。

社内遇捉杀贼盗,因斗致死,除依条官给绢外,更给钱一十贯付其家,被伤重者减半,并以系省钱充。

社内所纳罚钱,令社长等同共封记主管,须遇社会合行酬赏者,方得对众支给破使,即不得衷私别作支用。

社内遇丰熟年,只得春秋二社聚会,因便点集器械,非时不得乱有纠集搔扰。①

由上可知,弓箭社的规约规定了其成员的选拔和责任、首领的选充及职责、弓箭社的日常运作规则,包括探报敌情、有警时的应对策略和相关的赏罚措施。其他民间自保武装的规约的内容应大致与此类似。

---

① 《苏轼文集》卷三六《乞增修弓箭社条约状二首》。文字略有删节。

第二节 宋代民间自保武装与国家的关系

一、宋代国家对民间自保武装的控制

由于宋代民间自保武装具有强大的战斗力,因而受到宋代国家的高度重视。宋代国家不断采取措施对民间自保武装进行改造、利用和控制,使其成为国家正规军事力量的补充。举例说明如下。

河北弓箭社由于其战斗力和抗辽保家的目标,使宋代朝廷默许其存在,并致力于将其纳入国家的掌控之下。韩琦、庞籍等先后帅定州者"皆加意拊循其人,以为爪牙耳目之用"[①]。庞籍更是对弓箭社进行改造,"立队伍将校"[②],"增损其约束赏罚"[③],从组织体系和日常制度两个方面加强了对弓箭社的控制。元祐八年(1093),苏轼知定州。他充分认识到了弓箭社的优点和作用:

> 今河朔沿边弓箭社,皆是人户祖业田产,官无丝毫之损,而捐躯捍边,器甲鞍马与陕西、河东无异,苦乐相远,未尽其用。近日霸州文安县及真定府北砦,皆有北贼惊劫人户,捕盗官吏拱手相视,无如之何,以验禁军、弓手皆不得力。向使州县逐处皆有弓箭社,人户致命尽力,则北贼岂敢轻犯边砦,如入无人之境?[④]

为此,苏轼主张对弓箭社也"申严赏罚,加意拊循其人,辄复拾用庞籍旧奏约束,稍加增损,别立条目"[⑤],即对弓箭社进行整顿,使之更好地发挥保境安边和维护社会秩序的作用。到徽宗时,"弓箭社人依《保甲法》、《政和保甲格》较最优劣,县令各减展磨勘年有差",为此,有些"邀功生事之人,唯以入社之民众多为功,厚诬朝廷而敛怨于民,督责州县急于星火,取五等之籍甲乙而

① 《宋史》卷一九〇《兵志四》。
② 《苏辙集·栾城后集》卷二二《亡兄子瞻端明墓志铭》。
③ 《宋史》卷一九〇《兵志四》。
④ 《宋史》卷一九〇《兵志四》。
⑤ 《宋史》卷一九〇《兵志四》。

次之，家至户到，追胥迫胁，悉驱之入社，更无免者”[①]，民众们不堪其扰，纷纷起为盗贼。当山东地区发生农民起义时，不少弓箭社成员也加入了起义军，宋朝政府下令停罢京东弓箭社之名，将兵器全部没收，并处罚了相关官员。从弓箭社总的命运来看，其始终处于国家可控制的范围内，如果不是发生农民起义，其被改造为乡兵的趋势可能会一直延续下去，直至被完全纳入国家的军事系统。

对于两淮山水寨保卫疆土、抗御外患的功能，宋代官员也有清醒的认识。举例如下：

建炎时受命宣抚川陕的张浚称：“以臣所见，恐可止于淮南东西选择地利，安置山寨或水寨，据险保聚，分驻人马，为清野自保之计。”[②]

绍兴三十一年(1161)，御史中丞汪澈则提出给予山水寨等民间武装更大的空间，使其免遭地方官员的干扰。他说：“淮南山水寨，旧来乡豪自相结集，当随宜存恤，使自为守，无令监司州县扰之，庶收其万一之用。”[③]

隆兴初年，薛季宣提出让朝廷免除山水寨的田租，像北宋对待弓箭手那样，让他们各自发挥战斗力，并给予赏赐。他说：“江汉、淮南之俗，其民敦实雄健，涉历世故，颇知用武。若朝廷不惜少少赋入，蠲其田租，略以陕西弓箭手法维之，使之人自为战，制其勋赏，一同正军，亦严边之一术也。比年议者稍知措置保甲及山水寨，然初无豫定之法可以必行，缓急无以相维，散者不可复集。考汉晁错之策，似可施用于今，如蒙朝廷熟虑而急图之，使其坞壁粗立，平时可保妻子而不废农桑之业，缓急足以自卫。”[④]

开禧北伐以后，叶适也提出了进一步团结民间武装力量的主张：

> 长淮之险，与虏共之。惟有因民之欲，令其依山阻水，自相保聚，用其豪杰，借其声势，縻以小职，济其急难。春夏散耕，秋冬入保，大将凭城郭，诸使总号令。虏虽大入，而吾之人民安堵如故，扣城则不下，攻壁则不入，然后设伏以诱其进，纵兵以扰其归。使此谋果定，行之有成，又

① 《宋史》卷一九〇《兵志四》。
② 《全宋文》卷四一二三张浚《奏淮南备虏事宜状》。
③ 徐梦莘：《三朝北盟会编》卷二二八。
④ 薛季宣：《浪语集》卷二一《上汤相论边事》。

何汲汲于畏虏乎！所以安其内也。夫徒手搏虎以幸其毙，一夫之勇也；一夫之勇未必验，而一夫之怯，其为验也决矣。为天下者，不以天下之大而就一夫之勇。故某愿朝廷以谋困虏，以计守边，安集两淮，以捍江面。使淮人不遁，则虏又安敢萌窥江之谋乎！故堡坞之作，山水寨之聚，守以精志，行以强力，少而必精，小而必坚。①

端平以后，宋朝又面临蒙古的威胁，丞相杜范提出将两淮山水寨等民间自卫武装作为朝廷屏障，于是建议朝廷"遣一多知有谋之人，挺身而入，见其头目，示以恩信，谕以朝廷之意。有愿经理浮、光者，借其名目，使之自率其徒出力经理，食其地，守其城。俟二三年间，经理有绪，则以郡符付之，以为淮西捍蔽"②。魏了翁也认识到民间武装在保家卫国中的作用，其在端平三年(1236)的《缴奏奉使复命十事》中建议招纳土豪：

并边诸郡，每遇虏人入寇，皆得土豪统率义丁为官军犄角之助，只如今春鞑蹂浮、光、随、信，管下如罗山、杏山诸处，率是义甲头目、牛社总首随宜剿遏。其间又有庄农自相结集，俟虏骑入村游抄，或伏险邀击，或随后蹑袭，必有斩获。盖以其生长边域，狎近戎虏，故习其风声，抵抗而不慑，睹其陵暴，愤激而思斗，加以知地利，得人和，有爱惜骨肉之情，有保全乡井之谊，战则自为战，守则自为守。若奖拔而倚用之，固与官军之更递往来，驱之战守者不可同日语也。自京湖诸郡残破以来，乡民丁壮屯聚相保者在在有之，若不因其土豪，就令结集，则涣然无依，或生他变。臣尝委参谋官别之杰结纳襄、随两郡土豪，寻又差官赍榜文札子前去汉上招集。近日刘廷美收复樊城，一号召之顷，遂得四万人，其后廷美与其弟廷辅又以督府旗榜于南漳县老鸦山等处，招收山寨民丁、庄农与诸处溃散官民兵，同力克复襄阳，土豪之效大略可睹。臣愚欲乞行下制副等司，于襄、汉、两淮州郡随宜结集，借补官资，假以事权，必能以功自见。③

---

① 《叶适集·水心文集》卷二《安集两淮申省状》。

② 杜范：《清献集》卷一三《相位条具十二事》。

③ 魏了翁：《鹤山先生大全文集》卷三〇《缴奏奉使复命十事》。

通过以上论述，可以看出宋代国家对两淮山水寨等民间自保武装作用的充分认识。为此，宋代国家对山水寨及其首领屡屡进行褒奖，并将山水寨民兵加以组织和训练，增强其战斗力。

宋代任命山水寨首领为官的例子很多。建炎四年(1130)，诏执政派人持诏书遍诣山水寨，“谕以恩意，寨栅首领有功绩者命镇抚使保奏推恩”①。隆兴二年(1164)，“赦楚、滁、濠、庐、光州、盱眙、光化军管内，并扬、成、西和、襄阳、德安府、信阳、高邮军应州县山水寨首领，自备钱粮，纠集把隘，或战斗立功，仰逐州军守臣保明，申省取旨推恩”②。

宋朝廷还多次派人措置江淮山水寨，试图通过有系统的组织将两淮地区的民间武装纳入军事体系中。建炎初年，王洋就提出：

> 今秋诸路往往劝诱土豪民兵，一则各保乡分，二则为众防守，然闻诸路把隘官司，多虑民兵生疏，遂欲预行教阅。有欲五日一习。总一县观之，计所起民户去把隘去处，有去家十里者，有二十里者，若五日、十日一习，往来道路，必致经宿，是五日、十日之间，少者两日，多者四日，方了一番教习，岂不妨废农务？寇贼未来，先自纷扰，且乡保之民，使其不甘侵暴，用命自奋，虽瓦砾白梃，可以击贼。若使了无斗志，虽使日日教习，宁免生疏？今乞乡分土豪，各已分定把隘去处，即时拘集，当官教阅，使识旌旗、金鼓坐作之节，不过三日，即时放散。直候警急，方许追唤，如有不肃，以军法治之。号令既行，人人安便。③

王洋希望通过有效的组织训练，使民间自卫武装发挥更大的战斗力。这也成为宋朝廷巩固两淮防御的一项重要措施。乾道四年(1168)，“诏令两淮守臣以户口多寡，于三丁取其强壮者一名，籍为义兵，于农隙教阅，自十月为头，正月终放散，每人日支破钱一百文，米二升”④，所需经费由中央和地方政府分担。对武艺精熟的民兵及其首领，朝廷或给予奖赏，或给予补官，“縻以

---

① 《宋会要辑稿·方域》一九之二三。

② 马端临：《文献通考》卷一五六。

③ 王洋：《东牟集》卷九《论防秋事札》。

④ 《宋会要辑稿·兵》一之二七至二八。

小职,济其急难”[①]。

乾道八年(1172),规定“淮东、淮西两路,并沿江诸州民兵及两淮万弩手,每岁农隙,拘集教阅;其间有武艺超越之人,令逐路帅司行下所部州军,自今岁为始,将所教民兵及万弩手,遇教阅月,选择能步射一石四斗力弓,踏三石五斗力弩,马上直背射一石力弓,各应法人材智勇可以伏众,解赴本司拍试,其姓名、事艺保明申三省、枢密院,以凭抽摘覆试推恩”[②]。

总之,宋代国家为了巩固边境防御,积极采取措施,试图将两淮等地区百姓组成的山水寨等民间武装纳入国家军事体制之中,使之充分发挥保境安民的作用。[③] 正是由于国家积极投入山水寨的措置,以至于在两淮地区出现了山水寨扰民的问题。这也是国家向基层民间武装渗透的重要表现。绍兴三十一年(1161),知泰兴县尤袤作《淮民谣》,生动地反映了这一问题:

> 东府买舟船,西府买器械。问侬欲何为,团结山水寨。寨长过我庐,意气甚雄粗。青衫两承局,暮夜连勾呼。勾呼且未已,椎剥到鸡豕。供应稍不如,前向受笞棰。驱东复驱西,弃却锄与犁。无钱买刀剑,典尽浑家衣。去年江南荒,趁熟过江北。江北不可往,江南归未得。父母生我时,教我学耕桑。不识官府严,安能事戎行。执枪不解刺,执弓不能射。团结我何为,徒劳定无益。流离重流离,忍冻复忍饥。谁谓天地宽,一身无所依。淮南丧乱后,安集亦未久。死者积如麻,生者能几口。荒村日西斜,破屋两三家。抚摩力不给,将奈此扰何。[④]

当时官府积极措置山水寨,要求民众自行置备舟船和刀、枪、弓等器械,出任寨长者和官府所派不肖官吏对百姓更是颐指气使,敲诈勒索。这对于屡遭战火的百姓来说无疑是一项极为沉重的负担,引起百姓不满,在一定程度上影响了山水寨防御敌人这一功能的发挥。

---

① 《叶适集·水心文集》卷二《安集两淮申省状》。

② 《宋会要辑稿·兵》一之三三。

③ 以上关于山水寨的论述,参见黄宽重《两淮山水寨——地方自卫武力的发展》,载其《南宋地方武力——地方军与民间自卫武力的探讨》,(台北)东大图书股份有限公司 2002 年版,第 203～238 页。

④ 徐梦莘:《三朝北盟会编》卷二四〇。

对于湖南乡社，国家也是根据实际需要采取相应措施。淳熙年间，有言者上奏称乡社扰民，“请尽罢之”，但时任湖南安抚使的辛弃疾反对这种不分青红皂白地一概取消的做法。他说：

> 乡社皆杂处深山穷谷中，其间忠实狡诈，色色有之，但不可一切尽罢。今欲择其首领，使大者不过五十家，小者减半，属之巡尉而统之县令。所有兵器，官为印押。[①]

辛弃疾的主张最终获得了朝廷批准。通过辛弃疾的处置措施，可知湖南乡社最终也是被置于官府的严格控制之下，其首领由官府选定，兵器由官府登记，其规模也被大大压缩，并授予巡检、县尉和县令统属之权。

对于各地巡社，南宋朝廷也是予以承认并试图控制这一力量。建炎元年(1127)八月，户部尚书张悫称：“河北路坊郭、村乡民户自结集强壮巡社，可因其情而用之。奖之以忠义之名，加之以抚驭之方，用御金人，捕遏群盗，每有实效。”[②]他认为只要制定出一套切实可行的奖励政策，令诸路实行，“便可得忠义巡社百万，其官军、保甲、弓手并弓箭手皆不预焉”[③]。同时，“许翰与京东西路安抚大使兼知东平府权邦彦继以为言：乃以忠义巡社为名”[④]。张悫等人的建议为宋高宗所采纳，八月十日，高宗“诏诸路州、军、府巡社并以忠义巡社为名，仍专隶安抚使司”，又诏令“诸路安抚使及钤辖司、提举司各依今来措画，督责州县疾速推行，仍令尚书户部遍牒行下，及令本部置籍举摧(催)，每旬检举取会。诸路已施行次第缴申枢密院”。[⑤] 由此可见，最初由民众自行结集的巡社，继而因朝廷褒奖而在其名称前加“忠义”二字，称为“忠义巡社”，并对其组织、性质等各方面进行了改造，立为制度，“依唐人泽潞步兵、雄边子弟遗意”，即将土地按中古原则分配，将与土地附着之人民编成御敌的军队，其特点是“募民联以什伍，而寓兵于农，使合力抗敌”[⑥]。南宋

---

① 李心传：《建炎以来朝野杂记·甲集》卷一八《湖南乡社》。
② 《宋会要辑稿·兵》二之五〇。
③ 《宋会要辑稿·兵》二之五〇。
④ 《建炎以来系年要录》卷八，建炎元年八月丁卯条。
⑤ 《宋会要辑稿·兵》二之五〇。
⑥ 《宋史》卷三六三《张悫传》。

朝廷将改造巡社的任务交与张悫，“著为法”，其制度为：每五人为一甲，五甲为队，五队为部，五部为社，各有长。至五社则为都社，有正及副。如两都社及万人以上，择土豪二人为都副总辖。其借补官之制，则万人以上，成忠郎；千人以上，保义郎；八百人以上，承信郎。自甲长至总辖，三岁递迁。从立为制度和要求各地政府“疾速推行”来看，忠义巡社原为民众自发组织的民间武装力量，在为南宋政府承认的同时，也受到南宋政府的控制，并被纳入宋朝的军事体制之中，成为地方保甲民兵的一种。①

综上所述，宋代在面临少数民族政权不断进攻和农民起义频发的内忧外患的局势下，国家对各民间自保武装往往采取承认的态度，然后采取封赏首领、制定条约章程等措施加以改造，甚至对其进行组织训练，提高其战斗力，将其严密控制在自己手中，使之逐渐成为国家军事体系的一部分，发挥其保家卫国的职能。当然，宋代国家对民间自保武装的态度不是一成不变的，而是根据局势变化而不断加以调整。如对河北弓箭社，当面临辽国的严重威胁时，国家对其积极利用，但当有的官员为谋求政绩而扩大弓箭社，从而引起民众不满，有的弓箭社成员甚至投身义军时，国家则立刻将其取缔，兵器全部没收。再如对忠义巡社，面对着金军的强大威胁，南宋政府积极依靠其抗金，而局势一旦缓和，则下令其解散。

宋代国家对民间自保武装的控制实际上就是在朝廷的指导下，路、府、州、县等各级地方行政组织代表国家对民间自保武装的团结、监管、改造、利用和控制。这是地方行政组织与民间自保武装关系的一个方面。另一方面，在战乱的情况下，一些地方行政组织失去了其行政空间，被迫依附于一些规模较大的民间自保武装。建炎三年(1129)八月，金军由淮东、淮西分两路进攻南宋，“金人初有举兵之报，知滁州向子伋弃州治，入琅邪山寨”②。绍兴三十一年(1161)，完颜亮大举攻宋，“知濠州刘光时率濠州之官府、居民悉移于横山涧寨，州差到成忠郎、阁门祇候、东南第二副将都遇守把，亦随光时

① 参见史江《宋代会社研究》，四川大学博士学位论文，2002年。

② 徐梦莘:《三朝北盟会编》卷一三二。

在山寨”[①]。在强敌压境的形势下，南宋的一些地方官员及守将只好依附于某些大的山寨。如果这些山寨不是由迁入其中的官员创立，那么这些地方行政机构势必受制于山寨已有的领导体系，而很难有效地行使职能。

从维持社会秩序的功能上看，民间自保武装是地方官府的强力补充，前文已有论述，不再赘述。此处需要特别指出的是，一些大的民间自保武装甚至会在某种程度上取代地方官府。一旦发生战乱，负有守土之责的地方官吏往往是受冲击的主要对象。如果发生了农民起义，其矛头所指更是地方官吏，故而在战乱到来时很容易出现“官吏奔窜”[②]、“官吏皆遁”[③]的现象，最终出现“数十里或百余里无烟舍者，州县无官司，比比皆是盗贼”[④]的局面。在这种情况下，一些大的民间自保武装组织，如刘位领导的横山寨、王维忠领导的韭山寨等就发挥了其所在地区原行政组织的作用，不仅可保护投身于其中的民众的身家性命，还是社会生产的组织者和地方社会秩序的维护者，实际上取代了所在地区原来的地方官府。这种权力后来还获得了朝廷的认可。刘位就被任命为滁濠州镇抚使兼知滁州，掌握了辖区内的行政权、军事权、财政权和司法权等。[⑤] 建炎初年，钟相起义军进攻长阳，邑人胡勉“集豪勇斩二渠魁，尝摄县事”[⑥]。此处胡勉就是因为组织民间武装抵抗钟相义军，保卫乡里安全而得以“摄县事”的。

二、宋代民间自保武装与乡村行政组织的关系

上文对宋代民间自保武装与各级行政组织的关系已有论述，至于宋代民间自保武装与乡村行政组织的关系，主要表现在以下几个方面：

首先，一些民间自保武装以乡村行政组织为基础编成。

一些民间自保武装在组织体系上利用了已有的乡村行政组织为基础编

① 徐梦莘:《三朝北盟会编》卷二三六。

② 徐象梅:《两浙名贤录》卷七《忠烈·先锋董伯强公健》。

③ 《宋史》卷四四八《李彦仙传》。另见徐象梅《两浙名贤录》卷七《忠烈·士曹毛叔缜栗》。

④ 徐梦莘:《三朝北盟会编》卷一三四。

⑤ 参见黄宽重《宋廷对民间自卫武力的利用和控制》，载其《南宋地方武力——地方军与民间自卫武力的探讨》，第154～156页。

⑥ 《明一统志》卷六二。

排。这一点在熙丰年间推广“保甲法”后表现得尤为明显。保甲法从实施之初就与兵制关系密切,对乡兵制度的影响尤为突出。宋初以来各地各种不同组织形式的乡兵到元丰年间基本上都通过“保甲法”加以整编[①],可知保甲作为宋代军队编制比较常见。在宋代民间自保武装中,也有许多采用保甲作为组织形式。如宣和年间,方腊起义军进攻宁国县,旌德县土豪鲍琢纠集义兵击破之。李光《庄简集》卷一〇《乞与土豪鲍琢补官状》称:“契勘管下旌德县保甲土豪鲍琢等一项仅三千人,缘自方贼作过时已自结集,中间保护州境。”可推知鲍琢纠集的自保武装很可能采用保甲编制,以保甲为基础编排。宣和七年(1125)十二月,金军开始围攻太原,“富家大姓往往奔走四出,独力田之民恋着乡土,多自团成保甲,守护乡闾”[②]。此处河东民众结成的自保武装也采用保甲编制。乾道七年(1171),王镇因“赣州多盗”,原来“诸邑团民兵,置队首、队长,徒扰无益”,于是改令“五家为小保,而置一柝,五小保为大保,而置一鼓,各有长焉。十六保则隶都保正,许置兵器,遇盗则击柝鸣鼓出兵器,每发辄得”。[③]

其次,乡村行政头目在民间自保武装中充当首领。

《三朝北盟会编》卷一四三引《金虏节要》称金军“初围太原,有保正石竧起寨于西山,保聚村民,人甚众,且强悍,多豪侠,每朔望告戒,必以忠孝为主,由是户多可恃,人尽知,方金人攻之,往往为竧败,金贼屡屡遁去,及多邀金人出掠者,由是粘罕遣大军破而擒之”。这位叫石竧的保正率村民在文水县西山结寨自保,抗击金军,最终不屈而死。宁宗末理宗初,虞刚简在利州路团结保甲,“凡乡井长有小大,正有都副,有资产者为团长,有干局者为提振,不数月而事济,边民器械夙备,又为放周人鼓铎旗物以辨乡邑之制,除器益备,无事则谍贼者不得作,军不得恣,有警则守望相助,戎虏知畏”[④]。这里的团结就是以保甲为基础编成,大小保长和都副保正都在其中充当头目,另选有资产者为团长。

---

① 参见吴泰《宋代“保甲法”探微》,载《宋辽金史论丛》第2辑,第192～194页。

② 李光:《庄简集》卷九《乞用河东土豪援太原札子》。

③ 周必大:《文忠集》卷七七《朝议大夫赐紫金鱼袋王君镇墓碣》。

④ 魏了翁:《鹤山先生大全文集》卷七六《朝请大夫利州路提点刑狱主受冲佑观虞公墓志铭》。

前文已经指出宋代许多民间武装的首领都是土豪，即地方豪强上户。他们往往凭借家资、武艺及“众所服”等条件被推选为民间武装首领。地方豪强上户作为一个社会阶层，与乡村上户有密切关系，其中的主体力量是乡村中的二、三等户，即中小地主。[①] 据宋代户等制及其与役法的关系，他们也是乡村行政头目的骨干力量，其中肯定有不少乡村行政头目和民间武装组织头目互相兼任者。

虽然有不少乡村行政头目参与到民间武装组织中，有的还充当了民间武装的首领，但由于民间武装组织的动机和目的各异，乡村行政头目的参与并不能保证民间武装不会成为与朝廷对抗的力量。鉴于武装组织的重要性，朝廷和地方官府往往直接出面，或通过赐封首领和改编等方式将其纳人乡兵的行列，或强制其解散，以便牢牢控制这些武装力量而使其不至于危及自己的统治。[②] 前述辛弃疾对湖南乡社的处理足以说明这一点。

再次，民间自保武装组织是对乡村行政组织的重要支持。

前文已指出，乡村行政组织的重要职能之一就是维护社会治安。许多民间武装组织具有与之相同的职能，即防盗缉贼，维护社会秩序，维持社会治安。福建保伍自初建起就“所以备盗也”[③]。叶梦得曾请求“各逐乡村保社随土俗所宜，止于本处地分团结，不妨本业，保守乡里，无事则家自为守，有警则人自为战，无令横□残虐”[④]。在叶梦得治下，团结保甲这一组织也确实起到了这样的作用。史载：

> 永平乡管村管孙众等啸聚报怨。初七日，劫掠唐三十六家，众枪刺杀本人，打破屋宇等。初八日，敢勇方公质、管四十五并土军苏真等带领团下保甲掩捕群贼，见阵杀获贼管三十五等共一十一级，及百姓魏开、方十活捉到贼卢淳、卢二男、卢七、朱十二共四名。
>
> 保正徐公化状申：本保徐衡、徐机、徐公爱、方客四共四名，在保将

---

① 参见伍国庆《关于钟相起义的几个问题》，载《中国农民战争史论丛》第4辑，第389页。

② 关于宋代国家对民间武装的利用和控制，详见黄宽重《南宋地方武力——地方军与民间自卫武力的探讨》，第143～238页。

③ 李心传：《建炎以来朝野杂记·甲集》卷一八《福建保伍》。

④ 叶梦得：《石林奏议》卷一五《申枢密院坐下提刑司札子令与提刑李宝文同共措置民兵状》。

泥涂面，各有纸甲器刃，结集贼众，强夺姓汪人钱米。寻行掩捉，各拒捕斗敌，被土军倪胜杀死徐衡，并方荣杀死贼徐机，共二级；及保正徐公化、团首徐倍杀获贼方公锡一级；火甲头童汝砺、摄官方京等杀获贼方嘉庆一级；并都团首吕仲良等杀获贼汪伯成、李仲成、吴益、宋宅旺共四级。[①]

一旦发生农民起义，有人会组建自保武装以对抗义军，以期维护当地的社会秩序。方腊起义时，浦阳人钱岀就"团民兵，卫乡井，有方略，众服其令"[②]，其组织民间武装保卫乡里，乡众都服从其命令，从而成为地方社会秩序的维持者。绍兴诸暨富豪张绪在方腊起义时，"鸠族属聚落，合力保壁，众悉附服，贫丁轻猾无敢去为椎剽，乡境赖安，而赀傛用无遗余矣"[③]。在地方社会秩序被义军破坏的情况下，张绪率宗族及乡里民众结成自保武装，众皆服从，即使地方上的一些"轻猾"之徒也不敢四处剽掠，乡里社会得以保持安定。自保武装很好地发挥了维护地方社会秩序的作用。建炎年间，干戈四起，鄱阳湖一带"群凶啸聚"，交通安全尤其是商人的安全问题非常突出，"商贾无辜而死者，不知其几千人矣"，玉溪人赵师孟率众结成自保武装，经有司同意，他"治艘舡，整器械，剿绝奸雄，扬旗舞戈"，从而使这一带的社会秩序大为改善，"寇攘敛袂"，"江湖肃静"[④]。绍定时，晏梦彪起义，宁化县妇女曾晏氏率人依黄牛山建立五砦，选少壮者为义丁对抗义军以自保，"邻乡知其可依，挈家依黄牛山避难者甚众"[⑤]，"其上可屯数万众，列为五寨如五乡，一时郡县几千里，已多成墟滲为荒，屹然此寨乃独立"[⑥]。

民间自保武装除对破坏正常社会秩序者及其行为进行打击外，其将人众尤其是一些游手无赖之徒集结在一起，以纪律约束之，从而亦有助于地方社会的稳定。婺源人詹世勋在绍兴三十年(1160)任舒城县民兵正将，组织

① 叶梦得:《石林奏议》卷一《奏严州淳安县管孙众等结集凶徒状》。
② 《景定严州续志》卷六《淳安县》。
③ 范浚:《香溪集》卷二二《张府君墓志铭》。
④ 杨烈光:《宋故赵善士墓志铭》，载陈柏泉编著《江西出土墓志选编》，第120页。
⑤ 《宋史》卷四六〇《曾氏妇传》。
⑥ 包恢:《敝帚稿略》卷八《歌晏恭人平寇伟绩》。

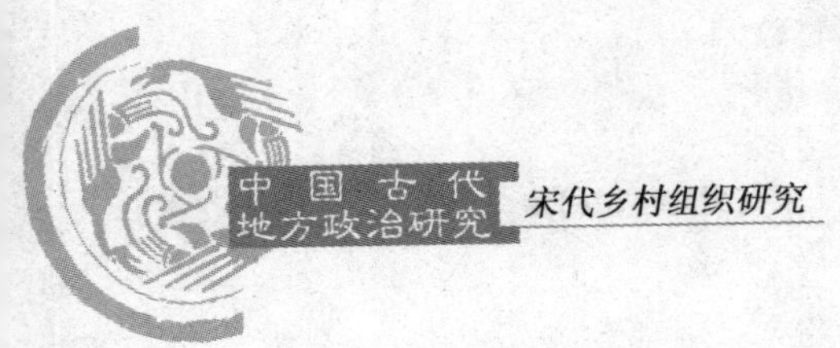

自保武装,"招募得六百二十八人,不问其所从来,惟强壮是与","亡命之徒闻其风而悦之,期约月一会椎牛酒……离军之日,所居之地皆谓之义士,假之资,使之阜通,以赡其衣食之费,犒设之余,使分其肉与贫者,示之仁;戒其窃发,禁其骗挟,示之义;聚会之际,长者居前,少者居后,示之礼;牛酒将竭,再与之约,至期则世勋先至,示之信,自三月至十月,人人壮健,皆奋勇愿效死力"。[①] 詹世勋通过对他们进行仁、义、礼、信等传统道德的教育,使之成为保卫乡里安全的重要力量。

总之,民间自保武装在保卫乡里安全和维护社会秩序方面发挥了重要作用,是乡村行政组织强有力的支持与补充。宋人对此亦有清楚的认识。如端平年间,魏了翁就称:"自京湖诸郡残破以来,乡民丁壮屯聚相保者在在有之,若不因其土豪,就令结集,则涣然无依,或生他变。"[②]

① 《新安文献志》卷六四胡升《詹氏忠勇世家》。

② 魏了翁:《鹤山先生大全文集》卷三〇《缴奏奉使复命十事》。

第八章　宋代乡村组织间的互动关系

第一节　宋代乡村民间组织间的关系

论及宋代乡村民间组织之间的关系，首先是同一类型的民间组织间有密切的关系。前文已经述及宋代民间宗教组织之间相互交融的关系，此处不再赘述。再如宋代民间经济组织中，有些义役和社仓组织就是一体的。义役组织大都以义役田为主要经费来源，有的就因义役田所得盈余建立社仓。绍定年间，黄岩县令王华甫倡行义役，“以旧日入役之租，岁积月累，买田置庄，与众共之，至二十余年而义庄成，又十年而社仓成。社仓之储亦取于义庄之羡，役户之众无与焉”[①]。宝庆年间，金坛县蒋拱等在该县二十三都倡结义役，以盈余“买地以为基，结屋以为庄，缭以墙垣，固其扃鐍，使出纳惟谨，而数易以稽。岁取其赢以买公田，公田有赢则欲尽归田之出于私家者，更有余则将用近世朱文公之制别之为社仓，春散秋敛，以惠其都之人。其敛之也，稍加息焉，庶变通不穷，而用不得无艺，一举而成大利二”。以义役田所出为纽带，义役组织和社仓组织合二为一，其“始也赖义役之赢而社仓以基，终也资社仓之息而义役以固”[②]，相互促进，共同发展。

---

① 《（光绪）黄岩县志》卷六赵亥《义庄田跋》。

② 刘宰：《漫塘集》卷二三《二十三都义庄记》。

宋代除同一类型的民间组织间有密切的关系外，不同类型的民间组织之间也存在相互融合、渗透的密切关系。下文即以宗族组织和民间信仰组织为中心论述宋代民间组织间的关系。

一、宋代宗族组织与其他民间组织的互动关系

在中国传统社会中，宗族组织是社会结构的基础，对其他社会组织有着极强的渗透力。目前学术界对于宋代宗族组织与其他民间组织互动关系的研究仍很薄弱，此处即对此作一初步探讨。

（一）宗族组织与水利共同体的关系

宗族组织与水利共同体的关系主要表现在以下两个方面：

第一，宗族在某些水利共同体中发挥领导作用，这主要体现在一些由某一宗族主持创建的水利工程中。江西泰和县的槎滩陂水利工程就是一个典型个案。①

槎滩陂位于今江西省泰和县禾市镇槎滩村旁的牛吼江上，由后唐进士周矩始建。周矩于后唐时由金陵迁居泰和县之万岁乡，此处“里地高燥，力田之人罔有秋。公为创楚，于是处早禾江之上流，以木桩、竹篆压为大陂，横遏江水，开洪旁注，故名槎滩。陂下仅七里许，又伐石筑减水小陂，潴蓄水道，俾无泛溢，穴其水而时出之，故名碉石。已乃遂陂近之地，决管导流，析为三十六支，灌溉高行、万岁两乡九都稻田六百顷亩，流逮三派江口汇而入江。自近徂远，其源不竭，昔凡硗确之区，至是皆沃壤也”。周矩建槎滩陂后，担心工程所需木、竹不继，于是又出资购买桩山和篆山，“岁收桩木三百七十株架，洪木三株，茶叶七十斤，竹篆二百四十余担，所以资修陂之费”，后其子周羡又“增买永新县刘简公早田三十六亩，陆地五亩，水塘三口，佃人七户，岁收子粒贮以备用，所以给修陂之食，而不劳人之饷”。②

由于槎滩陂水利工程最早是由周矩独自出资创建和维护的，故其亦是

① 以下关于槎滩陂的论述，参见廖艳彬《江西泰和县槎滩陂水利与地方社会》，南昌大学硕士学位论文，2005 年。

② 周中和：《槎滩、碉石二陂山田记》，载高立人主编《庐陵古碑录》，江西人民出版社 2007 年版，第 222 页。

由周氏家族自行管理。周氏家族建立了一套比较完善的管理和维护制度，“山田之入皆吾宗收掌支给，由唐迄今，靡有懈弛”，到淳化年间，周氏家族相继有人出仕，难以顾及对工程的管理，于是“悉以属当地诸本姓理之。供赋赡陂，岁有常数，凶岁不至于不足，乐岁之羡余，则以赏事事者之劳”，槎滩陂虽不再由周矩的子孙直接管理，但还是由“当地诸本姓”即周氏宗族其他成员掌管[①]。该宗族仍有效掌握着槎滩陂的所有权。到元朝末年，这种局面才被打破，由当地的五大宗族共同管理。

槎滩陂虽系周氏一族所创，但从创立之始，周氏只强调自己对该水利工程的所有权，并未将使用权完全私有。正如皇祐年间周矩之孙周中和所称：

> 先公之善，不特一乡而已。为子孙者，当上念祖宗之勤，而不起纷争之衅；均受陂水之利，而不得专利于一家。宁待食德之报，而不必食田之获。惟知视其成毁，而不得经其出入。苟或倾圮不治者，亟修葺之；侵渔不轨者，疾攻击之。如此，则孝思不匮，先公之惠，流无穷矣！[②]

由上可知，从槎滩陂建成之初，就形成了一个包括众多受益者在内的水利共同体，整个天水一朝，周氏宗族都在其中扮演着领导者和管理者的角色。两者还形成了相互促进的关系：周氏宗族通过在槎滩陂水利共同体中的领导地位提高了自身在地方社会的声望和影响力，增强了宗族成员的自豪感，从而使自身的凝聚力得以增强；槎滩陂水利共同体则凭借周氏这一当地望族的势力得以维系和延续。

著名的木兰陂由侯官人李宏建成后，“拨塘田八百石，设立陂司，委子孙掌管修陂”，“其家子孙衣冠甚盛，有敦义者掌陂事，举其祖修陂本末，如长者复生”[③]。可知在木兰陂创建之初，李氏家族在该水利共同体中就占有重要地位，即使后来情况发生变化，李氏后裔中仍有多人积极参与该水利共同体

---

① 《泰和南冈周氏漆田学士派三次续修谱》所录记文与此不同，其中称山地田塘“悉以属诸有业者理之”。廖艳彬据以认为槎滩陂的管理方式发生了变化，由原来的周氏家族人员直接管理改由“诸有业者”代管，这些“有业者”中很可能已有他姓人员，为其他家族参与槎滩陂的管理提供了机会，使周氏家族对槎滩陂的控制力逐渐削弱。（参见廖艳彬《江西泰和县槎滩陂水利与地方社会》，南昌大学硕士学位论文，2005 年）此说恐有不确，应以原碑文所记为准。

② 周中和：《槎滩、碉石二陂山田记》，载高立人主编《庐陵古碑录》，第 222 页。

③ 雷应龙辑：《木兰陂集节要》卷五林大鼐《李长者创木兰陂本传》。

的各项事务。明人编《木兰陂集节要》卷三专列“李氏后裔有功陂庙录”，可参见，不再赘述。

莆田太平陂建成后，由于“绍兴复田八姓之力，故陂事迭主之”，可知太平陂是由当地的八个家族管理。他们“皆有私田于陂，知护田则知爱陂矣。百年之间，八姓盛衰不常，于是有私田尽去而视陂田为券内、置陂患于度外者”。绍定年间，知兴化军曾用虎重修太平陂后，就改革了其管理体制，将陂田交由囊山寺僧人掌管，“租之出纳、陂之修废，在八姓不可问”①。

第二，在水利共同体内部，一些宗族为了本族的利益，就水的分配、使用、管理或水利设施的维修、管理等问题，或对既定的水利公共秩序进行挑战，或坚持维护既有秩序，从而对水利共同体的存续产生了重要影响。

宗族对既有的水利公共秩序的挑战突出地表现在强宗豪族对水利工程和水利制度的破坏上。《宋史》卷一七三《食货志上一》记淳熙十年(1183)大理寺丞张抑称：

> 陂泽湖塘，水则资之潴泄，旱则资之灌溉。近者浙西豪宗，每遇旱岁，占湖为田，筑为长堤，中植榆柳，外捍茭芦，于是旧为田者，始隔水之出入。苏、湖、常、秀昔有水患，今多旱灾，盖出于此。

王十朋也称在浙东地区“占湖为田者，皆权势之家，豪强之族也”②。嘉定时，青田主簿陈耆卿称本县“强宗右族，疆畎盈野，每每奄潴泽以自丰，而不顾他人之瘠”③。嘉定十五年(1222)，福建木兰陂的“酾水之道多为巨室占塞，时或水旱，乡民至有争水而死者”④。对水利制度的破坏，如北宋前期，“蜀引二江溉诸县田，多少有约”，成都大豪樊氏趁李顺起义的机会，“盗约，改一昼夜为六，由此他县岁赂樊氏县，乃得其余水，讼二十年不决”⑤。安福县的寅陂能溉田 12000 亩，“岁既久，官失其籍，大姓专之，陂旁之田岁比不登”⑥。由

① 刘克庄：《后村先生大全集》卷八八《重修太平陂》。

② 《王十朋全集》卷二七《鉴湖说下》。

③ 陈耆卿：《篔窗集》卷四《奏请急水利疏》。

④ 《宋会要辑稿·食货》六一之一四九至一五〇。

⑤ 王安石：《临川先生文集》卷八九《故淮南江浙荆湖南北等路制置茶盐矾酒税兼都大发运副使赠尚书工部侍郎萧公神道碑》。

⑥ 王庭珪：《卢溪文集》卷二《寅陂行》。

于官府所存簿籍年久失落，一些大姓豪族乘虚而入，掌握了寅陂的管理权，使其他人无法使用。

宗族组织对水利共同体中用水秩序的确立有重要影响。翼城滦池泉域武池村的例子比较典型。武池村是处于滦池泉域中游的一个大村，熙宁三年(1070)，该村大户李惟翰、宁翌等纠集吴村、北常村、马棚村、南史村、东郑村等共六村人户，“自故崔忠磨下，截河打堰，买地开渠，取上村残零余水……下六村人户，各验元出买渠价钱，分番使水：吴村七时辰，北常三十时辰，武池九十一时辰，马棚一十九时辰，南史一十一时辰，东郑二十一时辰，通记一十五日轮番一次，计一百八十时辰，内余一时辰，令六村人户交番，周而复始”①。当时武池村有地11顷，使水91时辰，北常等五村共有地25顷，却仅使水80时辰，可见这一水利分配制度并不均衡公平，但却能被六村人户接受，原因即在于武池村村大势众，出钱最多，且有强宗大户出面。② 这足可反映宗族对用水秩序确立的影响。

在发生水利纠纷可能会影响水利共同体的存续时，也有宗族组织力求维持原有秩序。洪洞县的广平渠开凿于唐贞观年间，原属崔长里，修成后因有“别村擅利截堵涧道”，“里人王姓讼之于官，受刑被羁”。其妇赴都城鸣冤，由此制定渠例，使王氏宗族在广平渠水利共同体中获得了领导地位，直到民国年间，“渠册向归长命村王姓执掌”，“世世为渠务领袖”。③

福州福清县的元符陂建于唐天宝年间，“壅流灌田，凡数万亩，岁久沟湖为豪右所侵，遇旱干，民挺刃争水，讼不决”。在这种情况下，县令委托当地人刘允恭处理。刘允恭家族居于福清县新丰里，“累世以治生自立，雄于乡族”，是当地的大族豪户。刘允恭本人在乡村社会有较高威望，“乡之士大夫推为长者”。他生活的新丰里，据《(康熙)福清县志》卷一《水利》，也是元符陂所在地，可知其家族亦应属元符陂水利共同体成员，故而县府利用其在当

① 吉天祐:《重修乔泽神庙并水利碑记》，载程发聩《古翼城百论》，山西人民出版社2006年版，第506～507页。

② 参见张俊峰、行龙《公共秩序的形成与变迁:对唐宋以来山西泉域社会的历史考察》，载《人类社会经济行为对环境的影响和作用》，三秦出版社2007年版，第206～207页。

③ 孙奂仑:《洪洞县水利志补》卷下《广平渠》。

地的威望处理前述水利纠纷。刘允恭“著规立籍，众咸以为利”[1]，最终通过制定新的规约成功地解决了这场纠纷。

(二)宗族组织与民间宗教组织的关系

通过前文对宋代民间宗教组织若干个案的分析可知，不少民间宗教组织由宗族或家族结成，反映了两者相互交融的关系。对此问题，还可从以下几个方面加以探讨。

首先，一些宗族世世代代参与某一宗教组织，并在其中发挥主导作用，扮演领导者的角色。最典型的例子莫过于福建莆田方氏与祥应庙信仰组织的关系。

祥应庙位于福建莆田西天尾镇白杜村，至晚在五代时已经建立。该庙从建立之初就与其地的大姓望族有密切关系，“大姓甲族多在乎神祠之左右，而践殊科、列膴仕者，时不乏人”，方氏“先庐去神祠为近”。这些大姓望族认为本族能够在科举考试中不断有人高中，与祠神的保佑密不可分，故而他们积极参与祠庙祭祀。当地就传说“乡人仕有至于大官者，退而归老于其乡，帅其子弟与乡之耆旧若少而有才德者，每岁于社之日相与祈谷于神，既而彻笾豆、陈盏斝，揖逊而升堂，序长幼而敦孝弟，如古所谓乡饮酒者。乡人乐而慕之”，于是将该庙命名为“大官庙”。这样一个名字也可反映该庙与当地大姓望族的密切关系。通过前引当地的传说，可知某大官率子弟对神灵进行祭祀，“序长幼而敦孝弟”，表明对大官庙的祭祀也是这些大姓望族敦宗睦族的手段之一，也可说明祠庙的祭祀组织与当地宗族组织相互促进的密切关系。

居住于大官庙周围的大姓望族中，方氏白杜系从北宋中期开始兴起。天圣八年(1030)，方峻中进士；景祐元年(1034)，其兄弟方峤又中进士。此后至北宋灭亡，该家族还有方子容、方仲宇、方辅宋、方会、方略等六人中进士，南宋时也有10余人中进士。[2] 在该家族不断有人科举中第的情况下，其

---

① 韩元吉：《南涧甲乙稿》卷二〇《刘令君墓志铭》。

② 参见[日]须江隆《福建莆田の方氏と祥応廟》，载《宋代社会のネットワーク》，东京：汲古书院1998年版。

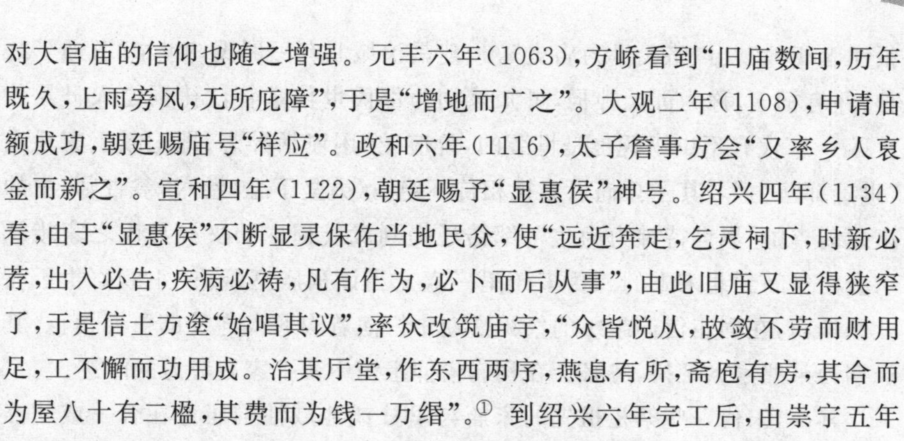

对大官庙的信仰也随之增强。元丰六年(1063),方峤看到“旧庙数间,历年既久,上雨旁风,无所庇障”,于是“增地而广之”。大观二年(1108),申请庙额成功,朝廷赐庙号“祥应”。政和六年(1116),太子詹事方会“又率乡人裒金而新之”。宣和四年(1122),朝廷赐予“显惠侯”神号。绍兴四年(1134)春,由于“显惠侯”不断显灵保佑当地民众,使“远近奔走,乞灵祠下,时新必荐,出入必告,疾病必祷,凡有作为,必卜而后从事”,由此旧庙又显得狭窄了,于是信士方塗“始唱其议”,率众改筑庙宇,“众皆悦从,故敛不劳而财用足,工不懈而功用成。治其厅堂,作东西两序,燕息有所,斋庖有房,其合而为屋八十有二楹,其费而为钱一万缗”。[①] 到绍兴六年完工后,由崇宁五年(1106)中进士的方峻之曾孙方略作《祥应庙记》文,记录了“显惠侯”的灵应事迹、受赐封的经过和该庙历次兴建的经过。

通过以上叙述,可知祥应庙的兴盛与方氏宗族有密切的关系,其历次扩建都由方氏族人主持。其在五代初建,到徽宗时获得赐额和封号,固然与徽宗时的祠庙政策有关,恐怕其中亦有方氏族人中的出仕者积极推动的因素在内。总之,在因祥应庙形成的信仰组织中,方氏宗族一直扮演着领导者的角色,发挥着主导性的作用,且其通过对信仰活动的领导而不断增强本宗族在地方社会的影响力,祠庙信仰组织也在这一过程中得以延续和发展。

宋代还有一些祠庙的管理者——庙史由于各种原因,世世代代由某一家族成员充当,负责掌管该庙的维修、祭祀等事务,从而得以在因该庙形成的信仰组织中充当领导者和主持者。可以说该家族就是祠庙信仰组织的领导者。如鄞县灵应庙祠晋人鲍盖,“由晋以来,灵应为著祠,绵历千载,民依怙若慈父”。唐神功年间,杨弘道舍其已故父亲遗宅为庙宇后,“子孙嗣掌祠事,其世世无易”,到南宋末年“祝史皆杨氏”。[②] 杨氏家族世世代代充当该庙祝史,主持该祠庙信仰组织的运作。嵊县北嵱浦的上善济物侯庙祠前代台州仙居县陈姓县令,“吉凶响答,求梦尤应,远近以雨旸祈祷,蒙赐为深,时节

① 上文关于祥应庙的引文,均出自《闽中金石略》卷八方略《祥应庙记》,参校《福建金石志》卷九。

② 《延祐四明志》卷一五楼枎《灵应庙记》。

报谢者相踵”，由“骆氏世为庙史”。[①] 建昌治城北有民邵氏，“世奉‘五通’”之神，并有祠庙，称为邵氏神祠，可知该祠为邵氏世代掌管，“祷祠之人日累什百”。[②] 宋代有不少巫觋也是世袭的，鲁应龙《闲窗括异志》即记载巫家丘氏“世事邹法主”，“其子孙尚以巫祝相传不绝”；《夷坚丁志》卷六《翁吉师》中的巫觋翁吉师“累世持神力为生”；邹浩还提到武侯祠中的巫祝马氏之家族从唐会昌年间到北宋末的二百多年里一直充当该祠庙巫觋。[③] 巫觋寄生于村社和祠庙，在祠庙信仰组织的祭祀活动中扮演着沟通人与神的重要角色，其长期为某些家族把持，势必会在祠庙信仰组织中留下家族势力的印迹。

其次，宋代一些祭祀祖先的家庙与里社或地域性祠庙存在合一或相互转化的现象，从而使宗族祭祀祖先与里社、祠庙祭祀合而为一，进而使宗族组织或与乡村春秋社会合而为一，或在祠庙信仰组织中发挥重要作用。

徽州休宁县的鬲山府君庙祠陈禧。他在唐末为避战乱而从桐庐迁至休宁之西的藤溪里定居，“其后子孙益蕃，一村无二姓，故人称是村曰陈村”，由于他“积德敦义，乡称善人”，去世后，“一方之民神之，乃创庙墓傍，尸而祝之”。该处村民以陈氏为主，庙的营建亦当以陈氏为主，故此庙可视为陈氏祭祖的墓祠。庙建成后，当地民众“凡水旱必祷焉。东作不祀府君不敢兴，西成不祀府君不敢食”。陈禧“没乃神于后，永为树艺之田祖”[④]，可知陈禧已由陈氏祖先逐渐变成了当地社神，鬲山府君庙在性质上实现了墓祠和社庙的合一。元人陈栎《定宇集》卷一四收有其《祭社祝文》、《春社祝文》、《秋尝祝文》、《藤溪社迎新祝文》等，鉴于他一生未曾出仕，只在家闭门著书、授徒，故这些祝文很可能是其在鬲山府君庙社祭时的祝文，亦可反映陈栎及陈氏宗族在该村春秋社会中占有重要地位。[⑤] 到元朝初年，该庙似已以社祭为主，陈氏宗族在其中的地位不断减弱。陈栎说：

> 伏以人本乎祖，年代远而易忘，精至于神，祠墓存而可考。惟我陈

---

① 楼钥：《攻媿集》卷五五《嵊县峿浦庙记》。

② 《李觏集》卷二四《邵氏神祠记》。

③ 参见王章伟《在国家与社会之间：宋代巫觋信仰研究》，第216页。

④ 陈栎：《定宇集》卷一五《陈氏谱略·始祖鬲山府君》。

⑤ 参见常建华《明代宗族研究》，上海人民出版社2005年版，第47～48页。

氏，实望他宗……居藤溪里，历世炽昌；葬嘉善乡，一方尸祝。为颍川之始祖，号鬲山之府君。庙貌虽严，丘坟渐圮。夫以总总林林之里社，尚致敬于鸡豚；岂有绳绳蛰蛰之子孙，乃不如于豺獭。[①]

歙县篁墩程灵洗世忠庙即源于社祭祖先。程灵洗死后，"里人坛其墓下以祭，里之社与坛接，尤以公配，水旱疾疠祷之即应"[②]，可知最初是以程灵洗配祀于社祭。后来于其故居篁墩建成庙宇，"有祷辄应，自宋以来列之祀典，号曰'世忠之庙'"。正是由于其灵应，该庙在宋代也有向里社庙转化的趋势。嘉定年间，程珌"每岁合一乡六社之人迎神至汉口祀"[③]。程氏宗族在该里社庙祭祀组织中发挥着主导作用。

钱塘顺济庙祠浙江百姓冯俊，初即由冯俊居所改建。该祠神"司江涛事"，"不惟商贾舟船之所依怙，而环王畿千里之内，水旱有扣，亟蒙丕答"。正是由于其灵应，南宋时不断得到朝廷赐额和加封。绍兴三十年(1160)赐庙额"顺济"；庆元六年(1200)封"灵佑公"；绍定年间，重修庙宇并加封"英烈王"。这使得该庙的影响不断扩大，由最初的冯氏祭祖之所演变成为地域性庙宇，但仍由冯氏"子孙世奉庙事"，可知因该庙结成的信仰组织即由冯氏家族主掌。[④]

淳安县昌期乡有宋齐邱相公祠，相传南唐大臣宋齐邱"避地居此终焉"，南宋时"一乡多宋姓，自言皆其后裔，祠有灵异，乡民岁时祷祀焉"。[⑤] 由上可推知该祠最初可能是宋氏族人所建，以祭祀其祖先，后因其灵应，得到当地乡民认同，故而岁时祭祀。该祠有向地域性祠庙转化之势，参与祭祀的乡民应以宋氏族众为主，该祠庙信仰组织以宋氏宗族为主体。

歙县州治北三十里丰口旧有太尉庙，祭汉代会稽人郑弘。庙在黄巢起义时被焚毁，绍兴元年(1131)，其地郑氏族人"因旧基复堂六楹，门庑各三

---

① 陈栎：《定宇集》卷一一《约族人葺鬲山祖墓疏》。

② 程铭：《程氏祠墓志》卷三《世忠庙议》，转引自常建华《明代宗族研究》，上海古籍出版社2005年版，第46页。

③ 程敏政：《篁墩文集》卷一四《休宁汉口世忠行祠记》。

④ 参见《咸淳临安志》卷七一《祠祀一》。

⑤ 《淳熙严州图经》卷三。

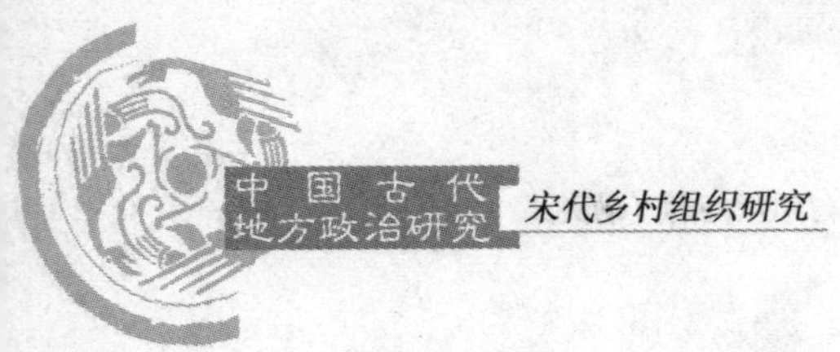

间，轮焉奂焉。中像太尉，旁附二郑始祖，清明大会宗族，洁牲以祭，酌酒散胙”。当地其他宗族十分羡慕，有乡老数十人称“是庙未复之先，旱潦岁见，疾疫迭兴；庙成之后，岁稔民安，山溪无崩啮之害，是虽郑氏祠堂，实乃一方香火”。[①] 可知该庙兼具郑氏祠堂和地域性祠庙的性质。郑氏宗族在该庙祭祀组织中的地位恐亦不能忽视。

（三）宗族组织对民间自保武装组织的渗透

就民间自保武装来说，至晚从东汉末年开始就与宗族组织存在极为密切的关系。当时天下大乱，田畴“率举宗族他附从数百人”[②]到徐无山中自保；许褚“聚少年及宗族数千家，共坚壁以御寇”[③]。两晋南北朝时期，社会长期处于战乱和动荡之中，加上宗族组织的发展，以宗族为基础的民间自保武装更加普遍。西晋“八王之乱”时，庾衮率同族及乡中他姓到禹山修筑坞堡自保。苏峻叛乱时，范明“率宗族五百人，合诸军，凡四千人”[④]。葛荣起义时，李元忠“率宗党作垒以自保”[⑤]。当时各地林立的坞壁更是以宗族为基础结成。[⑥] 隋末大乱时，饶阳人刘君良家族与乡邻共同筑成“义成堡”以自保。有学者认为，这种宗族组织与民间自保武装密切结合的组织多出现在汉唐之间，原因是这个时期世家大族众多，有能力控制他们所在的社区，但后世拥有长期政治特权和强大地方势力的大族几乎不存在了，故而不可能再建立中古式的坞堡和统帅千百户宗族成员的自保武装。[⑦] 清代学者顾炎武也称五代以后，“大族高门，降为皂隶。靖康之变，无一家能相统帅以自保者”[⑧]。实际上，情况并非如此，虽然宋代宗族制度发生了很大变化，但每逢战乱，尤其是在较大的农民起义发生和两宋之际战火纷飞之时，一些在地方

① 《（乾隆）歙县志》卷一八洪适《纪郑太尉事》。

② 《三国志》卷一一《田畴传》。

③ 《三国志》卷一八《许褚传》。

④ 《晋书》卷七六《顾众传》。

⑤ 《北史》卷三三《李元忠传》。

⑥ 参见[韩]具圣姬《两汉魏晋南北朝的坞壁》，民族出版社 2004 年版，第 47～52 页；夏毅辉《汉末魏晋南北朝坞壁考论》，中国文史出版社 2004 年版，第 50～52、89～91 页。

⑦ 参见冯尔康《中国古代的宗族与祠堂》，第 146 页。

⑧ 顾炎武：《顾亭林诗文集·亭林文集》卷五《裴村记》，中华书局 1959 年版，第 106 页。

上势力较大的宗族还是能积极团结乡里民众结成以宗族为基础的自保武装,宗族组织对民间自保武装仍有较强的渗透力。

前文已讲过出任民间自保武装首领的大多是地方上的土豪,亦即地方上的著姓望族,故其自保武装往往以宗族为基础。宋代许多民间自保武装都以族姓命名,就是宗族组织对民间自保武装渗透的表现。前文提到的金溪邓氏、傅氏都有以姓氏为号的自保武装,即使形成联军,仍称为"邓、傅二社"。靖康元年(1126),康王赵构起兵于相州。《三朝北盟会编》卷六七引《中兴日历》称:

> 康王在相州,磁、相、卫、邢、洺等州百姓诸豪皆诣护卫,乞早起兵……乃牒(耿)南仲连夜出榜起兵……于是相人之豪侠者日踵王府,有李秀才者上书盛称南平李氏、平罗兰氏、鹤壁田氏三富族乞召募民兵……诸人各愿聚三千人,不烦官中赡给,各自备钱粮器甲,每家只乞请空名补官牒三五百道,仍每家子弟便乞五人名目,于内差四人充管辖,所贵三千人有所统摄。

由上可知,南平李氏、平罗兰氏和鹤壁田氏三个富族各招3000人,自己筹措钱粮衣甲组成自保武装,其中每家各有子弟四人充当管辖即武装组织的首领,使"三千人有所统摄"。靖康二年(1127),金军押送徽钦二帝北上,到信安县白水镇时,"望见一堡极高,上有旗帜书周、郑二字。良久寨门开,有土豪兵甲约五百余人,皆长枪大棒弓箭,径来冲击",这些人都是"河北乡民强壮聚集保护乡村者"。该乡的这支自保武装是由周氏和郑氏组织的3000多人组成的,"北连真定,南接怀、卫,约有三十余处。此是乡兵强壮者,日日举首南望,要见南宋官军前去共破金人"[①]。这支以抗金为目标的武装应是周、郑两个家族的联合武装。[②] 类似的宗族色彩浓厚的自保武装还有不少,比较著名的是婺源的詹氏忠勇世家。

詹光国,善骑射,曾中武举,慷慨有大志。宣和年间,方腊起义,他召集族人中的勇敢者詹芝瑞、詹彦达等计议:"吾族中子弟可用者不下三十人,佃

---

① 《南烬纪闻录》卷上。

② 以上参见周扬波《宋代士绅结社研究》,第85页。

客仆隶可用不下百二十人，二兄为佃仆之倡，我率子弟从之。”于是“立籍定数，某用弓矢，某用刀剑，日椎牛设酒训练之”。当宣和三年(1121)正月初一义军到来时，詹光国等率众与之激战，“杀贼千余人于水中”。詹光国、詹芝瑞、詹彦达及其子弟、佃仆等 21 人力战身亡。詹光国的长子詹世勋在绍兴三十年(1160)被推荐为舒城县民兵正将，次子詹世勣副之。他认为民兵怯弱不足用，于是重新组织武装，“招募得六百二十八人，不问其所从来，惟强壮是与”，“亡命之徒闻其风而悦之，期约月一会椎牛酒。以二十五人为一队，队有长，十二队为一部，部有将，置义士簿，具姓名、乡贯、父母、妻子。离军之日、所居之地皆谓之义士，假之资，使之阜通，以赡其衣食之费，犒设之余，使分其肉与贫者，示之仁；戒其窃发，禁其骗挟，示之义；聚会之际，长者居前，少者居后，示之礼；牛酒将竭，再与之约，至期则世勋先至，示之信，自三月至十月，人人壮健，皆奋勇愿效死力，至前十一月一日各散去，安其家人而抚其党，约闰十一月一日悉会于县南二十五里栲栳原”。十一月，金军至，詹世勋与之战，伤重而死。[①] 詹光国父子两代都以宗族为基础结集自保武装，或抗击农民起义军，或抗金军，以保卫乡里。

其他以宗族组织为基础结成的自保武装还有：

方腊起义时，婺州金华富豪吴珪在“剧赋充斥不制，四掠比郡，婺浸为盗区”的情况下，他“徙家集族，壁险四固，距所居十里余，日营支计费”，团结宗族成员据险以自保。当时“姻旧逃乱，相依倚凡数十族，经给资用药物，均惠有始终”[②]，由吴珪负责他们的日常用度。可知吴珪组织的自保武装不仅包括其家族，当地数十个宗族都前来依附，以求保全身家性命。此民间武装实际上就是在吴氏宗族领导下金华各大族的联合组织。后有溃散军卒进攻婺州，前往投靠者更多，吴珪一概吸纳，其自保武装进一步扩大。诸暨富豪张绪在方腊起义时，“鸠族属聚落，合力保壁，众悉附服”[③]，其自保武装组织以“族属聚落”即其宗族所居住的聚落为基础组成。

---

① 《新安文献志》卷六四胡升《詹氏忠勇世家》。

② 范浚：《香溪集》卷二二《吴子琳墓志铭》。

③ 范浚：《香溪集》卷二二《张府君墓志铭》。

绍定年间，宜黄人侯锭在“闽寇四起，所至火民庐，空民财，戕其性命，掳其妻孥”的情况下，“纠乡民为义丁，率众戮力与之抗”，后又据守龙礤寨，筹办粮食，“乃自出米三千石零，又率族之有力者助之，仓于寨中，专以给义丁，而名曰义仓”，“出内主以子弟，无秋毫扰”。[①] 侯锭率乡民自保于龙礤寨，粮食由其和族人捐献，建立义仓，出纳也由其子弟负责，可推知其宗族在此民间自保武装中很可能处于领导地位，此山寨是一个以侯氏宗族为基础的民间自保武装。

德祐二年(1276)，文天祥流亡淮东时，听说高邮稽家庄有民兵击败元军：“稽家庄击其前，高邮击其腰，北大丧败”，其处“方有一团人家，以水为寨，统制官稽耸、其子德润请乡举，其侄昌、其馆客莆田人林希骥(字千里)、林孔时(字愿学)皆锐意于事功者”。[②] 稽家庄，从字面上看很可能是一个稽氏聚居的宗族性村落，其所团结的水寨当是以稽氏宗族组织为基础结成的民间自保武装。

总之，每逢战乱，一些地方大族往往会以宗族为基础结成自保武装保卫乡里，宗族可借组织自保武装之机加强族众的向心力和凝聚力，通过保卫乡里提高本族在地方社会的影响力，而自保武装组织借助这些大族的力量得以结成和发展。

二、宋代民间宗教组织与其他民间组织的关系

宋代民间宗教组织与宗族的关系前文已经论述，此处只探讨民间宗教组织与水利共同体和民间自保武装之间的关系。

在古代中国，举凡有陂、塘、渠等水利设施的地方，往往会伴随着人们对与水有关的神祇的信仰与祭祀。[③] 他们认为是神灵掌管着水源等相关事务，

---

① 包恢：《敝帚稿略》卷四《宜黄龙礤寨记》。

② 《文天祥全集》卷一三《指南录·发高沙》。

③ 此处所说与水相关的神祇不包括民众祈雨时的对象，而主要是与水利工程相关的神祇。对此学界研究不多，主要有王锦萍的《虚实之间：11～13世纪晋南地区的水信仰与地方社会》(北京大学硕士学位论文，2004年)和陆敏珍的《唐宋时期明州区域社会经济研究》(第164～169页)。二者均将祈雨信仰包括在内。

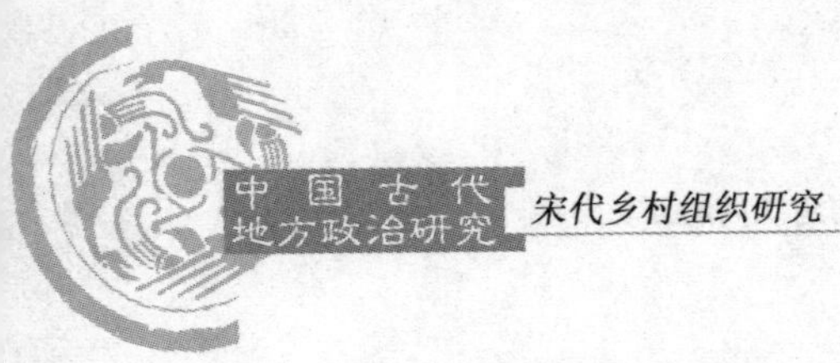

如元人张昭称在临汾姑射山麓"有泉出其下,方流圆折,萦纡百里,溉田余万顷。神实主之,民资其利,岁时修祀惟谨,神之灵有祷辄应"[①],故而对神灵要虔诚地进行祭祀,从而使相关的民间宗教组织与水利共同体之间产生了密切联系。

从神祇的来源上看,大致可分为两类:一类是为某地水利事业发展做出突出贡献者。其中有地方官,如唐天宝年间,鄞县县令陆南金修东钱湖,宋天禧时知明州李夷庚再修,"民德之",于是在东钱湖堤旁建嘉泽庙供奉之,后多次重修。[②] 在福建莆田,嘉祐时知军刘谔筑太平陂,溉田七百顷,绍兴时里人张应六等立庙祀之。[③] 也有平民,如福建木兰陂,治平元年(1064),长乐女子钱四娘携资10万缗在木兰溪上筑陂,未能成功,她投水自尽;后长乐人林从世又携资前来修陂,仍因选址不当失败;熙宁八年(1075),侯官人李宏在僧人冯智日的协助下,依靠当地民众,历时八年,修成了木兰陂。对于李宏,当地人建庙祭祀,"宣和初,郡守詹时升扁之曰'李长者庙'",后又将钱四娘、林从世等祔祀之。淳祐年间,"郡守赵与禋请于朝,通赐额'协应',后封长者惠济侯,钱氏惠烈协顺夫人"[④]。另一类是一些传说中的或新附会的水神。山西洪洞县祭祀霍泉的神祇明应王,《宋会要辑稿·礼》二〇之一〇一记:"霍山神阳侯长子祠在赵城县,徽宗崇宁五年十二月,赐庙额明应。"由于霍山山下有霍泉,神庙又在霍泉旁,因此将山神之子衍为水神。[⑤] 该神祇在霍泉灌溉体系(包括南、北霍渠及支渠小霍渠等)的灌溉中有重要地位。介休洪山的源泉是当地水利之源,其溉区形成于北宋之前,仁宗时文彦博曾治理洪山泉,三分泉水供各村灌溉。该处在至道三年(997)以前已有神庙,是将传说中的三位古圣先王尧、舜、禹供奉为水神。宋代开发较多的绛州鼓堆泉,"其南酾为三渠,一载高地入州城,周吏民园沼之用;二散布田间,灌溉万

① 《全元文》卷一七八二张昭《龙神祠祷雨有应记》。

② 参见《宝庆四明志》卷一三《鄞县志·神庙》。

③ 参见《莆田水利志》卷五《祠祀》。

④ 《莆田水利志》卷五《祠祀》。

⑤ 参见黄竹三等编著《洪洞介休水利碑刻辑录》,第11页。

余顷，所余皆归于汾田之所”[①]，在泉边即有龙女祠，所祭则属龙神，是鼓堆泉灌区体系所崇神祇。宋人王士元的《龙子祠农人享神》诗记录了龙子泉流域民众祭祀龙子神的场景，也可反映龙子祠信仰组织与龙子泉水利共同体的融合。诗曰：

> 晋州之西，山曰藐姑，有泉源源流不潴。疏为八道沟与渠，坐令瘠土成膏腴。多黍多稌多麻蔬，沄沄万亩碁局如。田家终岁惟勤劬，虽有干旱无忧虞。割牲酾酒父老趋，坎坎击鼓吹笙竽。报答龙神醉饱余，宛若泽国江乡居。[②]

宋代诸多水利设施均有与之对应的祠神，由此，因这些祠神结成的民间信仰组织往往与因水利工程结成的水利共同体融合为一体，并互相促进，共同发展。木兰陂所附的李长者庙建成后，“岁时报赛不绝”[③]，其祭祀即由木兰陂水利共同体负责。据绍兴二十一年(1151)县丞陈弥作制定的《木兰陂司规例》，可知当时每年的祭祀已形成定例。具体如下：

> 二月壶山庙开圳福。
>
> 三月陂庙下闸福，大孤屿下种福，横新塘下种福。
>
> 七月城山祈晴福，横新塘、大孤屿祭苗，大孤屿祭虫。
>
> 陂庙三月至八月每月初二、十六衙福。
>
> 李长者忌。陂庙香油。华严逐年点塔。
>
> 甲头、小工上工下工辞年拜年福。
>
> 以上十二项每年用钱九十九贯一百文。外有重换陂柱下工小福、立柱日大福、支正陂柱福，已上三项各系非泛神福，不为年例。[④]

由上可知，举凡开圳、下闸、下种、祈晴、祭苗、祭虫等农事活动进行时都要祭祀，这无疑会使参与祭祀活动者更加广泛，有利于相关信仰组织规模的扩大；在李长者忌日的祭祀及甲头、小工等的例行祈福都可使水利共同体的凝

---

① 司马光：《温国文正司马公文集》卷六六《题绛州鼓堆祠记》。参校《四库全书》文渊阁本《传家集》卷七三《绛州鼓堆祠》。

② 《(乾隆)临汾县志》卷一〇之三王士元《龙子祠农人享神》。

③ 雷应龙辑：《木兰陂集节要》卷五林大鼐《李长者创木兰陂本传》。

④ 雷应龙辑：《木兰陂集节要》卷四《累朝规例》。

聚力增强;每年三月至八月,每月初二和十六日当地官府的祭祀则可凸显祭祀的合法性和权威性,亦有助于水利共同体向心力的增强。这些祭祀活动所需费用最初都是由陂正副拨陂田收入给李氏子孙使用,后因支供不及时,绍定五年(1232),县丞陈某"见本庙香灯缺少,子孙日食不充,就陂田内拨出租六十四石与李天与奉祀协应庙香灯"①,木兰陂水利共同体对李长者庙祭祀经费的支持也可说明两组织的密切关系。

在绛州骨堆泉的灌溉体系中,龙女祠具有重要地位。由于当地农家对该泉"恃以为命",故"岁时祭享甚谨,不敢微有媟污。由是每经大旱,未尝忧饥凶"②。有学者指出:此类水神信仰有其特殊性,即一般只是在灌溉体系内形成其信仰的辐射圈和祭祀圈。在一个特定的水利社会中,其水神一般只对特定的水资源具有控制力,只对这一水资源的受益者有重要影响力,因此这些神灵一般也只在灌溉体系内形成自己的祭祀体系。③ 此处对龙女祠祭祀的民众亦主要是骨堆泉灌区内的民众,可知龙女祠信仰组织与骨堆泉水利共同体的高度重合性。

民间宗教组织与水利共同体之间的重合还体现在以下两个方面:一是民间宗教组织的首领也是水利共同体的首领。河东一带与水利相关的信仰组织的首领多由渠长等人充当,其要负责祭神经费的筹集。如洪洞广胜寺水神庙对霍泉神的祭祀,从金天眷二年(1139)所定分水碑的条款来看,每到春秋二祀,各渠渠长"行帖付各村沟头所管夫数,每夫科罚白米五升"④,充当祈神钱,用于水神祭祀。二是神庙既是水利共同体祭祀的场所,也是其公议各项事务的场所。洪洞县的润源渠建成于天圣四年(1026),同时在该渠渠尾的梗壁村建成了金龙四大王庙和圣母庙。该渠宋、元、明、清各代沿袭的渠册规定:"本渠凡有应行事宜,即行转帖各村沟头,定于某日齐集梗壁庙公

① 雷应龙辑:《木兰陂集节要》卷一《奏疏》。

② 洪迈:《夷坚支甲》卷八《绛州骨堆泉》。

③ 参见王锦萍《虚实之间:11～13世纪晋南地区的水信仰与地方社会》,北京大学硕士学位论文,2004年。

④ 孙奂峇:《洪洞县水利志补》卷上《南霍渠》。

议。”[①]在渠众心目中，神灵掌管着水权，神庙是神灵管理水资源的场所，将那里作为处理渠务的公共空间，可以增强水利共同体首领的权威性，还可借神的权威来制约渠众的行为，确保水利共同体的正常运行。[②]

有的民间自保武装与祠庙信仰组织有密切关系。宣和建炎年间，湖州德清县邻境发生“盗贼”，“所至惊扰”，德清县永宁乡土豪率民众结成自保武装保卫乡里，使该乡得以平安无恙，“无毫发侵犯”，“他乡人皆来避”。该土豪还自称“梦神(按:指该乡地方神，后被敕封为“孚惠神”)遣阴兵为助”，“地倚神以为安”。[③] 可知该土豪在组织自保武装抗敌的过程中，曾倡率其武装组织的成员对孚惠神进行祭祀，求神保佑和帮助，借以提高自己的威望，增强其自保武装的凝聚力和战斗力。他既是民间自保武装的首领，也在祠庙信仰组织中发挥着重要作用。由于有众多他乡人前来依附，孚惠神的影响随之得以扩大，很可能超出了永宁一乡的范围，相关的民间信仰组织也随之扩大。民间自保武装和民间信仰组织呈现出相互促进的关系。

第二节　宋代乡村行政组织与民间组织的互动关系

上文对宋代乡村行政组织与各种民间组织的互动关系分别作了论述，下面略加总结。宋代乡村行政组织与民间组织的关系大致表现在以下三个方面：

第一，民间组织在功能上是对乡村行政组织的重要支持和补充。

著名宋史学者刘子健通过南宋人刘宰赈饥的事例提出了这样的问题：刘宰这一类型的南宋儒家何以不由社区公益事业再进一步发展社会团体？何以多数士大夫读圣贤书而不注意乡里？对此问题，刘先生从刘宰这一类人的性格、思想及当时的制度三个方面作了回答。首先，刘宰这一类人在性格上偏向自立，在业务作风上喜欢以己意行之，不愿受官府或机构的约束。

---

① 孙奂苍:《洪洞县水利志补》卷上《润源渠》。

② 参见王锦萍《虚实之间:11～13世纪晋南地区的水信仰与地方社会》，北京大学硕士学位论文，2004年。

③ 《两浙金石志》卷九《宋孚惠庙敕牒碑》。

他们自己未必有设立团体和改进团体的兴趣与能力。其次，这类性格与思想格式有关联。从思想方面看，南宋理学思想的基本格式是重人。因为重人，所以儒家看待团体重在人群，而不重视团体本身自成一个整体的单位。理学家还以为有的团体是不必要的，是不合道义的。他们深信社会改进的关键在人而不在其他任何事物，以为有像刘宰这种类型的人作榜样，就能引导后代见义勇为，负责社区福利。在他们的信念中，制度是很难完美的，且弊病很多。唯一可靠的途径是不断教育，使人心世道向上。既然如此，何必注意社团？儒家的思想格式是身—家—国的串联，在这一格式中，没有家族以外的社团，不能成为身—家—社团—国的串联。[①] 再次，从制度本身看，君主和政府独霸、独占统治权，绝不允许社团分去任何一小部分。这样，南宋儒家的阶级性重重限制社团的发展，像刘宰这样的人的性格、思想与制度三方面关联在一起对于发展社团是莫大的限制。[②] 然而从宋代社会的实际情况来看，宋代民间组织却相当繁荣[③]。这样，我们对刘子健以上的申论就可以提出如下疑问：既然南宋儒家的阶级性重重限制社团的发展，那么何以两宋时除去因血缘形成的宗族组织外，其他民间组织会出现极其兴盛的局面，并且南宋要超过北宋？

对此，笔者认为刘宰不重视社团组织的发展，或许主要系其性格使然，而不具有普遍意义。其实，宋代许多士大夫的思想格式并非如刘子健认为的那样仅仅是身—家—国的串联。他们还是十分重视团体或组织的，有的甚至在思想格式中表现出了身—家—社区民间组织—国的串联。杨🏻“专志圣贤之学”，认为“正家自内始，作《新妇戒》，由家而族，作《杨氏族规》，由

---

① 台湾学者陈其南亦有大致相同的观点。他说：“中国人所关怀的范围，在私的一端最高只到‘家族’的层次，即‘齐家’；在公的一端最低只降到王朝政令所及的层次，即‘治国’。在‘家’和‘国’之间，留下了一段空白，好像这中间没有任何实体存在。”（陈其南：《传统中国的国家形态、家族意理与民间社会》，载“中央”研究院近代史研究所编《“认同与国家：近代中西历史的比较”论文集》，第197页）

② 参见刘子健《刘宰和赈饥》，载其《两宋史研究汇编》，（台北）联经出版事业公司1987年版，第354～359页。

③ 史江对宋代会社的繁荣发展及特点有详论。（参见史江《宋代会社研究》，四川大学博士学位论文，2002年）

族而乡，作《芦江乡约》”。[①] 宋代四明地区以史浩、沈焕、汪大猷等士大夫为首，将原来主要用于宗族内部互助的宗族义庄发展为“乡曲义庄”[②]，反映了宋代士大夫发展超越宗族范围、以救济整个乡里为目标的民间组织的努力。

刘宰对社团或民间组织的忽视在士大夫中虽不具有普遍意义，但并非其他士人也都重视民间组织的发展。陈亮就是一个典型例子。他在给朱熹的一封信中说：“亮之居乡，不但外事不干与，虽世俗以为甚美，诸儒之所通行，如社仓、义役及赈济等类，亮力所易及者，皆未尝有分毫干涉。”[③]不同的士大夫对发展民间社区组织的重视程度有很大差异，美国学者田浩曾作过对比：朱熹大力支持并活跃于乡约、社仓等中层社区组织，相比之下，吕祖谦比较重视全国的政治，但也没有忽视中间层次的社区组织。陈亮则不愿意支持社区福利组织。陆九渊与其家族成员则积极响应朱熹建立社仓的建议，与陈亮的消极态度不同，但他对乡约等家与国家间的中层制度也不像朱熹那样积极。[④]

从宋代国家对民间组织的政策和态度来看，国家并非要禁止任何形式的民间组织，其更加关注的是民间组织的功能和社会影响。国家只是对那些可能危及统治的民间组织如秘密会社等加以严厉禁止，而对那些有助于维护统治的民间组织如社仓、义役等则加以扶持或推广，从而为民间组织在强大的国家权力背后留下了一定的生存和发展空间。

总之，刘子健提出的宋代对民间组织发展的严格限制并不存在。以社团为主体的民间组织在宋代得到了蓬勃发展，考察其原因，除宋代社会存在有利于民间组织发展的社会环境外[⑤]，还有一个很重要的方面，就是民间组织能对行政组织的职能提供支持与补充。

前文已提及宋代乡村行政组织职能的局限性，即其职能集中于催征赋

① 《（万历）温州府志》卷一二《人物志·文学》。

② 参见梁庚尧《家族合作、社会声望与地方公益：宋元四明乡曲义田的源起与演变》，载黄宽重等主编《家族与社会》，第338～363页；黄宽重《宋元四明士族人际网络与社会文化活动：以楼氏家族为中心的观察》，载《中央研究院历史语言研究所集刊》第70本第3分，1999年。

③ 陈亮：《龙川集》卷二〇《又甲辰答书》。

④ 参见[美]田浩《朱熹的思维世界》，陕西师范大学出版社2002年版，第144、190、222页。

⑤ 参见史江《宋代会社研究》，四川大学博士学位论文，2002年。

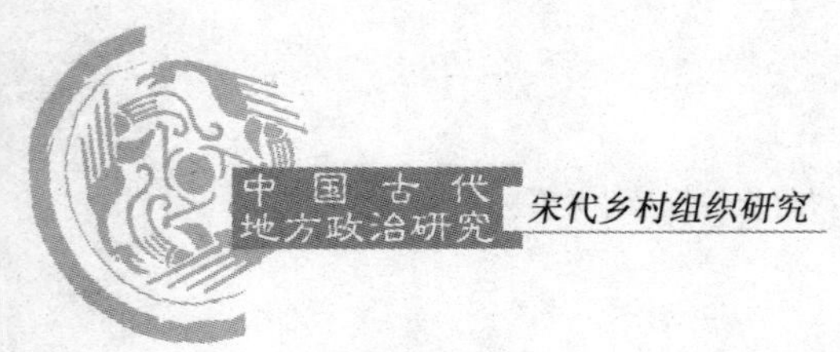

税和维护治安上，而像灾荒赈济等社会公共事务及社会教化等方面的职能相对弱一些。即使像维护社会治安等相对而言较为突出的职能，在面对外敌进犯或农民起义时也会大打折扣。这一局限性不仅仅见于乡村行政组织，其他各级地方行政组织都是如此。这样，各种民间组织应运而生，在职能上对乡村行政组织形成有力的支持和补充。宗族组织通过以族长等为首的管理系统，以家法族规、族谱、族塾义学和宗族祭祀等为核心的教化惩戒系统，以族田、义庄为核心的宗族互助系统，协调着宗族内部及宗族与国家的关系，将宗族成员的行为限制在国家法律的范围之内，维护着社会秩序的稳定。社仓、义役等民间经济互助组织通过对乡村贫弱的救助和民户的互助，使乡村社会中因贫富差距过大而导致的不安定因素得以释放，从而有助于社会的稳定。除以反抗专制统治为目标的秘密宗教外，各种民间宗教组织的大众娱乐功能可弥补乡村行政社区在这一方面的不足，其内部的互助功能也有利于社会的稳定。① 民间武装组织中以保卫乡里为目的的民间自保武装和以防御外敌入侵为目的的保境抗敌武装等虽有对抗官府、滋扰百姓的一面，但也有维持乡里治安、维护乡村社会秩序的一面，是国家正规军事力量的重要补充。②

前文已指出社会教化是宋代乡村行政组织的职能中相对薄弱的环节，这一薄弱环节的弥补主要是通过民间组织来实现的。除宗族组织对族众负有教化之责外，乡约组织在教化民众方面也起着极为重要的作用。熙宁九年(1076)，吕大钧与其兄弟率乡人组织乡约，即《吕氏乡约》(又称《蓝田乡约》)，规定“凡同约者，德业相劝，过失相规，礼俗相交，患难相恤，有善则书于籍，有过若违约者亦书之，三犯而行罚，不悛者绝之”③。乡约设有“约正一人或二人，众推正直不阿者为之，专主平决赏罚当否。直月一人，同约中不

① 关于宋代民间宗教组织(主要是宗教会社)的功能，史江《宋代会社研究》(四川大学博士学位论文，2002年)一文进行了专门研究。

② 参见史江《宋代会社研究》，四川大学博士学位论文，2002年。

③ 《宋史》卷三四〇《吕大防传》。

以高下，依长少轮次为之，一月一更，主约中杂事”[①]。有人称其实施后“关中风俗为之一变”[②]。这一评价或许有所夸大，因为北宋时乡约并未得到持续、广泛的推行[③]。南宋时，朱熹也认识到了乡约的重要作用。他对《吕氏乡约》中关于宾仪、吉仪、嘉仪、凶仪等的内容加以修订，并“削去书过行罚之类，为贫富可通行者”[④]，使乡约的适用范围扩大，为乡约组织的发展奠定了基础。此后，乡约组织得到了进一步发展。有人直接采用《吕氏乡约》，如程永奇“用伊川先生宗会法，以合族人举行吕氏乡约，而凡冠、昏、丧、祭悉用朱氏礼，乡族化之”[⑤]。有人自立乡约，除前文提到的杨譓的《芦江乡约》外，南康胡泳兄弟订有《胡氏乡约》，“推其施之家者，而达之乡，其有补于风教大矣”[⑥]。莆田陈宓则有《仰止书堂乡约》，规定同约之人要“德行相规”、“事业相勉”、“过失相规”、“礼俗相接”，并要求“同约之人各自进修，互相规劝。主约一人，直月一人。每月会集之人，直月抗声读一遍，仍推说其意，遇众所当举之事，直月为之纠集而程督之，有善者众推之书于集，有过者直月纠之，甚者听其出约”[⑦]。总之，乡约是以儒家伦理教化民众，借以维持社会秩序的民间组织，其出现可在一定程度上弥补乡村行政组织教化功能相对较弱的局限。

从总体上看，除秘密会社等民间组织外，大多数民间组织在功能上是乡村行政组织的重要支持和补充，其“功能和价值目标与政治国家高度重合”，“只是国家权力的延伸和补充”。[⑧] 宋代国家虽努力将个人作为独立的人加以统治，但“无需要排斥中介集团，相反倒依靠中介集团来承担维持地方秩

---

① 吕大钧：《吕氏乡约乡仪·乡约·主事》，载陈俊民辑校《蓝田吕氏遗著辑校》，中华书局1993年版，第567页。

② 黄宗羲：《宋元学案》卷三一《吕范诸儒学案》。

③ 参见胡庆钧《从蓝田乡约到呈贡乡约》，载《云南社会科学》2001年第3期。

④ 《朱熹集》卷三三《答吕伯恭》。

⑤ 《新安文献志》卷六九叶秀发《格斋先生程君墓志铭》。

⑥ 黄榦：《勉斋集》卷二二《跋南康胡氏乡约》。

⑦ 陈宓：《复斋先生龙图陈公文集·拾遗·仰止书堂乡约》。

⑧ 徐秀丽：《中国传统社会的社团及其与现代社团的区别》，载《文史哲》2009年第2期。

序的责任”①。民间组织将其成员进一步纳入国家控制范围内，与乡村行政组织共同维系着宋代国家对乡村基层社会的控制。由此，宋代民间组织的发展得到了国家的许可或默认，最终出现了民间组织蓬勃发展的局面。

第二，宋代民间组织对乡村行政组织的渗透。

宋代民间社会组织表现出了较强的活力，它们在形成或运作的过程中，表现出了向乡村行政组织渗透的倾向。宋代存在许多聚族而居的自然村落，宗族组织往往会干预乡村行政头目的选差，有的由宗族首领直接充任，即使乡村行政头目不是由宗族首领直接充任，他们也往往会受到乡村豪族的控制，使乡村行政组织浸染上强烈的宗法色彩。义役作为民间为减轻差役负担而结成的民间组织，在一定程度上掌握着乡村行政头目的差派权。无论是在合法的民间宗教组织中，还是在非法的秘密宗教会社中，都可见到乡村行政头目的身影。虽然限于史料，我们无法断定这是否民间宗教组织有目的地、主动地对乡村行政组织的渗透，但其通过宗教信仰影响和控制着一部分乡村行政头目是毫无疑问的。

西方学者研究晚清以来的中国社会时，常通过描述国家向社会的权力让渡来标出公共领域的范围。如美国学者罗威廉(William T. Rowe)探讨了近代汉口在城市服务系统和社会福利领域的进步，通过研究汉口公善局和救火组织等的运作勾勒出了一幅国家向社会让渡权益的斑斓画面。他认为可以用“公共领域”的出现来概述这种现象。②

通过考察宋代民间组织向乡村行政组织的渗透似乎可得出这样的结论：宋代民间组织已具有较强的独立性。前文关于民间组织在功能上对乡村行政组织的支持和补充的论述也可透露出这样的迹象，即出现了国家向社会的权力让渡。这一点与西方学者描述的近代公共领域的某些特征颇为相似，我们是否可以认为中国在宋代民间组织中就已出现了所谓的“公共领域”呢？作出这样的结论似乎为时过早，因为这忽视了民间组织与代表国家

---

① ［美］王国斌著、李伯重等译：《转变的中国：历史变迁与欧洲经验的局限》，江苏人民出版社1998年版，第105页。

② 参见杨念群《中层理论——东西方思想会通下的中国史研究》，江西教育出版社2001年版，第117～124页。

权力的乡村行政组织关系的另一方面：虽然宋代国家向社会让渡了某些权力，但权力让渡的限度是什么，即国家允许民间组织在多大程度上发展呢？

第三，乡村行政组织对民间社会组织的渗透和监控。

宋代国家对民间组织的政策和态度虽然不像刘子健先生认为的那样——不允许任何民间组织参与对国家权力的分割，但对民间组织的发展仍有相对严格的限制，只有那些确保不会危及其统治的民间组织方可存在并获得发展。由此，宋代国家对民间组织实施严格的监控和渗透，乡村行政组织就是其中的重要力量。如乡村行政头目就参与社仓组织运作的大多数环节。乡村行政头目在水利共同体中也有较重要的地位。对于乡村中的秘密宗教组织，乡村行政组织也是最重要的监控力量。

如果乡村行政组织不能有效地发挥监控和渗透的作用，县、州府、路甚至朝廷就会直接出面加以干预，以将其置于国家权力的完全监控之下。江州陈氏义门的奉旨分家就是典型事例。对各种民间武装，国家或直接将其改编为乡兵，或借用正规官军官格及奖惩的办法激励和笼络地方武装及其首领为国家所用。[①] 对于一些民间宗教组织，国家权力也通过为其制定规约的手段加以渗透和控制。英宗治平年间，程颢任泽州晋城县令时，"乡民为社会，为立科条，旌别善恶，使有劝有耻"[②]。他通过设立规约的方式对民间社会加以控制，使其不致危害社会秩序。在有些民间组织中，国家的干预和渗透则呈现出越来越强的趋势。如社仓组织中政府的角色就越来越强。[③] 再如掌握乡村行政头目差派权的义役组织，乡村行政头目对其自然难以控制。义役组织成立之初，多是"自相推评，排比役次，以名闻官"[④]，"自第名次，有司勿预"[⑤]。到南宋中期以后，国家权力日益介入义役的运作。咸淳八年(1272)，吉州吉水县郑知县"排结义役，又排差役，随宜区处，各有条流"[⑥]。

---

① 参见史江《宋代会社研究》，四川大学博士学位论文，2002年。

② 《二程集·河南程氏文集》卷一一程颐《明道先生行状》。

③ 参见梁庚尧《南宋的社仓》，载其《宋代社会经济史论集》下册，第464～467页。

④ 谢维新：《古今合璧事类备要·外集》卷三〇。

⑤ 周必大：《文忠集》卷六一《资政殿大学士赠银青光禄大夫范公成大神道碑》。

⑥ 黄震：《黄氏日抄》卷七九《义役差役榜》。

台州知州王宝章则“劝谕上户，各出田供长役之费”①，并由自己直接控制役田的运营。朱熹也提出将“义田均给保正、户长”，“保正、户长依旧只从本县定差，更不别置役首，亦不先排役次”。②

由此可见，宋代民间组织受到国家的严格控制和渗透，并非完全独立的组织。杨宇勋也认为，宋代“中层组织和公众领域虽然逐步茁壮，但‘以官领民’的型态居多，权力正当性的来源仍是地方官，权力光线收束于朝廷和皇帝的身上，纯粹民间社团的正当性不足，必须依附在官僚体制之下”③。大多数民间组织也不是处于国家的对立面，而是试图通过自身的力量将乡村社会置于国家的控制之下。因此，宋代民间组织并不具备“公共领域”的基本特征。前文所指出的宋代民间组织所具备的与“公共领域”的特征相类似的特点也提示我们，运用纯粹的西方历史经验得出的概念或理论框架分析中国社会时一定要慎重。

至于宋代民间社会组织，大致可视为国家与民间力量共同参与的社会空间，在这一社会空间中，国家力量与民间力量处于不断博弈之中，民间社会组织就在两种力量的博弈之中向前发展。宋代社仓组织就是如此，如何寻找社仓组织中国家与民间社会力量的平衡点是南宋中后期社仓组织运作中的重要问题。对此前文已以黄震在广德军的改革为例加以说明，不再赘述。中国民间社会组织的这种“官民二重性”不是某一时期的现象，而是中国社会所特有的持久的现象，是中国民间组织的重要特点之一。④

---

① 黄震:《黄氏日抄》卷七九《义役差役榜》。

② 《朱熹集》卷一八《奏义役利害状》。

③ 杨宇勋:《取民与养民:南宋的财政收支与官民互动》，第509页。

④ 民间组织或民间社团的“官民二重性”是当前民间社团研究的焦点之一。有的学者认为这只是一种转型现象，随着市场改革的深入发展，非国家部门的扩张及政府职能的转变，中国民间社团的“官方性”将逐渐式微；但有的学者却认为这种半官半民性是作为中国转型期的现象存在，还是一种中国社会所特有的持久的现象，现在还很难作出判断。（参见毕监武《社团革命》，山东人民出版社2003年版，第110页）对此争论，笔者倾向于认为这是中国社会所特有的持久的现象。除宋代民间组织外，明清的许多民间组织也有相同特点。（参见梁其姿《施善与教化——明清的慈善组织》，河北教育出版社2001年版，第318～326页）

下篇

宋代乡村组织与社会控制

学界对宋代社会控制的研究已有不少成果[①]，大致可分为以下几类：一是探讨不同社会势力对社会控制的作用，如强宗豪族、职役、父老、乡村精英、非政府势力、富民阶层、民间强势力量等；二是讨论礼仪习俗和信仰与社会控制的关系[②]，但这类研究往往只论述礼仪制度等对社会控制的意义，对其实际效果却难以准确估量；三是探讨乡村管理制度、科举制度、法律制度、社会救助、宗族和水利等对于社会控制的意义。就目前的研究来看，从总体上对乡村组织在社会控制中的作用的讨论尚不多见。前文我们已指出，社会控制的内容应包括社会群体和组织间的控制，社会各种组织对其成员的指导、约束和制裁以及社会成员间的相互制约、相互监督等。本篇即探讨宋代乡村组织对于乡村社会控制的意义。

---

① 详见朱泽奎《20世纪80年代以来国内两宋乡村政权与社会控制研究述评》，载《甘肃社会科学》2007年第1期。此文的回顾虽不足够详尽，但大致可反映相关的研究状况。

② 代表性成果有杨建宏的《宋代礼制与基层社会控制研究》（四川大学博士学位论文，2006年）及其发表的一系列论文，此处不再一一列举。

第九章　宋代乡村组织与乡村社会控制的实现

长期以来，学术界对中国传统乡村社会的研究形成了这样一种范式：国权不下县，县下惟宗族，宗族皆自治，自治靠伦理，伦理造乡绅。[①] 这一范式始于20世纪前半期，代表性的学者有我国的费孝通和德国的马克斯·韦伯。前者认为，皇权“在人民实际生活上看，是松弛和微弱的，是挂名的，是无为的”，维持乡村社会秩序的是乡民的自治组织。[②] 后者在其“有限官僚制”理论的基础上，认为“正式的皇权统辖只施行于都市地区和次都市地区”，“出了城墙之外，统辖权威的有效性便大大地减弱，乃至消失。因为除了势力强大的氏族本身以外，皇权的统辖还遭遇到村落有组织的自治体的对抗”，“城市与乡村只存在管辖术上的差别，‘城市’就是官员所在的非自治地区，而‘村落’则是无官员的自治地区”。韦伯还认为，在村庄内部，族中长老握有大权，左右着村庄首事的任免。村庄中以村庙为聚集点形成了以宗族为基础的自治组织，加上宗族组织强盛，使得国家行政力量无法渗透到乡间。[③] 20世纪50年代以后，关于中国传统乡村社会中国家的渗透和影响极

---

① 参见秦晖《传统中华帝国的乡村基层控制：汉唐间的乡村组织》，载其《传统十论》，复旦大学出版社2003年版，第3页。

② 参见费孝通《乡土中国》，第60～64页。

③ 参见[德]马克斯·韦伯著、洪天富译《儒教与道教》，江苏人民出版社1995年版，第104～115页。

为有限的观点在学术界仍获得广泛认同，但受当时所谓“东方专制主义”的影响，有的学者开始否认乡村自治。萧公权认为，乡民多不识字，且久习于暴君统治，故呈消极、从命状态。他们过着朝不保夕的糊口日子，根本没有精力和闲暇关心公事，村民也许参加一些有限的有组织的活动，但只是偶尔为之，且范围有限，不足以构成任何真正意义上的“自治”。由于乡民的消极与无知，乡村事务自然落到了乡绅、族长、村长等人身上。在宗族势力强大的地区，控制全族领导地位的主要是绅士。① 瞿同祖认为，州县以下不存在任何类型的正式政府，各种事务由当地人推举的乡长、村长或庄头等负责，但这种首领推举从未进化到自治。他们仅仅是官府的代理人，由州县官任命，受州县官控制，不能把他们当成代表村民的乡间领袖，自治在城乡都是不存在的。士绅是与地方政府共同管理当地事务的地方精英，是唯一能合法地代表当地社群与官吏共商地方事务、参与政治过程的集团，但他们只关心自己的利益，最多可能关心有利于地方社会稳定的百姓福利。士绅的利益与社会其他集团的利益常常会发生冲突。这与自治并不相符。②

到 20 世纪 80 年代，中国开始在农村推行村民自治，这些研究更加受到学术界的重视，尤其是前述关于传统乡村社会研究的范式不断被乡村社会研究者所引用和发挥。然而他们忽视了这一范式存在着以下缺陷：第一，前述的研究结论多是根据明清以来中国乡村社会的状况得出的，能否适用于秦汉以后整个中国乡村社会，尚需斟酌。第二，如秦晖所指出的，这是根据西方国家从领主林立的“非国家状态”走向现代民族国家这一经验得出的理论范式，是否适用于中国社会，也待商榷。秦晖还以汉唐间的乡村组织为例对此作了反思。他通过湖南长沙出土的走马楼吴简的材料描述了当时的极端“非宗族化”社会，指出“国家政权”在县以下由乡吏执官府之职，对上级负责而不对乡土负责。当地不仅有发达的乡、里、丘组织，而且实行常设职、科层式对上负责制，并因此形成了种种公文程序。他还通过汉代简牍和敦煌

---

① Hsiao Kung-Chuan（萧公权），*Rural China*：*Imperial Control in the Nineteenth Century*，University of Washington Press，1960.

② 参见瞿同祖著、范忠信等译《清代地方政府》，法律出版社 2003 年版，第 5～11、331～339 页。

文书等存世的"生活史料",揭示了"从内地到边疆,黄河流域到长江流域,全是非宗族化的乡村",并由此得出了"国权归大族,宗族不下县,县下惟编户,户失则国危"这一中国乡村社会"真实的传统"。文章最后称:在我国历史上大部分时期,血缘共同体(所谓的"家族"或"宗族")并不能提供——或者说不被允许提供有效的乡村"自治"资源,更谈不上以这些资源抗衡皇权,但是那时的乡村当然并不处于"无政府状态",那么当时的国家是怎样控制乡村社会的?在汉魏之际、隋唐与明清间的几次较大的变革中这种控制有些什么变化?宋以后,尤其是入清后的乡村宗族与所谓的"乡绅"同朝廷、官府或所谓的"国家"之间又是什么关系?①

对于前述关于传统乡村社会研究的范式及秦晖提出的诸多问题,限于学识,本书无法完全作出解答,只能以宋代社会为例对其中的几个问题试作探讨。首先通过对宋代乡村社会"自治"论的质疑,探讨国家权力对宋代乡村社会的渗透,然后论述宋代乡村社会的权威与乡村社会的控制体制。

第一节　宋代国家权力对乡村社会的渗透

根据现代政治学的观点,地方自治是指"在一定的领土单位之内,全体居民组成法人团体(地方自治团体),在宪法和法律规定的范围内,并在国家监督之下,按照自己的意志组织地方自治机关,利用本地区的财力,处理本区域内公共事务的一种地方政治制度"②。我们由此可以对"乡村自治"作一界定。所谓"乡村自治",是指某一区域内的乡民在法律允许的范围内,按照自己的意志结成某种组织来处理本区域内的公共事务。需要特别强调的是,乡村自治下的乡民能够按照自己的意愿处理公共事务,即对公共事务的

① 参见秦晖《传统中华帝国的乡村基层控制:汉唐间的乡村组织》,载其《传统十论》,第1～44页。

② 参见中国大百科全书总编辑委员会《政治学》编辑委员会编《中国大百科全书·政治学》,第56页。

处理要符合乡民的利益，否则便不能视为乡村自治。①

今天亦有学者受前述费孝通及马克斯·韦伯等观点的影响，认为从宋代开始，乡村社会的自治能力得到很大提高，国家的乡村控制呈现出乡村自治的特征和趋势。② 关于宋代乡村社会的自治，主要包括以下两个问题：一是乡、管、耆及都保等乡村组织的性质，即它们是属于行政组织，还是自治组织？二是宗族等民间组织在宋代乡村社会控制中的地位和作用，其与国家的关系如何？

先看第一个问题。

宋代是中国古代乡里制度发生重大转折的时代。到这一时期，由唐中期开始的乡里制度由乡官制向职役制的转变已经完成。宋代的乡村头目不再是“乡官”，而成了权轻位微的职役。国家正式的官僚体系仅到县一级，他们已非整个国家官僚体系的一部分，即宋代乡村头目的身份是“民”而不是“官”。由此，有的学者不再将宋代以降的保甲等乡村组织视为基层行政组

① 对于共同利益在“自治”认定问题上的重要性，萧公权有明确论述。他认为“缺乏自治更接近乡村生活的实情”，因为政府通过直接对州县官负责的代理人这一中介实现对乡村的控制，乡村事务由乡村士绅领导，他们通常与普通居民有着不同的利益，因此，即使在没有政府控制的地方，村庄作为一个有组织的共同体也不是全体居民自我管理的自治体。[参见 Hsiao Kung-Chuan（萧公权），*Rural China：Imperial Control in the Nineteenth Century*，University of Washington Press，1960，p. 264]瞿同祖也一再强调这一点。（此处关于萧公权观点的论述及瞿同祖的观点均参见瞿同祖著、范忠信等译《清代地方政府》，第 338 页）

② 参见林文勋等《唐宋乡村社会力量与基层控制》，云南大学出版社 2005 年版，第 49 页；林文勋等《中国古代“富民”阶层研究》，第 89～92 页。

织①,有的日本学者甚至直接将其视为自治组织②。对此,笔者以为宋代乡、管、耆、都保等乡村组织根本不是什么乡村自治组织,它们均属于整个国家行政组织的一部分,是国家行政的“神经末梢”,代表国家实现对乡村的统治,反映了宋代国家权力对乡村社会的渗透。

---

① 参见于建嵘《岳村政治》,商务印书馆 2001 年版,第 60 页。孙秋云也称:“保甲组织不是单纯的农村基层社会组织,而是一种兵农混杂的自治组织。”(参见孙秋云《社区历史与乡政村治》,民族出版社 2001 年版,第 50 页)最近,有学者专门撰文论证宋代乡、都、耆、管等并非一级完整的行政区划、行政机构、行政建制单位,认为不能简单地使用“区划”、“行政区划”、“乡村行政组织”等现代概念表述宋代县以下乡村管理的制度性层级,而主张用“乡役”的概念。[参见刁培俊《宋朝的乡役与乡村“行政区划”》,载《南开学报》(哲学社会科学版)2008 年第 1 期]其观点稍微简略的论述还见于《在官治与民治之间:宋朝乡役性质辨析》(载《云南社会科学》2006 年第 4 期);另其《唐宋时期乡村控制理念的转变》[载《厦门大学学报》(哲学社会科学版)2009 年第 1 期]一文对其观点亦有间接论述。从总体上看,刁培俊的观点的基础有二:一是乡村职役制度的实施及其给乡村头目带来的影响;二是其提出的作为一级行政官员应该具备的若干条件。对于前者,下文将进行详细讨论,此处只对其提出的行政官员应具备的条件略加分析。我们认为,乡村行政组织是国家行政体系最底层的部分,与上级各行政组织相比,乡村行政组织在人员配置、职权分割、办公场所和象征权力的印信等方面都有其特殊性,不能用刁文中提出的标准一一对应。此处以学界公认的汉代乡官制下的乡及其首领啬夫的情况作一说明。汉代乡的主要行政事务是由啬夫承担的。《汉书》卷一九《百官公卿表上》称“乡有三老、有秩啬夫、游徼”,《续汉书·百官志五》本注亦称“(乡)有秩,郡所署,秩百石,掌一乡人;其乡小者,县置啬夫一人”,由此可知啬夫分两类:一是在大乡设置的有秩啬夫,其秩禄是百石,在西汉官品和秩禄中是最后一等,由郡任命,佩带印绶,属国家官员,有的在任满后可被宰府州郡辟举。另据尹湾简牍所记东海郡县邑吏员数可知,只有不足 1/5 的乡设有秩啬夫,数量相对较少。二是在小乡设置的无秩啬夫,由县任命,由于有秩啬夫已是最低等的官员,无秩啬夫就不属于官员。无论哪一类啬夫,史籍中都见不到他们有固定的办公衙门的记载。如果据刁文前列标准核定,那么汉代在少数乡设有行政官员,这少数乡属于行政区划,而大多数乡则没有行政官员,不属于行政区划。之所以出现这样矛盾的结论,原因就在于前述标准并不确当。(以上关于汉代乡及啬夫的论述参见安作璋等《秦汉官制史稿》下册,齐鲁书社 1985 年版,第 183～200 页;谢桂华《尹湾汉墓简牍和西汉地方行政制度》,载《文物》1997 年第 1 期)另外,刁培俊还认为学界常用的“乡村行政区划”等概念表意淡薄,而主张用“乡役”一词来讨论宋代乡村管理。对“乡役”一词,他引用宋代方志说这一名称在当时已被人接受并经常使用。考诸史籍,“乡役”的含义至多有以下两点:一是指乡村民户服职役之制度,即乡村头目的选充方式;二是指服役者,即乡役人,强调乡村头目的身份。如果用“乡役”一词指代宋代乡村管理或控制体制,若其含义为前者,即说乡村头目的选充制度是乡村管理制度,相当于说科举取士制度是宋代的地方行政管理制度一样,岂不荒谬?若其含义为后者,即说乡村头目是乡村管理制度,亦是不当。我们不能任意扩大“乡役”的内涵。

② 参见[日]乔炳南《北宋时代の地方自治制度について》(上、下),载《帝塚山大学纪要》通号 12、13,1975～1976 年;《南宋时代の地方自治制度について》(上、中),载《帝塚山大学纪要》通号 14、15,1977～1978 年。

首先，这些组织都出自国家的政治设计，其演变过程也是国家重建乡村秩序和向乡村社会渗透的过程。

宋代乡村行政组织的几次重大变革，如废乡设管、实行保甲等，无不是依靠国家政权的强大力量自上而下推行到乡村社会的，国家政治设计下乡村组织的变化充分体现了国家加强对乡村社会控制的目的。自唐后期开始，中央权势衰微，地方政府尾大不掉，盘踞于各地的节度使独揽地方大权，在其辖区内，“郡邑官吏，皆自署置，户版不籍于天府，税赋不入于朝廷，虽曰藩臣，实无臣节”①。五代时这一现象更加严重，各节度使“集民政、戍事、刑狱于一身，将佐僚属皆自行奏辟，生杀亦自己出，权任之重，与唐略等”②。在这种情况下，乡村组织几乎全被地方势力所控制，各地藩镇纷纷派出由自己直接掌控的所由、节级等来加强对乡村的控制③，有的地方甚至出现了管理一乡政务和军务的知乡务官④。宋朝建立后，为改变这种局面，大力加强中央集权，规定在县一级以京官、幕职等出任知县，设置县尉，剥夺了五代时镇将管辖“盗贼。”、“斗讼”等的权力。在县以下，“收乡长、镇将之权，悉归于县，收县之权，悉归于州”⑤。旋即又于开宝七年(974)，“废乡分为管”，将乡村行政组织的管辖区域进一步压缩。同时，乡村行政组织的权力也被压缩。保甲制的实施则将基层社会的控制单位进一步压缩。熙宁六年(1073)规定保甲法以五户为一小保，五小保为一大保，十大保为一都保，这较之熙宁三年《畿县保甲条例》中以十户为一小保，五小保为一大保，十大保为一都保的规定，基层控制单位又缩小了一半。这样，隋唐以来的百户为里、五里一乡的乡村组织的最基层单位被大大压缩，充分反映了国家政权向下延伸与渗透的努力。⑥

其次，乡与都保等乡村组织是整个国家行政组织的“神经末梢”，代表国

---

① 《旧唐书》卷一四一《田承嗣传》。

② 朱玉龙:《五代十国方镇年表·前言》，中华书局1997年版，第1页。

③ 参见[日]船越泰次《五代节度使体制下に于ける末端支配の考察——所由、节级考》，载《集刊东洋学》13号，1965年。

④ 参见陈国灿《唐五代敦煌县乡里制的演变》，载《敦煌研究》1989年第3期。

⑤ 《宋朝诸臣奏议》卷七二范祖禹《上哲宗乞行考课监司郡守之法》。

⑥ 参见刁培俊《宋代乡村精英与社会控制》，载《社会科学辑刊》2004年第2期。

家对乡村社会行使管理职能，维护国家行政体系的正常运转。

从宋代整个国家行政体系的运转来看，乡、耆、都保等乡村组织无疑是国家行政体系的一部分，是国家行政组织在乡村社会的延伸，是最基层的行政组织。通过“耆申县，县申州，州申转运、提点刑狱司”[①]与“监司行下州郡，州郡行下县道，县道行下保正，保正敷之大小保长，大小保长抑勒百姓”[②]等宋人关于当时行政组织运转的叙述就可以清楚地看到这一点。

国家赋予这些组织在乡村社会中催征赋役、维护社会治安、处理公共事务、承担州县各种杂役等职责，由其代表国家向乡村社会提供公共产品，实现对乡村社会的控制，维护国家的利益。所谓职役制度，就是民户按田亩资产与人丁多寡到各级衙门充任低级吏职，或在乡村充任基层政权的头目。我们不否认在职役制度下乡役人即乡村头目的身份是“民”而不是“官”，亦承认其身份既有“职”的特性，又有“役”的特性，他们几乎没有任何报酬[③]，在官僚士大夫心中是“至贫至贱”的一种徭役，受到官吏的压榨勒索，甚至催税不得要代纳而倾家荡产[④]，但认为不能因为这些而否认其乡村行政头目的性质。推究乡役人身份上兼有“职”和“役”两个特性：“职”是国家赋予他们的催督赋税和维持社会安定等的职责，“役”仅仅是国家实现上述职责采用的方式。与乡官制相比，通过“役”的方式，国家可大大减少行政支出，节约行政成本，这是国家政治统治中的制度设计，目的是节省行政成本，而不是要改变乡役人充当乡村行政头目的性质。正因为国家出于节省支出的目的而不支付报酬，将行政成本转嫁给民户，才使得民户千方百计避役。

采用乡官制导致行政成本过高的问题，北朝时就有人论及：

> 令制百家为党族，二十家为闾，五家为比邻。百家之内，有帅二十

---

① 《续资治通鉴长编》卷二三六，熙宁五年闰七月丙辰条。

② 黄榦：《勉斋集》卷二五《安庆府拟奏便民五事》。

③ 王安石行募役法时例外，但是该法实行时间很短。绍圣年间复行募役法，南宋时沿用，但实际上是以募役之名，行差役之实。正如宋人所言：“由熙宁至今百三十余年矣，免役之钱弗除，而差募之法并用。”（《乌青镇志》卷一二《青镇徙役之碑》）役钱几乎被全部挪用。（详见漆侠《宋代经济史》上册，第464～502页；王棣《宋代经济史稿》，第412～423页）

④ 参见刁培俊《宋朝的乡役与乡村“行政区划”》，载《南开学报》(哲学社会科学版)2008年第1期。

> 五，征发皆免，苦乐不均。羊少狼多，复有蚕食。此之为弊久矣。京邑诸坊，或七八百家，唯一里正、二史，庶事无阙，而况外州乎？请依旧置，三正之名不改，而百家为族，四闾，闾二比，计族少十二丁，得十二匹赀绢。略计见管之户，应二万余族，一岁出赀绢二十四万匹。十五丁出一番兵，计得一万六千兵。此富国安人之道也。……臣之赤心，义唯家国，欲使吉凶无不合礼，贵贱各有其宜，省人帅以出兵丁，立仓储以丰谷食，设赏格以禽奸盗，行典令以示朝章。庶使足食足兵，人信之矣。又冒申妻妾之数，正欲使王侯将相，功臣子弟，苗胤满朝，传祚无穷，此臣之志也。……诏付有司，议奏不同。[①]

解决这种高行政成本的问题，对于长期处于财政困境的宋代来说显得更加必要，宋代承袭唐中后期开始的乡村头目职役化的制度就是必然的了。

另外，职役制度下的乡村头目较之唐代以前乡官制下的乡官，只是地位更加卑下，但职责并未减轻，在整个国家行政体系中的作用没有变。正如马端临所说：

> 至于乡有长，里有正，则非役也。柳子厚言：有里胥而后有县大夫，有县大夫而后有诸侯，有诸侯而后有方伯连帅，有方伯连帅而后有天子。然则天子之与里胥，其贵贱虽不侔，而其任长人之责则一也。[②]

这样，通过乡村行政组织的职役化，既可以减少国家行政支出，又能保证乡村行政组织的正常运行，实现对乡村社会的统治，最终保证宋代国家利益的最大化。这才是宋代将乡村行政组织职役化的真正目的之所在。

再次，在广大乡民眼中，乡村行政头目是国家的代表或象征。

有学者强调，乡村头目对于普通百姓而言，“那些充任乡役的豪强民户简直就是恶虎豺狼”[③]。其实这只是乡役人在乡民眼中的表象，而其在乡民眼中真正的身份或意义则应是国家权力的代表或象征。宋代史籍中常有这样的记载：

---

① 《北史》卷一六《元孝友传》。

② 马端临：《文献通考》卷一三《职役二》。

③ 刁培俊：《从“职”到“役”：两宋乡役负担的演变》，载《云南社会科学》2004年第5期。

今承平之久，畴人子孙，白首俎豆，有终身不入城府者。[①]

山谷之民耕桑乐业，有老死不识县邑者。[②]

岩谷之民有老死不识城郭者。[③]

无产之家则耕田凿井，盖有终身不入城市者焉。[④]

大抵田里农夫，足未尝一履守令之庭，目未尝一识胥吏之面，口不能辨，手不能书。[⑤]

夫田野山谷之氓，止知蚕而衣，耕而食，生梗畏怯，有自少至老，足不履市门，目不识官府者；有生平不敢自出输税，而倍价募人代之输者。其于文字目不能识，手不能书，岂能晓有司簿法之巧说，吏文之烦言，榜式状之委曲苛细耶？[⑥]

（处州）松阳旧号乐土，闾井周联，风俗淳厚……乡啬夫（按：指乡村行政头目）若以当输，不敢后至，戴白不识官府。[⑦]

对这些终身不入城市、“目不识官府”的乡民来说，他们对国家的义务（包括徭役和赋税等）都是通过乡村行政头目实现的。他们“于文字目不能识，手不能书”，文化水平的低下使他们无法直接了解官府的“簿法”、“吏文”及“榜式状”等，其对国家法令和政策的一知半解也多从乡村行政头目那里获得。这样，乡民就很自然地将乡村行政头目视为国家的代理和象征了。正是通过乡村行政头目，绝大多数乡民方能感觉到“国家”的实际存在。乡村社会一旦发生刑事案件，受害人往往首先报告乡村行政头目就可充分证明这一点。对此，前文论述乡村行政组织与民间诉讼时已列举了多个事例，此处不再赘举。婺源孝子詹惠明，“父直绍兴中坐斗杀邻人妻阿姚，惠明年二十二，

① 晁说之：《嵩山文集》卷一六《发兴阁记》。

② 《宝庆四明志》卷一八《定海县志》。

③ 《宝庆四明志》卷二〇《昌国县志》。

④ 黄榦：《勉斋集》卷二五《安庆府拟奏便民五事》。

⑤ 《名公书判清明集》卷一二《先治教唆之人》。

⑥ 《续资治通鉴长编》卷二六九，熙宁八年十月辛亥条。

⑦ 《（民国）松阳县志》卷一二程榆《松阳县经界记》。

知父必死，诣里正及县求代，皆不受”①。这里詹惠明要代父受刑，首先到里正（保正）处表达自己的意愿，表明他也是将里正视为国家的象征。

从乡村头目的来源看，他们虽非由中央政府任命，但大多数情况下是由县中官吏差派的。淳熙十二年（1185）南郊赦称：“诸县纵容案吏、乡司受上户计嘱，抑勒贫乏之家充催税保长。”②开禧三年（1207），“诸县差大小保，必令本县典押及乡书手于差帐同结罪保明，编排既定，令、丞同共点差其合执役之人”③。这些县司长官及胥吏之所以有差派乡役的职权，就在于他们是国家权力的代表。乡村头目职权的来源依旧是国家政治权力。乡村行政头目也会利用自己的地位和职权谋求私利。这样的事例很多，如《折狱龟鉴》卷五记：

> 江某郎中，知陵州仁寿县，有洪氏，尝为里胥，利邻人田，绐之曰：“我为若税，免若役。”邻人喜，刬其税归之。名于公上逾二十年，具伪券，茶染纸类远年者以讼。某（按：指江镐）取纸即伸之，曰：“若远年纸，里当白；今表里一色，伪也。”讯之，果服。

《勉斋集》卷二九《申提领所乞惩治钱福》亦称：

> 钱福系是本县（按：指嘉兴府崇德县）某乡充役人，以本库拍户为名，复与本库合干人通同公造私酒，莫敢谁何，多置脚店，散在保下，一遇乡民有公事，属钱福保下者，辄勒令就所置脚店买酒，以此数年，遂至富厚。……夫造卖私酒，乡村岂能尽无，至于广包地界，公立拍户，挟库吏之势，而监官莫能察，恃保正之力，而乡民莫敢问。又金钱买求州县吏胥，而州县亦莫能较之。

由上可见，乡村行政头目可凭借自己国家代理人的地位或欺骗乡民，或抑勒乡民，达到为自己谋利的目的。

最后，宋代“耆司”、“保司”等称谓的出现充分说明了耆和都保是宋代国

① 罗愿：《罗鄂州小集》卷六《宋詹孝子惠明传》。洪迈《夷坚志补》卷一《詹惠明》也记此事：“婺源小民詹直，绍兴九年，因醉殴杀邻人妻姚氏，法当死。其子惠明，时不在家，既知，乃诣里正及县，乞以身代。”这里同样强调了詹惠明先到里正处这一事实。

② 《宋会要辑稿·食货》六六之二四。

③ 《宋会要辑稿·食货》六六之三〇。

家在乡村设立的基层行政组织。

“耆司”一语见于北宋江休复(1005～1060)的《嘉祐杂志》。文曰：

> 陆参宰邑，判讼田状，云：“汝不闻虞芮之事乎?”耆司不受，再执诣县，云不晓会得。再判云：“十室之邑，必有忠信。”

司马光《涑水纪闻》卷三亦记此事，只是用语略有差异。如：

> 有讼田者，(陆参)判其状尾而授之，曰：“汝不见虞芮之事乎?”讼者赍以示所司，皆不能解，复以见参，参又判其后曰：“嗟乎，一县之人，曾无深于《诗》者!”

由上可知，耆司负责田产诉讼判状的执行，这正是耆长的重要职责之一。李元弼《作邑自箴》卷四就称“付镇耆定夺婚田事”；卷六称“人户自执去判状，须是付耆长正身，仍取批收凭由收掌”。总之，宋人大致在北宋仁宗时已使用“耆司”来称呼以耆长为头目的耆这一乡村组织。

至于“保司”，今可见最早的记载在嘉定七年(1214)。当时有臣僚上奏谈福建社仓和举子仓的弊端，最后提出：“乞下提举司每岁择一清强官，核实见在米数，其欠折则监仓官填还，责之保司，同共管掌。”[①]嘉定十年(1217)，真德秀知泉州，到任后发布劝谕民众五事。其中称：

> 前在任日，曾作条行下诸县，应文引只付保司，不许差人下乡。……昨曾行下在州官及诸县知、佐，不许出引，令公吏、保司买物。及因南安县丞厅出引，付保司募役人买布，因而妄行科配，致人陈诉，已将犯人断罪刺环，及将县丞取问。今来访闻诸县仍有此弊，仰知、佐厅日下一切杜绝，不许责令公吏、保司买物，以致科扰人户。……今来访闻诸县因本州抛下赤籐、麻皮等物，辄科保正、副收买，更不依时值还钱，甚者分文不支，致令保正陪钱买纳。入纳之时，公吏又有需乞，为保正者其何以堪。仰诸县今后遇有军期行下，宜从长区处，务令不扰而办，毋容县吏并缘广行科配，及抑令保司赔备。[②]

宝庆年间，刘克庄在知建阳县任内处理了一起争夺田产的案子，《名公书判

---

① 《宋会要辑稿·食货》六二之五〇。

② 《名公书判清明集》卷一《劝谕事件于后》。

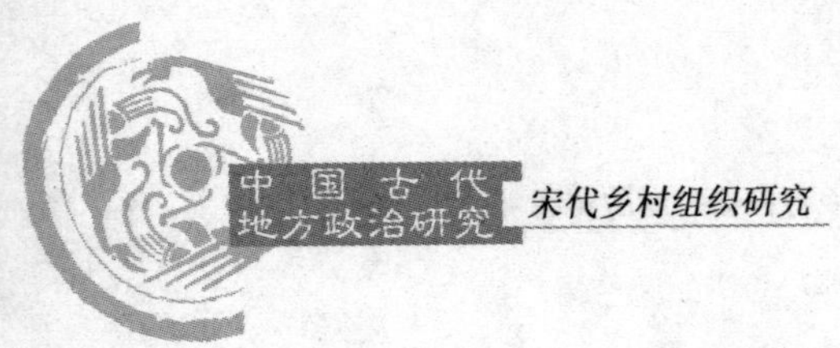

清明集》卷五所收《争山妄指界至》就是其关于此案的判文，其中数次提到保司：

> 俞行父、傅三七争山之讼，昨已定夺，而行父使弟定国妄以摽拨界至为词，套合保司，意欲妄乱是非……小民买地葬亲，与行父、定国兄弟无相侵犯，始则假作保司朱记，假作究实，变白为黑，改东为西，中则买觅保司，共为欺罔。

在上引文中，"保司"就是指以保正长为头目的乡村组织。这一称谓主要见于南宋中后期，或可表明因保甲法与役法的结合而使都保成为乡村行政组织有一个被人们逐渐认识的过程。

"司"原为掌管、主持之意，后被用作官署机构或行政组织名，"耆司"即指以耆长为头目的乡村行政组织耆，"保司"则指以保正长为头目的乡村行政组织都保。这两个称谓的使用绝非仅仅是耆及其头目耆长、都保及其头目保正副又多了一个别称，而是充分表明宋人对耆和都保作为乡村行政组织的性质已有清楚的认识。在宋人看来，耆和都保都是国家在乡村设立的对乡村进行管理的基层行政组织。我们完全可以将其视为县以下的一级行政区划。

综上所述，宋代的乡、管、耆、都保等都是国家在县以下设立的乡村行政组织，是不同时期乡村管理体制的一部分，而非如有些学者所说的是宋代为了对乡村社会进行管理在形式上采用的"象征性符号"①。宋代乡役制的确是复杂多变，尤其是在熙丰变法后，保甲制与役法的结合使得乡村职役制度更加变化多端②。但仔细考察，役法变化的中心问题主要是究竟由哪些乡村职役人催税及由此引起的他们在维护治安和承担县所交办的杂务等职责上的重新划分，无论是由保正长、甲头催税，还是由户长催税，都是在都保的范围内所作的调整，都保组织则比较稳定，并未因其职责重新划分而变成"空闲的摆设"。都保制的稳定亦说明乡村行政管理制度是乡役制的实质内核，

① 参见刁培俊《宋朝的乡役与乡村"行政区划"》，载《南开学报》(哲学社会科学版)2008年第1期。

② 参见刁培俊《从"稽古行道"到"随时立法"：两宋乡役"迁延不定"的历时性考察》，载《中国社会经济史研究》2008年第3期。

而非其外在形式。①

再看第二个问题，即在乡村社会控制中各种民间组织的性质如何。

学术界认为，宋代具有自治功能的民间组织主要是宗族组织。如徐勇提出中国古代乡村存在行政与自治二元权力体系，其中具有自治功能的就是宗族或宗族组织。② 近来更有人直接论述宋代的宗族自治，认为宗族是民间自发组成的以男系血统为中心的基层组织。③ 秦晖运用敦煌文书等材料指出宋初西北边陲敦煌地区也存在如下乡村景观：一方面是多姓杂居的编户齐民，另一方面是公共交往空间的非族姓化。这一现象与秦晖刻意描述的汉唐时代的非宗族乡村十分相似，但他没有明确论及宋代宗族在乡村社会控制中的地位，只是在结论中称"在我国历史上大部分时期，血缘共同体(所谓家族或宗族)并不能提供——或者说不被允许提供有效的乡村'自治'资源"，并提出要进一步探讨宋以后宗族组织与国家的关系。④ 其实，宋代不同于汉唐，这一时期宗族制度开始民间化和普及化，其对乡村社会的影响力不可与此前同日而语，由此我们既不能无视宋代宗族组织在乡村社会控制中的重要作用，但也不能认为其已达到"自治"的程度。⑤

首先，宋代新宗族制度和宗族组织的重建是由士大夫阶层开始的。他们重建宗族组织的目的是想在新的形势下加强宗族的血缘凝聚力，消弭因贫富分化产生的族内矛盾，以确保士大夫家族长享荣华富贵。范仲淹、苏

---

① 刁培俊认为："乡役制度是乡里制度的实质内核，乡里制度是乡役制度的外在形式。"[参见刁培俊《唐宋时期乡村控制理念的转变》，载《厦门大学学报》(哲学社会科学版)2009年第1期]

② 参见徐勇《中国古代乡村行政与自治二元权力体系分析》，载《中国史研究》1993年第4期。

③ 参见申小红《略论宋代的宗族自治》，载《甘肃社会科学》2004年第3期。冯尔康曾论述清代宗族的"自治"性，其所讲的"自治"是指团体虽自行管理内部事务，但严重缺乏民主性，国家认可其合法性却严加控制，即自治程度很低。宗族是政府和社会的中介物。(参见冯尔康《简论清代宗族的"自治"性》，载肖唐镖主编《当代中国农村宗族与乡村治理》第2辑，中国社会科学出版社2008年版，第23～33页)其对传统社会中"自治"的含义的认识比较合理。

④ 参见秦晖《传统中华帝国的乡村基层控制：汉唐间的乡村组织》，载其《传统十论》，第1～44页。

⑤ 有学者认为，笔者主张宗族组织是乡村自治的核心力量，并因宋代宗族是在士大夫的倡导下发展起来的而否认宗族的民间性。(参见吴铮强《科举理学化：均田制崩溃以来的君民整合》，上海辞书出版社2008年版，第85～87页)其实，这是对笔者观点的误解。笔者一直将宗族视为民间组织，下文强调士大夫对宗族组织的倡导主要是为了否定宗族的"自治"性质。

洵、欧阳修等身体力行，或建义庄，或修族谱，再加上张载、二程等人大力鼓吹，在国家的认可和鼓励下，新的宗族组织得以重建。[①] 这使得宋代宗族组织的发展颇具国家政治设计的色彩。

其次，宗族组织受到国家的强力干预和控制。族长的权威虽然获得了宋代国家的承认和维护，但仍受到很大限制。他们没有足够的强制性措施来处罚违反族规的宗族成员，最重不过是体罚或驱逐出族，最终仍要由国家处理。族长对于族内纠纷的调解和处理也仅限于琐事，否则今天就不会看到《名公书判清明集》中保留下来的大量宗族成员之间诉讼的案例了。宗族内的规约需要国家的认可和保护。如范氏《义庄规矩》在范仲淹去世后，其家族就感到难以维继。治平元年(1064)，范纯仁上奏说："今诸房子弟有不遵规矩之人，州县既无敕条，本家难为伸理，五七年间，渐至废坏，遂使饥寒无依。"他因此请求"朝廷特降指挥下苏州，应系诸房子弟，有违犯规矩之人，许令官司受理"[②]，最终获得朝廷批准。江州陈氏有子弟不告知家长，擅自将庄田卖给临近豪民，陈家也是请求官府以国法解决。正如其家长所言："子孙众多，若不经公，甚至不肖卑幼递相仿效，典尽田庄产业，危及骨肉义居。"[③]

关于民间经济组织，王德毅曾谈及社仓组织与地方自治的关系。他说：

> 社仓之设，对于安定农村生活，敦睦社会风俗，巩固地方组织，增进民众情感，皆有无比功效。且社仓为地方公益事业，由地方父老主其事，官司不予过问，尤能促进民智，培养人民的自治能力，故社仓制度的发达，是乡治的基础，假若南宋全境内各乡都皆普遍建立社仓，长期推行，无疑地我国地方自治的实现，那就要提前数百年了。这绝不是凭空设想的。[④]

---

① 参见朱瑞熙《宋代社会研究》，第98～114页；常建华《中华文化通志·宗族志》，第38～41页。

② 《范文正公集》附《建立义庄规矩》。

③ 《(民国)义门陈氏大同族谱》卷三《请回义田疏》，转引自戴建国《宋代家法族规试探》，载其《宋代法制初探》，第343页。

④ 王德毅：《宋代灾荒的救济政策》，(台北)中国学术著作奖助委员会1970年版，第55页。

黄繁光则认为:“义役的创行,乃是在乡都职役的沉重压力下,促成同地区的众役户产生自觉自治的精神,逐渐酝酿而成的社会团体。”[①]两位先生认为社仓和义役等由民间发起的组织可培养人民的组织能力和自治精神,进而可能实现乡村社会的“自治”。笔者对此不敢苟同,主要原因就是二者与国家或官府有密切的关系。第一,社仓和义役虽然产生于民间,但其推广大都遵循这样的模式,即其由民间力量创设后,经过发展在某地形成一种“典范”,由倡议人或地方官奏请朝廷,再以朝廷政令的形式将其推广开来。淳熙八年(1181),朱熹上疏请求将社仓推广至全国,获准。义役则是范成大于乾道四年(1168)根据处州松阳县的经验上疏请求推广至各地的。这使得它们都具有了国家政治设计的色彩。第二,社仓和义役组织中官府的渗透越来越深。梁庚尧曾明确指出“政府在社仓组织中所任角色增强”[②]这一事实。杨宇勋也认为:“大致说来,社仓仍脱离不了官方色彩,民间力量的参与有其一定的局限,无论是‘公办民营’或‘民办官督’的性质,其与‘乡里共同体’与地方自治还有一段距离。”[③]义役获准在全国推行后,不少地方官对义役的组成十分热心,对贫乏地区的民众,常为之购置役田,以供役费。部分地方官恐义役田产将来为不法役户占据典卖,更进一步将义役田划归政府管理。政府在其中担任的角色愈加重要。[④] 第三,社仓的运转以乡村行政组织体系为基础,乡村行政头目广泛参与其中,对此前文已有论述。相比之下,义役中民间力量的作用稍强一些,无论其田产来源如何,乡村行政头目的差派多由义役成员议定,至多报官府批准。总之,社仓和义役组织中的民间力量虽然发挥着重要作用,但远未达到自治的程度。

在一些秘密宗教兴盛的地区,已形成了足以与乡村行政组织相抗衡的组织体系,其势力已非乡村行政组织所能比。宋代秘密宗教会社往往“绵村带落,比屋有之”[⑤],“每乡或村有一二桀黠,谓之魔头,尽录其乡村之人姓氏

① 黄繁光:《南宋义役的综合研究》,载林徐典编《汉学研究之回顾与前瞻》下册,第 88 页。

② 梁庚尧:《南宋的社仓》,载其《宋代社会经济史论集》下册,第 464～467 页。

③ 杨宇勋:《取民与养民:南宋的财政收支与官民互动》,第 420 页。

④ 参见梁庚尧《南宋的农村经济》,第 272～274 页。

⑤ 范浚:《香溪集》卷一四《募兵》。

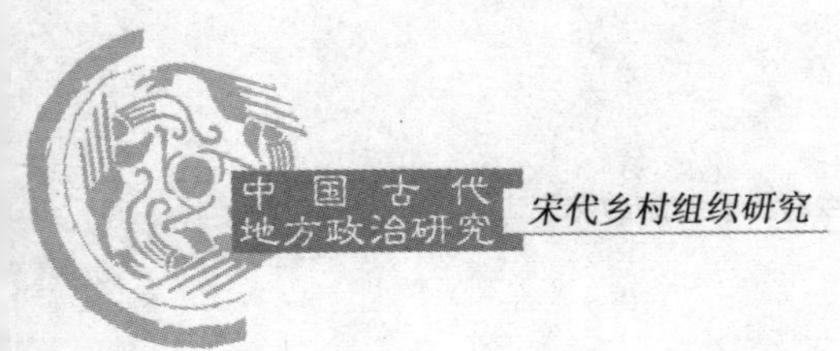

名字，相与谊盟，为事魔之党。凡事魔者不肉食，而一家有事，同党之人皆出力以相赈恤”①。“吃菜事魔”之流“既非僧道，又非童行，辄于编户之外，别为一族……一乡一聚各有魁宿，平居暇日，公为结集，曰烧香，曰燃灯，曰设斋，曰诵经，千百为群，倏聚忽散，撰造事端，兴动工役，夤缘名色，敛率民财，陵驾善良，横行村疃间。有斗讼则合谋并力，共出金钱，厚赂胥吏，必胜乃已，每遇营造，阴相部勒，啸呼所及，跨县连州，工匠役徒悉出其党，什器资粮随即备具”②。“邻比乡村，往往食菜结为邪党，近因旱暵，辄以祈雨为名，聚集不逞之徒，率数百为群，持棒鸣锣，遍行村落，穿历市井，至于邻境州县亦有相应和而来者”③。秘密宗教会社不仅形成了跨州连县的严密组织网络，还发挥着乡里互助的作用，从而将广大会众紧密团结在一起，即“于编户之外，别为一族”，形成了一股在一定程度上可与乡村行政组织对抗的庞大力量。虽然秘密宗教组织的独立性很强，国家很难渗入其中，但从国家的立场来看，其属于“非法”组织，仍不能视为实现了乡村社会的自治。

宋代在战乱情况下出现的民间自保武装组织很多。宋金之际，泗州豪强刘位面对金兵进犯，聚集乡民保守横山，各处流民纷纷“投横山为乐国”，在“数十里或百余里无烟舍者，州县无官司，比比皆是盗贼”的环境中建立了一个强大的武装组织，“士大夫往往具刺敬谒于位”④。绍定时晏梦彪起义，宁化县妇女曾晏氏率人依黄牛山建立五砦，选少壮者为义丁对抗义军以自保，前往避难者甚众，“其上可屯数万众，列为五寨如五乡，一时郡县几千里，已多成墟渺为荒，屹然此寨乃独立”⑤。这些民间武装组织在“州县无官司”的环境中，在其辖域内发挥了保卫乡里和维护社会秩序的作用，颇有“自治”意味，但这并非社会常态下的产物，只能视为特例，并不足以表明乡村社会的自治，况且其命运仍掌握在国家手中，最终难以避免被改编或被解散的结局。前述辛弃疾对湖南乡社的处理就是最好的例证。顺便说明一下，本书

---

① 《建炎以来系年要录》卷七六，绍兴四年五月癸丑条。

② 《宋会要辑稿·刑法》二之一三〇。

③ 廖刚：《高峰文集》卷二《乞禁奉邪神札子》。

④ 徐梦莘：《三朝北盟会编》卷一三四。

⑤ 包恢：《敝帚稿略》卷八《歌晏恭人平寇伟绩》。

在论述民间组织与国家的关系时，充分强调了它们对国家统治的向心力，但这并不表明我们对其中存在的离心力没有充分认识。有些民间武装组织就摆脱了国家控制，而成为与朝廷对抗的力量。钟相起义前，曾组织乡社武装，其“所居村有山曰‘天子岗’，遂即其处筑垒浚濠，以捍贼为名，且承帅檄，聚众阅习武艺”[①]。金军围困东京时，他还曾派儿子钟昂率乡社“勤王”，后来却以乡社为基础发动起义，成为宋代国家的“心腹大患”。宋代许多农民起义都利用了秘密宗教，这也可表明民间组织对国家的离心力。从整个宋代的情况来看，民间组织的离心力始终小于国家的控制能力，否则，两宋就该亡于农民起义而非少数民族之手了。

由上可见，宋代乡村社会绝不是国家权力的“真空”地带，国家通过乡、管、耆、都保等乡村行政组织直接渗透到每个农户。对于乡村社会的各种民间组织也通过乡村行政组织或更高一级的行政组织严加控制。宋代乡村社会不存在真正意义上的自治。[②]

第二节　宋代乡村社会的多元权威

美国学者马伯良(Brain E. Mcknight)对宋代乡村职役制度有系统深入的研究。他认为，隋唐以前，乡村社会的权力主要由贵族豪强把持；明清时期，乡村社会的权力则分散于吏人、乡绅及里甲和保甲头目之手。宋代是两个时期的转折点，乡村社会的权力几乎完全掌握在乡村职役人即乡村行政头目手中。[③] 前文已经指出，乡村行政组织是整个国家行政体系的“神经末梢”，乡村行政头目是乡村社会中国家的代理人，代表国家行施对乡村的监督和管理职能。他们经国家授权，握有催征赋役、维护治安等权力，并主持

---

① 熊克：《中兴小纪》卷八。

② 万昌华、赵兴彬也认为秦汉以后的中国社会并不存在西方政治学意义上的乡村自治，宋代乡村管理人员的职役化并不等于统治者对乡村社会控制的减弱，他们虽然不具备国家官员的身份，但其行使的管理职能仍是专制皇权的重要组成部分，并不能表明皇权不下县。（参见万昌华、赵兴彬《秦汉以来基层行政研究》，齐鲁书社 2008 年版，第 196～200、298～306 页）

③ Brain E. Mcknight, *Village and Bureaucracy in Southern Sung China*, the University of Chicago Press, 1971, p. 180.

和参与乡村社会的一些公共事务，是乡村社会的统治者。由此可见，马伯良强调乡村行政头目在乡村社会中的重要地位并无不恰当之处，但如果将其视为乡村社会中近乎唯一的权力所有者就未必允当了。

傅衣凌曾指出中国传统社会是一个多元的结构：

> 由于多元的经济基础和高度集权的国家政权之间既相适应又相矛盾的运动，中国传统社会的控制系统分为“公”和“私”两个部分。……一方面，凌驾于整个社会之上的是组织严密，拥有众多官僚、胥役、家人和幕友的国家系统，这一系统利用从国家直至县和次于县（如清代的巡检司）的政权体系，依靠军队、法律等政治力量和经济的、习惯的等方面的力量实现其控制权，在“溥天之下，莫非王土；率土之滨，莫非王臣”这一影响深远的观念之下，国家的权力似乎是绝对和无限的。另一方面，实际对基层社会直接进行控制的，却是乡族的势力。乡族……既可以是血缘的，也可以是地缘性的，是一种多层次的、多元的、错综复杂的网络系统，而且具有很强的适应性。传统中国农村社会的所有实体性和非实体的组织都可被视为乡族组织，每一社会成员都在乡族网络的控制之中，并且只有在这一网络中才能确定自己的社会身份和社会地位。国家政权对社会的控制，实际上也就是“公”和“私”两大系统互相冲突又互相利用的互动过程。[①]

宋代乡村社会应不例外，也是一个多元社会，其权力结构也应是多元的。乡村行政头目所控制的权力应当是属于“公”的那一部分，主要是乡村社会的行政权力，而“私”的那一部分则掌握在另外一些人或群体手中。宋

① 傅衣凌：《中国传统社会：多元的结构》，载《中国社会经济史研究》1988年第3期。

代乡村社会的多元权力结构已引起学界注意[①]，有的称之为“乡村精英”，有的称之为“非政府势力”。鉴于这两个概念都有一定的局限性[②]，本书拟采取“乡村权威”这一概念来描述宋代乡村社会的多元权力结构。

对于“权威”一词，政治学和法学历来有多种解释。[③] 本书此处所说的“权威”，主要指对乡村社会具有一定控制力和影响力的社会群体及其控制和影响能力。鉴于学界对乡村社会的多元权力结构已有论述，本节拟以宋代乡村社会中纠纷的解决为中心来探讨乡村权威的构成，并尽量选择典型案例，揭示乡村权威的运作方式。

“无讼”是中国传统法律文化中极为重要的价值理念。在这一理念的指导下，宋代司法实践中非常注重调处息讼，并呈现出制度化的趋势。[④] 各种纠纷自发生起就会有民间力量参与调处，即使诉讼开始后，各种力量仍可参与调处，以解决纠纷结案。由此，通过乡村社会中纠纷的解决足以展现乡村社会中的权威及其运作方式。

纠纷发生后，调解一般先从家族或宗族内部开始，多由家长或族长等宗族中的头面人物进行。前文论述宋代的家法族规时已经提及，族众之间发生纠纷后一般不允许直接向官府起诉；“倘有不平，在宗族，则具巅末诉之族

① 刁培俊将乡村社会中有声望、有影响的社会阶层称为“乡村精英”，主要有代表专制政府对乡村民户进行管理的乡里和都保甲制的头目，代表地方的“私”的系统的宗族和家族的族长、家长与房长，以及一部分居住于乡村的形势户、士人、僧道等，他们在宋代乡村社会的控制中有较为重要的作用。(参见刁培俊《宋代乡村精英与社会控制》，载《社会科学辑刊》2004 年第 2 期)王华艳、范立舟则将形势户(包括官户、胥吏和乡村基层政权头目及其家属、部分上户)、宗族和士人等富贵之家、为富贵之家办事的人及僧道、游民等称为“非政府势力”，认为他们广泛介入乡村事务，既有干涉、破坏正常社会秩序的一面，也有协助维护社会秩序的一面。(参见王华艳、范立舟《南宋乡村的非政府势力初探》，载《浙江社会科学》2004 年第 1 期)

② 学术界一般多以“社会精英”指有功名的或受过教育的知识分子与统治阶级，主要限于古代的士人阶层，像刁培俊那样将地痞流氓等也归入“乡村精英”似乎不妥。(参见刁培俊《宋代乡村精英与社会控制》，载《社会科学辑刊》2004 年第 2 期)王华艳、范立舟的“非政府势力”则包括乡村行政头目在内，忽视了其作为乡村社会中国家代理人的性质，也不妥当。(参见王华艳、范立舟《南宋乡村的非政府势力初探》，载《浙江社会科学》2004 年第 1 期)

③ 参见[英]戴维·米勒、韦农·波格丹诺编，邓正来译《布莱克维尔政治学百科全书》，中国政法大学出版社 2002 年版，第 45～48 页。

④ 参见屈超立《宋代地方政府民事审判职能研究》，巴蜀书社 2003 年版，第 170～183 页。

长，从公以辨其曲直”[①]。如违反这一规定，“家长具其曲直，会宗族对庙神主声其是非，明加大罚大责”[②]。如吉州安福县王希淮宗族，“长者性笃厚，每一言一行，乡人取以为法，族里有争，率有直焉，得一言无不悦服者，每臧获有过，必三犯乃加责，仍先谕所厚者，使及略惩即劝止”[③]。《新安文献志》卷七九《胡大监传》亦称：“富民之讼析资不平，第严责族长平之，而讼以息。”邵武人李得之就经常亲自调停宗族内部的矛盾，尽量使之在宗族内部解决，“遇族党有恩意，少有忿争，则为居间极力平处，不令入官府”[④]。陈傅良家族“自福之长溪县劝儒乡擢秀里徙温州瑞安县帆游乡固义里，谱凡七世”[⑤]，“族居二百年”[⑥]，“里中有故，或众不能合，族中有故，或独不能支，必须府君（按：指陈绍）至而后集”[⑦]。陈绍也充当着调解宗族内部矛盾的角色。高安人陈大用“以儒倡其族……诸兄殁，行于族为长，率以礼，训以义，患难疾病，萃力相援扶，毋敢后者，教育兄子某如己子，迄有立。姻戚乡党或有争，不诣官府，咸之君取决焉。君曰某是，曰某非，皆悦服，愿释争以去。武断健讼见君，皆黯有愧色”[⑧]。再如在下例因立继产生的纠纷中族人就参与了调解：

> 朱运干有两子，长司户登科，次诘僧，十岁幼亡，未闻有为下殇立嗣之理。朱运干情之所钟，为族人鼓惑，遂立朱元德子介翁为诘僧之后。随即追悔，经县投词，遣已多年矣。近朱运干身故，肉未及寒，而元德讼端随起，且复欲以其子介翁为孙。朱司户在苫块之中，不欲争至讼庭，竟从族人和义，捐钱五百贯足与朱元德。此与可谓无名，其意盖图安静耳。朱元德已立领钱文约，又责立罪罚二千贯，文墨显然，合族乃朱修炳等一一签押于其后，亦有一状申缴在官矣。岂谓朱元德已和而复讼，

① 《(民国)义门陈氏大同族谱》卷四《义门家训》，转引自戴建国《宋代家法族规试探》，载其《宋代法制初探》，第334页。

② 《胡氏莫太夫人家训》。

③ 王炎午：《吾汶稿》卷九《先父槐坡居士先母刘氏孺人事状》。

④ 《朱熹集》卷九一《特奏名李公墓志铭》。

⑤ 陈傅良：《止斋先生文集》卷五〇《族叔祖元继圹志》。

⑥ 陈傅良：《止斋先生文集》卷五〇《族叔祖元成墓志铭》。

⑦ 陈傅良：《止斋先生文集》卷五〇《族叔祖元继圹志》。

⑧ 姚勉：《雪坡集》卷四九《陈允中墓志铭》。

朱修炳又从而曲证之，却谓亲约文书不可照用，有此理否？可见族谊恶薄，贪惏无厌，复谋为诈取之地，使朱司户更罄竭资产，亦不足以饱溪壑之欲。未欲将妄状人惩治，仰朱司户遵故父之命，力斥介翁，毋为薄族所摇。今后朱元德再词，定照和议状，追入罚钱断罪，仍回申使、府照会。①

在上述因立继引起的纠纷中，朱氏族人不仅参与了调解，并作为见证人"一一签押于其后"，虽然参与调解的族人后来又作"曲证"，但官府仍旧认可原来的协议，并以此维护了朱司户的权益。

除宗族势力之外，乡里士绅和父老阶层也参与调解各种纠纷。他们或是拥有一般民众所没有的学识，或是因功名或出仕而拥有一般人没有的权势与特权，或是因其品德高尚而拥有崇高的威望，从而对乡村社会有极大的影响力②，由此，他们调解乡村纠纷往往可以成功。

乡里士绅权威的来源各不相同。有的因救济乡里贫穷或乐于助人而拥有较高威望，正如有学者指出的，"可以大体认为：民间慈善是各种地方精英及各种民间组织取得地方社会控制权力的最主要途径"③。乾德人欧庆曾知泉州永春县事，"忠信笃于朋友，孝悌称于宗族，礼义达于乡闾"，"为吏廉贫，宗族之孤幼者皆养于家。居乡里，有讼者多就君决曲直，得一言，遂不复争"。④巨野人张鼎乃宋初学者孙复门人，家"饶于财而奉养薄"，"至赒人之急，则竭其力恐不逮，故食客常满堂，尝买田三百亩以待宗党之贫无归者，使葬且养焉。岁凶，出粟数百斛食流殍，所活以千计，为人宽厚坦夷，喜读书，

---

① 《名公书判清明集》卷七《下殇无立继之理》。

② 美国学者魏斐德认为："在宋代，官僚绅士的势力还没有渗入农村社会，农村的行政操在富裕农民手里，他们被任命为正规的公务员，来管理征税、民团组织和保甲制体系等工作。"（参见[美]魏斐德著、杨品泉摘译《晚期中华帝国地方控制的变化》，载《中国史研究动态》1982年第4期；高俊新译稿《中华帝国晚期的地方治理之演进》，载魏斐德著、梁禾主编《讲述中国历史》上卷，东方出版社2008年版，第306～328页）魏斐德认为农村行政权掌握在富裕农民（实际上就是乡村职役人）手里，这一认识没有问题，但其关于宋代官僚绅士的势力还没有渗入农村社会的观点尚需斟酌。通过下文对士绅在调解乡村纠纷中的作用的叙述，我们就会发现士绅在宋代乡村社会中已有较大影响。

③ 张文：《宋朝民间慈善活动研究》，第279页。

④ 《欧阳修全集》卷二四《永春县令欧君墓表》。

乐善而好信。乡人有争者，至就平曲直，劝譬而去，无不满意”。[①] 新津人张文蔚“平居赴人之急，虽水火不避也。乡人之有讼者，不之官府，而之公以取决焉”[②]。长沙人谭章“三世居乡，称善人长者”，他学识渊博，居乡六十余年，乐于资助士人，周济穷困，“所施之博，至不可胜计”，“邻里之讼有不能决者，不之官府而之君，人尊仰之，甚于父兄”。[③] 成都人刘革好施舍，“凡以冠昏、贫病、死徙叩门匄贷，无戚疏高下，皆实而归”，民众“有争阋，不到官府，惟府君曲直，则俯首听命”。[④] 德兴人余仲美，养父母甚孝，“家豪于赀，自仲美先人世以赒急赈穷为务”，“乡闾有讼，往往就之平决，耻于官府”。[⑤] 有的则积极投身地方公益事务，使众人受益，从而在乡村社会积累起很高的威信。义乌人余信“好义轻财，折节下士”，曾独立出资，“用家钱百万修废堰”，建成流庆陂，使其旁数千亩民田“比岁沃稔”，“遇旱岁，无高下彼我均浸之，邻里霑足”，对乡邻之土地亦一体灌溉之，对于“津梁断坏病涉之地，靡不修举”，由此“乡人无不称其长者，故纷争斗怒者，得其一言则释然以平”。[⑥]

有的因为品行高尚而为乡里所尊重。比如：南城县人李乔，“好学笃善，应举不得官”，“里有争，往往和解之，使不致狱讼，众亦爱悦”。[⑦] 麻仲英在临淄闲居时，因“行义高洁，乡党化服。邻里有争讼者，不决于有司而听先生辨之”[⑧]。乐平人马某“恩抚同产及同宗以同居仅百口，怡怡如也。鄱阳近宝，其俗任气。乡里之有争者，府君以义譬解之，人服其评之允，不之官司者十六七”[⑨]。井研人青阳简，“好读律，能通法意，乡邻讼者多决于君，君为道如是可，如是不可，多以君言解而不争”[⑩]。义乌人陈允昌，“自幼特立，严正而

① 晁补之：《鸡肋集》卷六八《进士清河张君墓志铭》。
② 《全宋文》卷八七三范镇《张寺丞文蔚墓志铭》。
③ 汪藻：《浮溪集》卷二八《谭章墓志铭》。
④ 洪适：《盘州文集》卷七六《刘府君墓志》。
⑤ 薛季宣：《浪语集》卷三三《余仲美墓志铭》。
⑥ 郑刚中：《北山集》卷一五《余彦诚墓志铭》。
⑦ 《李觏集》卷三一《李子高墓表》。
⑧ 王辟之：《渑水燕谈录》卷四《高逸》。
⑨ 余靖：《武溪集》卷二〇《马处士墓表》。
⑩ 黄庭坚：《山谷别集》卷九《青阳希古墓铭》。

和，疏通而信。惟喜佛，思净觉心，求寂灭趣，于是屏居小室，宴坐湛然，离诸染著。凡所酬对，取静为证，无毫留碍事，如老尊宿常梵行者。一方乡人，有讼必质公，公为剖析理道，定论曲直，又饮之酒以和之，故凶悍狡狯愧服，无复敢哗”[①]。瑞安人张颁“倜傥有气节，平居礼貌疏简，至道古今理乱，襟度豁然。里人争讼，多就正之，一言而决”[②]。临安人罗介圭“能积忠利平实之践，使乡人尊而信，家人亲而化”，每遇饥疫，“率推食馈药，以振羸乏，惟恐不我闻”，“乡邻信其长者，有讼不之有司，而之君取平相踵也”。[③] 福清人刘允恭“累世以治生自立，雄于乡族”，“赋性方直，气象深厚。后生辈为不义事，必诘之，厉然见于颜面，以是乡之士大夫推为长者”，“有争讼者，或诣君求决，君则为之陈道理曲直，法令可不可，往往羞缩逊谢以去”。[④] 婺源人许大宁“和平温厚，视人犹己，过人不欲人誉己，济人不欲人德己”，乡人“讼不即有司，而之先君（按：指许大宁）之庐，得片言，皆失其所以争而去”。[⑤] 泾县冯择之“有智善谋，凡邑人有讼者，或不决于官而决于君，事有疑，众方含糊不断，君一言乃定，人称其长者”[⑥]。建昌人吴炎于嘉定十年(1217)补入太学，在乡素称善士，平日“无疾言遽色，不犯尊，不凌卑，会聚则少谈世俗细故，多言古今善事，有默寓相劝相规之意，未始与一人作恶，或有不美之争，必致排解调娱之力，故人无长幼咸知敬慕，此其宗族是以有无复贤伯叔兄弟之恨”[⑦]。

梁庚尧曾指出：宋代居乡官户和士人在与乡村民众的关系上表现为豪横与长者两种形象[⑧]。以上所举基本可归入长者一类；豪横（包括没有士绅身份的土豪）在乡村社会中也调解民间纠纷，只不过他们更多地不是以公平和正义为目标，而是恃强凌弱，为自己谋利罢了。比如：方震霆等豪横“承干

---

① 《宗泽集》卷三《陈公墓志铭》。

② 《(弘治)温州府志》卷一一《人物二》。

③ 洪咨夔：《平斋文集》卷三一《罗迪功墓志铭》。

④ 韩元吉：《南涧甲乙稿》卷二〇《刘令君墓志铭》。

⑤ 《新安文献志》卷九一许月卿《友仁先生许公圹记》。

⑥ 周紫芝：《太仓稊米集》卷七〇《成忠郎冯君墓志铭》。

⑦ 包恢：《敝帚稿略》卷六《吴主簿墓志铭》。

⑧ 参见梁庚尧《豪横与长者：南宋官户与士人居乡的两种形象》，载其《宋代社会经济史论集》下册，第474～527页。

酒坊，俨如官司，接受白状，私置牢房，杖直枷锁，色色而有，坐厅书判，捉人吊打，收受罢吏，以充厅干，啸聚凶恶，以为仆厮，出骑从徒，便是时官，以私酤为胁取之地，以骗胁为致富之原，吞并卑幼产业，斫伐平民坟林，兜揽刑死公事，以为扰害柄把”①。王东“家于溪洞之旁，既为揽户，又充隅总……自其充隅总也，则两都之狱讼遂专决于私家矣”②。顺昌官八七嫂母子“霸一乡之权”，“三十年间，民知有官氏之强，而不知有官府，乡民有争，不敢闻公，必听命其家”。③ 需要指出的是，在一些地区乡村豪横的势力非常强大，以致饶州等地出现了“官弱民强”④的现象。“凡是豪民，作奸犯科，州县不敢谁何者，监司才要究见分晓，自度不得志，即越经台部，埋头陈词，脱送他司。则其声价非特可与州郡相胜负，抑可与监司相胜负矣。”⑤乡村行政头目对这类豪横的非法行为根本不敢干预。前引《续资治通鉴长编》卷九五所记浮梁县民臧有金就是这样，里正对其不肯输租无可奈何，只好自己代纳。《名公书判清明集》卷一三《以累经结断明白六事诬罔脱判昏赖田业》记黄清仲强占陈氏土地，为此，“县司行下桩留，则保甲不敢收；行下供对，则保甲不敢近；委县尉勾追，则聚众打损其承人”。

这些豪横之权威的来源比较复杂，此处以顺昌官八七嫂母子为例加以说明。首先，有雄厚的经济实力。官氏“家造两盐库，专一停塌私盐，搬贩货卖，坐夺国课”，“私置税场，拦截纸、铁、石灰等货，收钱各有定例，赃以万计”。除与国家争夺税入外，他们还大肆勒索、抢夺民产。其次，设立私家暴力机器。“私立置牢狱，造惨酷狱具”，“蓄养恶少过犯，百十为群，以为爪牙鹰犬”。再次，借助国家行政力量，不仅有“官府月吏素与交结”，而且他们自己还通过“纳粟得官”⑥。总之，豪横的权威除凭借自身势力取得外，还寄生在国家的行政权力之上，“以吸纳王朝权力的形式存在”⑦。

---

① 《名公书判清明集》卷一二《豪横》。

② 《名公书判清明集》卷一二《不纳租赋擅作威福停藏逋逃胁持官司》。

③ 《名公书判清明集》卷一二《母子不法同恶相济》。

④ 《名公书判清明集》卷一二《豪民越经台部控扼监司》。

⑤ 《名公书判清明集》卷一二《豪民越经台部控扼监司》。

⑥ 《名公书判清明集》卷一二《母子不法同恶相济》。

⑦ ［日］佐竹靖彦：《宋代建州地域的土豪和地方行政》，载其《佐竹靖彦史学论集》，第218页。

宋代乡村民间组织十分兴盛，许多组织都有自己的规约，这类规约往往会对其成员之间的相互关系作出规定，一旦其内部成员发生纠纷，握有规约解释权和执行权的民间组织首领就成了调解纠纷的民间权威。如在浙江萧山湘湖水利共同体中，绍兴二十八年(1158)，"岁旱争水，九乡之决溉者多寡早晚不得均平，因有殴击致讼者，县丞赵善济为集塘长暨诸上户与之定议，设一均水法，相高低以分先后，计毫厘以酌多寡，限尺寸以制泄放，立为榘(按：应为"渠")则，决无枯莸偏颇之患"[①]。乡约组织中的约正"专主平决赏罚当否"[②]，也负有调解纠纷之责。青田人潘廌"学优不仕，而笃于行义，乡人爱慕之，有争讼者不之官府，而来取决。尝举八行，不就。宣和中，妖贼方腊之党陷处州，境内多被其害，独以谋帅里社之人卫其乡，贼不能犯，远近赖之"[③]。

巫师及僧人、道士等宗教人士也参与乡村民间纠纷的调停，他们的权威更多地来自于"神"的力量。这种力量非常强大，有时甚至超过官府的行政力量。如江西吉州"有以神庙罪人告者"，"神枷神杖处处盛行，巫者执权过于官府，一庙之间，负枷而至动以数千计"，这些巫觋势必会成为乡村纠纷的调解者，对于犯错误者，"其家自以子弟、亲戚拥曳之至庙，以听释放，或受所谓神杖而还"。[④] 宋代"荆楚之俗，自古信师巫，然而近世为尤甚。其最为害者，有所谓'把门师'是也，言一家之事皆由其掌握也，有嫁娶不暇问媒妁，专信其勘婚，稍奉之不至，则离间两家，致嫁娶失时者多矣"[⑤]。这些"把门师"在当地有极高的权威，既能凭神力拆散人家的婚姻，肯定亦能调节各种纠纷。《夷坚支丁》卷三《廖氏鱼塘》记雩都县乡民廖少大称：

> 有亲弟少四，好使酒尚气，向时每每相凌，置不与校。所居有两塘，各广袤二十亩，田畴素薄，只仰鱼利以资生。弟忽起分析之议，勉从之。至取鱼之时，弟倩村巫书符于瓦上，沉于吾得东塘，洎举网，不获一鳞。

---

① 毛奇龄：《湘湖水利志》卷一《南宋绍兴年定均水则例》。

② 吕大钧：《吕氏乡约乡仪·乡约·主事》，载陈俊民辑校《蓝田吕氏遗著辑校》，第567页。

③ 綦崇礼：《北海集》卷三四《故左朝请郎守尚书右司员外郎致仕潘公墓志铭》。

④ 欧阳守道：《巽斋文集》卷四《与王吉州论郡政书》。

⑤ 《历代名臣奏议》卷二一四王师愈《乞禁止师巫疏》。

> 徐知其然，亦召此巫，如前法，于是西塘亦然。其后巫来相告曰："汝两人亲兄弟，自不相容，而使我以邪术干正。虑贻谴罚，各宜悔初心，复同居共业。吾当为尔解救之，切勿再起狂念。"兄弟皆奉其戒，巫乃别画二符投之，鱼遂如故。今每岁获直不下数百缗。

这里的巫师突然良心发现，借助"神"力使兄弟二人和好。宋代还有很多施"黑"巫术的巫者，因此产生的纠纷往往需要有正义感的道士或僧人等解决。"襄阳邓城县有巫师，能用妖术败酒家所酿，凡开酒坊者皆畏奉之。每岁春秋，必遍谒诸坊求丐"，"一岁，因他事颇窘用，又诣一富室有所求"，被主人拒绝，结果其人"酒瓮成列，尽作粪臭"，最终被一道士破解。[①]

以上是调解乡村纠纷的民间力量。乡村纠纷调解中的官方力量则是乡村行政头目和州县官吏等。由于州县官吏并不生活在乡村，不能视为乡村社会权威，故这里只论述乡村行政头目的调解。[②] 温州"差役用乡户，郡少仕族，其俗朴谨，富户上户身亲服役，在公无过，或凭之为善，已讼息竞，阴有德于人，其后多至通显，乡人以为美谈"[③]。可知包括乡村行政头目在内的差役人"已讼息竞"，参与乡村纠纷的调解。《宋文鉴》卷一二九记载了如下案例：

> 甲为县令，乙与其故人丙醉，殴乙，乙诣县讼丙，令问曰："伤乎？"曰："无伤也。""相识乎？"曰："故人三十年矣。""尝相失乎？"曰："未也。""何为而殴汝乎？"曰："醉也。"解之使去。有司劾甲故出丙罪，甲曰："斗不至伤，赦许在村了夺，耆长则可，县令顾不可乎？"

此案虽非耆长调解，但通过县令的叙述可知耆长有权处理小的斗殴等事。耆长还参与调解乡村社会中因家庭婚姻及土地买卖等产生的民事纠纷。《作邑自箴》卷四记："付镇耆定夺婚田事，于帖后连素纸十幅，印缝仰两争并邻保人写于其上，以防拆换。"《名公书判清明集》卷一《细故不应牒官差人承牒官不应便自亲出》称："彭四初状所诉彭五四等闲争事，初无甚计利害，纵便是实，不过杖以下，本保戒约足矣，本保追究足矣。"可见保正长也有调解

---

① 洪迈：《夷坚丁志》卷一〇《邓城巫》。

② 关于州县官吏对民事诉讼的调解，屈超立《宋代地方政府民事审判职能研究》一书第171～184页有专门论述。

③ 《（弘治）温州府志》卷七《差役》。

乡村纠纷的权力。保正长和耆长都是乡村社会中代表国家力量的权威。

通过以上叙述可见宋代乡村权威的多元性，其中既有乡村行政头目等制度性的权威，也有宗族势力、士绅、豪强、民间组织首领及巫师、道士等宗教人士构成的非制度性权威。乡村社会的权力并不仅仅掌握在乡役人（乡村行政头目）手中，他们所掌握的仅仅是乡村社会的行政权力。各种权威的权力来源不同，其权力发生作用的边界也各不相同。耆长和保正长等是以耆及都保所限定的行政社区为其权力的边界。族长则以血缘网络的自然社区为其权力的边界。在实际的乡村生活中，各种权威往往交织在一起，共同维护着乡村社会的秩序。

最后需要指出的是，宋代乡村社会权威的调解是有限度的，如果调解不成，则需起诉到官府，由官府裁决。宋代社会好讼风气的出现就是最好的说明。① 另外，有些民间调解所达成的协议也需官府以国家强制力来保证其执行，前引朱运干立嗣案中官府就认可了原来由族人调解达成的协议，并依此为据保证了朱司户的利益。这也反映出宋代国家权力对基层社会的渗透。

第三节　宋代乡村社会的控制体制

前文已经论及，除秘密会社等少数民间组织外，宋代大多数民间组织的目标与国家利益有着广泛的一致性，在功能上是对乡村行政组织的重要支持与补充。各种民间组织通过自己的方式将广大民众组织起来，或通过经济互助的方式缓解贫富差距，使积聚于乡村社会的不安定因素得以释放，或以规约将成员的行为限定在国家法令许可的范围内，减少社会越轨现象的发生，或通过自保的方式使乡村社会得以安定。可以说，各种民间组织与乡村行政组织相互影响，相互渗透，共同维系着国家对乡村社会的控制。有学者指出：在传统中国，民间社会不只是受国家权力支配的非自立的存在，也不是自立于国家之外的自我完善的秩序空间，而是可将民间社会与国家体

① 关于宋代社会好讼的风气，可参见许怀林《宋代民风好讼的成因分析》（载《宜春学院学报》2002 年第 1 期）和牛杰《宋代民众法律观念研究》（河北大学硕士学位论文，2004 年）。

制共同视为由持有共同秩序观念的同心圆而连接起来的连续体。① 从宋代乡村行政组织和民间社会组织对乡村社会控制所起的作用来看，这一认识是比较恰当的。

日本中国史学界长期存在着这样一组对立的观点：一种观点认为中国帝制时代社会的最显著的特征是有着发达的官僚机构的国家直接统治着人民，不存在具有自立权力的领主或中间团体；另一种观点则认为帝制时代的国家权力无法深入生活的各个方面，地方的秩序实际上由民间团体承担。②通过前文对宋代社会组织的研究，可以看出以上认识都有偏颇之处。在宋代，国家通过乡、管、耆、都保等行政组织深入到基层社会，直接代表国家对人民实行统治，但由于其施政偏重于征发赋役和维持治安，这就给民间组织留下了活动空间，从而形成了宋代乡村社会控制中的二元组织系统。

宋代乡村社会的控制体制可分为两个系统：一是“公”或“官”的系统，即代表国家的乡村行政组织；二是“私”或“民”的系统，即各类民间社会组织。两大系统相互影响，相互渗透，其力量对比始终处于不断变化之中。

从总体上看，南宋时民间组织的力量要强于北宋时民间组织的力量。南宋立国局限于东南半壁江山，处于金和蒙古的强大压力之下，施政日趋保守，君臣又鉴于北宋变法多次失败，讳言改革，由遵循旧制而墨守成规。南宋士大夫在北伐不成、光复无望的局势下，多将工夫放在修身、齐家方面，但是道学家又标榜“内圣外王”的理念，这一理想最终要在经世济民的事业中才能实现，于是他们更加热心地进行修撰族谱、订立乡约、倡行义役、举办社仓等福利事业，使各种民间组织得到了更大的发展③，从而使南宋时民间组织的力量超过北宋。

---

① 参见[日]沟口雄三著、贺跃夫译《中国与日本“公私”观念之比较》，载张中秋编《中国法律形象的一面：外国人眼中的中国法》，法律出版社 2002 年版，第 322 页。

② 参见张思《日本学者对中国社会形态问题的思考》，载《中国社会历史评论》第 3 卷，中华书局 2001 年版，第 37 页。

③ 参见黄繁光《南宋义役的综合研究》，载林徐典编《汉学研究之回顾与前瞻》下册，第 90 页。另外，关于南宋士大夫从关心朝廷的权力到注重巩固乡里基础这一转变，可参见 Robert P. Hymes, *Statesmen and Gentlemen : The Elite of Fu-Chou, Chiang-hsi, in Northern and Southern Sung*, Cambridge University Press, 1986.

社会动荡时期民间组织的力量会明显增强。一旦某地有农民起义发生，或遭受外敌入犯，社会动荡，这时正常的统治秩序就会遭到破坏，国家的控制力就会削弱，为保持当地社会秩序，各地乡村豪强便会出面组织民间武装以自保。当“江、广寇起，蔓及闽境”时，福建仙游人邱祈“与族人杞结忠义社以自固”①。衢州人江衮在方腊、倪从庆起义时于当地“结集社甲”，“土人率服，一乡赖之”。② 两宋之际，面对金人铁蹄的蹂躏，“河朔之民愤于兵乱，自结巡社”③。“力田之民恋著乡土，多自团成保甲，守护乡闾……其间亦有土豪及士人愿为头首者甚众。”④两淮地区则出现了以捍卫乡里为目标的山水寨，如泗州招信豪强刘位领导的招信军横山寨，“分乡民为军，使诸弟侄各统之”，当时“西北衣冠与百姓奔赴东南者，络绎道路，至有数十里或百余里无烟舍者，州县无官司，比比皆是盗贼，艰辛之状万绪千般”⑤，刘信在金军进犯，“州县无官司”，乡村行政组织也被打破的情况下招集流民建立横山寨自保，在一定范围内恢复了社会秩序。民间武装实际上行使着包括乡村行政组织在内的各级地方行政组织的职能。这些民间武装大都有严格的纪律，对保护乡里安全和维护地方社会稳定具有极其重要的作用，实际上已取代了当地的乡村行政组织。对此，前文已有论述，此处不再赘述。

民间组织力量的强弱还因地域呈现出明显的差异。陕西地区是宋夏战争、宋金战争、宋蒙(元)战争的重要战场，战事频仍使宋代陕西社会表现出强烈的军事化色彩。在军事化色彩强烈的宋代陕西社会里，国家权力对基层社会的控制异常强烈，并具有一元化倾向，阻碍了平行于基层政权的宗族组织的形成与发展。战事频仍造成的政权作用下的招募、征发、屯戍、掳获、安置等人口流动对血缘组织也有强烈的扰动作用，加上地权分散等因素，使得关中社会与东南地区相比宗族组织相对不发达。国家主要通过乡村行政

① 陆心源：《宋史翼》卷三一《忠义二·邱祈传》。
② 《建炎以来系年要录》卷七五，绍兴四年夏四月丁亥条。
③ 《建炎以来系年要录》卷八，建炎元年八月丁卯条。参校《四库全书》文渊阁本。
④ 李光：《庄简集》卷九《乞用河东土豪援太原札子》。
⑤ 徐梦莘：《三朝北盟会编》卷一三四。

组织直接控制乡村社会。[①]

需要特别指出的是,上文所说的民间力量的增强只是相对而言,或在某一地区,或在某一时期,民间力量会超过国家力量。但从整个宋代乡村社会控制的过程来看,还是以乡村行政组织为代表的国家力量占主导地位,前文已经论及,此处不再赘述。

宋代乡村社会控制的二元体制对天水一朝的维持和相对稳定具有重要意义。在这一体制下,众多的民间组织自觉地把自己的追求与国家的统治目标对应起来,既有利于传统社会秩序的保持,又有利于社会变迁的实现,使传统社会在变迁中保持着平稳的态势,表现出较强的生命力。[②] 最近厉以宁在研究资本主义的起源时,提出了封建社会可分为"刚性体制"和"弹性体制"的理论模式。他认为,宋代以后的中国封建社会属于弹性体制[③]。这种体制在不违背统治者整体利益和长远利益的前提下容许改变,统治者以相对灵活的方式进行统治以确保制度的存在和延续。这种体制下的基层社会采用的就是二元体制:一方面有家族力量在帮助官府维持地方秩序;另一方面又有大量的吏为朝廷尽力,实现地方上的统治。这样,在不发生社会大动乱的条件下,中国封建社会的弹性体制就可以比较平稳地运行下去。[④] 由于乡村行政头目也是吏的组成部分之一,我们应该可以这样推论:在广大的乡村基层社会,由于家族或宗族组织与乡村行政组织的共同作用,使封建社会的弹性体制可以平稳地运行下去。然而,厉先生对基层社会构造的认识并不完全,除宗族组织和乡村行政组织外,还有大量的民间组织,他们共同构成了宋代以降的乡村社会控制体制,维护着乡村社会的稳定。

限于学养及时间,本书对宋代乡村组织的研究已如上述,但如果将视野放宽,就会发现此课题仍有进一步深化的余地。

---

① 参见秦晖《陕西通史·宋元卷》,陕西师范大学出版社 1997 年版,第 7~25 页。

② 宋代社会控制的这一模式直到明清时期仍旧沿用。明清史学界对这一模式的生命力也有认识。(参见王日根《明清民间社会的秩序》,岳麓书社 2003 年版,第 35 页)

③ 对中国古代社会体制的弹性的认识,在厉以宁之前已有傅衣凌提出过,只是其未作系统论述。(参见傅衣凌《中国传统社会:多元的结构》,载《中国社会经济史研究》1988 年第 3 期)

④ 参见厉以宁《资本主义的起源——比较经济史研究》,商务印书馆 2003 年版,第 439~490 页。

首先，将宋代乡村社会组织放在中国历史发展的长时段内考察。如果将宋代乡村行政组织及乡村社会控制体制放在更长的时间段内考察，就会发现宋代乡村行政组织的许多问题，如乡村行政组织的职役化、乡里地位的演变等在唐代已现端倪；宋代的乡村行政组织及乡村社会控制模式对元明清时代有着重要影响，如宋代新出现的都、图、团等乡村区划到元代和明代仍旧沿用，士人在宋代乡村社会已开始表现出极为重要的作用，到明清时期出现了日本学界所谓的"士绅统治"体制。宋至明清时社会控制体制内民间力量的作用呈现出增强之势。宋代开始蓬勃发展的许多民间组织到明清时期更为兴盛，如宋代出现但影响很小的乡约组织到明清时几乎在全国普及。对这些问题进行深入探讨，既是认识中国古代乡村社会组织和控制体制演变及其规律的需要，也是正确认识宋代乡村社会组织的历史地位的需要。再者，宋代是中国历史上承前启后的重要转折时期。自 20 世纪初以来，关于唐宋社会变革的研究就一直是中外学术界关注的焦点之一。刘子健后来又提出南宋是转型期的观点，注重探讨两宋社会的转型。[①] 最近美国宋史学界又提出了中国史上"宋元明过渡"的问题。[②] 探讨宋代乡村社会组织及其流变是研究宋代作为变革、转型和过渡期问题的应有之义。这是我们今后深化这一课题应当努力的方向之一。

其次，中国幅员辽阔，各个地区的历史、地理等不尽相同，发展又不平衡。受各地自然条件与社会文化环境差异的影响，不同类型的社会组织在不同地区的势力和影响都存在很大差异。这样，当乡村行政制度推广到全国各地时就会表现出明显的区域差异。现有史料中关于"管"这一行政组织的实行主要局限于华北，其他地区虽有但不多见。宋代陕西地区乡村行政组织的作用就十分突出，而如宗族等民间组织的力量则十分薄弱。下面再举两例。

宋代赣南地区的虔州（后改称"赣州"）因私盐贩卖盛行，私盐贩及其组

---

① 参见刘子健《略论南宋的重要性》，载其《两宋史研究汇编》，第 79～85 页；刘子健著、赵冬梅译《中国转向内在》，江苏人民出版社 2002 年版，第 7～17 页。

② 参见张祎《中国历史上的宋元明过渡简介》，载《宋史研究通讯》2003 年第 2 期。

织力量十分强大,使得乡村社会中行政组织的力量比较薄弱。宋代对食盐运销实行分区制度,虔州属于淮南盐区,"江西仰食淮南转般食盐,涉历道远,比至,杂恶不可食"。若从广东运盐,路途近,价格低,贩卖可获厚利,故而"汀、虔州人多盗贩岭南私盐,数十百为群,与巡捕吏卒斗格,所至扰百姓,捕不能得,至或赦其罪招之"①。李焘《续资治通鉴长编》卷一九六记录了嘉祐以前虔州私盐贩卖的情况:

> 江西则虔州地连广南,而福建之汀州亦与虔接,盐既弗善,汀故不产盐,二州民多盗贩广南盐以射利。每岁秋冬,田事既毕,往往数十百为群,持甲兵、旗鼓,往来虔、汀、漳、潮、循、梅、惠、广八州之地。所至劫人谷帛,掠人妇女,与巡捕吏卒斗格,至杀伤吏卒,则起为盗,依阻险要,捕不能得,或赦其罪招之。岁月浸淫滋多。

从上文"每岁秋冬,田事既毕"的叙述可知,贩私盐者大多数都是农民,"虔州民私贸盐以自业,世世习抵冒,虽毒惩痛断,然不肯少悔者"②,贩卖私盐实际上已成了该处百姓世代相传的"日常生活"的一部分,对该地区及相邻地区的社会秩序产生了极大的危害。至于私盐贩的组织方式,则是"往往数十百为群"。史籍中称汀州"人欲贩盐,辄先伐鼓而山谷中,召愿从者,与期日,率常得数十百人以上与俱行"③,虔州的情况应与之类似。他们之所以成群结队,就是为了"与巡捕吏卒斗格",反抗官府的擒捉。由于私盐贩势力强大,官军根本无力捕捉。嘉祐四年(1059),盐贩戴小八甚至能"聚党攻剽,杀虔化知县赵枢"④。

面对前述情况,治平元年(1064),朝廷派蔡挺为江西提点刑狱、专制置虔汀漳州贼盗、提举虔州卖盐。他一方面设法提高官盐的质量,另一方面加强对私盐贩的打击力度,如责令乡村行政头目参与捕捉聚众贩盐者,"州县

---

① 《宋会要辑稿·食货》二四之一。又福建路的汀州属于福建盐区,同样存在盐价偏高和官盐质量杂恶的问题,其与虔州在地理上接壤,"二州民多盗贩广南盐以射利"。两州的私盐贩卖问题颇为相似,故往往两者并论。

② 文同:《丹渊集》卷三六《屯田郎中阎君墓志铭》。

③ 《宋会要辑稿·食货》二四之二。

④ 《续资治通鉴长编》卷一八九,嘉祐四年六月己巳条。

督责耆保，有伐鼓者，辄捕送，盗贩者由此稍衰息矣”[①]。史籍中虽然称通过乡村行政组织加强了对私盐贩卖的控制以后，“盗贩者由此稍衰息”，实际上这里私盐贩卖稍稍减轻的真正原因是蔡挺对盐法的改革。到熙宁三年(1070)，由于蔡挺盐法“十废五六”，“无赖抵冒之民稍集”，成组织的私盐贩卖重又兴起，新任江西提点刑狱张颉上书朝廷请求“尽复(蔡)挺规画，以杜奸盗”[②]，由此也可看出盐法才是解决赣南私盐贩卖问题的关键所在。元丰三年(1080)，三司副使蹇周辅指出虔州私盐贩卖问题依旧严重：“江西岁运淮盐有常数，人苦淡食，而广东所产不得辄通，无赖奸民冒利犯禁，习以盗贩为业。”[③]只要赣南地区的盐法不能彻底改革，私盐贩卖的问题就难以解决。这使得北宋国家在这一地区的地方行政组织不能很好地发挥作用，真正在乡村社会中发挥作用的是与贩私盐相适应的组织。这些贩私盐组织的首领往往是当地的土豪，他们才是地方社会实际上的支配力量。这从李纲的论述中也可看出：

> 契勘虔贼，旧年止是冬月农隙之时，相率持杖往广东贩盐以图厚利，后来渐次于循、梅等州村落间，劫掠得牛畜、钱帛归家使用，巡尉不敢谁何，徒党渐众，遂犯州县。至建炎四年，官省移在虔州，陈大五长啸聚作过。当时官司措置无策，赏罚失当。土豪有物力之家，往往啸聚结集，报复仇怨，头项渐多，州县不能制御，连结滋蔓，以至今日，虽遇丰年，亦不衰息。[④]

绍兴年间也有大臣说：

> 臣闻虔民之性，例皆凶悍，而听命于豪强之家，为之服役，平居则恃以衣食，为寇则假其资装。[⑤]

孝宗时，王质说赣州等地民众“不畏天子之官吏，而畏乡里之豪强，是以不伏官吏之约束，而伏豪强之号令。盖豪强之所以为重者有三：智过人，勇

① 《宋会要辑稿·食货》二四之二。

② 《续资治通鉴长编》卷二一三，熙宁三年秋七月辛丑条。

③ 《续资治通鉴长编》卷三一一，元丰四年三月戊子朔条。

④ 《李纲全集》卷一〇七《申督府密院相度措置虔州盗贼状》。

⑤ 《建炎以来系年要录》卷九一，绍兴五年七月丙申条。

过人,谷粟之蓄过人"[①]。这些智勇和财力过人的土豪才是乡村社会的实际控制者,乡村行政组织可能处于附属地位,以至于有大臣提出要借助豪强的力量来加强对赣南乡村社会的控制:

盖豪强之所以为重者有三:智过人,勇过人,谷粟之蓄过人。有是三者,桀骜之民不得不低首下心,折节而归豪强之门。为今之计者,莫若谕郡县之官吏,重为之礼貌,以致其敬;轻为之科率,以结其爱。内有盗贼,则假之以权,以要其成,苟有功效,则縻之以爵,以收其桀骜之民。何者?郡县之官吏不能制其命,而豪强能服其命,此其为畏侮固不同矣。[②]

上述引文足可反映出赣州一带乡村土豪强大的势力和影响及其对乡村社会的支配程度,由此使得乡村行政组织在乡村社会控制中的作用相对弱小。[③]

陈春声在讨论宋元以来韩江中下游地方社会的变迁时指出:"宋代的韩江中下游的乡村,基本上是一个以佛寺为中心的社会",当时从福建至广州的驿路,经过潮州路段的驿铺大多为庵驿,"守以僧,给以田,环以民居"[④]。这种以寺庵吸引百姓到驿路周围居住的做法成效显著,反映了佛教在韩江中下游地区的影响。[⑤] 他认为,在宋代的岭南地区,虽然已有乡、都等行政组织的设置,但民间社会的控制权基本上掌握在各种各样的宗教组织和宗教职业者手中,"宋代岭南地方社会基本上在庙宇手上,当时大多数的赋税是通过寺庙去收的,连交通路线的安全,也是通过庙宇去保障的",当时"朝廷在岭南是通过一个宗教体系来对乡村社会和老百姓进行统治的"。[⑥]

---

① 王质:《雪山集》卷三《论镇盗疏》。

② 王质:《雪山集》卷三《论镇盗疏》。

③ 以上关于宋代赣南的论述,参见黄志繁《"贼""民"之间:12～18 世纪赣南地域社会》,三联书店 2006 年版,第 30～66 页。

④ 陈香白辑校:《潮州三阳志辑稿》卷九《公署·铺驿》。

⑤ 参见陈春声《宋明时期潮州地区的双忠公崇拜》,载郑振满等主编《民间信仰与社会空间》,福建人民出版社 2003 年版,第 42～73 页;《秩序与信仰:宋元以来韩江中下游地方社会的变迁》,载行龙等主编《区域社会史比较研究》,社会科学文献出版社 2006 年版,第 119～121 页。

⑥ 陈春声:《广东发展史》,文系作者 2004 年 6 月 24 日在中共广东省委中心组举行的"广东学习论坛"第 8 期报告会上的发言。

总之，对宋代乡村组织及社会控制体制的区域特色进行探讨，并进行不同区域的比较研究，注重宏观把握和微观论证相结合，这也是今后进一步深化宋代乡村组织的研究应当努力的一个方向。

再次，如果能充分借鉴政治学、社会学、法学、经济学和民俗学等学科的理论方法，充分发掘乡村组织对基层社会变迁的影响、国家权力对基层社会的渗透和控制及乡村社会与国家的关系等层面的问题，可加深和拓展对宋代乡村社会乃至整个古代乡村社会史的研究。学术界对此已有一些宝贵的尝试，如王铭铭借鉴英国社会学家安东尼·吉登斯（Anthony Giddens）在《民族—国家与暴力》一书中提出的历史社会学的理论模式，将乡村行政组织放在传统国家向绝对主义国家、民族—国家转型的大背景下对古代乡村行政组织进行了颇有新意的论述。[①] 王棣借鉴西方制度经济学的理论对宋代职役的性质作了令人耳目一新的分析。[②] 这都为我们加深对宋代乡村行政组织的研究指出了新的路径。

---

① 参见王铭铭《国家与社会关系史视野中的中国乡镇政府》，载马戎等主编《中国乡镇组织变迁研究》，华夏出版社 2000 年版，第 26～71 页。

② 参见王棣《宋代经济史稿》，第 405～412 页。

主要参考文献

一、古籍资料

(宋)程颢、程颐著,王孝鱼点校:《二程集》,中华书局2004年版。

(明)陈道纂修:《(弘治)八闽通志》,载《四库全书存目丛书·史部》第177~178册,齐鲁书社1996年版。

(清)陆增祥:《八琼室金石补正》,文物出版社1985年版。

(宋)徐梦莘:《三朝北盟会编》,上海古籍出版社2008年版。

(清)储家藻修:《(光绪)上虞县志校续》,清光绪二十五年(1899)刻本。

(宋)邓深:《大隐居士诗集》,影印《四库全书》文渊阁本。

(元)冯福京修:《大德昌国州图志》,载《宋元方志丛刊》第6册,中华书局1990年版。

(清)胡聘之:《山右石刻丛编》,山西人民出版社1988年版。

(清)毕沅、阮元:《山左金石志》,载《续修四库全书》第909~910册,上海古籍出版社2002年版。

(宋)黄庭坚:《山谷集》,影印《四库全书》文渊阁本。

(宋)周南:《山房集》,影印《四库全书》文渊阁本。

(明)周士英纂修:《(万历)义乌县志》,载《稀见中国地方志汇刊》第17册,中国书店出版社1992年版。

(宋)王十朋著、梅溪集重刊委员会编:《王十朋全集》,上海古籍出版社

1998 年版。

(宋)郑伯谦:《太平经国书》,影印《四库全书》文渊阁本。

(宋)乐史撰、王文楚等点校:《太平寰宇记》,中华书局 2007 年版。

(宋)周紫芝:《太仓稊米集》,影印《四库全书》文渊阁本。

(宋)钱若水等:《太宗皇帝实录》,四部丛刊本。

(明)高汝行纂修:《(嘉靖)太原县志》,载《天一阁藏明代方志选刊》,上海古籍书店 1981 年版。

(清)金友理:《太湖备考》,载《四库全书存目丛书·史部》第 225 册,齐鲁书社 1996 年版。

(宋)文天祥著、熊飞等校点:《文天祥全集》,江西人民出版社 1987 年版。

(宋)周必大:《文忠集》,影印《四库全书》文渊阁本。

(宋)汪应辰:《文定集》,影印《四库全书》文渊阁本。

(宋)胡宿:《文恭集》,影印《四库全书》文渊阁本。

(宋)马端临:《文献通考》,浙江古籍出版社 2000 年版。

(明)雷应龙辑:《木兰陂集节要》,载《中华山水志丛刊·水志卷》第 19 册,线装书局 2004 年版。

(明)黄淮、杨士奇编:《历代名臣奏议》,上海古籍出版社 1989 年版。

(清)胡德琳修、李文藻等纂:《(乾隆)历城县志》,《续修四库全书》第 694 册,上海古籍出版社 2002 年版。

(宋)吴潜修、梅应发等纂:《开庆四明续志》,载《宋元方志丛刊》第 6 册,中华书局 1990 年版。

(宋)宋敏求纂修:《长安志》,《宋元方志丛刊》第 1 册,中华书局 1990 年版。

(宋)沈括:《长兴集》,影印《四库全书》文渊阁本。

(明)萧廷宣纂修:《(嘉靖)长泰县志》,《天一阁藏明代方志选刊续编》第 38 册,上海书店出版社 1990 年版。

(宋)文同:《丹渊集》,影印《四库全书》文渊阁本。

(宋)曾协:《云庄集》,影印《四库全书》文渊阁本。

(宋)杨潜修、朱端常等纂:《云间志》,《宋元方志丛刊》第1册,中华书局1990年版。

(宋)赵彦卫撰、傅根清点校:《云麓漫钞》,中华书局1996年版。

(宋)王存撰,王文楚、魏嵩山点校:《元丰九域志》,中华书局1984年版。

(清)董世宁纂:《乌青镇志》,民国七年(1918)铅印本。

(明)施耐庵、罗贯中:《水浒全传》,上海古籍出版社1984年版。

(宋)朱松:《韦斋集》,影印《四库全书》文渊阁本。

(宋)王溥:《五代会要》,上海古籍出版社1978年版。

(明)谢肇淛:《五杂组》,上海书店出版社2001年版。

(宋)李朴:《丰清敏公遗事》,丛书集成初编本。

(宋)陈傅良:《止斋先生文集》,四部丛刊本。

(宋)熊克著,顾吉辰、郭群一点校:《中兴小纪》,福建人民出版社1985年版。

(宋)王洋:《东牟集》,影印《四库全书》文渊阁本。

(宋)吕祖谦:《东莱集》,影印《四库全书》文渊阁本。

王荣商纂:《东钱湖志》,载《中华山水志丛刊·水志卷》第36册,线装书局2004年版。

(清)戴咸弼辑:《东瓯金石志》,载《续修四库全书》第911册,上海古籍出版社2002年版。

(宋)袁说友:《东塘集》,影印《四库全书》文渊阁本。

(宋)王庭珪:《卢溪文集》,影印《四库全书》文渊阁本。

(宋)郑刚中:《北山集》,影印《四库全书》文渊阁本。

(宋)綦崇礼:《北海集》,影印《四库全书》文渊阁本。

(宋)施德操:《北窗炙輠录》,影印《四库全书》文渊阁本。

(宋)陈淳:《北溪大全集》,影印《四库全书》文渊阁本。

(宋)陈淳著、熊国桢等点校:《北溪字义》,中华书局1983年版。

(宋)苏辙撰、俞宗宪点校:《龙川略志》,中华书局1982年版。

(宋)陈亮:《龙川集》,影印《四库全书》文渊阁本。

(宋)谢维新:《古今合璧事类备要》,影印《四库全书》文渊阁本。

(宋)陈襄:《古灵集》,影印《四库全书》文渊阁本。

(宋)赜藏主编集、萧萐父等点校:《古尊宿语录》,中华书局 1994 年版。

(宋)王应麟:《玉海》,影印《四库全书》文渊阁本。

(宋)张方平:《乐全集》,影印《四库全书》文渊阁本。

(宋)宗晓编:《乐邦文类》,载《卍续藏经》第 107 册,(台北)新文丰出版公司 1994 年版。

(宋)陈藻:《乐轩集》,影印《四库全书》文渊阁本。

(宋)洪咨夔:《平斋文集》,四部丛刊本。

(宋)黄仲元:《四如集》,影印《四库全书》文渊阁本。

(清)胡启植等修:《(乾隆)仙游县志》,清同治十二年(1873)刻本。

(宋)赵与泌修、黄岩孙纂:《仙溪志》,载《宋元方志丛刊》第 8 册,中华书局 1990 年版。

(宋)王之望:《汉滨集》,影印《四库全书》文渊阁本。

(宋)姜夔:《白石道人诗集》,影印《四库全书》文渊阁本。

(清)黄瑞:《台州金石录》,嘉业堂刊本。

(明)解缙等:《永乐大典》,中华书局 1986 年版。

(明)申嘉瑞修、李文等纂:《(隆庆)仪真县志》,载《天一阁藏明代方志选刊》,上海古籍书店 1963 年版。

(宋)司马光:《司马氏书仪》,丛书集成初编本。

(宋)叶梦得:《石林治生家训要略》,《丛书集成续编》第 78 册,上海书店出版社 1994 年版。

(宋)叶梦得:《石林奏议》,载《续修四库全书》第 474 册,上海古籍出版社 2002 年版。

(宋)戴复古:《石屏诗集》,影印《四库全书》文渊阁本。

(宋)叶适撰、刘公纯等点校:《叶适集》,中华书局 1961 年版。

(宋)潘自牧:《记纂渊海》,影印《四库全书》文渊阁本。

(宋)包拯撰,杨国宜校注:《包拯集校注》,黄山书社 1989 年版。

(宋)释元照:《芝园集》,载《卍续藏经》第 105 册,(台北)新文丰出版公司 1994 年版。

曾枣庄、刘琳主编:《全宋文》,上海辞书出版社、安徽教育出版社 2006 年版。

(宋)王珪:《华阳集》,影印《四库全书》文渊阁本。

(宋)洪迈撰、何卓点校:《夷坚志》,中华书局 1981 年版。

(宋)陈襄:《州县提纲》,影印《四库全书》文渊阁本。

中国社会科学院历史研究所宋辽金元史研究室点校:《名公书判清明集》,中华书局 1987 年版。

(宋)真德秀:《西山先生真文忠公文集》,四部丛刊本。

(宋)西湖老人撰、周峰点校:《西湖老人繁胜录》,文化艺术出版社 1998 年版。

(宋)郑侠:《西塘集》,影印《四库全书》文渊阁本。

(宋)谢深甫撰、戴建国点校:《庆元条法事类》,载《中国珍稀法律典籍续编》第 1 册,黑龙江人民出版社 2002 年版。

(宋)卫泾:《后乐集》,影印《四库全书》文渊阁本。

(宋)刘克庄:《后村先生大全集》,四部丛刊本。

(宋)刘辰翁:《刘须溪先生记钞》,载《四库全书存目丛书·集部》第 20 册,齐鲁书社 1997 年版。

(宋)家铉翁:《则堂集》,影印《四库全书》文渊阁本。

(宋)赵善璙:《自警编》,影印《四库全书》文渊阁本。

(宋)谢薖:《竹友集》,影印《四库全书》文渊阁本。

(宋)林季仲:《竹轩杂著》,影印《四库全书》文渊阁本。

(宋)林希逸:《竹溪鬳斋十一藁续集》,影印《四库全书》文渊阁本。

(宋)李廌撰、孔凡礼点校:《师友谈记》,中华书局 2002 年版。

(元)单庆修、徐硕纂:《至元嘉禾志》,载《宋元方志丛刊》第 5 册,中华书局 1990 年版。

(元)脱因修、俞希鲁纂:《至顺镇江志》,载《宋元方志丛刊》第 3 册,中华书局 1990 年版。

(明)程敏政纂修:《(弘治)休宁志》,载《北京图书馆古籍珍本丛刊》第 29 册,书目文献出版社 1988 年版。

(明)王崇纂修:《(嘉靖)池州府志》,载《天一阁藏明代方志选刊》,上海古籍书店 1962 年版。

(清)武亿等:《安阳县金石录》,载《续修四库全书》第 913 册,上海古籍出版社 2002 年版。

(宋)李光:《庄简集》,影印《四库全书》文渊阁本。

(宋)陈起编:《江湖小集》,影印《四库全书》文渊阁本。

(宋)陈造:《江湖长翁集》,影印《四库全书》文渊阁本。

(宋)黎靖德编、王星贤点校:《朱子语类》,中华书局 1986 年版。

(宋)朱熹撰,郭齐、尹波点校:《朱熹集》,四川教育出版社 1996 年版。

(宋)志磐:《佛祖统纪》,载《续修四库全书》第 1287 册,上海古籍出版社 2002 年版。

(明)明河:《补续高僧传》,载《续修四库全书》第 1283 册,上海古籍出版社 2002 年版。

《宋大诏令集》,中华书局 1962 年版。

(宋)吕中:《宋大事记讲义》,影印《四库全书》文渊阁本。

(清)黄宗羲著,(清)全祖望补修,陈金生、梁运华点校:《宋元学案》,中华书局 1986 年版。

《宋文选》,影印《四库全书》文渊阁本。

(宋)吕祖谦编、齐治平点校:《宋文鉴》,中华书局 1992 年版。

(元)脱脱等:《宋史》,中华书局 1985 年点校本。

《宋史全文》,影印《四库全书》文渊阁本。

(清)陆心源辑撰:《宋史翼》,中华书局 1991 年版。

傅增湘辑:《宋代蜀文辑存》,北京图书馆出版社 2005 年版。

(清)徐松辑:《宋会要辑稿》,中华书局 1957 年版。

(宋)窦仪等撰、薛梅卿点校:《宋刑统》,法律出版社 1999 年版。

(宋)赵汝愚编、北京大学中国中古史研究中心校点整理:《宋朝诸臣奏议》,上海古籍出版社 1999 年版。

(清)刘鼒廷等修:《余姚开原刘氏宗谱五编》,载张海瀛等主编《中华族谱集成·刘氏谱卷》第 5 册,巴蜀书社 1995 年版。

(宋)释智圆:《闲居编》,载《卍续藏经》第101册,(台北)新文丰出版公司1994年版。

(宋)鲁应龙:《闲窗括异志》,丛书集成初编本。

(明)杨渊纂修:《(弘治)抚州府志》,载《天一阁藏明代方志选刊续编》第47~48册,上海书店出版社1990年版。

(宋)苏轼撰、孔凡礼点校:《苏轼文集》,中华书局1986年版。

(宋)苏颂著、王同策等点校:《苏魏公文集》,中华书局1988年版。

(宋)苏辙撰,陈宏天、高秀芳点校:《苏辙集》,中华书局1990年版。

(宋)晁补之:《鸡肋集》,四部丛刊本。

(宋)周必大:《庐陵周益国文忠公集》,载《宋集珍本丛刊》第51~53册,影印清欧阳棨刻本,线装书局2004年版。

(明)叶联芳纂修:《(嘉靖)沙县志》,载《稀见中国地方志汇刊》第33册,中国书店出版社1992年版。

(宋)李元弼:《作邑自箴》,四部丛刊本。

(宋)郑克编撰、刘俊文译注点校:《折狱龟鉴译注》,上海古籍出版社1988年版。

(宋)王炎午:《吾汶稿》,影印《四库全书》文渊阁本。

(宋)张耒撰、李逸安等点校:《张耒集》,中华书局1998年版。

(宋)张载:《张载集》,中华书局1978年版。

(宋)陆九渊著、钟哲点校:《陆九渊集》,中华书局1980年版。

(宋)陆游:《陆游集》,中华书局1976年版。

(宋)李觏著、王国轩校点:《李觏集》,中华书局1981年版。

(宋)楼钥:《攻媿集》,四部丛刊本。

(清)陆心源:《吴兴金石记》,清光绪十六年(1890)刻本。

(宋)范成大纂修:《吴郡志》,载《宋元方志丛刊》第1册,中华书局1990年版。

(宋)郑虎臣编:《吴都文粹》,影印《四库全书》文渊阁本。

(明)钱谷编:《吴都文粹续集》,影印《四库全书》文渊阁本。

(清)程国观纂:《李渠志》,载《中华山水志丛刊·水志卷》第17册,线装

书局 2004 年版。

(明)徐象梅:《两浙名贤录》,载《四库全书存目丛书·史部》第 113～115 册,齐鲁书社 1996 年版。

(清)阮元编:《两浙金石志》,载《续修四库全书》第 910～911 册,上海古籍出版社 2002 年版。

(元)马泽修、袁桷纂:《延祐四明志》,载《宋元方志丛刊》第 6 册,中华书局出版社 1990 年版。

(宋)周去非著、杨武泉校注:《岭外代答校注》,中华书局 1999 年版。

(宋)欧阳修撰、李逸安点校:《欧阳修全集》,中华书局 2001 年版。

(宋)赵鼎:《忠正德文集》,影印《四库全书》文渊阁本。

(宋)刘挚撰,裴汝诚、陈晓平点校:《忠肃集》,中华书局 2002 年版。

(宋)翟汝文:《忠惠集》,影印《四库全书》文渊阁本。

(宋)李若水:《忠愍集》,影印《四库全书》文渊阁本。

(明)陈威等修:《(正德)松江府志》,载《天一阁藏明代方志选刊续编》第 5～6 册,上海书店出版社 1990 年版。

(宋)曹勋:《松隐集》,影印《四库全书》文渊阁本。

(宋)宗泽:《宗泽集》,浙江古籍出版社 1984 年版。

(宋)石介著、陈植锷点校:《徂徕石先生文集》,中华书局 1984 年版。

(宋)邢凯:《坦斋通编》,影印《四库全书》文渊阁本。

王泽溥、王怀斌修:《(民国)林县志》,民国二十一年(1932)石印本。

(清)王昶:《金石萃编》,中国书店出版社 1985 年版。

(明)王懋德等纂修:《(万历)金华府志》,载《四库全书存目丛书·史部》第 176～177 册,齐鲁书社 1996 年版。

(宋)曹彦约:《昌谷集》,影印《四库全书》文渊阁本。

(宋)尹洙:《河南集》,影印《四库全书》文渊阁本。

(宋)杨万里撰、辛更儒笺校:《杨万里集笺校》,中华书局 2007 年版。

(宋)罗愿:《罗鄂州小集》,影印《四库全书》文渊阁本。

(宋)杨亿:《武夷新集》,影印《四库全书》文渊阁本。

(清)王荣陛修、方履篯纂:《(道光)武陟县志》,道光九年(1829)刻本。

(宋)余靖:《武溪集》,影印《四库全书》文渊阁本。

(宋)刘一止:《苕溪集》,影印《四库全书》文渊阁本。

(宋)吕陶:《净德集》,影印《四库全书》文渊阁本。

(宋)胡榘修,方万里、罗浚纂:《宝庆四明志》,载《宋元方志丛刊》第5册,中华书局1990年版。

(元)陈栎:《定宇集》,影印《四库全书》文渊阁本。

牛诚修辑:《定襄金石考》,民国二十一年(1932)铅印本。

(明)何孟伦纂修:《(嘉靖)建宁县志》,载《天一阁藏明代方志选刊续编》第38册,上海书店出版社1990年版。

(明)钟崇文纂修:《(隆庆)岳州府志》,载《天一阁藏明代方志选刊》,上海古籍书店1990年版。

(宋)梅尧臣:《宛陵集》,影印《四库全书》文渊阁本。

(宋)李心传:《建炎以来系年要录》,中华书局1956年版。

(宋)李心传撰、徐规点校:《建炎以来朝野杂记》,中华书局2000年版。

(明)冯继科等纂修:《(嘉靖)建阳县志》,载《天一阁藏明代方志选刊》,上海古籍书店1962年版。

(明)李贤等:《明一统志》,影印《四库全书》文渊阁本。

(明)郭子章:《明州阿育王山志》,载《四库全书存目丛书·史部》第230册,齐鲁书社1996年版。

(宋)刘宰:《京口耆旧传》,丛书集成初编本。

(宋)陆游:《放翁家训》,丛书集成初编本。

(宋)方勺撰、许沛藻等点校:《泊宅编》,中华书局1983年版。

《绍兴十八年同年小录》,影印《四库全书》文渊阁本。

(清)端方:《匋斋藏石记》,清宣统元年(1909)石印本。

(宋)范仲淹:《范文正公集》,四部丛刊本。

(宋)范成大著、富寿荪标校:《范石湖集》,上海古籍出版社2006年版。

(宋)范成大著、孔凡礼辑:《范成大佚著辑存》,中华书局1983年版。

(宋)范纯仁:《范忠宣集》,影印《四库全书》文渊阁本。

(宋)度正:《性善堂稿》,影印《四库全书》文渊阁本。

(明)陶宗仪:《说郛》,影印《四库全书》文渊阁本。

(宋)周密撰、吴企明点校:《癸辛杂识》,中华书局 1988 年版。

(宋)张守:《毗陵集》,影印《四库全书》文渊阁本。

(清)萧应植修:《(乾隆)济源县志》,清乾隆二十六年(1767)刻本。

(宋)胡宏著、吴仁华点校:《胡宏集》,中华书局 1987 年版。

(宋)王安石:《临川先生文集》,四部丛刊本。

(明)李敏纂修:《(弘治)将乐县志》,载《天一阁藏明代方志选刊续编》第 37 册,上海书店出版社 1990 年版。

(宋)黄榦:《勉斋集》,影印《四库全书》文渊阁本。

(宋)黄榦:《勉斋先生黄文肃公文集》,载《北京图书馆古籍珍本丛刊》第 90 册,书目文献出版社 1988 年版。

(宋)辛弃疾:《南烬纪闻录》,学海类编本。

(宋)韩元吉:《南涧甲乙稿》,影印《四库全书》文渊阁本。

(宋)王之道:《相山集》,影印《四库全书》文渊阁本。

(宋)潜说友纂修:《咸淳临安志》,载《宋元方志丛刊》第 4 册,中华书局 1990 年版。

(宋)程珌:《洺水集》,影印《四库全书》文渊阁本。

(宋)胡太初:《昼帘绪论》,百川学海景刊宋咸淳本。

(宋)方岳:《秋崖集》,影印《四库全书》文渊阁本。

(宋)范浚:《香溪集》,影印《四库全书》文渊阁本。

(宋)曾敏行:《独醒杂志》,丛书集成初编本。

(宋)唐庚:《眉山集》,影印《四库全书》文渊阁本。

(宋)郑獬:《郧溪集》,影印《四库全书》文渊阁本。

(宋)陈宓:《复斋先生龙图陈公文集》,载《续修四库全书》第 1319 册,上海古籍出版社 2002 年版。

(宋)熊克:《皇朝中兴纪事本末》,北京图书馆出版社 2005 年版。

(宋)宋慈著、罗时润等译:《洗冤集录译释》,福建科学技术出版社 1980 年版。

(宋)张师正撰、白化文等点校:《括异志》,中华书局 1996 年版。

(宋)王明清:《挥麈录》,上海书店出版社 2001 年版。

(元)骆天骧纂修:《类编长安志》,载《宋元方志丛刊》第 1 册,中华书局 1990 年版。

(清)高塘等修:《(乾隆)临汾县志》,清乾隆四十四年(1779)刻本。

孙奂仑:《洪洞县水利志补》,民国六年(1917)铅印本。

(宋)陆游著、钱仲联校注:《剑南诗稿校注》,上海古籍出版社 1985 年版。

(清)陈棨仁撰:《闽中金石略》,菽庄丛书本。

(清)李清馥:《闽中理学渊源考》,影印《四库全书》文渊阁本。

(宋)朱熹:《家礼》,载朱杰人等主编《朱子全书》第 7 册,上海古籍出版社、安徽教育出版社 2002 年版。

(宋)高斯得:《耻堂存稿》,影印《四库全书》文渊阁本。

(宋)司马光撰,邓广铭、张希清点校:《涑水纪闻》,中华书局 1989 年版。

(清)顾炎武撰、华忱之点校:《顾亭林诗文集》,中华书局 1983 年版。

(宋)史安之修、高似孙纂:《剡录》,载《宋元方志丛刊》第 7 册,中华书局 1990 年版。

(宋)薛季宣:《浪语集》,影印《四库全书》文渊阁本。

(宋)孙应时:《烛湖集》,影印《四库全书》文渊阁本。

(宋)周行己:《浮沚集》,影印《四库全书》文渊阁本。

(宋)汪藻:《浮溪集》,影印《四库全书》文渊阁本。

(宋)舒岳祥:《阆风集》,影印《四库全书》文渊阁本。

(宋)廖刚:《高峰文集》,影印《四库全书》文渊阁本。

(清)陈池养编:《莆田水利志》,清光绪元年(1875)刻本。

(宋)叶廷珪撰、李之亮校点:《海录碎事》,中华书局 2002 年版。

(宋)罗椅:《涧谷遗集》,载《续修四库全书》第 1320 册,上海古籍出版社 2002 年版。

(宋)韩淲撰、孙菊园点校:《涧泉日记》,上海古籍出版社 1993 年版。

(元)郝经:《郝氏续后汉书》,影印《四库全书》文渊阁本。

(宋)袁采著,贺恒祯、杨柳注释:《袁氏世范》,天津古籍出版社 1995

年版。

(清)法伟堂等纂:《(光绪)益都县图志》,清光绪三十三年(1907)刻本。

(清)段松苓:《益都金石记》,清光绪九年(1883)刻本。

(宋)戴栩:《浣川集》,影印《四库全书》文渊阁本。

(宋)陈元晋:《渔墅类稿》,影印《四库全书》文渊阁本。

(宋)王质:《雪山集》,影印《四库全书》文渊阁本。

(宋)姚勉:《雪坡集》,影印《四库全书》文渊阁本。

(宋)吴自牧著、周峰点校:《梦粱录》,文化艺术出版社 1998 年版。

(宋)曾巩:《隆平集》,影印《四库全书》文渊阁本。

(宋)赵汝鐩:《野谷诗稿》,影印《四库全书》文渊阁本。

(宋)徐铉:《骑省集》,影印《四库全书》文渊阁本。

(宋)董煟:《救荒活民书》,影印《四库全书》文渊阁本。

(元)袁桷:《清容居士集》,影印《四库全书》文渊阁本。

(宋)杜范:《清献集》,影印《四库全书》文渊阁本。

(清)尚崇年修:《(康熙)萍乡县志》,清康熙二十二年(1683)刻本。

(宋)孙觌:《鸿庆居士集》,影印《四库全书》文渊阁本。

(宋)洪适:《盘洲文集》,影印《四库全书》文渊阁本。

(明)毛德京修:《(嘉靖)象山县志》,载《天一阁藏明代方志选刊续编》第 30 册,上海书店出版社 1990 年版。

(宋)秦观:《淮海集》,影印《四库全书》文渊阁本。

(明)朱怀幹修、盛仪纂:《(嘉靖)惟扬志》,载《天一阁藏明代方志选刊》,上海古籍书店 1963 年版。

(宋)李焘撰、上海师范大学古籍整理研究所等点校:《续资治通鉴长编》,中华书局 2004 年版。

(宋)李纲著、王瑞明点校:《李纲全集》,岳麓书社 2004 年版。

(宋)程洵:《尊德性斋小集》,清知不足斋丛书本。

(宋)包恢:《敝帚稿略》,影印《四库全书》文渊阁本。

(宋)黄震:《黄氏日抄》,影印《四库全书》文渊阁本。

(明)陈桂芳等纂修:《(嘉靖)清流县志》,载《天一阁藏明代方志选刊续编》第38册，上海书店出版社1990年版。

(宋)项公泽修、凌万顷等纂:《淳祐玉峰志》，载《宋元方志丛刊》第1册，中华书局1990年版。

(宋)陈公亮修、刘文富纂:《淳熙严州图经》，载《宋元方志丛刊》第5册，中华书局1990年版。

(宋)梁克家纂修:《淳熙三山志》，载《宋元方志丛刊》第8册，中华书局1990年版。

(宋)张津等:《乾道四明图经》，载《宋元方志丛刊》第5册，中华书局1990年版。

(宋)范成大:《骖鸾录》，载孔凡礼点校《范成大笔记六种》，中华书局2002年版。

(宋)袁燮:《絜斋集》，影印《四库全书》文渊阁本。

(宋)刘攽:《彭城集》，影印《四库全书》文渊阁本。

(宋)王柏:《鲁斋集》，影印《四库全书》文渊阁本。

(明)莫尚简修、张岳纂:《(嘉靖)惠安县志》，载《天一阁藏明代方志选刊》，上海古籍书店1963年版。

(宋)舒璘:《舒文靖集》，影印《四库全书》文渊阁本。

(宋)胡寅:《斐然集》，影印《四库全书》文渊阁本。

(宋)邹浩:《道乡集》，影印《四库全书》文渊阁本。

(宋)孙应时纂修、鲍廉增补，(元)卢镇续修:《琴川志》，载《宋元方志丛刊》第2册，中华书局1990年版。

(宋)欧阳守道:《巽斋文集》，影印《四库全书》文渊阁本。

(宋)游酢:《游廌山集》，影印《四库全书》文渊阁本。

(宋)徐元杰:《楳埜集》，影印《四库全书》文渊阁本。

(宋)张嵲:《紫微集》，影印《四库全书》文渊阁本。

(清)陈元龙等编:《御定历代赋汇》，影印《四库全书》文渊阁本。

(宋)宋祁:《景文集》，影印《四库全书》文渊阁本。

(清)杜春生编:《越中金石记》，民国八年(1919)刻本。

(宋)钱可则修，郑瑶、方仁荣纂:《景定严州续志》，载《宋元方志丛刊》第

5册，中华书局1990年版。

(宋)马光祖修、周应合纂：《景定建康志》，载《宋元方志丛刊》第2册，中华书局1990年版。

(明)戴瑞卿修、于永亨等纂：《(万历)滁阳志》，载《稀见中国地方志汇刊》第22册，中国书店出版社1992年版。

(宋)司马光：《温国文正司马公文集》，四部丛刊本。

(明)汤日昭、王光蕴纂修：《(万历)温州府志》，载《四库全书存目丛书·史部》第210册，齐鲁书社1996年版。

(明)王瓒、蔡芳编纂，胡珠生校注：《(弘治)温州府志》，上海社会科学院出版社2006年版。

(清)毛奇龄：《湘湖水利志》，载《四库全书存目丛书·史部》第224册，齐鲁书社1996年版。

(清)张仲炘辑：《湖北金石志》，民国十年(1921)刻本。

(唐)张鷟著、赵守俨点校：《朝野佥载》，中华书局1979年版。

(宋)桂万荣撰、(明)吴讷删补：《棠阴比事》，影印《四库全书》文渊阁本。

(宋)曾巩撰，陈杏珍、晁继周点校：《曾巩集》，中华书局1984年版。

(明)程敏政：《新安文献志》，影印《四库全书》文渊阁本。

(宋)赵不悔修、罗愿纂：《新安志》，载《宋元方志丛刊》第8册，中华书局1990年版。

(元)刘应李辑：《新编事文类聚翰墨全书》，载《续修四库全书》第1219～1221册，上海古籍出版社2002年版。

陈俊民辑校：《蓝田吕氏遗著辑校》，中华书局1993年版。

(宋)袁甫：《蒙斋集》，影印《四库全书》文渊阁本。

(宋)晁说之：《嵩山文集》，四部丛刊本。

(宋)谢逸：《溪堂集》，影印《四库全书》文渊阁本。

(宋)李新：《跨鳌集》，影印《四库全书》文渊阁本。

(宋)章如愚：《群书考索》，影印《四库全书》文渊阁本。

(宋)刘宰：《漫塘集》，影印《四库全书》文渊阁本。

(宋)华岳撰、马君骅点校：《翠微南征录北征录合集》，黄山书社1993

年版。

(宋)蔡襄著、吴以宁点校:《蔡襄集》,上海古籍出版社 1996 年版。

(明)崔铣纂修:《(嘉靖)彰德府志》,载《四库全书存目丛书·史部》第 184 册,齐鲁书社 1996 年版。

(宋)陈耆卿纂:《嘉定赤城志》,载《宋元方志丛刊》第 7 册,中华书局 1990 年版。

(宋)江休复:《嘉祐杂志》,影印《四库全书》文渊阁本。

(宋)苏洵著,曾枣庄、金成礼笺注:《嘉祐集笺注》,上海古籍出版社 1993 年版。

(宋)沈作宾修、施宿等纂:《嘉泰会稽志》,载《宋元方志丛刊》第 7 册,中华书局 1990 年版。

(宋)谈钥纂修:《嘉泰吴兴志》,载《宋元方志丛刊》第 5 册,中华书局 1990 年版。

(宋)宗鉴集:《释门正统》,载《卍续藏经》第 130 册,(台北)新文丰出版公司 1993 年版。

(明)程敏政:《篁墩文集》,影印《四库全书》文渊阁本。

(明)黄一龙修、林大春纂:《(隆庆)潮阳县志》,载《天一阁藏明代方志选刊》,上海古籍书店 1963 年版。

(宋)留正等:《增入名儒讲义皇宋中兴两朝圣政》,载《续修四库全书》第 348 册,上海古籍出版社 2002 年版。

(宋)罗大经撰、王瑞来校点:《鹤林玉露》,中华书局 1983 年版。

(宋)魏了翁:《鹤山先生大全文集》,四部丛刊本。

(宋)陈耆卿:《筼窗集》,影印《四库全书》文渊阁本。

(宋)王栐撰、诚刚点校:《燕翼诒谋录》,中华书局 1981 年版。

(宋)释文珦:《潜山集》,影印《四库全书》文渊阁本。

(宋)穆修:《穆参军集》,影印《四库全书》文渊阁本。

(宋)文彦博:《潞公文集》,影印《四库全书》文渊阁本。

(宋)李吕:《澹轩集》,影印《四库全书》文渊阁本。

(清)张佩芳修:《(乾隆)歙县志》,清乾隆二十六年(1771)刻本。

(宋)游九言:《默斋遗稿》,影印《四库全书》文渊阁本。

(明)彭泽、汪舜民纂修:《(弘治)徽州府志》,载《四库全书存目丛书·史部》第180册,齐鲁书社1996年版。

(宋)赵孟坚:《彝斋文编》,影印《四库全书》文渊阁本。

(宋)吕南公:《灌园集》,影印《四库全书》文渊阁本。

(宋)周孚:《蠹斋铅刀编》,影印《四库全书》文渊阁本。

二、今人论著

费孝通:《乡土中国》,三联书店1985年版。

王铭铭、王斯福主编:《乡土社会的秩序、公正与权威》,中国政法大学出版社1997年版。

漆侠:《王安石变法》,上海人民出版社1979年版。

杨讷:《元代白莲教研究》,上海古籍出版社2004年版。

郝春文:《中古时期社邑研究》,(台北)新文丰出版公司2006年版。

常建华:《中华文化通志·宗族志》,上海人民出版社1998年版。

杨念群:《中层理论:东西方思想会通下的中国史研究》,江西教育出版社2001年版。

赵秀玲:《中国乡里制度》,社会科学文献出版社2002年版。

马戎等主编:《中国乡镇组织变迁研究》,华夏出版社2000年版。

刘岱主编:《中国文化新论·社会篇:吾土与吾民》,三联书店1992年版。

徐吉军等著:《中国风俗通史·宋代卷》,上海文艺出版社2001年版。

冯尔康:《中国古代的宗族与祠堂》,商务印书馆国际有限公司1996年版。

中国社会科学院历史研究所经济史研究组编:《中国古代社会经济史诸问题》,福建人民出版社1990年版。

林文勋等:《中国古代"富民"阶层研究》,云南大学出版社2008年版。

马西沙、韩秉方:《中国民间宗教史》,上海人民出版社1992年版。

冯佐哲、李富华:《中国民间宗教史》,(台北)文津出版社1994年版。

游彪等:《中国民俗史·宋辽金元卷》,人民出版社 2008 年版。

赵继颜:《中国农民战争史·宋辽金元卷》,湖北人民出版社 1991 年版。

周振鹤:《中国地方行政制度史》,上海人民出版社 2005 年版。

周积明、宋德金主编:《中国社会史论》,湖北教育出版社 2000 年版。

冯尔康主编:《中国社会结构的演变》,河南人民出版社 1994 年版。

王世刚主编:《中国社团史》,安徽人民出版社 1994 年版。

冯尔康等:《中国宗族史》,上海人民出版社 2009 年版。

陈宝良:《中国的社与会》,浙江人民出版社 1996 年版。

费成康主编:《中国的家法族规》,上海社会科学院出版社 1998 年版。

李文治、江太新:《中国宗法宗族制和族田义庄》,社会科学文献出版社 2000 年版。

葛金芳:《中国经济通史》第 5 卷,湖南人民出版社 2002 年版。

瞿同祖:《中国法律与中国社会》,中华书局 1981 年版。

朱瑞熙:《中国政治制度通史》第 6 卷,人民出版社 1996 年版。

葛兆光:《中国思想史》,复旦大学出版社 2001 年版。

徐扬杰:《中国家族制度史》,人民出版社 1992 年版。

黄宗智主编:《中国研究的范式问题讨论》,社会科学文献出版社 2003 年版。

行龙:《从社会史到区域社会史》,人民出版社 2008 年版。

王见川:《从摩尼教到明教》,(台北)新文丰出版公司 1992 年版。

胡昭曦:《巴蜀历史考察研究》,巴蜀书社 2007 年版。

邓广铭:《北宋政治改革家王安石》,人民出版社 1997 年版。

侯旭东:《北朝村民的生活世界》,商务印书馆 2005 年版。

郑振满、陈春声主编:《民间信仰与社会空间》,福建人民出版社 2003 年版。

王章伟:《在国家与社会之间:宋代巫觋信仰研究》,香港中华书局 2005 年版。

赵旭东:《权力与公正:乡土社会的纠纷解决与权威多元》,天津古籍出版社 2003 年版。

吴新叶:《农村基层非政府公共组织研究》,北京大学出版社 2006 年版。

包伟民:《传统国家与社会》,商务印书馆 2009 年版。

毕监武:《社团革命》,山东人民出版社 2003 年版。

牟发松主编:《社会与国家关系视野下的汉唐历史变迁》,华东师范大学出版社 2006 年版。

秦晖:《传统十论》,复旦大学出版社 2003 年版。

葛金芳:《宋辽夏金经济研析》,武汉出版社 1991 年版。

周扬波:《宋代士绅结社研究》,中华书局 2008 年版。

皮庆生:《宋代民众祠神信仰研究》,上海古籍出版社 2008 年版。

王云海主编:《宋代司法制度》,河南大学出版社 1992 年版。

包伟民:《宋代地方财政史研究》,上海古籍出版社 2001 年版。

屈超立:《宋代地方政府民事审判职能研究》,巴蜀书社 2003 年版。

包伟民主编:《宋代社会史论稿》,山西古籍出版社 2005 年版。

梁庚尧:《宋代社会经济史论集》,(台北)允晨文化实业股份有限公司 1997 年版。

朱瑞熙:《宋代社会研究》,中州书画社 1983 年版。

郭文佳:《宋代社会保障研究》,新华出版社 2005 年版。

王德毅:《宋代灾荒的救济政策》,(台北)中国学术著作奖助委员会 1970 年版。

王善军:《宋代宗族和宗族制度研究》,河北教育出版社 2000 年版。

郭东旭:《宋代法制研究》,河北大学出版社 2000 年版。

戴建国:《宋代法制初探》,黑龙江人民出版社 2000 年版。

漆侠:《宋代经济史》(上、下),上海人民出版社 1987、1988 年版。

王棣:《宋代经济史稿》,长春出版社 2001 年版。

包伟民主编:《宋代制度史研究百年》,商务印书馆 2004 年版。

朱传誉:《宋代新闻史》,(台北)中国学术著作奖助委员会 1967 年版。

王德毅:《宋史研究论集》,(台北)商务印书馆 1993 年版。

张文:《宋朝民间慈善活动研究》,西南师范大学出版社 2005 年版。

王曾瑜:《宋朝阶级结构》,河北教育出版社 1996 年版。

王曾瑜:《宋朝兵制初探》,中华书局 1983 年版。

张文:《宋朝社会救济研究》,西南师范大学出版社 2001 年版。

郭东旭:《宋朝法律史论》,河北大学出版社 2001 年版。

马新:《两汉乡村社会史》,齐鲁书社 1997 年版。

刘子健:《两宋史研究汇编》,(台北)联经出版事业股份有限公司 1987 年版。

汪圣铎:《两宋财政史》(上、下),中华书局 1989 年版。

邓广铭、漆侠:《两宋政治经济问题》,知识出版社 1988 年版。

杜正贞:《村社传统与明清士绅:山西泽州乡土社会的制度变迁》,上海辞书出版社 2007 年版。

钱杭:《库域型水利社会研究:萧山湘湖水利集团的兴与衰》,上海人民出版社 2009 年版。

杨宇勋:《取民与养民:南宋的财政收支与官民互动》,(台北)台湾师范大学历史研究所 2003 年版。

刘馨珺:《明镜高悬:南宋县衙的狱讼》,北京大学出版社 2007 年版。

于建嵘:《岳村政治:转型期中国乡村政治结构的变迁》,商务印书馆 2001 年版。

梁庚尧等主编:《城市与乡村》,中国大百科全书出版社 2005 年版。

徐勇:《非均衡的中国政治:城市与乡村比较》,中国广播电视出版社 1992 年版。

黄宽重:《南宋地方武力:地方军与民间自卫武力的探讨》,(台北)东大图书股份有限公司 2002 年版。

黄宽重:《南宋时代抗金的义军》,(台北)联经出版事业股份有限公司 1988 年版。

梁庚尧:《南宋的农村经济》,(台北)联经出版事业股份有限公司 1984 年版。

吴晗等:《皇权与绅权》,上海观察社 1949 年版。

吴铮强:《科举理学化:均田制崩溃以来的君民整合》,上海辞书出版社 2008 年版。

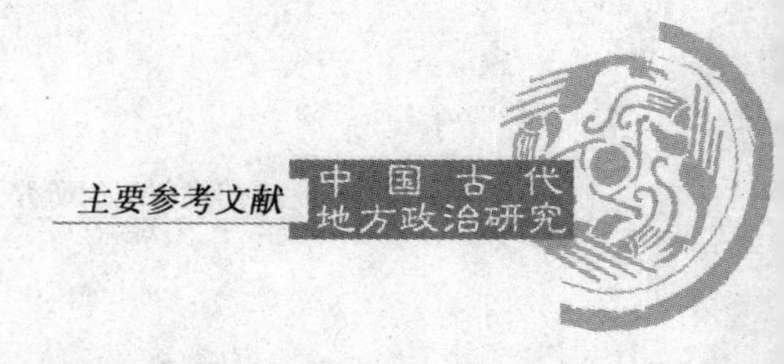

秦晖:《陕西通史·宋元卷》,陕西师范大学出版社 1997 年版。

邓小南主编:《政绩考察与信息渠道:以宋代为重心》,北京大学出版社 2008 年版。

黄宽重等主编:《家族与社会》,中国大百科全书出版社 2005 年版。

厉以宁:《资本主义的起源:比较经济史研究》,商务印书馆 2003 年版。

林文勋、谷更有:《唐宋乡村社会力量与基层控制》,云南大学出版社 2005 年版。

陆敏珍:《唐宋时期明州区域社会经济研究》,上海古籍出版社 2007 年版。

谷更有:《唐宋国家与乡村社会》,中国社会科学出版社 2006 年版。

黄志繁:《"贼""民"之间:12～18 世纪赣南地域社会》,三联书店 2006 年版。

万昌华、赵兴彬:《秦汉以来基层行政研究》,齐鲁书社 2008 年版。

濮文起:《秘密教门:中国民间秘密宗教溯源》,江苏人民出版社 2000 年版。

孟宪实:《敦煌民间结社研究》,北京大学出版社 2009 年版。

赵华富:《徽州宗族研究》,安徽大学出版社 2004 年版。

[美]杜赞奇著、王福明译:《文化、权力与国家:1900～1942 年的华北农村》,江苏人民出版社 1994 年版。

[日]井上徹著、钱杭译:《中国的宗族与国家礼制》,上海书店出版社 2008 年版。

[日]多賀秋五郎:《中国宗譜の研究》(上、下卷),東京:日本学術振興会 1981、1982 年版。

[日]竺沙雅章:《中國佛教社會史研究》,京都:同朋舍 1982 年版。

[英]安东尼·吉登斯著、胡宗泽等译:《民族—国家与暴力》,三联书店 1998 年版。

[美]田浩:《朱熹的思维世界》,陕西师范大学出版社 2002 年版。

[日]長瀬守:《宋元水利史研究》,東京:国書刊行会 1983 年版。

宋元時代史の基本問題編集委員会編:《宋元時代史の基本問題》,東京:汲古書院 1996 年版。

[日]竺沙雅章:《宋元佛教文化史研究》,東京:汲古書院 2000 年版。

[日]柳田節子:《宋元郷村制の研究》,東京:創文社 1986 年版。

[日]松本浩一:《宋代の道教と民間信仰》,東京:汲古書院 2006 年版。

[日]斯波义信著、方健等译:《宋代江南经济史研究》,江苏人民出版社 2001 年版。

[日]周藤吉之:《宋代史研究》,東京:東洋文库 1969 年版。

宋代史研究会編:《宋代社会のネットワーク》,東京:汲古書院 1998 年版。

[日]平田茂树等编:《宋代社会的空间与交流》,河南大学出版社 2008 年版。

[日]周藤吉之:《宋代経済史研究》,東京大學出版會 1962 年版。

[日]井上徹、遠藤隆俊編:《宋一明宗族の研究》,東京:汲古書院 2005 年版。

[日]佐竹靖彦:《佐竹靖彦史学论集》,中华书局 2006 年版。

[美]韩森著、包伟民译:《变迁之神:南宋时期的民间信仰》,浙江人民出版社 1999 年版。

[日]周藤吉之:《唐宋社會経済史研究》,東京大學出版會 1965 年版。

[日]佐竹靖彦:《唐宋変革の地域的研究》,京都:同朋舍 1990 年版。

[美]王国斌著、李伯重等译:《转变的中国:历史变迁与欧洲经验的局限》,江苏人民出版社 1998 年版。

[日]福井康顺等监修、朱越利等译:《道教》,上海古籍出版社 1992 年版。

[德]马克斯·韦伯著、洪天富译:《儒教与道教》,江苏人民出版社 1995 年版。

Hsiao Kung-Chuan, *Rural China: Imperial Control in the Nineteenth Century*, University of Washington Press, 1960.

Brain E. Mcknight, *Village and Bureaucracy in Southern Sung Chi-*

na, the University of Chicago Press, 1971.

Robert P. Hymes, *Statesmen and Gentlemen: The Elite of Fu-Chou, Chiang-Hsi, in Northern and Southern Sung*, Cambridge University Press, 1986.

说明：

1. 本目录大致以各类文献的名称笔画为序。
2. 宋代方志以其带年代的习惯称呼排序，明清方志排序则忽略年代。
3. 因篇幅有限，论文未列其内。

后记

本书是在我的博士学位论文《宋代乡村行政组织及其运转研究》基础上增补而成的，从完成论文初稿到今天已经过去了整整五年的时间。若从确定论文选题开始算起，对“宋代乡村组织”这一课题的学习和探讨则有七年了。值此书稿付梓之际，感慨颇多。

本书能够完成并出版，首先应当感谢我攻读博士学位的导师马新教授。从选题的确定到论文框架的建构，从书稿的内容到形式，无不浸透着马老师的心血。老师不仅传道、授业、解惑，对我的生活、工作和成长也是备加关心。论文完成后，老师又将书稿纳入了她主持的国家“十一五”重点图书出版规划项目“中国古代地方政治研究”，并督促我尽快充实完善。可以说，没有老师的指导和督促，也就不会有书稿的完成和出版。在书稿出版之际，马老师对全书进行了统稿、定稿，使本书增色不少。老师对我寄予了很高的期望，可我却经常因为没有取得多少成绩而暗自惭愧。今后唯有更加努力地学习和工作，以报答老师的厚爱于万一。

博士学位论文答辩时，陈祖武、陈其泰和于化民三位先生给予了极大鼓励。姜生、胡新生、张金龙、张熙惟、陈尚胜、曾振宇等老师或在论文开题、或在答辩时也都提出了宝贵的建议。因为自己学养不足，有些建议未能在书中得以体现，尚待以后进一步完善。

十多年来，我攻读硕士学位时的导师张熙惟教授和师母包培

荣教授一如既往地关心着我的学习和生活。晁中辰、王育济、张友臣、赵兴胜、朱亚非、张仁玺、范学辉等老师也都对我关心有加。远在东瀛的王瑞来先生提携后学，帮我复印了十余篇珍贵的日语论文。李淑慧、李俊领、王其和、满红英、张继梅、蒋秀丽等同学和朋友帮我复印了大量资料。以上这些都是应该特别表示感谢的。

我的家庭始终是我坚强的后盾。父母多年来一直全力支持我的学业。爱妻张艳燕不仅承担了几乎所有家务及照料幼女的重任，而且帮我录入、校对文字，减轻了我的诸多负担。她还“不反对”我用本来并不高的收入中的很大一部分买书，使家中的多个角落都堆满了我的书，以至于她常常戏言：“让书把你扫地出门吧！”这令我无比欣慰。

本书还被列为2007年度山东大学青年成长基金后期资助项目，一并表示谢意。

最后还要感谢山东大学出版社对本书的付梓出版给予的支持，感谢马银川编辑的辛勤劳动。马女士极为细致的编校使本书避免了不少错误。限于学养，本书肯定还存在诸多不足，深望学界各位师友的批评指正。

谭景玉

2010年3月

图书在版编目(CIP)数据

宋代乡村组织研究/谭景玉著.—济南:山东大学出版社,2010.4
(中国古代地方政治研究/马新主编)
ISBN 978-7-5607-4062-1

Ⅰ.①宋…
Ⅱ.①谭…
Ⅲ.①乡村—行政管理—研究—中国—宋代
Ⅳ.①D691

中国版本图书馆 CIP 数据核字(2010)第 054132 号

山东大学出版社出版发行
(山东省济南市山大南路 27 号 邮政编码:250100)
山东省新华书店经销
山东新华印刷厂印刷
720×1000 毫米 1/16 32.25 印张 477 千字
2010 年 4 月第 1 版 2010 年 4 月第 1 次印刷
定价:66.00 元